中国社会科学院
"一带一路"研究系列

THE SILK ROAD
ECONOMIC BELT

NATIONAL CONDITIONS

丝路
列国志

新版

李永全／主编

社会科学文献出版社
SOCIAL SCIENCES ACADEMIC PRESS (CHINA)

马其顿

孟加拉国

蒙古国

缅甸

摩尔多瓦

黑山

塞尔维亚

斯洛伐克

斯洛文尼亚

塔吉克斯坦

土耳其

土库曼斯坦

乌克兰

匈牙利

乌兹别克斯坦

亚美尼亚

伊朗

印度

阿尔巴尼亚

阿富汗

阿塞拜疆

爱沙尼亚

巴基斯坦

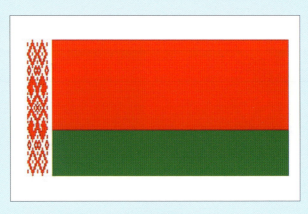

白俄罗斯

保加利亚

波兰

波斯尼亚和黑塞哥维那

俄罗斯

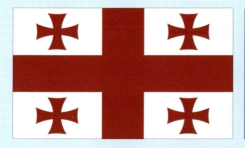

格鲁吉亚

哈萨克斯坦

吉尔吉斯斯坦

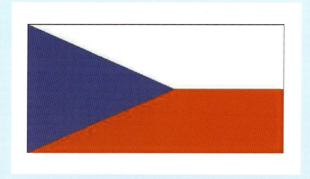

捷克

克罗地亚

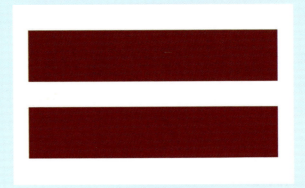

拉脱维亚

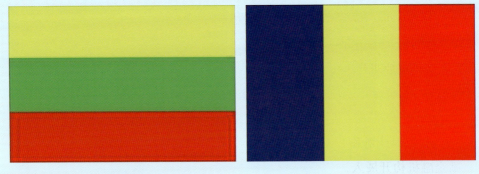

立陶宛　　　　　　　　　　罗马尼亚

新版序
"一带一路"——通往人类命运共同体之路

李永全

　　"一带一路"是2013年9月和10月中国国家主席习近平提出的国际合作倡议，至今快五年了。五年来，"一带一路"倡议在国际上受到的欢迎和影响超乎我们的想象。

　　2017年5月在北京举办的"一带一路"国际峰会上，中国国家主席习近平进一步阐述了"一带一路"的远景目标：把"一带一路"建成和平之路、繁荣之路、创新之路和文明之路。这条道路正在被越来越多的人所认知、认可！

　　近五年来，中国按照习近平主席提出的"五通"原则推进"一带一路"建设，同"一带一路"沿线国家的贸易发展迅速，贸易总额已经超过3万亿美元，中国对"一带一路"沿线国家的投资不断扩大，中国企业"走出去"的步伐更加扎实，已经在20多个国家建设了56个经贸合作区，为有关国家创造了可观的税收和就业岗位。

　　在2017年5月的北京峰会上，习近平主席宣布了中国支持"一带一路"建设的计划和措施，包括向丝路基金新增资金1000亿元人民币，鼓励金融机构开展人民币海外基金业务，规模预计约3000亿元人民币。与此同时，中国国家开发银行、中国进出口银行还将为"一带一路"基础设施建设、产能、金融合作分别提供2500亿元和1300亿元等值人民币专项贷款。2018年中国将在上海举行国际进口博览会，这将成为中国规模最大的进口博览会。

这些措施表明，中国政府对"一带一路"倡议的前景充满信心，表明中国不追求自身利益最大化，中国谋求共同发展、共同繁荣、互利共赢，不仅在倡导，而且在践行。

继 2015 年 3 月国家发改委、外交部、商务部联合发布《推动共建丝绸之路经济带和 21 世纪海上丝绸之路的愿景与行动》后，2017 年 5 月，中国推进"一带一路"建设工作领导小组办公室根据共商、共建、共享原则，提出了"一带一路"五大走向的设想。其中丝绸之路经济带有三大走向：一是从中国西北、东北经中亚、俄罗斯至欧洲、波罗的海；二是从中国西北经中亚、西亚至波斯湾、地中海；三是从中国西南经中南半岛至印度洋。海上丝绸之路有两大走向：一是从中国沿海港口过南海，经马六甲海峡到印度洋，延伸至欧洲；二是从中国沿海港口过南海，走向南太平洋。① 与此同时，该文件还提出了"一带一路"的合作重点和空间布局，即所谓的"六廊六路多国多港"的合作框架。"六廊"是指新亚欧大陆桥、中蒙俄、中国－中亚－西亚、中国－中南半岛、中巴和孟中印缅六大国际经济合作走廊；"六路"指铁路、公路、航运、航空、管道和空间综合信息网络，是基础设施互联互通的主要内容；"多国"是指一批先期合作国家；"多港"是指与"一带一路"沿线国家共建一批重要港口和节点城市，进一步繁荣海上合作。② 这个指导性的合作框架指出了大致的合作方向，使"一带一路"架构逐渐清晰。

对沿线国家而言，"一带一路"建设蕴藏着巨大的发展机遇。2017 年 5 月，中国农业部与国家发展和改革委员会、商务部和外交部联合发布了《共同推进"一带一路"建设农业合作的愿景与行动》。这个文件向国际社会和合作伙伴详细阐述了中国政府对"一带一路"沿线国家关注的农业合作的立场，并提出了合作原则、合作形式和合作机制。2017 年，中国与哈萨克斯坦和白俄罗斯在农业合作领域取得重要进展。

此外，2017 年，"一带一路"建设中的文化合作也取得重要成就。中华

---

① 《共建"一带一路"：理念、实践与中国的贡献》，新华社北京 2017 年 5 月 10 日电。
② 《共建"一带一路"：理念、实践与中国的贡献》，新华社北京 2017 年 5 月 10 日电。

人民共和国文化部在年初发表《"一带一路"文化发展行动计划（2016~2020年）》。该计划以"政府主导，开放包容；交融互鉴，创新发展；市场引导，互利共赢"为基本原则，确定了逐步完善文化交流合作机制、基本形成文化交流合作平台、充分扩大文化交流合作品牌效应的发展目标，指出到2020年"一带一路"文化发展的重点任务是健全"一带一路"文化交流合作机制，完善"一带一路"文化交流合作平台，打造"一带一路"文化交流品牌，推动"一带一路"文化产业繁荣发展，促进"一带一路"文化贸易合作。与此同时，围绕重点任务规划了12项子计划。① 在以往中国与"一带一路"沿线国家的文化交流中从来没有出台过这样的规划。可以预期，这个规划的实施必将促进沿线国家人民之间的相互了解与友谊，促进文化繁荣。

"一带一路"建设四年多的实践表明，发展战略对接对于实施"一带一路"倡议具有特殊意义。在某种意义上说，落实一个合作项目并不难，但是落实一批项目、落实一个连接多国的交通基础设施、落实一个涉及行业合作的项目并不容易。但是，如果双边或多边合作伙伴的发展战略能够实现对接，就会使合作具有扎实的基础。正因为如此，习近平主席强调："深化对接发展战略……从各自发展战略中发掘新的合作动力，规划新的合作愿景，锁定新的合作成果……为彼此经济增长提供更多动能。"②

世界正处在大发展大变革大调整时期，和平与发展仍然是时代的主题。同时世界面临的不稳定性不确定性也非常突出，人类面临许多共同的挑战。在当今世界，任何国家都不可能关起门来搞建设，闭关锁国是没有出路的；在当今世界，任何安全问题的解决都需要人类共同努力，没有哪个国家能够独自应对人类面临的挑战。

中国共产党第十九次全国代表大会呼吁各国人民同心协力，构建人类命运共同体。

近几年来建设"一带一路"的实践证明，"一带一路"是通往人类命

---

① 《文化部"一带一路"文化发展行动计划（2016~2020年）》，http：//news. xinhuanet. com/culture/2017-01/06/c_ 1120256880. htm。

② 《深化合作伙伴关系，共建亚洲美好家园》，http：//news. gmw. cn/2015-11/08/content_ 17649527_ 4. htm。

运共同体之路。

　　为了配合"一带一路"建设，满足广大投资者、企业家以及学者对"一带一路"沿线国家的了解，中国社会科学院俄罗斯东欧中亚研究所与社会科学文献出版社编辑了《丝路列国志》，并于 2015 年出版。《丝路列国志》比较详细地介绍了"一带一路"沿线国家的概况，包括历史、政治制度、社会经济发展状况、投资环境以及与中国的关系。该书出版以来，得到广大读者的欢迎。本书准备再版的时候，作者对书中的内容做了补充和完善，增补了最新数据。如果《丝路列国志》能够帮助朋友们了解"一带一路"沿线国家情况，增进与各国人民的相互了解与友谊，促进务实合作的顺利实施，则编著者甚幸！

编者　谨识

2018 年 7 月

初版序
从"丝绸之路经济带"走向共同繁荣

李永全

党的十八大以来，党中央统筹国内国际两个大局，在保持外交大政方针连续性和稳定性的基础上，主动谋划，努力进取，中国特色的大国外交初步形成。当前，党中央着眼于新形势新任务，强调要切实抓好周边外交工作，打造周边命运共同体，秉持亲诚惠容的周边外交理念，坚持与邻为善、以邻为伴，坚持睦邻、安邻、富邻，深化同周边国家的互利合作和互联互通。在这个时代背景下，"丝绸之路经济带"应运而生。积极推进"丝绸之路经济带"建设的根本意义在于切实加强务实合作，努力寻求同各方利益的汇合点，通过务实合作促进合作共赢，走向共同繁荣。

一 "丝绸之路经济带"的历史渊源

"丝绸之路经济带"贯穿欧亚大陆，东边连接亚太经济圈，西边进入欧洲经济圈。无论是发展经济、改善民生，还是应对危机、加快调整，许多沿线国家同我国有着共同利益。历史上，陆上丝绸之路就是我国同中亚、西亚、欧洲经贸和文化交流的大通道，"丝绸之路经济带"倡议是对古丝绸之路的传承和提升，获得了广泛认同。

"丝绸之路"是我国古代西汉时期张骞出使西域时开辟的以长安为起点，经河西走廊、塔里木盆地，穿过中亚和西亚，最终抵达欧洲的历史通道。历史上的"丝绸之路"，全长7000多公里。在这条惠及沿线各国经济发展的路线中，中国输出的商品以丝绸最具代表性，1877 年，德国地理学家李希霍芬将这条古代商路称为"丝绸之路"，逐渐被后来的史学家所接受，从而将沟通中西方的商路统称"丝绸之路"。古代的"丝绸之路"不仅是商贸合作的渠道，也极大地促进了东方与西方科技文化的交流。可以说，这条绵延千年的商道不仅创造了古代的经济奇迹，而且在东西方之间互通有无，促进了不同民族和地区友好交往。从历史上看，"丝绸之路"就是一条促进繁荣发展的和平之路、合作之路。

近代以来，尤其是 19 世纪下半叶，中国饱受列强侵略，中亚诸国也被并入沙俄帝国，古代"丝绸之路"成为历史的陈迹。19 世纪下半叶，在欧亚大陆上，沙俄帝国建设了经西伯利亚连接太平洋和大西洋的铁路干线，这条铁路以俄罗斯东部的符拉迪沃斯托克（海参崴）为起点，横穿西伯利亚通向莫斯科，然后通向欧洲各国，最后到荷兰鹿特丹港，被称为第一条亚欧大陆桥。苏联时期，又修建了著名的贝加尔－阿穆尔铁路干线，俗称"贝阿干线"。苏联解体后，中亚国家独立，20 世纪 90 年代，第二条亚欧大陆桥开始建设，这条大陆桥跨越欧亚两大洲，东起我国连云港，向西经北疆铁路到达我国边境的阿拉山口，进入哈萨克斯坦，再经俄罗斯、白俄罗斯、波兰、德国，西至荷兰鹿特丹港，联结太平洋和大西洋，全长约 10800 公里，通向中国、中亚、西亚、东欧和西欧 40 多个国家和地区，是世界上最长的一条大陆桥。由于这条大陆桥经过中亚联通中国与欧洲，实际上意味着古代"丝绸之路"的复兴。

今天，中国与亚洲国家共同建设"丝绸之路经济带"，从某种意义上说，也是要继承古代"丝绸之路"的精神，目的是使欧亚各国经济联系更加紧密、相互合作更加深入、发展空间更加广阔。正如习近平主席在提出这个伟大倡议时所强调的，"这是一项造福沿途各国人民的大事业"。

2013 年 9 月 7 日，中国国家主席习近平访问中亚期间，在哈萨克斯坦纳扎尔巴耶夫大学发表演讲，提出了用创新的合作模式，共同建设"丝绸之路经济带"的倡议。这个倡议的提出在国内外引起强烈反响。同年 10 月 3 日，习近平主席在访问印度尼西亚期间，在印度尼西亚国会发表演讲时又提出："中国愿同东盟国家加强海上合作……发展好海洋合作伙伴关系，共同建设 21 世纪'海上丝绸之路'。"从此，"一带一路"得到国际社会的广泛关注，得到有关国家和地区的热烈响应。

2014 年 11 月 4 日，中央财经领导小组召开专门会议研究丝绸之路经济带和 21 世纪海上丝绸之路规划，发起建立亚洲基础设施投资银行和设立丝路基金。习近平主席发表重要讲话强调，"丝绸之路经济带"和 21 世纪"海上丝绸之路"倡议顺应了时代要求和各国加快发展的愿望，提供了一个包容性巨大的发展平台，具有深厚历史渊源和人文基础，能够把快速发展的中国经济同沿线国家的利益结合起来。要集中力量办好这件大事，秉持亲、诚、惠、容的周边外交理念，近睦远交，使沿线国家对我们更认同、更亲近、更支持。2015 年 2 月 1 日，推进"一带一路"建设工作会议在北京召开。张高丽副总理指出，"一带一路"建设是一项宏大系统工程，要坚持共商、共建、共享原则，积极与沿线国家的发展战略相互对接。"丝绸之路经济带"建设标志着中国改革开放事业进入新时期，区域合作进入新阶段。

二　"丝绸之路经济带"的当代内涵

当前，经过 30 多年的改革开放，我国经济正在实行从引进来到引进来和走出去并重的重大转变，已经出现了市场、资源能源、投资"三头"对外深度融合的新局面。只有坚持对外开放，深度融入世界经济，才能实现可持续发展。"丝绸之路经济带"的倡议首先着眼于扩大和深化对外开放。可以说，"丝绸之路经济带"最初是作为一项区域经济倡议提出的。不过，2013 年 11 月 12 日，中国共产党十八届三中全会《关于全面深化改革若干重大问题的决定》指出："加快沿边开放步伐，允许沿边重点口岸、边境城市、经济合作区在人员往来、加工物流、旅游等方面实行特殊方式和政策。建立开发性金融机构，加快同周边国家和区域基础设施互联互通建设，推进丝绸之路经济带、海上丝绸之路建设，形成全方位开放新格局。"2014 年春季中国召开人大和政协两个会议。会上通过的政府工作报告又提出："抓紧规划建设丝绸之路经济带、21 世纪海上丝绸之路，推进孟中印缅、中巴经济走廊建设，推出一批重大支撑项目，加快基础设施互联互通，拓展国际经济技术合作新空间。"这说明，"一带一路"已经从最初的国际合作倡议发展成为一项国家发展战略。一个倡议以党的文件和政府文件的形式确定为国家发展战略，仅仅用了几个月的时间。"一带一路"倡议的提出标志着中国改革开放事业进入新时期。这个新时期的要求，构成"一带一路"倡议出台的主要原因，也构成了"丝绸之路经济带"的当代内涵。

第一，中国开放事业从主要以沿海地区开放为主转向全方位开放；从"引进来"为主，发展为"引进来"和"走出去"并重。

众所周知，中国在35年前开启的改革开放事业主要是对外开放，打开国门，引进国外资本、先进技术和管理经验，即所谓的"招商引资"。为了实现这个目的，我们根据世界经济一般规律和贸易规则，调整和理顺国内各种关系，与世界经济规则接轨，吸引国外的资本、技术和管理经验。在这方面我们做出巨大努力，取得巨大成功，加入世界贸易组织是一个重要的标志。这个战略的实施取得了巨大成绩，受到全世界的瞩目。

改革开放以来的35年是中国国民经济飞速发展的35年。1979~2012年，中国国内生产产值年均增长9.8%，而同时期世界经济年平均增速只有2.8%。中国经济总量不断增加。国内生产总值从1978年的3645亿元迅速跃至2012年的518942亿元。1978年中国经济总量居世界第十位，到2008年超过德国居世界第三位，2010年超过日本居世界第二位。人均国民收入从1978年的190美元上升到2012年的5680美元，按照通常的国际标准，我国已经跃升至上中等收入国家行列。改革开放以来的35年，是对经济结构调整和转变发展方式重要性的认识不断深化的35年。35年来，三次产业在调整中均得到长足发展，农业基础地位不断强化，工业实现持续快速发展，服务业迅速发展壮大。工业生产能力迅速提高，由一个落后的农业国成长为世界制造业大国。

建立开放的经济，与世界经济接轨，融入世界经济进程是中国前35年改革开放事业最重要的特点之一，也是我们取得成就的主要因素之一。但是，此前的开放主要是沿海地区的开放。现在，我们面临深化改革的历史任务，需要解决结构问题和区域发展差距等问题，为此我们提出了实施西部开发和东北振兴战略。沿边省区对外经济活动日益活跃，区域经济一体化要求日益迫切，在西部和沿边地区实施全方位对外开放，与区域经济体实施紧密合作成为时代趋势。我国大企业国际合作经验日渐丰富，走向国际市场的愿望日益强烈。因此，从"引进来"到"走出去"，是我国改革开放事业不断成熟的标志。

第二，中国周边国家和地区都在规划各种一体化和区域合作模式，美国也在中国周边谋划自己的区域经济合作模式，为此中国应提出自己的合作构想和应对理念。

近几年来，在经济全球化与区域经济合作日益密切的大背景下，出现一种现象：各国都希望与中国经济发展构建联系，或提出合作设想，或针对中国经济制定某种战略构想。我国周边已经出现或建成若干一体化设想或结构。美国在中亚先后提出"大中亚计划""新丝绸之路计划"，欧盟也曾经制定"中亚战略"，俄罗斯除具体实施欧亚经济联盟计划外，还提出远东和西伯利亚开发战略以及欧亚发展带构想，不仅如此，各种自由贸易区倡议及谈判都显示区域合作不断升温。

"丝绸之路经济带"倡议的提出，宣示了中国与地区国家合作的愿望和理念。这个倡议并不包含所谓的地缘政治博弈成分，而是倡导平等互利、包容互鉴、合作共赢、共同发展的理念。

第三，"丝绸之路经济带"倡议充分考虑了周边国家与中国的经济互补性和差异性，以及由这种互补和差异产生的机遇。这种互补性是中国与地区国家长期务实合作的重要基础。甚至欧亚经济联盟的建立也没有改变中国与地区国家经济结构的互补性。"丝绸之路经济带"倡议正是基于这种现实提出的。

"丝绸之路经济带"对于国内来说，是我们改革开放新时期的发展战略，而对于外部世界而言，则是一项互利共赢的合作倡议。"中印缅孟经济走廊"和"中巴经济走廊"设想的提出充分说明了"丝绸之路经济带"的现实意义。而随着"一带一路"倡议的提出和实施，我们将迎来区域经济合作的新阶段。

三　"丝绸之路经济带"的建设理念

"丝绸之路经济带"是联系欧亚各国经济体的纽带，体现的是中国"平等互利，包容互鉴，合作共赢，共同发展"的理念。

建设"丝绸之路经济带"的倡议是中国在新形势下提出的和平与合作

倡议，反映了中国在参与全球经济进程中的开放态度、合作诚意以及和平愿望，因此，"丝绸之路经济带"倡议倡导的是政治上平等相处，经济上互利共赢，文化上求同存异。"丝绸之路经济带"是和平、合作的纽带，是历史与现实的交融。"丝绸之路经济带"也是经济全球化时代经济发展与区域合作的必然产物。

第一，推进"一带一路"建设，要诚心诚意对待沿线国家，做到言必信、行必果。要本着互利共赢的原则同沿线国家开展合作，让沿线国家得益于我国发展。要实行包容发展，坚持各国共享机遇、共迎挑战、共创繁荣。要做好"一带一路"总体布局，尽早确定今后几年的时间表、路线图，要有早期收获计划和领域。推进"一带一路"建设要抓落实，由易到难、由近及远、以点带线、由线到面，扎实开展经贸合作，扎实推进重点项目建设，脚踏实地、一步一步干起来。

第二，推进"一带一路"建设，要抓住关键的标志性工程，力争尽早开花结果。要帮助有关沿线国家开展本国和区域间交通、电力、通信等基础设施规划，共同推进前期预研，提出一批能够照顾双边、多边利益的项目清单。要高度重视和建设一批有利于沿线国家民生改善的项目。要坚持经济合作和人文交流共同推进，促进我国同沿线国家教育、旅游、学术、艺术等人文交流，使之提高到一个新的水平。

第三，"一带一路"建设是一项长期工程，要做好统筹协调工作，正确处理政府和市场的关系，发挥市场机制作用，鼓励国有企业、民营企业等各类企业参与，同时发挥好政府作用。要重视国别间和区域间经贸合作机制和平台建设工作，设计符合当地国情的投资和贸易模式，通过机制化安排推进工作。要加大对外援助力度，发挥好开发性、政策性金融的独特优势和作用，积极引导民营资本参与。要统筹好部门和地区关系，各部门和各地区要加强分工合作、形成合力。

从具体举措而言，2015 年及今后一段时期推进"一带一路"建设的重大事项和重点工作主要应突出重点、远近结合，有力有序有效推进，确保"一带一路"建设工作开好局、起好步。要把握重点方向，陆上依托国际大通道，以重点经贸产业园区为合作平台，共同打造若干国际经济合作走廊；海上依托重点港口城市，共同打造通畅安全高效的运输大通道。

为此，首先要强化规划引领，把长期目标任务和近期工作结合起来，加强对工作的具体指导。要抓好重点项目，以基础设施互联互通为突破口，发挥对推进"一带一路"建设的基础性作用和示范效应。要畅通投资贸易，着力推进投资和贸易便利化，营造区域内良好营商环境，抓好境外合作园区建设，推动形成区域经济合作共赢发展新格局。要拓宽金融合作，加快构建强有力的投融资渠道支撑，强化"一带一路"建设的资金保障。要促进人文交流，传承和弘扬古丝绸之路友好合作精神，夯实"一带一路"建设的民意和社会基础。要保护生态环境，遵守法律法规，履行社会责任，共同建设绿色、和谐、共赢的"一带一路"。要加强沟通磋商，充分发挥多边、双边、区域、次区域合作机制和平台的作用，扩大利益契合点，谋求共同发展、共同繁荣，携手推进"一带一路"建设。

其次要以创新思维办好亚洲基础设施投资银行和丝路基金。发起并同一些国家合作建立亚洲基础设施投资银行是要为"一带一路"有关沿线国家的基础设施建设提供资金支持，促进经济合作。设立丝路基金是要利用我国资金实力直接支持"一带一路"建设。要注意按国际惯例办事，充分借鉴现有多边金融机构长期积累的理论和实践经验，制定和实施严格的规章制度，提高透明度和包容性，确定开展好第一批业务。亚洲基础设施投资银行和丝路基金同其他全球以及区域多边开发银行的关系是相互补充而不是相互替代，将在现行国际经济金融秩序下运行。

2014 年 10 月，中方倡议筹建亚洲基础设施投资银行，10 月 24 日，亚洲基础设施投资银行成立。2014 年 11 月 8 日，中国国家主席习近平宣布，中国将出资 400 亿美元成立丝路基金。丝路基金是开放的，欢迎亚洲域外的投资者参与。丝路基金将为"一路一带"沿线国家基础设施建设、资源开发、产业合作等提供融资支持。2014 年 11 月，在亚太经合组织第 22 次领导人非正式会晤期间，国家主席习近平出席亚太经合组织领导人同工商咨询理事会代表对话时指出，基础设施和互联互通建设是关系经济发展的基础性问题，也是区域经济一体化的重要手段。建立亚洲基础设施投资银行是天时、地利、人和使然，它同"丝绸之路经济带"和"21 世纪海上丝绸之路"建设相匹配，是惠泽各方的多赢之举，将同其他多边开发机构一道，为推进亚太经济融合和发展做出贡献。亚洲基础设施投资银行和丝路基金的建立对于推动"一带一路"建设具有重要意义，同时也证明中国政府积极参与区域经济合作的诚意和决心。

最后要通过"五通"，以点带面，从线到片，逐步形成区域大合作。一是加强政策沟通。各国可以就经济发展战略和对策进行充分交流，本着求同存异原则，协商制定推进区域合作的规划和措施，在政策和法律上为区域经济融合"开绿灯"。二是加强道路联通。上海合作组织正在协商交通便利化协定。尽快签署并落实这一文件，将打通从太平洋到波罗的海的运输大通道。在此基础上，我们愿同各方积极探讨完善跨境交通基础设施，逐步形成连接东亚、西亚、南亚的交通运输网络，为各国经济发展和人员往来提供便利。三是加强贸易畅通。丝绸之路经济带市场规模和潜力独一无二。各国在贸易和投资领域合作的潜力巨大。各方应该就贸易和投资便利化问题进行探讨并做出适当安排，消除贸易壁垒，降低贸易和投资成本，提高区域经济循环速度和质量，实现互利共赢。四是加强货币流通。中国和俄罗斯等国在本币结算方面开展了良好合作，取得了可喜成果，也积累了丰富经验。这一好的做法有必要加以推广。如果各国在经常项下和资本项下实现本币兑换和结算，就可以大大降低流通成本，增强抵御金融风险能力，提高本地区经济的国际竞争力。五是加强民心相通。国之交在于民相亲。搞好上述领域合作，必须得到各国人民支持，必须加强人民友好往来，增进相互了解和传统友谊，为开展区域合作奠定坚实的民意基础和社会基础。只要我们在实现五通方面付出努力，产生积极效果，"丝绸之路经济带"建设就会结出丰硕果实。

概括起来看，建设"丝绸之路经济带"的基本蓝图包括以下内容。

（1）以亚洲国家为重点方向，率先实现亚洲互联互通。"一带一路"源于亚洲、依托亚洲、造福亚洲，关注亚洲国家互联互通，努力扩大亚洲国家共同利益。

（2）以经济走廊为依托，建立亚洲互联互通的基本框架。目前，中方制定的"一带一路"规划基本成形。这包括在同各方充分沟通的基础上正在构建的陆上经济合作走廊和海上经济合作走廊。这一框架兼顾各国需求，统筹陆海两大方向，涵盖面宽，包容性强，辐射作用大。中方愿同有关国家进一步协商，完善合作蓝图，打牢合作基础。

（3）以交通基础设施为突破，实现亚洲互联互通的早期收获。丝绸之路首先要有路，有路才能人畅其行、物畅其流。中方高度重视联通中国和巴基斯坦、孟加拉国、缅甸、老挝、柬埔寨、蒙古国、塔吉克斯坦等邻国的铁路、公路项目，将在推进"一带一路"建设中优先部署。

（4）以建设融资平台为抓手，打破亚洲互联互通的瓶颈。2014年11月习近平主席宣布，中国将出资400亿美元成立丝路基金，为"一带一路"沿线国家基础设施、资源开发、产业合作和金融合作提供融资支持。

（5）以人文交流为纽带，夯实亚洲互联互通的社会根基。中国支持不同文明和宗教对话，鼓励加强各国文化交流和民间往来，支持"丝绸之路"沿线国家联合申请世界文化遗产，鼓励更多亚洲国家地方机构与我国省区市建立合作关系。

根据学者的估计，"一带一路"建设将涉及世界60多个国家，44亿人口，GDP规模超过21万亿美元，分别占世界的63%和29%，而且这些国家多数为发展中国家。这在某种程度上意味着，如果"一带一路"建设进展顺利，未来可能出现一个以发展中国家为主体的世界性新兴大市场。

四　"丝绸之路经济带"的创新意义

"一带一路"是中国与周边国家合作、发展的理念和倡议，是联系欧亚各国经济体的纽带。它借用古代"丝绸之路"的历史符号，高举和平发展的旗帜，积极主动地发展与沿线国家的经济合作伙伴关系，共同打造政治互信、经济融合、文化包容的利益共同体、命运共同体和责任共同体。"丝绸之路经济带"在国际合作与区域发展上的创新意义不容忽视。

第一，"丝绸之路经济带"追求的是互利共赢的理念。"丝绸之路经济带"作为一种多边合作的形式，追求的是一种共赢的理念，没有任何政治诉求。

之所以这样提出问题，是因为"丝绸之路经济带"的倡议开始曾经被误读，似乎这是中国对周边国家开展的经济扩张进程，追求地缘政治垄断或至少是地缘政治影响力。从严格意义上说，现代"丝绸之路经济带"并不是某种一体化进程，而是一种促进贸易和合作便利化的过程，合作过程中并不要求任何主权让渡，而是各国独立自主参与。这个过程将是经济互补、市场共容、赢利共享、共同发展的过程。

中国提出建设"丝绸之路经济带"不是追求某种一体化进程，更不追求建立某种共同体，而是致力于改善多边合作环境，建立有效的伙伴关系。"丝绸之路经济带"的设想是要为多边合作创造一种互利共赢的模式。它不是中国独享的，而是团结和包容的。加强基础设施建设，实现互联互通对区域内各种一体化进程只有好处，因为消除或缓解中亚地区基础设施薄弱状况会缩小各国间的经济发展差距，促进各国间的经济合作和融合。

目前在独联体内部、中亚地区存在各种不同形式、不同层次和不同水平的一体化进程，从初级的自由贸易区到关税联盟，从统一经济空间直至最终的欧亚联盟。那是完全不同性质的合作模式，独联体内部的一体化是建立紧密的合作甚至联盟关系，需要不同程度地做出主权让渡，而"丝绸之路经济带"是以项目带动合作、带动发展，是单纯的经济合作。这种合作将更少形式主义，更多实质性内容，将更加追求效率，更少官僚主义习气。"渝新欧"铁路运输合作项目的探索与实践充分证明了"丝绸之路经济带"倡议的前景。这就是通常说的加强贸易和使投资便利化，通过便利化措施促进各国间的经济贸易合作。

可见，"丝绸之路经济带"追求的是互利共赢的理念和结果。正因为如此，虽然2015年，俄罗斯主导的欧亚经济联盟已经开始运行，欧亚联盟国家对"丝绸之路经济带"仍然表现出极大的兴趣。哈萨克斯坦总统纳扎尔巴耶夫提出的"光明大道"战略与"丝绸之路经济带"构想所涵盖的内容有许多吻合之处，充分说明两国发展战略利益的一致性；吉尔吉斯斯坦不仅对"丝绸之路经济带"构想的实施充满期待，而且吉尔吉斯斯坦领导人多次强调吉经济与中国经济的密切联系和两国合作的重要性；白俄罗斯期待横跨欧亚的"丝绸之路经济带"能够给自己带来无限的商机；即使俄罗斯，也日益表现出对"丝绸之路经济带"的兴趣，甚至提出在"海上丝绸之路"方面也有合作的空间。

第二，"丝绸之路经济带"将促进中国与其他国家和地区的经济、文化与文明和谐发展。"丝绸之路经济带"所追求的不仅是建立互利的经济关系，而且要发展和谐的文化和文明交流。

"丝绸之路经济带"沿线国家和地区经济社会发展颇具特色，一方面是经济社会发展不平衡，经济政策差距大，社会稳定性较差；另一方面是经济结构、资源结构、市场结构和人口结构等具有很大的互补性，但是这种潜在的互补性难以变为现实。而以基础设施建设和互联互通为主要内容的"丝绸之路经济带"建设，必然会改善有关国家的经济社会发展环境，为多边和双边经济合作创造便利条件，从而实现共赢。

"丝绸之路经济带"沿线国家拥有丰富的历史文化基础，这里汇集了以儒家文化为代表的中华文化以及伊斯兰文化、东正教文化与当地文明相结合的现代文化的各种表现。每个国家都具有悠久的历史和多彩的文化传统以及与此密切联系的生活方式，这种历史文化传统必然反映到人的思维习惯、处事风格、外交特点等方面。"丝绸之路经济带"的发展将加强各国间的人文合作。人文合作、文化交流将加强各国人民之间的相互理解与友谊，从而提高各国间的政治互信，带动经济合作。

此外，"丝绸之路经济带"建设与目前存在的地区双边和多边合作机制并不相悖，更多的是对现有各种合作形式和机制的补充。比如上海合作组织是包括中国、中亚国家和俄罗斯的地区国际组织，在中亚地区安全保障方面发挥不可替代的作用，在促进成员国间经济合作方面已经取得显著成绩。但是，"丝绸之路经济带"建设不可能替代上海合作组织框架内的经济合作，更不可能弱化上海合作组织，相反，"丝绸之路经济带"建设将丰富和促进上海合作组织的合作，上海合作组织的存在和运转将为这个互利共赢的合作过程创造和平和谐的环境。同样，"海上丝绸之路"的建设也不可能取代诸如东盟 10 + 3 等现存机制，二者只能是互补关系。

第三，"丝绸之路经济带"连接的将是互利共赢的利益共同体和命运共同体。

"丝绸之路经济带"的倡议提出后，关于"丝路"的走向问题就成为各方议论的焦点。有关国家的朋友甚至直截了当地问，"丝绸之路经济带"是否经过他们的国家。这首先反映了各国对"丝绸之路经济带"建设的浓厚兴趣和对新型合作模式的期待。2014 年 11 月 8 日，国家主席习近平在"加强互联互通伙伴关系"东道主对话会上讲话时指出，我们要实现亚洲国家联动发展。亚洲各国高度重视互联互通，很多国家有自己的基础设施建设规划。现在，需要对接各国战略和规划，找出优先领域和项目，集中资源，联合推进。这有利于降低物流成本、创造需求和就业、发挥比较优势和后发优势，在全球供应链、产业链、价值链中占据有利位置，提高综合竞争力，打造强劲、可持续、平衡增长的亚洲发展新气象。与此同时，习近平主席也指出了实现互联互通的困难。主要表现在：各国制度和法律差异较大，各方需求千差万别，各类机制协调不尽如人意等，其中资金缺口最为突出，据亚洲开发银行测算，2020 年以前，亚洲地区每年基础设施投资需求高达 7300 亿美元。解决这些问题，仅靠一个或几个国家努力是做不到的，只有广泛建立伙伴关系，才能取得积极成效。目前拟议中的"中巴经济走廊"和"中印缅孟经济走廊"都遇到类似的问题。这些都是具有重要战略意义的双赢和共赢项目。任何国家都不可能单独完成这样的项目。而通过"丝绸之路经济带"建设，把各国的基础设施完善起来，贯通起来，形成网络，就可以实现互联互通，实现共同发展。

此外，我们处在一个变革和动荡的世界，世界安全面临挑战，地区安全面临威胁。在我们周边存在着许多不稳定因素和不安全因素，包括国家间矛盾、民族矛盾、不同宗教教派间的矛盾以及资源纷争、领土纷争等。而人类面临的各种非传统安全也在地区蔓延，如自然灾害、核武器扩散以及恐怖主义、分裂主义和毒品走私等恶势力。解决这些问题需要各国共同努力。发展是实现安全的基础，而保障安全的环境则是发展的必要条件。"丝绸之路经济带"建设将使各国更加关注共同发展，并为地区安全与稳定做出贡献。因此"丝绸之路经济带"连接的是利益共同体和命运共同体。

五 "丝绸之路经济带"的国际风险

"丝绸之路经济带"是一个新生事物，它既不是一个一体化机制，也不是什么国际或地区组织，而是一个互利合作与共同发展的倡议。虽然"丝绸之路经济带"建设已经成为中国国家发展战略，但是对于外部世界而言，它是作为区域经济合作倡议提出的，"丝绸之路经济带"建设将是一个自愿、自主、自由参与的过程。这一构想的落实，最终还是要依赖千百个具体的合作项目来充实。"丝绸之路经济带"是中国的倡议，但它不是中国自己的事，它是中国与沿线国家的共同事业。它开放、包容，不会画地为牢，欢迎世界各国和国际组织参与；它不刻意追求一致性，它高度灵活，富有弹性，是多元、开放的合作进程。

"丝绸之路经济带"，主要涉及周边国家，是一个大周边的概念，涉及中亚、南亚、东南亚以及俄罗斯和中东欧地区。中亚和俄罗斯在其中占有重要地位。中亚、俄罗斯以及独联体有关国家和地区不仅是我们重要的合作伙伴，也是我们与欧洲伙伴沟通的走廊。道路、能源和交通基础设施是中亚地区发展的薄弱环节，也是中国与中亚国家合作的重要领域。我们应该看到，实施这个倡议面临一系列问题与挑战。

第一，中亚问题。所谓中亚问题，指中亚的稳定、中亚的发展、地区安全和大国在中亚的地缘政治博弈等。中亚是我们的毗邻地区，中国与中亚五国都建立了友好的国家关系，这五国都是我们的战略伙伴。中亚面临的问题是我们必须认真对待的。这些问题中最主要的是中亚政治、经济和社会发展不平衡问题。中亚地区经历 20 余年的发展已经在政治、经济和社会领域取得巨大成绩。但是不平衡和不稳定仍然是中亚地区发展的主要特点。所谓不平衡，主要指中亚各国政治、经济和社会发展不平衡，发展水平和发达程度有很大差异；所谓不稳定，主要指内部和外部两种因素。内部因素主要指各国在建立独立国家的过程中，尤其在财产分配的过程中，都不同程度地经历了剧烈的社会动荡，而且这个过程仍然没有结束；某些国家的社会政治发展模式尚未确定，或现存的发展模式不适合国家的历史和文化传统，需要长期的磨合；权力交接体制不明朗。所谓外部因素，主要指中亚各国间存在一些历史遗留问题，如边界问题，水资源问题，相互之间的信任问题，等等。

第二，与三股势力的斗争。原为苏联加盟共和国的中亚地区是一个极其复杂的地区。这里是各种极端势力活动的地区。恐怖主义、分裂主义和极端主义三股恶势力非常猖獗，由于毗邻阿富汗，毒品种植和走私已经威胁到全世界。尤其在目前，极端主义和非法贩运毒品活动日益猖獗，已经严重威胁中亚和独联体地区的政治稳定和社会安全。目前，欧亚腹地的"伊拉克和黎凡特伊斯兰国""乌伊运""东突"等恐怖组织不仅在意识形态上合流，甚至在组织和人员上也开始合流。这种趋势若得不到有效遏制，将给"丝绸之路经济带"建设带来风险。

第三，大国在中亚的竞争。苏联解体后，中亚地区突然成为地缘政治影响的真空，但是这一状况很快被大国的竞争所代替。目前中亚已经成为大国关注的焦点和世界各种政治力量竞争的舞台。中亚的稳定是关系到各方利益的问题。中国首先关心的是中亚地区的安全与稳定，并在此基础上与中亚国家发展政治、经济和贸易关系。俄罗斯关心和关注中亚，因为中亚是俄罗斯大国战略和国家复兴的重要组成部分，中亚地区是俄罗斯安全屏障的南部边界；在经济上，中亚不仅是俄罗斯的重要市场，也是统一经济空间。美国对中亚的地缘政治考虑不仅仅在于阿富汗，而且也是其处理对俄、对华和实施亚洲战略的重要手段。"丝绸之路经济带"倡议在大国竞争的背景下往往被误读，认为这是继美国的"大中亚计划""新丝绸之路计划"以及俄罗斯的欧亚联盟战略之后的又一个地缘政治计划，是中美俄在中亚博弈的结果。实际上，"丝绸之路经济带"倡议并不谋求地缘政治目的，只不过是区域经济合作倡议，与俄罗斯主导的欧亚经济联盟并不矛盾，与欧亚经济联盟国家的经济互补性和利益契合点并未因为欧亚经济联盟的建设而改变。误读、误解"丝绸之路经济带"倡议将使这个倡议的实施遇到困难。

第四，国家间的分歧与潜在冲突。国家间冲突一般是多年形成的历史问题造成的，包括领土纷争、资源纷争、族际冲突等。欧亚地区存在诸多这类问题，如印巴之间的克什米尔问题，亚美尼亚和阿塞拜疆之间的"纳卡"问题，摩尔多瓦的德涅斯特河左岸问题，以及近些年独联体内产生的各种问题。中亚水资源问题的矛盾异常复杂，既有历史原因，也有发展问题，解决起来有难度，不解决又影响国家间关系和地区稳定。欧亚地区这种复杂的地缘政治态势对"丝绸之路经济带"的影响值得密切关注。

第五，乌克兰危机导致的地缘政治不稳定。乌克兰危机的爆发引发了地区地缘政治大博弈。参与这种博弈的不仅仅是乌克兰国内的各种利益集团，还有俄罗斯、美国、欧盟及其盟友。这场政治危机的发展已经影响全球能源市场、金融市场乃至全球经济。乌克兰危机不解决，独联体地区的政治、经济和社会环境将受到巨大影响，当然也会影响"丝绸之路经济带"框架下的合作。

第六，阿富汗的稳定问题。阿富汗问题不仅是通常说的恐怖主义和毒品贩运等问题，还涉及阿富汗内部稳定、民族和解、替代种植等问题。美国和北约军队撤离或部分撤离阿富汗并不能解决阿富汗发展和生存的问题。虽然阿富汗成功举行了总统选举，但是要实现民族和解和正常发展，还要走很长的路。因此,外界因阿富汗问题而对地区稳定的担心不无道理。

这些问题构成的挑战,对于"丝绸之路经济带"建设无疑是阻力,但是,以互利共赢为合作理念的"丝绸之路经济带"建设有助于这些问题的解决或缓解。

从这部《丝路列国志》可以看出,欧亚大陆各国政治制度、经济制度、文化历史传统都存在很大差异,各国发展水平参差不齐。但是,差距产生机遇,差异形成互补,只要相互包容,就能创造发展的奇迹!古丝路如此,现代丝路亦然!

历史上的"丝绸之路"并不是建设起来的,而是根据贸易需要自然形成的。在历史的"丝绸之路"上曾经充满繁荣、和谐、和平的气氛,当然也充满各种神秘与传奇。现代"丝绸之路经济带"也将是和平、和谐、合作的纽带,是各国经济交流、文化交融的友谊之路。

当我们设计这部《丝路列国志》时,曾经为应该将哪些国家列入的问题感到困惑。由于"丝绸之路经济带"建设是一个过程,一个自愿、自觉的过程,其走向和内容将由参与国和参与项目确定,因此我们只能大致确定一个范围。此外,我们认为,"丝绸之路经济带"既是一个具体的倡议,也是一个合作理念,是强调平等互信、包容互鉴、合作共赢的理念。值得指出的是,"丝绸之路经济带"与"海上丝绸之路"是一个整体,反映新时期中国对外开放的理念。因此,此书包含的国家只是我们大致考虑的范围。"丝绸之路经济带"将走向何方?这是一个经常被提及的问题,我们书中除部分亚洲国家外,只包含了中东欧国家,但是谁又能否认,这条合作共赢之路完全可以走得更长更远呢?

这部书中介绍了有关国家的基本国情,包括政治制度、政党制度、经济发展情况和社会状况,也介绍了国家发展简史和文化特色,还介绍了各国投资环境,尤其是投资政策方面的情况。因此,更准确地说,这部书就是一本咨询手册,便于读者查询和了解最基本的知识。由于我们的水平有限,书中难免有疏漏或瑕疵,恳请读者批评指正。

编者 谨识

2015 年 3 月

目 录

阿尔巴尼亚

（Republic of Albania）

一　国家基本信息

（一）地理概述

阿尔巴尼亚共和国位于巴尔干半岛西部，北邻黑山和塞尔维亚，东连马其顿，南接希腊，西隔亚得里亚海与意大利相望，国土面积 28748 平方公里。首都是地拉那（Tirana）。

（二）人口和民族

全国总人口 2876591 人（2017 年 1 月 1 日），其中绝大多数为阿尔巴尼亚族，少数民族主要有希腊族、马其顿族、黑山族、罗马尼亚族等。多数居民信奉伊斯兰教，少数居民信奉天主教或东正教。官方语言为阿尔巴尼亚语。

（三）简史

1190 年前后建立封建制公国。从 1415 年起被奥斯曼土耳其帝国统治近 500 年。1912 年宣布独立。在第一次世界大战中被意大利、法国和奥匈帝国等国占领。1925 年成立阿尔巴尼亚共和国。1928 年改共和国为王国。1939 年和 1943 年先后遭意大利和德国入侵。1944 年全国解放。1946 年成立阿尔巴尼亚人民共和国。1976 年改国名为阿尔巴尼亚社会主义人民共和国。1990 年发生制度剧变。1991 年改国名为阿尔巴尼亚共和国。

二　政治状况

（一）政体简介

1. 宪法

《阿尔巴尼亚宪法》于 1998 年 11 月 22 日由全民公决通过，11 月 28 日颁布。宪法规定：阿尔巴尼亚是议会制共和国，是统一和不可分割的国家，其统治建立在自由、平等、普遍和定期的选举制度基础上；实行多党制和三权分立，经济体制以私有制与公有制并存、市场经济和经济活动自由为基础。

总统为国家元首，由议会以秘密投票方式，经全体议员 3/5 多数选举产生，任期 5 年，可连任一届。现任总统伊利尔·梅塔（Ilir Meta）于 2017 年 7 月 24 日宣誓就职。

2. 议会

议会是国家最高权力机关和立法机构，采用一院制，设 140 个议席，每届任期 4 年。本届议会经 2017 年 6 月 25 日选举产生，共有 5 个政党进入议会，其中，社会党 74 席，民主党 43 席，争取一体化社会运动党 19 席。议长为格拉默兹·鲁茨（Gramoz Ruci）。

3. 政府

名为部长会议，是国家最高行政机关，由总理、副总理和各部部长组成，任期 4 年。总理由议会多数党提名、总统任命并由议会批准；各部部长由总统根据总理建议任免。本届政府由社会党一党组成，2017 年 9 月 13 日宣誓就职。政府下设 13 个部，总理为埃迪·拉马（Edi Rama）。

4. 司法

司法机构包括地方法院、上诉法院、最高法院、宪法法院及检察院。地方法院、上诉法院和最高法院均设民事、刑事和军事法庭。最高法院由 17 名成员组成，成员由总统任命，须经议会同意，任期 9 年，不得连任。其他法院法官由总统在最高司法委员会建议下任命。宪法法院由 9 名成员组成，成员由总统任命，须经议会同意，任期 9 年，不得连任，每 3 年更换 1/3 成员。总检察长由总统任命，须经议会同意，其他检察官由总统根据总检察长建议任免。目前，最高法院院长为捷扎伊尔·扎加尼奥里（Xhezair Zaganjori）。宪法法院院长为巴什基姆·戴迪亚（Bashkim Dedja）。总检察长为阿德里亚迪蒂克·拉拉（Adriatik Llalla）。

5. 政党

阿尔巴尼亚主要政党有社会党、民主党、争取一体化社会运动党等。

社会党，执政党。1991 年 6 月由劳动党更名而来。主张建设民主社会主义和以所有制多元化为基础的市场经济，推动加入欧盟，并优先发展与美国的关系。曾于 1997～2005 年执政，2013 年再度执政，2017 年继续执政。党主席为埃迪·拉马。

民主党，在野党。1990 年 12 月成立。主张实行民主制、私有化、市场经济和加入欧洲一体化进程。曾于 1992～1997 年和 2005～2013 年执政。党主席为卢尔齐姆·巴沙（Lulzim Basha）。

争取一体化社会运动党，在野党。2004 年 9 月由脱离社会党的部分党员成立。主张建立民主法治国家、消除贫困、改善民生、加入欧盟和北约。曾于 2009～2017 年执政。党主席为莫妮卡·科里埃马泽（Monika Kryemadhi）。

（二）政局现状

1. 2017 年议会选举虽因民主党抵制推迟一周，但基本平稳有序进行

自 20 世纪 90 年代初改制以来，阿尔巴尼亚已经举行 9 次多党议会选举，形成了民主党和社会党轮流执政的局面。议会选举往往伴随着党派间的激烈冲突，甚至社会动荡，以致欧盟把能否举行公正自由的议会选举作为对阿尔巴尼亚能否加入欧盟的考量，欧洲安全与合作组织也派国际观察员到阿尔巴尼亚监督选举。

2017 年，围绕即将举行的第 9 次议会选举，民主党发起长达 3 个月的抵制行动，并伴有街头抗议，直到 5 月底民主党才与社会党达成协议，以致选举比预定日期推迟一周进行。在 6 月 25 日的选举中，社会党以 48.34% 的选票和 74 个席位在议会中位居第一大党，民主党和争取一体化社会运动党以 28.85% 的选票、43 个席位和 14.28% 的选票、19 个席位分列第二、第三位。除个别地区出现不同党派支持者间的零星冲突外，选举过程基本平稳有序。欧盟和欧安组织组成的国际观察团对选举过程进行了监督，并予以肯定。

2. 社会党单独执政，有助于推进改革，但困难依然存在

社会党凭借超过议会半数的席位得以单独执政，能够不受执政伙伴掣肘推进改革。同时，因民主党遭受选举失利的打击，力量受损，选举前的紧张局面有所缓和，国内政治稳定有所加强。这也为社会党加速改革提供了有利条件。作为公共行政改革的重要步骤，社会党将新成立的政府由原先的 21 人精简为 15 人。新政府还将司法改革和经济发展作为政策重点，继续打击腐败和有组织犯罪，提高公共行政效率，加强司法独立，并通过一系列投资计划以推动经济发展。

然而，改革不可能一帆风顺，政府腐败和公共行政政治化等许多根深蒂固的问题仍是推进改革的重大障碍。争取一体化社会运动党虽然不再是社会党的执政伙伴，但其创始人、前主席伊利尔·梅塔就任总统，或可利用其有限的权力和在政界的影响力维护争取一体化社会运动党在政治舞台上的地位，对社会党的某些改革形成牵制。

3. 总体治安状况好转，但隐患犹存

近年来，阿尔巴尼亚总体治安状况有很大好转，很少发生恐怖袭击事件。但在 1997 年发生大规模武装动乱时，国家军火库被抢，枪支弹药散落民间，留下隐患，持枪抢劫、凶杀仇杀等恶性案件仍时有发生。此外，贩卖人口、走私毒品等有组织犯罪也时有发生。2016 年，首都地拉那共发生 640 起犯罪案件，比 2015 年多 191 起，逮捕 293 人；查获海洛因 6 公斤，比 2015 年多 3 公斤，还查获可卡因 3 公斤。

（三）国际关系

第二次世界大战后，阿尔巴尼亚加入苏联领导的社会主义阵营。20 世纪 60 年代，阿尔巴尼亚与中国的关系快速发展，并逐渐脱离苏联阵营。70 年代中期以来，阿中关系急剧恶化，阿尔巴尼亚走上闭关锁国的道路。从 80 年代中期起，阿尔巴尼亚开始实行较为灵活的对外政策，与外部世界的联系日趋频繁。90 年代初制度剧变后，阿尔巴尼亚对外政策发生质的变化，开始优先发展同西方国家的关系，寻求加入欧盟和北约。

1991 年，阿尔巴尼亚与欧共体建交。1999 年加入欧盟"稳定与联系进程"，2003 年启动《稳定与联系协议》谈判，2006 年与欧盟签署《稳定与联系协议》，2009 年递交入盟申请。2013 年 10 月，欧盟委员会建议给予阿尔巴尼亚欧盟候选国地位；12 月，欧盟成员国外交部长会议同意欧盟委员会的建议，但决定推迟到 2014 年 6 月召开欧洲理事会会议时再讨论给予阿尔巴尼亚候选国地位问题。2014 年 6 月，欧盟成员国外交部长会议同意接受阿尔巴尼亚为欧盟候选国，欧洲理事会会议给予确认。2016 年 11 月，欧盟委员会向欧洲理事会建议开启与阿尔巴尼亚的入盟谈判。

阿尔巴尼亚加入北约的进程较为顺畅。1994 年，阿尔巴尼亚加入北约"和平伙伴关系计划"；1999 年加入北约"成员国行动计划"；2008 年接到北约邀请；2009 年加入北约。

阿尔巴尼亚还注重发展与世界各国的关系，迄今已与 150 多个国家建立了外交关系，向 50 多个国家和国际组织派出了代表机构。此外，阿尔巴尼亚与科索沃联系密切，2008 年科索沃单方面宣布独立后，阿尔巴尼亚在第一时间予以承认。但阿尔巴尼亚执政当局一向与要求联合所有说阿尔巴尼亚语的人建立"大阿尔巴尼亚"的民族主义者保持距离。不过，2017 年 4 月，总理拉马表示，如果阿尔巴尼亚通往欧盟的道路受阻，将可能出现包括阿尔巴尼亚和科索沃的"较小的联盟"，引起塞尔维亚和该地区其他国家的焦虑，当然这在相当大程度上只是发泄对欧盟扩大进展缓慢的不满。2017 年 10 月，科索沃要求阿尔巴尼亚给予科索沃人公民资格，以便他们享有在申根区国家免签证旅行的待遇，遭到阿总理拉马的拒绝。

三　经济形势

（一）经济概况

1. 自然资源
阿尔巴尼亚的主要矿产资源有石油、铬、天然气、沥青、褐煤、石灰矿、铜、镍、铁等。探明石油储量约 4.37 亿吨，铬矿储量 3730 万吨。森林覆盖率约为 28.3%，水力资源较丰富，旅游资源开发前景看好。

2. 产业结构

农业用地面积 69.9 万公顷，约占国土面积的 24%，其中耕地面积 56.1 万公顷。主要农产品有烟草、无花果、橄榄、小麦、玉米、土豆、蔬菜、水果、糖用甜菜、葡萄、肉类、蜂蜜、奶制品和传统草药等。林业和渔业发展潜力较大。2014 年农业产值占 GDP 的比重为 22.67%。

主要工业品有香水和化妆品、食品和烟草、纺织品和服装、木材、石油、水泥、化工产品、矿产品、碱性金属、水电等。2014 年工业产值占 GDP 的比重为 14.95%。

服务业中的银行、通信和旅游业发展较快，特别是旅游业已成为阿尔巴尼亚政府的优先发展产业。2016 年 4 月，阿尔巴尼亚政府决定对涉及旅游业的项目提供高达 50% 的资金支持。2017 年 9 月，新政府在施政规划中强调要吸引更多内外资投向旅游业，将旅游业打造成经济增长和扩大就业的主要动力。

（二）近期经济运行状况

1. 宏观经济

20 世纪 90 年代初，阿尔巴尼亚开始由计划经济向市场经济转型。经济在 1991 年触底后回升。1993～1996 年，实际 GDP 的年均增长率都在 8% 以上，年通货膨胀率也从 1992 年的 226.0% 降到 1995 年的 7.8% 和 1996 年的 12.7%。但 1997 年因非法集资案引发的全国性武装动乱给经济造成严重打击，实际 GDP 下降了 10.2%，通货膨胀率升至 33.2%。1997 年 7 月就职的政府采取措施恢复公共秩序，复苏经济和贸易。1998 年经济止跌回升，到 20 世纪末，阿经济恢复到 1989 年水平。通货膨胀率也明显下降，1999 年为 0.4%。

进入 21 世纪后，经济继续保持平稳增长。2000～2008 年，除 2002 年实际 GDP 增长率为 2.9% 外，都保持在 5% 以上，2000 年、2001 年和 2008 年更是超过 7%。自 2008 年下半年起，国际金融危机和欧元区债务危机相继爆发，作为阿尔巴尼亚主要贸易伙伴、外资银行所有者和工人外出务工目的地的意大利和希腊经济低迷,直接影响阿尔巴尼亚的经济增长。2009年实际GDP增长率由上年的7.7%陡降至3.3%,且回升乏力。2012年实际GDP增长率只有1.4%,是1997年以来的最低点。2013年,由于选举年财政支出增加及从选举到新政府上台近3个月时间里看守政府无力亦无意采取措施促进经济增长,实际GDP增长率继续降至1.1%。2014年和2015年,因欧元区经济略有反弹有利于阿尔巴尼亚出口和出国务工工人汇回款项的增加,实际GDP增长率有所回升,分别为1.8%和2.6%。2016年,在能源领域外国直接投资流入和国内需求上升的驱动下,经济状况持续好转,实际GDP增长率提高到3.5%,是2010年以来的最好成绩。2017年,由于欧元区经济增长,意大利和希腊等阿尔巴尼亚主要出口市场需求扩大,阿实际GDP增长率升至4.0%。预计2018年和2019年,阿经济仍将维持增长势头,但碍于英国"脱欧"可能导致欧元区经济增长减速,特别对意大利经济造成不良影响,加之希腊实行紧缩政策,增加税收,以致其国内需求下降,两国对阿尔巴尼亚出口产品和出国务工工人的需求减少,阿尔巴尼亚的实际GDP增长率将略有下降,估计将分别为3.9%和3.8%。

通货膨胀率维持在较低水平。2000~2016年,除2002年通货膨胀率为7.8%外,其余年份均未超过3.6%,有些年份,如2000年和2003年,更是分别低至0.1%和0.5%。自2016年下半年起,受较高的全球石油价格和因水灾造成的某些地区食品价格上涨的影响,阿通货膨胀率有所提高,2017年第一季度通货膨胀率为2.4%;但随世界燃料价格下降,第二、第三季度通货膨胀率略降至2%和1.8%。估计2017年全年的通货膨胀率为2.0%。预计2018年和2019年,因国内消费增加,通货膨胀率将逐渐升至2.4%和2.6%。

表1 阿尔巴尼亚主要经济指标统计

年份	2013	2014	2015	2016	2017	2018	2019
名义GDP(亿美元)	128	132	114	119	136	150	156
实际GDP增长率(%)	1.1	1.8	2.6	3.5	4.0	3.9	3.8
通货膨胀率(%)	1.9	1.6	1.9	1.3	2.0	2.4	2.6
商品出口(FOB)(亿美元)	13.95	12.41	8.55	7.89	10	11.68	13.20

续表

年份	2013	2014	2015	2016	2017	2018	2019
商品进口（FOB）（亿美元）	−40.28	−41.70	−34.02	−36.71	−40.93	−44.81	−47.63
经常账户余额（亿美元）	−13.95	−17.03	−12.22	−11.43	−10.81	−12.27	−12.94
国际储备（亿美元）	27.73	26.65	31.39	31.09	32.88	33.82	33.71
汇率（列克/美元）	105.67	105.48	125.96	124.14	118.37	113.86	115.15

注：2017 年为估计值，2018 年和 2019 年为预测值。

资料来源：Country Report Albania，http://www.eiu.com。

2. 国际收支

2000 年以来，阿尔巴尼亚对外贸易基本呈增长态势，但贸易逆差较为严重。虽然得益于出国务工工人汇回的款项，经常转移平衡呈顺差状态，但不足以完全抵消贸易逆差，加上服务平衡和收益平衡在经常账户平衡中所占份额不大，因而经常账户赤字一直存在。

2012 年以来，对外贸易总额出现波动，但贸易逆差和经常账户赤字状况没有改变。2015 年，由于列克兑美元大幅贬值，对外贸易总额大幅下降，由 2014 年的 54.11 亿美元降至 42.57 亿美元。但贸易逆差和经常账户赤字有所缩小。贸易逆差由 2014 年的 29.30 亿美元缩至 25.47 亿美元，经常账户赤字由 2014 年的 17.03 亿美元缩至 12.22 亿美元，占 GDP 的 10.7%。主要出口商品为纺织品和鞋类、矿产品和燃料、建筑材料和金属、食品、饮料和烟草。主要进口商品为机械产品及零配件、食品、饮料和烟草、化工产品和塑料制品、纺织品和鞋类、建筑材料及金属。

2016 年，虽然受国际市场价格下跌影响，矿产品、能源和燃料出口受到冲击，但其他商品出口增长，出口额下降幅度不大，加之进口额有所增长，对外贸易总额略有上升，为 44.60 亿美元，贸易逆差略增至 28.82 亿美元。因服务平衡和收益平衡顺差均有扩大，经常账户赤字略降至 11.43 亿美元，占 GDP 的 9.6%。主要出口目的地是意大利、塞尔维亚、希腊和德国。主要进口来源地是意大利、德国、中国和希腊。

2017 年，燃料和其他商品价格回升促使矿产品和燃料、建筑材料出口增加，意大利经济状况好转，使其对阿尔巴尼亚纺织品和鞋类的需求扩大，同时也为阿尔巴尼亚经济增长带来更大的进口需求，阿进出口额均有显著增长，对外贸易总额增至50.93亿美元，贸易逆差略增至30.93亿美元。由于服务平衡顺差增长明显，经常账户赤字略有减少，为10.81亿美元，占GDP的8.0%。预计2018年和2019年将大体延续这一趋势，对外贸易总额分别为56.49亿美元和60.83亿美元，贸易逆差分别为33.13亿美元和34.43亿美元，经常项目赤字分别为12.27亿美元和12.94亿美元，分别占GDP的8.2%和8.3%。

3. 外债状况

2013~2016年，阿尔巴尼亚外债总额均在83亿美元以上，其中2013年高达88.216亿美元；外债占国民总收入的比重高于65%，其中2015年高达74.0%，经济对外债的依赖程度很高，偿债压力加大。

表2　阿尔巴尼亚外债统计

年份	2013	2014	2015	2016
外债总额（亿美元）	88.216	84.882	83.503	84.371
长期外债（亿美元）	67.216	64.621	63.139	61.575
公共外债和公共担保的外债（亿美元）	37.593	36.653	36.604	35.723
私人非担保的外债（亿美元）	29.623	27.968	26.535	25.852
IMF贷款使用（亿美元）	0.968	1.509	2.436	3.871
短期外债（亿美元）	20.032	18.752	17.928	18.926
外债/国民总收入（%）	68.9	65.0	74.0	71.0
偿债额/出口（%）	14.3	17.8	27.9	15.2

资料来源：International Debt Statistics Country Tables：Albania，http：//datatopics.worldbank.org/debt/ids/country/ALB#void。

4. 财政收支

2015年，阿尔巴尼亚财政状况有所改善，财政赤字占GDP的比重由2014年的5.2%下降到4.1%。2016年，由于采取更为紧缩的财政政策，打击偷税漏税，同时强势经济增长带来更高的税收，财政赤字大幅减少，仅占GDP的1.8%，这是自1994年以来最好的财政状况。2017年，因与议会选举有关的支出增加，财政赤字略有扩大，占GDP的2.1%。预计2018年和2019年，阿尔巴尼亚政府将继续实行紧缩性财政政策，打击逃税行为，财政赤字占 GDP 的比重将会逐渐减少，分别为 1.3% 和 0.9%。

四 投资状况

（一）外国投资状况

阿尔巴尼亚邻近西欧发达国家市场，劳动力资源丰富且成本不高，自然条件优越，对外资有一定的吸引力。20 世纪 90 年代初以来，外国直接投资大体保持增长势头。2016 年，外国直接投资流量从 2015 年的 9.45 亿美元增加到 11.24 亿美元。主要投资国有希腊、荷兰、加拿大、瑞士、奥地利、意大利、土耳其、荷兰等国。投资领域为金融、保险、电信、建筑和矿业等。

表 3 阿尔巴尼亚外国直接投资统计

单位：亿美元

年份	2011	2012	2013	2014	2015	2016
金额	8.76	8.55	12.66	11.10	9.45	11.24

资料来源：United Nations Conference on Trade and Development，World Investment Report 2017。

（二）投资环境

1. 投资政策

阿尔巴尼亚制定了《外国投资法》《知识产权保护法》《工业产权法》《商业公司法》《商业注册法》《破产程序法》《劳动法》《外国人法》等法律，同包括中国在内的许多国家签订了《关于鼓励和相互保护投资协定》和《关于对所得和财产避免双重征税和防止偷漏税协定》，加入了WTO 并成为《与国际贸易有关的知识产权保护协议》签字国，签署了国际《多边投资担保机构公约》。这些法律和协定有助于保护外国投资者的合法权益。

阿尔巴尼亚的投资主管部门是投资发展署。投资发展署由总理亲自挂帅的董事局领导，财政部，交通和基础设施部，经济发展、旅游、贸易和企业部，农业、农村发展和水资源管理部，市政发展部为董事成员单位。署长在董事局领导下负责日常工作。投资发展署下设投资和服务部、中小企业和出口部、商业协调和创新中心、市场和运营部。其中，投资和服务部的主要任务是寻找并联络潜在的外国投资者，向外国投资者推介可投资的领域和项目，提供信息和咨询服务，促进外国投资者与阿尔巴尼亚政府和商业主体间的联系，等等。投资发展署免费提供所有服务。

为吸引投资，阿尔巴尼亚给外国投资者提供各种便利条件，主要有：几乎所有产业都向外资开放，特别鼓励外国投资者在旅游、农业、交通、矿业、能源、建筑、加工、电信等行业进行投资；外国投资者可用现金、有形资产和无形资产进行投资，可建立各种形式的法律经济实体，可设立分公司或者公司代表处，可与企业以 BOT 的方式开展合作，特许经营权合同一般为 35 年，可延长，也可采用 PPP 的投资模式；给予外国投资者税收优惠，与投资有关的全部资产和合法所得均可自由汇出；外国投资者到阿尔巴尼亚投资无须审批，只需要在"全国注册中心"实行"一站式"注册，一天内即可完成；外国投资者可以以公司名义购买或租用阿尔巴尼亚土地使用权，租借期最长可达 99 年。2008 年以来，阿尔巴尼亚政府陆续批准了 9 个经济开发区，目前仍在建设中。2015 年 2 月，阿尔巴尼亚政府批准了一项针对经济开发区的财政优惠法案。2017 年 3 月，斯皮塔里经济开发区在三次招标失败后，重新开始招标。

2. 金融体系

阿尔巴尼亚中央银行是阿尔巴尼亚银行，负责发行和流通国家货币，编制、批准和执行国家货币政策，编制和执行外汇政策和汇率，保持和监管国家外汇储备，批准或撤销普通商业银行经营活动许可并监管其活动等。银行行长由总统提名、经议会批准，任期 7 年，可连任。银行总部设在地拉那。

阿尔巴尼亚有 16 家二级商业银行，均为私人银行，其中 14 家为外资银行。这些商业银行可自行规定借贷条件，任何外国投资者和法人都能从商业银行获得贷款。中资银行还没有在阿尔巴尼亚设立分支机构。

地拉那交易所目前只进行私有化债券交易，不进行其他证券交易。

自 1992 年起，阿尔巴尼亚实行本国货币列克的自由兑换和浮动汇率制，根据国内市场供求条件决定兑换率。阿尔巴尼亚银行负责管理外汇兑换市场，每天公布列克对其他主要外币的汇率，被授权的商业银行和外汇兑换所从事具体的兑汇业务。阿尔巴尼亚的公司或个人可自由买卖外汇，但在国外的银行和金融机构开立账户须经阿尔巴尼亚银行书面批准。外国投资者或法人可在阿尔巴尼亚开立银行外汇账户。个人出入境可携带 1 万美元以内等值外汇，无须申报。如超过这一数额，须出示相应的进境外汇申报单或银行出具的有关证明。个人汇出外汇每年累计不得超出 350 万列克的等值金额，超出部分须经阿尔巴尼亚银行出具书面同意证明。属于外国直接投资的资金和变卖设备款及因投资取得的合法收入，缴纳 10% 利润税和银行手续费后，可自由汇出。

3. 税收体系

阿尔巴尼亚的税收由中央税和地方税构成，中央税又分直接税和间接税。主要税种有企业所得税（利润税）、个人所得税、增值税、消费税、不动产税和进口关税等。一般按月度和年度定期申报纳税。

企业所得税（利润税）：征税对象为在阿尔巴尼亚注册的本国或外国企业以及本国企业来自世界各地的所得，采用累进税制。年营业额 0～200 万列克的企业，一年缴纳 2.5 万列克；年营业额 200 万～800 万列克的企业，按 7.5% 的税率纳税；年营业额 800 万列克以上的企业，按 15% 的税率纳税。

个人所得税：征税对象为阿尔巴尼亚居民来自世界各地的所得及非阿尔巴尼亚居民在阿尔巴尼亚境内的所得，采用累进税制。月收入 0～3 万（含 3 万）列克的个人免税；月收入 3 万～13 万（含 13 万）列克的个人，3 万列克以上部分按 13% 的税率纳税；月收入 13 万列克以上的个人，纳税金额为 1.3 万列克 ＋13 万列克以上部分 ×23%。

增值税：征税对象为所提供的商品和服务，以及进口商品。年营业额超过 800 万列克（或政府规定的其他金额）的自然人和法人及从事进出口业务的法人和自然人均须进行增值税注册，税率为 20%。进口商品入关时与进口关税同时缴纳，除非另有规定，税率为 20%；用于生产的、价值 50 万美元以上的机械设备免税。提供的金融服务、出口货物、货物再出口加工的服务、邮政服务提供的邮票或类似标志、药品生产所需的医疗设备、药物和包装材料、向央行提供金条（块）、钞票或货币等免税。

消费税：征税对象为在阿尔巴尼亚生产、消费或进口的咖啡、果汁等非酒精饮料，啤酒、葡萄酒等酒精饮料，烟草及其产品，石油、汽油、润滑油等能源产品，香水及类似芳香水、化妆品等。不同产品的税率不同，在进口和生产环节缴纳。用于生产 5 兆瓦以上电力或用于农业、工业或相关用途的石油产品，消费税可返还。石油生产企业所用油免税。

不动产税：征税对象为建筑物和农田。按不同类型和所在地区，建筑物征收每年每平方米 5 ~ 200 列克的房屋税，市区建筑全额征收，农村建筑减半征收；农田征收每年每公顷 700 ~ 5600 列克的农田税。2017 年，推出不动产税改革方案，按照建筑面积、用地面积及房产位置的不同，征收其市场价值的 0.075% ~ 0.15% 的不动产税。

进口关税：征税对象为进口商品。不同商品的税率不同，分别为 0%、2%、5%、6%、10% 和 15%，2014 年，平均关税税率为 1.33%。

五　双边关系

（一）政治关系

1949 年 11 月 23 日，阿尔巴尼亚与中国建立大使级外交关系。1954 年，两国互派大使。20 世纪 60 年代，中阿关系十分密切。1971 年，阿尔巴尼亚为恢复中国在联合国合法席位做出重要贡献。70 年代中期以来，阿中关系破裂。80 年代中后期，两国关系步入正常轨道。近年来，两国关系顺利发展。2009 年 4 月，阿尔巴尼亚总理萨利·贝里沙（Sali Berisha）对中国进行正式访问，并出席博鳌亚洲论坛 2009 年年会。两国共同发表《中华人民共和国与阿尔巴尼亚共和国关于深化传统友好合作的联合声明》。2010 年，中共中央政治局委员、中央书记处书记、中宣部部长刘云山访问阿尔巴尼亚；阿尔巴尼亚总统巴米尔·托皮（Bamir Topi）来中国出席上海世博会中国国家馆日活动。2011 年，中国外交部部长杨洁篪访问阿尔巴尼亚。2012 年，中共中央政治局委员、中共北京市委书记刘淇，武警部队副司令员戴肃军和全国政协副主席张榕明先后访问阿尔巴尼亚；阿尔巴尼亚外交部部长埃德蒙德·帕纳里蒂（Edmond Panariti）访问中国。2013 年，中共中央对外联络部副部长周力访问阿尔巴尼亚。2014 年，中阿共同庆祝建交 65 周年，阿尔巴尼亚总理拉马来中国出席夏季达沃斯论坛年会。2015 年，阿尔巴尼亚总理拉马访问中国香港，并在香港举办个人画展。2016 年，全国人大常委会副委员长吉炳轩，国务委员杨晶，中共中央书记处书记、中央纪委副书记赵洪祝访问阿尔巴尼亚；阿尔巴尼亚外交部部长迪特米尔·布沙蒂（Ditmir Bushati）、议长伊利尔·梅塔访问中国。2017 年，中国国务院副总理张高丽访问阿尔巴尼亚。此外，自 2012 年起，阿尔巴尼亚总理或副总理均会参加每年一度的中国 – 中东欧国家领导人会晤。

（二）双边贸易

1954 年，中国与阿尔巴尼亚签署政府记账贸易协定。1954～1978 年，特别是 20 世纪 60 年代，中国给予阿尔巴尼亚大量经济援助。1979～1982 年，中阿贸易关系一度中断。1983 年，两国恢复贸易往来。1992 年，改记账贸易为现汇贸易。1993 年，《中华人民共和国政府和阿尔巴尼亚共和国政府贸易协定》签订，双边贸易开始稳步增长。2016 年，双边贸易额为 63557 万美元，比 2015 年增长 13.9%，其中，中方出口为 50652 万美元，增长 17.7%，中方进口为 12905 万美元，增长 0.9%。中国对阿尔巴尼亚出口商品主要是机械设备和零部件、纺织品和鞋类、建筑材料及金属，进口商品主要是矿产品。中国成为阿尔巴尼亚第三大贸易伙伴、第三大进口来源地及第七大出口目的地。

表 4　中国与阿尔巴尼亚贸易统计

年份	进出口额（万美元）	中国出口额（万美元）	中国进口额（万美元）	累计比上年同期增减（%）		
				进出口	出口	进口
2013	56405	32431	23974	15.8	− 5.7	67.5
2014	56892	37929	18963	1.7	16.8	− 19.3
2015	55930	43038	12892	− 1.5	13.8	− 31.9
2016	63557	50652	12905	13.9	17.7	0.9

资料来源：根据中国海关统计，由商务部欧洲司办公室整理。

（三）双边经济合作

1989 年，中国与阿尔巴尼亚签署《关于成立中华人民共和国政府和阿尔巴尼亚共和国政府经济技术合作混合委员会协议》。1993 年，两国签署《中华人民共和国政府和阿尔巴尼亚共和国政府关于鼓励和相互保护投资协定》。2004 年，两国签署《中华人民共和国政府和阿尔巴尼亚共和国政府关于对所得和财产避免双重征税和防止偷漏税协定》。2013 年，中国人民银行同阿尔巴尼亚银行签署中阿双边本币互换协议。2015 年和 2016 年，两国两次签署《中华人民共和国政府和阿尔巴尼亚共和国政府经济技术合作协定》。这些协定为两国经济合作提供了法律和机制保证。2016 年，两国积极推进农业合作，探讨在农业机械、农业水利灌溉和农业领域人力资源开发等方面合作的可能性。中阿农用挖掘机项目成功启动，河北省农业代表团与阿尔巴尼亚农业部商签合作意向联合声明。此外，加拿大班克斯石油公司将其股份出售给中国洲际油气公司，转让其在阿尔巴尼亚所拥有的石油勘探与开发权利。中国光大控股有限公司与香港富泰资产管理有限公司合资成立的 KDL 公司收购了地拉那国际机场 100% 的股份，接管机场的特许经营权至 2025 年，并在阿尔巴尼亚政府批准后延长至 2027 年。2016 年，中国企业在阿尔巴尼亚投资流量 1 万美元，年底的投资存量 727 万美元。中国企业在阿尔巴尼亚承包工程完成营业额 896 万美元，派出人员 135 人，2016 年底在阿尔巴尼亚的中国劳务人员有 76 人。2017 年 11 月，中国贸促会首次组团参加地拉那国际博览会，并在博览会期间举行了中阿企业对接交流会。

六　总体风险评估

自 20 世纪 90 年代初改制以来，阿尔巴尼亚在建立多党制、议会制、市场经济和"回归欧洲"道路上取得显著进步。政治上形成民主党和社会党轮流执政的局面，政局基本稳定；经济虽因国际金融危机和欧元区债务危机冲击增速放缓，但保持正增长，近年来更是呈上升势头，财政状况也有所改善；阿尔巴尼亚已经加入北约，入盟进程也在逐步推进。但政府腐败和公共行政政治化等问题仍是其改革面临的重大困难，长期存在的贸易逆差、经常账户赤字和居高不下的外债水平成为经济发展的主要障碍。2017年，国际信用评级机构标普和穆迪确认对阿尔巴尼亚的评级分别为B＋和B1，评级展望为稳定。

阿尔巴尼亚邻近西欧发达国家市场，自然条件较好，劳动力资源丰富，且成本比西欧国家低，政府还制定了一些鼓励外国投资的政策法规，这些对外资有一定的吸引力。但公共行政和司法体系尚存缺陷，腐败现象严重，治安状况仍有隐患，基础设施不够完善，税收负担较重，投资环境还有待进一步改善。大力吸引外国投资将是阿尔巴尼亚政府的一项长期任务。

中国与阿尔巴尼亚有着深厚的传统友谊和发展关系的坚实基础。近年来，两国关系不断巩固，"16＋1"合作和"一带一路"倡议的提出更为两国关系发展提供了重要的平台和难得的机遇。但双边贸易和经济合作规模偏小，相互投资尤其微乎其微，经贸合作仍有很大的提升空间。两国应共同努力，将友谊与互信转化成更多务实合作的成果，推动扩大贸易规模和双向投资，加强在农业、基础设施、旅游、文化教育等领域的合作，携手推进"一带一路"建设。

（高歌）

阿富汗

（The Islamic Republic of Afghanistan）

一　国家基本信息

（一）地理概述

阿富汗伊斯兰共和国（简称阿富汗）位于中亚，北与土库曼斯坦、乌兹别克斯坦、塔吉克斯坦三国交界，东与中国接壤，东南方与巴基斯坦交界，西同伊朗交界。阿富汗是一个内陆国家，最大的兴都库什山脉自东北斜贯西南。阿富汗属大陆性气候，全年干燥少雨，冬季寒冷，夏季炎热，全国年平均降雨量仅 240 毫米左右。首都喀布尔（Kabul）则气候宜人，四季分明，全年平均气温 13℃左右。

（二）人口和民族

截至 2016 年，阿富汗人口数量约为 3400 万人。阿富汗约有 30 个民族，主要民族有 21 个，其中普什图族约占 40%，塔吉克族约占 25%，哈扎拉族约占 19%，乌兹别克族占 8%（由于阿富汗多年未进行人口普查，各民族准确人数和占比难以确定，不同数据来源差距较大），其余还有土库曼、俾路支、恰拉马克、努里斯坦、吉尔吉斯、帖木里等 20 多个少数民族。南部地区包括阿巴、阿伊接壤地区，主要居民是普什图族人；与中亚国家接壤地区主要居民是塔吉克、乌兹别克、土库曼族人；哈扎拉族主要分布在中部巴米扬、戴孔迪、加兹尼等省。

（三）简史

阿富汗王国建立于 1747 年，一度强盛。19 世纪后，国力日衰，成为英国和沙俄的角逐场。1919 年，摆脱英国殖民统治获得独立，8 月 19 日为独立日。1979 年 12 月，苏联入侵阿富汗，1989 年 2 月，苏军撤出。后因抗苏武装各派争权夺势，阿富汗陷入内战。塔利班 1994 年兴起，1996 年 9 月攻占喀布尔，建立政权。1997 年 10 月，改国名为"阿富汗伊斯兰酋长国"，实行伊斯兰教法。2001 年，美国小布什政府发动阿富汗战争，推翻了塔利班统治。2004 年 10 月，哈米德·卡尔扎伊成为阿富汗第一位民选总统，但实际上，阿富汗仍处于美军的占领之下。2014 年，在多年军事行动收效甚微的情况下，美国决定从阿富汗撤军。

二 政治状况

（一）政体简介

1. 宪法

1923 年宪法是阿富汗历史上第一部宪法，它在维护国王绝对统治的同时，首次规定设立具有咨询职能的国务议事会，试图对王权进行某些限制。1931 年宪法规定，由首相领导中央行政机构，且用两院制议会取代国务议事会，议会的职能也有所增强。这部宪法还促进了司法体系的世俗化发展。1964 年宪法第一次赋予议会立法创制权，以及公民民主参政等权利，强调三权分立和制衡等现代政治思想，并进一步促进了政教分离，尤其是司法与宗教分离的世俗主义精神的发展。2002 年 1 月至 2004 年 1 月，阿富汗过渡政府沿用前国王查希尔颁布的 1964 年宪法。2004 年 1 月 26日，阿富汗过渡政府总统卡尔扎伊签署颁布新宪法，确立国名为"阿富汗伊斯兰共和国"，实行总统制。

2. 议会

根据阿富汗宪法，国民议会是国家最高立法机关，由人民院（下院）和长老院（上院）组成。下院共 249 个席位，其中 239 个按照各省人口比例分配，剩余 10 个分配给游牧民族。每省至少要选出 2 名女性议员，议员年龄须满 25 岁，每届任期 5 年。上院共 102 个席位，其中 1/3（34 个）由区议会选出，任期 3 年；1/3 由省议会选出，任期 4 年；1/3 由总统提名，任期 5 年。总统提名的议员中，女性至少须占 50%，且须包括 2 名残疾人代表和 2 名游牧民族代表。议员年龄必须在 35 岁以上。国民议会有权弹劾总统，但须召集支尔格大会并获得 2/3 以上多数通过才能免除总统职务。现议会于 2010 年 9 月选举产生，2011 年 1 月正式运行。原计划 2015 年 6 月进行改选，但因故推迟，迄今未能举行。现任长老院主席为法扎尔·哈迪·穆斯利姆亚尔，人民院议长为阿卜杜尔·拉乌夫·伊卜拉希米。

支尔格大会，又称大国民议会。根据阿富汗新宪法，支尔格大会是阿富汗人民意愿的最高体现。由议会上下两院议员、各省议会议长组成，负责制定和修改宪法，批准国家其他有关法律；有权决定涉及阿富汗国家独立、主权、领土完整和国家利益等问题；审议总统提交的内阁组成名单；内阁部长、最高法院法官和大法官可以列席会议，会议不定期举行。2002 年 6 月，阿富汗召集紧急支尔格大会，选举产生以卡尔扎伊为总统的阿富汗过渡政府。2003 年 12 月，阿富汗召开制宪支尔格大会，制定并通过新宪法。2010 年 6 月，阿富汗召开和平支尔格大会，呼吁塔利班等组织参与政治和解进程。2011 年 11 月，阿富汗召开支尔格大会，讨论阿富汗同美国商签战略伙伴关系文件。2013 年 11 月，阿富汗召开支尔格大会，通过了阿美《双边安全协议》草案。

3. 政府

总统为国家元首，是国家最高行政执行者。总统在行政、立法和司法领域具有特权。总统由全国人民选举产生，任期 5 年。各部部长由总统提名，议会任命。2014 年 9 月，在阿富汗新一轮大选中，前财政部部长穆罕默德·阿什拉夫·加尼（Mohannad Ashraf Ghani）当选阿富汗总统，并于 9 月 29 日宣誓就职，任期 5 年。

4. 司法

阿富汗司法机构系统分为三级。基层为地方法院，全国约有 350 个。中层为上诉法院，分设于阿富汗各省。高层为最高法院，设在首都喀布尔。大法官是最高执行者，由总统任命。

（二）政局现状

阿富汗政党政治起步较晚，1964 年，阿富汗封建君主制王朝开放党禁，人民民主党等各类政党先后建立，开始在政坛上发挥作用。20 世纪 70 年代末，苏联入侵阿富汗后，亲苏的人民民主党得到扶植，其他小党则失去生存空间；90 年代，历经 4 年全面内战及塔利班的严酷统治，阿富汗政党发展基本停止。21 世纪以来，随着塔利班政权垮台和过渡政府成立，阿富汗回归议会政体。一些在抗击苏联入侵以及反塔利班战争中成长起来的武装组织和政治势力转型为政党并步入政坛，政党政治重获新生。2003 年，过渡政府颁布《政党法》和《政党登记办法》，登记注册的政党达 100 多个，但其中绝大多数政党几无活动，处于有名无实状态。2009 年，阿富汗通过新修订的《政党法》，提高政党注册门槛，38 个政党重新登记成为合法政党，其中规模较大的政党有民族运动党、伊斯兰民族阵线、伊斯兰统一党、伊斯兰促进会等。阿富汗首都喀布尔近年来多次发生严重自杀式汽车炸弹袭击，阿富汗塔利班宣称对炸弹袭击事件负责。接连发生的恐怖袭击事件，凸显了自美国 2001 年发动阿富汗战争以来，该国脆弱的安全局势依然在恶化。

（三）国际关系

阿富汗重建主要依赖西方国家的支持和援助，2002～2010 年，阿富汗共接受外援 556 亿美元。阿富汗政府外交以寻求援助为中心，积极发展同美、日和欧盟等西方国家关系。阿富汗也重视发展与周边国家关系及参与区域合作。2002 年，阿富汗同包括中国在内的 6 个邻国共同签署《喀布尔睦邻友好宣言》《〈喀布尔睦邻友好宣言〉签署国政府关于鼓励更紧密的贸易、过境和投资合作的宣言》《喀布尔睦邻友好禁毒宣言》。2005 年 10 月，阿富汗成为中亚区域经济合作组织成员；11 月，与上海合作组织建立联络组；同月，成为南亚区域合作联盟成员。2012 年 6 月，阿富汗成为上海合作组织观察员国。阿富汗还利用地缘优势，力争成为本地区贸易和交通枢纽。

1. 与美国关系

阿富汗与美国于 1934 年建交。"9·11" 事件后，美国全面主导阿富汗和平进程和经济重建，向阿富汗提供巨额经济援助。美国还协同北约向阿富汗地方派遣省级重建队（PRT）。

2005 年，阿美建立战略合作关系并签署联合宣言，内容包括美国在民主治理、经济发展、维护安全等方面向阿富汗提供帮助，继续使用经双方同意的军事设施，在与阿富汗协商一致的基础上享有在阿富汗开展适当军事行动的自由等。美国是目前对阿富汗最有影响力的国家，也是阿富汗战后和平重建的主导者和主要援助来源国。美国很大程度上决定着阿富汗国内的发展趋势和政坛走向。卡尔扎伊在执政后期，对美国态度一度强硬。2014 年阿富汗民族团结政府上台后，与美国继续保持紧密合作的关系。

2011 年 6 月，美国总统奥巴马宣布了从阿富汗撤军方案。2014 年 10 月 26 日，美国及北约正式宣布结束在阿富汗的作战任务，但留下了约 1.3 万名官兵。2015 年之后，考虑到阿富汗安全形势日益恶化，美国一再宣布推迟从阿富汗撤军的进程，在 2016 年大部分时间里维持 9800 人的驻军规模。2016 年 7 月 6 日，美国总统奥巴马宣布在其任期内将驻阿富汗美军规模维持在 8400 人。特朗普政府上台后出台了对阿富汗新战略政策，但阿富汗未来政治和安全局势仍存在较大不确定性。

2. 与中国关系

阿富汗和中国是传统的友好邻邦，两国友好关系历史悠久。1955 年 1 月 20 日，中阿正式建交，双边关系发展顺利。2012 年，两国建立战略合作伙伴关系。中国政府一直积极支持、推动和参与阿富汗重建进程，得到阿富汗政府和人民的热烈欢迎。民调显示，阿富汗民众对中国的好感度排名第二。同时，阿富汗欢迎中国政府提出的"一带一路"建设倡议。2016 年 1 月，阿外长拉巴尼访华；2 月，中国中央军委联合参谋部参谋长房峰辉访问阿富汗；5 月，阿富汗首席执行官阿卜杜拉访问中国。2017 年 6 月，习近平主席在出席上合组织阿斯塔纳峰会期间会见阿富汗总统加尼；同月，中国外交部部长王毅访问阿富汗。

3. 与印度关系

2001～2016 年，印度共向阿富汗提供 20 多亿美元援助。印度在阿富汗设有大使馆和 4 个总领馆。2006 年至 2013 年，卡尔扎伊总统任期内曾 8 次访问印度，双方就印度援助阿富汗重建、加强反恐合作、推动两国经贸往来和区域合作等问题达成共识。2011年10月卡尔扎伊总统访问印度期间，两国宣布建立战略合作伙伴关系。2015年4月，阿富汗总统加尼访问印度，同年12月，印度总理莫迪访问阿富汗，并出席由印度援建的阿富汗新议会大楼落成典礼。2016年6月，印度总理莫迪再次访问阿富汗，并出席由印度援建的萨尔玛水电站竣工仪式。9月，阿富汗总统加尼访问印度，印度总理莫迪宣布印度将再向阿富汗提供10亿美元的援助。12月，加尼赴印度出席阿富汗问题伊斯坦布尔进程第六次外长会议。2017年6月，阿印开通货物运输"空中走廊"。

4. 与俄罗斯关系

塔利班统治期间，俄罗斯支持反塔利班联盟。阿富汗新政府成立后，俄罗斯即恢复与阿富汗关系。俄罗斯支持阿富汗和平进程和战后重建，强调联合国应在阿富汗问题上发挥主导作用，关注阿富汗毒品问题，主张在阿富汗周边建立禁毒"安全带"。迄今为止，俄罗斯除已向阿富汗重建提供3000万美元援助外，还免除了阿富汗欠俄的110亿美元债务。2011年6月，两国签署协议，双方将设立经济合作联委会，提升双方经贸关系，促进俄罗斯在阿富汗投资，并使阿富汗获得更多援助。2016年，阿俄第三届经贸联委会召开，俄罗斯同意免除阿富汗长期拖欠的债务，并促进对阿富汗投资。

5. 与伊朗关系

伊朗是阿富汗西部重要邻国，也是阿富汗最重要的贸易伙伴国之一，两国有着深厚的历史、文化、宗教和民族渊源。伊朗在阿富汗有一定影响力，至今仍接纳有200多万阿富汗难民。塔利班垮台后，伊朗积极参与阿富汗战后重建，尤其是重点援建与其毗邻的赫拉特省，使其成为阿富汗经济最发达的省份之一。目前，双方已在反恐、禁毒、卫生医疗、经贸投资、港口和边境铁路建设等领域签署了一系列合作文件。尤其是伊朗、阿富汗、印度三国联合在伊朗境内建设恰巴哈尔港，增强了伊朗对阿富汗的影响力。

6. 与巴基斯坦关系

巴基斯坦是阿富汗重要邻国，也是阿富汗最重要的贸易伙伴之一。但两国关系因历史等因素长期不睦，塔利班问题对两国关系影响较大。近年来，在国际社会积极协调下，两国关系出现并大体保持向上发展的势头，两国领导人接触频繁，双方就合作打击恐怖主义、促进经贸往来和人员交流等方面达成共识，并多次表示愿意积极推动两国关系。2015 年 7 月，因阿富汗和解进程中断，喀布尔安全形势日益恶化，两国关系出现困难。同月，巴基斯坦陆军参谋长拉希尔访问阿富汗，两国关系出现转圜。2017 年 3 月，巴基斯坦因国内恐怖袭击事件关闭两国边境口岸长达一个月之久，给阿富汗对外贸易造成严重冲击。随后两国边境冲突不断，目前双方关系较为紧张。

7. 与联合国关系

联合国对推动阿富汗和平进程发挥了重要作用。2001 年 12 月，联合国主持启动"波恩进程"，向阿富汗派遣国际安全援助部队（ISAF）协助维护治安。2002 年 3 月，联合国阿富汗援助团（UNAMA）成立，帮助阿富汗政府维护稳定、保障人权、推进经济和社会发展。此外，联合国还积极推动国际社会多次召开援助阿富汗国际会议。2017 年 6 月 14 日，联合国秘书长古特雷斯突访阿富汗。

三 经济形势

（一）经济概况

1. 自然资源

阿富汗矿藏资源丰富，但基本未开发，被称为"躺在金矿上的穷人"。据阿富汗政府估测，阿富汗的能矿资源价值超过 3 万亿美元（美国军方估测大约价值 1 万亿美元）。已经发现 1400 多处矿藏，包括铁、铬铁、铜、铅、锌、镍、锂、铍、金、银、白金、钯、滑石、大理石、重晶石、宝石和半宝石、盐、煤、铀、石油和天然气等。著名矿藏包括哈吉夹克铁矿、埃纳客克铜矿、巴米扬煤矿、赫拉特锂矿、阿姆达利亚油气田、阿富汗－塔吉克盆地油气田等。

据阿方介绍，阿富汗煤炭储量大约超过 4 亿吨，铁矿储量约为 100 亿吨，钼矿 3000 万吨、铜 2000 万吨、大理石 300 亿立方米、天然气 1.18 万亿～19.15 万亿立方米，石油 3.91 亿～35.6 亿桶，凝析油气 1.26 亿～13.3 亿桶。这些储量有待进一步勘探确认。

2. 产业结构

阿富汗产业发展不平衡：农业生产停滞不前，工业发展落后，服务业迅速崛起。

农牧业是阿富汗国民经济主要支柱，农牧业人口占全国总人口的85%。可耕地面积占全国土地总面积的 12%，森林面积占 3%，牧草地面积占 46%，山区面积占 39%。农业耕种技术和水平与中国 20 世纪六七十年代状况相似，缺少现代化的高科技农业设施。粮食不能自给自足，每年需要国际援助或进口解决粮食短缺问题。受自然地理条件限制，阿富汗几乎没有大型农场。主要农作物包括小麦、大麦、水稻、玉米、棉花、干果以及各种水果、畜牧业是阿富汗农业重要组成部分，畜牧业主要以放养为主，有绵羊、山羊、牛以及家禽等。

据统计，2016～2017 财年，阿富汗粮食产量 552.5 万吨，同比下降4.7%。其中，小麦 455.5 万吨，同比下降 2.5%；稻谷 35.7 万吨，同比下降13%；大麦 30.2 万吨，同比下降 25.1%；玉米 31.2 万吨，同比下降 14%。

阿富汗的藏红花比较有名，屡次在国际评比中获奖。近年来，阿富汗有意将其打造为重点出口农产品之一，并取代青金石作为国宾礼品。2016～2017 财年，阿富汗藏红花种植面积达 2540 公顷，产量为 5970公斤。

2016～2017 财年，阿富汗共生产葡萄 87.5 万吨，苹果 14.1 万吨，石榴 10 万吨，杏仁 3.3 万吨，桃子 1.5 万吨，棉花 5.9 万吨。

表 1　阿富汗畜牧业统计

单位：万头/万只

年度	牛	绵羊	山羊	鸡	骆驼	毛驴	骡子	马
2013	524.4	1382	731.1	1321.2	17.4	142.3	2.4	17.8
2014	523.5	1314.1	703.7	1205.3	17.0	145.1	2.1	17.1
2015	534.9	1348.5	705.9	1109.8	17.1	144.1	2.4	17.1
2016	526.1	1321.8	772.3	1186.3	17.0	148.1	2.5	17.3
2017	523.4	1326.5	744.8	1189.9	17.0	147.2	2.5	17.1

资料来源：根据阿富汗中央统计局资料整理。

多年战乱使阿富汗工业基础几近崩溃，缺少完整的工业体系，工业产值仅占 GDP 的 1/5。从行业来看，阿富汗以轻工业和手工业为主，主要有化工、建材、制造、制药、印刷、纺织、皮革、地毯、农产品加工等。从企业来看，阿富汗基本没有大型企业，主要以中小型企业为主。现在的企业中，发电厂、水泥厂等规模企业屈指可数，多数企业属于劳动密集型、作坊式的初级加工厂，规模小、生产工艺落后、设备老化、仓储简陋，缺少产品质量标准和质量检测机构，产品主要面向国内市场。阿富汗政府希望内资、外资投资建设规模企业，但因战乱，多数计划未能落实。

表 2　阿富汗工业企业数统计

单位：家

行业/年份	2013	2014	2015	2016	2017
化工	52	55	40	41	38
建材	105	99	83	79	72
机械和金属加工	75	72	65	61	58
制药	11	11	8	8	10
印刷	70	79	70	72	70
木材和造纸	28	25	19	19	17
轻工业	68	66	60	60	55
食品工业	192	189	173	173	189
其他	189	185	170	165	155
总计	790	781	688	678	664

数据来源：根据阿富汗中央统计局资料整理。

战后，阿富汗服务业发展最快。服务业产值占 GDP 的比重由 2006～2007 财年的 33% 升至 2016～2017 财年的 51.63%，尤其是金融、通信、物流业发展迅速。其中，通信产业发展最快，也是外商投资最集中的行业之一。但由于西方人经常出入的高档宾馆、购物场所是武装分子集中袭击的对象，因此涉外服务业务受到较大的冲击。

阿富汗通信业起点低，但发展迅速，成为阿富汗吸引外资的主要行业，是阿富汗发展最快的产业和经济发展的主要支柱，也是阿富汗政府收入最多的部门之一。全国 34 个省均已开通通信服务。截至 2016～2017 财年，全国共有邮局 464 个，固定电话线 46.7 万条；手机 SIM 卡销售量从 2002 年的 1.5 万张增加到目前的近 3024 万张。互联网从零起步，目前国内大约有 142 万互联网用户。

主要通信企业有 5 家，分别是：阿富汗电信公司（Afghan telecom），MTN 阿富汗公司（MTN-Afghanistan）、罗山电信公司（ROSHAN）、阿富汗无线通信公司（Afghan wireless communication company）和埃提萨拉特电信公司（Etisalat telecommunication corporation）。

阿富汗国内有较为丰富的能矿资源，阿富汗也将能矿产业作为国家战略重点产业。但因多年战乱，阿富汗能矿产业目前只有小规模的"个体"式开发活动，尚未形成产业，对阿富汗 GDP 的贡献率很小。2012～2016 年，采矿业产值分别是 0.27 亿美元、0.23 亿美元、0.32 亿美元、0.32 亿美元和 0.54 亿美元，其主要收入来源为煤矿业。

表 3　阿富汗近年矿产品产量统计

产品/年份	2013	2014	2015	2016	2017
煤炭（万吨）	124	134.7	151.7	136.5	169.8
天然气（亿立方米）	1.6	1.54	1.42	1.46	1.65
盐（吨）	145302	40991	87014	88183	56928
石灰石（吨）	10684	14784	9921	18338	9436
大理石（吨）	67067	44220	42756	31036	29060

数据来源：根据阿富汗中央统计局资料整理。

2008 年，中国中冶－江铜联合体获得埃纳克铜矿开发权。这是阿富汗第一个大型外资矿产项目，也是中国在阿富汗的最大投资项目。2011 年，中石油－阿富汗瓦坦公司联合体获得北部阿姆达利亚油田开发项目，印度和加拿大公司则获得哈吉夹克铁矿项目开发权（尚未签约）。目前，埃纳克铜矿项目和阿姆达利亚开发项目都处于停滞状态，哈吉夹克铁矿项目则一直未启动。

阿富汗手工地毯是其主打出口产品，阿富汗手工地毯业历史悠久，产品多次在国际展览会上获奖。在鼎盛时期,阿富汗约有 100 万个地毯作坊,从业人员有 600 多万。近年来,由于来自巴基斯坦、伊朗和土耳其等国地毯行业的竞争加剧,加上出口运输通道受阻,国内加工工艺落后,原材料、人工和电力等生产成本上升,阿富汗地毯业萎缩严重,出口大幅减少。2016~2017 财年,阿富汗出口地毯从 2015~2016 财年的 96 万平方米下降到 41 万平方米。

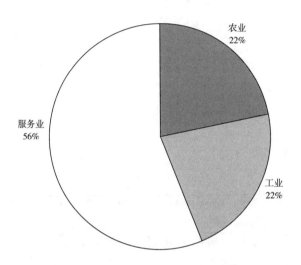

图 1   2015 年阿富汗产业分布

数据来源:美国中央情报局。

(二) 近期经济运行情况

1. 宏观经济

阿富汗经济属于"输血型"经济。亚洲开发银行认为,安全形式、国际援助、农业发展、财税管理及国外投资(尤其是矿业投资)等因素将决定阿富汗经济能否实现稳定增长。阿富汗政府重视并渴望进行经济重建,积极争取外援,以重塑国家经济架构,期待将矿产业和石油天然气打造成国民经济支柱产业,培养自身"造血"功能,逐步实现财政自立的目标。2001 年以来,得益于国际社会提供的大量援助,阿富汗战后和平重建取得一定成果,国民经济缓慢恢复。

　　据阿富汗中央统计局提供的数据，2016～2017财年阿富汗国内生产总值（GDP）约为197亿美元，同比增长2.1%。人均GDP为675美元（以上数据不含鸦片产值）。预计在未来一段时间，阿富汗国内经济将缓慢复苏。但受国内安全形势严峻、国际社会对阿富汗援助减少、政局走向不明等因素影响，其经济增速将不复以往高速增长的态势。据世界银行预测，2017～2019年阿富汗经济增长率分别为2.6%、3.4%和3.1%。

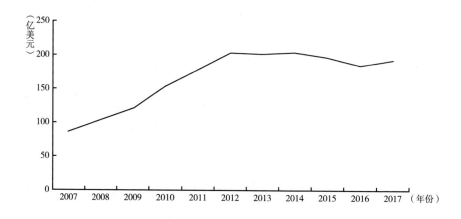

图 2　阿富汗国内生产总值

数据来源：国际货币基金组织。

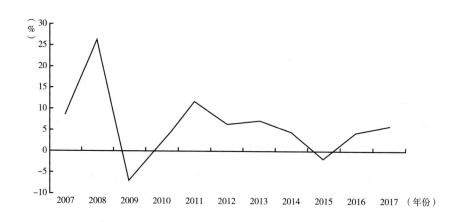

图 3　阿富汗 CPI

数据来源：国际货币基金组织。

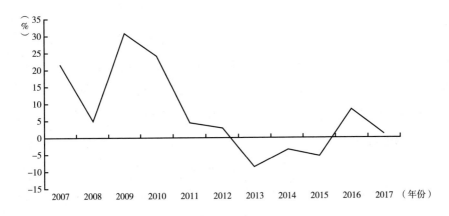

图4　阿富汗商品和服务进口数量变化率

数据来源：国际货币基金组织。

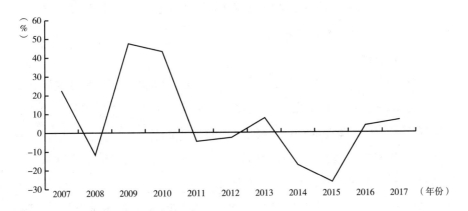

图5　阿富汗商品和服务出口数量变化率

数据来源：国际货币基金组织。

2. 外债状况

2016年2月，阿富汗财政部官员称，2001年以来，阿富汗从外国和国际金融机构共贷款约25亿美元。其中从俄罗斯贷款9.7亿美元，其余贷款来自伊朗、捷克、世界银行和亚洲开发银行。这些贷款期限为40年，其中23亿美元用于建设道路和机场等基础设施，其余用于阿一般预算。同年3月，阿富汗财长哈基米在阿俄第三届联委会会议结束后表示，俄罗斯政府已同意免除阿富汗长期拖欠的债务。目前，由于阿富汗财政预算的70%左右来自国际援助，阿富汗举债的规模和条件受到IMF等国际组织限制。

2015 年 4 月，阿富汗被国际货币基金组织和世界银行确认为"重债穷国倡议"援助国家。目前，阿富汗尚未被国际评级机构进行评级。2016 年，中国出口信用保险公司发布的《国家风险分析报告》指出，2016 年阿富汗主权信用风险水平上升，评级下调。

3. 财政收支

阿富汗财政收入逐年增加，但财政依然入不敷出，需要国际援助来支撑，而且这种局面将持续多年。近年来，阿富汗税收部门进行改革并努力打击偷税漏税行为，2016 ~ 2017 财年，阿富汗财政收入共计 1473 亿阿尼（约合 21.8 亿美元），同比增长约 17.4%。总预算支出为 4555 亿阿尼，其中，一般预算 2933 亿阿尼，发展预算 1622 亿阿尼；支出中 31.5% 来自国内财政收入，66.3% 来自国际援助。

4. 国际援助

阿富汗是世界上接受国际援助最多的国家。2002 ~ 2016 年，国际社会正式向阿富汗承诺援助为 1005.7 亿美元，实际支付 791.4 亿美元，平均每年获得约 52.76 亿美元的援助。按已支付援款统计，在各援助国中，美国居第一，达 522 亿美元；日本居第二，达 65 亿美元；德国居第三，达 34.3 亿美元；英国居第四，达 33.6 亿美元。

2017 年 6 月，世界银行批准向阿富汗提供 5.2 亿美元援助，其中 2.054 亿美元用于帮助从巴基斯坦返阿的难民，1 亿美元用于支持阿富汗政府改革和经济发展，2000 万美元用于提升阿富汗 5 个省会城市的公共服务能力，2940 万美元用于建设小麦和粮食仓库，6000 万美元用于加强赫拉特省电力供应。

2001 年后，中国政府在南南合作框架下向阿富汗提供了不附带任何条件的经济援助。尤其是近年来，中国对阿富汗的援助力度明显加大。2014 年 10 月，加尼总统访华期间，中国政府宣布在 2014 ~ 2017 年，中方每年向阿富汗提供 5 亿元人民币无偿援助。此外，在 2015 ~ 2019 年，中国将为阿方培训 3000 名各类人才。2017 年 3 月、中国政府向阿富汗提供 100 万美元现汇援助，用于向阿富汗境内难民提供人道主义救济。

四 投资状况

（一）外国投资状况

阿富汗对外投资实行国民待遇优惠，外商可开设外汇账户，并可通过当地银行汇出个人和公司合法所得、办理外贸货款结算。外籍人员或机构可以长期租用当地房屋和土地，但禁止购买土地。

由于安全形式堪忧，水电气路等基础设施不健全，缺乏具有吸引力的优惠政策，外商对阿富汗投资的积极性不高。随着 2014 年底美国和北约撤军，人们对阿富汗未来掌控安全形式的能力表示担忧。很多西方公司，特别是分包美国和北约"联军"各类项目，包括后勤保障业务的公司以及一些当地的富人开始撤离，喀布尔宾馆和住宅空房增多，房租价格大幅下降。

据阿富汗投资促进局公布的数字显示，2003～2015 年，有 44849 家公司在投资促进局注册，其中，本国公司有 42027 家，外国公司有 2822 家。投资总额共计 102.1 亿美元，其中，外国直接投资 18.2 亿美元，占投资总额的 17.8%。

据联合国贸发会议发布的 2017 年《世界投资报告》显示，2016 年，阿富汗吸收外资流量为 9960 万美元；截至 2016 年底，阿富汗吸收外资存量为 13.6 亿美元。外商投资重点集中在能矿、建筑、航空、电信、媒体和第三产业，对加工制造业投资较少，涉农行业基本无人问津。

据《阿富汗时报》报道，2016 年 6 月底，阿富汗投资促进局（AISA）启动"投资阿富汗国家计划"，希望以此吸引外来投资，振兴阿富汗经济。该计划吸引投资的重点国家分别是周边国家、伊斯兰国家和亚洲国家、欧洲和北美国家。

（二）投资环境

1. 投资政策

阿富汗鼓励吸引外资，投资促进局对外资公司的设立给予方便，实行

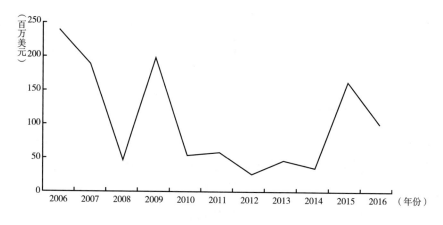

图6 阿富汗吸引外资规模

数据来源：联合国贸发数据库

"一站式"服务。外资公司所得利润可全额汇出，对使用外籍雇员没有限制，如3年内无盈利可免税，直接申请最低额的公司税。企业投资阿富汗某些发展领域，如大型能矿资源性项目，进口用于生产的机械设备可申请免税等优惠，进口建筑材料业可减税。但在当地采购的设备材料，不可以免税或退税。

阿富汗对外国投资企业总体上实行国民待遇，也没有具体的行业鼓励政策。为鼓励投资，阿富汗只允许投资企业免关税进口用于生产的机械设备、物资用品等，完税后可以自由汇出公司利润、红利等。

阿富汗政府鼓励和欢迎外商投资，特别是能矿资源、农业、建材、电信和运输物流领域的投资。在喀布尔、马扎里沙里夫、坎大哈设有工业园区，同时正在贾拉拉巴德和喀布尔建设新的工业园区。阿富汗农村金融公司可以对工业园投资的企业提供优惠贷款。

2. 金融体系

阿富汗银行（Da Afghanistan Bank）为阿富汗中央银行，总部设在喀布尔，在全国设有47个分行。中央银行主要负责发行货币、制定金融政策、批准设立商业银行和外汇交易机构，以及对商业银行进行管理等。阿富汗货币名称为阿富汗尼（简称阿尼）。战后阿富汗进行货币改革，发行新的阿富汗尼。阿富汗纸币有7种面值，分别为1000阿尼、500阿尼、

100 阿尼、50 阿尼、20 阿尼、10 阿尼、5 阿尼，硬币面值为 5 阿尼、2 阿尼、1 阿尼 3 种。在喀布尔，一般商户接受美元现钞交易。近年来，阿尼兑美元汇率总体呈贬值走势，其中以 2015 年贬值最为严重，但 2016 年以来汇率基本稳定。2012～2013 财年美元与阿尼的平均汇率为 1：51.6，2013～2014 财年为 1：56.4，2014～2015 财年为 1：57.6，2015～2016 财年为 1：64，2016～2017 财年为 1：67.6。2017 年 6 月底，美元与阿尼汇率为 1：67.6。人民币不能与阿尼直接结算。

2003 年，阿富汗只有 2 家国有银行。到 2015 年底，阿富汗已注册成立了 16 家商业银行，其中，本土商业银行 12 家（包括 3 家国有银行和 9 家私营银行），主要有阿富汗国际银行、阿兹兹银行、出口促进银行、第一小额贷款银行、新喀布尔银行等。外资银行 4 家，包括巴基斯坦国家银行、巴基斯坦哈比比银行、巴基斯坦阿尔法拉银行和伊朗雅利安银行。外国公司如在阿富汗本地银行开立账户，只需要在当地注册并提供公司有效营业执照，在开户时提供注册公司法人代表护照和照片即可。目前，中国的银行与阿富汗的银行没有直接业务合作关系，阿富汗中央银行、阿富汗国际银行、阿兹兹银行等希望能与中国的银行建立直接合作关系。

阿富汗银行和金融机构只对本国企业或个人贷款，不向外资企业和外国人贷款。小额贷款公司和银行向当地企业、个人提供贷款服务，金额为 140 美元至 4000 美元，贷款期为 5～12 个月，利率为 15%～24%。大额银行贷款 1 万美元起，短期为 6～12 个月，中长期为 1～3 年，利率为 9%～20%。尚无中资机构和华商协会成员单位在阿富汗融资的记录。据阿富汗投资促进局数据显示，2015 年阿富汗贷款利率为 15%～20%。外国企业如在当地银行开具保函，需要在当地注册并在开具保函的银行开设账户。如需要出具反担保函，首先需要在当地开具反担保函的银行开立账户，然后咨询确认与该银行有合作关系的国内银行，再去国内银行办理，所需资料以国内银行要求为准。另外，喀布尔市内钱庄较多，大量商人通过钱庄直接与国外客户交割。阿富汗允许外资企业在当地银行开设账户，对合法换汇、汇款等没有限制。但不少企业，特别是商户多通过地下钱庄汇款结算。根据阿富汗政府规定，为防止洗钱，携带大额现金出境（2 万美元以上）须提前向机场海关申报。违规者将受到相关法律处罚。最大的私有银行喀布尔银行因腐败问题已于 2010 年下半年停业，2011 年下半年实行剥离后，以"新喀布尔银行"之名重新营业，但仍有 9 亿美元巨额贷款未追回。

银行业是阿富汗仅次于通信产业的第二大服务行业。阿富汗银行业总资产约为 44.4 亿美元。目前，阿富汗有 3 家移动运营商（Etisalat，AWCC，Roshan）提供移动支付服务。阿富汗境内较少使用信用卡，仅少数涉外酒店可使用 Visa 卡和 Master 卡。中国银联卡尚未在当地投入使用。阿富汗保险业刚刚起步，市场还很不发达。

3. 税收体系

总体来看，阿富汗税收体系实行属地税制。按《阿富汗私有投资法》规定，阿富汗对外国投资者实行国民待遇，即外资公司和当地公司享有同样待遇和同等纳税义务。除地方税有差异外，阿富汗实行全国统一的税收制度，共有 9 种税，分别为：个人所得税、公司所得税、资本损益税、发票税、进口关税、固定税、附加税、土地税和市政税。

表 4　阿富汗主要税种和税率

	税种	计算方式	税率
1	个人所得税	月工资收入 250 美元以下	0
		月工资收入 250～2000 美元	10%
		月工资收入 2000 美元以上	175 美元
		外加超出 2000 美元部分	20%
2	公司所得税	按纯利	20%
3	资本损益税	公司	20%
		个人	1%～2%
4	发票税	销售和服务类	2%
		其他如佣金、利息、租金等	5%
5	进口关税	不同货物征收不同关税	—
6	固定税	小规模公司	2%
		外贸公司	
		为政府供货物和服务公司	
		没有正规财务的公司	
7	附加税		0.5%～2%
8	土地税		各地区税率不同
9	市政税		1%

资料来源：根据中国商务部资料整理。

五　双边关系

（一）政治关系

2013 年 9 月，卡尔扎伊总统来华进行国事访问并出席在西安举行的第五届欧亚经济论坛开幕式。双方发表了《中华人民共和国与阿富汗伊斯兰共和国关于深化战略合作伙伴关系的联合声明》，并签署了《中华人民共和国与阿富汗伊斯兰共和国引渡条约》和《中华人民共和国与阿富汗伊斯兰共和国经济技术合作协定》等合作文件。

2014 年 2 月，习近平主席在出席索契冬奥会期间会见卡尔扎伊总统。王毅外长 2 月底访阿，中方阐述了对阿政策目标，希望看到一个团结、稳定、发展、友善的阿富汗，愿为帮助阿实现顺利过渡、推进和解发挥建设性作用。5 月，阿富汗总统卡尔扎伊来华出席亚信峰会，习近平主席同其举行会见。9 月，习近平主席特使、人力资源和社会保障部部长尹蔚民出席阿富汗新总统加尼就职典礼。10 月，阿富汗总统加尼对华进行国事访问。习近平主席、李克强总理和张德江委员长分别与其会见、会谈，双方发表了《中华人民共和国与阿富汗伊斯兰共和国关于深化战略合作伙伴关系的联合声明》，还签署了其他经贸合作文件。在京期间，李克强总理还同加尼总统共同出席了阿富汗问题伊斯坦布尔进程第四次外长会议。11 月，中国国务委员兼公安部部长郭声琨访阿。12 月，李克强总理在阿斯塔纳出席上合组织总理会议期间会见阿首席执行官阿卜杜拉。

2015 年 2 月，中国外交部部长助理刘建超访阿，并举行首轮中阿巴（基斯坦）三方战略对话；7 月，习近平主席在出席上合组织乌法峰会期间同加尼总统举行会见；11 月，李源潮副主席访问阿富汗；12 月，阿首席执行官阿卜杜拉来华出席上合组织成员国政府首脑理事会第 14 次会议并同李克强总理举行会见。

（二）双边贸易

中国是阿富汗的重要贸易伙伴。据中国海关统计，2016 年中阿两国进出口贸易额为 4.4 亿美元，同比增长 16.5%，中国向阿富汗出口额为 4.3 亿美元，同比增长 19%，中国从阿富汗进口额为 1000 万美元，同比下降 61.5%。

据阿富汗中央统计局统计，2017 年中国与阿富汗贸易总额为 10.98 亿美元，继续保持阿富汗第三大贸易伙伴国地位，仅次于巴基斯坦（14.82 亿美元）和伊朗（12.84 亿美元）。

（三）双边经济合作

据中国商务部统计，2016 年中国对阿富汗直接投资流量 221 万美元；截至 2016 年末，中国对阿富汗直接投资存量 4.41 亿美元。中国对阿富汗投资的主要项目是阿姆河盆地油田项目和埃纳克铜矿项目。目前驻阿富汗的主要中国企业有 12 家，包括中石油、中冶江铜埃纳克矿业有限公司、中铁十四局、中冶集团十九冶、中兴通讯、华为科技、中国路桥、北新路桥、中国电力工程公司、江苏电力设计院、阿富汗 – 中国甘草制品有限公司和合肥裕德贸易公司。

阿富汗在中国的投资大多是贸易类公司和办事处，主要从事对阿富汗出口的中国商品咨询、采购和发运业务。据不完全统计，共有 230 多家阿富汗企业分布在义乌、绍兴、广州、乌鲁木齐、上海、杭州、宁波等城市。

据中国商务部统计，2016 年中国企业在阿富汗新签承包工程合同 14 份，新签合同总金额为 2721 万美元，完成营业额 4058 万美元；当年派出各类劳务人员 36 人，年末在阿富汗劳务人员 17 人。新签了一些大型工程承包项目，包括同方威视技术股份有限公司承建阿富汗 2016 年项目、湖南汉龙水电设备股份有限公司承建 Gereshk 水电站等。

目前，中国在阿富汗工程承包企业主要有华为科技、中兴通讯、北新路桥和中电工、江苏省电力设计院、中铁十四局、中国路桥等公司，工程承包的主要领域包括电信、输变电线路、道路房屋建设等。出资方主要是私营投资者、世界银行和亚洲开发银行。

六 总体风险评估

阿富汗总体风险很高，从 2014 年起，北约多国安全部队陆续从阿富汗撤出，美国主导的长达 10 余年的阿富汗"反恐战争"即将结束。随之，国际社会对阿富汗重建工作的支持也不可避免地大幅度下降，而阿富汗在过去的 10 多年里并没建立起稳定的政治和经济制度以及安全秩序，北约部队撤出以后的阿富汗局势令人担忧。

政治上，阿富汗 2014 年总统选举在经历了两轮投票后，最终阿什拉夫·加尼战胜阿卜杜拉·阿卜杜拉，成为卡尔扎伊的继任者。阿富汗喀布尔政府的政局架构仍然保持为普什图族与塔吉克族、乌兹别克族"北方联盟"之间的脆弱合作。为了保证政局的稳定有序，阿富汗不得不为竞选失败的阿卜杜拉·阿卜杜拉专门设立了"政府行政长官"一职，以避免"北方联盟"拒绝接受选举结果。这一妥协将会大大削弱喀布尔政府本就不强的政府权威，导致未来政局更加动荡、行政效率更低。

经济上，阿富汗政府运行多年来基本依靠外国财政支持。随着阿富汗战争逐步从国际热点问题变成地区性问题，阿富汗政府的国际财政来源将不断缩窄，财政能力呈下降态势。而阿富汗政府一旦出现财政困难，不但国际收支和国内经济运行将会出现巨大风险，就连政府机构的基本运行也会遭遇严重挑战。

安全上，阿富汗政府和塔利班武装之间的和平谈判多年来没有取得实质性进展。塔利班武装始终拒绝接受阿富汗宪法，拒绝承认现政府的合法性。北约部队撤离前，受多国安全援助部队的制约，塔利班武装还不具备攻占喀布尔、坎大哈等大城市甚至推翻现政府的能力；北约部队撤离后，塔利班武装和阿富汗政府安全部队之间的力量对比将进一步有利于塔利班，阿富汗政府对全国的安全控制能力严重下降，暴力事件出现增长态势。更加严重的是，阿富汗政府受美国财政压力胁迫，不得不同意裁减 10 万名军人。这必将导致阿富汗政府军的战斗力和士气受到更大打击，且不能排除被裁减的武装人员加入塔利班武装或其他反政府团体以寻求生活保障的可能性。

综上，目前阿富汗局势更加动荡，实现和平、恢复稳定、启动经济发展还将是遥远而漫长的过程。

（王欢）

阿塞拜疆

（The Republic of Azerbaijan）

一　国家基本信息

（一）地理概述

阿塞拜疆位于亚欧大陆交界处外高加索地区东南部，介于北纬 38.25°～41.55°、东经 44.50°～50.51°之间，面积 8.66 万平方公里。境内南北相距400 公里，东西横跨 500 公里。北靠俄罗斯，南接伊朗，西部和西北部与亚美尼亚、格鲁吉亚相邻，东濒里海，西南部的纳希切万自治共和国是阿塞拜疆的飞地，被亚美尼亚、伊朗和土耳其环绕。

阿塞拜疆全境 50% 以上为山地，主要有位于北部和南部的大、小高加索山脉，西南部的达拉拉普亚兹山脉、赞格祖尔斯基山脉和东南部的塔雷什山脉。山间盆地是阿塞拜疆的一个地形特点。河流主要有库拉河和阿拉兹河。

气候呈多样化特征，平原、低地为亚热带气候，7 月平均气温为 27℃～29℃，1 月平均气温为 1℃～3℃。山地为高原冻土带气候，气温为 5℃～30℃。夏季干燥。平原地区年降水量为 200～300 毫米，山区为300～900毫米，大高加索山脉为 900～1400 毫米，列科良地区可达 1700 毫米，大部分降水集中在冬季，山区一般集中在 4～9 月。

（二）人口和民族

截至 2014 年 1 月，阿塞拜疆全国人口为 947.7 万人。共有 43 个民族，其中阿塞拜疆族占 90.6%，列兹根族占 2.2%，俄罗斯族占 1.8%，亚美尼亚族占 1.5%，塔雷什族占 1.0%。官方语言为阿塞拜疆语，属突厥语系。居民多通晓俄语。主要信奉伊斯兰教。

人口结构中，51.6% 为城市人口，48.4% 为农村人口。男性占人口总数的比例为 49%，女性为 51%，男女性别之比为 1000∶1032。人口结构中 14 岁以下人口占 24%，15～64 岁人口占 69%，65 岁以上占 7%。出生率为 1.84%，死亡率为 0.67%，儿童死亡率为 0.97%。人均寿命为 72.4 岁，其中男性平均寿命为 69.6 岁，女性为 75.1 岁。

（三）简史

阿塞拜疆历史悠久，公元前 10 世纪初境内已经出现王国，后经漫长演变。公元 8～11 世纪，突厥游牧部落与当地居民混居，影响不断渗透，本地语言、文化和政策也受到了冲击。土著居民的波斯语渐渐融入了突厥语的方言，逐渐形成了如今的阿塞拜疆语。阿塞拜疆部族形成于公元 11～13 世纪。13 世纪蒙古人占领这个地区后，阿塞拜疆并入了胡拉古伊德王国，并在 14 世纪下半叶置于其统治之下。14 世纪末到 15 世纪，这一地区变更为希尔万王国，直到 16 世纪屡遭外族入侵和瓜分。16～18 世纪，受伊朗萨法维王朝统治。18 世纪中期分裂为十几个封建小国。19 世纪 30 年代，北阿塞拜疆（现阿塞拜疆共和国）并入沙俄。

1917 年 11 月，建立苏维埃政权——巴库公社。1918 年 5 月 28 日，宣告成立"阿塞拜疆民主共和国"。1920 年 4 月 28 日被"阿塞拜疆苏维埃社会主义共和国"取代。1922 年 3 月 12 日，加入外高加索苏维埃社会主义联邦共和国（同年 12 月 30 日该联邦共和国加入苏联）。1936 年 12 月 5 日改为直属苏联的加盟共和国。

1991 年 2 月 6 日，改国名为"阿塞拜疆共和国"，10 月 18 日正式独立。

二 政治状况

（一）政体简介

1. 宪法

现行宪法于 1995 年 11 月 12 日经全民公决通过。宪法规定建立民主、法治、文明的世俗国家；实行总统制，总统为国家元首、最高行政首脑和武装力量总司令，由全民直接选举产生，任期5年；立法、行政、司法三权分立。2002年8月24日，经全民公决对宪法部分条款做出修改，包括将总统当选的得票数由2/3改为过半数，一旦总统不能履行职权，由议长代行改为总理代行总统职务，议会选举由过去的多数制和比例制结合改为单一的多数制，取消政党名单，等等。2009年3月18日，经全民公决对宪法部分条款进行补充和修改，取消总统连任不得超过两届的限制。2016年9月28日，阿以全民公决形式再次修改宪法。总统任期由5年延长至7年，设立第一副总统和副总统职位，赋予总统解散议会的权力，取消总统候选人年龄限制，降低议员参选人年龄门槛。

2. 议会

最高立法机关，称国民议会。实行一院制，由125名议员组成，任期5年。主要职能是制定、批准、废除法律条约，决定行政区划，批准国家预算并监督其执行，根据宪法法院提请依照弹劾程序罢免总统，确定全民公决等。本届国民议会于2015年11月选举产生，共有10个政党进入本届议会。其中新阿塞拜疆党占69席，公民团结党占2席，其他8个政党分别获得1席，无党派人士获46席。奥克泰·萨比尔奥格雷·阿萨多夫连任国民议会主席。

3. 政府

本届政府于2013年10月22日组成。政府主要成员有总理1名、第一副总理1名，副总理5名。下设外交部、内务部、安全部、国防部、财政部等20个部，国家海关委员会等11个委员会，以及相关署、局和办公室等。根据阿塞拜疆宪法相关规定，政府工作接受总统领导，对总统负责，总理人选由总统提名，内阁会议由总理主持。重要成员有：总理阿尔图尔·泰尔·奥格雷·拉西扎德，第一副总理亚古布·埃尤博夫，副总理阿比德·沙里福夫，副总理埃利钦·埃芬季耶夫，副总理阿里·阿赫梅多夫，副总理兼国家难民和被迫迁移者工作委员会主席阿里·哈桑诺夫，副总理伊斯梅德·阿巴索夫，外交部部长埃利马尔·马梅德亚罗夫。

4. 司法

阿司法权由法院依照法律独立行使。法院体系包括宪法法院、最高法院、经济法院及各级普通和专门法院。宪法法院由 9 名法官组成，均由议会根据总统提名任命，现任宪法法院院长为法尔哈德·阿卜杜拉耶夫。最高法院是阿最高审判机关，由 23 名法官组成，均由议会根据总统提名任命，现任最高法院院长为拉米兹·勒扎耶夫。检察院依法独立行使检察权，最高检察机关为共和国总检察院，总检察长经议会同意由总统任免。现任总检察长为扎基尔·加拉洛夫。

（二）政局现状

1. 执政党

新阿塞拜疆党是第一大政党。1992 年 11 月 21 日成立。下设 81 个区级组织和 6622 个基层组织。截至 2009 年 1 月，共有党员 47.06 万。对内主张建立民主、法治、世俗国家，发展市场经济；对外主张推行务实、均衡的外交政策。2005 年议会换届选举中该党再次获得多数，保持了执政党地位。现任总统、议长、总理及多数内阁成员和地方主要官员均为该党党员。党主席伊·阿利耶夫于 2013 年大选中再次当选总统；并在阿塞拜疆于 2017 年的总统选举中再次以绝对优势获胜。

2. 政局简况

近年来阿塞拜疆政局总体保持稳定。当局稳步推进政治经济改革，全面实施社会保障制度，加强立法，多次提高居民工资和退休金，加大对弱势群体的扶持。大力推进学校、剧院、体育场、医院、机场、城市道路等基础设施建设，提高居民就业水平。

（三）国际关系

阿塞拜疆奉行独立自主、多元平衡外交政策，将发展与欧、美、俄大国关系和土耳其、伊朗、格鲁吉亚等邻国关系作为外交优先方向，将融入欧洲作为对外战略目标。阿重视与欧盟开展各领域合作，积极参加欧盟"东部伙伴关系计划"，大力支持建设里海能源外运管线。加强与北约的军事合作，参与联合国、伊斯兰经合组织、不结盟运动、突厥语国家合作组织等国际和地区性组织的活动，担任 2012～2013 年度联合国安理会非常任理事国期间，努力争取国际社会对阿解决"纳卡"问题的同情和支持。成功举办巴库国际人文论坛、伊斯兰经合组织峰会等。因"纳卡"和被占领土问题与邻国亚美尼亚敌对，迄今未建交。

三　经济形势

（一）经济概况

1. 自然资源

阿塞拜疆土地资源丰富。农业用地占国土面积的 52.3%，森林面积占 12%，各种水系占 1.6%，其他占 34.1%。全国耕地面积 1630.8 公顷，占农业用地的 36%，灌溉面积 1102 公顷，占耕地面积的 67.6%。

阿塞拜疆矿产资源十分丰富。金属、非金属矿藏主要分布在大、小高加索山脉，石油、天然气资源则覆盖在平原及南里海水下地带。由于矿产资源分布的特点，阿西部成为金属工业区，东部成为石油、天然气工业区。燃料资源主要有石油、天然气、片岩、泥炭等。其中石油、天然气最具工业价值，主要储藏于阿普希伦半岛和里海。阿塞拜疆石油含硫少、质量好、提炼工艺简单。

2. 产业结构

阿塞拜疆工业基础雄厚。主要工业部门有石油加工、石油化工、机械制造、有色冶金、轻工、食品等。阿塞拜疆农业条件得天独厚，农业在国民经济中占有重要地位，主要农作物有谷物、棉花、烟叶、土豆、蔬菜、水果、葡萄、茶叶等。近年来，阿塞拜疆政府大力支持发展服务业，服务业占国民经济比重呈上升趋势。

2016 年，非油气领域 GDP 总量达到 394.1 亿马纳特（约合 246.79 亿美元），比上年增长 5%，占 GDP 总量的 65.7%；油气领域产值为 205.8 亿马纳特（约合 128.87 亿美元），比上年下降 1.1%，占 GDP 总量的 34.3%。工业、建筑业、农林渔业、服务业分别占 GDP 比重为 37.4%、10%、5.6% 及 39.3%。

（二）近期经济运行状况

1. 宏观经济

近年来，阿塞拜疆经济持续快速发展。当局积极实施经济发展多元化战略，大力扶持非石油领域经济发展，促进各领域均衡发展，实施以大规模基础设施和电信业建设拉动经济的政策，阿经济抵御各种风险的能力增强。根据阿塞拜疆国家统计委员会的数据，2016年，受国际能源价格低迷、货币贬值等因素影响，阿经济出现下滑。为摆脱困境，阿当局大力推进经济结构改革，推行经济多元化，制定非石油经济重点发展方向，促进经济各领域均衡发展。能源产业仍是阿经济支柱。2016年主要经济数据如下。国内生产总值为375.66亿美元。人均国内生产总值为3897.42美元。国内生产总值同比下降3.8%。货币名称：马纳特。汇率（2016年平均）：1美元＝1.5959马纳特。通货膨胀率为12.8%（同比增长217%）。全国职工月平均工资为494.3马纳特（约合310美元）。

2. 国际收支

阿塞拜疆外汇战略储备主要由国家石油基金和央行外汇储备两部分构成，其中国家石油基金占比超过70%。阿央行统计数据显示，由于2016年国际行情依然不佳，阿国际收支逆差预计达50亿美元，1~9月为12亿美元，主要原因是资本和金融账户出现逆差。2017年阿央行采取措施，努力平衡国际收支。

3. 外债状况

根据阿央行公布数据显示，截至2016年12月31日，阿战略外汇储备总额为376亿美元，较年初的390亿美元下降了3.6%，是阿外债总额的4倍。目前，阿塞拜疆外债主要由世界银行、亚洲开发银行等国际金融机构提供，资金主要用于支持阿国内经济改革，以及用于供排水、电站、公路、铁路等基础设施项目的建设与改造。

4. 财政收支

2016年阿塞拜疆政府当年财政预算收入175.012亿马纳特（约合109.59亿美元），预算支出为177.424亿马纳特（约合111.1亿美元），赤字 2.412 亿马纳特（约合 1.51 亿美元）。外汇储备 39.744 亿马纳特（约合 24.89 亿美元），比上年下降 20.8%。

四　投资状况

（一）外国投资状况

阿塞拜疆实行积极的招商引资政策，欢迎世界各国投资。从 2003 年盖达尔·阿利耶夫任总统后，该国很快与西方国家签署了油气领域的"世纪合同"，标志着大规模外国投资开始进入阿塞拜疆，此举对国民经济腾飞产生了良好作用。能源、交通、通信、加工制造、高科技、基础设施和农业领域是各国纷纷投资的行业，其中，油气开发、加工和运输领域的外国投资比例最大，主要基于阿塞拜疆在能源领域具有的极大优势。2016 年阿塞拜疆外商投资额为 88.742 亿马纳特，来源主要为英国、瑞士、土耳其、伊朗、俄罗斯、马来西亚、日本、美国等。

（二）投资环境

1. 投资政策

1992 年阿塞拜疆通过并于 1996 年修订的《阿塞拜疆共和国外国投资保护法》和《阿塞拜疆共和国投资法》两部法律均对外商直接投资制定了相应的政策和管理措施，规定阿对实现投资活动条件的稳定和投资的法定权益实行国家保护，外国投资者可以从事不被阿法律所禁止的任何种类的投资。

外国投资者在支付了相应的税收和征款后（按阿目前法律对外资企业征收 15% 的所得税），可将其收入兑换成外汇自由汇出或再进行投资。阿在采取国有化和征用措施时，应给以外国投资者相应的补偿。外国投资者在遵守阿法律规定的条件下，可在阿境内或境外开设具有法人权利的子公司、分公司或代表处。外国投资者有权在阿境内和境外按阿有关规定开立账户。外国独资企业和在法定基金中含有 30% 以上外资的合资企业，无须许可证有权进出口本企业生产的产品和其经营活动所需的产品；对外国投资者投入合资企业的法定基金和建立独资企业所需的进口物资，免征海关关税和出口税。

为满足外国投资企业工作人员个人需要而运入的物资，免征关税。另外，就政府对投资的监控职能也做了规定，如国家机关或公职人员妨碍正常投资活动并由此造成的损失，外国投资者有权得到补偿。在降低外国投资风险方面也做了一些规定，如因阿法律修改而使投资条件不如以前，在此种情况下，外国投资者在开始进行投资时所依据的法律可延续至该投资活动结束。

2. 金融体系

1991 年 10 月 18 日，阿塞拜疆共和国恢复独立，并依据法律推出了独立的银行系统，包括央行。2009 年 3 月 18 日，阿塞拜疆进行全民投票，该投票结果促使阿塞拜疆共和国国家银行更名为阿塞拜疆共和国中央银行。

阿塞拜疆实行两级银行体系。央行为一级银行，负责发行国家货币、黄金外汇储备和制定各种金融政策，主管商业银行的审批和监督。商业银行为二级银行，分为国有商业银行和私人商业银行。

目前，阿塞拜疆共有 47 家银行，包括 2 家国有银行和 45 家私人银行，24 家银行有外国资本参与，其中 6 家银行外国资本额超过 50%。央行以外的第二个国有银行是阿塞拜疆国际银行，成立于 1990 年，资产占阿银行系统的 40%，在国内外设有数十家分行，财政部是其主要股东。

3. 税收体系

阿塞拜疆现行税制的法律依据是《阿塞拜疆共和国税法通则》。该税法通则规定，阿税收分为国税、自治共和国税和地税三级体系。同时，根据该法律关于特定情况下可以实行特殊税制的规定，作为一个以石油为经济支柱的国家，阿塞拜疆对在"产品分成协议"框架下在阿进行石油天然气开发的外国投资者实行特殊税制。

阿塞拜疆的国税包括自然人所得税，法人利润税，增值税，消费税，财产税，土地税，营业税（简化税），资源开采税、道路税和在纳希切万自治共和国境内征收的税种。地方税主要包括个人财产税、个人土地税、地方建材资源开采税、地方企业利润税。

阿现行法律规定，除在 PSA 项下在阿从事经营活动的外国公司，对其他外资企业在税收方面一律实行国民待遇。

五 双边关系

（一）政治关系

中国是最早承认阿塞拜疆独立的国家之一，两国于 1992 年 4 月 2 日建交。建交以来，两国高层互访不断，政治互信水平不断提高。盖达尔·阿利耶夫总统和现任总统伊利哈姆·阿利耶夫多次访问中国。2016 年，中阿友好合作关系继续稳定、快速发展，高层交往更加密切，各领域合作不断扩大深化。2 月 1 日，阿开始对包括中国在内的多个国家公民开放落地签证。3 月 14 日，阿外长马梅德亚罗夫赴北京，与上海合作组织秘书长阿利莫夫签署《关于给予阿塞拜疆上海合作组织对话伙伴国地位的备忘录》，期间王毅外长与马单独会见。5 月 5 日，《阿塞拜疆发展之路》一书中文版首发式在北京举行。5 月 22~23 日，中共中央政治局委员、中央政法委书记孟建柱率团访阿。期间分别与阿总统阿利耶夫、国家安全局局长古利耶夫、对外情报总局局长苏尔丹诺夫、安全委员会秘书兼总统办公厅主任梅赫季耶夫会面，就两国安全合作等问题交换意见。5 月 28 日，国家主席习近平、外交部部长王毅分别致电阿总统阿利耶夫、外长马梅德亚罗夫，祝贺阿共和国日。5 月 31 日至 6 月 2 日，中共中央政治局常委、国务院副总理张高丽率团访阿。期间分别与阿总统阿利耶夫、总理拉西扎德会晤，就推动两国合作共建丝绸之路经济带、落实双边已签署合作协议，以及推动双方在能源、交通等领域合作交换意见。7 月 18 日，中国新任驻阿特命全权大使魏敬华向阿外长马梅德亚罗夫递交国书副本。8 月 3 日，中国新任驻阿塞拜疆特命全权大使魏敬华向阿总统阿利耶夫递交国书。8 月 18 日，国务院总理李克强就邀请阿方参加 2019 年北京世界园艺博览会致信阿总理拉西扎德。8 月 19 日，中阿政府经贸合作委员会第六次会议在巴库举行。商务部副部长钱克明和阿政府副总理沙里弗夫分率双方代表团与会。9 月 30 日，阿总统阿利耶夫、总理拉西扎德分别就中华人民共和国成立 67 周年向习近平主席、李克强总理致信祝贺。

（二）双边贸易

中阿贸易潜力很大，阿塞拜疆独立后重视对华贸易。据阿塞拜疆海关统计，2016 年中阿贸易额达 9.75 亿美元，同比增长 72.64%。阿出口 2.71 亿美元，同比增长 410.42%，进口 7.04 亿美元，同比增长 37.5%。据中国海关统计，2016 年中阿贸易额达 7.69 亿美元，同比增长 15.4%。其中，对阿出口 3.57 亿美元，同比下降 18.59%。自阿进口 4.12 亿美元，同比增长 82%。中国对阿贸易逆差为 0.55 亿美元。中国为阿第五大贸易伙伴和第三大进口来源国。对华出口商品主要有矿物燃料、塑料及其制品、化学产品、皮革、饮料及酒类等；自华进口商品主要有机械器具及零件、服装及衣着附件、电气和音像设备、车辆及其零附件、家具、灯具等。

（三）双边经济合作

中阿经济互补性强，具有广阔的经济合作空间。阿塞拜疆独立以来，两国在经济领域展开了卓有成效的合作，取得了丰富的合作成果。

中国在阿塞拜疆的经济投资和合作项目主要有：中石油、四川宏华等公司在阿方油气领域的开发与合作；中国电工、四川机械设备进出口公司、中材建设、沈阳远大、重庆力帆等公司在阿塞拜疆从事变电站、电解铝、水泥、建筑和汽车等行业的投资合作；在阿从事贸易和服务的中国大型企业还有中兴通讯、华为公司、中国重汽、徐工集团、柳工集团等。这些企业主要以提供设备和服务为主。此外，在阿开展业务的还有各类民营小型企业及个体商户。

应该看到，中阿两国在油气领域的合作规模较小，在阿整个石油开发布局中仍处于次要地位。同时，尽管中国企业在阿实施的工程承包项目规模进一步扩大，项目数和项目合同金额增多，项目技术含量进一步提高，但是，相比两国合作潜力，未来合作的空间还很大。

六 总体风险评估

阿塞拜疆是外高加索地区人口最多、经济实力最强、市场潜力最大的国家。该国除了大力发展传统的能源与化工经济，还在大力推进非能源经济战略，诸如巴库国际新港和阿拉特自由贸易区等，这些建设正在使该国越来越成为联通东西南北的贸易和物流中心，国际合作前景看好。该国国际经贸合作风险主要有以下几点。

第一，阿塞拜疆是大国在外高加索地区博弈的中心，各种外部势力在该国投入较大，西方大国在意识形态领域的影响在该国与日俱增，与该国威权政治形成的张力在未来某个时期可能形成冲撞，导致政治不稳定态势，从而影响国际投资的安全。

第二，阿塞拜疆欢迎外来投资，制定了大量相关法律和政策，但是国际投资在实际运行中会遇到各种人为因素的干扰，一些部门的腐败现象会干扰外国投资者的正常经营，增加外资的各种经营成本。

第三，阿塞拜疆与俄罗斯、土耳其、欧美国家的合作十分深入，这些大国已在能源和其他战略领域占据了与阿合作的优势地位，中国企业想进入这些获利较丰的领域相对困难，进入那些非政府主导的纯市场合作领域则风险较大。

第四，阿塞拜疆与亚美尼亚在纳卡地区的领土争端已经长期化，两国为此而爆发一定规模战争的可能性随时存在，会随时影响该国国内安全形势，进而对外国投资安全形成威胁。

第五，该国经济形势起伏变化，实行浮动汇率制后，汇率变化更大，马纳特相比五年前贬值超过一倍，加上存在特殊的外汇管理措施，中国企业需要特别注意投资收益安全问题。

阿塞拜疆制定了雄心勃勃的国家发展战略，其丰富的自然资源、重要的交通位置、相对发达的经济实力以及较为开放的外资政策，都为外国企业进入该国提供了良好机遇。阿塞拜疆是上海合作组织对话伙伴国，阿高层对于"一带一路"合作持欢迎立场。但是，中国企业在进入该国寻找合作机会时，一定要注意风险防范，深入研究该国相关法律，与上层建立较为密切的联系，力求在那些最受该国欢迎的投资领域进行对接与合作。

（杨进）

爱沙尼亚

（The Republic of Estonia）

一　国家基本信息

（一）地理概述

爱沙尼亚共和国（简称爱沙尼亚），是波罗的海三国之一。该国西向波罗的海，北向芬兰湾，南面和东面分别同拉脱维亚和俄罗斯接壤。领土面积4.5万平方公里，首都塔林。

（二）人口和民族

爱沙尼亚总人口为133.7万（截至2013年7月），其中爱沙尼亚族占68.7%，俄罗斯占24.8%，其他民族占4.9%，不明国籍人口占1.5%。爱沙尼亚官方语言为爱沙尼亚语，俄语也是重要语言。爱沙尼亚人宗教信仰不强烈，信教人口不到1/3。其中信仰东正教的人口比例约占16%，多为俄罗斯族。信仰基督教新教路德教会的比例约占10%，主要以爱沙尼亚族为主。

（三）简史

爱沙尼亚地区的史前先民是属于芬兰－乌戈尔人的爱沙尼亚族人。至1227年，爱沙尼亚渐被丹麦和日耳曼人的利窝尼亚骑士团（持剑骑士团）征服，基督教因而进入。自此以后，爱沙尼亚多次被北欧各列强统治，其中包括丹麦、瑞典、波兰，最终被俄国兼并。

爱沙尼亚民族形成于 12 ~ 13 世纪。曾先后被普鲁士、丹麦、瑞典、波兰、德国、沙俄等占领和统治。1710 ~ 1918 年受沙俄统治，1918 年 2 月 24 日宣布独立，成立爱沙尼亚共和国。同年 2 月底德军占领爱。同年 11 月，苏维埃俄国宣布对爱拥有主权。在此期间，爱为争取民族独立进行了坚持不懈的武装斗争。1920 年 2 月，苏维埃俄国承认爱独立。1939 年 8 月，苏德签订秘密条约，将爱划入苏势力范围。1940 年 6 月，苏联根据"莫洛托夫—里宾特洛甫秘密补充议定书"出兵爱沙尼亚，同年 7 月，成立爱沙尼亚苏维埃社会主义加盟共和国。1991 年 8 月 20 日，爱脱离苏联，宣布恢复独立。同年 9 月 17 日，联合国宣布接纳爱为成员国。2004 年 3 月 29 日，爱正式加入北约，5 月 1 日，正式加入欧盟。2007 年 12 月 21 日加入申根区，2011 年 1 月 1 日加入欧元区。

二　政治状况

（一）政体简介

1. 宪法

现行宪法于 1992 年 6 月 28 日通过，7 月 3 日生效。它延续了 1920 年宪法的民主精神，并增加了一些新的机制以维持国家内力平衡。宪法确定，爱是独立主权的民主国家，国家最高权力属于人民，独立和主权至高无上、不可剥夺，实行三权分立的多党议会民主制。

爱沙尼亚为议会共和制，总统为国家元首，只具有象征意义。总统由国会选出，任期 5 年。现任总统克尔斯季·卡柳莱德，2016 年 10 月 3 日由议会选举产生，为该国首位女性总统。

2. 议会

爱沙尼亚实行一院制，共 101 个议席，任期 4 年。议会的主要职能：通过法律；决定全民公决；选举共和国总统；批准或宣布废除条约；授权总理组成政府；通过并批准国家预算；决定对共和国政府、总理及部长进行不信任投票；宣布全国处于紧急状态；解决宪法所规定的总统、政府、其他国家机关或地方政府职权以外的所有行政问题等。议会有权任命总理及解散政府，政府同时享有稳定保障——如议会办事不力，政府经总统同意有权解散议会并发动新一届议会选举。年满 21 周岁且有选举资格的公民均可竞选议员。本届议会由 2015 年 3 月选举产生，执政的爱沙尼亚改革党赢得议会多数席位，与其他政党一起组织联合政府。除参加上届议会的改革党、中间党、社会民主党和祖国联盟－共和国党以外，还有两个新进入议会的政党——自由党和保守人民党。来自社会民主党的埃基·内斯托尔当选议长。

3. 政府

现政府于 2016 年 11 月成立，联合政府由改革党、中间党、社会民主党和祖国联盟－共和国党组成，该新政府是爱沙尼亚恢复独立以来第十四届政府。政府总理由来自中间党的于里·拉塔斯担任。透明国际公布的 2016 年全球清廉指数排行榜上，爱沙尼亚在 176 个国家中排名第 22 位，在欧盟成员国中位居第 11 位。

4. 司法

爱沙尼亚司法系统基于德国模式，尤其是民法领域与其有着直接的历史关联。法庭独立办公，法官终身任职，不得兼任其他公共职务。爱沙尼亚法律从属于国际法，并在普遍原理上与之融为一体。分城乡地区法院、上诉法院和最高法院三级。爱全国有城乡地区法院 4 个，另在塔林市和塔尔图市各设 1 个行政法院，共有法官 120 人；有上诉法院 3 个，法官 48 人。最高法院是爱沙尼亚终审法院，同时履行宪法法院职能。

5. 政党

爱沙尼亚实行多党制，独立以来政党数量较多。主要政党有：改革党、祖国联盟－共和国党、社会民主党、中间党、人民联盟、绿党，另外还有爱沙尼亚波罗的海俄罗斯人党、基督教人民党等小党。在 2015 年选举中，自由党和保守人民党首次进入议会。

（二）政局现状

自 1991 年恢复独立以来，爱沙尼亚的政治局势总体稳定，但党派斗争激烈，内政和外交政策并没有因此发生明显的调整。2011年3月议会大选后，改革党和祖国联盟－共和国党再次组成右翼联合政府，改革党主席安德鲁斯·安西普（Andrus Ansip）连任总理。2014年3月4日，安西普宣布辞职。3月26日，塔维·罗伊瓦斯（Taavi Roivas）出任改革党和社会民主党联合政府总理。2016年11月1日，议会通过了对总理罗伊瓦斯的不信任案。随后，议会批准了来自中间党的于里·拉塔斯组建新政府。

（三）国际关系

爱沙尼亚的外交以欧盟和北约为经济、安全依托，重视与波罗的海及北欧国家的传统友谊，着力推动和加强区域合作，进一步加大参与国际事务力度，不断巩固与美国关系，缓和对俄罗斯关系。

1. 同俄罗斯关系

独立以后曾经在历史问题和俄罗斯族地位等问题上与俄关系紧张。近年来关系有所缓和，2012年，双方重启新一轮边界磋商，在经贸、旅游、社会保障、高等教育、跨境合作等领域交流与合作取得实质进展。支持欧俄签署新的双方关系框架协议，欢迎俄加入世贸组织。但双方在对二战评价、两国边界和在爱俄族人公民权等问题上的分歧短期内难以弥合。

2. 同欧盟关系

爱沙尼亚独立以后，一直致力于回归欧洲，并于2004年正式加入了欧盟。积极参与欧盟各项事务，维护本国利益，爱欧关系进一步密切。2006年5月，爱议会以绝对多数批准《欧盟宪法条约》。爱沙尼亚积极参加欧盟各种会议，并利用出席会议之机，阐述立场，表达关切，力争最大限度地维护爱国家权益。爱沙尼亚已加入欧元区和申根协定。

3. 同北欧关系

积极发展与周边国家关系，以加强波罗的海－北欧（NB8）合作为优先方向。高度重视进一步加强与传统贸易伙伴北欧国家的关系，双边和多边合作不断深化，关系日益密切。积极主导欧盟波罗的海战略，全面深化与拉脱维亚和立陶宛的合作，并通过定期会晤机制，协调三国在欧盟内部事务和重大国际问题上的立场。

三　经济形势

（一）经济概况

1. 自然资源

爱沙尼亚自然资源匮乏。主要矿产有油页岩（已探明储量约 60 亿吨）、泥煤（储量约 40 亿吨）、磷矿（储量约 40 亿吨）、石灰岩等。森林面积 222.2 万公顷，森林覆盖率达 48%，森林蓄积量 4.66 亿立方米。

2. 产业结构

据 2013 年国民生产总值行业构成分析，服务业的比重约占 66.2%，是其经济的主体。工业和农业的比重分别是 30% 和 3.9%。

独立以后的爱沙尼亚放弃了苏联时期以机器制造业、金属加工业、仪表业为主的经济结构。除仍保留和发展电子产品和电机工业外，将经济主要发展方向转向农产品加工工业、林业和木材加工业。服务业、旅游业、过境运输、金融服务业等是爱沙尼亚经济的重头部门。

（二）近期经济运行状况

1. 宏观经济

爱沙尼亚恢复独立后，历届政府都奉行自由经济政策，大力推行私有化，实行零关税和自由贸易政策，经济发展迅速，年均经济增长速度在欧盟成员国内名列前茅。受全球金融危机和国内经济调整的影响，2009 年经济增速下降 13%。由于外部市场逐渐复苏，加之政府的严格财政政策，经济在随后的 5 年里开始复苏。爱沙尼亚国内市场规模有限，内需对经济发展的影响有限，其经济增长主要取决于出口能力的提高和主要贸易伙伴特别是北欧国家和拉脱维亚、立陶宛等国家经济形势的好转。2013 年 11 月，爱沙尼亚经济交通部出台了《2014～2020 年企业活动发展战略》，提出拨款 3.8235 亿欧元，用于支持企业的创新活动和竞争力。包括：投资 7700 万欧元，用于支持新生企业、成长性行业与合作发展；投资 5475 万欧元，促进工商企业转型，创新商业模式；投资 7500 万欧元，鼓励研发、生产和营销；投资 1.756 亿欧元，用于吸引外资、降低融资门槛，培育企业的国际市场竞争力。

根据经合组织在 2017 年发表的报告，爱沙尼亚经济前景正在改善，经济增长获得动力，工资水平不断提高以及出口表现强劲，2017 年爱沙尼亚经济增长率将超过 4%。

表1　2013～2017年爱沙尼亚宏观经济主要指标

主要指标/年份	2013	2014	2015	2016	2017
按当年价格计算的 GDP(亿欧元)	188.90	197.58	202.52	206.32	217.22
国内生产总值实际增长率(%)	1.4	2.8	1.8	2.2	4.2
CPI 较上年同期(%)	2.8	-0.1	-0.5	0.2	2.6
经常账户平衡(百万美元)	-86	226	493	316	46
公共债务占 GDP%	10.0	10.5	9.8	9.6	9.2

数据来源：爱沙尼亚国家统计局，http://www.stat.ee/main-indicators。

2. 国际收支

作为欧盟和欧元区的新成员，爱入盟后受大家庭的照顾颇多。爱累计从欧盟得到了超过 60 亿欧元的各类援助，特别是 2007 年以来，平均每年的援助资金占到爱财政收入的 12%，这对于爱早日摆脱经济危机，实现经济平稳增长起到了很大作用。

根据爱沙尼亚统计局数据，2016 年爱沙尼亚货物出口总额达 120 亿欧元，进口 136 亿欧元。爱沙尼亚的主要贸易伙伴是芬兰，瑞典，拉脱维亚和德国。2016 年，爱沙尼亚贸易总额的 78% 来自欧盟成员国。爱沙尼亚的主要出口品是机械和设备、木材（木制品）、农产品和食品制品、杂项制品和矿物制品。主要进口商品是机械设备、运输设备、农产品和食品制剂、矿物产品和化学产品。2016 年，爱沙尼亚向欧盟国家出口货物的价值为 88 亿欧元，占爱沙尼亚出口总额的 74%。出口目的地国主要是拉脱维亚（占爱沙尼亚总出口的 19%）、瑞典（18%）和芬兰（16%）。欧盟 28 国对爱沙尼亚的进口总额达 111 亿欧元，占 2016 年爱沙尼亚进口总额的 82%。2016 年主要进口来源国为芬兰（占爱沙尼亚进口总额的 13%），德国占 11%、立陶宛占 10%。

据欧盟统计局统计，2017 年 1 ~ 9 月，爱沙尼亚货物进出口额为 228.1 亿美元，比上年同期（下同）增长 8.4%。其中，出口 106 亿美元，增长 7.6%；进口 122.1 亿美元，增长 9.2%。贸易逆差 16.2 亿美元，增长 20.9%。瑞典、芬兰、俄罗斯、拉脱维亚和立陶宛是爱沙尼亚前五大出口市场，合计占爱沙尼亚出口总额的 58.9%。进口方面，芬兰、德国、瑞典、立陶宛是爱沙尼亚的前四大进口国，四国合计占爱沙尼亚进口总额的 42%。

表 2　爱沙尼亚国际收支情况一览

主要指标/年份	2013	2014	2015	2016	2017
经常账户余额（百万美元）	− 86	226	493	316	46
经常账户余额占 GDP 比重（%）	− 1.11	0.9	2.2	2.0	2.3

数据来源：爱沙尼亚央行，爱沙尼亚统计局，欧盟统计局。

3. 外债状况（应有债务的一般情况）

为实现加入欧元区的战略目标，爱政府在近年坚持一系列"开源节流"的措施，如决定从 2009 年 7 月起将增值税税率由 18% 提高到 20%，加大回收部分国有控股企业分红的力度，多次削减国家预算支出，从 2009 年 7 月起降低政府公务员工资 10% 以上，等等。通过采取削减预算、减少开支、降低工资、提高税收等措施，保持预算平衡，将财政赤字严格控制在 GDP 的 3% 以下，以确保国家经济的国际信用与经济安全。爱沙尼亚政府还继续严格控制外债规模，是欧盟内部执行财政纪律最为严谨的国家之一。极低的财政赤字和政府负债率，提高了爱政府的信誉，也为国民经济的良好运转打下了稳固的基础。

根据欧盟统计局数据，截至 2017 年第一季度，爱沙尼亚外债余额为 201 亿欧元，其中政府的主权债务率（政府债务占当年 GDP 的比例）为 9.2%。截至 2016 年底，爱沙尼亚中央政府部门的收入盈余为 1380 万欧元，地方政府部门的合并预算为 3580 万欧元。社保基金预算盈余下降到 710 万欧元，连续第五年保持下滑趋势。政府债务总额接近 20 亿欧元，与 2015 年相比下降了 3%。其中属于中央公法机构和基金会发行的长期证券数量下降 7%，外债占政府总债务的比例为 52%。地方政府债务总体水平比 2015 年下降 3%，长期证券数量同比下降 2%，贷款负债下降 3%。

表 3　2013～2017 年爱沙尼亚外债情况

年份	2013	2014	2015	2016	2017
公共债务（占 GDP 的百分比,%）	10.2	10.7	10.0	9.4	—

数据来源：欧洲央行。

4. 财政收支

自 2008 年国际金融危机和欧债危机以来，爱沙尼亚政府出台了一系列包括削减财政支出，提高消费税税率，刺激出口和投资等调整本国经济的举措，国际收支赤字现象得到有效改善。2013 年继续执行谨慎的财政政策，全年财政收入 53 亿欧元，支出 53.35 亿欧元，财政赤字 0.35 亿欧元，仅占全年 GDP 总额的 0.2%。

表 4　2013～2018 年爱沙尼亚预算赤字一览

主要指标/年份	2013	2014	2015	2016	2017	2018 *
预算盈亏/（占 GDP 的百分比,%）	-0.2	0.7	0.1	0.3	0,3	0

数据来源：爱沙尼亚央行，爱沙尼亚统计局，欧盟统计局。2018 年为爱沙尼亚政府预算方案。

四　投资状况

（一）外国投资状况

爱沙尼亚是东欧和中欧在人均外国直接投资方面的领先国家之一。最初大部分投资是通过私有化进行的，但逐渐把重点转移到其他企业投资和建立新公司上。瑞典通过拥有爱沙尼亚最大的银行而占据首位（占直接投资的 33%）。另外，瑞典还在电信和其他许多项目上进行投资。芬兰在投资者中占第二位（24%），投资主要进入银行业以及贸易和工业等领域。

其余的外国投资来自其他欧洲国家（挪威，英国，德国，塞浦路斯，荷兰，卢森堡）和美国。截至 2016 年 12 月 31 日，外商直接投资存量总额高达 184 亿欧元。

爱沙尼亚的对外投资主要分布在塞浦路斯（占 21.3%）、立陶宛（占 20.5%）和拉脱维亚（占 18.9%）。

（二）投资环境

1. 投资政策

爱沙尼亚奉行自由贸易政策，经济自由度很高，基本不存在贸易管制，一般说来，爱沙尼亚在所有的领域都对投资者开放。根据 1991 年 9 月实施的《爱沙尼亚外国投资法》规定，外国投资者可以以任何形式的财产（包括知识产权）来爱投资。外国投资者和外资企业与爱沙尼亚本国投资者和企业享有同等权利，承担同等义务。作为固定资产投资的商品免征进口关税，外国投资者个人自用物品免征关税。外资企业（外资额占固定资产 30% 以上）可以自由出口本企业产品或进口与企业生产经营有关的商品，无须申领许可证。免征企业利润中用于再投资部分 22% 所得税的优惠政策。自独立至 2004 年 5 月 1 日入盟前，爱沙尼亚的企业一直享受出口产品免征 18% 增值税的待遇。入盟后，尽管欧盟要求爱沙尼西取消这一政策，但爱沙尼西仍在继续执行，并提出各种理由，力争保住这一优惠政策。

此外，爱沙尼亚还设立了 3 个自由经济区，对区内无论是本国企业，还是外资企业一律实行"国民待遇"，没有特殊的优惠政策。区内的加工生产企业可以在区内自由地存储、加工和买卖产品（但不允许零售），不必交纳增值税。对于后复出口的进口原料也免征增值税。区内设有保税仓库，中转过境的货物可以入库存放而不必办理任何海关手续。一些爱沙尼西本国企业主要利用自由经济区的特殊地位向俄出口爱产商品，以避免被双重征税。

2. 金融体系

爱沙尼亚已经建立二级银行体系。中央银行的首要职责是确保爱金融稳定，通过实施独立的货币政策参与国家经济政策的制定，并通过制定相关政策规范金融机构，确保结算系统正常运行，促进爱经济发展。

商业银行业严重依赖外国资本，以北欧国家为主的外国银行控制了90%以上的爱银行业。目前，爱沙尼亚共有商业银行8家，外国银行分支机构7家。主要银行有瑞典银行（Swedbank）、瑞典北欧斯安银行（SEB）、爱沙尼亚诺底亚银行（Nordeapank Eesti）等，这些银行均为瑞典资本控制。

证券业方面，由于国小人少，其90%以上均为小型或微型企业，上市公司极少，加之民众缺乏投资意识，爱证券业并不发达。最大的证券交易所——塔林证券交易所成立于1996年5月，隶属于瑞典欧麦克斯集团。2004年，塔林证券交易所加入北欧和波海证券交易联盟（NOREX），实现了与芬兰、瑞典、丹麦、挪威、爱尔兰、拉脱维亚和立陶宛证券市场的互通联结。

3. 税收体系

独立不久，爱沙尼亚就开始推行简化税制。通过单一税制改革，将个人所得税和公司所得税税率都确定为26%，随后又将这两个税率同步降低到21%。2000年，爱沙尼亚将公司未分配的利润税简化，实行单一税制。简化税制不仅鼓励了人们的创业激情，促进了中小企业的发展，而且还帮助爱沙尼亚吸引了大量的外商直接投资。自2017年起，将社会税（爱沙尼亚医疗保险与养老金合二为一的税种）税率从现行的33%下调至32.5%，个税起征点由月平均收入170欧元提高至180欧元，两项合计可使居民少纳税5640万欧元。目前，爱沙尼亚的主要税种有：

（1）公司所得进行再投资部分，不需要缴税；

（2）一般公司或纳税机构，所得税为21%；

（3）个人收入所得税，扁平税率为21%；

（4）增值税，20%；

（5）社会税，32.5%；

（6）失业保险，税前工资的4.2%（公司付1.4%，另外2.8%从员工工资扣除）；

（7）土地税，根据土地的价值，0.1%～2.5%，由当地政府规定（比如塔林的税率是1.5%）。

五　双边关系

（一）政治关系

自 1991 年中国与爱沙尼亚两国建立大使级外交关系以来，两国关系稳步发展。近年来，两国高层保持接触，双方在政治、经济、文化等各领域交流与合作不断加强。建交以来，两国签署了十几个双边合作文件，涉及政治、经济、科技、文化、交通、司法、教育等各个方面。中国商务部、司法部、国家税务总局等政府部门以及对外友协、国际友好联络会等民间团体也与爱沙尼亚相应部门进行了互访。这些访问的开展极大地促进了两国关系的平稳健康发展。2005 年 8 月，爱沙尼亚总统吕特尔对中国进行国事访问。自 2013 年以来，中国的"一带一路"倡议为拓展双边或多边务实合作提供了更多机遇。爱方对参与"一带一路"建设表达出良好意愿和浓厚兴趣。2015 年 11 月，李克强总理在苏州会见来华出席第四次中国 – 中东欧国家领导人会晤的爱沙尼亚总理罗伊瓦斯。

（二）双边贸易

近年来，中国与爱沙尼亚的双边贸易发展迅速，中国对爱主要出口通信设备及其零部件、电子电气产品、机电产品和机动车、非机动车零部件等；自爱主要进口通信设备零部件、机电产品、铜和铜废料以及原木等。

2017 年前三季度，爱沙尼亚对中国机电产品出口额为 7297.3 万美元，增长 72.1%，占爱沙尼亚对中国出口总额的 42.1%，仍为第一大类出口商品。木及制品出口也大幅上升，为第二大类出口商品，1 ~ 9 月出口额为 4764.3 万美元，增长 78.3%，占爱沙尼亚对中国出口总额的 27.5%。光学、钟表、医疗设备出口额为 1942.1 万美元，下降 32.4%，占对中国出口总额的 11.2%。此外，贱金属及制品和运输设备出口增幅也较大，出口额分别为 807.7 万美元和 630.2 万美元，增长 78.6% 和 38.7%，合计占爱沙尼亚对中国出口总额的 8.3%。

爱沙尼亚自中国进口的首要商品是机电产品，1~9 月进口额为 3.8 亿美元，增长 8.3%，占爱沙尼亚自中国进口总额的 63.4%。纺织品及原料进口额为 5467.2 万美元，增长 4%，占爱沙尼亚自中国进口总额的 9.2%。贱金属及制品和家具玩具等也是主要进口品，1~9 月进口额分别为 4022.7 万美元和 3424.1 万美元，增长 12.6% 和 7.6%，合计占进口总额的 12.6%。在上述产品上，芬兰、德国、瑞典和拉脱维亚等是中国的主要竞争对手。

（三）双边经济合作

近年来，中国与爱沙尼亚不断拓展经贸合作领域，在交通、基础设施和能源开发领域进行了大量的接触。2008 年，塔林港与宁波港签署了合作合同。根据合同规定，双方将在塔林港建造集装箱码头和中国商品集散中心，在第一阶段，码头年吞吐量约为 100 万 TEU 集装箱。该集装箱码头建成后成为波罗的海地区的第一个大型中国商品物流中心，商品可以从该码头发往北欧和西欧国家以及俄罗斯西北部。2012 年 11 月，中国海外经济合作总公司与塔林港国有管理公司共同签署了合作协议。中国海外经济合作总公司将作为塔林港的代理合作伙伴，利用其在中国的商务网络资源优势，为塔林港港区内的工业园区在中国的招商引资活动提供信息咨询、宣传推荐等便利条件，以推进两国在贸易、物流和投资领域的合作。

六 总体风险评估

国际评级机构给爱沙尼亚较高评级：穆迪投资：A1，前景稳定。标准普尔：AA－/A－1＋，前景展望稳定。惠誉：A＋，前景稳定。

经济增长预期稳定。欧债危机的进一步缓和为经济增长提供了良好的外部条件，爱沙尼亚经济前景正在改善，经济增长获得动能，工资水平不断提高，出口表现强劲。加之爱国内良好的市场经济环境、透明的财政税收体系，2017 年爱经济增长超过 4%，预计 2018 年经济增长为 3.2%。由

于投资激增，2017 年的国内生产总值增长明显高于预期。预计 2018～2019
年将保持强劲，然后增长逐渐恢复正常。在全球价格和消费税上涨的推动
下，2017 年的通货膨胀率几乎达到 4%。政府财政预计将在预测水平上保
持小幅赤字，预计在 2018 年可以将赤字保持在占 GDP 的 1% 以内。

金融体系稳健性、流动性保持良好态势。金融监管到位使得稳健性得
以维持，存在外部风险但相对可控。爱沙尼亚长期坚持宏观审慎政策，政
府金融监管严格，加强跨境监管，银行破产程序优化。与欧洲银行业联盟
和金融行业统一监管机制（SSM）的建立以及波罗的海三国合作不断紧
密，均有利于进一步加强金融稳定性。根据世界经济论坛《2015～2016 年
全球竞争力报告》显示，爱沙尼亚在全球最具竞争力的 140 个国家和地区
中，排名第 30 位，世界银行《2016 年营商环境报告》显示，爱沙尼亚在
全球 189 个经济体中营商便利程度排名第 16 位。由《华尔街日报》和美
国传统基金会发布的 2016 年《全球经济自由度指数》中，爱沙尼亚在 178
个经济体中排名第 9 位。2017 年 12 月，国际评级机构标普确定爱沙尼亚
长、短期本外币主权评级分别为 AA－和 A－1＋，展望稳定。

（张弘）

巴基斯坦

（The Islamic Republic of Pakistan）

一　国家基本信息

（一）地理概述

巴基斯坦伊斯兰共和国（简称巴基斯坦），意为"圣洁的土地"，95%以上的居民信奉伊斯兰教。巴基斯坦位于南亚，东与印度比邻，南面是印度洋，西与伊朗接壤，西北和阿富汗相连，东北可通往中国新疆。面积为79.6万平方公里（不包括克什米尔），约等于法国和英国面积的总和，在全世界排第35位。国土南部沿阿拉伯海及阿曼湾有1046公里的海岸线，陆上边界总长6774公里，与阿富汗、中国、印度及伊朗相邻；与阿曼有海上边界，与塔吉克斯坦隔着寒冷、狭窄的瓦罕走廊。巴基斯坦地势由西北向东南倾斜，全境3/5为山地和高原，北有喜马拉雅山脉，西北有兴都库什山脉，东部为印度河中下游冲积平原，东南为塔尔沙漠的一部分。巴基斯坦南部属热带气候，其余属亚热带气候。首都是伊斯兰堡（Islamabad）。巴基斯坦是英联邦成员国。

（二）人口和民族

全国总人口为1.97亿（2013年统计）。实际控制的国土面积为880940平方公里，人口密度为226.6人/平方公里（2012年估计）。巴基斯坦是多民族国家，其中旁遮普族占63%，信德族占18%，普什图族占

11%，俾路支族占 4%。巴基斯坦是个相当"年轻"的国家，据 2010 年统计，居民年龄中位数为 20 岁，且 30 岁以下的人口有 1.04 亿。国语为乌尔都语，官方语言为英语，主要民族语言有旁遮普语、信德语、普什图语和俾路支语等。95% 以上的居民信奉伊斯兰教（国教），少数信奉基督教、印度教和锡克教等。

（三）简史

1757 年后，巴基斯坦随印度成为英国殖民地，英国"分而治之"的政策使穆斯林与印度教徒之间的冲突加剧。赛义德·阿赫默德·汗领导了阿利加尔运动，其继承者于 1906 年成立了"全印穆斯林联盟"，并一度与国大党合作，共同争取印度的民族独立，1928 年合作破裂。1940 年 3 月 23 日，穆罕默德·阿里·真纳领导下的穆斯林联盟在拉合尔召开全国会议，通过了建立巴基斯坦的决议。1947 年 6 月，英国公布蒙巴顿方案，同意印巴分治；同年 8 月 14 日，巴基斯坦宣布独立，成为英联邦的自治领土。1956 年 3 月 23 日，巴基斯坦改自治领土为共和国，定国名为巴基斯坦伊斯兰共和国。巴基斯坦独立后，因领土纠纷（克什米尔问题）与印度于 1948 年、1965 年、1971 年在克什米尔地区发生了三次印巴战争。第三次印巴战争直接造成东巴基斯坦独立成为孟加拉国。1972 年 7 月，印巴双方签署了《西姆拉协定》，实现停火。此后双方多次会谈，但未达成任何协议。1989 年起，双方不断交火，1998 年 5 月，巴基斯坦继印度之后进行了 6 次地下核试验。2003 年 4 月，印巴两国先后表达了重新进行对话的意愿，11 月 25 日在实际控制线停火。

二　政治状况

（一）政体简介

2017 年 8 月 1 日，巴基斯坦举行国民议会选举，巴基斯坦穆斯林联盟（谢里夫派）〔简称穆盟（谢）〕获胜。8 月 1 日，曾任石油和自然资源部部长的沙希德·哈坎·阿巴西当选为总理。8 月 4 日，新内阁就职，总统侯赛因、新任总理阿巴西、各党派及巴军方领导人出席宣誓仪式。新内阁由 46 名成员组成，43 人当天参加宣誓就职仪式。大部分新内阁成员都曾在前总理谢里夫的内阁任职。

1. 宪法

巴基斯坦建国后于 1956 年、1962 年和 1973 年先后颁布过三部宪法。1977 年，齐亚·哈克实行军法管制，部分暂停实行宪法。1985 年通过了宪法第 8 修正案，授予总统解散国民议会和联邦内阁、任免军队首脑和法官的权力。1991 年 7 月通过的宪法第 12 修正案规定联邦政府有权设立特别法庭和上诉法庭，以打击犯罪，整治社会治安。1997 年 4 月，谢里夫政府在议会通过宪法第 13 修正案，取消总统解散国民议会和联邦内阁的权力，并将解散省议会和省内阁，任免省督、三军参谋长和参联会主席以及最高法院法官的权力归还总理行使。随后，巴基斯坦议会通过旨在严禁议员叛党的宪法第 14 修正案《反跳槽法》。

1999 年穆沙拉夫执政后颁布临时宪法 1 号令，宣布暂停实施宪法。2002 年 8 月，穆沙拉夫颁布《法律框架令》，宣布恢复 1973 年宪法和哈克时代宪法第 8 修正案，规定总统有权解散国民议会、任命参联会主席和三军参谋长。2003 年 12 月，议会通过宪法第 17 修正案，规定总统经最高法院批准后有权解散议会，与总理协商后有权任免三军领导人。

2010 年 4 月 19 日，宪法第 18 修正案经扎尔达里总统签署生效，总统部分权力移交给总理，并在涉及中央与地方分权等重大敏感问题上做出调整。2010 年 12 月 22 日，议会一致通过宪法第 19 修正案，赋予总理任命高等法院和最高法院法官的部分决定权，并由总统对决定结果进行最终认可。2012 年 2 月 20 日，议会通过宪法第 20 修正案，取消了由总统任命看守政府总理的权力，改由总理和反对党领导人协商确定。修正案还包括延长选举委员会任期等内容。

2015 年 1 月 6 日，国民议会批准了宪法第 21 修正案。该修正案旨在确保迅速审判和惩罚恐怖主义分子。2017 年 3 月 28 日，巴基斯坦参议院（上院）通过宪法修正案，同意将特别军事法庭期限延长两年以审理涉恐案件。

2. 议会

议会是巴基斯坦联邦立法机构。巴基斯坦 1947 年建国后长期实行一院制。1973 年宪法颁布后实行两院制，即国民议会（下院）和参议院（上院）。国民议会经普选产生，参议院按每省议席均等的原则，由省议会和国民议会遴选产生。国民议会共有 342 个议席，其中 272 席为普选议席，由选民直选产生，采取简单多数原则。60 席为妇女保留席位，10 席为非穆斯林保留席位，由各政党按普选得票比例分配。国民议会设议长和副议长各 1 名，议员任期 5 年。参议院设 100 个议席，议员任期 6 年，每 3 年改选半数。参议院设主席和副主席各 1 名，任期 3 年。

2013 年 5 月 11 日，巴基斯坦举行国民议会选举。穆盟（谢）获得 186 席，成为议会第一大党。人民党获 42 席，正义运动党获 35 席，统一民族运动党获 23 席，伊斯兰神学会获 14 席，其余席位为其他小党和独立人士获得。2013 年 6 月 3 日，巴基斯坦新一届国民议会召开首次会议，来自穆盟（谢）的萨塔尔·萨迪克（Sardar Ayaz Sadiq）当选议长。

2015 年 3 月，巴基斯坦举行参议院改选，执政党穆盟（谢）在此次 48 个席位的选举中赢得 18 个，巴基斯坦人民党赢得 8 个席位。参议院中席位排名前四位的政党分别是拥有 27 个席位的巴基斯坦人民党，拥有 26 席的穆盟（谢），拥有 5 个席位的巴基斯坦正义运动党和拥有 4 个席位的统一民族运动党。人民党领导人拉巴尼当选参议院主席。

3. 政府

2017 年 8 月，阿巴西就任总理。目前内阁成员包括：国防部部长库拉姆·达斯特吉尔·汗（Khurram Dastgir Khan），外交部部长瓦贾·穆罕默德·阿西夫（Khwaja Muhammad Asif），内政部部长和计划与发展部部长阿赫桑·伊克巴尔（Ashan Iqbal），商务部和纺织部部长穆罕默德·佩尔维斯·马利克（Muhammad Pervaiz Malik），铁道部部长萨阿德·拉菲克（Khawaja Saad Rafique），宗教事务和信仰和谐部部长萨达尔·尤萨夫（Sardar Muhammad Yousuf），议会事务部部长谢赫·阿夫塔布·艾哈迈德（Sheikh Aftab Ahmed），边境地区事务部部长阿卜杜尔·卡迪尔·俾路支（Abdul Qadir Baloch），通信部部长哈菲兹·阿卜杜尔·卡里姆（Hafiz Abdul Kareem），住房和工程部部长阿克拉姆·汗·杜拉尼（Akram Khan Durrani），邮政部部长毛拉·埃米尔·扎曼（Maulana Ameer Zaman），工业和生产部部长穆尔塔扎·贾塔伊（Ghulam Murtaza Jatoi），食品安全与研究部部长斯坎达·尔·博桑（Sikandar Hayat Khan Bosan），统计部部长卡姆兰·迈克尔（Kamran Michael），教育部部长穆罕默德·拉赫曼（Muhammad Baligh ur Rehman），克什米尔和吉尔吉特－巴尔蒂斯坦事务部部长拉纳·坦维尔·侯赛因（Rana Tanveer Hussain）。另外还有 13 名部长。

4. 司法

最高法院为最高司法机关，各省和伊斯兰堡设高等法院，各由一名首席大法官和若干法官组成。现任最高法院首席大法官为米安·萨基卜·尼萨尔（Mian Saqib Nisar）。全国设总检察长，各省设省检察长。现任总检察长是阿斯塔·奥萨夫·阿里（Ashtar Ausaf Ali）。

（二）政局现状

巴实行多党制。现有政党 200 个左右，派系众多。目前全国性大党主要有以下几个。巴基斯坦穆斯林联盟（谢里夫派）（Pakistan Muslim League-Nawaz Sharif），成立于 1906 年，当时称作全印穆斯林联盟，1947 年巴基斯坦立国后改称巴基斯坦穆斯林联盟。党章规定要在巴基斯坦实现政治、社会和经济改革。该党现为参议院第二大党，国民议会第一大党。该党领袖谢里夫 2013 年 6 月当选总理，成为巴基斯坦历史上首位三度出任总理的政治家。该党在旁遮普省执政。

巴基斯坦人民党（Pakistan People's Party），简称人民党（PPP）。成立于 1967 年 12 月，主要势力在信德省和旁遮普省，主张议会民主、自由平等、经济私有化。现任党主席为已故前总理贝·布托之子比拉瓦尔·布托（Bilawal Bhutto）。该党现为参议院第一大党，国民议会第二大党，在信德省执政。

正义运动党（Pakistan Tehreek-e-insaf），1996 年成立。主席为巴基斯坦家喻户晓的板球明星伊姆兰·汗（Imran Khan）。该党提出变革、平等等口号，在 2013 年国民议会选举中获 35 席，成为国民议会第三大党，并在开伯尔－普什图省执政。

其他主要党派还有：巴基斯坦穆斯林联盟（领袖派）［Pakistan Muslim League（QA）］、统一民族运动党（Muttahidah Qaumi Movement）、人民民族党（Awami National Party）等。

（三）国际关系

巴基斯坦奉行独立和不结盟外交政策，注重发展同伊斯兰国家和中国的关系；致力于维护南亚地区和平与稳定，在加强同发展中国家团结合作的同时，发展同西方国家的关系；支持中东和平进程；主张销毁大规模杀伤性武器；呼吁建立公正合理的国际政治经济新秩序；重视经济外交；要求发达国家采取切实措施，缩小南北差距。

1951 年 5 月 21 日，中巴两国正式建立外交关系。建交以来，两国在和平共处五项原则的基础上发展睦邻友好和互利合作关系，进展顺利。巴是中国"全天候全方位的战略合作伙伴"，两国政治高度互信，安全合作极为密切，经济往来发展态势良好。中巴签订有《中华人民共和国和巴基斯坦伊斯兰共和国睦邻友好合作条约》，巴基斯坦还是中国周边第一个与中国签署自由贸易协定的国家。

1. 与美国关系

2010 年 3 月，巴基斯坦和美国两国政府举行首次部长级战略对话，双方承诺在相互尊重和信任的基础上致力于建立广泛、长期和实质性的战略伙伴关系。自 2011 年 5 月美军击毙"基地"组织头目本·拉登以来，美巴关系日趋恶化，特别是双方围绕"哈卡尼网络"的争执相持不下。2013 年 6 月谢里夫总理执政后，主张改善与美关系，同时反对美对巴进行无人机袭击。7 月底，美国国务卿克里访巴，双方同意重启巴美战略对话，两国关系逐步得到改善。10 月，谢里夫总理访美，会见美总统奥巴马，双方同意建立持久合作伙伴关系，美方宣布恢复向巴提供 16 亿美元经济和军事援助。11 月，美无人机在巴境内击毙巴塔利班头号人物马苏德，导致巴政府同巴塔和谈进程停滞。巴方对此表示强烈反对，两国关系受到冲击。随后，巴、美两国政府仍坚持改善双边关系政策，并于 2014 年 3 月重启巴美战略对话。两国政府在多年的糟糕关系之后，开始进行更密切的合作，特别是在美国使用无人机导弹袭击巴基斯坦激进分子毛拉·法兹鲁拉（Mullah Fazlullah）后。2016 年 2 月 11 日，美国政府提议在 2016 ~ 2017 财政年度为巴基斯坦提供 8.6 亿美元的援助，其中包括用于打击叛乱的军事装备资金 2.65 亿美元。2017 年 8 月 21 日，唐纳德·特朗普宣布了他的阿富汗新战略，并指责了巴基斯坦。特朗普说："巴基斯坦人民深受恐怖主义和极端主义的影响。我们承认他们的贡献和牺牲，但巴基斯坦也庇护了那些每天都在试图杀害我们人民的组织。"此外，特朗普还敦促印度发挥其在阿富汗中的作用，许多巴基斯坦人认为，这是一种反巴基斯坦的战略。特朗普的讲话导致巴基斯坦反美情绪的高涨。两个月后，特朗普在推特上表示，他开始与巴基斯坦政府建立良好的关系。2018 年 1 月 1 日，唐纳德·特朗普再次批评巴基斯坦，指责说："他们给我们的只是谎言和欺骗。"

2. 与印度关系

1947 年 8 月印巴分治。此后，印巴于 1947 年、1965 年和 1971 年爆发过三次战争。多年来，双方领导人和官员为改善关系不断进行对话和谈判，两国关系时而紧张，时而缓和。进入 21 世纪以来，印巴关系依然是跌宕起伏，时紧时缓，改善努力与对峙事件交替发生。

2012 年 4 月 8 日，巴基斯坦总统扎尔达里以私人名义访问印度并会见印总理辛格，推动两国关系继续改善。2014 年 5 月，巴基斯坦总理谢里夫出席了莫迪就任印度总理的仪式。

2013 年初，印、巴双方在克什米尔控制线附近多次发生越境交火事件，印、巴各有多名军人死伤，对双边关系改善造成一定干扰。2013 年 6 月，谢里夫当选总理后，表示将致力于改善巴印关系。印总理辛格派特使访巴。2013 年 8 月，巴印在克什米尔控制线附近再次发生交火。2014 年 9 月，双方在边界爆发 10 多年来最严重的交火事件，造成数十人死亡。

2015 年 3 月，印度外交国务秘书苏杰生访问巴基斯坦。7 月，上海合作组织乌法峰会期间，巴基斯坦总理谢里夫和印度总理莫迪举行会晤。12 月，印度总理莫迪访巴基斯坦，与巴总理谢里夫实现会晤，两国关系出现改善的积极势头。

2016 年 1 月，印度北部旁遮普邦空军基地遭袭。有人推测称巴境内反印组织"穆罕默德军"涉嫌实施这一袭击。印巴推迟原定于 1 月举行的外交秘书级对话。2016 年 7 月，印度军警在印控克什米尔地区打死一名当地青年运动领袖，引发大规模示威和骚乱，双方冲突造成 100 多名平民死亡。巴基斯坦对此予以强烈谴责，要求国际社会介入。2016 年 9 月，印控克什米尔地区一处印度军营遭武装分子袭击，造成 17 名印度士兵身亡。印度政府称该事件系由巴基斯坦政府支持的恐怖主义组织发动的恐怖袭击，巴方坚决否认。双方在控制线附近持续交火，印方称此举是对控制线巴方一侧的多处恐怖分子基地进行"外科手术式"打击。巴方对此予以否认和强烈谴责。

3. 与阿富汗关系

巴基斯坦与阿富汗在地理、历史、文化、宗教、种族等方面关系密切。"9·11"事件后，巴基斯坦参与国际反恐战争，打击塔利班和基地组织，努力发展与卡尔扎伊政府的关系，积极参与阿富汗重建。然而，双方在领土、反恐问题上的矛盾也非常尖锐。2013 年 4 月以来，巴阿在"杜兰线"（英国殖民者人为划定的阿巴边界，阿方一直不予承认）附近发生交火，双方在推动阿富汗塔利班参与阿和谈问题上的矛盾上升，关系再度趋冷。7 月，巴总理国家安全和外交事务顾问阿齐兹访阿。8 月，阿总统卡尔扎伊访巴，同谢里夫总理举行会谈，双方就阿巴关系、阿和解进程、地区局势等交换意见。11 月，谢里夫总理访阿。

2014 年 9 月，巴基斯坦总统侯赛因出席阿富汗总统加尼就职典礼。11 月，加尼总统访巴。加尼总统多次表示愿在任内推动巴阿关系改善。2015 年 5 月，巴总理谢里夫访阿。2015 年 7 月，阿政府与塔利班和谈停滞，阿对巴指责加剧。2016 年 1 月，阿巴中美四方协调组首次会议召开，致力于推进"阿人主导，阿人所有"的阿富汗和解进程。

三　经济形势

（一）经济概况

巴基斯坦经济以农业为主，农业产值占国内生产总值的 24%。受国内政局不稳、国际金融危机冲击、国际大宗商品价格上扬等因素影响，2008 年巴基斯坦经济形势持续恶化。2009 年以来，在自身调整努力和国际社会帮助下，巴基斯坦经济运行中的积极因素增多，重要经济指数较前有所好转。2015～2016 财年主要经济数据如表 1（巴财年始于 7 月 1 日，截至下一年 6 月 30 日）。

表 1　巴基斯坦 2015～2016 财年主要经济数据

国内生产总值	2789 亿美元
同比增长	4.70%
人均国内生产总值	1443 美元
通货膨胀率	3.80%
货币名称	巴基斯坦卢比
汇率	1 美元约合 104.8 卢比

资料来源：世界银行。

1. 自然资源

巴基斯坦的矿产资源有 40 多种，可分为钢铁金属矿、有色金属矿、燃料和化工原料及非金属矿、冶金辅助原料矿四大类。主要矿藏储备有：天然气 4920 亿立方米、石油 1.84 亿桶、煤 1850 亿吨、铁 4.3 亿吨、铝土 7400 万吨，还有大量的铬矿、大理石和宝石。

巴基斯坦森林资源缺乏，森林覆盖率仅为 4.8%。主要分布在北部和西部山区，有悬铃木、野生橄榄、雪松、针叶松、杉属树木、白桦和桧属植物等。

巴基斯坦有丰富的动物资源。西部、北部山区和平原地区有山地绵羊、山羊、奶牛、水牛，森林里有黑熊、豹、豺、狼等野生动物。鸟的种类也很多，主要有鹰、兀鹰、孔雀等。卡拉奇附近的海域是世界上最好的渔场之一，盛产大黄鱼、鲨鱼、龙虾、对虾、螃蟹等水产品以及海龟、海豚等水生动物。内陆河流湖泊盛产各种淡水鱼、虾和鳖。

2. 产业结构

（1）农业

2015～2016 财年，巴基斯坦农业增长率为 -0.19%。主要农产品有小麦、水稻、棉花、甘蔗等。全国可耕地面积 5768 万公顷，其中实际耕作面积 2168 万公顷。农业人口约占全国人口的 66.5%。

表 2　巴基斯坦主要农作物产量

单位：万吨

品　　种　　财　　年	2013~2014	2014~2015	2015~2016
小麦	2571.1	2545.0	2550.4
水稻	679.8	700.3	680.1
玉米	504.4	479.8	505.0
甘蔗	6746.0	6282.7	6518.6
棉花（万包）	1276.9	1395.7	991.7

资料来源：巴基斯坦财政部 2015~2016 财年经济报告。

（2）工业

纺织业是巴基斯坦最重要的行业，它对于国民经济发展举足轻重。纺织业包含棉花、棉纱、棉织品、织品加工（坯布印染）、家庭纺织、毛巾、针织和针织品、成衣等生产。大型制造业主要有水泥厂设备、糖厂设备、工业锅炉、石油化工设备、建筑设备、输电铁塔、纺织工程设备、汽车等的生产或组装；共有 2000 多家企业，其中既有国有大型企业，也有中小私营企业，固定资产总投资 1000 亿巴基斯坦卢比。其他还有电气制造业、汽车业、电子和家电业、建材业等。

（3）服务业

服务业对 2015~2016 财年 GDP 的贡献率达 59.2%，同比增长 5.71%。据发布的最新数据，2015~2016 财年巴基斯坦服务出口额达 51.04 亿美元，服务进口达 79.54 亿美元，服务贸易赤字为 28.5 亿美元。

表 3　巴基斯坦各部门占 GDP 的比重

单位：%

行　　业　　财　　年	2013~2014	2014~2015	2015~2016
A. 农业	21.10	20.80	19.82
1. 农作物	8.50	8.24	7.38
主要农作物	5.50	5.27	4.67
其他农作物	2.40	2.37	2.25
棉花	0.60	0.61	0.46
2. 家禽	11.70	11.73	11.61
3. 林业	0.50	0.39	0.41

续表

行业 / 财年	2013~2014	2014~2015	2015~2016
4. 渔业	0.40	0.44	0.43
B. 工业	20.45	20.61	21.02
1. 矿业	2.90	2.92	2.98
2. 制造业	13.60	13.56	13.60
大规模	11.00	10.91	10.90
小规模	1.70	1.73	1.79
屠宰	0.90	0.93	0.92
3. 电力、天然气	1.60	1.73	1.85
4. 建筑业	2.30	2.39	2.58
C. 服务业	58.44	58.60	59.16
1. 批发零售业	18.50	18.29	18.27
2. 交通、通信	13.30	13.37	13.29
3. 金融、保险	3.10	3.16	3.25
4. 住宅服务	6.80	6.76	6.71
5. 一般政府服务	7.10	7.14	7.58
6. 其他私人服务	9.70	9.88	10.06
GDP(fc)	100.00	100.00	100.0

资料来源：巴基斯坦财政部 2015~2016 财年经济报告。

（二）近期经济运行状况

1. 宏观经济

2015 年实际 GDP 增长率为 4.06%，2016 年实际 GDP 增长率为 4.51%，2017 年实际 GDP 增长率为 5.28%。2016~2017 财年巴基斯坦名义 GDP 为 3043.27 亿美元，其中农业、工业、服务业在生产总值中所占比重分别为 19.53%、20.88%、59.59%。巴基斯坦 2016~2017 财政年度出口减少，商品贸易出口下降了 1.4%；进口继续以更快的速度增长，2017 年比 2016 年增长了 17.7%。2015~2016 财年巴基斯坦财政收入增长强劲，占 GDP 的比重从 2012~2013 财年的 8.3% 上升到 10.7%。2015~2016 财年，巴基斯坦外汇储备达到 230.9 亿美元，创历史新高。截至 2017 年 6 月 2 日，国际评价机构穆迪对巴基斯坦主权信用评级为 B3，展望为稳定。

2. 国际收支

世界银行于 2013 年 10 月发布题为《南亚经济聚焦》的报告，称巴基斯坦的国际收支状况仍对其短期经济发展造成巨大压力。报告指出，巴基斯坦目前出口增加，进口减少，侨汇收入稳步提高，但经济增长放缓，外资流入下滑以及偿付外债导致外汇储备明显下降，如果不采取包括税收和能源领域在内的重要结构性改革措施，其经济难以复苏。

表 4　巴基斯坦 2017～2018 年特定经济指数预测

单位：%

特定指数 ＼ 年份	2017	2018
GDP 增长率	5.30	5.50
通货膨胀率	4.2	4.8
当前账户平衡（占 GDP 的比重）	−4	−4.2

资料来源：亚洲发展银行（ADB）数据。

表 5　巴基斯坦国际收支状况

单位：百万美元

项目 ＼ 财年	2013～2014	2014～2015	2015～2016
贸易平衡	−16590	−17191	−18478
出口	25078	24089	21972
进口	41668	41280	40450
服务平衡（净）	−2650	−2963	−2964
转让（净）	20065	22040	23383
汇款	15837	18721	19917
当前账户平衡	−3130	−2709	−3394
资本与金融账户	−3696	−4621	−5379

资料来源：巴基斯坦国家银行。

3. 外债状况

根据巴基斯坦国家银行公布的数据，近 3 个财年（2013～2014 年、

2014～2015 年、2015～2016 年）巴基斯坦的外债大致呈上升趋势。

4. 财政收支

巴基斯坦政府财政经常处于不平衡状态，税收增长不利，财政赤字严重，还债支出巨大，发展支出比重过小。

表 6　巴基斯坦外债状况

单位：百万美元

项目 ＼ 财年	2013～2014	2014～2015	2015～2016
外部债务与负债	65544	64609	72978
外部债务	62262	61464	69378
外汇负债*	3281	3145	3600
公共与公共担保外债（支付与未付）	48984	47867	57722
中长期债务	48571	46885	52980
未支付债务**	15770	18559	51292
承诺债务	13394	4395	20423
支付债务	6711	5798	16469
还本付息***	2810	3211	6913
资本	2074	2262	3202
利息	736	949	1092
债务占据出口收入的百分比（%）	11.2	13.3	19.5
债务占据外汇收入的百分比（%）	5.5	6.1	8.3
债务占据 GD0 的百分比（%）	1.1	1.2	1.5

注：* 不包括 FEBCs/FCBCs&DBCs；

　　** 不包括政府补助；

　　*** 不包括 IMF 收费。

资料来源：巴基斯坦财政部 2015～2016 财年经济报告。

表 7　巴基斯坦财政收支情况

单位：亿美元

项目 ＼ 财年	2013～2014	2014～2015	2015～2016
收入	248	268	298
支出	329	373	425
差额	－81	－105	－127

资料来源：巴基斯坦财政部 2015～2016 财年经济报告。

四 投资状况

(一) 外国投资状况

近年来，巴基斯坦政府推行广泛的结构改革，出台相关优惠政策，促进投资便利化，改善投资环境，大力推广特殊经济区，希望通过吸引外资为国家经济发展提供动力。根据巴基斯坦国家银行公布的数据，2015～2016财年，巴基斯坦利用外商投资高达19.85亿美元，增长4.2%。外商投资主要来源为阿联酋（1.13亿美元）、法国（0.95亿美元）、中国香港（0.75亿美元）和意大利（1.05亿美元）。巴基斯坦利用外资的领域相对比较集中，2015～2016财年三大外资利用领域是电力行业、油气开发、电信行业。巴基斯坦央行指出，来自中国的大额投资是巴FDI数据向好的主要原因，中巴经济走廊是巴基斯坦吸引外资的最大项目。能源领域则成为巴基斯坦吸引外资和资本品进口的最大驱动部门，除此之外，几乎所有领域的FDI都陷入停顿。

表8 巴基斯坦外商投资状况

单位：百万美元

财年 投资来源地	2013～2014	2014～2015	2015～2016
美 国	360.3	823.3	-32.6
英 国	380.9	399.1	9.9
阿 联 酋	-40.2	225.2	113.0
德 国	-25.7	-18.2	-20.5
法 国	96.2	-214.9	94.7
中 国 香 港	294.6	72.7	75.2
意 大 利	97.7	115.4	105.4
日 本	47.2	74.0	36.2
沙 特 阿 拉 伯	-40.1	-64.4	24.9
加 拿 大	-18.8	-25.7	12.8
荷 兰	8.1	-35.9	45.0
韩 国	19.1	4.5	4.2
其 他	1142.1	550.1	1517.4

资料来源：巴基斯坦国家银行。

（二）投资环境

巴基斯坦的投资环境与其经济政策一样，趋向宽松、自由化和私有化。投资制造业和非制造业已不需要经过政府批准，完全向国外投资者开放。在工业、基础设施和社会部门，外国投资者可以 100% 控股，并有利润和分红汇回的完全自由。宽松的税收和关税、丰裕的土地和自然资源、完备的法律法规体系以及巨大的国内市场使巴基斯坦对外资极具吸引力。此外，巴基斯坦还是进入中亚和海湾地区市场的门户。巴基斯坦政府在许多地区设立了出口加工区，此区域内的产品出口可以免税。外商投资的优惠产业包括石油天然气、石化、化工、采矿、建材、高附加值农产品和食品加工业、基础设施及相关服务、旅游、信息技术及相关服务。扶植产业包括纺织、服装、皮革及制品、珠宝玉石、汽车工业及电子产业。

1. 投资政策

巴基斯坦对外国投资的主要鼓励措施如下。

除武器弹药、烈性炸药、放射性物质、出版、货币铸造等行业外，外商投资无须政府批准；用于出口的原材料进口享受零关税；用于高附加值和高科技产业的机械设备进口关税仅 5%；其他机械设备的进口关税为 10%；外商最高可持股 100%（工业、建筑业、社会产业外商可 100% 持股，服务业和农业外商持股可达 60%，服务业在前 5 年内可持股100%）；利润和分红汇回无限制；除基础设施项目需要不少于 30 万美元外，其他投资项目无最小金额限制；投资地点自由选择。巴基斯坦的一揽子投资政策还包括：可在出口加工区获得土地，还准备为中国投资者专设经济区；对外国投资者实行国民待遇；完全的投资保护。例如，巴基斯坦与包括中国在内的 50 多个国家签署了双边投资保护协议和避免双重征税协议。

2. 金融体系

巴基斯坦金融体系的构成包括巴基斯坦国家银行、国有商业银行、专业银行、外国银行、非银行金融机构和邮政储蓄银行。巴基斯坦国家银行，也称巴基斯坦中央银行，1948 年 7 月 1 日建立。当时拥有资产仅3000 万卢比，共分 30 股，100 万卢比为一股，政府掌握 51% 的股票，

49% 为私人占有。目前，除总部外，共有 8 个分行分布于全国各大城市。国有商业银行共有 6 家：哈比卜银行、巴基斯坦国民银行、联合银行、穆斯林商业银行、联盟银行、第一妇女银行。国有商业银行在国内共有 6852 个分支机构，在海外也有 118 个分支机构。专业银行共有 3 家，即巴基斯坦农业发展银行、巴基斯坦工业发展银行和联邦合作银行。专业银行共有分支机构 336 个。外国在巴基斯坦开设银行的主要有美国与日本的 20 家大银行，还有 58 个分支机构。非银行金融机构共有 12 家，其中有与外国合资建立的金融公司。邮政储蓄银行是巴基斯坦唯一的储蓄银行，由政府控制，业务范围是吸收公众存款，然后投资于政府管理的项目。

3. 税收体系

巴基斯坦是联邦制国家，税收分联邦政府、省政府和地区政府三级，但税收以联邦政府为主，占 70% 左右。联邦政府的主要税种包括所得税、关税、销售税、联邦消费税；省政府的主要税种包括职业税、财产税、车辆税、印花税、土地税等；地区政府的主要税种包括财产税、水资源税、进出口税、转让税、市场税以及其他收费等。巴基斯坦税收又分为直接税和间接税两大类。直接税主要包括上述的所得税、财产税、土地税、车辆税；间接税包括关税、销售税（增值税）、联邦消费税等。巴基斯坦税收主管部门为联邦税收委员会，负责制定和实施税收政策，以及联邦税种的征收和管理，海关为其下属部门。近年来，巴基斯坦政府为提高财政收入，不断扩大税基和提高税收幅度。外国公司和外国人与巴基斯坦当地公司和国民同等纳税。

五　双边关系

中巴是山水相依的友好邻邦，两国人民有着悠久的传统友谊。早在一千多年前，中国晋朝的高僧法显和唐代高僧玄奘就先后到过巴基斯坦的许多地区。1950 年 1 月 5 日，巴基斯坦承认中华人民共和国，1951 年 5 月 21 日，中巴两国正式建交。建交以来，两国建立了全天候友谊，开展了全方位合作。

（一）政治关系

2005 年 4 月，温家宝总理访巴，两国宣布建立更加紧密的战略合作伙伴关系。2006 年，胡锦涛主席和穆沙拉夫总统实现互访。2007 年 4 月，阿齐兹总理访华并出席博鳌亚洲论坛年会。2008 年 4 月，穆沙拉夫总统对中国进行国事访问并出席博鳌亚洲论坛年会。10 月，扎尔达里总统对中国进行国事访问，双方发表《中华人民共和国和巴基斯坦伊斯兰共和国联合声明》。

2010 年 7 月，扎尔达里总统来华工作访问并参观上海世博会；11 月，扎尔达里总统来华出席广州亚运会开幕式；12 月，温家宝总理对巴基斯坦进行正式访问。

2011 年是中巴建交 60 周年，也是"中巴友好年"；5 月，巴基斯坦总理吉拉尼正式访华；8 月底，巴基斯坦总统扎尔达里赴新疆维吾尔自治区出席首届中国 – 亚欧博览会。

2012 年 3 月，吉拉尼总理来华出席博鳌亚洲论坛年会。6 月，扎尔达里总统访华并出席上海合作组织成员国元首理事会第十二次会议；9 月，阿什拉夫总理来华出席天津夏季达沃斯新领军者年会。

2013 年 5 月，李克强总理对巴基斯坦进行正式访问，双方发表了《中华人民共和国和巴基斯坦伊斯兰共和国关于深化两国全面战略合作的联合声明》；7 月，谢里夫总理正式访华。中巴发布《关于新时期深化中巴战略合作伙伴关系的共同展望》。

2014 年 2 月，巴基斯坦总统侯赛因对中国进行访问，双方发表了《中华人民共和国和巴基斯坦伊斯兰共和国关于深化中巴战略与经济合作的联合声明》。

2015 年 4 月，习近平主席应邀对巴基斯坦进行正式访问。中巴双方发表《中华人民共和国和巴基斯坦伊斯兰共和国建立全天候战略合作伙伴关系的联合声明》。9 月，侯赛因总统来华出席抗战胜利 70 周年纪念活动，习近平主席、张高丽副总理会见侯赛因。12 月，巴总统侯赛因来华出席第二届世界互联网大会，谢里夫总理来华出席上海合作组织成员国政府首脑理事会第十四次会议。

2016 年 6 月，习近平主席在塔什干出席上海合作组织元首理事会第十六次会议期间会见巴基斯坦总统侯赛因。9 月，李克强总理在纽约出席第七十一届联合国大会期间会见巴基斯坦总理谢里夫。

2017 年 2 月 28 日，巴基斯坦总理谢里夫在伊斯兰堡会见中国政府代表、外交部副部长张亚遂。5 月 15 日，巴基斯坦总理带领的高级代表团参加在北京举办的"一带一路"国际合作高峰论坛。5 月 13 日，国家主席习近平会见来华出席"一带一路"国际合作高峰论坛的巴基斯坦总理谢里夫。6 月 14 日，外交部部长王毅在北京会见来华出席第十二届中巴防务安全磋商的巴基斯坦参谋长联席会议主席祖拜尔。6 月 24~25 日，外交部部长王毅访问巴基斯坦，分别与巴基斯坦主持外交工作的总理外事顾问阿齐兹和巴基斯坦陆军参谋长巴杰瓦举行会谈，并于 6 月 25 日接受巴基斯坦总统侯赛因接见。王毅表示中方支持建立中阿巴外长三方会晤机制，增进各领域对话与合作。

（二）经贸关系

巴基斯坦高度重视与中国的经贸关系，但多年来，双边经贸关系一则规模有限，二则巴贸易逆差严重，为解决这些问题，中巴两国政府和商业界做出了不懈努力，力图使双边经贸关系适应双边战略关系的需求，达到或接近双方在政治安全领域的合作水平，然而就实际效果而言，进展比较有限。巴中两国在落实中巴经济走廊计划方面取得了一定进展，不过，实际贸易水平还有待提高。

2015 年 4 月，习近平主席对巴基斯坦进行国事访问，双方一致同意将两国关系提升为全天候战略合作伙伴关系，中巴经济合作迎来新的战略机遇期。巴基斯坦计划委员会数据显示，中巴经济走廊早期收获项目已创造 3.8 万个工作岗位，其中 75% 以上为当地就业。中巴贸易有一定互补性，合作空间和潜力较大。近年来双方贸易增速均保持在 10% 以上。

目前，中国是巴基斯坦第一大贸易伙伴，并于巴 2015~2016 财年首次成为其第一大进口来源国，同时还是巴基斯坦第二大出口目的地。中国对巴基斯坦的主要出口商品为：机械设备、钢铁及其制品、化学品、电子电器、计算机与通信产品、肥料和农产品等，其中，机械设备所占比例近 40%。巴基斯坦对华主要出口商品为：棉纱、棉布、大米、矿石和皮革等，其中，棉纱线所占比例超过一半。近年来随着双边贸易规模的扩大，贸易纠纷也呈上升趋势，中资企业应对此高度重视。据中国海关统计，2017 年中巴双边贸易额为 200.9 亿美元，同比增长 4.9%。其中，中国出口额为 182.5 亿美元，同比增长 5.9%；中国进口额为 18.3 亿美元，同比下降 4.1%；贸易顺差为 164.2 亿美元。

2016 年，中国对巴基斯坦直接投资流量为 6.33 亿美元。截至 2016 年末，中国对巴基斯坦直接投资存量为 47.59 亿美元。

根据中国商务部统计，2016 年中国企业在巴基斯坦新签承包工程合同 261 份，新签合同额 115.84 亿美元，完成营业额 72.68 亿美元；当年派出各类劳务人员 11863 人，年末，中国在巴基斯坦劳务人员有 15088 人。新签大型工程承包项目有：中国电力技术装备有限公司承建巴基斯坦默蒂亚里到拉合尔直流输电工程；中国路桥工程有限责任公司承建 KKH 二期项目；中国机械设备工程股份有限公司承建巴基斯坦塔尔 2X330MW 燃料电站项目等。

六　总体风险评估

巴基斯坦总体风险较高，特别是在政治稳定性和安全局势方面情况较为严峻，周边外交态势也较为困难。

巴基斯坦政局多年来持续动荡，始终难以摆脱军人执政和虚弱民选政府之间的循环。国内政治方面，巴家族传统深厚，代表旁遮普工业贵族的谢里夫家族和代表信德大土地所有者的布托·扎尔达里家族多年来争斗激烈，交替执政，加之不时中断民选进程代之以强人政府的军人集团，巴基斯坦政府的政策连贯性存在严重问题。谢里夫上台以来，政治稳定性方面改善有限，2014 年夏季开始与从前的合作者、巴基斯坦国家板球队前队长伊姆兰·汗领导的新兴政治力量——正义运动党爆发严重冲突，正义运动党支持者自夏季起占据伊斯兰堡、拉合尔等地的主要街道进行长时间示威，严重干扰了正常的社会秩序，给巴基斯坦政府的执政和社会的平稳运行造成了巨大影响。巴政局动荡已经成为这个国家的顽疾，短期内没有得到彻底解决的希望。

　　经济方面，电力匮乏是巴基斯坦面临的巨大问题，且以巴基斯坦的财政支付能力，进行大规模的电力设备改扩建并不现实。电力匮乏导致众多工厂停工、基础设施建设难以推进。未来，电力供应仍将长期制约巴基斯坦的经济发展。

　　安全方面，北约部队自阿富汗撤离给巴基斯坦国内安全形势带来不确定影响。由于美国部队的撤离，巴面临的无人机越境空袭问题的程度可能会有所减轻，给巴基斯坦政府与"巴基斯坦塔利班武装"之间的和谈带来转机。但同时，阿富汗复杂化的安全态势又会给巴基斯坦西部边防造成更加沉重的压力。此外，还应注意到，中东地区兴起的"伊斯兰国"极端武装对巴国内极端势力的示范效应正在加强，未来巴国内可能出现更多试图推翻现政权、建立极端严苛的所谓"伊斯兰教法国家"的武装团伙，导致巴国内暴力事件频发，并给巴与邻国尤其是与印度的关系改善造成巨大风险。

（朱慧君）

白俄罗斯

（The Republic of Belarus）

一 国家基本信息

（一）地理概述

白俄罗斯共和国（简称白俄罗斯）是位于欧洲东欧平原的内陆国家，白俄罗斯东及北部与俄罗斯联邦为邻，南部与乌克兰接壤，西部同波兰、立陶宛和拉脱维亚毗邻，国土面积207600平方公里。境内有大小河流2万多条，总长为9.06万公里。主要河流有第聂伯河、普里皮亚季河、西德维纳河、涅曼河和索日河。拥有总面积为2000平方公里的1万个湖泊，因而享有"万湖之国"美誉。首都为明斯克。

（二）人口和民族

白俄罗斯的人口为968.98万（2008年）。将近80%的人口为白俄罗斯族，主要少数民族依次是俄罗斯族、波兰族和乌克兰族。1995年后，白俄罗斯语和俄罗斯语被定为官方语言。白俄罗斯宪法并无明确规定国教，但大多数人信仰俄罗斯东正教，其次为罗马天主教。

（三）简史

公元9～11世纪，现代白俄罗斯的大部分领土属于维京人在公元

862 年建立的基辅罗斯。12 世纪建立了君主制公国。在 13 世纪拔都西征之后被金帐汗国占领。从 14 世纪起被立陶宛大公国占领，后成为波兰立陶宛联邦的一部分。15 世纪俄国沙皇伊凡三世统一罗斯诸公国，以解放者的身份一度占领白俄罗斯。18 世纪白俄罗斯成为俄罗斯帝国的一部分。

1918 年 3 月 25 日，成立了白俄罗斯人民共和国，但共和政体很快就被布尔什维克党推翻。1919 年，白俄罗斯改国名为白俄罗斯苏维埃社会主义共和国；1922 年，其成为苏联的一个加盟共和国。第二次世界大战期间一度被德国占领。1991 年 8 月 25 日，白俄罗斯宣布独立，改国名为"白俄罗斯共和国"。

二　政治状况

（一）政体简介

1. 宪法

独立之初，沿用苏联宪法。1994 年 3 月 15 日，白俄罗斯通过新宪法，规定由议会制国家转变为总统制共和国，最高苏维埃是国家立法机构。1996 年 11 月 24 日，白俄罗斯全民公决批准了卢卡申科总统提出的新宪法。新宪法赋予总统更大的权力，并规定白俄罗斯议会由一院制改为两院制。

2004 年 10 月，白俄罗斯举行全民公决，取消了宪法中关于总统连任不得超过两届的限制。修改后的宪法规定：白实行总统制，总统为国家元首和武装力量总司令，由选民直接选举产生，任期 5 年，可以连选连任，没有限制。

2. 议会

白俄罗斯议会称国民议会，为白俄罗斯的立法机构。白俄罗斯国民议会为两院制，由共和国院（上院）64 名议员和代表院（下院）110 名代表组成，每 4 年选举一次。上院主要职能是审批下院通过的法案；审批总统关于司法机构、中选委、中央银行领导人的任命；选举宪法法院的 6 名法官；决定解散地方议会；审议总统关于战争状态和紧急状态的命令；审议下院对总统的弹劾；等等。下院主要职能是审议宪法修改补充草案和各类法案；决定何时举行总统大选；批准总统关于总理的任命；通过对政府不信任案；接受总统辞职；等等。

现议会于 2016 年选举产生，上院（共和国院）主席为米哈伊尔·弗拉基米罗维奇·米亚斯尼科维奇，下院（代表院）主席为弗拉基米尔·巴甫洛维奇·安德烈琴科。

3. 政府

政府内阁是中央国家管理机构。政府向总统报告自己的工作并对白俄罗斯共和国议会负责。政府由总理、副总理和部长组成。政府成员也可以包括国家其他管理机构的领导人。现任白俄罗斯总理是安德烈·弗拉基米罗维奇·科比亚科夫。白俄罗斯政府现设有 5 名副总理和 24 名部长。

4. 司法

法院体系根据地域和专业的原则建立。司法系统分为宪法法院和一般管辖权法院。禁止建立特别法庭。

一般管辖权法院负责民事、刑事、行政和经济案件的审理。一般管辖权的法院系统包括：最高法院；州法院和明斯克市法院，区级法院；州经济法院和明斯克经济法院；军事法院。

白俄罗斯共和国宪法法院的主要工作是审查各种法律、法规、法令的合宪性。宪法法院由 12 位高级法律专家组成，其中总统任命 6 名法官，议会下院任命 6 名。法院院长由总统提名并由议会下院批准任命。宪法法院法官的任期为 11 年。

5. 政党

白俄罗斯独立后，虽然在政治上实行多党制，但大多数政党只不过是政治俱乐部式的组织，没有一定的组织结构和明确的意识形态，也得不到社会的支持。白俄罗斯没有执政党，政党在政治生活中发挥的作用极其有限。国民会议选举不按党派而按选区原则分配名额，因而在白俄罗斯议会中没有固定的议会党团。政党在社会政治生活中影响有限。截至 2013 年底，共有 15 个合法政党，37 个合法工会，2402 个合法社会团体（其中国际性团体 230 个）。15 个政党中较大的有：白俄罗斯共产党、白俄罗斯联合左派党"正义的世界"、白俄罗斯人民阵线党、联合公民党、自由民主党等。此外，还有白俄罗斯社会民主党（人民大会）、白俄罗斯社会民主大会党、农业党、共和国党、劳动正义党、白俄罗斯爱国党、白俄罗斯社会体育运动党、白俄罗斯绿党、共和党。

（二）政局现状

1994 年，卢卡申科当选总统之后，将国家政治体制转向总统制。从 1994 年到现在，卢卡申科一直是白俄罗斯领导人。他以反腐败起家，主张渐进式经济改革，施政公平，为人清廉。他关心百姓生活，被国人称为"老爹"，他领导的白俄罗斯是保存苏联元素最多的国家。

卢卡申科拒绝接受西方式民主，他对于民主政治的立场在西方社会中引发了广泛的争议。根据 1996 年白俄罗斯宪法规定，议会选举不按党派而按选区原则分配名额，政党在议会中没有固定的议会党团，因此政党在社会生活中的影响力大大减少，总统和政府在国家治理中的作用得以加强。不仅如此，白俄罗斯还在 2004 年通过全民公决，取消了宪法中对总统任期的限制。2005 年，时任美国国务卿赖斯称白俄罗斯是欧洲最后一个"独裁国家"。2015 年 10 月，卢卡申科以 83.49% 的得票率第五次当选白俄罗斯总统。

（三）国际关系

白俄罗斯独立后，在外交上采取向俄罗斯倾斜的政策，坚决反对北约东扩，因此得罪了西方国家和向西方国家靠拢的邻国，由此产生一系列摩擦和纠纷。白奉行"独立自主、和平友好和互利合作"的对外政策，积极开展外交活动，发展与世界各国的联系，截至 2014 年 6 月，已同 173 个国家建立了外交关系。

奉行以俄罗斯为重点的多方位外交政策。全面发展同独联体和周边国家关系，积极参与独联体地区一体化进程。2016 年，白继续发展同俄罗斯战略联盟关系，并积极参与俄罗斯主导的欧亚经济联盟建设。白继续重视和发展同中国、独联体国家、亚非和拉美国家的友好合作关系，努力争取外交空间，扩大国际影响力。

独立后的白俄罗斯曾经致力于和欧盟建立睦邻伙伴关系，与欧盟发展经济、科技、投资等领域的合作。但总统卢卡申科在 2004 年通过修改宪法，取消总统任期限制的行为遭到欧盟和美国的外交制裁。美国和欧安会组织均指责白俄罗斯的全民公决和议会选举违反民主原则和国际标准。美众议院还通过了《白俄罗斯 2004 年度民主法案》。美国以白俄罗斯总统选举舞弊为由，2006 年和 2007 年两次对白俄罗斯实施经济制裁，包括冻结总统卢卡申科和一些白俄罗斯企业的资产。两国关系在 2008 年进一步恶化，相互驱逐大使并把驻对方国家的本国外交人员数量减至最低。乌克兰危机之后，白俄罗斯积极参与政治调解工作，缓和了与欧盟的关系。2016 年 2 月，欧盟宣布部分解除针对白俄罗斯的制裁，解除对卢卡申科等 170 名白俄罗斯人在欧盟的资产冻结和出入欧盟禁令，终止对 3 家白俄罗斯公司的经济制裁。近两年白俄罗斯在欧盟"东部伙伴关系"框架下积极参与活动，双方关系得以改善，欧盟对进一步发展双边关系持开放态度。

三　经济形势

（一）经济概况

1. 自然资源

白俄罗斯矿产资源丰富，30 多种矿物分布在 4000 多个矿区，最重要的矿藏有钾盐，总储量约 78 亿吨。非矿资源有花岗石、白云石、石灰石、泥灰和白垩、防火材料和亚黏土等，泥炭储量 44 亿吨。饮用矿泉水和医疗矿泉资源丰富。森林覆盖率为 36%，原始森林面积占 19%；木材储量为 10.93 亿立方米，每年出口各种木材约 500 万吨。

2. 产业结构

独立以后的白俄罗斯经济基本上保持了苏联遗留下来的工业结构。卢卡申科领导下的白俄罗斯采取了渐进式的改革道路。目前国有经济仍然是其经济主体。根据 2011 年数据，工业仍然是国民经济的主体，占 GDP 的比重为 46.2%，服务业比重约占 44.4%，农业比重约占 9.5%。

白曾为苏联的工业基地之一，重工业基础较好。目前主要工业部门有机器和机械制造（主要生产拖拉机、重型卡车、机床和自动化设备等）、石化、塑料、人造纤维、化肥、食品加工、玻璃和纺织品等。

农业从业人员约占总劳动力的 11%，农业生产率低下，需要政府的补贴。

白俄罗斯服务业以银行服务、对外贸易和油气跨境输送为主。政府已将发展服务业作为产业结构调整的重点之一，但服务业的总体发展比较缓慢。

（二）近期经济运行状况

1. 宏观经济

自从卢卡申科 1994 年当选总统后，白俄罗斯经济发展迅速，政治局面稳定，人民生活水平不断得到提高。白采取的稳步渐进式发展与改革，使白俄罗斯在很大程度上仍保持了苏联的经济结构，国有经济比重较大。白俄罗斯一直严重依赖于俄罗斯低价能源供应和商品出口市场，依靠提炼石油后卖给欧盟等国家和地区赚取差价。从 2007 年开始，俄罗斯取消了对白俄罗斯的能源优惠，能源涨价对白俄罗斯实体经济造成很大的负面影响。2011 年，白俄罗斯遭受了独立以来最严重的金融危机。为应对外汇短缺问题，白俄央行在 5 月被迫放弃与一揽子外币挂钩的汇率机制，白俄罗斯卢布对一揽子货币大幅贬值 55%。10 月 20 日，白俄罗斯央行将白俄罗斯卢布对美元的官方汇率再次贬值 52%，当年的通胀率达 108.7%。2015 年，受油价大跌、俄罗斯经济衰退，以及美联储加息等因素影响，白俄罗斯卢布再次大幅贬值 50%。2016 年白俄罗斯实际 GDP 增长率为 -2.6%，通货膨胀率为 11.84%，人均 GDP 为 4989 美元，已付偿债率为 24%。白俄罗斯从 2016 年 7 月 1 日起发行新货币，货币面值缩小到万分之一。截至 2017 年 12 月 20 日，白俄罗斯卢布兑换美元汇率为 2.0166∶1。

表 1　白俄罗斯宏观经济一览

年度	2013	2014	2015	2016	2017*
GDP(亿美元)	731	761	546	474	517
人均 GDP(美元)	6558	6665	6399	6218	—
实际 GDP 增长率(%)	1.1	1.7	−3.9	−2.83	2
通货膨胀率(%)	18.3	18.3	13.6	11.8	6.2
失业率(%)**	0.5	0.5	1	1.1	0.9
财政收入(占 GDP%)	37.5	38.4	38.1	37.4	—
财政支出(占 GDP%)	37.7	38.7	38.5	37.3	—
商品出口(FOB)(亿美元)	354.23	261.64	231.00	268.86	237.q3
商品进口(FOB)(亿美元)	380.59	283.07	256.11	283.19	273.q3
经常账户余额(亿美元)	−52.28	−18.31	16.76	−2.73	
国际储备(亿美元)***	80.95	66.51	50.59	41.75	74.13
外债总额(亿美元)	137.33	147.88	152	134	156
汇率:(美元/白俄罗斯卢布)	9510	10790	16417	20000	2.0166

注：＊2017 年数据为预测；＊＊失业率数据引自白俄罗斯国家统计委员会；＊＊＊白俄罗斯央行的年初数据，2017 年采用 12 月 1 日数据。

数据来源：国际货币基金组织，白俄罗斯国家统计局。

2. 国际收支（贸易概况、贸易结构、经常账户平衡）

白俄罗斯是一个外向型经济体，依赖外部资本的不断流入来推动经济增长。2008 年的国际金融危机爆发后，其国际收支和财政状况一直处于弱势之中，2011 年白俄罗斯再次遭受经济危机和本国货币贬值。2015 年经济下降 3.9%，2016 年继续下降 2.6%。进入 2017 年以后，经济有所企稳并缓慢复苏，预计增长 2%。其经济发展面临着国内硬通货储备的减少和庞大的贸易逆差等问题。国际收支不平衡问题一直是困扰白俄罗斯经济发展的大问题。

自 2008 年国际金融危机以来，传统的出口市场欧盟和俄罗斯需求疲软。白俄罗斯经济严重依赖进口的问题更加凸显，造成国家外汇短缺。虽然在俄罗斯和中国的紧急稳定贷款支持下，白俄罗斯挺过了 2011 年的金融危机。但是白俄罗斯国际收支赤字的问题仍然没有得到解决。2013 年底，白俄罗斯再次遭遇金融困难，外汇储备减少 17.84%。2014 年 1 月 1 日白俄罗斯国际储备资产为 66.51 亿美元，同比减少 17.84%。进入 2017 年以来，国际油价企稳和外部市场环境的改善，以及白政府近年采取的一系列稳定经济的措施，推动了白俄罗斯的消费和投资增长，货币汇率保持稳定，并将通胀降至历史低点，白俄罗斯经济开始进入缓慢复苏阶段。

白俄罗斯主要出口矿产品、机械设备、化工产品、纺织品和金属，主要进口能源、消费品和机械设备。近年来，受国际金融危机和俄罗斯经济下滑影响，白俄罗斯进出口额波动较大，2012～2016 年，出口额由 924.64 亿美元下降到 511.48 亿美元，进口额也由 464.04 亿美元萎缩到 276.10 亿美元。2017 年前 10 个月实现货物与和服务贸易总额 584.89 亿美元，同比增长 19.6%，其中出口额为 295.37 亿美元，同比增长 21.1%，进口额为 289.52 亿美元，同比增长 19.2%，实现顺差 5.84 亿美元，而 2016 年同期的顺差为 2.93 亿美元。

3. 外债状况

白俄罗斯国家外债包括白政府外债和由政府担保的外国贷款。白俄罗斯的主要债权人是国际货币基金组织、欧亚稳定基金、俄罗斯、中国、欧洲复兴开发银行等。根据白财政部在 2017 年 11 月 1 日发布的信息，截至 2017 年 10 月 1 日，白国家外债总额为 166 亿美元，较年初增加 29 亿美元（考虑汇率因素），增长了 21.4%。2016 年 1～10 月，白新增国家外债 37 亿美元，其中包括：欧亚稳定和发展基金贷款 8 亿美元，俄罗斯政府和银行贷款 11.5 亿美元，中国的银行贷款 2.146 亿美元，世界银行贷款 1325 万美元，欧洲复兴开发银行和北欧投资银行的贷款 480 万美元，等等。

同期，白偿还国家外债 8.495 亿美元，其中包括：欧亚稳定和发展基金贷款 2.648 亿美元，俄罗斯政府贷款 3.018 亿美元，中国的银行贷款 2213 万美元，世界银行贷款 6040 万美元，美国政府贷款 700 万美元，欧洲复兴开发银行贷款 50 万美元，等等。

4. 财政收支

在经常项目常年赤字的情况下，白俄罗斯政府在计划经济体制下长期实行宽松的货币政策，并维持庞大的公共福利开支，导致其财政收支常年赤字。

在欧亚稳定基金帮助下，白俄罗斯政府制定了 2016～2017 年经济改革计划，执行效果很明显。白俄罗斯在相对较短的时间内实现了宏观经济重大稳定。经常项目赤字大幅下降，赤字占上半年国内生产总值的 2.5%，2016 年同期占 GDP 的 6.3%，2010～2015 年平均占 GDP 的 8.8%。在外贸形势好转，外汇净出口和外债净流入的背景下，国际货币储备总额达到 70 亿美元。为了优化国家在经济中的作用，政府还减少了对国有企业的指令性贷款比重，截至 2016 年底，直接贷款的净融资在今年上半年下降了 1%，占 GDP 的 3.2%。2017 年 10 月的平均通货膨胀率从 2016 年 10 月的 12% 下降至 6.3%，而 2010～2015 年的平均通货膨胀率是 28%。

白俄罗斯未来的财政压力依然很大。从支出方面来看，由于经济增速下滑，政府为刺激经济重新放宽银根，增加投入，同时还债压力也在增大；从收入方面来看，随着货币贬值效应的终结，外贸顺差难以维持，而政府私有化计划因为本国经济环境不佳和所出售企业的吸引力不足也难以在短时间内募集到足够的资金，未来经济疲弱的复苏和还债压力的增加仍有可能使财政收支回到赤字状态，政府财政收支失衡的风险仍然较大。

四　投资状况

（一）外国投资状况

白俄罗斯经济发展所面临的资金需求缺口较大。由于其国内经济封闭、投资环境不佳及西方国家封锁等，白俄罗斯外资吸引能力有限。白俄罗斯外国直接投资主要来自俄罗斯、英国、瑞士、奥地利、德国、塞浦路斯和拉脱维亚等国。主要投资领域为加工制造业、矿产开采、建筑业、交通基础设施和商业等。

2017 年上半年白俄罗斯的外国投资额为 49 亿美元。主要投资者：俄罗斯联邦占 39.6%，英国占 28.3%，塞浦路斯占 7.4%。外商直接投资占全部外资的 83.1%。

表2　白俄罗斯吸引外国投资一览（年初数据）

单位：亿美元

年份	2012	2013	2014	2015	2016
直接投资额	103.58	110.83	150.84	113.44	108.3
年增长率(%)	−22	6	—	—	—

数据来源：白俄罗斯国家统计委员会，http://belstat.gov.by/homep/ru/indicators/regions/f2.php。

（二）投资环境

1. 投资政策

为了吸引外资，创造稳定的经济增长和就业，白俄罗斯制定了一系列投资优惠政策。白俄罗斯经济部投资管理总局是负责吸引外资的政府机构。

白俄罗斯有关投资合作的主要法律包括：《投资法》《投资修订法》《白俄罗斯共和国自由经济区法》《外国企业国家注册条例》等。其中，作为管理境内投资活动的主要依据，《投资法》对投资形式、国家调节投资活动的形式及措施、投资者权利保障、为刺激投资实行的税收优惠政策、投资方案评估标准、签订投资方案的程序、吸引外国贷款的相关规定、鼓励高新技术投资及投资合同的签订、与外国投资者经营有关的条款、外汇收入的支配、知识产权保护、职工劳动保护和社会保险及国家对外国投资企业的监督等事项均做了规定。白俄罗斯设有自由经济区，鼓励新型先进技术行业的发展，以增加就业机会与出口量。

该国共设有六个自由经济区：布列斯特（1996）、戈梅利-拉东（Gomel-Raton，1998）、明斯克（1998）、维捷布斯克（Vitebsk，1999）、莫吉廖夫（Mogilev，2002）、格罗德诺（Grodnoinvest，2002）

2010年3月，时任中国国家副主席习近平访问白俄罗斯，双方就在白方境内合作建立开发区达成共识，同年10月，中国与白方经济部正式签署了《在白俄罗斯共和国境内建立中国-白俄罗斯工业园区的合作协议》。2011年9月18日，中国人大常委会委员长吴邦国访白，两国签署了《中华人民共和国政府和白俄罗斯共和国政府关于中白工业园的协定》，正式将该项目纳入两国政府间合作项目。

2. 金融体系

白俄罗斯国民银行作为中央银行，负责制定有关金融信贷政策，协助政府就宏观经济运行状况进行调控，保障卢布的稳定，包括外汇的购买能力和汇率稳定。截至 2013 年 1 月 1 日，除中央银行外，还有 32 家银行注册。规模较大的有白俄罗斯银行、白俄罗斯农工银行、普里奥尔银行、白俄罗斯工业建设银行、白俄罗斯外经银行、白俄罗斯天然气工业银行和白俄罗斯开发银行等。在 32 家银行中，外资参股 27 家，其中外资占 50% 以上的有 24 家。白俄罗斯银行是最大的商业银行，在北京设有代表处。

白俄罗斯实行一揽子货币政策，白卢布与多种外币挂钩，可自由兑换。外国投资企业利润税可以全额汇出。外国人个人免报关可携带 3000 美元之内现金（或等值货币）出境；携带 3000~10000 美元出境填写报关单即可；携带 1 万美元以上出境的需要出具进关时申报单，证明带入了上述金额的货币。

白俄罗斯国家有价证券市场建于 1994 年。根据 1998 年 7 月 20 日第 366 号白俄罗斯共和国总统令《关于完善有价证券市场的国家调整体系》的规定，组建了开放式股份公司"白俄罗斯外汇证券交易所"，这是白唯一的证券交易所，在其基础上建立了由证券市场所有基层营业所组成的全国证交所交易系统（包括外汇、证券和期货交易）。白俄罗斯有价证券市场有以下主要投资工具：集团有价证券（法人的股票和债券）、国家有价证券（短期和长期）、白俄罗斯国家银行短期债券、银行的期票、法人期票（银行除外）等。白俄罗斯财政代表政府制定国债的发行、分配及流通方案，履行对国内外债务的义务。

3. 税收体系

白俄罗斯实行两级税收体系，有国家税和地方税两种。白俄罗斯实行属人税制，对白公民和拥有白永久居住权者进行全球所得征税。对于在一年中在白停留超过 183 天的外国人也实行全球所得征税，但可以通过提供在所在国完税证明来抵扣相应的税款，对于一年中在白停留期少于 183 天的外国人只征收其在白俄罗斯获得收入的个人所得税。

表 3 白俄罗斯主要税率

税种	税额（%）	税种	税额（%）
增值税	20	法人社会税	34
利润税	18	财产税	差别税率,0.1~2
自然人收入税	12	自然人社保税	1

数据来源：白俄罗斯国家税务局。

中白工业园享受特殊的税收和投资政策。2012 年 6 月，卢卡申科签署总统令，以国家最高法的形式规定了中白工业园内符合主导产业的企业在税收、土地等多方面所享有的优惠政策，为全球各地投资商营造了最为宽松的政策环境，其中的企业所得税，采取"10 免 10 减半"政策，即自企业注册之日起 10 年免收，后 10 年减半征收。土地可租用或转为私有，租期最长可达 99 年。2017 年 5 月，白总统卢卡申科签发有关中白工业园发展的 166 号新版总统令，为相关企业入驻工业园提供更好的法律保障。新版总统令更加明确了中白工业园园区管委会的职权，规定白各国家机关必须根据园区管委会需求向工业园派驻工作人员，在工业园内提供一站式服务，为入园企业办理各类手续提供了极大便利。新版总统令还规定要在工业园设立自由贸易区，并建立园区管委会对园区各单位进行监督检查的协调机制。此外，新版总统令还放宽了入园企业的注册标准，扩展了相关投资项目的基本落实方向，并降低了应短期内完成的投资许可门槛。到 2017 年底，入园企业将有望达到 20 家。企业产品直接面向欧亚经济联盟和欧盟两个市场。工业园重点发展高端制造、电子信息、生物医药、新材料、精细化工和仓储物流 6 大产业。

五 双边关系

（一）政治关系

1992 年 1 月 20 日，中国与白俄罗斯正式建交。白俄罗斯重视发展对华关系，把中国列为白外交优先方向之一。两国在重大国际问题上的立场相近，都主张建立多极世界、各国平等、互不干涉内政，维护联合国在处理国际事务中的权威。近年来，在双方共同努力下，两国在政治、经济、科技、文化等领域的合作发展良好。

双方重要高层互访有：1995 年 1 月，白总统卢卡申科首次访华；同年 6 月，李鹏总理正式访白；2000 年 7 月，时任中国国家副主席胡锦涛对白进行正式访问；同年 9 月 5～7 日，李鹏委员长正式访白；2001 年 4 月，卢卡申科总统第三次访华，同江泽民主席签署了中白联合声明；2013 年 7 月，两国元首将中白关系提升至全面战略伙伴关系；2014 年 1 月，白俄罗斯总理米亚斯尼科维奇对中国进行访问期间，两国进一步充实了两国合作的新内容；2016 年 9 月，卢卡申科总统对华进行国事访问，双方宣布建立相互信任、互利共赢的全面战略伙伴关系；2017 年 5 月，卢卡申科总统来华出席"一带一路"国际合作高峰论坛，习近平主席同其会见。

（二）双边贸易

中国与白俄罗斯建交以来，双边经贸往来取得了明显进展。虽然目前两国经贸合作水平与各自的经济实力相比尚有差距，但两国政治互信较高，领导人在密切经贸关系上存在广泛共识。近年来，由于主要外部市场低迷，以及国际大宗商品价格下跌，白俄罗斯经济经历了连续两年的下降，进出口额也受到影响。2015 年，在白俄罗斯对外贸易额下降 25.6% 的情况下，中白两国贸易额同比增长 5.6%，达 31.8 亿美元。其中，白对华出口额为 7.8 亿美元，同比增长 22.1%；白自华进口额为 24 亿美元，同比增长 1.1%，白对华贸易逆差 16.2 亿美元。2016 年，两国双边贸易额达 35.86 亿美元，其中中国出口额为 27.85 亿美元、进口额为 8 亿美元。

近年来，双方的商品贸易结构不断优化和丰富，高新技术产品和机电产品所占比例不断提高。中国向白俄罗斯出口的主要商品是视听设备、电信器材、灯具、电子产品、信息传输器材、轴承、化纤坯布和陶瓷建材等，从白俄罗斯进口的主要商品有钾肥、含氮杂环化合物、碳素钢半制成品、热轧碳素钢条、电子集成电路、载重车和皮革等。

表4　2012～2016年白俄罗斯与中国进出口贸易额

年份	2012	2013	2014	2015	2016
贸易额(亿美元)	31.49	40.84	41.86	41.68	35.86
出口(%)	5.47	8.11	10.92	12.57	8.00
进口(%)	26.01	32.73	30.94	29.11	27.85
贸易平衡(%)	-20.54	-24.61	-20.02	-16.54	-19.85

数据来源：白俄罗斯驻华大使馆网站，http://china.mfa.gov.by/ru/bilateral_relations/trade_economic/。

（三）双边投资规模快速扩大

近年来中国企业对白投资快速增长。投融资合作规模不断扩大，合作项目涉及能源电力、交通通信等基础设施和电子、化工、航天航空等合作领域。

在国家开发银行及中国进出口银行、中信银行等中国金融机构的贷款支持下，中白双方企业成功实施了近30个项目，用贷规模超过60亿美元。目前，利用中方贷款实施的明斯克2号和5号电站改造项目、别列佐夫电站和卢克木里电站改扩建项目、三个水泥厂生产线项目、北京饭店项目、铁路电气化改造和M5公路改造项目已竣工；中白工业园、斯拉夫钾肥厂、维捷布斯克水电站、年产40万吨的纸浆厂和年产20万吨的涂布白卡纸厂项目、白俄罗斯电信网络改造项目、铁路电气化和公路改造二期项目、输变电项目亦已成功启动并顺利实施。这些大项目的实施带动一批国内有实力的企业走入白俄罗斯市场，增进了两国间经济联系，促进了白俄罗斯经济发展和产业转型。

除利用金融机构信贷资金支持在白俄罗斯参与大型工程项目建设外，近年来中国企业对白直接投资也呈现快速增长态势。据商务部统计，目前中国企业对白非金融类直接投资超过5亿美元。[①] 中国企业在白主要投资项目有：中国美的集团在白合资的家电组装生产项目；北京住总集团投资建设的五星级北京饭店项目和"天鹅"住宅小区项目；吉利汽车组装厂项目。与此同时，白俄罗斯对华投资也稳步增长，目前白俄罗斯在华主要投资项目有：白俄罗斯戈梅利农机公司在哈尔滨合资的青储收割机等农业机

---

① 任飞：《白俄罗斯投资环境与中国-白俄罗斯投资合作》，经济科学出版社，2017。

械生产项目，明斯克拖拉机厂在哈尔滨和新疆伊犁的组装项目，三江瓦利特合资企业，别拉斯－中航合资企业，等等。

中白工业园是两国目前规模最大、层次最高的合作项目，是两国创新合作模式、提升合作水平、促进产业整合、着眼未来发展的一项举措。2012 年 8 月，中国和白俄罗斯两国政府共同商定并签署协议创办中白工业园。园区的建设期约为 30 年。园区发展将集中于电子、生物医药、精细化工、工程和新材料，目标市场为独联体国家和欧盟。根据 2012 年 6 月 5 日第 253 号白俄罗斯总统令，本园区在该国具有最大的税收豁免权。例如，根据与合资管理公司签订劳动合同以工资形式收到的个人收入以及园区入驻者收入的个人所得税为 9%；为园区入驻者减免土地税、不动产税和所得税等三种最重要的税费；另外，园区入驻者从国外进口设备免关税，同时在材料进口、关税及增值税支付方面享受优惠政策；投资者可租用园区土地长达 99 年或购买作为私人财产；将向公众提供园区总体规划及有关园区入驻者的利益和保障信息；等等。①

六　总体风险评估

（一）经济发展的外部环境不足

国际原材料和化工产品市场低迷以及能源价格高企将是困扰白俄罗斯经济和白俄罗斯卢布汇率稳定的大问题。白俄罗斯能源需求严重依赖俄罗斯，在军事安全领域视俄罗斯为其国家安全利益的支撑点。乌克兰危机爆发后，以美国为首的西方阵营对俄罗斯实行经济制裁，加之卢卡申科总统与西方交恶，与普京保持着紧密联盟关系，当俄罗斯自身遭受经济制裁时，其投资白俄罗斯的能力自然会下降。因此，也会影响白俄罗斯的经济发展前景。

（二）白俄罗斯自身经济体制和结构落后、管理落后

白俄罗斯基本沿袭了苏联的模式，保留了大部分集体农场和国营农

---

① 白俄罗斯驻华大使馆网站，http：//china. mfa. gov. by/zh/industrial_ park/。

场，国有企业私有化进展缓慢，市场经济开发度较低。白俄罗斯的经济自由度不高，经济决策因具有很强的行政色彩而缺乏灵活性。短期内，与俄罗斯石油供应协议和天然气价格折扣恢复，可保障白俄罗斯能源供给和石油制品出口，消费和投资萎缩的状况也将适度缓解，预计 2017 年和 2018 年白俄罗斯经济恢复至 0.5% 和 1.5% 的微弱增长。中长期观察，货币周期性贬值和高通胀风险继续累积，以化工业为主的产业结构对俄罗斯能源进口高度依赖，以及由此带来的结构性贸易赤字等问题使白俄罗斯外部脆弱性明显，持续制约其经济增长潜力。

（三）外需不足限制经济增长的稳定性

虽然 2016 年第四季度白俄罗斯经济止跌回稳，但是经济增长态势仍然不稳定，外部市场和能源价格有诸多不确定性。据白俄罗斯国家银行 2017 年 9 月数据显示，2017 年白国际储备资产环比增加 4.9%，截至 9 月 1 日总计为 69.94 亿美元，其中黄金储备环比增长 3.5%，达 18.22 亿美元；特别提款权环比增长 0.41%，达 5.255 亿美元；外汇储备环比增加 2.45%，达 35.2 亿美元；其他储备资产环比增长 19.16%，达 11.26 亿美元。预计 2017 年和 2018 年白俄罗斯各级政府债务负担率小幅下降至 52.0% 的水平，但政府仍面临较高的负债风险。借助于外部流动性援助，国际储备对总外债和短期外债的覆盖率分别上升至 13.1% 和 46.4%，但外部流动性风险依然突出，美国加息和减税计划有可能给后苏联空间带来流动性压力，并对白俄罗斯政府外币偿债能力构成一定压力。

长期以来，白俄罗斯国际经常项目赤字，经济发展的投资严重不足。由于经常项目长期逆差、国际储备不足、外部脆弱性明显，政府偿债能力存在下行风险。2017 年 8 月，大公决定维持白俄罗斯共和国本币主权信用等级 BB，外币主权信用等级 B+，评级展望负面。2017 年 10 月，标普将白俄罗斯长期本、外币主权评级由 B- 上调至 B，展望稳定，确定其短期主权评级为 B。标普预测该国 2017～2020 年 GDP 增长均值接近 2%，通过欧洲债券的发行和官方贷款可以保障 2017 年主要的融资需求。

（张弘）

保加利亚

（The Republic of Bulgaria，

Република България）

一　国家基本信息

（一）地理概述

保加利亚位于欧洲巴尔干半岛东南部，国土面积为11.1万平方公里。北与罗马尼亚隔多瑙河相望，西与塞尔维亚、马其顿相邻，南与希腊、土耳其接壤，东临黑海。海岸线长378公里。全境70%为山地和丘陵。巴尔干山脉横贯中部，以北为广阔的多瑙河平原，以南为罗多彼山地和马里查河谷低地。北部属大陆性气候，南部属地中海式气候。

（二）人口和民族

截至2017年12月31日保加利亚总人口为705.0万[①]，城镇人口占73.5%。保加利亚的民族包括保加利亚族（占84%）、土耳其族（占9%）、罗姆族（即吉卜赛族，占5%）、马其顿族和亚美尼亚族等（占2%）。保加利亚语为官方和通用语言。居民主要信奉东正教，少数人信奉伊斯兰教。

---

① 保加利亚国家统计局数据 http：//www.nsi.bg/bg/node/15000

（三）简史

保加利亚人的祖先是从中亚迁来的古保加利亚人，公元 395 年并入拜占庭帝国。681 年，斯拉夫人、古保加利亚人和色雷斯人在阿斯巴鲁赫的领导下，战胜了拜占庭的军队，在多瑙河流域建立斯拉夫保加利亚王国（史称第一保加利亚王国）。1018 年被拜占庭侵占。1185 年建立第二保加利亚王国，1396 年被奥斯曼土耳其帝国侵占。1878 年 2 月俄土战争结束后，保加利亚摆脱土耳其的统治获得独立。在两次世界大战中保加利亚均为战败国。1944 年 9 月，在苏联红军帮助下，保加利亚推翻了法西斯政权，成立了祖国阵线政府。1946 年 9 月，宣布废除君主政体，同年 9 月 15 日，宣布成立保加利亚人民共和国。此后保加利亚共产党长期处于执政地位。1989 年 11 月，保加利亚政权更迭，改行多党议会民主制。1990 年 2 月 27 日，保加利亚将摆脱奥斯曼帝国统治纪念日——3 月 3 日定为国庆日。同年 11 月 15 日，改国名为保加利亚共和国。

二　政治状况

（一）政体简介

1. 宪法

保加利亚现行宪法于 1991 年 7 月 12 日通过，次日生效。宪法规定，保加利亚为议会制共和国，总统是国家象征并在国际上代表国家。总统作为国家元首和武装部队总司令，由全民直接选举产生，任期 5 年，仅可连任一届。现任总统鲁门·拉德夫（Румен Радев），其在社会党支持下，以独立候选人身份参加竞选，于 2016 年 11 月在第二轮总统选举中胜出，2017 年 1 月 22 日宣誓就职。他是保加利亚历史上的第五位民选总统。拉德夫承诺要保持保加利亚的欧盟和北约成员国地位，同时改善同俄罗斯的关系。保加利亚总统由一位副总统协助工作，现任副总统是伊利亚娜·约托娃（Илияна Йотова）。

2. 议会

保加利亚议会称为国民议会，议长称为国民议会主席。根据宪法，国民议会行使立法权和监督权，并有权对内政外交重大问题做出决定。保加利亚议会实行一院制，由 240 名议员组成，按比例制选举产生，任期 4 年。政党或政党联盟需要获得不少于 4% 的有效选票方能进入议会。

本届议会是第 44 届国民议会，2017 年 4 月产生，领导人包括议长和 5 位副议长。议员分别来自 5 个党团，另有 1 位无党派人士。现任议长茨维塔·卡拉扬切娃（Цвета Караянчева），2017 年 11 月 17 日当选①

3. 政府

保加利亚内阁称为部长会议，是中央行政机关，其主席（即政府总理）根据总统授权组阁政府。政府成员根据总理提名，由国民议会选举产生。保加利亚现政府于 2017 年 5 月 4 日成立，由 1 名总理、4 名副总理（其中 2 名为副总理兼部长）和 16 名部长组成（其中 1 名是 2018 年欧盟理事会保加利亚主席团部长）。现任总理博伊科·鲍里索夫（Бойко Борисов）来自中右翼的保加利亚欧洲发展公民党。总理任期 4 年。

4. 司法

保加利亚司法体系包括最高司法委员会、最高上诉法院、最高行政法院、宪法法院、总检察院、特别侦查局、最高律师委员会，各行政区、市设有法院与检察院。最高司法委员会由司法部长采茨卡·察切娃（Цецка Цачева）领导，2017 年 10 月 3 日任职；最高上诉法院院长洛赞·帕诺夫（Лозан Панов），2015 年 1 月任职；最高行政法院院长格奥尔基·乔拉科夫（Георги Чолаков），2017 年 11 月 22 日任职；总检察长索蒂尔·察察罗夫（Сотир Цацаров），2013 年 1 月任职。

保加利亚宪法法院由 12 名法官组成，其中 4 名由国民议会选举产生，4 名由总统任命，4 名由最高上诉法院和最高行政法院的法官大会选举产生。现任宪法法院院长是鲍里斯·韦尔切夫（Борис Велчев）。

5. 政党

目前保全国已注册登记的政党有 300 多个，进入本届议会的政党和政

---

① 2017 年 4 月任职的议长于 11 月辞职。

党联盟有 5 个。

（1）保加利亚欧洲发展公民党（ГЕРБ，简称公民党），中右翼，在议会中占 95 席。现任党主席为博伊科·鲍里索夫（Бойко Борисов）。2006年 12 月正式注册成立。该党奉行基督教民主主义原则，推行基督教旨、家庭和民主价值观。希望通过努力建立自由、民主、团结、公正的社会，使保加利亚更好地融入欧洲。2009 年 7 月，该党在保加利亚第 41 届国民议会选举中获胜，赢得 117 个议席，单独组成少数派政府，鲍里索夫任总理。2013 年 2 月，因大规模群众抗议活动，公民党内阁宣布辞职。在 5 月举行的提前议会大选中，该党获 97 席，仍是议会第一大党，但未能与其他党派联合组阁。2014 年 11 月该党再次执政。在 2016 年的总统选举中该党支持的候选人败选，鲍里索夫及其领导的联合政府宣布集体辞职。2017年 3 月该党在提前议会大选中再度获胜并成功组阁。

（2）"'为了保加利亚'社会党"（"БСП за България"，简称社会党），左翼联盟，由社会党（БСП）和其他五个小党组成，在议会中占 80个席位。保加利亚社会党前身是保加利亚社会民主党，成立于 1891 年 8月。1919 年 5 月改名为共产党，并加入第三国际。自 1944 年开始连续执政 47 年。1990 年 2 月保加利亚共产党第十四次代表大会决定国家走民主社会主义道路，并于 4 月改名为社会党。曾于 1995 年 1 月至 1997 年 2 月、2005 年 8 月至 2009 年 7 月、2013 年 5 月至 2014 年 8 月执政。现任社会党主席为科尔内莉娅·妮诺娃（Корнелия Нинова）。

（3）土耳其族政党"争取权利与自由运动"（ДПС），自由民主党，拥有 25 个席位。1990 年 1 月 4 日成立，4 月 26 日注册为政党。该党主张民族平等，尊重所有人的权利与自由，通过制定正确的民族政策达到民族间的谅解与团结。1997 年 4 月 19 日大选中，该党同其他小党联合组成救国联盟，成为议会第三大党。该党于 2001 年至 2005 年与"西美昂二世国民运动"党（НДСВ）联合组阁；2005 年至 2009 年又与社会党和"西美昂二世全国运动"党（2007 年改名为"稳定与振兴国民运动"）联合组阁；2013 年至 2014 年与社会党联合组阁。现任党主席为穆斯塔法·卡拉达伊尔（Мустафа Карадайъ）。

（4）"联合爱国者"联盟（"Обединени Патриоти"），由 3 个民族主

义政党组成的联盟，在议会中拥有 27 个议席。联盟主席为沃伦·希德罗夫（Волен Сидеров）。

（5）"意志"党（"Воля"），民族主义政党，在议会中拥有 12 个席位。现任党主席为格尔加娜·斯特凡诺娃（Гергана Стефанова）。

（二）政局现状

2017 年 3 月 26 日，保加利亚举行议会选举。此次选举原定于 2018 年举行，但因 2016 年总统选举中政府所支持的党派候选人败选，时任总理鲍里索夫及其领导的联合政府集体辞职，此后各党派均未能组阁，故此，议会选举提前进行。在选举中，鲍里索夫领导的欧洲发展公民党以 32.65% 的选票获胜，拥有 95 个议席，保持了议会第一大党的地位。社会党领导的左翼联盟得票率为 27.19%，赢得了 80 个席位，再次与第一大党拉近了距离。另有 3 个政党或政党联盟进入本届议会：得票率分别为 9.07%、8.99% 和 4.15%。

欧洲发展公民党因未获得议会绝对多数席位，无法单独组阁。5 月 4 日，由欧洲发展公民党和"联合爱国者"联盟组成的新一届政府获议会批准，鲍里索夫第三次出任总理。鲍里索夫在施政演说中强调，新政府将致力于增加居民收入，扩大就业，努力达成欧盟提出的改革目标，打击腐败和犯罪。

新政府不仅有发展经济、改善民生的压力，还要面对与社会党支持的总统鲁门·拉德夫之间的分歧。在 6 月购买哪种飞机替代苏式战斗机和 10 月新反腐机构负责人该由谁任命的问题上，政府和总统的矛盾凸显。新政府内部也存在不稳定因素。"联合爱国者"联盟是由支持上届政府的"爱国阵线"和极端民族主义政党"阿塔卡"组成的，后者可能会阻碍政府为创造更好营商环境等方面而进行的改革。

2018 年上半年保加利亚将担任欧盟轮值主席国，这既是提升保加利亚国际地位的机会，也是新政府面临的一大挑战。为了国家的荣誉和利益，各党派均表示会支持新政府履职，这无疑为新政府顺利履职创造了良好的政治基础。然而，保加利亚轮值结束之后，左右翼政党的分歧将再次凸显。

（三）国际关系

保加利亚对外政策的基本原则是现实主义，核心是维护民族利益、国家安全和领土完整。以"回归欧洲"，即加入北约和欧盟为外交重点，优先发展同欧美等西方发达国家的关系，积极参与地区合作，注重睦邻友好，开展多元外交，积极发展同独联体、亚洲、中东和北非国家的传统友好关系。保加利亚同 140 多个国家建立了外交关系。

保加利亚于 2004 年 3 月加入北大西洋公约组织，2007 年 1 月 1 日加入欧盟。自保加利亚和罗马尼亚加入欧盟时起，欧盟委员会就设立了"合作与核查机制"（CVM），密切关注两国的表现，以确保其履行巩固法治的承诺。欧盟委员会于 2017 年 11 月发布的年度监测报告根据当年 1 月报告中提出的 17 项具体建议，对保加利亚的业绩进行了评估。这些建议按照 6 项基准分组实施，其中 3 项涉及司法改革，2 项涉及反腐，1 项涉及打击有组织犯罪。报告指出，保加利亚"取得了重大进展"，鉴于保加利亚政府推进改革的决心，该机制有望于现任委员会任期届满（2019 年 10 月）前结束。

保加利亚早已达到了加入申根区的技术要求，却一直得不到申根区国家全体一致的批准。2017 年 9 月，欧盟委员会主席容克呼吁申根区向保加利亚和罗马尼亚开放。然而因对两国的腐败和有组织犯罪的持续担忧，奥地利、德国、荷兰等国一些政界人士对此持反对意见。未来两国能否加入申根区将取决于两国在司法改革、打击腐败和有组织犯罪方面取得的成效，以及德国、荷兰等国对其的政治信任度。

2018 年上半年，保加利亚在加入欧盟 10 年后首次担任欧盟轮值主席国，为此保加利亚确定了任职期间的四大优先目标：欧洲和年轻人的未来、西巴尔干加入欧盟、欧洲安全与稳定以及数字经济。

保加利亚与美国的关系主要体现在政治和军事上。2001 年美国"9·11"事件后，保加利亚为参加反恐行动的美国运输机提供空中走廊。2006年，保美两国签署政府间防务合作协议，允许美国向保加利亚境内的 3 处军事基地及 1 处军用物资仓库派遣约 2500 名士兵，美国出资对基地进行改造和维修。2014 年 8 月，保美空军举行"色雷斯之鹰"联合军演。2016

年 5 月，美国副国务卿布林肯访保。同年 7 月，保外长米托夫访美。保加利亚在黑海地区的战略地位十分重要，在北约后勤保障、交通运输和跨海作战方面发挥着重要作用。2017 年 7 月，代号为"军刀卫士2017"的北约多国部队大规模军事演习在保加利亚举行。

保加利亚与俄罗斯的关系具有深厚的历史传统和广泛的民众基础，但因欧洲一体化是保加利亚的优先发展方向，使得保加利亚在欧盟和俄罗斯之间经常处于左右为难的境地。保加利亚的天然气供应主要依靠俄罗斯。南溪天然气管道工程是保俄间的重大项目，建成后保加利亚将成为东南欧重要的天然气枢纽。然而欧盟与俄罗斯在建设标准上存在意见分歧。2014年乌克兰危机之后，欧盟对俄罗斯采取制裁行动，保加利亚不得不与欧盟保持一致立场。2014 年底，俄罗斯取消了南溪工程，使保加利亚损失了重要的预期过境费。总统拉德夫自上任以来一直主张缓和与俄罗斯的关系，结束对俄罗斯的制裁。2017 年 10 月，拉德夫在访问波兰期间在与杜达总统举行的联合记者会上表示，制裁损害经济合作，不应无限期地持续下去。

保加利亚与邻国马其顿因民族遗产主权归属问题纠葛多年。2017 年 8 月 1 日，保加利亚总理鲍里索夫和马其顿总理扎埃夫在马其顿签署了《保加利亚与马其顿友好合作条约》，两国关系开始向好发展。

三　经济形势

（一）经济概况

1. 自然资源

保加利亚自然资源贫乏。主要矿藏有煤、铅、锌、铜、铁、铀、锰、铬，以及矿盐、石膏、陶土、重晶石、萤石矿等非金属矿产。森林覆盖率约占全国总面积的 33%。

2. 产业结构

保加利亚在历史上是一个农业国，主要农产品有谷物、烟草、蔬菜等。主要工业部门有冶金、机械制造、化工、电机和电子、食品和轻纺等。从 1989 年底开始，保加利亚逐步向市场经济过渡，发展包括私有制在内的多种所有制经济，优先发展农业、轻工业、旅游和服务业。外贸在保经济中占有重要地位，主要进口能源、化工产品、电子产品等，主要出口轻工产品、化工产品、食品、机械、有色金属等。2016 年保加利亚农林业、工业和服务业占 GDP 的比重分别是：4.7%、28.3% 和 67.0%。与前两年相比，农林业和服务业比重下降，工业比重有所上升。

表 1　2012～2016 年保加利亚 GDP 构成表

年度		2012	2013	2014	2015	2016
产值(百万列弗，以现价计)	农林业	3741	3776	3819	3664	3817
	工业	20510	19519	19705	21335	22993
	服务业	46738	47476	49086	51547	54408
	GDP	82040	82166	83634	88571	94130
占 GDP(%)	农林业	5.3	5.3	5.3	4.8	4.7
	工业	28.9	27.6	27.1	27.9	28.3
	服务业	65.8	67.1	67.6	67.3	67.0

数据来源：《2017 年统计年鉴》，保加利亚国家统计局出版。

保加利亚具有种植高品质油料玫瑰的地理和气候条件，玫瑰油产量居世界前列。玫瑰油有"液体黄金"之称。2015 年国际玫瑰油价格超过每公斤 7000 欧元。保加利亚玫瑰油绝大部分用于出口，主要出口到法、美、日、德等国。酿酒业是保加利亚重要的传统产业。2016 年，保加利亚葡萄园收获面积为 3.66 万公顷，葡萄产量为 21.11 万吨，同比上年下降 19%。葡萄酒产量约 1.28 亿升，出口 0.62 亿升，是世界上第六大葡萄酒出口国。主要出口到俄罗斯、罗马尼亚、波兰、捷克、德国等国。保加利亚是酸奶的发源地，其乳制品加工历史长、品种全，主要是牛奶、酸奶和奶酪。2015 年，保加利亚牛奶总产量下滑 3.2%，总产值 7.65 亿列弗（约 3.91 亿欧元），同比下滑 4.8%。

纺织服装工业在保加利亚经济中占重要地位，行业产值约占工业总产值的 7%。2016 年，保加利亚纺织品产值同比增长近 20%，纺织品出口额约 32 亿欧元，主要出口到欧洲。化工工业是保加利亚的传统优势行业，在国民经济中占有重要地位。2016 年化工产品出口额 29.3 亿欧元。

旅游业是保加利亚经济的支柱产业。根据保加利亚国家统计局统计，2017 年保加利亚入境游客数量为 888.3 万人次，比上年增长 7.6%。欧盟国家是保加利亚入境游客的最重要来源，来自欧盟国家的游客达 545 万人次，占入境游客总量的 61.4%，比上年增长 8.2%。根据保加利亚国家银行数据，2017 年保加利亚入境游的收入再创新高，达 68.95 亿列弗，比上年增长 9.3%。

（二）近期经济运行状况

1. 宏观经济

保加利亚在中东欧地区以稳健的宏观经济政策闻名。2000～2008 年，保加利亚经济整体呈较快增长态势，年均 GDP 增速超过 6%。此后受全球金融危机和欧债危机影响，保加利亚经济衰退。2010 年，保加利亚经济逐步复苏，主要经济指标大多有所改善。从 2015 年起连续 3 年经济增长率回升到 3% 以上。2017 年保加利亚 GDP 为 986.31 亿列弗，同比增长 3.6%。内需仍然是拉动保经济增长的主要动力。近 5 年来失业率不断下降，平均工资有所增长。2016 年和 2017 年财政出现盈余。2017 年保加利亚通胀率为 2.1%，保持在较温和水平。据保加利亚央行初步数据，2017 年外国直接投资为 9.5 亿欧元，较上年有所下降。2017 年 5 月 26 日，国际评级机构穆迪对保加利亚主权信用评级为 Baa2，评级展望为稳定。2017 年 12 月 1 日，国际评级机构标准普尔和惠誉对保加利亚主权信用评级分别为 BBB－稳定和 BBB 稳定。

表 2　保加利亚 2013～2017 年主要经济指标

年份	2013	2014	2015	2016	2017*
名义 GDP（百万美元）	55760	56732	50199	53236	56833
GDP（百万列弗，以现价计）	82166	83634	88571	94130	98631
GDP 增长率（%）	0.9	1.3	3.6	3.9	3.6
人均 GDP（列弗）	11310	11577	12339	13206	13884

续表

年份	2013	2014	2015	2016	2017*
人均 GDP(美元)	7675	7852	6993	7468	8004
通货膨胀率(%)	-1.6	-0.9	-0.4	0.1	2.8
失业率(%)	12.9	11.4	9.1	7.6	6.2
财政收入(亿列弗)	277.35	281.45	309.64	326.71	335.73
财政支出(亿列弗)	291.75	311.93	334.36	312.03	327.28
商品出口(FOB)(百万列弗)	43559.2	43233.5	44949.5	47186.3	52246.5
商品进口(CIF)(百万列弗)	50515.4	51097.4	51549.0	51206.2	59153.2
经常账户余额(百万欧元)	535.6	35.1	-16.9	1091.1	2268.9
国际储备(百万美元)	19883	20106	22163	25191	28378
外债总额(年底,百万欧元)	36935.6	39338.5	33317.1	34046.3	33308.8
汇率(美元/列弗)	1.474	1.474	1.764	1.768	1.735

资料来源:保加利亚国家统计局,保加利亚央行,保加利亚财政部,IMF。

* 为初始数据

2. 国际收支

据保加利亚国家统计局统计,2016 年保加利亚进出口总额为983.92 亿列弗。其中,出口(FOB)471.86 亿列弗,同比上年增长5.0%;进口(CIF)512.06 亿列弗,同比减少 0.7%。贸易逆差约40.20 亿列弗。

保加利亚是欧盟成员国,超过一半的贸易都是在欧盟内部进行。2016年保加利亚对欧盟 27 国的出口额为 311.58 亿列弗,同比增长 7.3%;从欧盟 27 国的进口额为 339.89 亿列弗,同比增长 2.5%。在欧盟区域内,2016 年列前三位的进口国和出口国都是德国、意大利和罗马尼亚。在欧盟区域外,土耳其是保加利亚最主要的出口国。2016 年保加利亚对土耳其的出口额为 36.95 亿列弗,同比下降 5.8%。俄罗斯是保加利亚最大的进口来源国,2016 年进口额为 45.70 亿列弗,同比下降 26.3%。2016 年保加利亚主要进口机械和运输设备、按材质分类的制成品和化学品;主要出口机械和运输设备、按材质分类的制成品和杂项制品。

表3　2016年保加利亚进出口贸易主要国家和地区

单位：百万列弗

国家和地区	出口	同比增长率（%）	进口	同比增长率（%）
欧盟国家	31157.6	7.3	33989.3	2.5
德国	6291.2	11.2	6694.1	0.8
意大利	4245.3	1.6	4049.5	3.8
罗马尼亚	4048.3	9.7	3548.7	1.6
希腊	3228.4	9.3	2462.4	−0.7
非欧盟国家	16028.7	0.8	17216.9	−6.4
土耳其	3694.9	−5.8	3179.5	8.7
俄罗斯	765.3	−2.3	4570.0	−26.3
中国	914.5	−12.9	2034.9	7.4

资料来源：保加利亚国家统计局网，http://www.nsi.bg/en/content/7991/main - trade - partners。

表4　2016年保加利亚各类商品进出口情况

单位：百万列弗

商品类别	出口（FOB）	同比增长率（%）	进口（CIF）	同比增长率（%）
总额	47186.3	5.0	51206.2	−0.7
机械和运输设备	10163.4	8.1	14319.5	2.2
按材质分类的制成品	9595.8	−3.7	9177.5	5.2
杂项制品	8466.4	20.0	4608.4	11.4
食品和活禽	5399.5	11.2	4149.8	4.2
化学品和相关产品	4732.6	6.7	7609.5	5.1
矿物燃料、润滑油及相关材料	4275.4	−12.0	6377.6	−20.7
不可食用的原材料（燃料除外）	3134.3	6.1	3696.8	−12.6
烟酒	810.9	−1.6	786.2	7.3
动物和植物油、脂肪和蜡	483.4	2.5	181.7	2.1
商品和交易	124.6	5.1	299.2	7.2

资料来源：保加利亚国家统计局网，http://www.nsi.bg/en/content/7993/sections - standard - international - trade - classification。

3. 外债状况

根据保加利亚央行的初始数据，截至2017年底，保加利亚外债总额为333.09亿欧元，占GDP的66.1%。长期外债为255.40亿欧元，占GDP的50.6%；短期外债为77.68亿欧元，占GDP的15.4%。政府外债为

57.19 亿欧元，占 GDP 的 11.3%。

4. 财政收支

2013～2014 年保加利亚政治动荡之后，政府在财政紧缩方面有了好的开始，2014 年政府财政赤字占到 GDP 的 5.5%，但两年的财政紧缩使 2016 年政府财政出现了 2008 年以来的首次盈余。2017 年政府财政继续盈余，达 9.2 亿列弗，占 GDP 的 0.9%；一般政府债务为 250.64 亿列弗，占 GDP 的 25.4%。

表5　2013～2017 年保加利亚政府财政收支表

年度	2013	2014	2015	2016	2017
GDP（百万列弗）	82166	83634	88571	94130	98631
政府赤字（－）/盈余（＋）（百万列弗）	－296.3	－4560.8	－1420.2	208.8	920.3
政府赤字（－）/盈余（＋）占 GDP 的百分比	－0.4	－5.5	－1.6	0.2	0.9
一般政府债务（百万列弗）	13978.1	22553.9	23023.3	27321.3	25063.7
一般政府债务占 GDP 的百分比	17.0	27.0	26.0	29.0	25.4

数据来源：保加利亚央行网站，http：//www. bnb. bg/bnbweb/groups/public/documents/bnb_ download/s_ macro_ indicators_ a1_ pdf_ bg. pdf。

四　投资状况

（一）外国投资状况

相对稳定的政治经济环境、低运营成本、加入欧盟等有利条件使保加利亚受到国际投资者的青睐，近年来流入保加利亚的外资数量呈跳跃式增长态势。2007 年保加利亚吸引外资 90.5 亿欧元，创历史最高值。但全球金融和经济危机的负面影响使保加利亚在随后的两年中外资额锐减。2009 年仅引资 24.4 亿欧元，同比下降 64%。之后几年一直徘徊在十几亿欧元的水平。2015 年外国直接投资提升到 24.76 亿欧元，随后又逐年下降。2017 年保加利亚吸收外资 9.50 亿欧元。其中荷兰、德国、瑞士是保加利亚最大的外国直接资来源国，分别投资 8.85 亿欧元、1.31 亿欧元和 1.30 亿欧元。捷克和奥地利撤资最多，分别为 3.01 亿欧元和 1.42 亿欧元。

表6　2010～2017年保加利亚外国直接投资表

年度	2010	2011	2012	2013	2014	2015	2016	2017
FDI额度（亿欧元）	11.51	13.14	14.78	13.84	11.61	24.76	10.80	9.50

数据来源：保加利亚央行。

从吸引外资的行业来看，2005～2008年保加利亚引资额的大幅增长主要集中在金融、贸易、房地产等投资回报率高、收益快的领域。制造业、能源、电信等行业引资长期保持在10亿～15亿欧元左右。金融危机导致保加利亚新增外国直接投资骤减，尤其是金融、贸易、房地产等领域投资大幅减少，其他行业影响相对较小。2017年外资流向保加利亚的主要行业是制造业、贸易、汽车摩托车修理、金融和保险以及房地产。

（二）投资环境

1. 投资政策

1991年5月17日，保加利亚颁布《外国投资促进法》，规定无论外国还是本国投资，享受同等待遇。2007年9月，考虑到入盟后的新形势和新情况，《外国投资促进法》第7次被修改，再次强调外资企业可享受国民待遇，增加了对高科技领域、在高失业率地区投资的支持力度，提出了在制造业、可再生能源、信息产业、研发、教育及医疗6个行业投资的外资公司将得到优惠政策支持，同时取消了对钢铁、船舶、化纤制造行业的外商投资优惠政策。在保加利亚投资的外国企业可申请欧盟基金，但不享受欧盟其他优惠政策。保加利亚政府对在失业率高于全国平均水平50%以上的地区投资的企业给予相当于首期投资资产总额10%的税收豁免，但免缴的税款必须在此后的4年中追加投资。

为吸引外资入户保加利亚，政府在全国各主要城市建设了工业园区，提供良好的交通、水、电、电信、办公楼和厂房条件。所有工业园区交通便利，靠近制造业、服务业高度集中的城市，且在投资和收入上享受优惠待遇。目前保加利亚有3个运营成熟的工业园区：鲁塞工业园区、维丁工业园区和斯维林格拉德工业园区；5个工业园区正处于规划发展阶段：索菲亚－博茹里什泰经济区、布尔加斯工业和物流园区、卡尔洛沃工业园区、普列文/雷里什工业园区和瓦尔纳西部工业园区。保加利亚目前有 6 个保税区，主要位于连接通向主要国际市场的战略通道上，所有保税区都是国家提供土地和基础设施，由股份公司或国有公司经营管理。

保加利亚对外资企业以建设投资项目为目的的进口商品免收增值税。投资企业在当地的采购活动满足经济、能源和旅游部设立的条件后可获得返还增值税的优惠。在世界银行《2017 年营商环境报告》中，保加利亚在全球 190 个经济体中营商便利度排第 39 名。世界经济论坛《2016～2017 年全球竞争力报告》显示，保加利亚在全球最具竞争力的 138 个国家和地区中列第 50 位。

2. 金融体系

保加利亚国家银行（Bulgarian National Bank）成立于 1879 年 1 月 25 日。截至 2017 年初，保加利亚共有 27 家商业银行，除保加利亚发展银行为国有政策性银行外，其他均为股份制银行，银行系统资产总额为 865 亿列弗（约 442 亿欧元）。保央行把保商业银行分为三类：一类是保最大的 5 家商业银行（包括 Unicredit Bulbank、DSK Bank、First Investent Bank、United Bulgarian Bank 和 Raiffeise Bank），这 5 大银行的资产占全部银行资产的 56.3%；第二类是 17 家商业银行（包括 Eurobank Bulgaria，Societe General Expressbank，Central Cooperative Bank 等），资产占比 37.8%；第三类是 5 家外国银行的支行及其他规模较小的外国银行，资产占比 5.9%。

世界银行数据显示，2016 年保加利亚银行存款利率为 0%，贷款利率为 6.4%。保加利亚法定货币名称为列弗，列弗与欧元采取固定汇率，1 欧元 = 1.95583 列弗，列弗为可自由兑换货币。

3. 税收体系

保加利亚主要税赋包括企业所得税、个人所得税、增值税和消费税等。从 2007 年 1 月 1 日起保加利亚将企业所得税调低到 10% 的单一税率。2008 年 1 月 1 日起保加利亚实行统一的个人所得税，税率为 10%，并取消了个人所得税 200 列弗的起征点。保加利亚增值税的标准税率为 20%，旅游和特殊行业（如宾馆、保障性住房等）的增值税为 9%。免除增值税的情形包括：出口欧盟外的产品和服务、与国际运输有关的产品和服务、与免税贸易相关的产品和服务等。2005 年 11 月 15 日，保加利亚实施新的消费税法。征收消费税的主要商品有：白酒、啤酒、含酒精的原材料（不包括葡萄酒）；雪茄、香烟、烟草等制品；功率超过 120 千瓦的 9 座以下汽车；发动机产品等。

表 7　保加利亚主要税收一览

单位：%

税目	税率
企业所得税	10
个人所得税	10
增值税	20、9

五　双边关系

（一）政治关系

1949 年 10 月 4 日，保中两国建交，保加利亚是世界上第二个承认中华人民共和国的国家。20 世纪 50 年代两国关系友好，60 年代起两国关系变冷，1984 年起两国关系逐步改善并恢复正常。保加利亚历届政府坚定奉行一个中国政策，中国也一如既往支持保加利亚人民根据本国国情选择的发展道路。2006 年 11 月，保加利亚总理斯塔尼舍夫对中国进行了正式访问，两国发表《中华人民共和国政府和保加利亚共和国政府联合声明》。2009 年，时任中国副主席习近平访保。

自中国提出"16＋1"合作和"一带一路"倡议后，中保两国高层互动更加频繁。2012 年 4 月，温家宝总理在波兰华沙出席首届中国－中东欧国家领导人会晤期间会见保加利亚副总理迪扬科夫。2012 年 11 月，温家宝总理在老挝首都万象会见出席第九届亚欧首脑会议的保加利亚总统普列夫内利埃夫。2013 年，李克强总理和保加利亚总理奥雷沙尔斯基在大连夏季达沃斯论坛和布加勒斯特中国－中东欧国家领导人会晤期间两度会晤。同年 12 月保民议会议长米科夫访华。2014 年 1 月，保加利亚总统普列夫内利埃夫对中国进行国事访问，两国发表《中华人民共和国和保加利亚共和国建立全面友好合作伙伴关系的联合公报》，推动中保传统友谊承前启后、继往开来。2015 年至 2017 年保加利亚总理鲍里索夫连续 3 年出席中国－中东欧国家领导人会晤，都与李克强总理举行了双边会见。2016 年 6 月保国民议会议长察切娃访华。同年 7 月，李克强总理出席第十一届亚欧首脑会议期间，同保总统普列夫内利埃夫举行双边会晤。

（二）双边贸易

中保两国的经贸合作稳步提升。据中国商务部统计，2017 年保加利亚与中国的双边贸易额达 21.4 亿美元，同比增长 29.8%。其中，保加利亚对中国出口 9.7 亿美元，同比增长 64.1%；自中国进口 11.7 亿美元，同比增长 10.6%。根据保加利亚国家统计局的统计，2017 年中国是保加利亚的第九大进口来源国，在保加利亚出口市场中列第十二位。

表 8   2009～2017 年中国与保加利亚双边贸易统计表

单位：万美元

年度		2009	2010	2011	2012	2013	2014	2015	2016	2017
进出口额		73705	98390	146606	189496	207954	216554	179261	164371	213770
出口额		59605	66091	100561	105458	111689	117861	104382	105546	116905
进口额		14100	32299	46045	84038	96265	98693	74879	58825	96865
累计比去年同期 ±%	进出口	−45.1	33.5	49.0	29.4	9.8	4.4	−17.1	−8.3	29.8
	出口	−47.0	10.9	52.2	4.9	5.9	5.5	−11.4	1.2	10.6
	进口	−35.0	128.9	42.6	83.0	14.8	3.1	−24	−21.4	64.1

数据来源：中国商务部网。

据欧盟统计局统计，保加利亚对中国出口的主要商品为贱金属及其制品、矿产品和机电产品，2017 年这三类商品出口额分别为 5.4 亿美元、0.7 亿美元和 0.6 亿美元。贱金属及其制品的出口额占保加利亚对中国出口总额的 74.4%，这其中最主要的出口产品是铜及其制品，出口 5.3 亿美元，同比增长 105.6%。保加利亚自中国进口的主要商品为机电产品、家具玩具和贱金属及其制品，2017 年这三类商品进口分别为 4.8 亿美元、1.5 亿美元和 1.1 亿美元，合计占保加利亚自中国进口总额的 58.7%。

（三）双边经济合作

近年来中保经济合作形式不断丰富，合作领域不断扩大。目前在保加利亚开展投资经营的主要中资企业有 20 余家，主要集中在四大领域。一是通信领域，如华为、中兴在保加利亚的项目。华为公司已成为保加利亚电信市场最主要的供应商之一。2017 年 5 月 16 日，华为公司与保加利亚电信公司宣布将联手为保加利亚打造云中心。二是汽车领域，如长城汽车项目、宇通公司中标索菲亚市政 110 辆公交车项目。三是农业合作，如天津农垦项目、天世农项目等。四是可再生能源，如伊赫迪曼光伏项目等。据中国商务部统计，截至 2016 年底，中国对保加利亚直接投资存量达 1.66 亿美元。

"一带一路"建设和"16 + 1"合作的推展为中保经济合作注入了新的动力，提供了更大的保障。2015 年 6 月，中国 – 中东欧国家农业部长会议在保加利亚举行，中国 – 中东欧国家农业合作促进联合会正式成立。2015 年 11 月，中国与保加利亚签署《关于共同推进丝绸之路经济带和 21 世纪海上丝绸之路建设合作谅解备忘录》。2016 年 2 月，中国 – 中东欧国家农业合作促进联合会咨询委员会第二次会议在索菲亚举行。10 月，保加利亚代表团参加在广州举行的中国国际中小企业博览会。11 月，中国同保加利亚签署部门间《关于开展港口和临港产业园合作的谅解备忘录》。2017 年 5 月 23 日，中国 – 中东欧国家首个农业合作示范区在保加利亚普罗夫迪夫正式启动，合作重点是农业科研、农机、种植、养殖、加工全产业链等。同年 11 月 24 日，中国 – 中东欧首个农产品电商物流中心在保加利亚成立，旨在促进中国和中东欧国家农产品的贸易、销售、展示和流通。在金融领域，中国国家开发银行与保加利亚发展银行于 2017 年 5 月 13 日在索菲亚签署 8000 万欧元贷款协议，以支持保加利亚的"一带一路"建设项目。同年 9 月 28 日，中国进出口银行与保加利亚发展银行在索菲亚签署 5000 万欧元贷款协议，主要用于支持保加利亚中小企业发展及中保经贸合作。

六　总体风险评估

总体来讲，保加利亚的投资机遇和风险并存。保加利亚是连接欧亚大陆的桥梁，也是进入欧洲市场的门户，地理位置优越。宏观经济比较稳定；投资环境不断优化，国际评级稳步提高；劳动力素质较高；在欧盟国家中劳动成本和税收最低；对计算机技术、研发、制造等行业的投资有激励措施。因此保加利亚具有较强的投资竞争力，在电信、农业、汽车、交通基础设施建设等领域存在较大的投资合作潜力。

保加利亚经济基础和发展水平较其他欧盟国家落后；创新能力较低；官僚机构效率低下；司法改革力度不够；腐败和有组织犯罪仍然严重。2017 年保加利亚在全球 180 个国家的清廉指数中排名第 71 位，虽然排名比上年有所提前，但在欧盟国家中仍处于末位。保加利亚的营商环境、产业配套、工作效率等还有待完善和提高。商业欺诈现象也时有发生。此外，保加利亚社会面临人口老龄化问题，大批高素质、高学历的中青年前往西欧工作，造成本国劳动力严重不足。近些年保加利亚政府更迭频繁，使得政策缺乏连续性，也极大影响了经济的发展。目前中保两国间尚无直航，物流和通关也不够便利。故存在一定的投资风险。

（李丽娜）

波　兰

（The Republic of Poland）

一　国家基本信息

（一）地理概述

波兰共和国（简称波兰）位于欧洲中部，西邻德国，南与捷克、斯洛伐克交界，东与俄罗斯、立陶宛、乌克兰和白俄罗斯接壤，北濒波罗的海。海岸线长 528 公里。国土面积 31.26 万平方公里，是欧洲第九大国。波兰实行省、县、乡三级建制，共有 16 个省，308 个地域县，65 个县级市和 2489 个乡。首都为华沙，人口 171.6 万（2012 年 12 月底）。

（二）人口和民族

2012 年底，波兰人口总数为 3853 万，在欧洲排第 8 位，在欧盟排第 6 位。61.1% 的波兰人居住在城市。波兰族占总人口的 98%，主要少数民族有德意志族、乌克兰族、白俄罗斯族、立陶宛族、斯洛伐克族和犹太族等。官方语言为波兰语。全国 92.8% 的居民信奉罗马天主教，0.7% 的居民信奉东正教，0.3% 的居民信奉耶和华见证人会，0.2% 的居民信奉新教。

（三）简史

波兰国家起源于西斯拉夫人中的波兰、维斯瓦、西里西亚、东波美拉尼亚、马佐维亚等部落的联盟。波兰于公元 966 年建国，14 ~ 15 世纪进入鼎盛时期。由于贵族权力的加强和内部纷争，18 世纪下半叶开始衰落。1772 年、1793 年和 1795 年先后被普鲁士、奥地利和沙皇俄国所瓜分。1918 年 11 月 11 日恢复独立。1939 年 9 月，法西斯德国侵占波兰。二战后，成立波兰人民共和国，由波兰统一工人党执政。1989 年 4 月，议会通过了团结工会合法化和实行议会民主等决议。团结工会在当年 6 月提前举行的议会大选中获胜，并于 9 月成立了团结工会领导的政府。1989 年 12 月 29 日，议会通过宪法修正案，改国名为波兰共和国，并将 5 月 3 日定为国庆日。1999 年 3 月，波兰加入北约。2004 年 5 月，波兰加入欧盟。2011 年下半年，波兰首次担任欧盟轮值主席国。

二　政治状况

（一）政体简介

1. 宪法

根据 1997 年 4 月 2 日通过的新宪法，波兰为议会制共和国。宪法确立了立法、行政和司法三权分立的政治体制和基于经济活动自由、私有制和社会伙伴间团结、对话和合作的社会市场经济的经济体制。宪法规定波兰为实行地方自治的单一制国家。国民大会由众议院和参议院两院组成，政府由在议会居多数的政党组成。

现总统为安杰伊·杜达。在 2015 年 5 月 10 日举行的波兰总统选举第一轮投票中，法律与公正党总统候选人杜达获得了 34.76% 的选票，得票率位居第一；同年 5 月 24 日举行的总统选举第二轮投票中，杜达获得 53% 的选票，当选波兰新一任总统

2. 议会

波兰议会即国民大会，是波兰最高立法机构，由众议院和参议院组成。众议员 460 名，参议员 100 名，均通过直接选举产生，任期 4 年。参议院有立法建议和审议权，可以通过或否决众议院通过的法律，而众议院的多数票可以推翻参议院的否决。议会可以以 3/5 的多数否决被总统否决的决议，但无权否决宪法法院的裁决。本届议会于 2015 年 11 月成立，由

5 个党派组成。众议院的席位分配是：法律与公正党 235 席，公民纲领党 138 席，"库齐兹"运动 42 席，"现代波兰"协会 28 席，人民党 16 席，德意志少数民族 1 席。众议院议长为马莱克·库赫钦斯基（法律与公正党），2015 年 11 月就任。参议院的席位分配是：法律与公正党 61 席，公民纲领党 34 席，人民党 1 席，独立议员 4 席。参议院议长为斯坦尼斯瓦夫·卡尔切夫斯基（法律与公正党），2015 年 11 月就任。

3. 政府

政府和总统一起构成最高行政机构。总统任命总理并根据总理的提名任命各部部长。本届政府于 2015 年 11 月组成，下设 19 个部。政府总理为贝娅塔·希德沃（女）。2017 年 12 月 7 日，希德沃突然宣布辞职，由副总理兼财政部部长马泰乌什·莫拉维茨基担任波兰新总理。外交部部长为维托尔德·瓦什奇科夫斯基、国库部部长为达维德·雅茨凯维奇、国防部部长为安东尼·马切莱维奇、内务部部长为巴特洛梅伊·显凯微支。

4. 司法

最高法院是国家最高审判机关，对普通法院和军事法院的审判活动实行监督。最高法院法官由总统任命。现任院长玛乌格热塔·盖尔斯多夫，2014 年 4 月就职。波兰法院体系由地方法院、地区法院、地区上诉法院和最高法院组成。行政司法体系由省行政法院和最高行政法院组成。宪法法院是裁决国家机构行为合宪性的司法机构。国务法院对国家最高公职人员的宪法责任进行裁决。最高检察院作为一个司隶属于司法部，由司法部部长兼任总检察长。

5. 政党

根据 1998 年实施的新政党法，必须收集 1000 名以上成年人的签名才可建立政党。目前在波兰已注册登记的政党有 200 多个，目前较具影响力的政党有 6 个。

（1）法律与公正党，执政党。2001 年 6 月成立，党员约 20 万人（2015 年 1 月）。该党具有新保守主义和基督教民主主义的性质。政治上，主张实行政治家财产公开制度，建立反腐机构，同犯罪现象做斗争，严惩犯罪分子甚至主张临时恢复死刑；经济上，实行向家庭倾斜政策；外交上，主张亲美近欧、睦邻周边，同时强硬维护本国利益。主席为雅罗斯瓦夫·卡钦斯基。

（2）公民纲领党，在野党。2001 年 1 月 24 日由图斯克、奥莱霍夫斯基和普瓦任斯基创立的面向基层的自治的社会运动，党员有 42636 人（2014 年 7 月）。该党将自己界定为新自由主义的基督教民主党，其主要主张是：在经济事务上持温和的自由主义立场，支持家庭和有助于家庭持续发展的传统的道德规范，赞同扩大欧洲议会在欧盟结构中的作用，主张对燃料市场进行管制，实行单一税率的所得税；在政治事务上主张对众议院选举制度进行改革，减少议员人数，限制议员的豁免权，取消征兵制，向公众开放共产党执政时期的秘密警察档案，使国家非政治化，对农村进行结构改造。该党反对安乐死合法化、修改堕胎法和恢复死刑。现任主席为格热格日·谢蒂纳。

（3）人民党，在野党。该党历史可追溯到 19 世纪。20 世纪 80 年代末波兰政局剧变后，于 1990 年 5 月重新创立，党员约 124000 人（2012 年 12 月）。该党在意识形态上具有中间主义、新平均地权主义、基督教民主主义和新凯恩斯主义的性质。主张国家支持农业，提供免费教育和医疗，放缓私有化步伐，反对单一税制，支持欧洲一体化。主席为亚努仕·皮耶霍钦斯基

（4）民主左翼联盟党，在野党。1999 年 4 月 15 日由民主左翼联盟组建为政党，现有党员 5.8 万多人。该党主张建立现代的公民社会，国家受法律的约束，并坚持社会正义的原则；尊重市场经济原则，但要求市场经济具备社会性；拒绝国家和经济的新自由主义模式，强调劳动先于资本，劳动为价值范畴之首。现任主席为莱舍克·米莱尔。

（5）"你的运动"党，原帕利科特运动党，在野党。2010 年 10 月成立，党员约 40000 人。主要政治诉求是终止公立学校的宗教教育、终止教会的国家补助、堕胎合法化、允许同性婚姻、改革选举制度、改革国家安全局、取消参议院、大麻合法化和推行单一税。现任主席为亚努仕·帕利科特。

（6）团结波兰党，在野党。2012 年 3 月成立，党员约 5000 人（2012 年 3 月）。系从法律与公正党分裂出的一支政治力量。现有 20 名众议员、2 名参议员、4 名欧洲议员。主席为兹比格涅夫·乔布罗。

（二）政局现状

2015 年 5 月，波举行总统选举，法律与公正党总统候选人杜达胜选。同年 10 月，波举行议会选举。法律与公正党以 37.58% 的得票率胜出，获得众议院 460 个议席中的 235 席；公民纲领党获得 24.9% 选票，位列第二，获 138 席；"库齐兹" 运动得票率达 8.81%，获 42 席；"现代波兰" 协会得票率为 7.6%，获 28 席；人民党得票率为 5.13%，获 16 席；德意志少数民族占 1 席。11 月 16 日，波组成新一届政府，法律与公正党副主席希德沃出任总理。本届政府是自 20 世纪 80 年代末波政局剧变以来首个凭一党之力单独组建的政府。

2016 年以来，波兰国内发生了三次大规模的抗议示威活动。新年伊始，便出现因为 2015 年底通过的《宪法法院法》修正案和新《媒体法》而出现大规模游行示威，抗议政府的 "民主后退"。2016 年 9 月 23 日，波兰议会以 240 票赞成、170 票反对通过了《反堕胎法》（怀孕满 12 个星期后）。同时，波兰天主教会还支持通过另一个禁止堕胎的法案：任何情况下孕妇均不得堕胎。如果孕妇去医院要求终止妊娠，则医生和孕妇都将面临 5 年的监禁。10 月 3 日，波兰若干城市举行名为 "黑色星期一" 的游行示威，抗议全面禁止堕胎法。12 月 2 日，波兰议会通过了一个极具争议的法案：在当局或教会组织集会或抗议活动时，禁止其他团体组织集会或活动。12 月 13 日，波兰议会又通过两部法律，限制媒体进入议会采访和公众集会。此后，波兰若干城市举行多日的示威活动，抗议政府 "限制民主"。

进入 2017 年后，波兰国内政治依然不时出现动荡。2 月，波兰爆发宪法法院危机。这是法律与公正党同亲欧的在野党公民纲领党矛盾发酵的产物。批评者认为，宪法法院改革法案破坏法治原则，阻碍宪法法院工作。一旦改革完成，宪法法院将不可能检视或仲裁新法案。欧洲委员会顾问机构 "威尼斯委员会" 认为，宪法法院改革法案 "将弱化波兰宪法法院职能，破坏民主、人权和法治"。

2017 年 12 月 7 日，希德沃突然宣布辞去总理职务，由现任副总理兼财政部部长马泰乌什·莫拉维茨基出任总理。

（三）国际关系

波兰于 1999 年 3 月 12 日加入北约，2004 年 5 月 1 日加入欧盟，2007 年 12 月加入申根协定。波兰对外政策以"服务波兰、构建欧洲、了解世界"为使命，注重现实利益和战略平衡。政治和经济上立足欧盟，安全和防务上依靠北约和美国，睦邻周边，积极构建全方位外交格局，在地区和国际事务中的影响力上升。现同 189 个国家保持外交关系。

波兰视美国为欧洲之外最重要的合作伙伴。波兰是第一个公开声援美国打击恐怖主义的中东欧国家，是三个坚决支持美出兵伊拉克的国家之一，并积极回应 2007 年 1 月美国提出在波兰部署反导系统的倡议。2009 年 12 月 11 日，美国和波兰在华沙签署美国在波兰驻军和部署军事装备的协定。乌克兰危机爆发后，波兰进一步加强了与美国的防务和军事关系。2014 年 6 月 3 日，美国总统奥巴马访问波兰时宣布了所谓的"欧洲再担保倡议"。同年 12 月，美国国会批准了 2015 财年为欧洲再担保倡议拨款 9.85 亿美元，2016 财年拨款 7.893 亿美元，而 2017 财年的拨款预算将增加 3 倍多，达到创纪录的 34 亿美元。2015 年 4 月底，美国在波兰和波罗的海三国部署 150 人左右的小型分遣队。2015 年 6 月，美国宣布在包括波兰在内的部分中东欧国家预存装甲车辆、火炮及其相关设备。2016 年 3 月 30 日，美国欧洲司令部司令布里德洛夫上将发表声明说，五角大楼计划 2017 年初向欧洲增派装甲旅，使美军派驻欧洲的兵力增加到 3 个全额战斗旅，以应对"具有侵略性的俄罗斯"。2017 年 1 月 14 日，美军第一批"大西洋决心行动"部队 250 人抵达波兰。波兰政府在全国组织欢迎活动。波国防部部长称这是波兰梦想了几十年才完成的事情，称美军的进驻让波兰不会再孤军面对东方侵略者。2017 年 6 月 7 日，美国总统特朗普访问波兰，强调波兰对美国的重要性，支持波兰和克罗地亚倡导的"三海倡议"，向波兰出口美国液化天然气，并通过波兰向其他中东欧国家分销液化天然气，帮助中东欧国家实现能源来源多元化，降低波兰等中东欧国家对俄罗斯的能源依赖，进一步排挤俄罗斯在中东欧地区的影响。

入盟后，波兰主张"依托欧盟促进经济与社会发展、加强在欧盟内地

位与作用"，主张加强欧盟内部团结和共同行动。高度重视欧盟单一市场
建设、能源安全，提倡建设更有竞争力、开放和安全的欧盟。主张强化欧
盟机构作用，倡议合并欧洲理事会和欧盟委员会主席职务，提高决策效
率，推动欧盟在国际舞台上发挥更加重要的作用。由于波兰的努力，其在
欧盟内的地位和影响有所上升。但法律与公正党上台后在一系列问题上同
欧盟产生分歧。2016 年以来，欧盟委员会将波兰的司法改革、修改传媒法
等行为定性为"民主倒退"。1 月 13 日，欧盟委员会启动了针对波兰宪法
法院修正案和新《媒体法》的调查，并在 4 月 13 日、6 月 1 日、7 月 27 日
三次发布有关波兰法治问题的报告，要求波兰认真考虑欧盟委员会提出的
"建议"。在难民责任分担问题上，波兰不接受欧盟摊派难民名额的做法。
欧委会在一份声明中说，自 2015 年 9 月通过难民分摊方案以来，波兰没有
接收过任何难民，在多次警告无果后，欧盟在 2017 年 6 月决定就难民配额
问题对三国启动违规程序。同年 12 月 7 日，欧盟宣布将正式起诉波兰、匈
牙利和捷克三国拒绝接收难民事宜，欧盟法院或将就此对上述三国处以高
额罚款。

　　波兰重视与俄罗斯等邻国建立和发展友好伙伴关系。历史原因，波兰
一直存在疑俄和反俄的心理。2014 年克里米亚归属发生重大变化之后，波
兰跟随欧盟展开对俄制裁，使得一度有所改善的双边关系重新回到相互猜
疑甚至充满敌意的状态。2014 年乌克兰危机爆发后，波兰曾同德国和法国
一道赴基辅调停，后被排除在调停活动之外。

三　经济形势

（一）经济概况

1. 自然资源

　　波兰自然资源丰富。森林面积 870 多万公顷，占国土总面积的
27.9%。煤、硫黄、铜、银产量居世界前列，其中煤炭储量约 1170 亿吨，
铜储量 15 亿吨，天然气储量约 1180 亿立方米，硫黄 5.04 亿吨。波兰烟煤
储量占世界需求量的约 3%。铜的储量占全球储量的 5%，是欧洲第二大、

世界第九大产铜国。波兰是世界琥珀生产大国，琥珀储量价值约近千亿美元。渔业资源丰富，水域面积占国土面积的 3.3%。

2. 产业结构

2016 年，农业在 GDP 中所占比重为 2.6%，工业为 38.5%，服务业为 58.9%。经济结构接近发达国家水平。

波兰是中东欧农业及食品生产大国。农作物种植面积在欧洲仅次于法国，其产量在欧洲占第三位，居法国和德国之后。75% 的农产品销往欧盟成员国。食品加工是波兰最大的产业之一。波兰是欧盟第六大食品生产国，食品工业产值 400 亿欧元。

波兰主要的工业产业包括：机械制造、钢铁、采煤、化学、造船、食品加工和玻璃制造。波兰经济中的一个重要优势是，汽车制造业发展迅速，它已经成为波兰经济的坚实基础。在中东欧 40 家汽车制造厂商中，有 16 家在波兰。

波兰也是欧洲最大的家用电器生产国。2013 年，波兰在家用电器生产规模和产值方面分别超过了意大利和德国。波兰 85% 的家用电器产品供出口。

波兰的航空业虽然是一个新兴行业，但发展最快，技术最先进。目前，波兰大约有 140 家航空或与航空有关的企业（多为合资的中小企业），2.4 万名雇员，年销售额 8 亿欧元。在德勤 2016 年全球制造业竞争力指数中，波兰名列第 15 位，属于制造业高竞争力国家。

近年来，波兰新兴服务业发展迅速。在过去 5 年间，波兰已经成为欧洲主要的外包服务目的地。目前大约有 500 个业务流程外包/共享服务中心落户波兰，雇员约 15 万人。到 2016 年，中东欧国家约 40% 的业务流程外包中心在波兰。

（二）近期经济运行状况

1. 宏观经济

自 1990 年以来，波兰经历了政治、经济和社会的全面转型。波兰在中东欧国家中率先摆脱 "转轨性衰退"。波兰经济转型的重大成就在于波兰保持了经济的持续增长，1996～2007 年，波兰年平均经济增长率为 4.6%。自 2008 年金融危机开始到 2012 年，波兰依然保持经济增长，年平均增长率为 3.3%，在欧洲国家中独树一帜。

2016 年，波兰经济增长 2.9%，较高的消费支出是经济增长的主要驱动力，同时，劳动力市场得到改善，财政激励到位，出口强劲，但建筑业和投资活动下降，其中部分原因与欧盟结构基金周期有关。2017 年第三季度的实际 GDP 增长为 5%，主要是私人消费继续强劲增长、出口增加以及投资增长。2016 年，私人消费增长 3.9%，2017 年的私人消费有望增长 4.9%。与此同时，作为波兰主要出口市场的欧元区的巨大需求和经济稳定增长刺激了波兰的工业生产。2017 年 9 月，波兰的建筑业同比增长 17.9%，这表明投资强势回归。

2015～2016 年，波兰经历了温和但是持续的通货紧缩，很大程度上是由于全球能源价格下降。原油价格基础水平坚挺，与能源相关的成本推动要素将继续减少。名义工资依然在增长，但需求方价格压力依然温和，单位劳动力成本的增长趋势下降。

近年来，波兰的经常账户赤字不断收窄，2014 年为 114 亿美元，2015 年为 27 亿美元，2016 年收窄至 14 亿美元。

表 1　波兰主要经济指标统计

年份	2015	2016	2017	2018	2019
GDP（亿美元）	4770	471	5160	5596	5705
人均 GDP（按 PPP，美元）	26567	27632	29507	31247	32772
实际 GDP 增长率（%）	3.8	2.9	3.3	3.4	3.3
通货膨胀率（%）	0.8	1.7	2.2	1.8	1.7
失业率（%）	10.5	8.9	6.9	6.8	6.7
商品出口（FOB）（亿美元）	1910.58	1964.97	2243.99	2437.54	2585.29
商品进口（FOB）（亿美元）	1885.71	1932.27	2238.36	2459.39	2657.68
政府债务平衡（占 GDP，%）	−2.5	−2.2	−2.6	−2.4	−2.2
经常账户平衡（亿美元）	−172.4	−240.0	−258.2	−181.3	−66.4
国际储备（亿美元）	949	1143	1183	1171	1207
外债总额（亿美元）	3299	3476	3617	3768	3696
汇率：（美元/兹罗提）	3.77	3.95	3.77	3.62	3.63

资料来源：EIU：Country report，Poland；2018 年和 2019 年为预测值。

波兰的失业率曾长期徘徊在 10% 以上。近年来，随着经济持续发展，外部需求回升，企业对劳动力需求再次上升，导致官方登记的失业率不断下降，从 2015 年的 10.5% 下降到 2017 年的 6.9%，今后几年仍将继续下降。

2. 国际收支

进入 21 世纪之后，波兰对外贸易一直呈增长势头，到 2008 年达到 3410 亿美元，受金融危机和全球经济低迷的影响，外部需求大幅下降，导致 2009～2010 年外贸一度下滑。2011 年重新恢复增长，2013 年贸易总额达到创纪录的 4113 亿美元，2017 年有望达到 4481 亿美元，对外贸易是波兰经济增长的重要动力。

波兰主要出口市场是西方发达国家，2016 年，波兰对西方发达国家的出口占出口总额的 86% 左右，其中面向欧盟成员国的占 80%，对中东欧国家出口占 5.9%。波兰的第一大贸易国是德国，占波兰出口总额的 27.3%。占波兰出口第二、三位的分别是英国和捷克，均为 6.6%。主要出口商品包括机械和交通设备（38%）、中间制成品（23.7%）、杂项制品（17%）。

同期主要进口来源地分别是德国（36%）、中国（12.1%）、俄罗斯（5.8%）。主要进口商品包括机械及运输设备（36.0%）、中间制成品（17.0%）、化学产品（14.9%）。

近年来，随着欧元区经济缓慢复苏，波兰出口持续增长，贸易逆差大幅下降，2015 年实现顺差 24.87 亿美元。2016 年外贸形势进一步好转，外贸出现盈余（32 亿美元），2017 年为 5.64 亿美元。

随着外贸平衡有所好转，经常账户赤字也逐年收窄。2014 年经常账户平衡一度高达 -114.4 亿美元。2015 年降至 -26.79 亿美元，2017 年有望降至 -16.5 亿美元。

外国直接投资重新流入和外贸形势的改善使波兰的国际储备不断增加，2014 年为 712 亿美元，2016 年为 572 亿美元，2017 年预计可达 602 亿美元。

3. 外债状况

近年来，波兰的外债存额始终在 3000 亿美元以上。2013 年达到 3598

亿美元，此后一度下降，2017 年外债存额将达到 3768 亿美元。波兰外债中长期外债为 3038 亿美元，短期外债为 730 亿美元。整体来看，近年来长期债务与短期债务的比重没有根本性变化。2013 年外债中，货币当局的外债为 76 亿美元，中央和地方政府的外债为 1534 亿美元，银行外债为 67 亿美元，其他部门外债为 1509 亿美元。

4. 财政收支

波兰政府财政政策的目标是尽可能减少预算赤字，以向加入欧元区的财政标准趋同。2013 年波兰财政赤字占国内生产总值的 4.1%，此后逐年降低，到 2016 年已降至 2.4%，2017 年预计为 3.0%。公共债务从 2013 年占国内生产总值的 55.7% 降至 2016 年的 53.4%，预计 2017 年为 55.0%。

四　投资状况

（一）外国直接投资状况

波兰是欧洲对外资最有吸引力的国家，更是中东欧地区吸收外国直接投资最多的国家。到 2016 年底，波兰吸引的外国直接投资存量为 1859 亿美元。到 2011 年底，波兰共有外资企业 24910 家，雇员超过 156 万。联合国贸易与发展会议公布的《2013～2015 年世界投资前景调查》称，在吸收外资最有潜质的国家中，波兰名列第 14 位。2011 年，波兰外国直接投资的主要来源国为卢森堡、西班牙、德国、瑞典、法国、比利时等国。当年外资主要投向：金融中介、管理咨询、建筑、电、气、蒸汽供应、批发零售业和机动车修理、制造业等。

（二）投资环境

1. 投资主管部门

波兰信息和外国投资局是外商投资政策的具体执行机构和外资促进机构，负责为外国投资人提供法律和政策方面的咨询和信息服务，协助企业选择合适的投资目的地，以及申请获得大额投资所享受的优惠待遇。

2. 投资行业规定

目前，从事下列经济活动须获得特许权：广播、航空、能源、武器、矿业和私人保安服务等相关领域。政府颁发的特许一般不少于 5 年，但不超过 50 年。

在满足相关条件时可以申请从事下列经济活动：开设银行、保险公司、旅行社、投资基金、养老金、国内或国际货运，以及从事博彩业等。

受波兰政府鼓励的投资领域包括：基础设施、创造新就业机会的工业项目、国有企业私有化项目、新兴行业和技术创新项目、环保产业和对贫困地区和高失业地区投资。

3. 投资方式

投资方式主要有如下 4 种：不动产入股、跨国并购、股票收购、收购上市。

4. 鼓励外国投资政策

经欧盟同意，波兰根据本国特殊情况实施了一些较其他欧盟国家更为优惠的投资政策：2004 年波将公司所得税率下调至 19%，成为欧洲法人税率最低的国家之一；对在境内投资超过 1000 万欧元或雇用 100 名以上员工并维持 5 年以上的投资者提供最高为投资额 25% 的投资资助，及每个新职位最高 4000 欧元的就业资助。

外商可以将利润、股息和投资资本汇出。外商可以购买房地产和其他资产。波兰会计法、银行法、竞争保护法、公司税法、消费者保障法、关税法及金融服务法等已与欧盟法律实现对接。

根据波兰法律，在波兰境内的外国直接投资在优惠政策方面享受完全的国民待遇，即与国内企业一视同仁。在波兰企业投资所享受的优惠待遇主要体现在"公共资助"上。

波兰于 1994 年 10 月通过《经济特区法》，并于 1995 年开始创办经济特区，特区由国库部和省级地方政府控制的以商业公司运作的管理机构进行管理。经济特区在 1996～1998 年成立，期限为 20 年。目前共设立经济特区 14 个，在特区内实行更为优惠的政策。

（1）在特区内，通过免税形式，按企业规模大小提供不同程度的政府资助。企业规模需要在注册时确认。大型企业获得资助的总额最高为投资总额的 50%，中小企业获得资助的总额最高为投资总额的 65%。

（2）税收优惠政策包括：减免企业所得税（大型企业和中小企业累计免税金额最高分别为总投资额的 50% 和 65%）；减免不动产税（在特区内购置不动产，企业全额免缴不动产税，减半缴纳印花税）；免缴交通工具购置税；用于投资项目的进口机器设备，免缴进口关税。

（3）其他优惠政策包括：特区以优惠价格提供项目用地（带有水、电、气等基础设施）；免费提供各种政策咨询服务；政府根据企业申请，提供一定的新员工培训资助。

波兰在吸引外国投资上尚存在一些障碍，如经济特区的一些规定、与私有化相关的程序缺乏透明度、税则复杂且经常变动以及漫长的法院诉讼程序等。这表明波兰的投资环境尚有改进的空间。

2011 年 7 月，波兰政府通过了 2011～2020 年对波兰经济极具重要性的投资纲领，从国家预算中向新投资项目给予指定补贴。补贴根据投资人与波兰经济发展部之间签署的协定发放。获得国家预算支持的投资必须自投入之日起维持 5 年（中小企业为 3 年），每个新创立的工作岗位必须自创造之日起维持 5 年（中小企业为 3 年）。

表 2　对新投资的支持

部门	新工作岗位（人）	新投资的可计入成本（百万兹罗提）	援助额度（占可计入成本的%）
汽车、电子和家用电器、航空、生物技术、食品加工 *	50	160	1.5～7.5 **
在其他领域的重大投资	200	750	1.5～7.5 **
	500	500	1.5～7.5 **
研发	35	10 ***	最高为 10

注：* 如果当地失业率低于全国平均数的 75%，不能获得援助；** 东部波兰再加 5 个百分点；*** 不包括办公室租用成本。

资料来源：JP Weber, Investor's Guide-Poland 2016，http：//www.paih.gov.pl/publications/how_to_do_business_in_poland。

表3　对创造新工作岗位的支持

部门	新工作岗位（人）	新投资的可计入成本（百万兹罗提）	对每个工作岗位的援助额度（兹罗提）
汽车、电子和家用电器、航空、生物技术、食品加工*	250	160	3200～15600**
现代服务业	250	1.5***	
研发	35	1***	
其他领域的重要投资	200	750	
	500	500	

注：＊如果当地失业率低于全国平均数的75%，不能获得援助；＊＊东部波兰再加20个百分点；＊＊＊不包括办公室租用成本。

资料来源：JP Weber, Investor's Guide-Poland 2016, http：//www. paih. gov. pl/publications/how_ to_ do_ business_ in_ poland。

4. 金融体系

波兰金融体系开放稳定，管理良好，政府对金融体系的影响较大。波兰转轨以来，银行业进行了一系列改革，商业银行得到很大发展，银行业私有化已基本完成。截至2016年7月31日，波兰有37家商业银行、560家合作银行、信贷机构分理处26家。外国控制的银行为59家。外资银行占波兰银行总资产的约70%。国民经济银行是波兰主要国有银行，主要商业银行有波兰邮政储蓄银行、波兰援助银行、波兰出口发展银行、荷兰国际银行、花旗银行和汇丰银行等。绝大多数银行是综合性银行。

华沙证券交易所（WSE）是波兰唯一的证券交易市场，经营股票、期货、债券、投资凭证、衍生工具和期货的交易，是仅次于维也纳证券交易所的中欧第二大证券交易市场。到2017年12月14日，共有477家企业在华沙证券交易所上市，其中，波兰企业427家，外国企业50家。截至2016年12月31日，华沙证券交易所总市值为11157亿兹罗提。其中，波兰上市公司市值5571.24亿兹罗提，外国上市公司市值5585.96亿兹罗提。在波兰注册的外国公司参与金融市场交易（包括股权并购）与本土公司享受同等待遇。

根据2002年10月实施的《外汇法》，波兰在货币自由兑换和实行市场浮动汇率的基础上进一步放宽外汇管制。如果外汇交易金额超过 1 万欧元或等值的其他货币，无论公民还是非公民均须通过银行办理。出入境时，个人携带 1 万欧元以下外币或等值的兹罗提无须申报。个人在波兰银行开设外汇账户时需要凭入境外汇申报单办理。

5. 税收体系

波兰实行统一的税收制度，只有在地方税上略有差异。外国公司和外国人与波兰的法人和自然人一样同等纳税。波兰共有 12 种税，其中包括 9 种直接税和 3 种间接税。直接税包括公司所得税、个人所得税、民法交易税、房地产税、交通工具税、遗产与赠与税、农业税、森林税和犬税，间接税包括增值税、消费税和博彩税。目前公司所得税税率为 19%，个人所得税税率分别为 18% 和 32%。雇主和雇员须支付社会保障税，其税率分别为 20.4% 和 17.31%。主要税种情况如下。

（1）个人所得税。个人所得税实行两级税率（18% 和 32%）。年收入高于 85528 兹罗提的个人所得税税率为 32%，低于 85528 兹罗提收入的个人所得税税率为 18%。

（2）增值税。增值税基本税率为 23%，部分特殊商品和服务的增值税税率为 8%，未加工的食品和图书的增值税税率为 5%。医疗、社会保健和教育免征增值税。

不动产税减免是地区层面的国家援助形式。从 2017 年起，企业家的不动产最高税率分别为：建筑物，22.66 兹罗提/平方米；土地，0.89 兹罗提/平方米。

表 4　波兰主要税收一览

单位：%

税目	税率	税目	税率
公司所得税	19	特许权使用费	20
资本收益税	19	个人所得税	18/32
股息税	19	增值税	23/8/5
利息税	20		

五 双边关系

（一）政治关系

1949 年 10 月 7 日，中国与波兰两国建立大使级外交关系。20 世纪 50 年代，中波关系处于全面发展时期。从 50 年代末起，随着中苏关系逆转，中波关系也日渐疏远。从 1983 年起，中波关系开始走向正常化。1989 年波兰政局发生剧变，中国政府表示尊重波兰人民自己的选择，愿意在和平共处五项原则基础上发展新型国家关系。1997 年，波兰总统克瓦希涅夫斯基对中国进行国事访问，这是 38 年来波兰国家元首第一次正式访问中国，两国元首签署了《中华人民共和国和波兰共和国联合公报》。2004 年 6 月，中国国家主席胡锦涛对波兰进行国事访问，两国元首签署了《中华人民共和国与波兰共和国联合声明》，宣布建立中波友好合作伙伴关系。2011 年 12 月，波总统科莫罗夫斯基访华，两国元首共同签署《中华人民共和国与波兰共和国关于建立战略伙伴关系的联合声明》。2016 年 6 月，中国国家主席习近平访问波兰，将两国的政治关系进一步提升为全面战略伙伴关系。

（二）双边贸易

波兰是中国在中东欧地区的重要贸易伙伴，已连续多年成为中国在中东欧地区最大的贸易伙伴。2008 年以来，除受金融危机影响的 2009 年双边贸易有所下降之外，中波双边贸易持续增长。

表5 2013~2016 年中国和波兰双边贸易

年份	进出口 亿美元	中方出口 亿美元	中方进口 亿美元	进出口 增长率(%)	出口 增长率(%)	进口 增长率(%)
2013	148.1	125.7	22.3	3.0	1.5	12.0
2014	171.9	142.5	29.4	16.1	13.4	31.5
2015	170.8	143.4	27.4	-0.6	0.6	-6.5
2016	176.2	150.9	25.3	3.2	5.2	-7.6

资料来源：中国商务部欧洲司。

近年来，中波双边贸易有两个基本特征：其一，除 2014 年双边贸易同比增长较大之外，2014～2017 年双边贸易徘徊不前；其二，贸易不平衡问题依然突出，中国是波兰最大的贸易逆差国，波兰方面对此颇为不满。2013～2016 年，中国对波兰的外贸顺差从 100 亿美元增加到 120 亿美元以上。贸易不平衡既反映了两国对贸易商品需求存在结构性差异，也反映了跨国公司在全球的要素转移。

表6　2016 年中波贸易前 10 位商品

2016		2016	
HS 编码	中国出口（百万美元）	HS 编码	中国进口（百万美元）
85	7661.78	74	400.70
84	4804.38	85	294.17
62	1055.80	84	289.56
95	950.39	94	146.44
94	899.09	40	102.88
61	757.58	87	84.85
90	597.78	39	65.06
64	581.76	90	48.99
39	521.04	26	41.52
87	496.75	4	35.54

数据来源：UN Comtrad。

（三）双边经济合作

1984 年，中国与波兰成立了政府间经济、贸易和科学技术合作委员会。1988 年 6 月，两国签署了《双边投资保护协定》和《避免双重征税及防止偷漏税协定》，为双方投资合作奠定了法律基础。

目前，中国对波兰投资规模较小。截至 2015 年底，中国在波兰投资约 2 亿欧元。同期，中国在波兰投资企业 28 家。主要投资领域为贸易和服务、制造业、房地产和承包工程。目前在波兰已设立机构和投资合作企业的有中兴通讯、华为、武汉烽火科技、清华同方威视、山西运城制版、苏州昶虹电子、中国海外工程、上海建工和中国土木工程等公司。波兰是中国在东欧科技合作项目最多、涉及范围最广、合作成效最好的伙伴之一，双方的合作涉及工业、农业、采煤安全、交通、海洋、机械和新能源等诸多领域。

根据商务部统计，截至 2015 年底，波兰对华直接投资 1.2 亿美元。波兰对华投资最大的项目——赛磊那集团新型节能环保建材项目 2010 年已落户南通开发区。其他合作项目有：山东新汶矿业集团与 KOPEX 公司合资生产液压支架项目、泰安良达机械制造公司与 FASING 公司输煤机环链生产项目、江西九江红鹰科技公司与 PZL-SWIDNIK 合作生产直升机项目。

在金融合作方面，由于波兰在中东欧国家的地位日益凸显，华沙已成为中国金融机构在中东欧的聚集地。2012 年 6 月，中国银行（卢森堡）有限公司波兰分行在华沙开业，从事本外币存贷款、汇款、外汇买卖和贸易融资等业务。同年 11 月，中国工商银行华沙分行在波兰开业，主要从事账户管理、外汇汇款、国际结算、贸易融资和公司信贷等业务。2017 年 5 月 22 日，中国建设银行华沙分行举办开业庆典。建行华沙分行将立足波兰，辐射中东欧，为中波、中欧投资与经贸往来提供优质产品与服务。

六　总体风险评估

波兰的宪政体制保持稳定，社会安定，不可能发生大规模的社会冲突。但是，法律与公正党进行的司法改革、修改传媒法、反对堕胎不仅引发了国内若干次大规模的抗议活动，而且欧盟委员会对波兰政府在难民配额问题上的立场和司法改革的动机表示极度不满，并威胁要对其进行制裁，这使得在未来一个时期中，波兰与欧盟的关系面临极大挑战。

加入欧盟和北约后，波兰外部安全环境得到保障，遭受外部干涉风险较小。波兰重视同美国的安全合作。2014 年克里米亚并入俄罗斯之后，波兰呼吁北约加强在波兰的军事存在，加快在波兰部署反导系统。2017 年 7 月 6 日，美国总统特朗普访问波兰，在重申对波兰安全承诺和加强军事合作的同时，提出加强能源领域合作。乌克兰危机之后，波兰参与了西方制裁俄罗斯的行动，波俄关系一路下行，重新强化了波兰对俄罗斯的担忧。

近年来，波兰宏观经济稳定，金融体系健康，一直保持匀速增长，已跻身世界第 25 大经济体。

目前主要风险有：随着经济的发展，波兰劳动力成本相对较低的优势逐步削弱；根据与欧盟协议，部分鼓励投资的特殊优惠政策将逐步取消，尤其是在 14 个经济特区内的优惠待遇，至 2017 年将基本取消；波兰基础设施落后，特别是公路质量，与其他欧盟成员国相比较差；政府机构决策缺乏透明度，办事效率低下，外国人获得就业与居住许可手续繁杂，这在一定程度上影响外商投资环境。

波兰加入欧盟后，中国与波兰的贸易已置于中欧贸易的框架内。欧盟对中国产品采取的反倾销及环境、安全等关税和非关税措施自动适用于波兰。鉴于波兰是中东欧最大的市场以及所处的独特的地缘位置，中国与波兰的贸易和合作理论上有相当大的发展潜力。但应该注意的是，近年来，波兰与美国的军事和政治关系不断加强，波兰的地缘政治形势发生了较大改变。未来中国与波兰的经贸合作在一定程度上可能会受到波美关系的影响。

表 7　波兰风险指数（最高风险为 4）

类别	指数
政治/机构	
外部冲突	2
政府能力/社会动荡	3
腐败	2
事件风险	2
经济政策	
决策质量	2
实际利率	3
财政政策/公共政策透明度	2
国内债务	2
经济结构	
外部冲击	2
公共债务占 GDP 比重	3
外债占 GDP 比重	2
融资和流动性	
外国直接投资/融资总需求	4
银行的外国资产地位	4
净外债/出口	2
呆账	2

资料来源：EIU country risk, Poland, Nov. 10, 2017, https：//eiu. bvdep. com/version - 20171023/cgi/template. dll? product = 105&user = ipaddress&dummy_ forcingloginisapi = 1。

（朱晓中）

波斯尼亚和黑塞哥维那
（Bosnia and Herzegovina）

一

（一）地理概述

波斯尼亚和黑塞哥维那（简称波黑）位于巴尔干半岛中西部，东部和南部与塞尔维亚、黑山毗连，北部、西部和西南部与克罗地亚接壤，南部极少部分濒临亚得里亚海，海岸线仅20余公里。北部称为波斯尼亚，南部称为黑塞哥维那。国土面积51209平方公里，首都是萨拉热窝（Sarajevo）。

（二）人口和民族

2013年人口普查结果显示，全国总人口353万，波黑联邦占63%，塞族共和国占35%，布尔奇科特区占2%。全国主要有三大主体民族：波什尼亚克族（穆斯林，以下简称波族，约占50.11%）、塞尔维亚族（以下简称塞族，约占30.78%），以及克罗地亚族（以下简称克族，约占15.43%）。波族信仰伊斯兰教，塞族信仰东正教，克族信仰天主教。三大民族使用的波斯尼亚语、塞尔维亚语和克罗地亚语均为官方语言，有拉丁字母和基里尔字母两种书写形式。

（三）简史

6世纪末7世纪初，部分斯拉夫人南迁到巴尔干半岛，在波斯尼亚和黑塞哥维那等地定居。12 世纪末叶，斯拉夫人建立独立的波斯尼亚公国。1463 年后，该地域成为奥斯曼土耳其的属地，1908 年被奥匈帝国占领。1914 年 6 月 28 日，奥匈帝国皇储弗朗茨·斐迪南大公在萨拉热窝遭当地青年暗杀，引发第一次世界大战。1918 年一战结束后，南部斯拉夫民族成立了塞尔维亚人－克罗地亚人－斯洛文尼亚人王国（1929 年改称南斯拉夫王国），波黑是其中的一部分并被划分为几个行政省。1945 年，南斯拉夫各族人民取得反法西斯战争胜利，成立南斯拉夫联邦人民共和国（1963 年改称南斯拉夫社会主义联邦共和国），波黑成为其中的一个共和国。1992 年 2 月 29 日至 3 月 1 日，波黑就国家是否独立举行全民公决，波族和克族赞成独立，塞族抵制投票。3 月 2 日，波黑宣布独立。5 月 22 日，波黑加入联合国。不久，波黑三族间爆发了战争。战争历时三年半结束。1995 年 11 月 21 日，在美国的主持下，南联盟塞尔维亚共和国总统米洛舍维奇（Slobodan Milošević）、克罗地亚共和国总统图季曼（Franjo Tuđman）和波黑共和国总统阿利雅·伊泽特贝戈维奇（Alija Izetbegović）签署《代顿和平协议》，波黑战争结束。

1995 年底至今，独立后的波黑经历了战后重建、私有化转型以及改革与准备加盟入约三个阶段。如今的波黑是由两个实体（波黑联邦、塞族共和国）、一个特区（布尔奇科特区）和三个主体民族组成的半托管状态的特殊国家，国家建构与融入欧洲一体化之路任重而道远。

二　政治状况

（一）政体简介

1. 宪法

1995 年底，波黑根据《代顿和平协议》第 4 条制定新宪法。宪法规定：波黑的正式名称为"波斯尼亚和黑塞哥维那"；波什尼亚克族、塞尔维亚族和克罗地亚族三个民族为主体民族；波黑由波黑联邦和塞族共和国两个实体组成；波黑设三人主席团，由三个主体民族代表各 1 人组成，主席团成员分别由两个实体直接选举产生。2006 年 4 月，波黑提出的宪法修正案因没有得到代表院 2/3 多数的赞成而未获通过。

波黑设国家集体元首,称作波黑主席团,任期 4 年。主席团由 3 名成员组成,分别来自波族、塞族和克族。其中,塞族成员经波黑大选后从塞族共和国产生,而波族和克族成员从波黑联邦产生。主席团设轮值主席 1 人,按波族、塞族和克族每 8 个月依次轮值。

2. 议会

波黑议会由代表院和民族院组成。代表院由三个主体民族的 42 名代表组成,其中 28 名来自波黑联邦,14 名来自塞族共和国。代表院设主席 1 人,副主席 2 人,分属三族,主席一职由三个主体民族轮流担任,主席、副主席每 8 个月依次轮换。代表院议员按比例制产生。本届代表院于 2014 年 10 月选举产生,现任轮值主席是克里什托(Borjana Krišto,克族),另外两名副主席分别为博西奇(Mladen Bosić,塞族)和扎费罗维奇(Šefik Džaferović,波族)。

民族院设 15 个席位,由波黑联邦的 10 名代表和塞族共和国的 5 名代表组成。民族院议员由波黑联邦议会民族院和塞族共和国人民议会根据主体民族比例和大选结果推选产生。主席、副主席轮值方式与代表院相同。本届民族院于 2015 年 1 月选举产生,现任轮值主席是塔迪奇(Ognjen Tadić,塞族),另外两名副主席分别为索夫蒂奇(Safet Softić,波族)和乔拉克(Bariša Čolak,克族)。

3. 政府

波黑政府由部长会议主席(总理)和部长组成,任期 4 年。部长会议主席由主席团任命,再由议会代表院批准。各部部长和副部长由部长会议主席任命。组成波黑部长会议的 9 个部分别是:外交部、财政部、外贸和经济关系部、安全部、司法部、民政部、人权难民部、交通通信部和国防部。其中,外贸和经济关系部部长和财政部部长兼任部长会议副主席。

本届部长会议于 2015 年 3 月组成,主席是丹尼斯·兹维兹迪奇(Denis Zvizdić,波族),另有副主席兼外经贸部部长米尔科·沙罗维奇(Mirko Šarović,塞族)、副主席兼财政部部长弗耶科斯拉夫·贝万达(Vjekoslav Bevanda,克族)。

4. 司法

根据宪法，波黑设宪法法院和波黑法院。宪法法院是裁决两实体之间以及两实体内部各机构间纠纷的唯一法律授权机构，做出终审决定。宪法法院由9名法官组成，任期5年，其中4人由波黑联邦代表院选出，2人由塞族共和国人民议会选出，其余3人由欧洲人权法院院长经波黑主席团同意后推选，但不能是波黑或波黑邻国公民。宪法法院从9名法官中推选1名院长和1名副院长。现任宪法法院院长是米尔萨德·切曼（Mirsad Ćeman，波族）。

波黑法院是国家最高法院，主要终审裁决波黑国家机构、布尔奇科特区机构、公共机构及国有企业的上诉。波黑法院院长由波黑最高司法和检察委员会任命，任期6年，可以连任。波黑法院共48名法官，法官根据波黑最高司法和检察委员会的决定产生。波黑法院由刑事庭、行政庭和上诉庭组成。现任波黑法院院长是兰科·德贝韦奇（Ranko Debevec）。此外，波黑两个实体分设波黑联邦最高法院和塞族共和国最高法院，终审裁决两个实体内的司法上诉。

（二）政局现状

1995年《代顿和平协议》签署以来，波黑总体趋于稳定，但国家建构进程并不顺利。波黑政治结构复杂，可以概括为"一个国家，两个实体，三个民族"。长期以来，波黑三大主体民族矛盾重重，政党和利益团体争执纷纷，宪法改革停滞不前，高级代表权威逐渐降低，政治运转陷入僵局。

2010年10月，波黑举行第六次大选。结果波黑各政党始终无法就政府组成达成协议，直到2011年12月才完成组阁，到2012年2月由代表院表决通过。长达16个月的组阁在现代政治史上较为罕见，它既是波黑宪政困难的突出表现，也反映了波黑国家发展方向的不确定性。执政联盟由六个政党组成，包括社会民主党（Social Democratic Party of Bosnia and Herzegovina）、独立社会民主人士联盟（Alliance of Independent Social Democrats）、民主行动党（Party of Democratic Action）、塞族民主党（Serb Democratic Party）、克族民主共同体（Croatian Democratic Union of Bosnia and Herzegovina）和争取波黑美好未来联盟（Union for a Better Future of BiH）。仅仅三个月后，执政联盟出现破裂，到 2012 年 11 月，又重新调整了内阁成员。

进入 2014 年，波黑政局再生动乱。2 月，一场席卷波黑 20 多个城市、持续十余天的反政府示威爆发，成为自 1992 年波黑战争以来规模最大、最严重的民众抗议活动。从表面上看，这场动乱是民众对政府应对经济不力、失业率居高不下等现象的不满，实质上反映了波黑国家建构存在的危机，表现为民族利益所代表的政党间的冲突、权力集团与民众之间的冲突，以及民众诉求的增加与脆弱的政治体制之间的冲突。

2014 年 10 月，波黑举行第七次大选。结果，波黑民主行动党获得 10 个议席，塞族独立社会民主人士联盟获得 6 个议席，波黑民主阵线党获得 5 个议席，波黑塞族民主党获得 5 个议席，争取波黑美好未来联盟获得 4 个议席，克族民主共同体获得 4 个议席。2015 年 3 月，新一届部长会议组成。

2016 年 10 月，波黑举行地方选举，波黑民主行动党、塞族独立社会民主人士联盟以及克族民主共同体分别在各主体民族中占据主导地位。与上一次选举相比，塞族民主党失去了 16 个市长席位，民主行动党则丢失了 7 个市的执政地位。进入 2017 年，各政党、民族间矛盾进一步加剧，围绕 2018 年 10 月大选的选战已经提前打响，严重影响国家机构运转和经济社会发展。

（三）国际关系

1995 年《代顿和平协议》的签订标志着波黑战争的结束。战后的波黑将加入欧盟作为既定国策，重点发展与欧盟、美国及中东欧国家的关系，致力于睦邻周边和加强区域合作。波黑的实体之一塞族共和国同塞尔维亚建立了特殊的平行伙伴关系。2008 年 6 月，波黑与欧盟签署《稳定与联系协议》，朝着加入欧盟迈出了重要的一步。直到 2015 年 6 月，《稳定与联系协议》才正式生效。2016 年 2 月，波黑正式递交加入欧盟申请。2016 年 12 月，欧盟委员会向波黑递交入盟调查问卷。此外，波黑还加强了同伊斯兰国家的传统友谊与合作。

截至目前，共有 170 多个国家与波黑建交，在萨拉热窝共有 40 多个国家的大使馆、领事馆及外交办事处，还有 20 多个国际组织代表处。

三　经济形势

（一）经济概况

1. 自然资源

波黑的主要资源有矿产、水资源及森林，可开采利用的矿产资源主要有褐煤、铝矾土、铁矿，此外还有铅锌、石棉、岩盐、重晶石等矿藏。波黑拥有丰富的水资源，水力发电潜能在 400 万千瓦以上，矿泉水资源丰富，可利用开发生产瓶装饮用水。波黑森林覆盖率占其国土面积的 53%，是东南欧国家中森林覆盖率最高的，其中 65% 为落叶林，35% 为针叶林。波黑的榉木品质格外优良。

2. 产业结构

波黑的电力产业主要包括燃煤发电和水力发电两种形式。波黑的燃煤发电具有很大的开发潜能，波黑煤炭已探明储量 55 亿吨。波黑水力发电也有较大的潜能，目前装机总量约 300 万千瓦，水力发电潜能目前的利用率达到 40%，尚有 60% 的水力潜能待开发利用。

波黑将旅游列为经济发展重要产业之一。2016 年入境旅游人数达 114.9 万人次，同比增长 11.6%。虽然波黑旅游业并不算发达，但发展潜力很大。根据世界旅游组织预测，1995～2020 年，波黑旅游业年均增长率将达 10.5%。近些年来，波黑大力引进外资发展旅游业。同时，波黑允许申根签证持有者多次每次免签入境 15 天，首次入境起 6 个月内累积停留不超过 90 天。

波黑的林业和木材加工业有悠久的历史。从 19 世纪后半叶起，林业和木材加工业成为波黑经济的主要产业之一。目前，林业和木材加工业的产值占波黑国内生产总值的 10%。波黑的森林覆盖率高达 43%，其中，经济生态林占 81%。波黑林木年开采量约 700 万立方米，木材和家具及细木加工制品的 60% 以上出口到德国、意大利、奥地利及斯洛文尼亚等欧盟国家。

金属加工业也是波黑经济的重要产业之一。波黑战争前，金属加工业对国内生产总值的贡献率是 12%，战后贡献率降至 3%。目前，金属加工业占波黑制造业比重的 20%，是波黑制造业的支柱产业。金属加工产品的出口约占产量的 50% ~60%。金属加工业的主要产品为钢铁、电解铝和氧化铝、铅、锌及铜加工产品，主要企业有米塔尔 - 泽尼察钢铁公司、莫斯塔尔铝厂、比拉茨氧化铝厂等。

波黑发展农业的自然条件优良，食品加工业也有悠久的历史传统。波黑农业用地占土地总面积约 42.2%，总计约 239 万公顷，其中，100 万公顷为集约化农业耕地。另外，波黑还有 104 万公顷天然草地和牧场，35 万公顷土地专用于果园、葡萄园以及用于种植生产医药保健品的草药和香料香草等。目前，波黑奶制品、水果和蔬菜等可出口欧盟。

（二）近期经济运行状况

1. 宏观经济

波黑在南斯拉夫时期便是联邦内较贫穷的地区之一，独立后又发生了内战，经济受到严重损害。经过重建、恢复、发展后，波黑经济呈现缓慢复苏态势，但是波黑经济对外依存度较大，易受世界经济波动的影响。据波黑国家统计局统计，2016 年波黑 GDP 总额为 169.11 亿美元，同比增长3.07%。但这也只是恢复到了 2012 年的经济水平。同时，波黑失业率居高不下，连续几年均在 40% 以上，2016 年波黑失业率为 41.7%，青年人失业率更是达到 62.8%，为全欧洲最高。

表 1　2011 ~2016 年波黑 GDP 及失业情况

年份	2011	2012	2013	2014	2015	2016
GDP（亿美元）	183.18	169.06	178.51	183.44	166.92	169.11
人均 GDP（美元）	4711	4409	4662	4796	4240	4817
GDP 增长率（%）	0.9	-0.9	2.4	1.1	3.03	3.07
失业率（%）	27.6	28.0	27.5	27.5	27.7	25.4

资料来源：波黑统计局，世界银行。

2. 国际收支

波黑对外贸易总量不大，进出口额呈逐年增长态势，而贸易逆差也在持续拉大。据波黑国家统计局数据，2016 年波黑外贸额为 144.6 亿美元，同比增长 2.6%。其中出口额为 53.3 亿美元，同比增长 4.5%；进口额为 91.3 亿美元，同比增长 1.5%；逆差为 38 亿美元。

2016 年，波黑出口市场主要是德国、意大利、克罗地亚、塞尔维亚、斯洛文尼亚，占出口总额的 55.5%；波黑进口市场主要是德国、意大利、塞尔维亚、克罗地亚、中国，占进口总额的 52.3%。波黑出口主要商品类别是基础金属及制品、化工产品及文化娱乐类产品，主要进口商品类别是机械、矿产品及石油、通信产品、农产品以及工业制成品。

3. 外债状况

波黑出口基础薄弱，虽然金融危机后经常项目逆差略有缩小，但外国直接投资大幅减少使其外部不平衡状况依然严重。长期以来，波黑整体外债规模较大，严重依赖国际援助贷款。从 2009 年至今，波黑累计外债额呈微弱上升趋势，每年偿还外债情况也基本稳定，但已付偿债率逐年上升。截至 2016 年底，波黑外债为 89 亿马克（约合 45 亿欧元），占其 GDP 比重的 29.2%。债权人中，世界银行占 33.4%，欧洲投资银行占 21%，国际货币基金组织占 12.3%，巴黎俱乐部占 8.9%，欧洲复兴开发银行占 7.4%。

表 2　2012~2016 年波黑债务情况

年份	2012	2013	2014	2015	2016
外债额（百万美元）	14557	15192	14115	12887	10642
已付偿还外债本金（百万美元）	844	877	1212	1549	2379
公共债务占 GDP 比重（%）	44.3	43.5	44.0	44.7	44.2

资料来源：经济学人情报部（EIU），世界银行。

同时，近几年来，波黑金融市场遭受冲击，银行业亏损严重。据波黑银行协会数据，截至 2013 年底，波黑银行资产为 220 亿马克（1 欧元约等于 2 马克），同比增长 2%；银行资本为 32 亿马克，同比增长 5%。波黑有 27 家银行，2013 年有 22 家盈利，5 家亏损，共亏损 2660 万马克。从银行业不良贷款的情况看，金融危机以来一直处于上升趋势，2013 年是 2008 年的 5 倍，高达 15.1%，此后有所下降，但大体维持在 13% 左右。

表3　2012～2016 年波黑广义货币（M2）供应增长与不良贷款率

单位：%

年份	2012	2013	2014	2015	2016
M2 供应增长率	3.4	7.9	7.3	8.0	8.3
银行不良贷款率	12.6	15.1	14	13.7	11.7

资料来源：世界银行。

4. 财政收支

近几年来，波黑财政状况未有根本性好转，各级政府负债率从 2007 年的 18.7% 快速升至 2013 年的 42.7%。由于刚性支出占比过高、财政改革阻力较大，2014 年、2015 年各级政府赤字率仅小幅降了 2.1% 和 1.9%，政府负债率缓慢升至 43.5% 和 43.6%。同时，国内可用偿债来源有限，政府对国际援助性贷款过于依赖，偿债能力薄弱。据统计，2016 年，波黑财政支出 127.7 亿马克，财政收入 116.7 亿马克，财政赤字 11 亿马克。

表4　2012～2016 年波黑财政收支情况

单位：%

	2012	2013	2014	2015	2016
财政收入占 GDP 比重	44.2	43.2	43.4	43.6	43.4
财政支出占 GDP 比重	46.9	45.1	46.3	43.7	44.2
收支平衡比	-2.7	-1.9	-2.9	-0.1	-0.8

资料来源：经济学人情报部（EIU）。

四　投资状况

（一）外国投资状况

受国际金融危机和欧债危机的影响，2008 年以来波黑吸引外资呈大幅下滑态势，直到 2012 年才显示复苏迹象。据波黑中央银行数据，2016 年波黑吸引外资流量 5.36 亿马克（约 2.7 亿欧元），截至 2016 年吸引外资存量为 129.6 亿马克（约 65 亿欧元）。

2016 年波黑外资来源国中，排名依次为：克罗地亚、奥地利、阿联酋、英国、荷兰、卢森堡、斯洛文尼亚、土耳其、科威特、意大利等。波黑吸引外资的主要领域为企业私有化和银行业，银行业外资股份占比高达 80% 以上。2016 年外商对波黑行业投资占比情况为：批发贸易业占 27.7%，金融服务业（银行业）占 25.9%，烟草业占 12.6%，化学工业占 9.2%，电信业占 6.4%，其他合计占比 18.2%。

（二）投资环境

1. 投资政策

波黑外贸主管部门是外贸和经济关系部，内贸事务则归属两个实体政府各自的贸易和旅游部，即波黑联邦贸易部和塞族共和国贸易旅游部。负责招商引资的部门是 1998 年成立的波黑外国投资促进局。独立以来，波黑相继出台了一系列与贸易相关的法规，如《对外贸易法》《外国直接投资法》《波黑进出口法》《公共采购法》《波黑设立电力输送公司法》《海关政策法及关税税则》《自由贸易区法》《波黑特许经营法》《竞争法》《波黑工业产权法》《市场调控法》《公共分配法》《间接税体制法》《间接税分配法》《增值税法》《外国人在波黑设立公司或代表处法》等。

除了限制或禁止外资进入生产和销售军用武器、弹药、军用设备和公共媒体信息领域外，外国投资可以自由进入波黑市场。公共媒体信息领域包括：广播、电视（包括有线电视）、电子媒体（包括因特网）、报纸以及在当地市场出版和发行的其他出版物。若投资军用武器、弹药、军用设备以及公共媒体信息领域须向这些领域所在的实体政府及地方法定部门进行申报，并要经过严格审批后方能按投资正常程序开展投资活动。此外，受限制领域的外方投资额不得超过投资企业总资产的 49%。2015 年 3 月，波黑《外国投资法》修正案允许外国投资者在报纸、杂志等领域拥有超过 49% 的股权。

在波黑的外国投资方式主要有：收购企业私有化产权，通过招标获取特许经营权，以 BOT 模式（建设 – 经营 – 转让）开发和建设项目（自然资源开发、基础设施建设等），收购破产企业，开发性投资，跨国兼并，合资经营，投资股票证券等。

目前，在波黑开展 BOT 的外资企业主要来自英国、瑞士、俄罗斯、克罗地亚、塞尔维亚和土耳其，涉及的主要产业包括能源、矿产、水资源开发等。波黑联邦和塞族共和国具体实施 BOT 模式有一些差别。波黑联邦主要有合资模式（首选）、自建模式和公私合作合营模式，塞族共和国主要合资模式（首选）、"贷款 + 承包"模式和完全 BOT 模式。

波黑的全球竞争力较低，与中东欧其他转型国家相比也比较落后。据达沃斯世界经济论坛《2016～2017 年全球竞争力报告》，波黑的国际竞争力在全球 138 个国家和地区中排名第 107 位。

2. 金融体系

波黑货币为马克（国际代码 BAM），也通称为波黑马克。波黑马克于 1998 年 6 月 22 日开始投入市场流通，可以自由兑换。波黑马克由纸币和辅币（硬币）构成，纸币面额分为：200 马克、100 马克、50 马克、20 马克、10 马克；辅币面额分为：5 马克、2 马克、1 马克、50 芬尼、20 芬尼、10 芬尼、5 芬尼。1 马克 = 100 芬尼。根据波黑中央银行法的规定，波黑马克与欧元挂钩，汇率固定为：1 波黑马克 = 0.511292 欧元（1 欧元 = 1.955830 波黑马克）。自 2012 年起，波黑央行每日公布的外币兑换汇率表已将人民币兑波黑马克的官方汇率列入其中，便于中国人在波黑使用国际通用的信用卡支付或提取波黑马克现金进行汇率核算。2017 年 12 月 12 日，波黑央行公布的人民币兑波黑马克汇率为：1 元人民币 = 0.25 波黑马克。

波黑中央银行于 1997 年 6 月 20 日根据《波黑和平总框架协议》及波黑宪法的规定成立，当年 8 月 11 日正式营业。目前，波黑共有近 30 家银行，大多数是私人或者外资银行，如意大利联合圣保罗银行（Intesa SanPaolo Bank）波黑分行、奥地利银行（Volksbank）、奥地利拉伊弗森银行（Raiffeisen Bank）、奥地利联合信贷银行（UniCredit Bank）和德国信贷银行（ProCredit Holding AG）等。此外，波黑有两个证券交易所，即萨拉热窝交易所和巴尼亚卢卡证券交易所。

3. 税收体系

波黑税收实行分级管理（国家、实体、州及市）。波黑间接税管理局代表国家负责征收增值税、海关税、消费税及公路税（间接税）。波黑实体、州及市一级税务局代表地方负责征收个人所得税、企业所得税、不动产税、社会福利金税以及地方行政税（直接税）。波黑的间接税收入需要在国家机构和实体政府间依法按比例进行二次分配，而直接税不上交，全部留存在地方政府。

波黑主要税赋和税率如下。

（1）企业所得税。波黑联邦、塞族共和国及布尔奇科特区均为10%。

（2）个人所得税。波黑联邦、塞族共和国及布尔奇科特区均为净工资的10%，其中，在波黑联邦和塞族共和国当地的纳税人可根据个人总收入情况享受所得税减免。

（3）增值税。波黑的增值税统一为17%。

（4）消费税。附加在某些特定商品上的销售税，如石油产品、食用油、非酒精饮料、酒精饮料、葡萄酒、啤酒、咖啡、香烟。具体税率各种商品不一，按从量或从价征收，税率为5%～20%。

（5）企业预提所得税。波黑联邦和塞族共和国均为10%（奖金、股息等为5%）。

（6）财产税。波黑联邦为5%（泽尼察多博伊州为8%），塞族共和国为3%。

（7）社会福利金税。雇员应缴纳的部分在波黑联邦占个人工资毛收入的31%；在塞族共和国占个人工资毛收入的33%；在布尔奇科特区占个人工资毛收入的31.5%。雇主应缴纳的部分在波黑联邦占个人工资毛收入的10.5%；在布尔奇科特区占个人工资毛收入的6%；塞族共和国法律规定雇主不缴纳此项税金。

五　双边关系

（一）政治关系

1992年5月22日，联合国大会通过决议，同意接纳波黑以独立国家身份加入联合国，中国投了赞成票。1995 年 3 月 16~17 日，波黑部长会议主席（总理）哈里斯·西拉伊季奇（Haris Silajdžić）访华。4 月 3 日，两国代表在克罗地亚萨格勒布签署了中华人民共和国与波斯尼亚和黑塞哥维那建交联合公报，中国和波黑正式建立大使级外交关系。

波黑战后重建期间，中国向波黑提供了棉花、棉纱、拖拉机以及教学设备等无偿援助。此后，中国与波黑友好关系稳步发展，双边合作领域逐步扩大，在多边及国际事务中相互支持。近年来，中波在政治、经济、文化及教育领域的合作和交流日益频繁，双方相互了解进一步加深，高层互访进一步增多。2015 年 9 月，波黑主席团轮值主席乔维奇来华出席中国人民抗日战争暨世界反法西斯战争胜利 70 周年纪念活动，并同中国国家主席习近平会见。11 月，波黑部长会议主席兹维兹迪奇赴华出席在苏州举行的第四次中国－中东欧国家领导人会晤，并同中国国务院总理李克强举行会见。2016 年 5 月，波黑议会民族院轮值主席塔迪奇访华。6 月，波黑部长会议副主席兼外经贸部部长沙罗维奇赴华出席第二届中国－中东欧国家经贸部长级会议及第二届中国－中东欧投资贸易博览会。2017 年 5 月，波黑部长会议副主席兼外经贸部部长沙罗维奇赴华出席"一带一路"国际合作高峰论坛，两国签署"一带一路"合作谅解备忘录。9 月，中国全国政协副主席马培华率团访问波黑。11 月，波黑部长会议主席兹维兹迪奇出席在布达佩斯举行的第六次中国－中东欧国家领导人会晤，并同中国国务院总理李克强举行会见。

（二）双边贸易

据中国海关统计，2016 年中波双边贸易额为 1.08 亿美元，同比下降 6.3%；其中，中方出口额 6447.7 万美元，同比增长 4.8%，进口额 4353.6 万美元，同比下降 19.0%。中方顺差为 2094.1 万美元。

据中国海关统计，近年来，中国对波黑出口商品类别主要包括：电机、电气、音像设备及其零件；锅炉、机械器具及其零件；橡胶及其制品；家具、寝具、灯具等制品及活动房；钢铁制品；皮革制品、旅行箱包、动物肠线制品；针织或钩编的服装及衣着附件；鞋靴、护腿和类似品及其零件；非针织品或非钩编的服装及衣着附件；化学纤维长丝；以及光

表5　2010～2016年中波进出口贸易统计

单位：万美元，%

年份	进出口总额	出口额	进口额	累计比去年同期增减		
				进出口	出口	进口
2010	5501.1	3740.8	1764.4	11.9	4.9	30.1
2011	7250.6	4142.4	3108.2	31.7	10.2	76.2
2012	7003.4	4674.2	2329.2	-3.4	12.8	-25.1
2013	11226.9	9135.9	2091.0	60.3	95.5	-10.2
2014	32122.9	28394.8	3486.6	185.8	210.9	76.6
2015	11526.8	6153.9	5372.9	-64.1	-78.34	44.3
2016	10801.3	6447.7	4353.6	-6.3	4.8	-19.0

资料来源：中国海关。

学、成像、医疗设备等。中国从波黑进口商品类别主要包括：木及木制品、木炭；非针织或非钩编的服装及衣着附件；家具、寝具、灯具、活动房；鞋靴、护腿和类似品及其零件；机械器具及零件；车辆及其零配件（铁道车辆除外）；纸及纸板；电机、电气、音像设备及其零配件；钢铁制品等。

（三）双边经济合作

2000年，中国同波黑签署经济贸易和技术合作协定；2002年，双方签署促进和保护投资协定；2008年，中华人民共和国商务部投资促进事务局与波黑外商投资局签署投资促进合作谅解备忘录；2017年，中华人民共和国政府和波黑部长会议签署关于提供无偿援助的经济技术合作协定。然而，20多年来，中波经济合作水平较低，双方相互投资总量较少。据中国商务部统计，2016年中国对波黑直接投资85万美元，截至2016末，中国对波黑直接投资存量为860万美元。

中国在波黑投资的情况主要是，小型华商企业在波黑投资开办贸易公司，经营中国商品批发和零售业务，经营地点集中于布尔奇科特地区和巴尼亚卢卡，其他地区的华商数量与波黑重建初期相比逐年减少。

近几年来，中波经济合作有所加强，一些投资项目纷纷启动。2007年，华为公司以香港华为有限公司的名义在萨拉热窝注册办事处，在波黑提供通信设备、安装和调试业务，现以荷兰华为公司名义注册分公司。2012 年 6 月，中国开发银行四川分行与塞尔维亚 EFT 集团在巴尼亚卢卡总统府举行融资协议的签字仪式，利用该笔 3.5 亿欧元的商业贷款，中国四川东方电气集团和塞尔维亚 EFT 集团签订了建设波黑塞族共和国斯坦纳瑞 30 万千瓦燃煤电站项目的承包项目。该项目是中波建交以来首个大型基础设施合作项目，总投资 5 亿欧元，工程于 2013 年 5 月 18 日正式开工，2016 年 1 月首次并网发电。这是第一个使用中国 – 中东欧合作机制 100 亿美元专项贷款的项目，也是竣工的第一个项目，是中国企业在欧洲独立设计和独立施工的第一个火电站。

2014 年 8 月，葛洲坝集团承包的波黑图兹拉 7 号机组 45 万千瓦燃煤电站项目签约。2016 年 11 月，中国进出口银行与波黑电力公司签署图兹拉 7 号机组项目融资合作条件清单协议。2017 年 9 月，项目融资协议和担保协议谈判关闭。目前，东方电气集团承包的波黑巴诺维契电站、中国保利公司参与融资的加茨科 2 号电站、中国水利电力对外公司承包的达巴尔水电站等项目处于不同程度的进展之中。此外，中国企业正在参与欧洲 5C 高速走廊波黑境内路段项目的竞标。

六　总体风险评估

20 多年前，《代顿和平协议》的签署结束了波黑战争，实现了和平，但对经济社会发展并未做出具体安排。相反，"战争后遗症"不断显现，波黑结构性政治问题清晰可见。波黑区域"切割"现象严重，相当一部分波黑人处于流离失所的状态，国家长期存在宪政危机，各民族及其实体之间存在严重政治分歧。目前，波黑国内政治仍处于整合阶段，短期内主体民族之间的政治僵持局面难以得到真正改善，政党纷争导致中央政府职能不健全、政府稳定性较差，并将明显拖累国内政治经济改革及加入欧盟的进程。波黑致力于加入欧盟，但在是否加入北约的问题上没有达成共识。随着 2018 年大选临近，各主要政党提早进入选战，给国家机构运转带来显著负面影响。

波黑经济同样结构性问题突出，缺乏统一经济空间，经济增长动力不足。高失业率、高消费水平、储蓄不足及基础设施落后等问题突出，导致波黑经济增长高度依赖外来技术与资本，财富创造能力脆弱。高企的政治风险、结构性改革推进阻力较大以及缺乏制度性保障，将继续抑制外国直接投资，且不利于国际援助性贷款的及时到位，进而影响经济增长。诸如《消费税法》等法律难以通过严重影响国际金融机构对波黑的融资支持。而且，波黑经常项目常年大幅逆差，整体外债规模较大，偿债承受较大压力，而资产质量恶化与流动性收紧增加银行系统风险水平。

政府管理经济不善，再加上腐败现象严重，经济状况难有实质改善。税收、通信、电力及能源企业构成了波黑政府收入的主要来源，各政党争相控制这类企业，竞争激烈。其他行业如农业、林业、矿产等私有化进程并不顺利，遭受不同程度的阻碍。

法治建设尚不健全，少数民族歧视问题严重。受机制体制影响，波黑通过一项符合所有民族利益的法律实非易事，法律建设推进比较缓慢。欧盟多次敦促波黑应尽快执行欧洲人权法院关于塞迪奇－芬齐案的裁决，修改宪法中涉嫌歧视少数族裔的条款，否则波黑加入欧盟的进程将遭冻结。

波黑社会风险总体可控。受经济改善不佳、失业率高等因素影响，波黑社会治安较差。但是，极端主义和恐怖主义风险不高。过去几年，波黑采取一系列举措加大对从国外战场返回人员的控制。

2016 年 10 月和 2017 年 3 月，大公国际和标准普尔对波黑进行主权信用评级，评定其本、外币主权信用等级均为 B，评级展望为稳定。由于 2018 年大选临近，民族、政党间博弈加剧，改善经济社会发展手段有限，国家总体风险在一定程度上有所增加。

（徐刚）

俄罗斯联邦

（The Russian Federation）

一 国家基本信息

（一）地理概述

俄罗斯拥有世界上最广阔的领土，面积达到 1709.8 万平方公里。俄罗斯位于欧洲东部和亚洲北部，占欧亚大陆面积的 1/3。以乌拉尔山脉为界，乌拉尔山脉以西是俄罗斯的欧洲部分，占领土总面积的 23%；以东是俄罗斯的亚洲部分，被称为西伯利亚和远东，占领土总面积的 76%。俄罗斯拥有 12 个海，其连接着大西洋、太平洋和北冰洋。俄罗斯国土南北距离超过 4000 公里，东西距离近 10000 公里，边界总长为 60933 公里。其中，38808 公里为海上边界。北部和东部的边界主要是海上边界，南部和西部的边界主要是陆上边界。俄罗斯陆上接壤国有中国、蒙古国、哈萨克斯坦、阿塞拜疆、格鲁吉亚、乌克兰、白俄罗斯、立陶宛、拉脱维亚、爱沙尼亚、波兰、芬兰、挪威、朝鲜。俄罗斯国土东西跨度很大，横跨 10 个时区。在海洋和人口稀少的地区按照子午线划分时区，在人口稠密的地区则按照联邦行政主体划分时区。俄罗斯国土面积大，气候差异也大。最热月份的平均气温，在最北部地区为 1℃ 上下，在里海沿岸的最南部为 25℃，在西伯利亚的西南部为 40℃；最冷月份的平均气温，在黑海沿岸为 6℃，在西伯利亚的东北部为零下 50℃。俄罗斯大部分地区的气候和土壤条件不利于农业生产。俄罗斯地形以平原为主，湖泊、河流、森林密布其上。俄罗斯拥有世界最深的湖泊——贝加尔湖，欧洲最高的山峰——厄尔布鲁士山，欧洲最长的河流——伏尔加河，欧洲最大的湖泊——拉多加湖，以及北半球的寒极之一——奥伊米亚康。

俄罗斯的首都为莫斯科，官方语言为俄语，法定货币为卢布。

（二）人口和民族

俄罗斯人口数量在世界排名第 9 位，在中国、印度、美国、印度尼西亚、巴西、巴基斯坦、尼日利亚、孟加拉国之后，2017 年的总人口为 1.468 亿。俄罗斯欧洲部分居住着 68.3% 的俄罗斯人口，人口密度为 27 人/平方公里，俄罗斯亚洲部分的人口密度为 3 人/平方公里。74.27% 的人口为城市居民。俄罗斯有 200 多个民族，俄罗斯族人口占总人口的 81%。人口总数超过百万的民族有 6 个，其中鞑靼人占 3.8%，乌克兰人占 1.4%，巴什基尔人占 1.1%，楚瓦什人占 1%，车臣人占 1%，亚美尼亚人占 0.9%。鞑靼人是俄罗斯数量第二的民族，生活在伏尔加河流域。鞑靼人和巴什基尔人组成了俄罗斯最大的穆斯林族群，其人口大多生活在俄罗斯中部。楚瓦什人属于突厥人，约有 200 万人。在西伯利亚生活着阿尔泰人、哈卡斯人、雅库特人。在高加索生活着阿布哈兹－阿第盖人族群——卡巴尔达人、阿第盖人、切尔斯克人，以及达吉斯坦族群——车臣人、印古什人、阿瓦尔人、列兹根人。奥塞梯人属于伊朗族群。在俄罗斯还居住着芬兰－乌戈尔语系族群，其包括俄罗斯北欧部分的芬兰人、卡累利阿人、萨阿米人和科米人，以及在伏尔加河流域居住的马里人和莫尔多瓦人，在西西伯利亚居住着汉蒂人和曼西人，在东西伯利亚居住着埃文基人，在楚科奇半岛居住着以驯鹿和渔猎为生的楚科奇人。在西伯利亚生活的布里亚特人和在里海沿岸生活的卡尔梅克人属于蒙古族人。俄罗斯超过 1/5 的人口居住在 15 个超过或接近百万人口的城市里——莫斯科（1151 万人）、圣彼得堡（485 万人）、新西伯利亚（150 万人）、叶卡捷琳堡（138 万人）、下诺夫哥罗德（125 万人）、喀山（112 万人）、萨马拉（116 万人）、鄂木斯克（115 万人）、车里雅宾斯克（113 万人）、顿河畔罗斯托夫（109 万人）、乌法（106 万人）、伏尔加格勒（102 万人）、彼尔姆（100 万人）、克拉斯诺亚尔斯克（97 万人）、沃罗涅日（89 万人）。俄罗斯人整体文化素质较高，85% 的城市居民和 65% 的农村居民具有中高等文化程度。大多数俄罗斯人信奉东正教，部分俄罗斯人信奉伊斯兰教，还有少数俄罗斯人信奉天主教、犹太教等宗教。

（三）简史

公元 862 年，诺曼人留利克大公联合拉多加湖南岸和伏尔加河上游的东斯拉夫部落建立了罗斯王国，开始了留利克王朝的统治。此后，留利克的继承人奥列格统一了东斯拉夫部落的南部聚居区，882 年在东斯拉夫族波利安人的重要城市——基辅建立了都城，基辅罗斯王国正式形成。

988 年，基辅罗斯的弗拉基米尔大公迎娶了东罗马帝国的公主，并带领全体国民皈依东正教，基辅罗斯王国的文化因大量吸收东罗马帝国和东正教的文化而实现了跨越式发展。因此，后来的"全俄罗斯沙皇"伊凡四世将弗拉基米尔大公作为修史的起点。由于基辅罗斯的法律赋予所有王子继承权，国家逐渐走向四分五裂，出现了弗拉基米尔 - 苏兹达利公国等一批公国。基辅城于 1169 年被弗拉基米尔 - 苏兹达利公国的弗拉基米尔大公占领，丧失了首都的地位。蒙古人于 1223 年入侵基辅罗斯，1240 年攻占了基辅，灭亡了基辅罗斯。1243 年，弗拉基米尔 - 苏兹达利公国归顺蒙古。1240 ~ 1480 年，蒙古人建立的金帐汗国统治了罗斯全境。14 世纪，莫斯科大公国崛起，并最终在 1480 年彻底摆脱蒙古人的统治。莫斯科大公国变得更为强盛，走上对内集权、对外扩张的道路。15 世纪下半叶，莫斯科大公国统一了罗斯境内的所有公国，并将伏尔加河沿岸、乌拉尔和西伯利亚地区的一些民族纳入其统治之下，从而缔造出一个中央集权的大国。伊凡四世大公（1547 ~ 1584）用坚决而严酷的手段在国家管理、司法制度、军队和教会管理等方面推行了一系列改革措施，奠定了俄罗斯专制政权的基础，成为俄罗斯历史上第一位沙皇。伊凡四世死后，王位的争夺引发了国家混乱和瑞典入侵，直到 1612 年瑞典侵略者被赶走之后国家才恢复秩序。

1613 年，米哈伊尔·费奥多罗维奇被全俄缙绅会议推举为沙皇，从而开创了罗曼诺夫王朝的统治。沙皇彼得一世（1682 ~ 1725）是俄罗斯历史上的伟大君主，他大规模引进欧洲文明的优秀成果，在文治武功方面都取得了举世瞩目的成绩。他在从瑞典人手中夺取的涅瓦河河口建造了彼得堡，将首都从莫斯科迁到此处，还将西伯利亚和远东地区、波罗的海沿岸部分地区、乌克兰东部、白俄罗斯、克里米亚半岛纳入俄领土版图。1812年，俄罗斯遭遇了横扫欧洲的拿破仑大军的入侵并最终将其战胜，因此在欧洲声望大增，当时的沙皇亚历山大一世成为欧洲王室的救世主。1848年欧洲大革命爆发后，俄罗斯出兵帮助欧洲王室扑灭革命火焰，获得了"欧洲宪兵"的称谓。

20世纪初，沙皇俄国卷入第一次世界大战。战争的严重消耗以及国内阶级矛盾的加剧导致了1905年革命、1917年二月革命和十月革命的爆发。列宁在十月革命后建立了世界上第一个苏维埃社会主义政权，于1922年在原沙俄帝国版图上建立了苏联。苏维埃政权虽然在成立初期遭遇白军和外国干涉军的疯狂进攻，但在列宁和斯大林的领导下迅速地稳定了国内局势，使国民经济和国家实力得以迅速恢复和持续快速增长。苏联在第二次世界大战中战胜了德国法西斯。第二次世界大战之后，美苏爆发了冷战。苏联建立了强大的社会主义阵营，成为世界最强的两个超级大国之一。冷战期间，苏联的政治和经济管理体制走向僵化，经济发展放缓，国家实力和人民生活水平与西方的差距越拉越大。戈尔巴乔夫1985年当选苏共中央总书记后，推行了一系列政治和经济改革措施，但没有取得实际效果，反而激化了内部矛盾，最终导致苏共亡党、苏联解体。

1991年12月，苏联解体，俄联邦成为苏联的继承国。叶利钦是俄联邦首任总统，在其执政期间，俄罗斯政局持续动荡，经济大幅度下滑并长期低迷，安全形势急剧恶化。2000年，普京当选为俄罗斯总统。普京对内大力巩固中央集权，整肃寡头，稳定国民经济，打击腐败和分裂势力，使俄罗斯经济和社会恢复了秩序，并重回发展轨道；对外努力维护俄罗斯领土和主权，积极改善地缘政治、经济和安全环境，使俄罗斯重获世界大国地位。2008~2012年，梅德韦杰夫担任俄联邦总统，普京担任俄联邦总理，俄罗斯基本上仍是沿着普京规划的道路前进。2012年，普京第三次当选俄联邦总统。2014年3月，俄罗斯在乌克兰危机之后兼并克里米亚，支持乌克兰东部亲俄分裂势力，引来西方的大规模经济制裁。普京总统虽然在国内获得空前高的支持率，但是如何在西方制裁环境下实现国家发展，成为其面临的严峻考验。2016年9月俄罗斯第七届杜马选举中，支持现任总统普京的统一俄罗斯党共获得 450 个的议席中的 343 个，再次成为第一大党。这标志着俄罗斯政治在巨大的外部压力下保持了稳定。受世界能源价格长期低迷以及西方制裁的影响，俄罗斯经济持续下滑，2015 年俄经济增长率为 -3.7%。然而，俄罗斯政府出台了进口替代等多项危机应对政策，使经济结构得到改善，国民经济对油气等资源的依赖减少。2017 年俄罗斯经济回暖迹象明显，1~9 月国内生产总值增长 1.6%，汇率较为稳定，政府和企业的负债在可控范围。这些为俄罗斯保持政治稳定创造了良好条件。

二 政治状况

（一）政体简介

《俄罗斯联邦宪法》规定："俄罗斯联邦是共和制的民主联邦法治国家。"俄联邦由共和国、边疆区、州、联邦直辖市、自治州、民族自治区等平等的联邦主体组成，包括阿迪格共和国（阿迪格）、阿尔泰共和国、巴什科尔托斯坦共和国、布里亚特共和国、达吉斯坦共和国、印古什共和国、卡巴尔达－巴尔卡尔共和国、卡尔梅克共和国、卡拉恰伊－切尔克斯共和国、卡累利阿共和国、科米共和国、马里埃尔共和国、莫尔多瓦共和国、萨哈共和国（雅库特）、北奥塞梯共和国、鞑靼斯坦共和国（鞑靼斯坦）、图瓦共和国、乌德穆尔特共和国、哈卡斯共和国、车臣共和国、楚瓦什共和国；彼尔姆边疆区、阿尔泰边疆区、克拉斯诺达尔边疆区、克拉斯诺亚尔斯克边疆区、滨海边疆区、斯塔夫罗波尔边疆区、哈巴罗夫斯克边疆区、堪察加边疆区、外贝加尔边疆区；阿穆尔州、阿尔汉格尔斯克州、阿斯特拉罕州，别尔哥罗德州、布良斯克州、弗拉基米尔州、伏尔加格勒州、沃洛格达州、沃罗涅日州、伊万诺沃州、伊尔库茨克州、加里宁格勒州、卡卢加州、克麦罗沃州、基洛夫州、科斯特罗马州、库尔干州、库尔斯克州、列宁格勒州、利佩茨克州、马加丹州、莫斯科州、摩尔曼斯克州、下诺夫哥罗德州、诺夫哥罗德州、新西伯利亚州、鄂木斯克州、奥伦堡州、奥廖尔州、奔萨州、普斯科夫州、罗斯托夫州、梁赞州、萨马拉州、萨拉托夫州、萨哈林州、斯维尔德洛夫斯克州、斯摩棱斯克州、坦波夫州、特维尔州、托木斯克州、图拉州、秋明州、乌里扬诺夫斯克州、车里雅宾斯克州、雅罗斯拉夫尔州；莫斯科、圣彼得堡；犹太自治州；涅涅茨民族自治区、汉特曼西斯克民族自治区、楚科奇民族自治区、亚马尔－涅涅茨民族自治区。2014年乌克兰事件后，俄罗斯宣布新增两个联邦主体——克里米亚共和国和塞瓦斯托波尔直辖市。俄罗斯的共和国拥有自己的宪法和法律，边疆区、州、联邦直辖市、自治州、民族自治区拥有自己的章程和法律。在同联邦国家权力机关的相互关系方面，俄联邦各主体一律平等。为加强中央与地方的关系，俄联邦总统普京2000年5月签署命令，组建联邦区并派驻总统全权代表。联邦区不属于联邦主体或其他行政区划主体，目前共有8个，即中部联邦区、西北联邦区、南方联邦区、北高加索联邦区、伏尔加河沿岸联邦区、乌拉尔联邦区、西伯利亚联邦区、远东联邦区。2016年，克里米亚共和国和塞瓦斯托波尔直辖市被并入南方联邦区。

俄联邦的立法权、执行权和司法权分立，国家权力由俄联邦总统、俄联邦会议（联邦委员会和国家杜马）、俄联邦政府、俄联邦法院行使。俄联邦总统是俄罗斯国家元首和武装力量最高统帅，有权经国家杜马同意后任命俄联邦政府总理，主持俄联邦政府会议，做出俄联邦政府辞职的决定，向联邦委员会提出俄联邦宪法法院、最高法院、最高仲裁法院法官的人选以及俄联邦总检察长的人选，确定国家杜马的选举和解散国家杜马，等等。俄联邦政府的决议和命令在与俄联邦宪法、法律和总统令相抵触的情况下，俄联邦总统可将其废除。

俄联邦会议为俄罗斯议会，实行两院制，由联邦委员会和国家杜马组成。每个俄联邦主体的国家权力代表和国家权力执行机关各派出一名代表，组成联邦委员会。联邦委员会负责批准俄联邦主体边界的变更以及俄联邦总统关于实行战时状态的命令和实行紧急状态的命令；确定俄联邦总统的选举；罢免俄联邦总统，以及联邦宪法法院、俄联邦最高法院、俄联邦最高仲裁法院的法官，任免俄联邦总检察长；等等。国家杜马由450名议员组成，负责审议和通过联邦法律和联邦总统对联邦政府总理的任命案，决定对俄联邦政府的信任问题，宣布大赦，提出罢免俄联邦总统的指控，等等。联邦的预算、税收和收费、国际条约等法规由国家杜马通过后交联邦委员会审议，获得联邦委员会通过后正式具有法律效力。

俄联邦政府由总理、副总理和部长组成，行使联邦执行权力，负责制订并向国家杜马提出联邦预算并保障其执行；向国家杜马报告联邦预算执行情况；保障在俄罗斯实行统一的金融、信贷和货币政策；保障俄联邦在文化、科学、教育、卫生、社会保障和生态领域实行统一的国家政策；管理联邦财产；实施保障国家防御、国家安全和贯彻俄联邦对外政策的措施；实施保障法治、公民的权利与自由、保护财产和社会秩序以及与犯罪现象做斗争的措施；履行俄联邦宪法、法律以及俄联邦总统令所赋予的其他职权。俄联邦政府保障统一的经济空间，保障商品、劳务和财政资金的自由流动，鼓励竞争和经济活动自由。俄联邦政府对私有制、国家所有制、地方所有制以及其他所有制形式予以同样的承认和保护。土地和其他自然资源可以成为私人、国家、地方或其他所有制形式的财产。

俄联邦境内的审判权只能由法院行使。俄联邦最高法院是民事、刑事、行政以及其他案件的最高司法机关，按照联邦法律规定的诉讼形式，对法院活动实行司法监督，并对审判实践问题做出解释。俄联邦最高仲裁法院是解决经济争议等仲裁案件的最高司法机关。俄罗斯已通过联邦最高法院与联邦最高仲裁法院合并的意见，俄罗斯司法体系面临新的结构调整。

（二）政局现状

俄罗斯目前政局稳定，普京总统拥有崇高威望，牢牢控制着国家权力体系。寡头和自由派势力遭到重创，国内已没有强有力的反对派。俄罗斯以总统集权为特征的政治体制逐渐稳固，法律体系、政党体系逐步成熟，联邦权力机关之间、中央与地方之间、主要政党之间、高层精英之间形成了较为默契的关系。

俄罗斯实行多党制，各政党在法律面前一律平等。主要政党有统一俄罗斯党、俄罗斯联邦共产党、公正俄罗斯党和俄罗斯自由民主党等。统一俄罗斯党是俄罗斯第一大党，成立于 2001 年，有 200 多万名党员。俄联邦共产党成立于 1990 年，是俄罗斯第二大党。俄罗斯自由民主党成立于 1989 年，具有鲜明的民族主义色彩。公正俄罗斯党由俄罗斯生活党、祖国党和退休者党合并而成，成立于 2006 年。在 2016 年国家杜马选举中，统一俄罗斯党获得 343 个议席，俄罗斯共产党获得 42 个议席，俄罗斯自由民主党获得 39 个议席，公正俄罗斯党获得 23 个议席。其他参选的 10 个政党各自的得票率在 1% 左右，因此无法进入国家杜马。统一俄罗斯党是政权党，公正俄罗斯党的目标是成为"务实的反对党"，实际上是普京政权的重要支持力量，与同为左翼政党的俄联邦共产党争夺政治影响力。俄联邦共产党、俄罗斯自由民主党等政党虽然时常批评政府，但是在很多治国理念上与政府保持着一定程度的默契，可被视为建设性反对党。真正与政府水火不容的反对党的力量都比较弱小，在国内政治中被边缘化，并遭到政府的严格管控。普京总统不但拥有主要党派的支持，而且创建和领导着俄罗斯最大的超党派政治联盟——"人民战线——为了俄罗斯"。这为其巩固在政党体系中的绝对优势提供了重要保障。

俄罗斯民众经历了戈尔巴乔夫和叶利钦时代的社会动荡与经济衰退，普遍思稳求定，大多数人对目前的生活感到满意，认可普京总统的治国方略。在此基础上，俄联邦政府高举爱国主义大旗，努力恢复俄罗斯的优良传统，充分借助东正教的影响力，获得了广大民众的支持。

在有利的国内环境下，为保持政治生态的长期稳定，俄罗斯政府采取了"收""放"结合的方法，在牢牢控制影响社会稳定的关键环节的同时，适当放宽社会管制，为政府树立民主和开明的形象。"收"是指收紧社会舆论控制权，通过出台《网络黑名单法》《非营利组织法》《集会示威游行法》《反盗版法》等立法和采用行政干预手段，加强对媒体和非政府组织的约束；加强反腐败斗争，2013 年成立了总统直属的反腐管理局，通过了《禁止国家官员及其配偶和未成年子女拥有海外资产法》，对拥有境外账户和有价证券的政府官员予以惩治。"放"是指给地方适当放权，恢复地方行政长官直接选举；降低立法机构准入门槛，放宽政党注册登记限制；设立"非营利组织基金"，通过资助方式使非营利组织为我所用，建立政府要员与反对派代表的对话渠道，给予反对派理性建言的机会。2014 年初，俄罗斯决定恢复国家杜马的混合制选举。2016 年新一届国家杜马的一半议员按照多数制原则选举产生，因此具有更广泛的代表性。

俄罗斯内政亦存在发生动荡甚至危机的隐患。俄罗斯因兼并克里米亚和支持乌克兰东部分裂势力而受到西方国家日趋严厉的经济制裁和政治打压，对此如果处理不当，就有可能引发较为严重的经济和政治问题，并被反对派用以制造危机和动乱。俄罗斯的民族问题、反腐败等问题难以在短期内得到彻底解决，在一定条件下可能成为反对派向政府发难的突破口。"三股势力"的滋生土壤尚未铲除，其仍在威胁着俄罗斯安全。然而，这些不稳定因素不构成矛盾的主要方面，并且政府对其有诸多化解方法，俄罗斯内政有望在未来相当长时期内保持稳定。

（三）国际关系

俄罗斯是联合国安理会常任理事国，拥有较大的国际影响力，在国际事务中比较活跃。自 1991 年独立至今，俄罗斯外交经历了两大阶段：1991～1996 年的亲西方外交阶段和 1996～2014 年的多极化大国外交阶段，两大阶段又可划分若干小阶段。1996 年俄罗斯放弃亲西方外交政策的原因是，西方利用俄罗斯的衰败和对西方的信任与需求，损害俄罗斯战略利益，实施北约东扩，对俄援助承诺口惠而实不至，不但积极抢占后苏联战略空间，而且试图进一步肢解俄罗斯，使俄罗斯沦为西方战略轨道上的二流国家。1996 年实行多极化大国外交政策之后，俄罗斯不再追求融入西方阵营，而是要维护俄罗斯的大国地位与尊严，成为未来多极世界的一极和具有重要世界影响力的地缘力量中心，强调外交的独立自主性和相对均衡性，在谋求与西方国家发展务实和平等关系的同时，也着力与中国等非西方国家广泛发展友好合作关系。2016 年《俄联邦对外政策构想》列举了俄罗斯在全球问题上的关注重点，即在尊重国际法和平等、相互尊重、不干涉内政原则的基础上建立稳固的国际关系体系；发挥联合国的国际政治协调中心作用；建立国际法在国际关系中的主导地位；强化国际安全，降低实力因素的作用；加强国际经济和生态合作；加强国际人文合作，通过开展平等的和建设性的国际对话达到使人权和自由在世界范围内得到尊重的目的，同时要考虑每个国家的民族、文化和历史特点；主张国际信息传播的非政治化。俄罗斯外交的地区和地区组织关注重点为：独联体、白俄罗斯、欧亚经济联盟、集体安全条约组织、乌克兰、阿布哈兹和南奥塞梯、纳戈尔诺－卡拉巴赫、格鲁吉亚、黑海及里海地区国家、北约、欧盟及欧安组织、美国、北冰洋地区、亚太地区、上海合作组织、东盟、中国、印度、蒙古国、日本、朝鲜半岛、越南、印度尼西亚、泰国、新加坡、马来西亚、澳大利亚和新西兰、中东和北非地区、拉美和加勒比地区、非洲地区。

在亲西方外交阶段，俄罗斯对独联体国家重视不够，曾将其视为融入西方世界的累赘，采取过"甩包袱"政策。在多极化大国外交阶段，独联体成为俄罗斯对外战略的重点。俄罗斯希望与独联体国家开展全方位的合作，积极推进独联体地区的一体化进程。安全方面，俄罗斯在 2002 年独联体集体安全条约的基础上与白俄罗斯、亚美尼亚、哈萨克斯坦、吉尔吉斯斯坦和塔吉克斯坦建立了具有区域军事同盟性质的独联体集体安全条约组织，并视其为维护地区安全的支柱，努力使其具备在责任区及邻近地区应对各种全球和地区因素所引发的现实威胁与挑战的能力。独联体集体安全条约组织设有联合司令部和快速反应部队，对打击中亚地区的"三股势力"以及维护地区稳定发挥着重要作用。经济方面，俄罗斯积极推动欧亚经济一体化进程，与白俄罗斯、哈萨克斯坦的经济一体化取得巨大成绩。三国于 2007 年签署了《关税同盟条约》，2010 年宣布建立统一经济空间，2014 年签署了成立欧亚经济联盟的条约，于 2015 年 1 月 1 日组成了一个拥有 1.7 亿人口，货物、服务、资金和劳动力可以自由流动的统一市场。吉尔吉斯斯坦等独联体国家对加入该条约表示出明确意愿。在俄罗斯的独联体战略中，建立欧亚经济联盟是建立欧亚联盟的阶段性目标。欧亚联盟将是类似于欧盟的开放式经政一体化组织和连接欧洲和亚太地区的重要纽带，将成为俄罗斯未来发挥世界重要力量中心作用的基础。在俄罗斯兼并克里米亚之后，独联体国家普遍追求对外经济合作多元化，对俄罗斯主导的区域政治一体化进程更加谨慎，曾经态度最为积极的哈萨克斯坦亦是如此。哈萨克斯坦总统纳扎尔巴耶夫明确表示反对将欧亚经济联盟政治化。俄罗斯与古阿姆集团国家（格鲁吉亚、阿塞拜疆、摩尔多瓦、乌克兰）的关系由于领土纠纷等短期内难以得到根本性改善，特别是与乌克兰的关系具有长期复杂性和不稳定性，俄罗斯实现独联体一体化战略将是一个漫长和充满波折的过程。

俄罗斯将欧盟视为其对外战略的重点和"现代化伙伴"，谋求与欧盟建立经济统一空间，自由、安全与司法统一空间，对外安全统一空间和科教、文化统一空间，并作为欧洲文明不可分割的有机组成部分，建立从大西洋到太平洋的统一经济和人文空间。俄罗斯对欧政策的基本原则是共同安全、平等合作和相互信任。俄欧在经济、政治和安全领域建立了广泛的合作机制，双方1996年签署了《欧盟与俄罗斯关系集体战略》，2002年北约－俄罗斯理事会成立。俄罗斯已成为欧洲重要的产品销售市场和能源供应基地。俄罗斯与德国、法国、意大利等欧洲国家的关系十分密切。德国是与俄罗斯关系最为紧密的欧盟国家，是俄罗斯在欧盟中的最大贸易伙伴。2014年西方发动对俄制裁后，俄欧关系虽变得十分紧张，但俄罗斯与欧洲特别是德国、法国等国家在安全、经济等方面拥有巨大的共同利益，双方都有实现关系正常化的内在动力，这将使俄欧关系在博弈中逐步恢复正常，并在曲折中向前发展。

俄罗斯希望发展与美国的关系，认为两国在开展互利的贸易、投资、科技和其他合作方面潜力巨大，对维护全球战略稳定和国际安全具有特殊责任。然而，美国始终将俄罗斯视为战略对手，努力削弱俄罗斯重新崛起为世界强国的潜力，在反导、北约东扩等问题上给俄罗斯安全造成巨大威胁。俄美关系曾经历20世纪90年代叶利钦执政时期的蜜月期，21世纪初美国发动"9·11"反恐战争后的亲密期和2009年奥巴马总统与梅德韦杰夫总统共同发动的重启期，但2014年乌克兰危机之后因美国推动西方国家对俄制裁而使俄美关系全面恶化。普京总统经历过俄美关系的历次高潮与低谷，深刻认识到美国对俄政策的实质，采取了以博弈求生存、以斗争求合作的策略。俄罗斯在反导、北约东扩、叙利亚战争、乌克兰危机等问题上采取原则性与灵活性相结合的政策，强化本国军事力量以应对西方军事威胁，通过不失时机地提出"化武换和平"建议阻止了美国对叙利亚动用武力，同时与土耳其、伊朗、伊拉克等国密切联络，巩固了在叙利亚和平进程及中东反恐战线上的重要地位。在乌克兰问题上强调与欧盟的共同利益，力求分化欧美，与欧盟共同稳定乌克兰局势，弱化欧盟对俄制裁措施。俄美的经济相互依赖性不高，战略利益的矛盾却非常尖锐。因此，俄美关系短时期将难以回暖，但不太可能重回冷战状态。

随着2008年世界金融危机后西方经济的持续低迷以及世界经济重心

的东移，亚太地区在俄罗斯对外战略中的地位迅速上升。西方国家因乌克兰问题大规模制裁俄罗斯后，加强与中国等亚太国家的合作成为俄罗斯降低制裁损失的最重要途径。俄罗斯将深度参与亚太经济与远东大开发相结合，在内政和外交方面出台了一系列战略举措。俄罗斯在亚太地区的重点是中国和印度，努力强化俄中印合作机制。俄罗斯与中国建立了全面战略协作伙伴关系，两国在国际事务中以及在亚太地区经济、政治、安全方面的合作日益深入。俄罗斯的亚太政策讲求平衡性，在与中国加强关系的同时，注重与日本、韩国以及越南等东盟国家发展关系。日本对发展俄日关系态度积极。然而，俄日都没有在领土问题上做出实质性让步的意图，加之日本的对外政策难以摆脱美国对外战略的约束，在乌克兰危机后不得不追随美国对俄实施制裁，在 2014 年《防卫白皮书》中首次抛出"俄罗斯威胁论"，俄日关系因此难以得到实质性提升。俄罗斯积极加强与越南的战略伙伴关系，两国在军工、能源等领域的合作进展迅速。俄罗斯是世界大国，努力发展与世界各国的友好合作关系，与拉美、中东、非洲国家的关系得到稳定的发展，与伊朗、委内瑞拉等能源大国的关系发展顺利。2017 年沙特国王实现对俄罗斯的首访，两国关系实现重大突破。

三　经济形势

（一）经济概况

俄罗斯的自然资源非常丰富，是世界森林覆盖面积最大的国家，森林面积达 871.2 平方公里，占国土面积的 51%。俄罗斯拥有世界上面积最大的黑土地，有 2.2 亿公顷农地和 1.25 亿公顷耕地，但将近一半的耕地没有得到有效利用。俄罗斯天然气储量世界第一，可采量为 28 万亿立方米，占世界天然气总储量的 32% 和开采量的 30%。俄罗斯拥有世界 1/2 的石油储量，石油开采量居世界第二位，达到世界总开采量的 10%。俄罗斯拥有储量巨大的各种矿藏，煤炭、黄金、金刚石、铁、有色金属等矿藏的储量在世界名列前茅。煤炭储量达 5.3 万亿吨，占世界总储量的 30%，在世界排名第三。铁矿探明储量世界排名第一，占世界总储量的 40%。黄金探明储量为 5000 吨，世界排名第三。俄罗斯的金刚石储量世界排名第三。俄罗斯还拥有世界 64.5% 的磷灰岩、40% 的钾盐、27% 的锡、21% 的钴、16% 的锌、14% 的铀、12% 的铅、11% 的铜。

俄罗斯产业结构畸形，能源矿产采掘业一家独大，机电产品等制造业严重萎缩。政府财政收入的一半来自石油天然气收入。虽然俄罗斯政府提出创新经济、进口替代等发展理念，鼓励应用技术的研发，大力改善投资环境，但是俄罗斯经济结构并未出现实质性改善。俄罗斯生产设备老化严重，而固定资产投资在 2012 年之后增长乏力，基础设施投资欠账严重，创新能力不足，这些因素严重制约其经济的可持续发展。俄罗斯居民收入呈稳定增长趋势，几乎每年都能够保持 10% 左右的增长率，即使在经济情况最为糟糕的 2009 年和 2010 年也是如此。

（二）近期经济运行状况

1. 宏观经济

俄罗斯国内生产总值 2015 年下降了 3.7%，2016 年，下滑之势初步得到控制，1～11 月国内生产总值同比下降 0.6%。2017 年，俄罗斯经济出现恢复性增长，国家财政已经拥有强有力的支付能力，外债依赖度极低，通货膨胀率持续下降，预算赤字保持在可控范围之内，对石油价格的依赖不断减轻，经济结构日趋优化。

2016 年，俄罗斯国内生产总值达 83 兆亿卢布。2017 年上半年国内生产总值达 417821 亿卢布，同比增长 1.5%。其中，农林渔业下降 0.3%，采矿业增长 4.1%，加工业增长 1.1%，电力、热力和燃气供应增长 1.4%，供水及水处理、废物回收利用及治污业下降 1.3%，建筑业下降 0.3%，批发零售业及汽车修理业增长 2.4%，运输与仓储业增长 3.5%，酒店与食品下降 0.1%，通信与信息业增长 1.1%，金融保险业增长 1.4%，房地产经营业增长 0.9%，科学技术活动下降 2.1%，行政管理活动增长 0.6%，公共行政与安全、军事安全、社会保障增长 1%，教育增长 4%，健康领域活动及社会服务下降 1.4%，文体及娱乐增长 1%。2017 年 1～9 月，国内生产总值增长 2.2%，CPI 降到 4.1%，农业增长 3.8%，工业增长 1.8%，运输增长 6.8%，进出口增长 26.4%，名义工资增长

6.7%，实际工资增长 2.5%，失业率是 7.8%。国民经济结构出现改善迹象，但对能源的依赖度仍非常高。2017 年，加工业在 GDP 中的比重只有 13%，服务业超过 60%。油气收入对财政的贡献率为 39.1%，在出口额中占比 78%。俄罗斯 2014 年 12 月实施的进口替代政策取得成效，2017 年国内零售市场上进口品比例从 49% 下降到 33%，其中食品从 36% 下降到 21%。国产农机市场占有率超过 50%。国产成品药市场占有率提高了 6.5%，国产医疗器械市场占有率提高 8%。

2017 年，俄罗斯人均国内生产总值为 8660 美元。2017 年 6 月，俄罗斯黄金外汇储备为 4069 亿美元，世界排名第七。

2. 国际贸易

2016 年，俄罗斯对外贸易总额为 4712 亿美元。出口额为 2854.9 亿美元。石油出口增长了 6.6%，达 2.362 亿吨，但由此得到的收入下降了 17.7%，为 736.7 亿美元。天然气出口增长了 13.8%，达到 1547 亿立方米。

2016 年，俄罗斯对华贸易额为 661 亿美元，增长了 4%；与德国的贸易额为 407 亿美元，下降了 11.1%；与荷兰的贸易额为 323 亿美元，下降了 17%；与美国的贸易额为 203 亿美元，下降了 3%；与意大利的贸易额为 198 亿美元，下降了 35%；与日本的贸易额为 161 亿美元，下降了 25%；与土耳其的贸易额为 158 亿美元，下降了 32%；与韩国的贸易额为 151 亿美元，下降了 16%；与法国的贸易额为 133 亿美元，增长了 14%；与波兰的贸易额为 131 亿美元，下降了 5%；与世界其他国家的贸易额为 2186 亿美元。

2016 年，俄罗斯出口额中的占比为：燃料及能源 62%，机电设备 7.3%，化工品 6%，金属及其制品 10%，食品 5.2%，木材及其制品 3.3%，其他商品 6.2%。俄罗斯进口额的占比为：机电产品 50.2%，化工品 19%，金属及其制品 5.3%，食品 12.5%，纺织品和鞋 5.8%，燃料及能源 1%，其他商品 6.2%。

3. 外债状况

2017 年 1 月 1 日，俄罗斯外债总额为 5141.32 亿美元，比上一年减少了 50 亿美元。然而，新债增长了 31%，从 287.47 亿美元增加到 379.21 亿美元。政府债务增加了 28%，从 305.51 亿美元增加到 391.78 亿美元。以外币计值的债务（证券）由 126.46 亿美元减到 116.62 亿美元，减幅为 7.7%。俄联邦银行业外债减少了 9.4%，从 1317.33 亿美元减少到 1139.35 亿美元。俄联邦央行 2017 年 1 月 1 日的外债增长了 5.2%，从 117.16 亿美元增长到 123.34 亿美元。国内公司、企业和机构的外债减少了 0.5%，从 3451 亿美元减少到 3432.25 亿美元。截至 2017 年 10 月 1 日，俄罗斯外债总额增至 5375 亿美元。

4. 财政预算

2017 年 1～8 月，联邦收入额为 96072.308 亿卢布，占 2017 年联邦预算法规定收入总额的 65.4%；联邦支出额为 100108.725 亿卢布，占 2017 年联邦预算法规定支出总额的 59.3%；赤字是 4036 亿卢布。2017 年 1 月 1 日，联邦税储备基金为 9721.315 亿卢布，国家福利基金达到 43591.562 亿卢布。

四　投资环境

（一）投资政策

1991 年颁布的《俄联邦外国投资法》是俄罗斯规范和吸引外国投资的基础性法律，确定了外国投资者在俄罗斯进行投资活动的基本原则以及外资企业成立和经营的基本规定，对外资企业的经营、购买土地使用权和各种有价证券及其他产权等问题也做了具体规定，规定了外国投资者所能享受的特殊优惠政策。该法被 1999 年颁布的《俄联邦外国投资法》所取代。1999 年《俄联邦外国投资法》旨在对外国投资实行国民待遇、非歧视性等原则，取消了之前给予外资的一些特殊优惠政策，规定外国投资可在俄罗斯合法开展任何经营活动，受俄国家法律保护，在俄境内发生争议和诉讼时将得到公正对待。外国投资者有权购买有价证券、自然资源、房屋、建筑物以及其他不动产，参与俄私有化进程以及享有法律提供的各种优惠；俄政府保障外资重点项目在投资期内免受政策法令变更的影响；外国投资者的财产不被非法没收、征用和国有化，因特殊原因发生这些情况，政府必须给予赔偿；外资有权将投资带来的资产、资料带出俄罗斯；依法纳税后可以自由支配其收入（利润、股息、利息等），包括将收入汇出境外。

外资享受国民待遇是有限定条件的，比如，为保障国家安全利益而出台的《对外国投资对俄罗斯国防和国家安全有战略意义的企业的管理办法》（2008 年），限制外资进入对国防和国家安全有战略意义的行业和企业，包括专门技术生产、武器和军事技术生产、航空制造、太空活动、核能 5 大领域中的 42 个行业。外资进入这些行业，需要向国家专门的委员会提出申请。

俄罗斯地方政府有权依照《俄联邦外国投资法》等联邦法律法规直接吸引外资，并对外国投资项目采取金融财税方面的扶助措施，如为大项目发行专项债券。俄罗斯有纳霍德卡、萨哈林、下诺夫哥罗德、加里宁格勒、圣彼得堡 5 个自由经济区。《关于在俄联邦境内发展自由经济区的措施》（1992 年）规定，在自由经济区投资的外国投资者可以享受简化注册手续、税收优惠、进出口配额和进出口关税征收等多种优惠待遇。《俄罗斯联邦经济特区法》（2005 年）出台后，俄罗斯政府设立了圣彼得堡市绿城、杜布纳市和托木斯克市技术研发应用型特区，利佩茨克市和叶拉布加市工业生产型特区。2006 年之后，俄罗斯政府又推出旅游休闲型和海港型经济特区计划。进入经济特区的外资企业可享受统一社会税、进出口关税和土地税等税费优惠和其他优惠政策。外国投资者开展勘探和开采俄罗斯矿产资源及相关活动时，可依据《俄联邦产品分成协议法》，按照合同条款对产品进行分成，仅须缴纳企业所得税、资源使用税、当地雇员的社会医疗保险费等。《俄联邦融资租赁法》允许外国法人在俄罗斯组建租赁公司，明确了外国法人在俄从事租赁活动许可证的发放条件以及国际租赁参与者之间争议的解决程序及法律的适用等问题，将外国投资者视为合法的租赁主体，允许其获得国家财税等方面的支持，包括：获得为租赁项目提供的联邦预算拨款、投资贷款或国家担保；通过银行或其他金融机构贷款所得的利润免 3 年企业所得税；地方政府可以依据职权用财政收入或预算外资金向外资提供税收优惠以及担保、融资等形式的支持。为发展创新经济，俄罗斯出台了涵盖核技术、节能、航天、医疗、战略信息技术等领域的 38 个现代化创新项目，包括电子社会服务和电子政务、超级计算机系统、数字电视、节能产品、新型药品和医疗设备、卫星导航系统等。外国投资进入这些创新项目可以享受相应的优惠政策。俄罗斯努力改善投资环境，鼓励私人投资，打击灰色清关，简化通关手续，提高通关便利化程度。

1. 金融体系

俄罗斯金融体系由金融机构、金融市场和相关法律体系组成。俄罗斯金融机构主要包括银行、保险公司、信用合作社、资产投资公司、典当行、基金管理机构等。俄罗斯政府不直接参与金融事务，金融领域宏观决策由国家金融委员会负责。银行体系由中央银行和商业银行组成。中央银行（俄罗斯银行）专司货币的发行与市场管理；货币和国家信贷政策的制定；对保险、信贷、有价证券、投资基金、养老基金等金融业务进行全面指导、管理和监察；利用存款准备金、再贴现率、汇率调解，以及债券的发行与回购等金融手段保持国家宏观经济稳定。俄罗斯商业银行实行混业经营模式，既可以开展存贷款、外汇兑换、支付结算等业务，又可以开展证券承销、投资等风险业务。开办商业银行的门槛较低，对申办商业银行的法人或自然人没有任何特殊规定，所要求的最低注册资本较少。在这种情况下，俄罗斯商业银行数量众多，但大多数是小银行。俄罗斯保险公司、信托公司、资产投资公司等金融机构以民营公司为主，总体规模不大。由于金融管控不到位，俄罗斯金融机构之间以及金融机构与非金融机构之间相互拖欠债务、拖欠支付等问题比较突出。

俄罗斯金融市场由信贷市场、证券市场（股票和债券市场）、货币市场、期货市场和保险市场组成。俄罗斯金融市场起步较晚，金融商品的种类、流通性和交易规模都不理想。外汇和国债交易比较活跃，其他金融商品的交易规模相对小得多。俄罗斯实行资本项目开放政策，不进行汇率管制，汇率根据市场行情自由浮动。俄罗斯金融体系长期热衷于虚拟经济，对实体经济的促进作用有待提高。俄罗斯金融机构和市场国际化程度较高，在获取大量外国投资的同时也导致其对外资的依赖过大，抵御国际金融风险的能力降低。1998 年亚洲金融危机和 2008 年世界金融危机沉重打击了俄罗斯金融体系，导致一半左右的金融机构破产。2014 年西方对俄经济制裁造成俄罗斯金融市场资金短缺，给俄罗斯金融体系造成的损害日趋严重。俄罗斯政府正努力加强金融抗风险能力，实行通货膨胀目标制，鼓励长期投资，使金融更好地为实体经济服务。

俄罗斯金融领域的主要法律有：《俄联邦中央银行法》《银行和银行活动法》《俄联邦证券市场法》《俄联邦股份公司法》《俄联邦投资基金法》《俄联邦金融服务市场竞争保护法》《俄联邦证券市场投资者权益保护法》等。

2. 税收情况

《俄联邦税法典》是俄罗斯税收制度的基础性法律。俄罗斯有联邦税、地方税和共享税，中央拥有税收立法权，地方有一定的税收管理权。俄罗斯的主体税包括增值税、利润税、所得税和消费税。俄罗斯对处于生产和商业批发环节的所有商品和服务的增值部分征收增值税，按照一次性纳税原则对企业（税率为 20%）和交易所（税率为 45%）的利润征收利润税，应税利润是指企业提供商品和服务的收入减去生产成本和增值税、消费税之后的利润。所得税包括法人所得税和自然人所得税。消费税是包含在商品价格之中由消费者支付的间接税，主要针对高级消费品，税率为商品自由批发价格的 10%～90%。属于联邦税的还有统一社会税（包含退休基金、社会保险基金、医疗保险基金）、有价证券发行税、海关关税、矿产资源基地再生税、自然资源使用税、燃油润滑油销售税、公路税、交通工具税、财产继承和赠与税、博彩税、水利使用税等 20 多个税种。地方税有个人财产税、土地税、个人经营注册税、广告税、疗养税等几十个税种。

税收是俄罗斯鼓励创新经济、调整经济结构的重要杠杆，比如，俄罗斯对开展创新活动的纳税人在 2015 年前按照 14% 的优惠税率（全额税率为 34%）征缴社会保险费，对科技园区实行 10 年内免利润税、财产税、土地税以及社保费减半等优惠措施，对使用节能设备的企业免征 3 年财产税，对科教卫生领域的企业实行零利率利润税。

俄罗斯对偷税漏税打击力度很大，设有税务警察局。税警有权使用武力、情报人员及情报手段。俄罗斯要求企业必须向税务部门定期报账，重罚偷税漏税或违反税收规定的企业，主要措施包括取消或减少对企业的税收优惠，以及进行罚款和向法院提请企业破产等。

五　双边关系

（一）政治关系

中俄关系的发展平稳而顺利，先后经历了"睦邻友好关系"（1991～1994年）、"建设性伙伴关系"（1994～1996年）、"战略协作伙伴关系"（1996～2012年）和"全面战略协作伙伴关系"（2012年至今）四个阶段，目前处于历史上最好的时期。2014年5月，中俄两国签署了《中华人民共和国与俄罗斯联邦关于全面战略协作伙伴关系新阶段的联合声明》，把两国关系推向新的高度。该声明内容涉及经贸、能源、军事、高新技术、文化和全球重大安全问题等多个领域，阐述了两国对诸多国际重大问题的共同主张，充分显示出中俄战略利益的一致性和相互关系的紧密性。

中俄已彻底解决了领土纠纷，明确了两国4300多公里的边界线，从而为双方加强政治互信打下了良好的基础。中俄都强调建立公正合理的世界政治经济新秩序，都主张实现世界多极化和尊重文明的多样性，倡导国际关系民主化和尊重联合国宪章和国际法准则，加强联合国的地位，反对霸权主义、双重标准和干涉别国内政。中俄在联合国、二十国集团、金砖国家和上海合作组织等国际多边合作机制和组织中密切合作，在朝核、伊核、叙利亚等国际问题上相互配合。俄罗斯在西藏、台湾、新疆等涉及中国主权和领土完整的重大问题上给予中国明确支持，两国在维护二战历史结论和捍卫反法西斯成果方面有着很好的合作。

中俄高层互信程度高，两国领导人定期会晤和互访频繁。习近平主席和普京总统都将对方国家的首都作为当选国家元首后的首访地。中俄元首每年会晤5～6次。中俄已建立保障两国关系长期稳定、持续发展的各种协调机制，其中作用最为突出的是：两国元首会晤机制、政府总理及各部门领导会晤机制、军事安全主管部门间的战略磋商与安全磋商机制、政府各部门合作委员会机制、能源合作谈判代表机制，以及议会、政党合作机制，公共外交机制，等等。这些合作机制务实高效，对于增强战略互信、弥合利益分歧、深化互利合作发挥了重大作用。两国政府所建立的较为完善的双边关系法律（条约）体系以及几乎涵盖各个领域的工作联络机制，有效地推动着双边关系的发展。中俄两国人民相互友好，普遍支持与对方发展友好关系。俄中人文交往持续发展，50多个俄联邦主体与中国建立了友好关系。在乌克兰事件之后，西方对俄实施的制裁和遏制措施力度越来越大，而中国在一定程度上对俄表现出了理解和支持，不但明确拒绝了美国提出的共同制裁俄罗斯的要求，而且准备与俄罗斯继续加强合作，这进一步加强了两国政治互信，为双边关系步入新的提速期创造了机遇。

（二）双边贸易

中俄贸易互补性强，发展潜力巨大，两国领导人提出了使双边贸易额2015年达到1000亿美元、2020年达到2000亿美元的目标。2013年中俄双边贸易额达到历史最高值888.43亿美元。2016年，中俄贸易额为695亿美元，同比增长2.2%。由于占中俄贸易重要份额的能源、矿产和原材料等产品的国际交易价格比2013年降低很多，2016年中俄贸易的实物成交量已达历史最高水平。中俄贸易在俄罗斯对外贸易总额中高居首位，比重达到14.1%。相比之下，俄罗斯与其第二大贸易伙伴德国的贸易额占俄罗斯对外贸易总额的8.7%，与所有独联体国家的贸易额占俄罗斯对外贸易总额的12.1%。

中国对俄贸易顺差较大，主要原因一方面是俄罗斯对华出口主要为矿物燃料和金属、化工和木制品，而中国政府加大产业结构调整以及中国经济增长速度放缓，导致了对俄矿产品和原材料需求下降；另一方面是中国对俄出口商品以机电产品、纺织品和鞋帽产品为主，俄罗斯经济增速虽然放缓，但就业率仍稳定在较高水平，2013年为95%，居民收入稳定增长，对中国商品的需求亦稳定增加。经过两国努力，中俄贸易结构持续优化。2016年1~11月，中国自俄进口机电、高新技术产品及农产品同比分别增长34.9%、15%和18.5%。

中国已成为俄罗斯跨境电商的第一大商品来源国，以京东、绥易通、全球速卖通为代表的60多家中国电商已顺利落户俄罗斯门户网站，受到欢迎。2015年中俄跨境电商交易额突破300亿元人民币，同比增长32%。2016年上半年，中国商品在俄罗斯跨境电商交易额中的占比为51.1%，中国商品订单量达到俄罗斯跨境电商总订单的 90% 以上。

能源合作是中俄经贸合作的重点领域。俄罗斯是中国第一大原油进口来源国，第一大电力进口来源国和第五大煤炭进口来源国。2014 年《中华人民共和国与俄罗斯联邦关于全面战略协作伙伴关系新阶段的联合声明》提出："建立全面的中俄能源合作伙伴关系，进一步深化石油领域一揽子合作，尽快启动俄对华天然气供应，以开发俄境内煤矿和发展交通基础设施等方式扩大煤炭领域合作，积极研究在俄建设新发电设施，扩大对华电力出口。" 2014 年 5 月，中俄签署了价值 4000 亿美元的《中俄东线天然气购销合同》，俄罗斯将在 30 年内每年向中国供应 380 亿立方米天然气。2013 年，俄罗斯宣布在未来 25 年每年向中国供应 4600 万吨石油，协议总价值达 2700 亿美元。两国以相互入股的形式成功地开展了油气大项目合作，中石油获持俄罗斯诺瓦泰克公司马尔液化气厂 20% 的股权，每年从该厂进口 300 万吨液化气。俄石油获持中俄合资企业"东方石油化工"49% 的股份，每年向该公司供应 900 万吨原油，以保障其 1300 万吨的原油加工需求。2016 年 3 月，丝路基金以 10.87 亿欧元从诺瓦泰克公司购入 9.9% 的股份，这样中国公司在该项目中的股份达到 29.9%。俄罗斯与中国签署了为期 25 年的供电协议，计划 2037 年前向中国供电 1000 亿千瓦时。中俄核电项目合作起步早、成果大。俄方帮助中国建造了田湾核电站，并就该核电站二期工程与中方进行深入合作。2016 年前三季度，中国国家电网公司黑龙江省电力累计结算俄电 24.15 亿千瓦时。2016 年 5 月，中国三峡集团与俄罗斯的水电公司签署《中俄关于成立合资公司开发俄罗斯下布列亚水电项目的合作意向协议》，该项目是中俄远东地区的重要合作项目，能够有效增强该流域的防洪能力，所发电力可以输送中国。

金融合作符合中俄双方增强本币地位、化解美元风险、方便贸易结算的共同战略需求，两国正在逐步扩大在双边贸易、直接投资和信贷等领域的本币结算规模。2013 年，中国黑龙江绥芬河市成为中国首个卢布使用试点市。2017 年，中国工商银行在莫斯科开设了人民币结算中心。目前，中国排名前五位的大银行几乎都在俄罗斯设立了分行或办事处。2014 年西方加大对俄经济制裁措施之后，俄罗斯的大量企业外汇储备被换成港币。俄罗斯企业和银行积极发行人民币债券，对人民币国际化起到很好助推作用。两国投资合作虽然规模不大，但发展快且质量高。截至 2016 年，中国企业对俄非金融类直接投资已达 140.2 亿美元，呈现出行业覆盖面宽、地域覆盖面广的特点，这对俄罗斯经济以及中俄经济合作的可持续发展都非常有益。中国继续保持俄第四大投资来源国地位，其占投资额的比例远高于其他国家对俄直接投资占比。

两国在能源、核能、航空、航天、基础设施等领域战略性大项目合作取得积极进展，农业生产、汽车制造、通信和基础设施建设、电子商务等领域的合作不断深化。中俄地区合作稳步推进，2009 年，两国批准了《中国东北地区同俄罗斯远东及西伯利亚地区合作纲要 （2009～2018)》，系统地规划了中国东北地区与俄罗斯远东地区经济合作的重点。双方成立了中国东北和俄罗斯远东及贝加尔地区政府间合作委员会，合作机制和平台进一步完善。中国内地省市与俄联邦主体之间也在建立和巩固合作关系，越来越多的省市与俄联邦主体建立了直接经济合作关系。2013 年，中俄签署了《长江中上游地区与伏尔加河沿岸联邦区开展合作的议定书》。中俄经贸合作正在从规模速度型向质量效益型转变，注重高科技、金融、农业和创新领域合作，不断优化贸易结构，培育新的贸易增长点，扩大双向投资，促进双边经贸关系协调发展。

六　总体风险评估

对俄经贸合作的最大风险来自俄罗斯经济发展前景的不确定性。俄罗斯经济在 2012 年以后增长乏力，2014 年西方经济制裁更使其雪上加霜。2017 年俄罗斯经济出现复苏迹象。俄罗斯经济对能源和原材料出口依赖过大，因而深受外部经济环境的影响，经济形势容易随着能源和原材料的价格走势而出现大起大落。虽然俄罗斯政府大力调整经济结构，但是短期内对经济增长的拉动作用不会十分明显。俄罗斯为保持国民福利的稳定，必须保持国内生产总值年增速不低于 5%，但俄罗斯经济尚未出现能够拉动经济平稳快速增长的亮点。如果经济长期低迷，俄罗斯国民生活水平将受到很大影响，这必然直接影响中国对俄出口和投资。

俄罗斯营商环境近年来虽然得到较大改善，但是仍然存在腐败、官僚主义等诸多问题。中俄双边贸易的法律制度还不够完善,俄罗斯进入世界贸易组织之后,出现了中资企业双重纳税的情况。俄罗斯政府办理企业资质认可、产品资质认证等手续时效率不高,对工程承包项目劳务配额的管理过于严格,这有时会导致中方施工企业无法按期完工和出现亏损。

俄罗斯债务风险值得关注。2018~2020年,俄罗斯预计每年新增1.5万亿~1.8万亿卢布。虽然每年度债务规模尚在可控范围之内,但是中长期债务发行规模过大会导致偿债规模扩大,进而加大预算风险。到2020年,俄罗斯国家债务总额将扩大到17.7万亿卢布,占GDP的比重上升到16.1%。

总体看,对俄经贸合作机遇大于风险,并且风险有不断降低的趋势。中俄高水平的政治关系和迅速完善的经贸合作法律体系是中国企业开展对俄经贸合作时规避风险、赢得机遇的最重要保障。乌克兰事件之后,俄罗斯深刻感受到,与中国开展经贸合作所受到的非经济性因素的干扰要比同西方开展经贸合作小得多,并且中俄经贸合作拥有更广阔的前景。俄罗斯正在国家战略层面推进对华经贸合作,陆续出台促进中俄经贸合作的政策。由于两国经济互补性强,官方联系密切,共建"一带一路"给两国经济合作带来重要机遇。未来中俄经贸合作将呈现政府拉动、大企业带头、大项目推进、中小企业跟进的主要特点。

俄罗斯经济增长乏力给对俄投资带来较大风险,由于俄欧经济相互依赖性强,并且西方在很多国际问题上仍有求于俄,西方对俄经济制裁不会十分彻底和持续很长时间。俄罗斯是一个有着丰富自然资源和1.4亿人口大市场的大型经济体,并且随着欧亚经济联盟的建成和扩大,俄罗斯经济体的规模还在不断扩大。此外,俄罗斯还有广大发展中国家的市场可以开拓。因此,俄罗斯能否保持可持续经济增长的关键并不在于西方的对俄政策是否友善,而在于俄罗斯政府的经济改革措施是否合理有效,是否能够改善经济结构,是否能够正确把握对外经贸合作方向。中俄作为世界两大经济体开展密切的经贸合作,必然给各自的经济注入巨大活力,能够在很大程度上对冲西方经济长期低迷、西方市场需求长期疲软所带来的负面影响。

　　俄罗斯营商环境的改善值得期待。稳定的政局为俄罗斯政府进行改革提供了良好的国内环境。俄罗斯政府改善营商环境的决心很大，2013 年密集出台了 170 多项措施。《2014 年营商环境报告》对这些措施的效果予以了认可，认为俄罗斯在开办企业、办理施工许可证、获得电力、登记财产、跨境贸易方面有很大改进，俄罗斯在 2013 年营商便利度改革进展最大的十个经济体中位列第三。在世界银行发布的营商环境排名中，2016 年俄罗斯位居第 51 位，而 2017 年俄罗斯已上升到第 40 位。

（王晓泉）

格鲁吉亚

（Georgia）

一 国家基本信息

（一）地理概述

格鲁吉亚位于外高加索中西部，地处欧亚交界处，北接俄罗斯，东南和南部分别与阿塞拜疆和亚美尼亚相邻，西南与土耳其接壤。陆地国际边界总长 1461 公里，其中与俄罗斯接壤 723 公里、与亚美尼亚接壤 164 公里、与阿塞拜疆接壤 322 公里、与土耳其接壤 252 公里。格鲁吉亚西濒黑海，沿黑海海岸线长 310 公里。北部是大高加索山脉，南部是小高加索山脉，中间为山间低地、平原和高原。国土面积 6.97 万平方公里，80% 国土为山地、山麓或山前丘陵地带，50% 国土在海拔 1000 米以上。第比利斯（Tbilisi）是全国政治、经济、文化中心，也是外高加索地区著名古都。

（二）人口和民族

据格鲁吉亚国家统计局数据，截至 2016 年 1 月，格鲁吉亚人口共计 372 万，其中格鲁吉亚族占总人口的 83.8%，其他主要民族有阿塞拜疆族，占比为 6.5%，亚美尼亚族，占比为 5.7%、俄罗斯族，占比为 1.5% 以及奥塞梯族、阿布哈兹族、希腊族等。多数居民信奉东正教，少数居民信奉伊斯兰教。官方语言为格鲁吉亚语。官方文字为格鲁吉亚文。英语逐渐开始流行，特别是在政府官员和年轻人中。日常生活中俄语使用仍较广泛。格鲁吉亚人富有语言天赋，许多高级官员懂多种外语。

（三）简史

公元前 6 世纪，在现格鲁吉亚境内建立了奴隶制的科尔希达王国。公元 4～6 世纪建立封建国家。公元 6～10 世纪基本形成格鲁吉亚族，并于公元 8～9 世纪初建立卡赫齐亚、爱列京、陶－克拉尔哲季封建公国和阿布哈兹王国。19 世纪上半叶，格鲁吉亚被沙皇俄国兼并。1918 年成立格鲁吉亚民主共和国。1921 年建立格鲁吉亚苏维埃社会主义共和国。1922 年格鲁吉亚加入外高加索苏维埃社会主义联邦共和国，并于同年 12 月作为该联邦成员加入苏联。1936 年，格鲁吉亚苏维埃社会主义共和国成为苏联的一个加盟共和国。1990 年 11 月 4 日，格鲁吉亚最高苏维埃发表独立宣言，改国名为"格鲁吉亚共和国"，1991 年 4 月 9 日正式宣布独立。1995 年 8 月 24 日格议会通过新宪法，将格鲁吉亚共和国改名为"格鲁吉亚"。

二 政治状况

（一）政体简介

1. 宪法

格鲁吉亚独立后实行立法、司法、行政三权分立制度。第一部宪法由议会于 1995 年 8 月 24 日通过。2004 年 2 月 17 日，格议会通过"关于组建内阁"宪法修正案，规定格为总统制三权分立国家，总统是国家元首兼武装力量最高统帅，有权提名总理和国防、内务、安全等强力部门部长人选，由议会批准。其他内阁成员由总理向总统建议后，由总统提交议会批准。总统和议会成员以民众直接投票方式选举产生。总统有权解散政府，有权依宪解散议会。2010 年 9 月 26 日，格议会以 123 票绝对多数通过宪法修正案，实行总统与总理之间相对均衡的权力分配。新宪法于 2013 年 10 月总统选举后正式生效，格由此改行议会总统制。

2. 议会

议会是最高立法机构，一院制，据新选举法规定，由 150 名议员组成，其中按比例制选举产生的议员占 77 席，按单一制选举产生的议员占

73 席，任期 5 年。任何在选举中得票超过 5% 门槛的政党将自动在议会中获得 6 席，从而达到在议会中组成派别的最低限度。议长为国家二号人物，总统缺位时，由议长履行其职能。现任议长为大卫·乌苏帕什维利。

3. 政府

格鲁吉亚新政府于 2013 年 11 月组建。根据修改后的新宪法，格鲁吉亚实行议会制，总统权力受到削弱，政府总理的权力得到极大加强。格现任总统为乔治·马尔格韦拉什维利。内阁设总理 1 名，副总理 2 名，下设国防部、外交部、能源和自然资源部等 20 个部及国务部长。现任总理为乔治·克维利卡什维利。

4. 司法

司法独立，设宪法法院、最高法院、总检察院、监察院。最高法院是最高审判机关，院长和大法官由总统提名，议会选举产生，任期 10 年。不允许设立专门和特别法院。战争期间可设军事法院。现任最高法院院长为康斯坦丁·库勃拉什维利。宪法法院有 9 名法官，总统、议会和最高法院各任命 3 名，任期 10 年。总检察院的总检察长由总统提名，议会批准，任期不定。

（二） 政局现状

1. 执政党

"格鲁吉亚梦想－民主格鲁吉亚"党，前身为伊万尼什维利 2011 年 10 月创建的"格鲁吉亚梦想"。伊万尼什维利声明将通过从政方式实现国家的强大。该政党目前与"我们的格鲁吉亚－自由民主党"、共和党、保守党、"工业拯救格鲁吉亚党""国民论坛党"组成"格鲁吉亚梦想"执政联盟。伊万尼什维利任联盟领导人。主张复兴农业，实行减免税收等惠民政策，为每一个格公民提供基本的医疗保险；在外交方面继续秉持加入欧盟和北约的政策，但强调与俄罗斯实现关系正常化也同样重要。

2. 政局概况

1990 年 5 月 26 日，"自由格鲁吉亚圆桌会议"领导人加姆萨胡尔季阿当选格首任总统，后于 1992 年 1 月被推翻。1992 年 3 月 11 日，前苏联外长谢瓦尔德纳泽被任命为国务委员会主席，11 月，被确认为格鲁吉亚国家元首。1995 年 8 月 24 日，定国名为"格鲁吉亚"。2003 年 11 月，发生

"玫瑰革命"，萨卡什维利在随后举行的选举中当选总统，2008年1月，萨卡什维利当选连任。2008年8月8日，格俄冲突爆发。2009年、2010年，格反对派一度较为活跃，要求总统萨卡什维利辞职。萨卡什维利领导的"统一民族运动"党利用其在议会中的优势，巩固执政权力体系，在2010年5月的首都和地方选举中赢得多数席位。2011年10月，格鲁吉亚首富伊万尼什维利宣布从政并整合部分反对派，组建"格鲁吉亚梦想"政治联盟。2012年10月，格举行议会选举，"格鲁吉亚梦想"联盟胜出，伊万尼什维利出任总理并重新组阁。2013年10月，格举行总统选举，马尔格韦拉什维利当选总统。11月，伊万尼什维利卸任总理，内务部部长加利巴什维利就任总理。2015年9月，乔治·克维利卡什维利就任新总理。

目前格鲁吉亚政局稳定，国内政治改革已经走上顺利发展的道路。

（三）国际关系

独立后的格鲁吉亚外交政策经历过数次重大变化。曾经短期奉行闭关锁国政策，后执行重点发展与俄罗斯等独联体国家关系，2003年"玫瑰革命"后又奉行向西方靠拢的外交战略。当前，格鲁吉亚外交基本政策是恢复国家统一和领土完整、加入北约和欧盟、加强地区合作的同时兼顾发展与东方国家关系，优先方向是冲突调解问题。重视同阿塞拜疆、亚美尼亚、土耳其、乌克兰等周边国家发展友好合作关系。2013年10月格总统选举后，政府两次重新组阁。现政府主张改善对俄关系。

截至2015年11月5日，格已同186个国家建立外交关系。

三 经济形势

（一）经济概况

1. 自然资源

格鲁吉亚自然资源较为丰富，主要有森林、矿产和水力资源等。格森林面积占国土面积的38.5%，木材总储量为4.2亿立方米，主要有榉木、松木、樱桃木和胡桃木等。

格鲁吉亚矿产主要有锰、铜、铁、铅锌等，其中有世界闻名的"齐阿土拉"锰矿区，该矿探明锰矿储量为 2.34 亿吨，可开采量为 1.6 亿吨，部分锰矿品位较高。

格鲁吉亚水力资源丰富，矿泉水闻名独联体及中东欧国家；拥有大小河流 319 条，水电资源理论蕴藏量为 1560 万千瓦，是世界上单位面积水能资源最丰富的国家之一。

2. 产业结构

格鲁吉亚工业比较发达，主要有采矿、冶金、钢铁、化学、机械制造、石油化工、电力、木材加工等工业部门。农业是传统产业，农业专业化水平较高，在苏联时期格鲁吉亚的农业就比较发达，以茶叶、烟草和柑橘、葡萄等果树栽培为主，畜牧业和养蚕业较发达。独立后，政局动荡对农业的冲击比较大。

从 2016 年产业结构比重看，工业占 GDP 比重最大，为 17.1%，其次是贸易，占比 16.3%，交通通信业占比 10.1%，农林牧渔占比 9.3%，公共行政占比 9.1%，建筑业占比 8.3%，房地产占比 6.6%，医疗和社会保障业占比 5.8% 等。

（二）近期经济运行状况

1. 宏观经济

独立后受政局动荡影响，格鲁吉亚经济体制改革以及经济发展并不顺利。据格鲁吉亚国家统计局数据，2016 年格 GDP（国内生产总值）约合 143.33 亿美元，同比增长 2.7%。人均 GDP 为 3852.5 美元。

2. 国际收支

格鲁吉亚经济部门尚不齐全，一些工农业产品还依赖大量进口，贸易逆差现象长期存在。据格鲁吉亚国家统计局数据，2016 年格对外贸易额为 119.85 亿美元，同比增长 21%。其中出口额为 21.14 亿美元，同比下降 4%，进口额为 98.71 亿美元，同比增长 28%。贸易逆差为 77.57 亿美元，占格外贸总额的 65%。

3. 外债状况

据格鲁吉亚央行统计数据，截至 2016 年底格鲁吉亚政府外债余额为 46.79 亿美元，较 2015 年底增长 2.94 亿美元。其中政府短期债务 1885 万美元，长期债务 46.60 亿美元。短期债务全部为购买国外债券，长期债务主要为外部贷款 40.59 亿美元，其余为购买国外债务。

四　投资状况

（一）外国投资状况

2016 年，格鲁吉亚吸引外国直接投资（FDI）16.45 亿美元，同比增长 5%。

阿塞拜疆为格鲁吉亚最大投资来源国，对格投资 5.78 亿美元，占格吸引外国投资总额的 35%。其次是土耳其、英国、荷兰、捷克、卢森堡、巴拿马、美国、塞浦路斯等，投资额分别为 2.72 亿美元、1.21 亿美元、9500 万美元、9300 万美元、7900 万美元、7800 万美元、4500 万美元、3800 万美元等。

交通通信业为外国最大投资领域，投资额 6.45 亿美元，占格吸引外资的 39%；其次是能源业、建筑业、金融业、制造业、酒店餐饮业、房地产、采矿业、社会医疗、农业，投资额分别为 2.03 亿美元、1.63 亿美元、1.36 亿美元、1.20 亿美元、1.11 亿美元、7000 万美元、3800 万美元、2700 万美元、1000 万美元。

（二）投资环境

1. 投资政策

1995 年 6 月 30 日，格议会通过了《格鲁吉亚外国投资法》，给外国投资者在格投资提供了法律依据。该法对在格投资超过 10 万美元并在企业法定资本中所占比例超过 20% 的外国企业提供优惠条件，包括格方资本超过 20% 的外资企业，除只从事零售贸易及中介行为的企业外，自声明首次获利之时起，2 年之内免缴利润税，此后 4 年利润税减半；新建立且格方资本超过 20%、从事零售贸易及中介行为的外资企业，自声明首次获利之时起，1 年之内免缴利润税，此后 2 年中交纳格法律规定税金的一半；新建立且格方资本少于 20% 的外资企业，从声明首次获利之时起，免缴 2 年利润税；新建立且格方资本参股达到 20% 的外资企业，其工作及服务从企业注册之时起，5 年之内免缴增值税；等等。

鼓励外国投资的领域有：建设（改造）大中型电站，石油天然气工业，冶金和有色金属（改造老企业），矿物综合加工，农业、食品加工、茶场，运输（包括铁路和公路）和通信设施的改造，财政和银行系统，旅游业，居民社会保障。

2. 金融体系

格鲁吉亚国家银行是格鲁吉亚的中央银行，其地位由格鲁吉亚宪法确定。作为格鲁尼亚的第一家中央银行，自 1919 年成立以来，其主要目标一直是确保物价的稳定。根据宪法的规定，该银行独立执行相关政策，立法及行政机构无权干涉其活动。

独立后，格鲁吉亚开始实行二级银行体制。格鲁吉亚中央银行是一级银行，为格鲁吉亚国家所有。经营状况是国家经济的晴雨表。其活动不以营利为目标，不从事商业性的存贷款业务和结算业务。其主要职能是进行宏观调控、负责制定各项金融政策和外汇政策、保证本国货币的稳定和经济均衡运行，并管理外汇储备。商业银行和其他股份银行均为二级银行。

1995～1998 年，格鲁吉亚实行固定汇率制。1998 年，由于受到本国外贸和生产不景气以及国际金融危机的影响，特别是受俄罗斯金融危机的影响，国内消费品价格持续上涨，外汇供不应求，中央银行无力支持拉里的固定汇率。1998 年 12 月 5 日，格鲁吉亚政府宣布中央银行停止干涉银行间外汇交易所的交易，本国货币拉里从 7 日起自由浮动。浮动汇率导致格鲁吉亚成为世界上美元储蓄率较高的国家之一。

3. 税收体系

格鲁吉亚的税制总体来说为属地税制。2005 年 1 月 1 日，修改后的格鲁吉亚《税法》生效，对税收进行全面改革，将原来 21 个税种减至 8 个。格是目前世界上税种最少的单一税制国家之一，实行全国统一纳税。外国公司和外国人与格的法人和自然人同等纳税。2005 年，格有 6 种国家税，即个人所得税、企业利润税、社会税、消费税、增值税和海关税（由《海关法》规范），另有 2 种为地方税，即财产税、博彩业税。从 2008 年 1 月 1 日起，《税法》新修正案生效，废除了社会税，调整了部分税种税率。

2009 年 1 月，格政府将个人所得税率降至 20%，并承诺在 4～5 年内逐步降至 15%；企业利润税由原来的 20% 降至 15%；自然人或法人在格境内所得的利息和红利按 10% 的税率征收，2009 年 1 月起将利息和红利税率降至 5%；对本国商品和进口商品均征收相同税率的增值税，即 18%；不同的消费品，征收的消费税不同；财产税主要是对某些财产进行征税，如用于经济活动的财产，自然人拥有的不动产、乘用车辆、船艇、飞机和直升机，以及自然人或法人拥有的农用和非农用土地及由他们使用的国有土地。企业被征收的财产税率最高不超过财产价值的 1%。

五　双边关系

（一）政治关系

1992 年 6 月 9 日，中华人民共和国与格鲁吉亚建交。同年 10 月，中国在格设立大使馆。中格建交以来，两国关系发展顺利。

近年来，经过两国政府和人民的共同努力，双方政治互信水平进一步提高。中国视格鲁吉亚为外高加索地区重要的合作伙伴，积极发展对格鲁吉亚的关系，大力推动双边务实互惠合作。格鲁吉亚钦佩中国的发展成就，看重中国在国际事务中的作用，在涉及中国的核心利益问题上给予理解和支持。中国和格鲁吉亚双方在国际多边领域进行了密切的协调与合作。

2012 年 6 月 9 日，中国国家主席胡锦涛、外交部部长杨洁篪分别与格总统萨卡什维利、外长瓦沙泽互致贺电，庆祝中格建交 20 周年。9 月，全国人大外事委员会主任委员李肇星、中国国际贸易促进委员会会长万季飞先后访格。

（二）双边贸易

中国和格鲁吉亚建交后，双边贸易不断登上新台阶，合作的深度和广度不断扩大，双方企业界人士往来频繁。1992 年的双边贸易额仅为 368 万美元，2002 年中国与格鲁吉亚建交 10 周年时，双边贸易额突破了 1000 万美元；2007 年，双边贸易额超过 1 亿美元；2016 年，中国是格第五大贸易伙伴，双边贸易额达 7.17 亿美元，其中格对华出口 1.70 亿美元，中国是格第三大出口市场，自华进口 5.47 亿美元，中国是格第五大进口来源国。新疆华凌集团是格第一大外资企业，累计在格投资 5.3 亿美元，在格经营银行、自由工业园、国际经济特区及木材深加工等项目，曾被格评为 2014年度最佳投资商。

（三）双边经济合作

中国与格鲁吉亚都是发展中国家，发展潜力大、互补性强，两国在农业、基础设施建设、通信、金融等领域的合作显现出了不断扩大的趋势。双方在投资、工程承包和人员培训方面的合作成效显著。中国与格鲁吉亚政府间经贸合作混合委员会运转良好，为引领两国务实合作、促进企业间建立直接联系发挥了积极作用。

中国和格鲁吉亚在工程承包和投资合作领域取得的成果丰硕，中国已在格鲁吉亚承包了多个工程项目，合同金额超过 10 亿美元。中国和格鲁吉亚在通信和工业技术领域的合作也在不断深化。中国企业在格投资经营的矿产资源开发、能源、商贸、建材等领域项目也取得了良好业绩；在格鲁吉亚承建的公路、铁路、风电等基础设施建设项目进展顺利。此外，目前双方还正在探讨开展电力机车、港口建设、铁路运输等合作项目，已呈现出全方位、宽领域、多层次的合作格局。

2015 年 3 月，中格双方启动自贸协定谈判可行性研究。2015 年 8 月，完成联合可研，结论积极。2015 年 12 月，双方宣布正式启动谈判。2016年 2 月至 9 月，经过密集和艰苦的 3 轮正式谈判和 3 次非正式磋商，双方实质性结束中格自贸协定谈判。2016 年 10 月，双方签署了实质性结束谈判的谅解备忘录。

六　总体风险评估

格鲁吉亚是南高加索地区政治转型相对深入、经济相对自由、市场化程度相对较高的国家。其东西连接黑海与里海、南北连接俄罗斯与土耳其的重要地理位置，使该国受到国际投资的更多重视，成为近年来国际投资在外高加索地区的热门国家之一。该国的投资与合作风险主要有以下几点。

第一，该国政治已经按照西方模式实现了自由选举、三权分立等制度，但是在实际运行中保障这一制度良好运行的社会条件并未成熟，加之大国势力在该地区有着巨大的影响力，不同政治派别斗争依然激烈，在特定时期发生动荡局面的可能性依然存在。

第二，该国经济结构较为单一，经济发展较为缓慢，能够承接的大型国际合作项目类型有限，容纳能力也有限，贸易型合作多，直接投资合作少，限制了中国更多企业进入格鲁吉亚市场。

第三，格鲁吉亚在经济上坚持走市场化道路，市场环境在外高加索地区相对宽松，加之其地缘政治和地缘经济的重要性，不仅俄罗斯、欧美国家，也包括土耳其、阿塞拜疆等地区大国的企业纷纷在该国参与经济合作，并且占有较大优势，对于中国企业进入形成较大竞争。

第四，该国经济形势受外界影响大，外汇储备有限，汇率浮动明显，中国企业在当地获得经营利润的难度较大。

第五，中格自由贸易区刚刚启动，两国在自贸区框架内的合作还处于磨合期，一些制度性障碍和人为因素障碍还有待于在实际操作中逐渐消除，从而为中国企业进入格鲁吉亚投资合作创造更好的条件。

尽管格鲁吉亚在外高加索地区经济实力处于中等水平，但是其经济自由度已经走在其他国家前列，中格经贸关系近年来也逐渐升温，两国良好的政治关系是推动中格自贸区建设的重要基础，随着自贸区的成熟，中国企业到格鲁吉亚投资的环境将逐步得到有效改善，把中格经贸关系推向更高水平。

（杨进）

哈萨克斯坦

（The Republic of Kazakhstan）

一　国家基本信息

1. 地理概述

哈萨克斯坦共和国（简称哈萨克斯坦）位于中亚，欧亚大陆中部。首都阿斯塔纳属于 +6 时区（比北京时间晚 2 小时，无夏令时）。面积 272.49 万平方公里，居世界第 9 位，为世界最大内陆国。东西宽约 3000 公里，南北长约 1700 公里。北邻俄罗斯，东接中国，南与乌兹别克斯坦、土库曼斯坦、吉尔吉斯斯坦接壤，西濒里海（海岸线长 1730 公里）。哈边界长 12187 公里，其中哈中边界 1460 公里，哈吉边界 980 公里，哈土边界 380 公里，哈乌边界 2300 公里，哈俄边界 6467 公里，里海边界 600 公里。

全国划分为 14 个州及 2 个直辖市：阿克莫拉州、阿克纠宾斯克州、阿拉木图州、阿特劳州、南哈萨克斯坦州、东哈萨克斯坦州、江布尔州、西哈萨克斯坦州、卡拉甘达州、克兹勒奥尔达州、科斯塔奈州、曼格斯套州、巴甫洛达尔州、北哈萨克斯坦州，阿斯塔纳市和阿拉木图市。1997 年 12 月 10 日，首都从阿拉木图迁到阿斯塔纳（原名阿克莫拉）。

哈境内多平原和低地，60% 的土地为沙漠和半沙漠。北部为平原，中部为丘陵，西南部多低地，东部多山地。

哈处于北温带，为典型的大陆性气候，夏热冬寒，1 月平均气温 −19 ~ 4℃，7 月平均气温 19 ~ 26℃。境内各地气候差异较大：北方少数地区气候较为寒冷，1 月平均气温为 −19℃，7 月平均气温为 19℃；南部地区气候较温和，1月平均气温 -4℃，7月平均气温 26℃。年均降水量地区差别较大：荒漠地带不到 100 毫米，北方为 300~400 毫米，山区可达 1000~2000 毫米。

2. 人口和民族

据哈国民经济部统计委员会官网资料，截至 2017 年 12 月 15 日，哈共有人口约 1814.71 万（2009 年 1 月 1 日为 1598.23 万）。其中男性约 878.55 万人，女性约 936.17 万人。2015 年初，城市人口约 983.70 万，占 56.48%（1991 年为 57.26%），农村人口占 43.52%。由于人口的大量外流和自然增长率的下降，1991~2002 年，哈国内人口共减少 170 万。直至 2003 年，人口增长趋于稳定，人口自然增长率逐渐提升。2004 年迁入人口开始超过迁出人口，2012 年迁出人口开始超过迁入人口。

哈共有 125 个民族。哈政府鼓励境外哈族回归。据中国驻哈使馆经商参处官网资料，独立以来回迁哈族人口约 160 万，其中 61% 来自乌兹别克斯坦，12% 来自中国，12% 来自蒙古国，7% 来自土库曼斯坦，4% 来自俄罗斯。根据 2009 年 2 月全国人口普查结果，哈萨克族占 63.1%，俄罗斯族占 23.7%，乌兹别克族占 2.9%，乌克兰族占 2.1%，维吾尔族占 1.4%，鞑靼族占 1.3%，日耳曼族占 1.1%，其他民族占 4.5%。近年来，哈萨克族、乌兹别克族、鞑靼族的比例有所增长，俄罗斯族、乌克兰族的比例有所下降。2017 年初，哈族人口约占 66.97%（2010 年为 63.52%），俄罗斯族人口约占 20.2%（2010 年为 23.29%）。

哈境内有 17 种宗教，包括伊斯兰教、东正教、天主教、佛教等。2009 年全国人口普查结果显示，伊斯兰教信徒占 70.2%（绝大多数为逊尼派），基督教信徒占 26.2%，佛教信徒占 0.1%，犹太教信徒占 0.03%，其他占 0.2%。哈独立后选择了政教分离的世俗国家道路，把促进民族团结和宗教关系和谐作为基本国策。哈萨克语为国语，哈萨克语和俄语为官方语言。2017 年 4 月 12 日，纳扎尔巴耶夫总统要求政府相关部门尽快制定哈萨克文字母的拉丁化统一标准，并从 2018 年开始用哈语拉丁字母编写中学教材。

3. 简史

公元 6~8 世纪，建立了突厥汗国。9~12 世纪，建奥古兹族国、哈拉汗国。11～13世纪，契丹人和蒙古鞑靼人侵入。15世纪末，建立哈萨克汗国，分为大帐、中帐、小帐。14～15世纪，哈萨克民族逐渐形成。18世纪30～40年代，小帐和中帐并入俄罗斯帝国。19世纪中叶以后，哈萨克全境处于俄罗斯统治下。1917年11月至1918年3月，建立苏维埃政权，1920年8月26日，建立归属俄罗斯联邦的吉尔吉斯苏维埃社会主义自治共和国，1925年4月19日，改称哈萨克苏维埃社会主义自治共和国，1936年，作为加盟共和国并入苏联。1990年10月25日，通过《主权宣言》，1991年12月10日，改名为哈萨克斯坦共和国，同年12月16日，正式宣布独立，成为最后一个宣布独立的苏联加盟共和国。1991年10月21日，加入独联体。

二 政治状况

（一）政体简介

1. 宪法

1993年1月28日通过首部宪法。现行宪法于1995年8月30日经全民公决通过。宪法规定，哈萨克斯坦为总统制共和国，总统为国家元首，是决定国家对内对外政策基本方针并在国内和国际关系中代表哈萨克斯坦的最高国家官员。国家政权以宪法和法律为基础，按照立法、司法、行政三权既分立又相互制衡的原则实施。

1998年修宪将总统任期从5年延长至7年，上院议员任期由4年延长至6年，下院议员任期由2年延长至5年，取消对国家公务员任职年龄的限制，按照比例代表制在议会下院增加10名政党代表。

2007年修宪规定：扩大议会规模和权限，将议会两院的议员总数由116人扩大到154人，其中下院议席由77席增至107席。总理人选须由总统与政党联盟协商产生、议会多数通过；提高政党作用，下院的98名议员将通过政党比例代表制由得票率超过7%的政党选举产生，其余9名议员由人民大会推举产生，人民大会被宪法认可；扩大地方自治权限，地方行政长官任命须经地方议会同意，州议会议员任期由4年延至5年；取消对现任总统连任以及总统政党属性的限制；现任总统纳扎尔巴耶夫离任后，国家将从总统制改为总统议会制，议会下院多数政党将有权组阁，未来总统任期由 7 年缩短为 5 年。

2011 年的修宪为确定和举行非例行总统选举奠定了法律基础。

2017 年的修宪扩大了政府和议会的权力，要求政府同时对总统和议会负责，总理须先同议会协商政府成员候选人名单，得到议会同意后，提交总统批准。总统只保留直接任命外交部部长和国防部部长的权力。政府辞职须向议会提交辞呈。总统不再拥有废除或临时终止政府或总理制定的各项法令以及规章制度的权限，但可以要求宪法法院审查政府或总理制定的法令及规章制度的合法性。总统不再拥有要求政府向议会提交法律草案的权力，并应向政府移交审批国家计划的权限。

2. 总统

努尔苏丹·阿比舍维奇·纳扎尔巴耶夫，1940 年生于阿拉木图州卡斯克连区切莫尔干村，哈萨克族。先后毕业于卡拉干达钢铁公司附属工厂大学、苏共中央高级党校函授班。1989 年任哈共中央第一书记。1990 年 4 月 24 日在哈萨克斯坦最高苏维埃第一次会议上当选为该共和国有史以来第一任总统。1991 年 12 月 1 日经全民选举当选哈萨克斯坦共和国独立后第一任总统，1995 年 4 月以全民公决方式将其任期延至 2000 年。在 1999 年 1 月 10 日、2005 年 12 月 4 日、2011 年 4 月 3 日、2015 年 4 月 26 日举行的总统选举中获得连任。已婚，有三个女儿。

3. 议会

议会是国家最高立法机构，由上下两院组成。议会两院审议的事宜包括：通过宪法和法律并对其进行修改和补充；批准总统对总理、国家安全委员会主席、总检察长、中央银行行长的任命；批准和废除国际条约；批准国家经济和社会发展计划、国家预算计划及其执行情况的报告；有关战争与和平以及通过动用武装力量履行维和任务的决议等。

1995 年 12 月，议会两院选举产生第一届议会。上院 47 席，其中 15 名议员由总统任命，32 名议员由全国 16 个地区每区选出 2 人。议员任期 6 年，每 3 年改选一半议员。下院 107 席，其中 98 名议员来自选举获胜的政党，另外 9 名议员由哈萨克斯坦人民大会推选。2016 年 3 月 21

日，议会下院举行选举，产生第六届议会。三个政党进入议会，其中"祖国之光"人民民主党获 84 席，"光明道路"民主党和共产人民党各获 7 席。

4. 政府

政府是国家最高行政机关，行使哈萨克斯坦共和国的行政权，其活动对总统负责。本届政府于 2016 年 9 月组成。巴赫特让·萨金塔耶夫任总理。政府下设 15 个部。

5. 司法

司法机构主要包括最高法院和各级地方法院，此外还设立了最高司法委员会、宪法委员会、陪审团等。

最高司法委员会是不拥有法人的机构，其职责是确保总统的宪法权力以及法院的独立性。该委员会由总统主持，其成员包括宪法委员会主席、最高法院院长、总检察长、司法部部长、上院议员等。最高司法委员会下设资格委员会，负责法官候选人资格考试。

宪法委员会的职责是根据总统、议会两院议长，或议会 1/5 以上议员或总理的请求对一些重大问题是否违宪做出裁决。

陪审团是独立的合议制机构，负责确定法官的专业适宜性，确认法官辞职和停职的权利，以及审议对于法官进行纪律处分的问题。

检察院的职责是，以国家名义对在本国领土上准确一致地执行法律、总统令和其他规范法令的情况以及对案件的调查与侦察、办案的行政和执行过程的合法性实行监督，采取措施查清和消除一切违法行动，并对违背国家宪法的法律和法令提出异议。

（二）政局现状

1. 政党

哈独立后推行政治多元化，1996 年和 2002 年曾两次出台《政党法》。2002 年 7 月出台的《政党法》规定，只有党员人数超过 5 万，在全国 14 个州和 2 个直辖市均设有分支机构，且各分支机构成员达到 700 人以上的政党才可在司法部获准登记；政党领导机构必须设在哈萨克斯坦境内；政党不得拥有军事武装，不允许在学校讲授政党纲领、章程和要求；未获准登记的政党不得活动。2009 年 2 月 6 日，哈萨克斯坦议会对《政党法》进行补充修订，涉及简化成立程序、降低成立标准、规范活动准则等问题。

据哈司法部官网资料，2015 年，获司法部登记的政党共有 9 个，其中"祖国之光"人民民主党是哈萨克斯坦最大政党。该党于 1999 年 1 月成立，同年 2 月 12 日在司法部登记，现有党员超过 90 万。纳扎尔巴耶夫总统亲自出任该党主席。该党成员主要来自国家机关工作人员、学生、科学和贸易领域知识分子、中小企业代表。宗旨是：积极支持实施以社会民主化为方向的经济政治改革；提高民众生活水平；确立社会公平和保持国家稳定；巩固民族间以及宗教间和谐关系；培养公民爱国主义感情和对全面和谐发展哈萨克斯坦的责任感。

此外，还有哈共产人民党、"光明道路"民主党、联盟党、哈爱国者党、哈共产党、哈"农村"社会民主党、"自由"民主党、社会民主党等。

2. 政局简况

独立以来，哈萨克斯坦政局基本保持了平稳的发展态势。主要原因如下。第一，纳扎尔巴耶夫总统拥有较强的控局能力，在国家权力体系中始终保持稳固的核心地位。一方面，他适应时代需求相继提出规划国家发展方向的纲领性文件——2030 年前发展战略和 2050 年前发展战略，以及落实上述战略的具体计划和方案，逐步推进国家现代化，并取得实效，因此在民众中拥有很高威望；另一方面，他亲自担任"祖国之光"人民民主党的领袖，使该党在议会和政府中始终处于主导地位，保障了政治体系稳定和国家大政方针有效落实。第二，纳扎尔巴耶夫满足各方对政治改革的期待，稳步推进宪法改革，加强政府和议会的权力，逐步向总统议会制过渡。第三，他不断推进行政府机构改革，频繁进行高层人事变动和政府职能调整，逐步建立起忠诚于现政权的精英团队，并使各派政治势力处于相对平衡和相互制约的状态，为未来政权平稳交接预先做好安排。第四，当局对不同性质的反对派采取或拉或打的策略。反对派力量总体很弱，处于四分五裂状态，其活动受到一定限制，对政局的影响不大。第五，当局妥善应对群体性事件和暴恐犯罪事件，以避免对政局产生冲击。未来，政权交接、宗教极端主义和社会矛盾等问题对政局的影响值得关注。

（三）国际关系

哈萨克斯坦奉行全方位、平衡、务实的外交政策，重视大国外交、周边外交、多边外交和经济外交，外交风格积极而稳健。

独立后，哈萨克斯坦关闭了核试验基地并自愿放弃核武库，作为无核国家加入了核不扩散条约，换来大国提供安全保障的承诺和投资。目前，哈萨克斯坦已加入联合国、国际货币基金组织、世界银行、世界贸易组织等国际组织。2017 年 1 月 1 日，哈萨克斯坦正式成为新一届（2017～2018）联合国安理会非常任理事国。《哈萨克斯坦对外政策构想（2014～2020）》指出，哈萨克斯坦的外交优先方向依次为俄罗斯、中国、中亚、美国、欧洲国家、独联体国家、土耳其、伊朗、亚洲国家、中东、美洲和非洲国家。

俄罗斯被哈萨克斯坦看作最重要的战略伙伴。两国领导人保持高频率的会晤和对话。两国签署的法律文件超过 170 份，其中最重要的是 2013 年 11 月签署的《二十一世纪睦邻联盟条约》。两国建立了政府间合作委员会，下设 7 个分委会。哈萨克斯坦参加了俄罗斯主导的欧亚经济联盟和集体安全条约组织。两国军事、经济和人文联系密切。俄罗斯是哈萨克斯坦最大贸易伙伴国。对于俄罗斯来说，哈萨克斯坦是独联体国家中第二大贸易伙伴。2005～2014 年，俄罗斯对哈萨克斯坦直接投资 91 亿美元，哈萨克斯坦对俄罗斯直接投资 29 亿美元。2016 年，哈萨克斯坦对俄罗斯直接投资 5.58 亿美元，俄罗斯对哈萨克斯坦直接投资 8.67 亿美元。

哈萨克斯坦努力拉近与西方国家之间的距离，积极配合美国和北约在阿富汗的反恐行动，与美国在防止核扩散、打击贩毒等非传统安全威胁领域紧密合作。2017 年，哈美两国签署 2018～2022 年军事合作计划。哈积极与欧盟开展合作，提出"通往欧洲之路"国家计划。欧盟是哈萨克斯坦主要贸易和投资伙伴，哈欧贸易额占哈外贸总额近 50%，哈萨克斯坦对欧盟出口商品主要是石油和石油产品。欧盟对哈萨克斯坦投资在哈吸引外资总额中占比超过一半。

作为地区有影响力的大国，哈萨克斯坦"承认自身在地区的责任和作用"，表示要致力于"发展中亚地区一体化"，促进地区稳定与安全。[①] 此外，哈萨克斯坦积极发展与伊斯兰世界的关系，力争成为伊斯兰世界与西方对话的桥梁。

三 经济形势

（一）经济概况

1. 自然资源

哈萨克斯坦铀矿、铜矿、铅矿、锌矿、钨矿储量丰富，铀储量居世界第二位。哈还是世界上主要的石油出口国和最大铀生产国。陆上原油探明储量为48亿~59亿吨，天然气为3.5万亿立方米。哈属里海地区石油探明储量为80亿吨，其中最大的卡沙甘油田石油可采储量达10亿吨，天然气可采储量1万亿立方米。2016年哈石油开采量为7800万吨，铀开采量为2.4万吨，天然气开采量为463.29亿立方米。

2. 产业结构

哈萨克斯坦工业基础相对其他中亚国家较雄厚。采矿业是哈国民经济的支柱产业，2015年在工业产值中占比达52%。其中，石油天然气开采业是主要产业之一。采油企业主要位于哈西南部。有色金属开采业主要位于哈南部、北部和中西部地区。加工工业主要包括石油加工和石化工业、轻纺工业、建材、家用电器和汽车制造、机械设备和黑色、有色金属材料生产，以及烟酒和食品及制药工业，2015年在工业产值中占比约40%。

哈发展农业的条件较优越，潜力巨大。农业可用地面积2.22亿公顷，其中可耕地面积2941公顷，割草场516万公顷，牧场1.88亿公顷。2016年农作物播种面积为2169万公顷，收获粮食2370万吨，出口农产品21亿美元。哈小麦出口量占世界市场的5%，面粉出口居世界首位。

---

① 《哈萨克斯坦共和国对外政策构想（2014~2020）》。

（二）近期经济运行状况

1. 宏观经济

哈依靠能源和资源出口，经济发展一度保持较快势头。2013 年 GDP 达到 2035.2 亿美元，进入世界 GDP 规模前 50 强。同年，人均 GDP 增长到 1.3 万美元。2013 年以后经济增速出现下滑，从 2013 年的 6% 一路下降到 2016 年的 1%，2016 年哈 GDP 为 1281.09 亿美元，人均 GDP 为 7138.09 美元。哈经济部称，2017 年哈 GDP 为 1642 亿美元，增速为 4%，预计 2018 年 GDP 增长 3.8%，人均 GDP 有望增至 9200 美元。[①]

据哈国民经济部统计委员会数据，2016 年哈通货膨胀率为 8.5%，其中，食品类价格上涨 9.7%，非食品类上涨 9.5%，有偿服务类上涨 6.1%。

截至 2017 年 4 月，哈国家黄金外汇储备量达 927.51 亿美元。其中，哈国家基金外汇储备为 626.98 亿美元，哈央行外汇储备为 300.53 亿美元，央行储备中货币外汇为 190.3 亿美元，黄金储备为 110.23 亿美元。[②]

2. 国际贸易

2016 年哈外贸总额为 620 亿美元，其中出口额为 368 亿美元，进口额为 252 亿美元。哈与欧亚经济联盟成员贸易额为 136 亿美元，其中出口额为 39 亿美元，进口 97 亿美元。2017 年哈外贸总额为 776.47 亿美元，其中出口额为 483.42 亿美元，同比增长 31%，进口额为 293.05 亿美元，同比增长 15.5%。对外贸易顺差为 190.37 亿美元，同比增长 64%。

2017 年哈主要出口商品为能源及矿产品，占 68.5%，其次是金属及其制品，占 18.1%，化工产品占 5.1%，农产品及食品占 4.9%。主要进口商品为机械设备，占 37.7%，化工产品占 16.7%，农产品及食品占 11.7%，金属及其制品占 11.7%，能源及矿产品占 9.3%。

2017 年哈最大贸易伙伴是俄罗斯，占比 20.6%，其次是中国，占比 13.5%，意大利占比 12.4%，之后依次是荷兰、法国、瑞士、乌兹别克斯

---

① 中国驻哈萨克斯坦使馆经商参处：《哈政府预测 2018 年经济增速可达 3.8%》，http：// kz. mofcom. gov. cn/article/jmxw/201804/20180402728166. shtml，上网时间 2018 年 5 月 3 日。

② 中华人民共和国驻哈萨克斯坦共和国大使馆经济商务参赞处，http：// kz. mofcom. gov. cn/ article/jmxw/201705/20170502575856. shtml。

坦、德国、土耳其和西班牙。

3. 外债状况

截至 2017 年 3 月 31 日，哈外债总额为 138 亿美元。其中，欧洲债券 65 亿美元，世界银行贷款 41 亿美元，亚洲开发银行 21 亿美元，约占总额的 93%。截至 2017 年 5 月 1 日，哈国家外债总额占 GDP 比重为 24.6%。

4. 财政预算

哈政府主要根据国际石油价格和坚戈汇率制定财政预算。2017 年第一季度哈财政收入 1.157 万亿坚戈，超出计划 520 万亿坚戈，比去年同期增加 1370 亿坚戈，同比增长 16%，其中中央财政收入增长 5%，地方财政增长 34%。财政收入增加主要原因是出口增长 25%，金属价格和商品、服务流通价格上涨。财政支出 2.065 万亿坚戈，预算执行率 97%。

2017 年 11 月，纳扎尔巴耶夫总统签署《2017～2019 年国家预算法》修正案，将预算赤字在 GDP 的占比由 3.1% 缩减至 2.9%。国家预算收入（不计入国家基金划拨和私有化收入）增加 1.2%，总额 4.953 万亿坚戈（约合 148 亿美元），支出减少 10 亿坚戈，总额 11.177 万亿坚戈（约合 333 亿美元）。国家基金的保障性和专项划拨保持不变，分别为 2.88 万亿坚戈（约合 86 亿美元）和 1.535 万亿坚戈（46 亿美元）。

四　投资状况

（一）外国投资状况

哈萨克斯坦是独联体地区吸引外资最多的国家之一。2006～2016 年，哈吸引外国直接投资共计 2420 亿美元，其中 2016 年吸引外国直接投资 206 亿美元。外资主要集中在采矿业、地质勘探勘测和加工业。其中，外籍人员收入再投资金额超过 49 亿美元。

（二）投资环境

1. 投资政策

哈 2003 年出台的《投资法》规定，对国内外投资者实行统一的政策。

哈对大部分行业投资没有限制，银行业、保险业、矿产投资和土地投资领域主要是对外资占比有一定限制。2003 年《土地法典》规定，外国自然人和法人只能租用土地，并且有年限限制。2015 年 11 月，哈议会通过《土地法》修正案，规定允许土地私有化和延长土地租用期限，结果引发民众在全国多地举行抗议活动而被迫叫停。哈提倡外商向非资源领域投资。

2. 金融体系

哈现行金融体系由中央银行、二级银行和非银行金融机构组成。央行负责制定和实施国家货币政策，履行货币发行和金融管理等职能。二级银行共有 35 家，包括商业银行（本国、合资、外国银行分行等）、政策性银行、伊斯兰银行和国家间银行四类。商业银行主要经营存贷款、清算和信托等业务。中国银行和中国工商银行在阿拉木图市设有分行。非银行金融机构主要有证券、保险、典当、信贷、基金等。

哈证券交易所由 4 个部分组成：外汇市场、国家有价证券市场（包括国际有价证券）、债券市场和衍生金融工具市场。2016 年全哈各类证券交易总额为 94.6 万亿坚戈，约合 2763 亿美元。其中，回购交易额占交易总量的 60.4%。

3. 税收体系

《哈萨克斯坦税法典》是调节税收的基本法律，于 2001 年 6 月 12 日公布实施，后经多次修订。2001 年税法典规定的税有 9 种：企业所得税；个人所得税；增值税；消费税；地下资源利用税和专项支付；社会税；土地税；交通工具税；财产税。2009 年实行新税法，对税种和税率进行了适度调整，减轻了非原料领域税负，增加了原料领域税收，给予中小企业较多优惠措施。

五 双边关系

（一）政治关系

哈萨克斯坦是中亚五国中与中国合作关系最紧密的国家。自 1992 年 1 月 3 日中哈两国建交以来，双边政治关系平稳、快速发展。1995 年，中国作为核国家声明向无核国家哈萨克斯坦提供安全保证。1998 年，双方彻底解决边界问题。2005 年 7 月，中哈建立战略伙伴关系。2011 年 6 月，中哈宣布发展全面战略伙伴关系。哈萨克斯坦成为首个与中国建立战略伙伴关系及全面战略伙伴关系的独联体国家。2013 年 9 月，中国国家主席习近平首次对哈进行国事访问，在纳扎尔巴耶夫大学首次提出建设丝绸之路经济带的倡议。2014 年哈"光明大道"新经济政策与"丝绸之路经济带"成功对接。目前，两国在"一带一路"框架下的合作已经进入深度融合阶段。2017 年 6 月 7 日，习主席第三次对哈萨克斯坦进行国事访问，并出席上海合作组织峰会和阿斯塔纳专项世博会开幕式。访问前夕，他在《哈萨克斯坦真理报》发表题为《为中哈关系插上梦想的翅膀》的署名文章，高度评价中哈关系。

（二）双边贸易

中哈经贸合作发展迅速。根据哈萨克斯坦国民经济部统计委员会资料，2016 年中哈货物贸易额为 78.96 亿美元，其中中方进口额为 42.28 亿美元，出口额为 36.68 亿美元。中国是哈第二大出口市场和第一大进口来源地。中方主要出口机电产品、服装、鞋类等，主要进口铜及铜材、钢材、原油等。2016 年中哈农产品贸易量达 63.8 万吨，同比增长 39.2%。中国进口哈小麦 29.5 万吨。哈面粉首次实现对华出口。中哈双方签署大豆、麦麸、蜂蜜、马属动物、冷冻羊肉输华准入议定书。中哈双方农业种植、良种培育、养殖加工、农产品深加工、农产品贸易等全产业链的合作格局已初步形成。2017 年上半年中哈贸易额回升，尤其是矿产品、金属、建材、农产品、轻纺产品等商品的贸易额较上年同期明显回升。2017 年 1~5 月从中国进口额占哈进口额为 15.4%，对华出口额占哈出口额为 11.7%。

表 1　1992~2017 年中哈双边贸易统计

单位：亿美元

年份	1992	1993	1994	1995	1996	1997	1998	1999	2000	2001	2002
出口	2.27	1.72	1.07	0.75	0.95	0.95	2.05	4.94	5.98	3.28	6
进口	1.41	2.63	1.97	3.16	3.65	4.33	4.31	6.44	9.58	9.61	13.55
贸易额	3.68	4.35	3.04	3.91	4.6	5.28	6.36	11.38	15.56	12.89	19.55

续表

年份	2003	2004	2005	2006	2007	2008	2009	2010	2011
出口	15.72	22.12	38.97	47.51	74.46	98.2	77.48	92.8	95.66
进口	17.2	22.86	29.09	36.07	64.29	77.3	62.56	110.3	153.86
贸易额	32.92	44.98	68.06	83.58	138.75	175.5	140.04	203.1	249.52

年份	2012	2013	2014	2015	2016	2017
出口	110.02	125.5	127.1	84.4	82.9	116.4
进口	146.75	160.5	97.1	58.6	48.1	63.6
贸易额	256.77	286	224.2	143	131	180

资料来源：1992～2011年数据源自哈萨克斯坦统计署，2012～2017年数据源自中国海关。

（三）双边经济合作

哈萨克斯坦是中国在"一带一路"沿线最大的投资目的地国。截至2017年底，中国对哈各类投资累计430.7亿美元。2015年，中国对哈萨克斯坦直接投资流量为25.10亿美元，年末直接投资存量为50.95亿美元。中国对哈投资领域主要包括石油勘探开发、收购哈石油股权、加油站网络、电力、农副产品加工、电信、皮革加工、食宿餐饮和贸易等。哈在华投资项目共333个，实际利用外资约1.2亿美元，主要涉及物流运输、化工、食品加工和机械制造等领域。2015年，在哈中资企业有2479家。截至2017年底，中方对哈工程承包累计合同额为276.3亿美元，累计完成营业额约221.1亿美元。

中国对哈资源领域的投资项目主要包括：PK项目、ADM项目、KAM项目、曼格斯套项目、阿克纠宾项目、北布扎奇项目、肯－阿西北管道项目、卡拉赞巴斯油田项目、里海达尔汗区块项目。目前，中国企业在哈开采的原油占哈全国总产量的25%，为哈创造了3万多个就业岗位，经管道向中国出口的原油超过1亿吨，天然气达1830亿立方米。2017年6月6日，中国石油天然气集团公司与哈萨克斯坦国家石油天然气公司签署《关于共同推进奇姆肯特炼油厂现代化改造的协议》和《关于向中国出口哈萨克斯坦天然气的谅解备忘录》。根据协议，2017～2018年，哈萨克斯坦将经过霍尔果斯口岸向中国出口50亿立方米天然气。此举表明哈萨克斯坦看重中国天然气消费市场的潜力，将促进哈萨克斯坦天然气出口多元化。

中哈核能领域合作从资源开发起步，历经 12 年，现在扩展至核燃料组件加工和开发新铀矿项目。2017 年 10 月 11 日，哈萨克斯坦能源部部长哈纳特·波兹姆巴耶夫表示，2019～2020 年将首次向中国 5 个核电站提供铀燃料。

中国对哈非资源领域的投资额超过对资源领域的投资额，对非资源领域的投资主要集中在基础设施和工业，主要包括中石化 FIOC 和中亚项目、中兴 CDMA450 项目、阿斯塔纳北京大厦项目、巴甫洛达尔铝厂项目、阿克套沥青厂、马伊纳克水电站项目、鲁特尼奇水电站项目、阿特劳石化芳烃生产厂、阿特劳州的天然气化工综合体，以及建立其他生产水泥、建筑材料、内燃机车和设备的中型企业项目。

中哈产能合作建立了常态化合作机制，确定了 51 个重点项目，总金额达到 270 亿美元。2017 年中哈启动 12 个大型合作项目。两国政府签署关于中哈产能合作基金在哈进行直接投资个别类型收入免税协议。中国国家开发银行与哈萨克斯坦有关机构签署化工等领域产能合作融资合作协议。双方签署支持中国电信企业参与"数字哈萨克斯坦 2020"规划合作框架协议。

中哈双方都重视发展交通领域合作。中哈之间建设了两条铁路，一条是多斯托克－阿拉山口铁路，另一条是阿腾科里－霍尔果斯铁路（2012 年 12 月开始运营）。中哈合作建立霍尔果斯国际边境合作中心。2011 年 4 月渝新欧国际铁路联运通道开通。2013 年 11 月，西安至哈萨克斯坦的国际铁路货运开通。2017 年 11 月，双西公路国内段建成。2014 年底，哈萨克斯坦在连云港的物流场站开始运营。2017 年，中远海运集团、连云港港口控股集团和哈萨克斯坦国家铁路公司正式签署哈萨克斯坦霍尔果斯东门无水港股权转让协议。2017 年 6 月 8 日，中哈开通第二条铁路客运通道。2017 年 5 月，中国铁路总公司与哈萨克斯坦国家铁路公司签署关于深化中欧班列合作协议。中国进出口银行与哈萨克斯坦国家公路公司签署公路项目贷款协议。

在金融合作领域，中方积极支持哈方举办世博会，支持哈建设阿斯塔纳金融中心。2017 年，中信银行股份有限公司联合中国烟草总公司下属公司与哈萨克斯坦人民银行签署股权交易协议；中国进出口银行与哈方签署提供 60 亿美元的借款协议。

六　总体风险评估

在政治方面，2020年前哈萨克斯坦政治有望继续保持稳定，权力交接问题值得密切关注。

纳扎尔巴耶夫总统自国家独立以后长期执政，是哈政治体系的核心，始终拥有较高的民意支持率。与此同时，议会和政府扮演次要角色，政党的作用相对较弱，反对派处于被边缘化地位。2018年7月纳扎尔巴耶夫总统将满78岁，权力交接的问题日益临近，而交接机制不透明，何时交接、如何交接以及交接给何人具有较大的不确定性和不可预测性，考虑到哈国内政治精英之间的激烈斗争以及权力与资本相互捆绑的特点，这对哈未来的政治稳定构成一定隐忧。

从哈萨克斯坦政治改革的实践，特别是2017年底宪法改革的内容，可以看出，一方面纳扎尔巴耶夫总统准备完成任期，暂无意在2020年前进行权力交接；另一方面他在为后纳扎尔巴耶夫时代做制度和人选方面的准备，推动哈政治制度从总统制向总统议会制或议会总统制过渡，从总统个人决策模式向集体决策模式过渡。

目前，虽然宪法改革在一定程度上削弱了总统权力，并相应提升了议会和政府的权力，但只要纳扎尔巴耶夫总统执政，由于其个人的威望，总统的权力仍然是权力体系的核心。未来，一旦政权更迭，新一任总统的威望和权力很难超过纳扎尔巴耶夫，加上政治精英代际更替，都会对哈政治生态产生重要影响。

在经济社会方面，2020年前哈经济有望保持低速增长，社会问题将继续对哈政府构成较大压力。

经济学人智库国别报告预测，哈萨克斯坦2018~2022年经济年均增长3.2%。国际评级机构标普估计，2018~2020年哈经济有望保持每年3%左右的温和增长，哈投资评级将维持在较高水平，发生信用违约风险较小，国际投资者有很多合作机会。另外，哈积极推进更加灵活的汇率形成机制，有助于国家财政状况改善以及国家基金资产的增长，这都是提高信用评级的利好因素。目前哈本币信用评级在独联体国家中排名最高。哈在世界银行《2018 年营商环境报告》排名中列在第 36 位，在世界经济论坛《全球竞争力报告（2017~2018）》中排名第 57 位。哈经济中可能存在的风险包括外贸指标大幅下滑、货币政策和国家财政体系公信力下降、经济增速大幅放缓等。哈存在的问题主要是融资可得性、腐败、受教育的劳动力不足。哈经济发展很大程度上有赖于原油开采、出口和国际市场原油价格，非能源领域发展条件有限，经济结构转型任重道远。

在经济增速放缓的情况下，民众对贫富分化、腐败等社会问题的不满将凸显，游行示威、抗议活动、罢工、刑事犯罪等发生的可能性增加，对投资和经营活动构成一定干扰甚至直接损害投资者的利益，但短期内不至于引发大规模骚乱，反对派也很难达到颠覆政权的目的。

在安全方面，2017 年哈加强了对恐怖主义和极端主义势力的防范和打击，取消加入"伊斯兰国"和恐怖组织的公民的国籍，成立了反恐快速反应部队，暴恐形势得到有效遏制。不过，未来仍须警惕来自中东及周边地区的恐怖主义和极端主义安全威胁的渗透以及极端和激进思想在哈青年人中的传播。

在地缘政治方面，哈坚持多元化的大国平衡外交，多年来成功地在俄罗斯与西方之间纵横捭阖，发生地缘政治冲突的可能性很小。

至于中哈合作，得益于两国政府的努力，双方在"一带一路"框架下的合作将不断发展，与此同时，"中国威胁论"在哈国内难以消除。在中哈合作项目全面铺开、快速推进的情况下，如果不对"中国威胁论"采取有效措施进行遏制，哈经济社会出现的一些问题很有可能被转嫁给中方，损害中国投资者的利益。2016 年哈《土地法》修正案引起的风波即为例证。

（赵会荣）

吉尔吉斯斯坦

（Kyrgyzstan Republic）

一 国家基本信息

（一）地理概述

吉尔吉斯共和国（简称吉尔吉斯斯坦）国土面积 19.99 万平方公里。位于亚洲中部，中亚东北部。北部和东北部与哈萨克斯坦接壤，东部与中国接壤，西部与乌兹别克斯坦相邻，南部邻国是塔吉克斯坦。领土东西宽 925 公里，南北宽 453.9 公里。森林面积为国土面积的 5.8%，水面面积为 4.4%，农业用地面积为 53.3%，其他土地占 36.5%。边境线总长 4508 公里，其中与中国的边界长约 1100 公里。属大陆性气候，四季分明，干旱少雨。

吉尔吉斯斯坦属山地国家，占据天山山脉的西北部和帕米尔高原的一部分。地势高低悬殊，从海拔 400 米到 7000 多米；东高西低，90% 多的国土在海拔 1500 米以上，平均海拔 2750 米，大部分国土在海拔 3800 ~ 4200 米之上。最高的胜利峰为 7439 米。

全年日照时间较长但不均衡。其中 6 月日照时间一般在 10 ~ 12 个小时以上，而 12 月只有 5 ~ 6 个小时。首都比什凯克阳光充足，平均一年有 322 个晴天，日照时间将近 2900 小时。

（二）人口和民族

全国总人口为 566 万人（2012 年 12 月），年均人口自然增长率为

1.1%。全国 34%的人口居住在城镇，66%的人居住在农村。其中首都比什凯克的居民有 84.65 万人，奥什的居民有 15.91 万人。人口相对较为年轻，65 岁以上的老龄人口仅占总人口的 4.5%。

有 80 多个民族和族群，其中吉尔吉斯族占 71%，乌兹别克族占 14.3%，俄罗斯族占 7.8%，东干族占 1.1%，维吾尔族占 0.9%，塔吉克族占 0.9%，哈萨克族占 0.6%，乌克兰族占 0.4%，其他为朝鲜族、土耳其族等。70%以上居民信仰伊斯兰教，多数属逊尼派。国语为吉尔吉斯语，俄语为官方语言。

（三）简史

公元前 3 世纪已有文字记载。6～13 世纪曾建立吉尔吉斯汗国。历史上吉尔吉斯人最初居住在现俄罗斯境内的叶尼塞河上游一带，公元 7 世纪后开始向天山地区迁徙，并逐步形成数十个以血缘为联系纽带、大小不一的部落。1891 年沙俄军队征服中亚，吉尔吉斯部落所在地并入俄罗斯帝国版图。十月革命之后，1924 年苏联政府成立卡拉吉尔吉斯自治州，隶属俄罗斯苏维埃联邦共和国。1925 年卡拉吉尔吉斯自治州改为吉尔吉斯自治州，1926 年 2 月自治州改为吉尔吉斯苏维埃自治共和国，仍属于俄罗斯苏维埃联邦共和国。1936 年 12 月 5 日，吉尔吉斯苏维埃自治共和国升格为加盟共和国。

1990 年 12 月 15 日，吉尔吉斯最高苏维埃通过独立宣言。1991 年 1 月，吉尔吉斯斯坦采用新的行政区划，将全国分为 7 个州和 2 个直辖市。1991 年 2 月 5 日，首都伏龙芝恢复历史名称——比什凯克。1991 年 8 月 31 日，吉尔吉斯斯坦议会通过国家独立宣言。1991 年 10 月 12 日，吉尔吉斯斯坦举行第一次总统大选，阿斯卡尔·阿卡耶夫（Аскар Акаев）为独立后的首任总统。

二 政治状况

（一）政体简介

1. 宪法

1993 年 5 月 5 日，吉尔吉斯斯坦议会通过独立后第一部宪法，规定吉尔吉斯斯坦是建立在民主、法治基础上的单一制共和国，为政教分离的世俗国家，实行立法、司法、行政三权分立，总统为国家元首。此后，吉尔吉斯斯坦经历多次宪法改革。

2010 年，吉尔吉斯斯坦以全民公决方式通过的新版宪法，大幅度削减总统职权（任期为 6 年；只能担任一届且同一人不得 2 次当选；经济事务由政府处理；总统掌管强力部门和外交事务），同时扩大了议会的席位数（由原来的 90 个席位扩大到 120 个席位，任期 5 年）和职权。新宪法一方面使得总统、政府与议会之间的权力关系变得较为均衡，基本上排除了总统一人专权的可能性；另一方面也使得议会内部的权力格局更加平衡。新宪法规定，任何一个政党在议会选举中所获得的席位数不得超过 65 个，这就避免了一党独大而全面控制议会的局面。2010 年 10 月议会选举进入议会的 5 个政党席位数相当（故乡党 28 席，社会民主党 26 席，尊严党 25 席，共和国党 23 席，祖国党 18 席），因此必须是 3 个或 3 个以上政党联合组阁、联合执政。一旦执政联盟瓦解，就必须形成新的组合，重新组建政府。

2. 议会

1990 年 2 月 25 日选举产生第一届议会，1994 年 9 月议会提前解散。1995 年 2 月选举产生由立法会议和人民代表会议组成的两院制议会。2000 年 2 月选举产生第三届议会，仍由立法会议和人民代表会议组成。立法会议议员由单一选区和政党比例代表制选举产生；人民代表会议议员按照区域代表制产生。2005 年议会由两院制改为一院制，议员由 105 人减少到 75 人，并取消政党比例代表制，全部议员均由单一选区制选举产生。2007 年 10 月 21 日全民公决通过的新宪法规定，议会完全按政党比例代表制选举产生，由 90 名议员组成；总统指定在议会选举中获得大多数席位的政党组建政府。2010 年 6 月 27 日通过的新宪法规定，议会实行一院制，由 120 名议员组成，任期 5 年。在 2010 年 10 月举行的议会选举中，故乡党、社会民主党、尊严党、共和国党和祖国党 5 个政党进入议会。议会共设 16 个委员会。目前议会执政联盟由社会民主党、尊严党和祖国党组成。

3. 政府

吉尔吉斯斯坦独立以来的政府架构经过多次调整和变化，现行政府架构是 2010 年形成的，反映了在新宪法框架下议会、总统与政府之间权力分配的新格局，其主要特点是经济领域的决策权集中在政府手里。

吉尔吉斯斯坦现政府由总理、副总理和部长以及政府直属的国家局、署、基金会和局的负责人组成。其中总理负责全面领导政府事务。

吉政府有 36 个部委，其中有 15 个部，2 个国家委员会，5 个国家署，9 个国家局，3 个基金会，2 个检验办公室。15 个部为外交部，国防部，内务部，司法部，财政部，经济与反垄断政策部，农业与水利部，交通与通信部，紧急情况部，能源部，教育科学部，卫生部，社会发展部，青年部，劳动与就业部。委员会为国家安全委员会和国家水务与水利委员会。5 个国家署为环境保护与林业署，国家通信署，国家体育运动署，国家建设与区域发展署，国家地矿署。9 个国家局为刑罚执行局，国家税务局，海关局，金融市场监管局，国家注册局，打击经济犯罪局（金融警察），国家金融情报局，国家知识产权局，国家毒品监督局。政府下设 3 个基金会为国家物资储备基金会，义务医疗保险基金会，国有资产管理基金会。2 个检验办公室为食品与动植物卫生安全检验办公室，国家环境与技术安全检验办公室。

4. 司法

司法权属于最高法院、州级和区级法院。在最高法院内设立宪法法庭，负责宪法监督。一个专门委员会负责法官候选人的遴选推荐和轮换。检察工作由最高检察院（总检察长）负责。

2010 年 "4·7" 革命前有宪法法院、最高法院和地方各级法院等。2010 年 "4·7" 革命后，宪法法院解散。6 月，根据新宪法，宪法法院被废除，在最高法院内设立宪法法庭。

5. 执政党

吉尔吉斯斯坦社会民主党。1994 年 12 月重新注册，现有党员约 5 万人。创建者多为知识分子，旨在建立真正的民主法治社会，主张三权文明分工、积极合作。行为准则是民主社会主义，主张全面深化政治、经济、社会领域的民主进程，提倡人文、发展和自由。该党现为议会执政联盟成员之一。在本届议会中拥有 26 个席位。党主席为奇·图尔松别科夫（Ч. Турсунбеков）。

（二）政局现状

2017 年 10 月 15 日，吉尔吉斯斯坦举行例行总统大选。社会民主党候选人、前总理热恩别科夫获得 54.81% 的选票，在第一轮投票中胜出。2017 年 11 月 24 日，热恩别科夫正式就任吉尔吉斯斯坦独立以来的第五任总统。2017 年吉尔吉斯斯坦的大选和最高权力和平交接具有标志性意义。这意味着吉尔吉斯斯坦新的政治制度框架得到巩固，政治稳定具有较为坚实的制度基础。

吉尔吉斯斯坦独立之初在缺乏相应知识、人才和经验准备的情况下，按照西方机构开出的"药方"实行纸面宪法，即多党制、议会、三权分立、普选制以及市场经济等西方式的政治经济和社会制度安排。2005 年和 2010 年两次政权非正常更迭证明，这些制度安排表现出"水土不服"，并不适合吉尔吉斯斯坦政治文化土壤。

从这个意义上看，吉尔吉斯斯坦 2010 年宪法（2010 年 6 月 27 日全民公决通过）以及 2016 年对宪法的部分调整（2016 年 12 月 11 日全民公决通过），从制度设计角度一方面对总统连任做出严格限制，即任何人一生只能当选一次（宪法第六十一条），防止个人专权；另一方面，宪法也规定在议会选举中任何一个政党可获得的议会席位数不得超过 65 个（2010 年宪法规定，议会实行一院制，共 120 个席位，全部由政党比例代表制选举产生），从制度层面防止"一党独大"，即防止了一个政党尤其是所谓"权力党"控制议会多数席位，甚至宪法多数席位，其他进入议会的政党沦为陪衬的局面。从这个意义上看，吉尔吉斯斯坦现行政治制度设计中，即考虑到了独立以来的经验教训，同时也没有照搬西方的或者俄罗斯的制度模式。这可谓是一种十分有益的探索。

（三）国际关系

吉尔吉斯斯坦对外奉行平衡、务实的外交政策，以邻国、周边国家为重点。其优先方向是维护和保障国家主权和领土完整；为经济发展创造良好的外部条件；保护公民的权利和自由。

吉尔吉斯斯坦支持独联体一体化进程，同时赞成对独联体进行必要改革；把俄罗斯看作自己重要的战略伙伴和安全依托；视发展同中亚邻国关系为保障领土完整、国家安全、促进经济发展的必要条件；重视发展同美国的关系，在反恐等国际问题上与美保持合作；与伊斯兰国家在相互尊重各自发展道路、互不干涉内政的基础上保持友好关系；高度重视吉中关系发展，视对华关系为其对外政策优先方向之一。

1. 同俄罗斯的关系

2011 年，吉领导人宣布将加入俄白哈关税同盟。2011 年 3 月 23 日，吉俄双方在比什凯克举行以"扩大地区合作，促进经济可持续发展"为题的高级别论坛，双方签署 5 项合作协议。吉政府总理阿坦巴耶夫表示，吉尔吉斯斯坦政府已经决定加入海关同盟和统一经济空间。吉政府副总理巴巴诺夫建议双方设立共同投资基金来保护和扩大俄罗斯在吉投资。目前俄罗斯是吉第一大贸易伙伴，占吉对外贸易总额的 18%。其中俄对吉出口的 60% 为石油产品，而吉对俄出口的 50% 为轻工业产品。在俄方的积极推动下，吉尔吉斯斯坦加入了俄罗斯主导的欧亚经济联盟。

2013 年 9 月 20 日，吉俄两国政府达成一项有关俄方在吉境内设立联合军事基地的协议，为期 15 年，包括俄罗斯海军的一个水下武器试验场，俄罗斯海军第 338 通信中心，俄罗斯国防部的一个地震观测站和位于坎特的军事基地（名义上是集体安全条约组织的军事基地，实际上是俄罗斯空军和防空军第二司令部下属第 999 空军基地）。俄方每年向吉支付 450 万美元的土地使用费。

2017 年 11 月 29 日，热恩别科夫总统对俄罗斯进行工作访问，分别会见俄罗斯总统普京和总理梅德韦杰夫。这也是热恩别科夫作为总统首次出访。热恩别科夫表示，作为总统首次出访选择俄罗斯具有重要的象征意义。俄罗斯是吉尔吉斯斯坦的主要战略伙伴和盟友。

2. 同中亚邻国关系

2017 年 10 月 5～6 日，吉尔吉斯斯坦总统阿坦巴耶夫对乌兹别克斯坦进行国事访问。访问期间，两国元首签署《吉尔吉斯斯坦和乌兹别克斯坦睦邻友好互信战略伙伴关系宣言》等 12 份合作文件，涉及经贸、安全等领域。

吉尔吉斯斯坦与乌兹别克斯坦之间的边界线长 1382 公里，其中 1058 公里的共同边界已经完成划界。迄今为止，有 324 公里的边界线和 58 个地块尚未达成协议。2017 年，吉尔吉斯斯坦新总统热恩别科夫对乌兹别克斯坦进行正式访问，双方宣布已经就 85% 的争议边界达成一致，这为双方下一步的地区双边和多边合作创造了良好的条件

2017 年 10 月 23 日，吉尔吉斯斯坦宣布废除与哈萨克斯坦达成的 1 亿美元援助协议。吉哈两国关系微妙。但很快 2017 年 11 月 30 日，热恩别科夫总统在明斯克与哈萨克斯坦总统纳扎尔巴耶夫举行了会晤，表明 2017 年吉哈双边关系中出现的问题开始得到解决。

与中亚邻国之间的边界问题仍未完全解决。吉尔吉斯斯坦与塔吉克斯坦的共同边界为 970.8 公里，其中 519 公里已经完成谈判。双方对其余的 451 公里仍存在争议。

3. 同美国和欧盟的关系

通过各种经济技术援助和大量非政府组织促进吉民主化进程、保持在吉的政治影响力，是美吉关系的实质性内容。通过提供援助和扶植吉本土非政府组织，美国在一定程度上形成了自己的影响力，同时也意在挤压俄罗斯的传统影响力。

美国驻吉军事基地也是两国关系中的一项重要内容。美国驻玛纳斯军事基地是 2001 年 12 月设立的，其用途是支持美军在阿富汗的军事行动。2013 年 11 月 14 日，吉方正式照会美国，宣布终止有关"玛纳斯"转运中心的政府间协议，美方从 2014 年 7 月 11 日起不再使用玛纳斯机场。

在欧盟与吉尔吉斯斯坦伙伴与合作协议框架下，2010 年，欧盟向吉提供了 7.5 亿索姆的援助。同时，欧盟与联合国机构在吉境内启动"推动善治、实现社会公正"项目，资助金额达 532 万欧元，在吉全国 30 个农村地区实施。2011 年，欧盟向吉尔吉斯斯坦提供 8 亿索姆（约合 1700 万美元）的援助用于社会项目①。

---

① 资料来源：http://www.kginform.com/ru/news/20120306/07646.html。

三　经济形势

（一）经济概况

1. 自然资源

吉尔吉斯斯坦自然资源主要有黄金、锑、钨、锡、汞、铀和稀有金属等。其中锑产量居世界第三位、独联体第一位，锡产量和汞产量居独联体第二位，羊毛产量和水电资源在独联体国家中居第三位。

2. 产业结构

吉尔吉斯斯坦主要工业有采矿、电力、燃料、化工、有色金属、机器制造、木材加工、建材、轻工、食品等。

（二）近期经济运行状况

1. 宏观经济

2012年以来，吉逐步实施国家经济稳定发展战略，经济走势趋向平稳。根据吉尔吉斯斯坦国家统计局发布的数据，2017年1~10月吉国内生产总值为3826亿索姆（约合55.65亿美元），同比增长3.9%。若不计"库姆托尔金矿"产值，吉国内生产总值为3463亿索姆（约合50.37亿美元），同比增长3.5%。经济增长主要依靠工业、建筑业、服务行业等发展的拉动。较2016年同期相比，工业、建筑、服务业对于GDP的贡献表现较活跃。其中工业产值1788亿索姆（约合26亿美元），同比增长13.7%，拉动整体国民经济；农业产值1856亿索姆（约合27亿美元），同比增长1.8%；固定资产投资960亿索姆（约合13.96亿美元），同比增幅5.2%。

根据吉尔吉斯斯坦国家统计委员会发布的数据，2017年1~10月的外贸总额为49.299亿美元，同比增长8.6%。其中出口13.689亿美元，同比增长12.1%；进口35.61亿美元，同比增长7.7%。出口增长主要依靠玻璃、干果、贵重金属矿石、黄油等商品出口；进口增长依靠药品、通信产品及其配件、氮肥、石油制品、纺织品、轮胎、糖果等品种拉动。

2. 国际收支

吉尔吉斯斯坦对外贸易长期保持逆差。根据海关统计数据显示：2017年1~8月的外贸总额为38.884亿美元，同比增长12.1%。其中出口额为11.064亿美元，同比增长24.4%；进口额为27.82亿美元，同比增长7.8%。外贸进、出口占比分别为71.6%和28.4%，外贸逆差为16.756亿美元。

3. 外债状况

吉尔吉斯斯坦财政部数据显示[①]，截至2017年10月31日，吉国债总额为2994.4712亿索姆（折合43.575亿美元）。其中外债为2729.57亿索姆（折合39.5823亿美元），内债为274.3755亿索姆（折合3.9927亿美元）。

4. 财政收支

2017年1~8月，财政预算收入部分为921.741亿索姆，同比增长13.3%；支出部分为1003.785亿索姆，同比增长4.4%。预算收入的结构是，税收为645.56亿索姆，占预算收入的70%；非税收部分为196.79亿索姆，占预算收入的21.3%。支出部分主要包括社会文化、国家公务、公共安全和国防领域支出776.746亿索姆，占预算支出的77.4%；购买非金融资产支出227.039亿索姆，占预算支出的22.6%。

四　投资状况

（一）外国投资状况

1. 国家发展战略

2017年1~9月，吉尔吉斯斯坦吸引外国投资240.737亿索姆（约合

---

① 资料来源：吉尔吉斯斯坦财政部官网，http：//www.minfin.kg/ru/novosti/novosti/struktura-gosdolga-kr-po-sostoyaniyu-na-31-oktyabr.html。

3.5 亿美元），其中外国贷款 163.912 亿索姆，占比 20.7%；外国直接投资 55.034 亿索姆，占比 6.9%；外国无偿援助 21.791 亿索姆，占比 2.8%。

（二）投资环境

1. 投资政策

2012 年 12 月 18 日，吉尔吉斯共和国议会批准了 2013～2017 年可持续发展纲要和过渡计划，这两份文件是对吉尔吉斯斯坦国家可持续发展战略的实施细则。2013 年 1 月，吉尔吉斯斯坦总统阿坦巴耶夫签署《2013～2017 年国家可持续发展战略》，这是规划未来 5 年吉尔吉斯斯坦国民经济和社会发展的一份重要文件。

在《2013～2017 年国家可持续发展战略》框架内，吉尔吉斯斯坦计划在五大领域（农业，电力，交通运输，生产物流和采矿业）实施 77 个投资项目，总投资额为 74 亿美元，其中 39 亿美元的投资（53%）是有保障的，另外 35 亿美元（47%）还需要吸引外国直接投资。

其中，电力行业计划在未来 5 年吸引投资 72.319 亿美元，实施 16 个投资项目。电力领域投资项目的完成，意味着到 2017 年吉尔吉斯斯坦将成为中亚地区最大的电力生产国，在保障本国经济发展和居民生活用电之外，还可以扩大电力出口。采矿业计划实施 16 个投资项目，吸引外资 31.3 亿美元。最大的基础设施项目则是中吉乌铁路，计划 2015 年开工，投资额为 15 亿美元。农业领域计划实施 24 个项目，总投资额为 1.41 亿美元。

在国家可持续发展战略框架内已签署总额达 50 亿美元的投资协议。其中部分项目已经完成或正在实施之中。如中国提供贷款 2.08 亿美元、由中国新疆特变电公司建设的"达特卡"变电站项目已经投入运营。此外，中国投资 3 亿美元建设的卡拉－巴尔塔炼油厂也已经投入运营。"达特卡－克明"输变电线路投入使用，可以使吉国内电网形成闭环。此外，纳伦河上游梯级水电站项目（投资 7.27 亿美元）2013 年开工。卡姆巴尔塔水电站的可行性报告接近完成。

在实施《2013～2017 年国家可持续发展战略》期间，吉国内生产总值的增长率保持在年均 7.5% 的水平上。随着经济规模的不断扩大，库姆托尔金矿的产出对经济增长率的贡献将逐年下降。2017年吉国内月平均工资达到2.6万索姆（约合540美元），平均退休金达到8100索姆（约合170美元）。贫困人口从38%降低到25%。此外，2017年创造30万个新的工作岗位，为此要在每个部委设立相应的培训中心。

政府机构在可持续发展项目下的预算为160亿美元，其中15%的资金来自国家财政，20%来自外国政府援助，77%属于直接投资和外国政府的捐赠。

2017年8月25日，吉尔吉斯斯坦议会正式批准政府推出的"迈向未来的40步"计划（2018～2023年）[①]。该计划是吉尔吉斯斯坦2040年前发展战略的第一阶段，对未来5年分步骤实施的40项改革措施进行详细规划。具体而言，完成"40步计划"要达到的目标是，到2023年国内生产总值实现翻一番，居民实际可支配收入翻一番，贫困人口减少到15%，同时要进入联合国人类发展指数的全球前80个国家，进入全球竞争力指数排名前80位，进入清廉指数全球排名前80位。

吉尔吉斯斯坦政府表示，"40步计划"若得到实施，将有助于提升人力资源管理的效益，减少国家服务提供过程中发生腐败的机会。

2. 金融体系

中央银行负责监管商业银行等金融机构（微型金融组织、信贷联盟、货币兑换点、伊斯兰金融、货币市场、专门金融机构）。政府还设有金融市场和金融机构监督委员会，对保险业、证券业、基金业、审计机构、博彩业和会计业进行监管。金融情报局负责打击洗钱及与国际反洗钱机构合作。金融警察局负责打击金融和经济犯罪。截至2017年12月25日，吉共有25家商业银行。[②]

4. 税收体系

根据现行税法设立国税和地税。其中国税包括个人所得税、法人利润税、增值税（标准税率为20%）、消费税、土地税等。政府每年颁布商品消费税率明细表。地方税主要涵盖疗养税、广告税、钓鱼税和交通税等15个税种。

---

① 资料来源：吉尔吉斯斯坦政府官网，http：//www.gov.kg/? page_id=74383&lang=ru。

② 资料来源：吉尔吉斯斯坦国家银行（中央银行）官网，http：//www.nbkr.kg/index1.jsp? item=71&lang=RUS。

五　双边关系

（一）政治关系

中吉 1992 年 1 月 5 日建交以来，双边关系健康顺利发展，彻底解决了历史遗留的边界问题，2002 年双方签署《中华人民共和国和吉尔吉斯共和国睦邻友好合作条约》，各领域合作不断扩大，在联合国和上海合作组织等多边组织中互相支持，密切配合，维护了两国共同利益。

2013 年，中国国家主席习近平对吉尔吉斯斯坦进行国事访问并出席上海合作组织比什凯克元首峰会。访问期间，双方签署联合声明，将双边关系提升到战略伙伴。在文化交流方面，吉尔吉斯斯坦国内民众学习汉语的兴趣与日俱增。目前，已有 6 所大学开设了汉语课程，学习汉语的有 5000～6000 名大学生。

（二）双边贸易

2017 年 1～8 月，中吉双边贸易总额为 9.886 亿美元，同比下降 0.5%。其中向中国出口 6100 万美元，同比增长 90%；从中国进口 9.276 亿美元，同比下降 3.5%。中国是吉第一大贸易伙伴、第一大进口来源国。

（三）双边经济合作

吉尔吉斯斯坦积极支持中国国家主席习近平提出的建设丝绸之路经济带的倡议，希望能借丝绸之路经济带建设加快和拓宽双边合作。目前，在中国资金的支持下，吉方一系列交通、能源、农业以及其他领域的项目正在实施。

2017 年 12 月 1 日，李克强总理在出席上海合作组织成员国政府首脑（总理）理事会第十六次会议期间，会见了吉尔吉斯斯坦总理伊萨科夫并表示，中国未来将继续支持并为扩大中吉经贸合作、挖掘吉国农业领域的发展潜力提供更好的条件，包括扩大从吉国进口农产品。此外，双方均表达了建设中吉乌铁路的坚定决心，并一致同意由三方工作组来商谈经济技术层面的具体问题。

吉尔吉斯斯坦财政部数据显示，截至 2017 年 2 月底，吉尔吉斯斯坦独立后向中方银行借贷金额达 20.86 亿美元。其中用于道路项目的为 11.03 亿美元，用于电力基础设施项目的有 9.83 亿美元。中国进出口银行已连续多年成为吉尔吉斯斯坦的最大债权方。

六　总体风险评估

总体而言，在吉尔吉斯斯坦开展经济贸易合作方面存在着一系列风险。

首先是中央政府的权威，也就是存在命令贯彻的风险。吉尔吉斯斯坦在经历了 2005 年和 2010 年两次非正常权力更替之后，2010 年之后的宪法框架基本上足以维持基本的政治稳定。但中央政府的权威在一些地方往往受到挑战。譬如，企业通过合法途径获得了中央政府部门颁布的矿产开采许可证，但在具体实施过程中常常会受到地方势力的干扰，从而使项目的实施困难重重。

其次是吉国经济体量小，经济结构中服务业比重过高，容易受到外部因素的影响，尤其是俄罗斯市场油气等价格的变化会直接传导到吉尔吉斯斯坦国内市场。

最后是吉尔吉斯斯坦的产业体系和供应链存在许多空白，这也是在实施具体项目时必须考虑到的因素。

（薛福岐）

捷 克

（The Czech Republic）

一　国家基本信息

（一）地理概述

捷克共和国（简称捷克）是欧洲中部的内陆国。东靠斯洛伐克，南邻奥地利，西接德国，北毗波兰。国土面积 78866 平方公里，首都是布拉格。

（二）人口和民族

全国人口 1059.7 万（截至 2017 年 9 月 30 日）。主要民族为捷克族，占全国总人口的 90% 以上，其他民族有斯洛伐克族、德意志族、波兰族和罗姆族等。主要宗教为罗马天主教。官方语言为捷克语，属斯拉夫语系。

（三）简史

1918 年 10 月 28 日，捷克斯洛伐克共和国成立。1939 年 3 月 15 日，斯洛伐克宣布独立。次日，捷克地区被纳粹德国占领，成立了"捷克和摩拉维亚保护国"。第二次世界大战结束后，恢复捷克斯洛伐克国家。1948 年"二月事件"后，捷克斯洛伐克共产党开始执政。1960 年 7 月，改国名为捷克斯洛伐克社会主义共和国。1968 年 8 月 20 日，以苏联为首的华约五国出兵捷克斯洛伐克，镇压"布拉格之春"改革运动。1969 年 1 月 1 日，捷克斯洛伐克开始实行联邦制。1989 年 11 月，捷克斯洛伐克政局发生剧变，随后开始实行多党议会民主制。1992 年 12 月 31 日，捷克斯洛伐克联邦共和国解体。自 1993 年 1 月 1 日起，捷克成为独立的主权国家。1995 年捷克在中东欧国家中率先加入经济合作与发展组织，1999 年 3 月 12 日，加入北约，2004 年 5 月 1 日，加入欧盟。2006 年，捷克被世界银行列入发达国家行列。2007 年 12 月 21 日，捷克加入申根协定。

二　政治状况

（一）政体简介

1. 宪法

1992 年 12 月 16 日，捷克民族议会通过了新宪法，确定了多党议会民主制及平等、自由、法治的原则。新宪法于 1993 年 1 月 1 日生效。

2. 议会

议会是最高立法机构，采用参众两院制。众议院有 200 个议席，众议员任期 4 年，在 4 年一次的自由选举中产生；参议院共有 81 个议席，参议员任期 6 年，每 2 年改选 1/3 议员。捷克众议院最近一次选举于 2017 年 10 月 20～21 日举行，共有 9 个政党进入议会。11 月 20 日，新一届众议院成立会议召开，来自"不满意公民行动 2011"的伊日·翁德拉切克（Jiří Vondráček）当选众议院主席。参议院主席是来自捷克社会民主党的米兰·什捷赫（Milan Štěch）。

3. 总统

总统是国家元首和武装力量的最高统帅，任期 5 年，连任不得超过两届。2013 年 1 月，捷克独立后首次经全民直接选举产生了总统。2013 年 3 月 8 日，米洛什·泽曼（Miloš Zeman）就任总统。2018 年 1 月，捷克将举行新的总统选举。

4. 政府

政府是最高权力执行机构，由总理、副总理和各部部长组成，由总统任免。2017 年 12 月 13 日，泽曼总统正式任命以"不满意公民行动 2011"主席安德烈·巴比什（Andrej Babiš）为总理的新一届政府，该政府由

"不满意公民行动2011"和无党派专家组成，2018年1月初，众议院将对新政府进行信任表决。

5. 司法

司法工作由法院、检察院和宪法法院实施。宪法法院是维护国家宪法的司法机构，由15名法官组成，任期10年。法院包括最高法院、最高行政法院、州法院和县法院。检察院包括最高检察院、州检察院和县检察院；宪法法院、最高法院和最高检察院的院长均由总统任命。

6. 政党

进入议会的政党有9个。

"不满意公民行动2011"（ANO 2011）是由斯洛伐克裔第二大富翁安德烈·巴比什领导的非传统政党，缺乏意识形态基础和清晰的政党纲领，致力于反对腐败，在众议院占有78个议席，在参议院占有6个议席。

公民民主党（ODS），是持经济自由主义、社会保守主义和欧洲怀疑主义立场的右翼政党，在众议院占有25个议席，在参议院占有9个议席。

海盗党（Piráti）主张公民自由、信息分享、有效利用技术和直接民主，在众议院占有22个议席。

自由和直接民主党（SPD）是倡导直接民主、持欧洲怀疑主义立场、反对移民的极右翼政党，在众议院占有22个议席。

捷克与摩拉维亚共产党（KSČM）是主张共产主义、马克思主义和欧洲现实主义的左翼政党，为捷克斯洛伐克共产党的继承党，在众议院占有15个议席，在参议院占有1个议席。

捷克社会民主党（ČSSD）是主张维护工人和其他劳动者的利益、实行社会市场经济的中左翼政党，在众议院占有15个议席，在参议院占有25个议席。

基督教与民主联盟－捷克斯洛伐克人民党（KDU-ČSL）是持基督教民主、社会保守主义和亲欧洲立场的中间派政党，在众议院占有10个议席，在参议院占有14个议席。

传统责任繁荣09党（TOP 09）为主张自由保守主义、反共产主义和亲欧洲立场的中右翼政党，在众议院占有7个议席，在参议院占有2个议席。

市长和独立者（STAN），持自由保守主义、地方分权和亲欧洲立场，在众议院占有 6 个议席，在参议院占有 4 个议席。

（二）政局现状

2014 年 1 月，以捷克社会民主党为主体的三党执政联盟建立，在众议院占有 113 个议席。由于反对派力量较弱而且处于分裂状态，执政党占据了较为强势的地位，索博特卡政府执政至任期届满。随着众议院选举的临近，捷克执政联盟内其他两党和反对党对民众支持率长期保持领先地位的"不满意公民行动 2011"及其主席巴比什的批评不断增多，并采取了一些削弱其政治影响力的措施。比如，2017 年 1 月，议会通过了针对巴比什的利益冲突法；在 5 月爆发的政府危机中，应索博特卡总理的要求，泽曼总统解除了巴比什财政部部长职务，原因是其财产来源不明、有偷漏税嫌疑和利用媒体作为政治斗争工具；9 月，众议院投票通过了警方关于给予巴比什和"不满意公民行动 2011"第一副主席雅罗斯拉夫·法尔迪内克刑事起诉的请求，理由是这两人在担任爱格富集团领导人期间涉嫌以欺诈手段获取约 200 万欧元的欧盟补贴用于建设自己的农场。在一系列打击下，"不满意公民行动 2011"的支持率一度有所下降，在众议院选举前降至 25% 左右。但在 2017 年 10 月举行的议会众议院选举中，"不满意公民行动 2011"成为最大的赢家，获得 29.64% 的支持率，领先第二大党公民民主党 18.3%，如此大的差距在捷克历史上前所未有。10 月 31 日，泽曼总统正式授权巴比什组阁。12 月 6 日，正式任命巴比什出任政府总理，12 月 13 日，泽曼总统任命新内阁成员。按照捷克宪法，在总统任命内阁成员后 30 天内，新政府必须请求众议院对其进行信任表决。迄今为止，只有捷克和摩拉维亚共产党表示，在一定条件下将对以巴比什为首的一党少数派政府表示谅解，其他政党均持反对立场。一旦巴比什三次组阁失败，捷克将提前举行众议院选举。捷克将可能出现较长时间的政治不稳定。

（三）对外关系

作为欧盟成员国，捷克参与欧盟外交政策的制定，同时它有义务执行欧盟的外交政策。尽管历史原因使捷克欧洲怀疑主义情绪比较严重，近年来又因拒绝强制性难民配额计划而与欧盟的关系紧张，捷克不打算在近期内考虑加入欧元区问题，但其总体上持亲欧洲的立场。同时，它强调发展与邻国的关系，积极推动地区合作，致力于欧盟外部边界的稳定，支持西巴尔干国家入盟和加强与"东部伙伴关系计划"成员国的合作，重视与本地区以外国家发展经贸合作。

英国脱欧公投后，捷克与维谢格拉德集团其他成员国采取了统一的立场，积极推动欧盟改革，以使民族国家议会在欧盟决策中发挥更大的话语权，努力避免欧盟进一步中央集权化。由于法国新总统马克龙积极推动欧盟朝着更加联邦化和"多速欧洲"的方向发展，捷克和其他中东欧国家难以对欧盟的改革进程发挥重要的影响力，但会努力争取欧元区的决策进程向尚未加入欧元区的国家开放。尽管捷克众议院选举后，西欧一些媒体称捷克走上了与波兰和匈牙利相似的非自由民主发展道路，从而对欧洲民主的稳定带来不利影响，但捷克新总理巴比什是实用主义者，他会考虑到捷克在欧盟的形象，不会采取与欧盟激烈对抗的立场。估计巴比什也将以实用主义态度对待与俄罗斯和中国的经贸合作。

三　经济形势

（一）经济概况

1. 自然资源

捷克森林资源丰富，森林覆盖率为34%，在欧盟居第12位。主要树种有云杉、松树、冷杉、榉木和橡木等。褐煤和硬煤蕴藏丰富，石油、天然气和铁矿砂的储量则较少，主要依赖进口。其他矿物资源有铀、锰、铅、锌、锡、石墨和高岭土等。捷克一些地区存在严重的空气和水污染问题。

2. 产业结构

由于在中央计划经济时期投资向劳动和能源密集型的重工业倾斜，遗留下工业生产能力过剩和服务不发达等问题。经济转型后，产业结构得到大幅调整，工业的经济地位迅速下降。1990年工业占国内生产总值的比例为48%，2015年仅为38.2%。农业对经济的贡献原本就比较小，1990年占国内生产总值的比例为8%，经济转型后其经济意义继续下降，2015年占国内生产总值的比例为2.6%。服务业在捷克国民经济中占重要地位，2015年占国内生产总值的比例为59.2%，主要行业有批发零售、商业服务、交通运输、公共服务、金融服务和旅游业。

捷克在机械制造、电子、化工、制药、冶金、环保、能源和食品等工业部门有着雄厚的基础，许多工业产品，如汽车、纺织机械、机床、电力设备、光学仪器、环保设备和生物制药在世界上享有盛誉。另外，捷克的啤酒酿造业世界闻名，它是世界上人均消费啤酒最高的国家。捷克主要的工业中心有布拉格（所有行业）、俄斯特拉发（重工业）和比尔森（重工业）。近年来，汽车、电子等工业部门发展较快，吸引了世界上著名的跨国公司纷纷前来投资。工业部门从业人数占劳动力的38%，在欧盟位列第一。

至2016年农业用地为426.4万公顷，占国土总面积的54%。人均农业用地0.42公顷，其中0.3公顷为可耕地。从20世纪90年代起，从事农业生产的人数明显下降，至2004年只有14.1万人，占全国就业人口的2.9%。农产品可基本实现自给自足。农作物主要有小麦、大麦、燕麦、黑麦、玉米、甜菜、土豆、啤酒花、向日葵、油菜和蔬菜。园艺和葡萄种植也比较重要。主要养殖牛、猪、家禽、羊、鱼和蜜蜂。

旅游资源极其丰富，主要旅游点有布拉格、波西米亚克鲁姆洛夫小镇、卡罗维发利、捷克天堂、摩拉维亚岩洞和雷德尼采庄园等。2016年接待外国游客约930万人次。

（二）近期经济运行情况

1. 宏观经济发展

20世纪90年代初期，捷克开始了快速自由化与私有化进程。经过几年的经济衰退和停滞，捷克经济从1994年起开始复苏，1995年和1996年保持稳健的增长势头。低失业率和低通货膨胀率被称誉为"捷克奇迹"，也因此成为从中央计划经济向市场经济转型的典范。至1998年，私有制经济占国民经济的比重达到80%。由于经济管理不善（特别是银行业）和公司重组滞后，1997 年货币危机爆发，捷克经济再次陷入衰退。为了消除一系列结构性缺陷和恢复经济增长，捷克开始了第二波改革。鼓励投资、改进破产立法和银行私有化等政策行为，不仅促进形成了更大规模的固定资产，而且使捷克经济更具国际竞争力。从 1999 年中期起，捷克经济开始复苏。2000～2001 年，向欧盟特别是德国的出口扩大、外国直接投资涌入和国内消费需求增加，拉动了经济增长。然而，国家的债务负担比过去明显加重。2004 年，加入欧盟进一步改善了捷克的贸易、投资和就业状况，经济增长势头较前更猛。2004～2008 年，经济年均增速达到 5.3%，从而缩短了它与欧盟经济水平的差距。2008 年 9 月全球金融海啸爆发后，捷克经济逐渐走弱，并陷入衰退。捷克经济自身的优势赋予其一定抵御外部冲击的能力，从而没有深陷危机。2010 年捷克经济出现恢复性增长。受欧债危机影响，2011 年捷克经济增速放缓，2012～2013 年经济持续下降。随着制造业生产扩大和投资前景改善，从 2014 年起捷克经济开始复苏，并成为欧盟经济增长最快的国家之一。2017 年第二季度，国内生产总值同比增长 4.7%。1995～2016 年，按购买力平价计算人均国内生产总值，捷克从欧盟平均水平的 74% 上升到 88%。

在 20 世纪 90 年代前半期，捷克克朗几次贬值，1995 年成为完全可兑换货币。与其他转型国家不同的是，捷克没有出现过通货膨胀率急剧上升和货币大幅贬值的情形。在加入欧盟之初，捷克承诺尽可能早地采用欧元。但后来取消了 2010 年采用欧元的目标时间，而且至今没有确定加入欧元区的具体时间。2013 年 11 月 7 日，捷克国家银行决定对外汇市场进行干预，努力将欧元对捷克克朗的汇率保持在大约 1∶27 的水平上，旨在通过克朗贬值鼓励出口以推动经济复苏，但同时面临高通胀和进口商品价格上涨的风险。2017 年中期，捷克国家银行终结了外汇干预制度，捷克克朗强劲升值。

直至 1997 年，捷克的失业率保持 2%～4% 的水平，原因是许多部门的公司重组滞后。1997～2004 年失业率逐渐提高，2003 年初甚至超过 10%，这表明政策工具已难以解决劳动力市场持续存在的结构性问题。在外国直接投资的带动下，2005～2008 年失业率显著下降。自 2007 年起，由于经济发展和劳动力外流，捷克国内劳动力出现短缺，尤其是缺少中高级技术人员和有技能的工人。受国际金融危机和欧元区债务危机的影响，捷克就业形势有所恶化，但仍然保持在7%左右。近两年来，捷克失业率明显下降。2017年第二季度为3.8%，成为欧盟中失业率最低的国家。

表1 2013～2016年捷克主要经济指标

指标名称	2013	2014	2015	2016
GDP(亿美元)	2094.62	2079.34	1868.2	1953.68
人均GDP(美元)	19928	19757	17720	18492
实际GDP增长率(%)	-0.5	2.7	5.3	2.6
通货膨胀率(%)	1.4	0.4	0.3	0.7
登记失业率(%)	7.0	6.1	5.0	4.0
商品和服务出口实际增长率(%)	0.3	8.6	6.1	4.5
商品和服务进口实际增长率(%)	0.2	10.0	6.9	3.3
经常账户余额占GDP的百分比(%)	-0.5	0.2	1.2	1.2
外汇储备占GDP的百分比(%)	27.3	28.8	34.8	46
国家债务占GDP的百分比(%)	41.1	38.6	36.4	33.8
国家预算盈余占GDP的百分比(%)	-2.0	-1.8	-1.4	1.3
汇率:(美元/克朗)	19.56	20.75	24.6	24.43
与欧盟经济趋同程度(%)	83	85	88	88

资料来源：捷克统计局。

2. 国际收支

对外贸易在捷克国民经济中占有极其重要的地位，成为促进经济增长的重要驱动力和国际储备的重要来源，国内生产总值的绝大部分依靠出口实现。1993年独立以来，捷克的对外贸易取得长足发展，具有三大特点：第一，对外贸易规模不断扩大，自2005年以来一直出现贸易顺差；第二，欧盟是其最重要的贸易伙伴，与欧盟的贸易额占其贸易总额的80%以上；第三，进出口商品结构发生改变，机械和交通设备在进出口商品中的比重不断加大，而原材料和半成品的比重明显减少。据欧盟统计局统计，2016年捷克货物进出口额为3050亿美元，其中出口1628.2亿美元，进口1421.9亿美元，顺差206.3亿美元。捷克前五大出口对象国是德国、斯洛伐克、波兰、法国和英国，前五大进口来源国是德国、波兰、斯洛伐克、中国和荷兰。捷克主要出口机电产品、运输设备、电机、电气和钢铁产品，主要进口机电产品、贱金属及制品和矿产品等。

在 2005～2016 年外贸账户盈余的帮助下，捷克成为中东欧国家中经常账户赤字最低的国家之一。捷克国家银行从 2013 年末起干预外汇市场，出口商品价格的竞争力有所提高，从 2014 年开始经常账户出现盈余，而且不断增长：2014 年为 78.83 亿克朗，2015 年为 112.83 亿克朗，2016 年为 526.42 亿克朗。

3. 外债状况

1989 年以前，捷克斯洛伐克的硬通货债务相对较低。经济转型进程开启后，外债逐渐增加。自 2001 年起，外债更是一路攀升，外债总额从 2001 年底的 228 亿美元增长至 2011 年底的 1219 亿美元。2012 年外债有所减少，降至 970 亿美元，在随后的两年中外债又逐步增加。虽然与欧盟其他国家相比，捷克的外债数额并不高，但是许多国际组织包括欧盟指出其外债增长的速度过快。2015 年，外债大幅减少，降低至 765 亿美元，约占国内生产总值的 41%。

4. 财政收支

虽然 1998～2006 年中左翼政府在银行业改革和私有化等方面取得很大进展，但在公共财政改革方面没有取得显著成效。2007 年 1 月上台执政的中右翼政府致力于实施内容广泛的公共财政改革计划，以减少预算赤字。2008 年政府预算赤字占国内生产总值的比例为 2.1%，国家债务占国内生产总值的比例为 30%，均满足了马斯特里赫特趋同标准。受国际金融危机冲击后，政府投入大量资金刺激经济，导致公共开支激增，同时经济衰退导致税收收入锐减，促使 2009 年公共财政赤字不断扩大，占国内生产总值的 5.5%。无论是 2009～2010 年的过渡政府还是 2010～2013 年的中右翼政府，都致力于减少财政赤字，其主要措施是实行财政紧缩政策，以达到削减公共财政支出的目的。

目前，与欧洲其他国家相比，捷克的国家财政状况比较好。2016 年，公共财政实现了盈余，占国内生产总值的 0.7%；国家预算也出现了盈余，占国内生产总值的比例为 1.3%。

四　投资状况

(一) 外国投资状况

捷克是外国直接投资在中东欧地区的主要目的地之一，人均吸引外资额在中东欧地区名列前茅，原因有以下八个方面：第一，地处欧洲中心，交通便利，基础设施良好；第二，毗邻奥地利和德国，运行成本低；第三，实行议会民主制和市场经济体制，法制健全，透明度较高；第四，民族和宗教冲突弱，社会秩序良好；第五，居民素质和教育水平较高，劳动成本较低；第六，市场处于发展和整合的过程中，机会较多；第七，它是欧盟统一大市场的组成部分，市场可延伸到整个欧盟；第八，政府主张自由的贸易政策，鼓励外国投资，税收体系透明。

1999 年捷克启动大银行私有化进程后，外资流入量明显增加。截至 2015 年底，捷克吸引外资存量为 1130.57 亿美元。主要投资来源国为德国、荷兰、奥地利、英国、比利时和卢森堡等。吸引的外资主要流向金融、电信和工业生产等部门。在国家投资鼓励政策和欧盟结构基金的支持下，捷克的产业结构发生了巨大的变化，利用外资从初级生产组装领域向先进制造业和高附加值服务业发展。

(二) 投资环境

1. 投资政策

外国人在捷克设立公司，从事商业活动，适用的相关法令有 1991 年的《贸易许可法》《商业法典》《破产合并法》，1992 年的《外国人法》和上述法令的修正条文。1998 年的《投资鼓励法》及其修正文本则适用于希望申请投资优惠的情形。2012 年，捷克出台新的《投资鼓励法》，调整了申请优惠的条件和可享受税收减免的年限，加强了对商务支持服务中心、技术中心和战略投资者的支持。

捷克明令禁止外资进入涉及化学武器和危险化学物质的行业，限制外资进入军品工业、核燃料开采、对环境可能造成严重危害的行业和资源开采行业，鼓励外资进入信息与通信技术、工程机械、高技术制造业（电子、微电子、航空航天、高端设备制造、高技术汽车制造、生命科学、制药、生物技术和医疗设备等）、商业支持服务（软件开发中心、专业解决方案中心、地区总部、客户联系中心、高技术维修中心和共享服务中心等）、技术设计中心（创新活动、应用研发）等行业。

外国法人在捷克境内从事商业活动可以设立的公司形式主要包括有限责任公司、股份公司、合伙公司、合作社和外国企业设立的分公司等。进入不同投资领域的外资企业在满足了一定的条件后，可以享受优惠政策，主要内容有：免除企业所得税、提供创造就业和再就业培训补贴、提供有基础设施的优惠用地以及低价转让土地所有权。捷克对外资采取优惠措施的主要目的是鼓励企业技术升级和扩大就业。

为吸引外资和满足投资者对工业基础设施的需求，捷克政府自1998年开始出资鼓励建设工业园区，在土地转让和租金等方面提供了一系列优惠政策。

捷克外汇交易已经放开，货币自由兑换。国内外法人和自然人可以将外汇自由汇入或汇出捷克，国外投资者可在捷克境内自由投资，可以在克朗账户或外汇账户上存取款。虽然《外汇法》取消了与资本流动和外汇交易有关的监管，但从事外汇交易、兑换业务或其他金融服务都必须要获得相应的许可证。

2. 金融体系

经济转型之初，捷克的金融业从表面上看发展迅猛：建立起二级银行体系，银行数目从1990年的5个上升到1995年的55个，银行业资产超过了国内生产总值的150%，信贷占国内生产总值的比例可与西欧国家相媲美。然而，宽松的许可法和监督，以及国家过度干预大型国有银行的贷款决定，鼓励了不谨慎的贷款、内幕交易和明目张胆的欺诈行为。在20世纪90年代后期，捷克银行对不良贷款进行了清理，随后一直保持非常有利的存贷款比率，存款数额大大超过贷款数额。

捷克国家银行是中央银行，它是银行监管的最高机构，拥有制定和实施货币政策的全部权力。1998年后，捷克开始出售大银行给国外战略投资者。截至2016年12月31日，捷克共注册登记了45家银行和外国银行的分行，其中 23 家银行为外国银行的分行，14 家银行为外资占主导作用的银行，8 家为国内资本占主导作用的银行。捷克四大商业银行是捷克斯洛伐克贸易银行、捷克储蓄银行、商业银行和意大利联合信贷银行。在融资方面，外资企业与捷克国内企业享受同等待遇，形式取决于企业的资信情况。捷克银行对中国投资企业一般采取抵押贷款的方式。

非银行金融服务仍然相对落后，而且与银行部门相比显得不那么重要。不恰当的少数股东权益和广泛的内幕交易，使多数捷克人和外国投资者对捷克的资本市场持谨慎态度。

捷克的金融体系较好地抵御了国际金融危机的冲击，政府无须花费巨额资金帮助其走出困境，主要原因是它具有下列特点：清偿能力强，提供贷款的资金充足，采取传统的保守经营策略，贷款拖欠率较低，不提供大额外币贷款，盈利能力强。如今，捷克银行部门有足够的资源、流动资金和资本，抗冲击能力强，不会成为经济的风险源。

3. 税收体系

在税收体系方面，捷克基本同欧盟发达国家接轨，具有法律健全、透明统一和税赋较低的特点。税收主要分直接税和间接税两大类。直接税包括自然人所得税、企业法人所得税、不动产税、公路税及其他行政或地方税费；间接税收包括增值税、遗产税和消费税等。捷克实行属地税制与属人税制相结合的税收制度。年度报税的最后期限一般为次年 3 月 31 日。

2010 年以后，企业法人所得税税率为 19%。投资基金和养老基金所得税税率为 5%。从 2008 年起，捷克个人所得税实行 15% 的统一税率。一般商品与服务的增值税税率为 21%，对农产品、食品、药品、书刊、公交、供水供暖和住宅建设等少数商品和服务征收 15% 的低档税率。消费税的征收对象主要有石油及石油衍生物、烈性酒、啤酒、葡萄酒和烟草制品等。捷克对商用车辆征收道路税，私人汽车只缴纳高速公路通行费。房地产交易税通常由卖方承担。另外，作为欧盟的成员国，捷克对供电供气和供应固体燃料的企业征收能源税。在关税方面，按照欧盟统一关税征收，对出口商品实行零税率。在捷克没有需要公司缴纳的地方税。

表2　捷克主要税收一览

单位：%

税目	税率	税目	税率
公司所得税	19	房地产交易税	3
个人所得税	15	遗产税	0.5 ~ 20
增值税	21,15	赠予税	1 ~ 40

资料来源：中国商务部：《对外投资合作国别（地区）指南——捷克》（2016）。

五　双边关系

（一）政治关系

在1993年1月1日捷克共和国独立的当天，中国即予以承认并与其建立了大使级外交关系，中国同捷克斯洛伐克联邦共和国签署的条约和协定对捷克共和国继续有效。双方商定，继续沿用中国同捷克斯洛伐克建交的日子——1949年10月6日为两国建交日。尽管两国在政治制度和内外政策等方面存在差异，围绕台湾、西藏和人权等问题不时发生矛盾，但从总的趋势看，两国保持和发展了传统友好关系。

近年来，两国政治关系保持了较高水平，在经贸领域的合作不断加深，在文化、科学、教育、卫生、生态环境及旅游等人文领域的交流也日渐增多。另外，两国关系还朝着建立捷克各州及州府与中国各省及省会城市之间伙伴关系的方向发展。

（二）双边贸易

1993年捷克共和国独立之后，中捷两国政府相互给予对方最惠国待遇。只是多种原因使然，1994~1998年两国双边贸易额较低。自1999年以来，在两国有关部门的支持下，在双方经贸实体的努力下，两国经贸关系取得了很大发展，双边贸易总额不断创出新高。中国对捷出口一直大于从捷进口，这是双边贸易中的一个突出特点。捷克不仅在双边贸易中存在赤字，而且赤字规模连年扩大。

据欧盟统计局统计，2017 年 1～9 月捷克与中国双边货物进出口额为 101.7 亿美元，增长 10.0%。其中，捷克对中国出口 17.5 亿美元，增长 27.1%；自中国进口 84.2 亿美元，增长 7.0%。捷克与中国的贸易逆差 66.6 亿美元。2016 年，中国成为捷克排名第 18 位的出口目的地和第 3 大进口来源地。

捷克对中国出口的产品主要有机电产品、运输设备、光学医疗设备、集成电路、纺织机械及零件、玻璃制品等，捷克自中国进口的商品则主要有机电产品、贱金属及制品、计算机与通信技术、轻纺产品、鞋类和食品等。

（三）双边经济合作

2004 年加入欧盟后，捷克开始执行欧盟的统一对外经济政策。根据捷方的要求，两国政府修改了捷中经贸协定，改名为捷中经济合作协定，奠定了两国经济合作新的法律基础。2005 年 12 月，双方签署了《中华人民共和国政府与捷克共和国政府关于促进和相互保护投资协定》及总金额约 4.7 亿美元的商务合作文件。在 2009 年上半年捷克担任欧盟轮值主席国期间，捷克与欧盟委员会、欧盟经济委员会以及中国合作举办了两次专题活动：名为"及时预警与危机管理"的欧盟－中国研讨会和"欧盟－中国环保商务促进大会：清洁发展机制与生物能源"。

两国政府都表示，鼓励和支持双方企业开展灵活多样的合作方式，加大市场开拓力度，改善进出口商品结构，增加进出口商品的技术含量，扩大相互投资的规模，使双边合作向更高的层次发展。随着中国企业对捷克了解和认识的加深，中国企业逐渐加大对捷克贸易和投资力度，而捷克企业看重中国的巨大市场及其发展潜力，希望在电力、环保、机械设备、交通工具、机床、电子、制药、核能、纳米纺织机械等领域与中国开展合作。

近年来，两国企业间相互投资不断扩大，合作领域日益拓宽，合作方式不断创新。长虹、华为、中兴、运城制版、诺雅克电气和中国华信能源公司等中方公司相继在捷克开展投资活动，投资领域涉及家电生产、通信、印刷、金融、旅游、能源和航空等。捷克企业在中国的主要投资项目有：捷克斯柯达公司与上海大众合作生产汽车，捷克爱格福集团在华设立外商独资企业，捷克 TOS 企业与交大昆明机床厂合作生产机床和捷克 PPF 集团在中国开展金融信贷业务等。根据中国商务部统计，截至 2015 年 12 月，中国对捷克直接投资存量 2.24 亿美元，在捷克建成一批生产、研发和服务型企业。捷克对华投资涵盖生产、服务和金融等领域。

六　总体风险评估

加入北约和欧盟以来，捷克的主权和独立性进一步加强，外部安全环境得到保证，遭受外来干预的可能性很小。国内政治总体上保持稳定。

捷克经济形势也比较稳定。多年来，捷克一直是外资的理想目的地，而优越的地理位置、低廉的劳动力成本和有利于投资的立法框架，将使它今后继续成为外国投资者青睐的地方。捷克的金融状况良好，外债数额有限，公共财政和国家预算出现了盈余。从整体上看，投资风险较小。

捷克与中国双边贸易发展较快，贸易额不断攀升。目前，两国政府需要努力解决贸易不平衡问题，加大生产技术的交流与合作。自捷克加入欧盟后，其对中国产品的技术指标受欧盟的规范，提高了中国出口产品的技术门槛和成本，中国企业应尽快适应向捷克出口产品的技术标准。

（姜琍）

克罗地亚

（The Republic of Croatia）

一　国家基本信息

（一）地理概述

克罗地亚共和国（简称克罗地亚）位于欧洲中南部的亚得里亚海东岸，西北部与斯洛文尼亚毗邻，东北部同匈牙利接壤，东部边界的北端和南端分别是塞尔维亚和黑山，东部中间与波黑交界，西南部濒临亚得里亚海，与意大利隔海相望，国土面积 56594 平方公里。首都为萨格勒布（Zagreb）。

（二）人口和民族

全国总人口 417.1 万人（截至 2016 年），其中克罗地亚族占绝大多数，主要少数民族有塞尔维亚族、波什尼亚克族、意大利族、匈牙利族、阿尔巴尼亚族、捷克族等。官方语言为克罗地亚语。主要宗教是天主教。

（三）简史

1918 年 12 月，克罗地亚与一些南部斯拉夫民族联合成立塞尔维亚人 - 克罗地亚人 - 斯洛文尼亚人王国，1929 年改称南斯拉夫王国。1941 年，德国、意大利法西斯入侵南斯拉夫，扶植建立了"克罗地亚独立国"。1945 年，南斯拉夫各族人民赢得反法西斯战争胜利，同年 11 月 29 日宣告成立南斯拉夫联邦人民共和国，1963 年改称南斯拉夫社会主义联邦共和国，克罗地亚成为南联邦六个共和国之一。1991 年 6 月 25 日，克罗地亚宣布脱离南联邦独立。2013 年 7 月 1 日，克罗地亚加入欧盟。

二　政治状况

（一）政体简介

1. 宪法

1990 年 12 月 22 日，克罗地亚议会公布修改后的《克罗地亚共和国宪法》。宪法规定，克罗地亚按立法、行政和司法分权的原则建立国家权力。1997 年 12 月 12 日，克罗地亚议会通过了独立后的第一个宪法修正案，新宪法把议会名称从"克罗地亚共和国议会"改为"克罗地亚国家议会"，增加了禁止议员提出可能导致或恢复南斯拉夫或巴尔干国家共同体的联合动议。2000 年 11 月，克罗地亚议会通过宪法修正案，改半总统制为议会内阁制。2001 年 3 月 28 日，克罗地亚议会通过第三个宪法修正案，决定撤销省院（上院），实行单院议会制。

总统由公民直接和无记名的投票方式选举产生，任期 5 年，连任不得超过两届。现任总统为科琳达·格拉巴尔 - 基塔罗维奇（Kolinda GRABAR-KITAROVIC），2015 年 2 月就任。

科琳达·格拉巴尔 - 基塔罗维奇总统 1992 年毕业于萨格勒布大学，获得国际关系硕士学位。1992 年任克罗地亚科学技术部顾问，1993 年任外交部顾问。2003 年 11 月当选为议员，2005 年 2 月至 2008 年 1 月任克罗地亚外交和欧洲一体化事务部部长。2008 年 3 月任克罗地亚驻美国大使。2015 年 1 月，格拉巴尔 - 基塔罗维奇当选总统，成为克罗地亚独立以来最年轻的也是首位女总统。

2. 议会

国家最高权力机构，一院制。议会设 100 ~ 160 个席位，代表通过公民直接和无记名投票选举产生，任期 4 年。议会行使立法权，预算审批权，决定国家是否进入战争状态，批准国家安全战略和国防战略，决定领土边界变更，批准全民公投，批准刑事犯罪的赦免。议会主席保证议会权力的行使，维护议会权威，组织议会工作。本届议会于 2016 年 10 月 14 日选举成立，由 151 名议员组成。其中，克民主共同体占 61 席，桥党占 13 席，人墙党占 8 席，社会民主党领导的反对党联盟占 54 席，伊斯特拉民主会议党占 3 席，米兰·班迪奇 365 - 劳动团结党占 2 席，斯拉沃尼亚 - 巴拉尼亚民主联盟占 1 席，独立候选人 1 席，少数民族议员 8 席。议会下设 29 个专门委员会。议长为博若·佩特罗夫（Božo PETROV），2016 年 10 月就任。

3. 政府

政府是国家权力执行机构，由总理和各部长组成。总理由总统任命，总理在被任命后 30 天内提出政府成员名单和提请议会进行信任投票。本届政府于 2016 年 10 月 19 日组成，共设 20 个部。总理为安德烈·普连科维奇（Andrej PLENKOVIC），主要政府成员包括：副总理兼外交和欧洲事务部部长玛利亚·拜伊钦诺维奇·布里奇（Marija Pejčinović Burić），副总理兼商业、中小企业和手工业部部长马尔蒂娜·达利奇（Martina DALIC），副总理兼国防部部长达米尔·科尔斯蒂切维奇（Damir KORSTIČEVIC），副总理兼建设与空间规划部部长（Predrag Štromar）等。

4. 司法

司法工作由法院、检察院和宪法法院实施。法院包括最高法院、高等贸易法院、州级法院、高等违规法院和行政法院，实行两审终审制。最高法院由 1 名院长和 40 名法官组成。检察院包括最高检察院、州检察院和地方检察院，最高检察院有 11 名成员。宪法法院由 13 名成员组成，任期 8 年，由议会选出。最高法院院长根据总统建议由议会选出，任期 4 年。最高检察院检察长根据政府的建议由议会选出，任期 4 年。

5. 政党

克罗地亚主要政党有克罗地亚民主共同体、克罗地亚社会民主党、桥党、克罗地亚人民党和克罗地亚农民党等。

克罗地亚民主共同体，执政党，1989 年 6 月 17 日成立，是右翼民族主义政党，号称有党员约 40 万，其主要力量是 20 世纪 70 年代初期被称为克罗地亚"民族主义浪潮"的主要组织者与积极分子，一开始作为民族运动出现。民主共同体成立时的政治目标是：废除一党垄断；变南联邦为邦联，以实现克罗地亚的自主权。该党主张用民主方式联合一切愿意在社会和政治活动中运用基督教文明和伦理道德普遍价值观念的人，争取实现克罗地亚精神和物质生活的全新复兴。在 2016 年的议会选举中。民主共同体获得了议会 151 席中的 61 席，保持了议会第一大党和执政党的地位。主席为安德烈·普连科维奇。

克罗地亚社会民主党，在野党。1920 年 5 月成立时称克罗地亚共产党，是南斯拉夫共产党的下属组织，1952 年改称克共盟，1992 年 6 月改为现名，是克罗地亚最大的左翼党。该党主要代表劳动者和工人的利益，妇女和青年的地位在该党的组织和其他机构中也十分突出，党内还有相当数量的塞族和其他少数民族成员。该党希望促进克罗地亚国内外的和平与合作，主张保护劳动人民、中下层居民和需要特殊照顾的少数民族的利益。在 2016 年议会选举中获得议会 151 席中的 36 席，是最大的在野党。主席为达沃尔·拜尔纳尔迪奇。

桥党，在野党。2012 年 11 月 7 日成立，最初是一个带有地方主义色彩的党派组织。2013 年，该党参加了梅特科维奇市的地方选举并获取胜利，党主席博若·彼得罗夫成为市长。在同一届选举中，桥党也进入了杜布罗夫斯克－内雷特瓦县的县议会。在 2015 年的议会选举中，该党以削减政府支出和国债、改革公共服务和简化行政区设的竞选纲领赢得了民众的支持，最终获得了 19 个议会席位，成为议会中的第三大党并进入政府。在 2016 年议会选举后，桥党保留了其执政党地位，但后又因与主要执政党民主共同体发生矛盾于 2017 年 4 月宣布退出执政联盟。

（二）政局现状

在议会通过对蒂霍米尔·奥雷什科维政府的不信任案后，克罗地亚于 2016 年提前举行议会选举，选举后民主共同体、桥党和其他中小党派组成新一届政府。但是这一联盟并不稳固，因为意见分歧，桥党于 2017 年 4 月退出执政联盟，多名政府成员发生变动。2017 年 11 月，反对党社会民主党发起对政府的不信任案投票。尽管议会否决了这一提案，但政党间的矛盾与斗争仍然存在。

克罗地亚 2013 年 7 月正式加入欧盟，成为西巴尔干地区第一个加入该组织的国家，但由于在打击腐败、司法改革、保护少数民族和起诉战犯等方面表现不佳，仍将继续接受欧盟的监督。

在欧盟的压力下，近几年西巴尔干国家关系不断改善，基本排除了爆发激烈冲突的可能。克罗地亚同邻国，尤其是同塞尔维亚虽然时有争执出现，但这些争执都得到了妥善的解决。2016 年议会选举后，克罗地亚不再阻挠塞尔维亚加入欧盟的谈判，从而缓和了与该国的关系。克罗地亚与斯洛文尼亚围绕皮兰湾存在领土争端，但力主保持欧盟内部团结，和平解决争端。

（三）国际关系

自建国以来，克罗地亚始终将加入欧盟和北约作为其外交政策的基本优先点。2000 年 5 月 25 日，克罗地亚加入北约"和平伙伴关系"计划。2004 年 6 月，克罗地亚成为欧盟候选国。2009 年 4 月 1 日，克罗地亚加入北约。2013 年 7 月 1 日，克罗地亚正式成为欧盟第 28 个成员国。

除此之外，克罗地亚已加入世贸组织、东南欧稳定公约、地中海联盟、世界银行、欧洲复兴开发银行等国际组织。

克罗地亚重视发展同大国的友好合作关系，与美国发展良好的关系是克罗地亚外交战略重点之一。在乌克兰危机爆发前，克罗地亚同时与俄罗斯保持着正常的国家关系和经贸关系，但随着欧盟实施对俄制裁和民主共同体的上台，两国关系逐渐下行。

在坚决维护国家利益和平等互利的基础上，克罗地亚重视加强同中欧和邻国的关系。克罗地亚同匈牙利、意大利保持着良好的传统关系，同塞尔维亚、黑山、波黑、斯洛文尼亚关系明显改善，高层互访频繁，各领域务实合作深化。

三 经济形势

（一）经济概况

1. 自然资源

克罗地亚的主要矿产是石油、天然气、煤、铝矾土和泥灰石等。煤的储量大，但优质煤储量少，埋藏深，开采难，而褐煤及其他劣质煤开采方便，有些地方甚至可以露天开采。克罗地亚森林资源比较丰富，植物种类繁多，森林面积为 24856.11 平方公里，占陆地总面积的 43.96%，是欧洲森林覆盖率最高的国家之一。水利资源较丰富，海岸线绵长、海水清澈、港湾众多、交通便利。

2. 产业结构

克罗地亚有着发展农业生产的良好自然条件，地形的复杂多样，充足的水资源，加上温带大陆性气候、山地气候及地中海式气候的交互影响，使克罗地亚适合进行多种多样的农业生产，可以种植多种工农业作物和葡萄等经济作物，以及温带、热带水果和蔬菜等。由于 20 世纪 90 年代战争的影响，大片良田被毁，耕地面积大幅度减少，生产也随之大幅度下降，农业基础设施比较落后，使农作物单位面积产量下降，其他粮食作物产量也大幅度下降。克罗地亚除了葡萄酒、鸡肉、鸡蛋、玉米和小麦五种产品可以自给自足外，其他大部分农产品、食品产量已不能完全满足自身的需求，均须进口以满足市场需求。克罗地亚全国农业可耕地面积为 269.5 万公顷，播种面积约为 100 万公顷，其余均为草场、沼泽、芦苇荡和鱼塘，葡萄园为 5.8 万公顷。2016 年克罗地亚农业收入仅占国内生产总值的 4.0%。

工业是克罗地亚国民经济的主体，2016 年工业产值为 111.5 亿美元，占国内生产总值的 26.5%，工业品在国家出口总额中占到 94.5%。26.7% 的就业岗位由工业部门创造。木材加工、食品生产、化肥和轮船制造等产业是克罗地亚的传统产业。现有的主要工业部门包括食品加工、纺织、造船、建筑、电力、石化、冶金、机械制造和木材加工业等。其中食品产业收入占制造业总收入的 24%，金属加工和机械制造业占 20%，煤炭和石油生产占 17%，化学、橡胶及塑料产业占 11%。

克罗地亚有漫长的海岸线和优美的自然风景，旅游业在国民经济中占有特殊的地位，是国民经济的重要组成部分和外汇收入的主要来源。2016 年克罗地亚过夜旅客人数为 7805.0 万人次，同比增长 9.0%。克罗地亚政府希望到 2020 年过夜旅客人数能达到 1.75 亿人次，旅游业收入达到 170 亿美元。赴克旅游的游客多数来自欧盟成员国，德国是克罗地亚旅游的最大客源国，2016 年有 227.7 万人次赴克，其次为斯洛文尼亚、奥地利、意大利、波兰和捷克等国。

（二）近期经济运行状况

1. 宏观经济

1991～1995 年战争期间克罗地亚经济遭受了重创。2000～2007 年，克罗地亚经济开始恢复性增长，货币稳定，国内生产总值增长率为 4%～6%。在经历了 2008 年经济增长放缓后，2009 年受到国际金融危机影响，经济出现负增长。2009～2014 年，克罗地亚每年的经济增长率仅为 -1.6%。直到 2015 年，克罗地亚才重新恢复经济增长。此后两年，克罗地亚的经济增长率保持在 2%～3%。经济增长的主要动力来自居民消费、国际石油价格的走低与旅游业的兴盛，其中，减税政策与增加工资带来的消费增长是克罗地亚经济增长的主因。当然，克罗地亚在经济发展过程中也面临许多难题，包括过高的公共债务与失业率、过度依赖国外投资、人口衰减与老龄化等问题。2016 年，克罗地亚政府曾推出一系列税法改革和行政救济行动计划，并投入 2.3 亿美元解决失业问题。但由于政府内部的动荡，新政府很难在其他领域也进行相应的改革。

2018～2022 年，克罗地亚的经济增长率预计为 2.7%。消费与投资仍将是经济增长的主要动力，而移民问题的加剧和劳动力不足将成为经济发展的主要障碍。在乐观的情况下，克罗地亚将于 2019 年恢复到世界金融危机之前的经济水平。

表1　2012～2017 年克罗地亚主要经济指标统计

年份	2012	2013	2014	2015	2016	2017
GDP（亿美元）	560	580	570	490	500	490
人均 GDP（购买力平价美元）	20946	21375	21727	22406	23496	24600
实际 GDP 增长率（%）	-2.2	-1.1	-0.5	1.6	2.7	2.5
通货膨胀率（%）	3.41	2.22	-0.22	-0.46	-1.10	
失业率（%）	18.6	19.8	19.3	17.0	15.1	13.4
商品出口（FOB）（亿美元）	111.44	118.41	129.54	118.76	123.63	138.69
商品进口（FOB）（亿美元）	192.36	205.71	213.89	192.73	201.28	226.11

年份	2012	2013	2014	2015	2016	2017
经常账户余额(亿美元)	-1.03	5.59	11.80	24.33	16.81	11.88
国际储备(亿美元)	148.07	177.67	154.24	149.67	145.96	147.05
外债总额(亿美元)	584.52	631.76	566.08	508.77	487.13	475.35
已偿债务(亿美元)	67.56	73.95	95.93	82.56	80.83	82.00
汇率:(美元/库纳)	5.73	5.55	6.30	6.99	7.04	7.08

资料来源：EIU，2017 年数据为估计值。

2. 国际收支

克罗地亚独立之后，整个经济形势包括对外贸易全面下滑。2000 年新政府上台后，克罗地亚的外部环境得到大大改善，新政府采取一系列措施加强同国际社会尤其是西欧国家的联系，对外贸易迅速增加。2009 年，受全球金融危机影响，克罗地亚进出口贸易额大幅下降。此后一段时间，克罗地亚的外贸总额经常出现波动，但总体维持了上升的趋势。2016 年，克罗地亚进出口贸易额为 313.9 亿美元，其中出口额为 116.3 亿美元，进口额为 197.5 亿美元，贸易逆差 81.2 亿美元。主要出口商品：汽车和运输工具、机械制造品、纺织品、矿物燃料、化工产品、食品、原材料、饮料和烟草。主要进口商品：机械、运输和电气设备、化学品、燃料和润滑油、食品。欧盟是克罗地亚的主要出口伙伴（占克罗地亚出口总额的 66.3%），其次为波黑（9.2%）、塞尔维亚（4.8%）、美国（3.7%）和俄罗斯（1.5%）等。主要的进口来源地依次为欧盟（77.2%）、中国（3%）、波黑（2.9%）、塞尔维亚（2.5%）和韩国（2.1%）等

过去一段时间内，克罗地亚的国际储备也呈现起伏的状态。2016 年的国际储备为 142.44 亿美元，2017 年预计为 174.24 亿美元，同比增长 22.3%。未来数年里，克罗地亚的国际储备将维持在 170 亿美元的水准。

3. 外债状况

高额的外债是影响克罗地亚经济发展的因素之一，国际金融危机爆发后，外国资本抽逃，库纳贬值，出口下降，外债负担更为加重，2009 年外债总额达到创纪录的 649.29 亿美元。之后外债总额有所下降，但债务负担仍然沉重。欧盟委员会 2014 年初对克罗地亚政府发出警告称，克罗地亚

外债过多将导致宏观经济整体失衡。此后，克罗地亚开始重点解决外债和公共债务过高的问题。2016 年，克罗地亚的外债缩减为 441.02 亿美元，比 2013 年下降了 30.2%。但受制于经济中的结构问题，克罗地亚的外债问题并未得到根治。未来数年内，克罗地亚的外债总额极有可能重新上涨。

4. 财政收支

克罗地亚的财政收入包括税收收入和非税收收入。税收收入是财政收入最重要的来源，非税收收入包括社会保险收入、援助收入、财产收入、出售商品和服务收入、罚款赔偿收入。2017 年财政收入为 1.01 亿库纳，财政支出为 0.97 亿库纳。

从 2008 年开始，克罗地亚政府财政赤字率连年增长。到 2013 年末，克罗地亚的财政赤字率已达到 6.1%，远远高于欧盟 3% 的警戒线。2014 年 1 月，欧委会决定将克罗地亚列入过度赤字程序（EDP），并要求克罗地亚 2014 年将赤字水平下降到 4.6%，2015 年为 3.5%，2016 年为 2.7%。为了达到这一目标，克罗地亚政府出台了《克罗地亚 2014 ~ 2016 经济指导与财税政策草案》。此后数年里，克罗地亚的财政赤字率连年下降。2017 年的财政赤字率已减至 0.8%，正式脱离了欧盟的过度赤字程序。2018 ~ 2022 年，克罗地亚有望保持 0.8% ~ 1.2% 的财政赤字率。

表 2   2013 ~ 2017 年克罗地亚财政收支情况

年份	2013	2014	2015	2016	2017
财政收入（亿库纳）	1.09	1.14	1.09	1.16	1.01
财政支出（亿库纳）	1.24	1.26	1.15	1.17	0.97

资料来源：克罗地亚财政部。

四　投资状况

（一）外国投资状况

从 1991 年到 1995 年克罗地亚的投资环境受到战争的影响，存在较大的政治风险，因而妨碍了外国投资者的进入。随着战争的结束和整个经济形势的好转，克罗地亚已开始努力吸引外资，外资金额直线上升，一度成为前南地区最具吸引力的外国投资目的地。但近年来庞杂的税赋征收，使其投资吸引力逐步丧失。2016 年，克罗地亚的外资净流入额为 18.64 亿美元，占当年 GDP 总量的 3.68%。这一成绩虽好于 2014 年，但远不如世界金融危机波及克罗地亚之前（2005~2009 年）。

（二）投资环境

1. 投资政策

克罗地亚是一个开放的市场，对外国投资人没有限制。外国投资人可以在克罗地亚建立独资公司，外商在克罗地亚投资和注册公司即享受国民待遇，在权利和义务、公司中的法律地位等方面与克罗地亚本国公司的待遇相同。《外商投资法》将享受优惠措施的最小投资额由原先的 400 万库纳（约合 55 万欧元）降为 30 万欧元。同时还引入了"国家地区资助分布图"，对向特定区域进行的投资给予额外资助。

《外商投资法》规定外国人不能获得某些不动产（如自然资源及其他对克罗地亚具有特殊利益的财富等）的所有权，但可以按照克罗地亚《租借法》的规定使用这些资源。克罗地亚本国和外国法人和自然人均可获得克罗地亚资产的租借权。

克罗地亚鼓励外商投资工业园区。根据《自由区法》对自由区提供以下优惠：

（1）自由区内的国内外客户地位一律平等；

（2）在自由区内进行的各种形式的外贸活动，不受克罗地亚外贸法规和外汇交易法规的限制；

（3）商品自由进出口；

（4）商品可在自由区内无限期保存；

（5）免征关税；

（6）利润税减 50%，即区内利润税率为 17.5%；

（7）如果客户在自由区内建设或参与建设的基础设施项目的投资额超过 100 万库纳，其营业 5 年内免交利润税。

2. 金融体系

克罗地亚金融体制的基本特点是银行集中制。监督机构是克罗地亚人民银行、克罗地亚证券委员会、养老金和保险监督局。克罗地亚人民银行是克罗地亚的中央银行，1991 年 10 月成立，基本目标是保持货币和价格稳定以及对内对外的清偿能力，主要工作是制定和执行货币和外汇政策、管理国家外汇储备、发行货币、批准和终止其他银行的业务、监督其他银行、向银行发放贷款并且接收其他银行的存款等。

克罗地亚允许私人和外国人在克罗地亚开办银行，除进行银行相关服务外，还可根据授权从事其他金融服务。开办银行的基本资金为 4000 万库纳，并需要经中央银行批准和颁发许可证。国外银行可以通过其分行在克罗地亚开展银行业务，分行没有法人所有权。国外银行办事处不能在克罗地亚从事银行及其他金融服务，只能进行市场调研活动。建立办事处也必须得到克罗地亚人民银行的批准。办事处没有法人所有权。

克罗地亚复兴与发展银行是国家投资银行，属国家所有。其基本业务包括各种证券发行承销，融资财务顾问，产业整合购并顾问，为克罗地亚出口商融资和办理出口业务等。

3. 税收体系

克罗地亚建立了以所得税和增值税为核心的税收体系。税收体制规定，所有纳税人（本国、外国的自然人和法人）地位一律平等。克罗地亚实行地方自治，各地方政府还要征收各种附加税种，除此之外全国实行统一的税收制度。

克罗地亚的现行税种有以下几种。

（1）利润税。克罗地亚的利润税税率为 20%。利润税的纳税基数包括企业在国内外的利润总额，但外国公司在克罗地亚分公司的纳税基数只是在克罗地亚境内的盈利额。为鼓励某些地区（战争破坏地区、不发达地区和无人居住的岛屿）的重建和发展，克罗地亚政府可以依法减免这些地区某些纳税人的利润税。

（2）个人所得税。个人所得税纳税人指在克罗地亚获得收入的所有国内和国外自然人。个人所得税的纳税基数是纳税人获得的工资、养老金收入，以及经营手工业、自由职业、农业、林业获得的收入，租借或转让房地产、著作权等获得的收入。所得税实行累进税制：月收入低于 2200 库纳，所得税税率为 12%；月收入 2200 库纳至 8800 库纳，所得税税率为 25%；月收入超过 8800 库纳，所得税税率为 45%。

（3）增值税。克罗地亚于 1998 年 1 月 1 日引入增值税，用于代替原来的产品和服务流通税。增值税税率为 25%。增值税纳税人指以获得收入为目的、提供货物或劳务的企业主，即独立从事经营的自然人或法人。增值税的纳税基数是提供货物或劳务后得到的补偿金。

（4）消费税。消费税是对一些特定消费品和消费行为征收的一种税。消费税的征税范围有：石油产品、烟、酒及酒精、咖啡、摩托车、小汽车、汽油、柴油、汽车轮胎、奢侈品等商品。

（5）不动产流通税。有偿出售和转移不动产须交纳不动产流通税。不动产包括农业用地、建筑用地、居民楼、办公楼及其他建筑物。不动产流通税的纳税人为不动产的获得者，不动产流通税的税率为转让该不动产时市场价格的 5%。

五　双边关系

（一）政治关系

1991 年 6 月 25 日，克罗地亚宣告独立，中国政府于 1992 年 4 月 27 日宣布承认克罗地亚为独立国家，5 月 13 日，两国建立外交关系。随着中国国家地位的提高，克罗地亚开始重视对华关系。2005 年，中克建立全面合作伙伴关系。两国外交部建有磋商机制。

近年来，两国高层交往频繁，政治互信不断增强，经贸合作日益密切。2009 年 6 月 19～20 日，国家主席胡锦涛对克罗地亚进行国事访问。访问期间，双方代表签署《中国和克罗地亚政府经济合作协定》《中国和克罗地亚政府航班协定》《中国卫生部和克罗地亚卫生和社会福利部卫生和医学科学领域 2009 年至 2012 年执行计划》等文件。2010 年 2 月，中国政府特使、文化部部长蔡武赴克罗地亚出席新任总统约西波维奇就职仪式。5 月，克总统约西波维奇来华出席上海世博会克罗地亚国家馆日活动。

2012 年 4 月，国务院总理温家宝在华沙会见出席中国 - 中东欧国家领导人会晤的克总理佐兰·米拉诺维奇。此后，两国领导人都出席了历届"中国 - 中东欧国家领导人会晤"，这一会晤也成为双方进行磋商交流的重要机制。2012 年 5 月，两国庆祝建交 20 周年，全国人大常委会委员长吴邦国访克。2014 年 8 月，克议长莱科访华并出席南京青奥会闭幕式。2015 年 5 月，李克强总理和米拉诺维奇总理就中克建立全面合作伙伴关系 10 周年互致信函。2016 年 6 月，全国政协副主席陈元访克，与克议长热利科·雷伊奈尔举行会谈。

（二）双边贸易

中国与克罗地亚一直保持着良好的经贸关系，已逐步形成平稳发展、稳中有升的局面。在双边贸易中，中国以出口食品、纺织、服装、鞋、船舶、电话机、家用电器和一些机电产品为主。克罗地亚主要提供船舶、化肥、钢材和医药等产品。

据中国海关统计，2016 年中克双边贸易额为 11.78 亿美元，同比增长 7.4%，其中中方出口额为 10.17 亿美元，同比增长 3.2%，进口额为 1.61 亿美元，同比增长 44.4%。

（三）双边经济合作

中克政府间建有经贸混委会和科技合作混委会机制，签有《关于鼓励和相互保护投资协定》《关于对所得避免双重征税和防止偷漏税的协定》《中克政府经济合作协定》，这些协定的签署为两国经济合作提供了法律和机制保证。2003 年 2 月，克成为中国公民旅游目的地国。

近年来，两国的合作领域日益拓宽，经济交流也更加频繁。2012 年中国企业在克罗地亚新签多项大型工程承包项目，包括上海振华重工（集团）股份有限公司承建克罗地亚 ZP1840/41/50 项目等。2013 年 4 月，克罗地亚与斯洛文尼亚联合来华举办旅游专场推介活动。2014 年 4 月，克旅游部部长达尔科·洛伦钦来华出席"2014 中国出境旅游交易会"。同年 6 月，克企业和手工业部部长助理迪亚娜·贝兹亚克出席在宁波举行的中国 - 中东欧国家经贸促进部长级会议。2015 年 1 月，中国农业部副部长牛盾访克，双方签署《中华人民共和国农业部与克罗地亚共和国农业部2015～2016年农业领域合作行动计划》。同月，中国银联国际与萨格勒布经济银行、联合圣保罗卡公司签署合作协议，这是中国银联首次与克罗地亚银行开展合作。2016年3月，中国贸易促进会会长姜增伟访克，并与克国家商会签署合作协议。同年5月，浙江省人大常委会副主任袁荣祥、中国贸促会副会长王锦珍率大型经贸代表团访克，并在萨格勒布举办"中国－克罗地亚企业家峰会暨中国（浙江）－克罗地亚产业对接洽谈会"。

六 总体风险评估

克罗地亚作为首个入盟的西巴尔干国家，政治局势稳定，政权交接平稳有序，社会治安状况良好，加入北约使其国家安全得到保障。虽然因历史遗留问题与邻国时有摩擦，特别是与塞尔维亚的矛盾仍然存在，但不会对克罗地亚国家安全构成威胁。

在历经多年的经济衰退后，克罗地亚逐渐恢复了经济增长的动力。标准普尔（S&P）在2016年12月公布了克罗地亚最新的主权信用评级，将克罗地亚的长期信用评级从"负面"提高为"稳定"，这是过去9年来国家主权信用评级第一次得到改善。另外两个主要的国际评级机构惠誉评级和穆迪评级随后也将其各自对克罗地亚的展望从"负面"提高至"稳定"。标准普尔在报告中表示，对克罗地亚目前信用评级和稳定前景的肯定，是对其强劲的经济复苏和财政状况改善的认可。虽然克罗地亚公共债务仍然很高，并且只有很短的时间用于实施结构性改革和巩固公共财政，但该国未来的经济前景依然值得看好。

当然，克罗地亚经济中的结构性问题依然存在，如人口老龄化、营商环境不善、国有企业积重难返。在世界银行发布的《2018年营商环境报告》中，克罗地亚得分为71.7分，在全球190个参评经济体中排名第51位，排在所有欧盟成员国中倒数第6，较去年下降了8位。对于十分依赖国外投资的克罗地亚来说，这样的负面看法会在一定程度上左右该国的经济走向。

（鞠豪）

拉脱维亚

（The Republic of latvia）

一　国家基本信息

（一）地理概述

拉脱维亚共和国（简称拉脱维亚）。位于东欧平原西部，临波罗的海东岸，里加湾深入内陆；同爱沙尼亚、俄罗斯、白俄罗斯和立陶宛接壤。面积为64589平方公里，其中，陆地面积62046平方公里，内水面积2543平方公里。拉脱维亚的首都是里加，它是全国行政、文化与工业中心，也是波罗的海地区重要的港口及避暑和疗养胜地。

（二）人口和民族

拉脱维亚总人口206.7万（2011年），拉脱维亚族占62.1%，俄罗斯族占26.9%，白俄罗斯族占3.3%，其他民族有波兰人，立陶宛人，乌克兰人等。多数人信奉宗教，但是只有7%的人经常性地参加教会活动。其中信奉天主教的有50万人，信奉路德宗新教的有45万人，信奉东正教的有35万人。官方语言为拉脱维亚语，属于印欧语系波罗的海语族。目前95%以上的居民懂俄语，约10%的居民懂德语，通行英语。

（三）简史

拉脱维亚大部分地区古称利沃尼亚。公元前900年，几个不同的波罗的海部落在拉境内定居，属欧罗巴人种。公元5世纪出现阶级社会。10~13世纪建立了早期的封建公国。12世纪末至1562年，被日耳曼十字军侵占，后归属德利沃尼亚政权。从13世纪开始，因受日耳曼人的利沃尼亚剑之兄弟会影响，转信基督教。里加（现首都）于1285年加入汉萨同盟，与欧洲其他部分保持密切的联系。1583~1710年，先后被瑞典、波兰-立陶宛公国瓜分。17世纪初形成了拉脱维亚民族。1710~1795年，被沙皇俄国占领。1795~1918年，拉东部和西部分别被俄罗斯和德国割据。1918年11月18日，拉脱维亚宣布独立。1920年初，政权被资产阶级夺取，并于1922年2月16日在拉脱维亚宣告成立资产阶级民主共和国。1934年5月，法西斯分子在拉脱维亚发动政变，建立了军事独裁。1939年8月23日，苏德签订互不侵犯条约秘密议定书，规定拉脱维亚划归苏联版图。1939年10月5日，苏联政府与拉脱维亚签订了友好条约。1940年6月，苏军根据"莫洛托夫-里宾特洛甫秘密补充议定书"进驻拉脱维亚，建立苏维埃政权，同年7月21日，成立了拉脱维亚苏维埃社会主义共和国，8月5日，并入苏联。1941年夏，希特勒进攻苏联并占领拉脱维亚。1944年至1945年5月，苏联红军解放拉脱维亚全境，拉重新并入苏联。1990年2月15日，拉脱维亚通过恢复国家独立的宣言，2月27日，恢复了以前的国旗、国徽和国歌。5月4日，拉脱维亚最高苏维埃正式通过"独立宣言"，并改国名为拉脱维亚共和国。1991年8月22日，拉脱维亚最高苏维埃宣布拉脱维亚共和国恢复独立。

2003年9月20日，拉脱维亚经由全国公投，决定加入欧盟，其欧盟成员国身份自2004年5月1日起生效。2004年3月29日，拉脱维亚成为北大西洋公约组织的成员，2007年12月21日，成为申根条约会员国。2014年1月1日，拉脱维亚正式成为欧元区第18个成员国。

二　政治状况

（一）政体简介

1. 宪法

1993年7月6日，拉脱维亚议会通过决议，恢复1922年宪法。1994

年、1996 年和 1997 年，议会三次对宪法进行了修订。宪法规定拉脱维亚是议会制的共和国，议会是国家最高立法机构，总统是拉脱维亚的国家元首及武装部队最高统帅。

拉脱维亚总统由国会投票选出。从 1999 年起，总统任期为 4 年，可连任一次。现任总统雷蒙兹·韦约尼斯，2015 年 7 月由议会选举产生．

2. 议会

议会是国家最高立法机构，实行一院制，由 100 名议员组成，任期 4 年。参选党必须获得 5% 以上的选票才能进入议会。修改宪法须获 2/3 以上议员支持。议会有权弹劾总统，更换总统须获 2/3 以上议员支持。如遇总统自行宣布辞职、病故、拒绝履行职务、出国访问等情况，其职责由议长代为行使。现议会于 2014 年 10 月选举产生，"和谐"社会民主党获得 25 个议席，排名第一；统一党获得 23 个议席，名列第二；"绿党"和农民联盟获得 21 个议席，排名第三。另外 3 个进入议会的政党或联盟分别是民族联盟（一切为了拉脱维亚及祖国自由）、拉脱维亚地区联盟和一心为拉脱维亚党。伊娜拉·穆尔涅采当选议长。

3. 政府

政府由总理和内阁部长组成。宪法规定，总理和内阁名单由总统提出，但总理和部长必须得到议会的信任，方可履行自己的职责，并就其活动对议会负责，受议会监督。政府每年应制定下一年度的国家预算草案，并提交议会审议。2013 年 11 月，总理东布罗夫斯基斯因超市楼顶垮塌事件而宣布辞职，政府随之宣告解散。2014 年 1 月 22 日，拉脱维亚议会批准了莱姆多塔·斯特劳尤马领导的新内阁，其成为拉脱维亚历史上第一位女总理。2015 年 12 月，由于党派分歧，斯特劳尤马宣布辞职。2016 年 2 月 11 日，拉脱维亚议会批准以"绿党"和农民联盟议员马里斯·库钦斯基斯为总理的新一届政府名单。

4. 司法

拉脱维亚宪法规定，司法权独立，该国行使司法权的机构有司法部、法院和检察院。

司法部部长由议会根据总统的推荐任命，任期 7 年。司法部部长有权向议会提出有关追究议员、总统、政府官员、国家检察长、国家法院的刑事责任的建议。司法部部长须每年一次向议会提交关于立法机关、行政机关及地方自治机关制定的法律条例与宪法和国家法律是否相符的情况评述报告。

拉脱维亚法院分为宪法法院和一般管辖权法院。宪法法院由 7 名法官组成，主要职责是对涉及宪法的问题进行裁决。一般管辖权法院分为三个层级：最高法院、州法院和县市法院。县市法院是一审法院，主要负责审理民事、刑事和行政案件。州法院为中级法院，司职审理市、镇、城乡法院审理后上诉的各种刑事、民事案件。最高法院是拉脱维亚的最高司法机关。其法官根据司法部部长的推荐，由内阁任命，议会通过。法官经议会通过后不得更改，只有最高法院才能撤销其职务。各级法院的审判均公开进行，采取公开审判制，禁止秘密审判。

检察机构的设置分国家、地区和市镇城乡高、中、初三级检察院。全国检察机关由国家最高检察长统一领导。国家最高检察长由议会根据总统提议进行审批任命，其任期为 5 年。

5. 政党

拉脱维亚实行多党制，议会中超过半数席位的政党具有组阁权。拉脱维亚恢复独立以来，国内政党规模较小，数量较多，因而多组成执政联盟联合组阁，虽因此政府稳定性较差，但是其内外政策基本稳定。本届议会是 2014 年 10 月选举产生的第十二届议会，共有 6 个议会党团，其中"和谐"社会民主党 24 席，统一党 23 席，"绿党"和农民联盟 21 席，民族联盟（一切为了拉脱维亚及祖国自由）17 席，一心为拉脱维亚党 7 席，拉脱维亚地区联盟 8 席。

主要党派的政治主张有许多相似之处：主张巩固国家独立、维护国家主权和领土完整。对内提倡完善民主制度，推进私有化进程，吸引外资，发展科学教育事业；搞好同周边国家关系，加强波罗的海三国区域合作等。主要分歧在于同俄罗斯建立什么性质的关系以及如何对待居住在拉脱维亚的俄族居民。拉脱维亚为在拉俄族居民颁发了"非公民"护照，他们没有选举权和被选举权。民族联盟和争取拉民族独立运动联盟不主张与俄发展密切关系。

（二）政局现状

目前，拉脱维亚国内政党力量格局稳定，现政府有可能继续执政。拉脱维亚第十二届议会在2014年10月5日选举产生，有6个政党或政党联盟获得的选票超过5%进入议会。目前，拉脱维亚中右翼政府由统一党、民族联盟、"绿党"和农民联盟几个政党组成。

拉脱维亚在政治上基本上保持稳定，中右翼政党组成的执政联盟在内政和外交上保持了连续性。独立以来，拉脱维亚政府有寿命短暂、不稳定的特点，但频繁的政治洗牌对政府政策的连续性影响不大。中右翼政府在外交上支持欧洲一体化，财政上坚持保守立场。2016年2月上台的库钦斯基斯政府经过一年半的努力，成功地颁布了一项有争议的税收改革法令，这树立了他作为一个有效领导人的形象，确保了他在选民中的声望。预计该政府会执政到2018年议会选举，其工作重点是发展经济、增加国家安全、提升民族认同、改善人口状况、开展教育科技和医疗改革等。

（三）国际关系

1. 与欧盟关系

自恢复独立以来，拉脱维亚就将加入欧盟和北约视为外交优先方向。2004年，拉脱维亚顺利加入了北约和欧盟。在全力深化与欧盟关系的同时，谋求发展与俄罗斯的务实合作，谋求拓展外交回旋空间。2004年4月2日，拉脱维亚正式加入北约。5月1日，拉脱维亚正式加入欧盟。2007年12月，正式加入了申根协定。2014年1月，拉脱维亚正式加入欧元区，提高了国家承受国际金融危机的能力。

2. 与美国关系

自恢复独立以来，拉脱维亚不仅重视与欧盟一体化，还十分重视与美国的关系，积极参与和支持美国在阿富汗和伊拉克的反恐活动。美国早在1922年7月28日就与拉脱维亚建立了外交关系，并从不承认拉脱维亚并入苏联。苏联解体后，美国恢复与拉脱维亚的外交关系，拉脱维亚与美国的关系是拉双边外交重点之一。

2005年，美国总统布什在访问拉脱维亚时公开呼吁波罗的海三国向其他国家和地区传授"民主"经验。他还对三国参与在阿富汗和伊拉克反恐活动的表现表示满意，称波罗的海三国为国际反恐斗争做出了贡献，是美国在反恐斗争中的"重要盟国"。乌克兰危机之后，拉脱维亚加强了与美国以及北约的军事合作。北约开始在拉脱维亚境内部署北约军队，以应对来自俄罗斯的军事压力。

3. 与俄罗斯关系

苏联解体以来，由于对历史评价不同和拉脱维亚俄语居民地位问题，拉俄关系一直不睦。在 2014 年的乌克兰克里米亚危机爆发以后，波罗的海国家与俄罗斯的关系普遍出现恶化，俄罗斯族地位问题有可能成为引发社会不稳定的因素。俄罗斯与西方关系趋于紧张有可能影响拉脱维亚的对外出口和能源供应。

4. 与波罗的海国家关系

拉脱维亚一直与同为波罗的海国家的立陶宛、爱沙尼亚关系密切。三国在经济、历史、地理、文化等众多方面有着密不可分的传统联系，它们之间除设有国家元首、政府首脑及部长级定期会晤机制外，还建立了波罗的海大会、波海地区国家经济论坛、三国首都会议机制等。三国还就合资在立陶宛修建核电站、推动建立波海三国统一能源市场、修建波海铁路等问题上取得一定进展。

三　经济形势

（一）经济概况

1. 自然资源

拉脱维亚的主要自然资源有石灰石、石膏、白云石和制造玻璃、水泥和砖用的原料，以及用于建筑和筑路的沙砾、泥炭资源。拉全国有 3000 多个湖泊，750 多条河流，水域面积达 10 万公顷，为水产业提供了良好的天然场所。波罗的海蕴有丰富的沙丁鱼、鲽、鳕、西鲱、蛙、马哈鱼等鱼类资源。拉脱维亚可耕地面积为 258 万公顷，土壤以灰化土为主。森林资源丰富，面积为 310 万公顷，占全国总面积的 51%，其中松树和杉树占森林面积的 50%。年木材采伐量为 1280 万方米。

2. 产业结构

拉脱维亚独立后改变了苏联时期以加工工业为主的经济结构。加工工业在国民生产总值中的比重由 1991 年的 35.7% 降至 2013 年的 22.4%。农业生产比重由 1991 年的 21.9% 降至 2013 年的 4.4%。服务业成为拉脱维亚经济的主要部门，占比达到 73.2%。运输和过境运输业及社会服务业是国民经济中的支柱产业，商业与旅游业对拉脱维亚近年来的经济成长有相当重要的影响。

港口运输业一直是拉脱维亚的支柱产业之一，是支撑国民经济、平衡外贸逆差的重要产业。拉脱维亚共有 10 个港口，其中大型港口有 3 个，分别是文茨皮尔斯港、里加港和利耶帕亚港。7 个小港主要用于国内运输，而 3 大港口主要用于转运独联体国家的货物。拉脱维亚 3 大港口均为全年不冻港，而且是该地区最北部的不冻港。

（二）近期经济运行状况

1. 宏观经济

在持续数年的经济高增长后，拉脱维亚经济受国际金融危机的冲击一度陷入危机。2008 年底，国际货币基金组织和欧盟向拉脱维亚提供总额为 75 亿欧元的援助贷款。由于拉脱维亚政府执行了严格的紧缩政策和机构改革政策，拉经济在 2010 年已开始走出谷底。继 2011 年、2012 年以后再次恢复性快速增长，私人消费成为推动经济增长的主要动力，财政状况和劳动市场进一步改善，通货膨胀得到有效抑制，主要宏观经济指标均优于预期。2017 年上半年增长达到 4%，预计全年增长可达 4.9%。在强劲的消费和出口支持下，国内投资得到回升，私人信贷持续强劲增长。

2017 年 12 月 24 日，据拉脱维亚央行最新公布的宏观经济发展报告，拉脱维亚银行 12 月将 GDP 增长预测从 2017 年的 4.2% 上调至 4.7%，2018 年的经济增长预测也从 3.8% 上调至 4.1%。预计未来几年拉脱维亚 GDP 进一步增长。2018 年将达到 4.1%。拉脱维亚在 2019 年以后也将继续保持强劲的经济增长，但未来 GDP 增长率可能达不到 2017 年 4.7% 的速度。

表 1 拉脱维亚宏观经济一览

年份	2013	2014	2015	2016	2017
国内生产总值增长(%,同比)	3.1	2.0	2.8	1.4	4.9
公共预算平衡(占GDP的%)	-1.0	-1.2	-1.2	0.0	-0.7
通货膨胀率(%,期末同比)	-0.4	0.2	0.3	2.2	3.0
生产者价格指数(平均,%)	1.5	0.4	-0.9	-2.4	2.1
登记失业率(平均,%)	11.9	10.9	9.9	9.6	8.8
公共债务总额(占GDP的%)	38.9	40.7	36.8	40.6	37.9
经常账户平衡余额(亿美元)	-8.26	-5.49	-1.29	3.76	0.5

数据来源：Latvia Country Report 1st Quarter 2017 by EIU。

2. 国际收支

在 2012 年进出口额均创历史最高后，拉脱维亚近年来的出口增速明显回落，进口甚至出现下降。2016 年，由于总投资收缩了11.7%，经济增长率放缓至2%，吸引欧盟资金低于预期。主要是由于进口增长明显加快，而出口增长保持缓慢。尽管进口额强劲增长。由于能源价格下跌，2016 年的经常账户仍然保持了盈余，这也是 10 年来最好的表现。2017 年的国际收支预计仍然可以保持平衡，随着国内投资的复苏，以及进口需要不断增加，预计 2019 年将再次恢复赤字。近年来，拉脱维亚出口市场不断多元化，一定程度上抵消了英国脱欧带来的冲击。

拉脱维亚的主要贸易伙伴仍为周边欧盟成员国和独联体国家。据欧盟统计局统计，2016 年，拉脱维亚货物进出口额为 263.9 亿美元，比上年同期（下同）减少 0.9%。其中，出口 121.1 亿美元，下降 0.2%；进口 142.8 亿美元，下降 1.4%。贸易逆差 21.7 亿美元，下降 7.4%。分国别（地区）看，2016 年拉脱维亚对立陶宛、爱沙尼亚、俄罗斯和德国的出口额分别占拉脱维亚出口总额的 17.3%、11.5%、11.3% 和 6.9%，为 20.9 亿美元、13.9 亿美元、13.7 亿美元和 8.4 亿美元，对上述四国出口占拉脱维亚出口总额的 47.0%。同期自立陶宛、德国、波兰和爱沙尼亚的进口额分别占拉脱维亚进口总额的 16.8%、12.3%、10.4% 和 7.9%，为 24.1 亿美元、17.5 亿美元、14.8 亿美元和 11.3 亿美元，从上述四国进口占拉脱维亚进口总额的 47.4%。2016 年，拉脱维亚前五大顺差来源地依次是英国、俄罗斯、爱沙尼亚、挪威和丹麦，分别为 3.1 亿美元、3.1 亿美元、2.6 亿美元、2.2 亿美元和 2.2 亿美元；逆差主要来自德国、波兰和芬兰，分别为 9.2 亿美元、8.7 亿美元和 3.9 亿美元。

3. 外债状况

截至 2016 年底，政府总债务将占 GDP 的 40.7%，高于 2015 年的 36.4%。然而，总债务水平的增加可能是暂时的，它反映了拉脱维亚政府决定利用目前的低利率环境，为 2017 年初到期的大型债券赎回提供资金。拉脱维亚债务的投资者依然强劲；最近的债券发行在 2017 年 9 月，规模在 6.5 亿欧元，10 年期债券的年利率为 0.375%，获得了 2.6 倍超额认购。目前，拉脱维亚的债务水平仍处在《马斯特里赫特条约》要求的政府债务标准范围之内（债务低于 GDP 的 60%）。根据 2018 年度预算法案，到 2018 年底，拉脱维亚政府债务预计将达到 102.5 亿欧元，国内生产总值（GDP）为 283.6 亿欧元。预计，其公共债务将逐步减少，在 2021 年有可能下降到国内生产总值的 33%。

近年来，拉脱维亚政府外债规模增速较快，但外债规模处于安全水平。

4. 财政收支

在加入欧元区以后，拉脱维亚政府一直坚持严格的财政政策。根据 2017 年预算草案，医疗资金将增加 6400 万欧元（8.5%）。国防开支将增长 9800 万欧元（27.7%），占 GDP 的 1.7%。根据议会批准的 2018 年预算，拉脱维亚卫生预算的增长最快，将增长 2.35 亿欧元，因为卫生部门正为改革而努力。拉脱维亚的国防开支将增加 1.268 亿欧元，首次达到国内生产总值的 2%，这是北约成员国预计的非官方标准。预算赤字将控制在国内生产总值的 1%。由于税率改革和财政巩固计划运行顺利，预计 2017 年预算赤字占 GDP 的 1.1%，2018 年为 1%，2019 年为 0.7%。拉脱维亚于 2014 年 1 月 1 日加入欧元区，货币政策掌握在欧洲中央银行（ECB）手中。欧洲央行正在奉行一种特别宽松的货币政策，欧洲央行宣布自 2018 年 1 月起将月度 QE 规模从 600 亿欧元降至 300 亿欧元，持续 9 个月。

四　投资状况

（一）外国投资状况

拉脱维亚外国直接投资的主要来源地是波海地区及与拉脱维亚比邻的国家。目前，来自瑞典、德国、丹麦、芬兰和挪威的投资占拉外国直接投资总额的50%。周边国家积极向拉脱维亚投资的原因主要有三：首先，在波海的东部和西部国家存在着巨大的经营成本差异；其次，是投资者看好迅速成长的波海市场并对其展开竞争；再次，是看到拉脱维亚的周边国家，如俄罗斯和独联体中其他国家可通过拉脱维亚求得发展的新的机遇。

表2　拉脱维亚2007~2012年吸引外资情况

单位：亿欧元

年份	2007	2008	2009	2010	2011	2012
FDI 总额	8.6	0.7	2.8	10.4	8.6	6.1
欧盟	14.7	6.8	-4.2	1.9	8.5	6.7
欧盟外欧洲国家	1.4	1.5	2.6	0.9	1.7	1.5
其他国家	0.9	0.3	2.3	0	0.2	0.4

数据来源：欧盟委员会2014年5月公布的数据。

（二）投资环境

1. 投资政策

拉脱维亚是一个依赖外国投资的国家。自独立以来，拉脱维亚一直将外国直接投资作为其经济发展的主要动力。为吸引外国直接投资，拉政府和各地区政府通过与各种商业组织的合作，以多种方式为在拉建立企业的公司改善投资的法律环境和管理环境。例如，加快办理公司注册手续的速度和现代化程度，即可在两个营业日内成立一家公司等。除此之外，拉脱维亚还采取税收优惠政策、经济特区优惠政策、进口增值税和关税优惠政策等来吸引外国直接投资的进入。

2010 年 7 月，拉脱维亚重新修订移民法，旨在鼓励吸引外资、创造就业机会和拉动房地产市场，刺激经济发展。移民法修正案规定，对于在拉投资的外国公民可提供 5 年期居留权和自由出入 25 个申根国家的机会。根据修正案，在拉脱维亚购买房产，对拉当地企业进行注资或在拉注册经营企业，或在拉脱维亚境内银行等信贷机构存款达到一定数额的均可申请 5 年期临时居留权，期满后可根据情况申请永久居留权。2014 年 5 月，拉脱维亚议会修改了该法案，将投资门槛提高到 25 万欧元。

2. 金融体系

拉脱维亚已经建立起二级银行体系。截至 2014 年第一季度，拉脱维亚共有 22 家商业银行、5 家外国银行分行。银行业的私有化程度和外资比例相当高，除一家"抵押与土地银行"完全国有外，其他均是以外资为主的私人银行。总体股份所占比例分别为国家占 5%，拉脱维亚居民占 33%，外资占 62%。拉脱维亚主要商业银行为：Swed 银行（SwedBanka），SEB 联合银行（SEB Banka），DnB 银行（DnB Banka），Citadele 银行（Citadele Banka），芬兰北欧银行拉脱维亚分行（Nordea Banak Finland Latvia Branch），Rietumu 银行（Rietumu Banka）。

截至 2014 年 3 月底，拉脱维亚银行资本总量为 279 亿欧元，环比（下同）减少 3.2%。3 月，储蓄余额缩减 6.33 亿欧元，减少 3.2%，其中居民储蓄额减少 5.39 亿欧元，减少了 5.3%。2014 年第一季度，拉脱维亚银行业利润为 4300 万欧元，同比减少近 1/3（去年为 6490 万欧元）。利润下滑与一家银行的分类结构变化有关，若扣除这一因素，今年第一季度银行业利润增长 28%。

拉脱维亚于 2014 年 1 月 1 日正式加入欧元区。拉脱维亚已经建立了世界上最开放的外汇制度。拉脱维亚居民和外国游客被允许开设欧元和其他外币账户，可以自由兑换其他货币。

3. 税收体系

1995 年拉脱维亚颁布《税收法》，对税收类别、适用条件、征集范围都做了规定。除社会税由国家社会保险基金会执行、不动产税由各级市政当局执行外，所有税收都由国家税务局实施征收。

拉脱维亚是欧洲税率最低的国家之一，但是个人所得税负担在欧盟是最高的之一。目前拉脱维亚与其他波罗的海国家相比，工资税收是最高的。

表3　拉脱维亚实行的主要税率（自2014年1月1日起执行）

税种	税率	税种	税率
社会保险（雇主部分）	23.59%	增值税基本税率	21%
社会保险（雇员部分）	10.5%	增值税优惠税率	12%
企业所得税	15%	增值税等级门槛	5万欧元
微型企业所得税	9%	物业税（住宅）	0.2%~3.0%
个人所得税	24%	物业税（其他属性）	1.5%~3.0%
个人资本收入税（利息和股息）	10%	固定收益税	5%
个人资本资产销售收益税	15%		

数据来源：拉脱维亚国家税务局，https：//www.vid.gov.lv/default.aspx？tabid=7&hl=1。

拉脱维亚拥有四个经济特区：里加（Riga）自由港、文茨皮尔斯（Ventspils）自由港、利耶帕亚（Liepaja）经济特区和雷泽克内（Rezekne）经济特区。在经济特区注册的企业可以享受以下税收优惠：房地产税减免80%；公司所得税减免80%；对代扣的红利、管理费、知识产权使用费纳税减免80%（仅对非居民）；提高固定资产折旧率到150%~200%；对经济特区从国外进口并出口到国外的商品免除增值税、消费税和关税；区内生产的大部分商品和服务享受零增值税；经济特区内用于生产电力和热力的石油产品享受消费税优惠；对在本国缴纳了社会安全税的外国投资者免社会安全税等。

五　双边关系

（一）政治关系

1991年9月12日，中国与拉脱维亚正式建立外交关系。自1994年7

月中拉关系正常化以来，双边关系保持了正常和稳定发展的势头。在双方的共同努力下，两国各领域合作不断发展，政治关系稳固，经贸发展势头喜人，人文交流活跃。两国在经贸、科技、文化、教育等领域签署双边合作文件近 20 个。中拉建立了两国政府间经贸合作委员会，2012 年召开了第八次例会。中国提出了"一带一路"建设倡议，将拉脱维亚作为"一带一路"建设进入欧洲的重要节点，并得到拉脱维亚政府的积极回应。双方发展战略的对接为两国开展合作开辟了新的巨大空间。

（二）双边贸易

据欧盟统计局统计，2017 年 1 ~ 8 月，拉脱维亚与中国货物进出口额为 4.1 亿美元，增长 11.3%。其中，拉脱维亚对中国出口 8862 万美元，增长 8.6%，占拉脱维亚出口总额的 1.0%，基本与上年同期持平；拉脱维亚自中国进口 3.2 亿美元，增长 12.0%，占拉脱维亚进口总额的 3.0%，减少 0.1 个百分点。

2017 年 1 ~ 8 月，拉脱维亚与中国的贸易逆差为 2.3 亿美元，增长 13.4%，中国是拉脱维亚第七大逆差来源国。截至 2017 年 8 月，中国为拉脱维亚第二十大出口市场和第九大进口来源地。

（三）双边经济合作

近年来，中拉双边经贸合作取得了一定发展。迄今，两国签署了经贸合作协定、避免双重征税和防止偷漏税协定、商检协定等合作协定，为双方在具体领域的合作奠定了较好的法律基础。2016 年 11 月 4 ~ 6 日，中国国务院总理李克强对拉脱维亚进行正式访问并出席第五次中国 – 中东欧国家领导人会晤。这是中拉建交 25 年来中国国务院总理首次访问拉脱维亚，也是"16 + 1"领导人会晤首次在波罗的海地区举办。李克强总理访拉期间，中拉两国就在"一带一路"框架下加强多领域合作达成共识，签署了经贸、交通、文化等领域双边合作文件，首列义乌 – 里加中欧货运班列抵达拉脱维亚首都里加，中国和拉脱维亚铁路运输线全线开通，拉脱维亚承担起中欧贸易重要中转站的角色，中拉经贸合作获得新的动力。

六　总体风险评估

第一，拉经济继续保持较快增长势头，但脆弱性特征仍将长期存在。拉脱维亚总理辞职导致政府于 2016 年 2 月重新组阁，但中右翼联盟继续以多数席位优势执政，反对党力量趋于下降，国内政局保持稳定，结构性改革和财政巩固得到保障。乌克兰危机引发的地缘政治风险及对其贸易和投资带来的冲击正在削弱，随着国际能源价格复苏，以及欧元区经济企稳。出口和内需逐渐复苏，经济增长势头得以确认。

第二，政府偿债能力显著提升。中期内政府债务负担率缓慢下降，偿债能力维持稳定。拉脱维亚政府债务负担较轻，2016 年和 2017 年其政府债务负担率分别为 35.4% 和 35.0%，中期内处于下行通道。政府债务以中长期欧元债为主，并能通过债务置换不断优化债务结构，加之在欧洲央行量化宽松货币政策作用下融资成本极低，政府偿债能力保持稳定。

第三，地缘安全风险是影响拉脱维亚经济增长的不确定因素。作为身处东欧地区、毗邻俄乌两国的近邻，拉脱维亚经济在地缘局势恶化时不可避免地会遭受池鱼之殃。乌克兰危机在短期内难以化解，预计在未来几年里，拉政府国防预算将大幅提高，独联体出口市场和能源供应可能继续受到贸易制裁的影响，这些是影响拉脱维亚经济增长的不确定因素。

2016 年 12 月，大公国际决定维持拉脱维亚本、外币主权信用等级 BBB－，评级展望稳定。2017 年 3 月，标准普尔确定拉脱维亚长、短期本外币主权评级分别为 A－和 A－2，展望稳定。2017 年 4 月，惠誉确定拉脱维亚长期本、外币主体违约等级为 A－，展望稳定，评级上限为 AAA，短期本、外币主体违约等级为 F1。

（张弘）

立陶宛

（The Republic of lithuania）

一　国家基本信息

（一）地理概述

立陶宛共和国（简称立陶宛），位于波罗的海东岸，北与拉脱维亚接壤，东、南与白俄罗斯毗连，西南与俄罗斯加里宁格勒州和波兰相邻，西濒波罗的海。面积6.53万平方公里，首都维尔纽斯（Vilnius）。

（二）人口和民族

立陶宛人口319.93万（2011年12月）。其中立陶宛族占83.1%，波兰族占6.0%，俄罗斯族占4.8%。此外还有白俄罗斯、乌克兰、犹太等民族。居民主要信奉罗马天主教（约占总人口的80%），此外，还有少数人信奉东正教、新教路德宗等。官方语言为立陶宛语。

（三）简史

公元5~6世纪出现阶级社会。12世纪受到日耳曼封建主的侵略。1240年，成立统一的立陶宛大公国。13世纪形成立陶宛民族。14~15世纪，立陶宛大公国成为东欧最强大的国家之人。1558~1583年，立陶宛参加了反俄国的利沃尼亚战争。1569年，根据卢布林条约，波兰和立陶宛合并成立了波兰立陶宛王国。1795～1815 年整个立陶宛（除克莱佩达边区外）被并入俄国。立陶宛人民参加了 1830～1831 年和 1863～1864 年的两次波兰起义。第一次世界大战时，立陶宛被德国占领。

1918 年 2 月 16 日，立陶宛宣布独立，成立资产阶级共和国。1918 年 12 月至 1949 年 1 月，立陶宛大部分地区建立了苏维埃政权。1919 年 2 月，立陶宛和白俄罗斯联合组成立陶宛 - 白俄罗斯苏维埃社会主义共和国，同年 8 月，成立资产阶级共和国，并宣布独立。1926 年 9 月 28 日，苏联政府同立陶宛缔结互不侵犯条约。同年 12 月，法西斯分子发动政变得逞。1940 年，苏联军队占领立陶宛。1941 年苏德战争爆发后，立陶宛被德国军队占领。1944 年，苏联军队再次占领立陶宛，立陶宛苏维埃社会主义共和国成立，并加入苏联。1990 年 3 月 11 日，立陶宛宣布脱离苏联独立，苏联不予承认。直到 1991 年 9 月 6 日，苏联才承认立陶宛的独立。同年 9 月 17 日，立陶宛加入联合国。2001 年 5 月，正式加入世贸组织。2004 年 3 月 29 日，立陶宛加入北约，2004 年 5 月 1 日，加入欧盟和申根协议。

二 政治状况

（一）政体简介

1. 宪法

1992 年 10 月 25 日，经全民公决通过新宪法，11 月 2 日生效，后多次修订。宪法规定，立陶宛是独立的民主共和国，主权属于全体人民，公民权利一律平等。

立陶宛为议会制国家。总统由公民直接投票选举产生，任期 5 年，最多任两届。凡年龄在 40 岁以上且近 3 年在立连续居住的立公民均可竞选总统。如总统病故、辞职、被弹劾或因健康原因无法履行职务时，其职责由议长代为行使。总统是国家武装力量最高统帅，就重大外交问题做出决策，经议会同意任命和撤换总理，根据总理推荐任命和撤换部长。现任总统达利娅·格里包斯凯特在 2014 年 5 月 25 日举行的总统选举第二轮投票中成功连任。

2. 议会

议会为国家最高立法机关，实行一院制，共有 141 个席位，任期 4 年。议员由 25 岁以上在立定居的立公民直接选举产生，其中 71 名议员从全国 71 个选区中直接选出，其余 70 名由进入议会的政党产生，获得 5% 以上选票的政党和 7% 以上选票的政党联盟可进入议会，并根据各自获得选票的比例分配议席。议会批准或否决总统提名的总理人选；任命和解除国家领导人的职务；有权弹劾总统，但必须经 3/5 以上议员支持。

本届议会于 2016 年 10 月选举产生，主要党团及所占议席分别为：立陶宛农民与绿色联盟党 56 席、祖国联盟 – 立陶宛基督教民主党 31 席、社会民主党 17 席、自由运动党 14 席、立陶宛波兰族选举运动党 8 席、秩序与正义党 8 席、劳动党 2 席、绿党 1 席、"立陶宛名单"党 1 席、"反腐败"竞选联盟 1 席、独立候选人 2 席。现任议长为维克托拉斯·普兰茨凯蒂斯（Viktoras PRANCKIETIS）。

3. 政府

本届政府为独立后第 17 届政府，由农民与绿色联盟党和社会民主党于 12 月 13 日组成，下设 14 个部。总理是萨乌柳斯·斯克维尔内利斯（Saulius SKVERNELIS）。

4. 司法

立陶宛的司法体系分为宪法法院和一般管辖权法院。一般管辖权法院有四个层级：最高法院，上诉法院，5 个州级法院和 54 个地区级法院。地区级法院是一审法院，审理民事、刑事和行政案件。

宪法法院主要负责对议会、总统和政府行为是否合宪进行审查。宪法法院有 9 名法官，任期为 9 年，只有一个任期。每 3 年宪法法院改选其中 1/3 的法官。立陶宛在 1993 年加入欧洲理事会，批准了相关人权国际公约，并在 1998 年废除死刑。现任宪法法院院长是罗穆阿尔达斯·凯斯图蒂斯·乌尔拜蒂斯（Romualdas Kestutis URBAITIS），2011 年 4 月就职。现任最高法院院长是金塔拉斯·克里热维丘斯（Gintaras KRYZEVICIUS），2009 年 10 月就职，任期 9 年。总检察长是埃瓦尔达斯·帕西里斯

（Evaldas PASILIS），2015 年 12 月就职，任期 5 年。

5. 政党

立陶宛自 1990 年独立以后，政党林立，鲜见拥有国会过半席位之单一执政党，多党组成联合内阁成为该国的政治常态。目前主要政党包括社会民主党、祖国联盟－立陶宛基督教民主党、劳动党、秩序与正义党、自由运动党、立陶宛波兰族选举运动党、农民与绿色联盟等。

截至 2014 年 3 月，立陶宛共有 40 余个政党和政治组织注册登记，主要政党有以下几个。

（1）立陶宛农民与绿色联盟党（Lithuanian Peasant and Greens Union），联合执政党之一。2001 年创建，现党员人数 4850 余人。农绿党在上届议会中仅有"1 席之地"。历史上多次更名，一度影响了其政党形象和知名度。2012 年以来沿用现名。党主席为雷蒙纳斯·卡尔斯吉斯。

（2）社会民主党（Lithuanian Social Democratic Party），联合执政党之一。1896 年创建，1989 年 8 月 12 日重建，2001 年 1 月 27 日与立陶宛劳动民主党（Lithuanian Democratic Labor Party）合并。现有党员 2.1 万余人。主席为金陶塔斯·帕卢卡斯（Gintautas PALUCKAS）。

（3）劳动党（Lithuanian Labor Party），2003 年 11 月 26 日创建，2006 年发生分裂，部分党员脱党另建公民民主党。2011 年 6 月，立陶宛新联盟（New Union of Lithuania）与劳动党合并。2013 年 4 月，与工党（Labor）合并。2013 年 10 月，与基督教党（Christian Party）合并。现有党员 2.4 万余人。主席为洛丽塔·格劳济涅内（Loreta GRAUZINIENE，女），前议会议长。

（4）秩序与正义党（Order and Justice Party），2002 年 3 月 9 日成立，原名自由民主党，2006 年 5 月 13 日改称秩序与正义党（自由民主党），2008 年 3 月 8 日该党第八次代表大会决定正式改称现名，现有党员 1.3 万余人。主席为前总统罗兰达斯·帕克萨斯（Rolandas PAKSAS）。

（5）立陶宛波兰族选举运动党（Electoral Action of Poles in Lithuania），在野党（2014 年 8 月退出执政联盟）。1994 年 8 月 28 日成立，现有党员 1350 余人。主席为维尔德玛·托马舍夫斯基（Valdemar TOMASEVSKI）现

任欧洲议会议员。

（6）祖国联盟－立陶宛基督教民主党（原保守党）（Homeland Union-Lithuanian Christian Democrats），在野党。1993 年 5 月 1 日成立。现有党员 1.4 万人。主席是前总理安德留斯·库比留斯（Andrius KUBILIUS）。

（7）自由运动党（Liberals Movement of the Republic of Lithuania），在野党。2006 年 2 月 25 日成立，主要由从自由中间联盟中退出的成员组成，现有党员 4900 余人。主席为埃利吉尤斯·马修利斯（Eligijus MASIULIS），是前交通部部长。

（8）自由中间联盟（Lithuanian Liberal and Centre Union），在野党。2003 年 5 月 31 日创建，由立自由者联盟、中间联盟和现代基督教民主联盟三党合并组成，现有党员 4000 余人。主席是前副议长阿尔吉斯·恰普利卡斯（Algis ČAPLIKAS）。

其他政党还有：勇敢之路党（The Way of Courage）、农民党联盟（The Peasants Union）、绿党（Greens Party）等。

（二）政局现状

2016 年 11 月的议会选举之后，立陶宛政治基本保持平稳。立陶宛农民与绿色联盟获得议会 141 个席位中的 56 个，位居榜首；社会民主党获得 17 个席位，排名第三。排名第二的祖国联盟－立陶宛基督教民主党获得 31 个席位，未加入新执政联盟。社会民主党同立陶宛农民与绿色联盟党组成执政联盟。前内务部部长、立陶宛农民与绿色联盟党的斯克韦尔内利斯被提名为新政府总理，新议长和新内阁中的 11 位部长也将由立陶宛农民与绿色联盟党提名，其余 3 位部长由社会民主党提名。

立陶宛总统格里包斯凯特继续保持较高民意支持率，在国家政治和社会生活中发挥着较为重要的作用。2014 年 5 月，格里包斯凯特总统再次以高票连任。

（三）国际关系

1. 与欧盟的关系

自独立以来，立陶宛积极寻求回归欧洲，申请加入欧共体。并为此进行了长期的努力。在 2004 年加入欧盟和北约以后，立陶宛一直致力于北约和欧盟的进一步扩大，奉行积极的对外政策，重视睦邻友好合作，努力扩大在本地区的政治影响力。积极支持乌克兰、摩尔多瓦、外高加索和巴尔干地区国家加入欧盟和北约的行动，并且因此与俄罗斯的关系恶化。

2. 与美国的关系

1991 年 9 月 6 日与美国建立外交关系。立陶宛独立以来，一直与美保持密切关系，在重大国际问题上基本支持美方立场，积极参与美领导的军事行动。与北约互动频繁。2013 年 8 月，波罗的海三国（拉脱维亚、爱沙尼亚、立陶宛）总统集体访美，会见美国总统奥巴马，并就加强战略合作、能源安全合作、网络信息安全以及跨大西洋经贸合作交换意见。2014 年 3 月，美国副总统拜登访问立陶宛，与立总统格里包斯凯特会见并讨论乌克兰局势。

3. 与俄罗斯的关系

1991 年 10 月 9 日与俄罗斯建立外交关系。受历史和现实等因素影响，近年来，立俄关系发展缓慢，高层往来不多。2008 年的俄格战争爆发后，立陶宛指责俄罗斯单方面挑起对格鲁吉亚的战争，推动欧盟和北约对俄采取更加强硬的立场，立俄关系趋于冷淡。两国还在能源供应、对苏联时期有关历史问题的评价等问题上存在分歧。2014 年 2 月，克里米亚加入俄罗斯之后，更加坚定了立陶宛与其他东欧国家推动北约和欧盟东扩的决心。立陶宛目前已要求北约在波罗的海国家部署军队，积极推动欧盟和北约对俄采取更加强硬的立场，立俄关系趋于冷淡。

4. 与波罗的海邻国的关系

立陶宛与拉脱维亚、爱沙尼亚在政治、经济、历史、地理、文化等众多方面有着密不可分的传统联系，三国之间除设有国家元首、政府首脑及部长级定期会晤机制外，还建立了波罗的海大会、波罗的海地区国家经济论坛、三国首都会议机制等。2011 年，三国继续保持各级别、各领域的频繁互访和密切交往。此外，三国还就合资在立陶宛修建核电站、推动建立波罗的海三国统一能源市场、修建波罗的海铁路等问题上取得一定进展。

三　经济形势

（一）经济概况

1. 自然资源

立陶宛自然资源贫乏，但盛产琥珀，有少量的黏土、砂石、石灰、石膏、泥炭、铁矿石、磷灰石及石油，所需石油和天然气靠进口。西部沿海地区发现少量石油和天然气资源，但储量尚未探明。森林面积197.55万公顷，森林覆盖率为30%以上。多野生动物，有60多种哺乳动物、300多种鸟类和50多种鱼类。

2. 产业结构

立陶宛工农业比较发达。工业是立陶宛的支柱产业，主要由矿业及采石业、加工制造业以及能源工业三大部门组成。工业门类比较齐全，以食品、木材加工、纺织、化工等为主，机械制造、化工、石油化工、电子工业、金属加工工业等发展迅速，生产的高精度机床、仪表、电子计算机等产品行销全世界80多个国家和地区。首都维尔纽斯是全国工业中心，全市工业产值占立陶宛工业总产值的2/3以上。农业以水平较高的畜牧业为主，占农产品产值的90%以上。农作物有亚麻、马铃薯、甜菜和各种蔬菜，谷物产量很低。电子、纺织和食品加工业较发达，糖、奶、肉制品出口有一定优势。

（二）近期经济运行状况

1. 宏观经济

2016 年，立陶宛实际 GDP 增长率为 2.3%，通货膨胀率为 1.2%，人均 GDP 为 15872 美元，已付偿债率是 17%。

2017 年立陶宛经济情况良好，出口与生产性投资增长较快，预计全年 GDP 增长高于预期 0.9%，达到 3.6%。2017 年上半年，由于市场需求上升及劳动力短缺，企业投资活跃，尤其是信息、通信技术行业及专利产品投资增长逾 15%。加之 2014～2020 年欧盟援助资金逐步到位，对投资产生促进作用。截至目前，欧盟援助资金到位40%，约250万欧元。同时，欧盟及俄罗斯市场需求回暖，促进立陶宛出口较2016年上半年增长17.7%。由于经济情况好于预期，立财政部预计，2017年GDP将增长3.8%（高于立央行预测增速0.2%），通胀率3.8%，失业率7.3%，成为2017年欧盟内经济增速最快的国家。

表1 2013~2016年立陶宛主要经济数据

年份	2013	2014	2015	2016
国内生产总值(亿美元)	464.73	485.45	414.02	427.4
国内生产总值(年增长率,%)	3.5	3.5	1.8	2.3
年通货膨胀率(%)	1.4	1.0	0.2	1.2
经常账户盈余占GDP比重(%)	1.5	3.6	-2.3	-0.9
货物和服务出口(占国内生产总值,%)	84	81.1	76	74.5
货物和服务进口(占国内生产总值,%)	82.7	79	76.5	73.2

数据来源：世界银行，http://databank.worldbank.org/data/reports.aspx?source=2&country=LTU。

2. 国际收支

独立以来，立陶宛经济发展主要依赖外部市场和外部资本。2003年至2008年，立陶宛对外贸易保持较快的增长速度，对外贸易额从2003年的167亿美元增至2008年的545亿美元，增长了2倍多。受金融危机影响，2009年立陶宛外贸总额下降至347亿美元，2010年又回升至440亿美元。

表2 2013~2017年立陶宛商品贸易数据

单位：亿美元

年份	2013	2014	2015	2016	2017*
出口	318.8	314.98	247.30	242.43	283.6
进口	331.1	327.5	269.37	262.07	314.2
盈余	-12.3	-12.52	-22.07	-19.64	-30.6

*2017年数据为英国经济学人智库预测。

数据来源：欧盟统计委员会和立陶宛央行。

全球金融危机之后，立陶宛的经常项目维持小幅逆差，外汇充裕度不高，抵御外部风险能力不足。经济危机之后的复苏带动了进口需求与国外投资收益的增长，经常项目恢复逆差状态。据欧盟统计局统计，2016 年立陶宛货物进出口额为 521.2 亿美元，比上年（下同）下降 2.7%。其中，出口额为 249.3 亿美元，下降 1.9%；进口额为 271.9 亿美元，下降 3.5%。贸易逆差 22.6 亿美元，下降 18.2%。

机电产品、矿产品和化工产品等是立陶宛的主要出口商品，2016 年出口额分别为 36.8 亿美元、34.7 亿美元和 27.4 亿美元，分别下降 2.4%、18.3% 和 0.7%。家具、玩具等杂项制品出口额为 21 亿美元，增长 7.3%；食品、饮料等出口额为 18.8 亿美元，增长 7.9%。进口方面，机电产品、矿产品和化工产品是立陶宛的主要进口商品，2016 年进口额为 49.6 亿美元、48.6 亿美元和 32.9 亿美元，分别下降 2%、19.4% 和 3.4%，占立陶宛进口总额的 18.2%、17.9% 和 12.1%。此外，运输设备进口额为 25.4 亿美元，增长 19.2%，占立陶宛进口总额的 9.3%。

立陶宛的主要出口伙伴是俄罗斯、拉脱维亚、波兰、德国和爱沙尼亚，主要出口商品有机电产品、矿产品和化工产品等。它的主要进口伙伴是俄罗斯、德国、波兰和拉脱维亚，立陶宛主要进口矿产品、机械器具及零件、电气设备。

3. 外债状况

立陶宛经济规模有限，自独立以来的经济增长主要是依赖高度外向型的经济，即高投资、高外债的经济发展模式。这种经济发展模式导致国民经济账户的内外平衡成为一个高度依赖外部市场和外资、外债的复杂问题。为了加入欧元区，2008 年以来的立陶宛政府实行了严格的财政政策，控制债务规模和削减预算赤字。截至 2016 年 6 月底，立陶宛政府债务 149.69 亿欧元，占 2016 年 GDP 的 38.9%。其中国内债务占 25%，国外债务占 75%；长期债务占 99.6%，短期债务占 0.4%；欧元债务占 64.3%，美元债务占 34.6%，瑞士法郎债务占 1.1%。

表 3　立陶宛国际收支与债务数据

年份	2013	2014	2015	2016
公共债务（占 GDP 百分比，%）	38.7	40.5	42.7	40.2
经常账户余额（占 GDP 百分比，%）	1.5	3.6	-2.3	-0.9

数据来源：欧盟委员会。

立陶宛 2017 年第二季度债务占 GDP 比重达 41.7%，较上季度增加 2.6%，增速排欧盟国家首位。但是，在经济快速增长趋势明显的情况下，预计立陶宛债务占 GDP 的比重在 2018 年以后会下降。其债务水平远低于欧盟国家平均水平，欧盟 28 国债务平均比重为 83.4%，欧元区 19 国平均比重为 89.1%。

4. 财政收支

立陶宛独立以来，经济连续多年高速增长，信贷规模及财政支出不断扩大，导致一般项目赤字和财政赤字持续增加，接近警戒线水平。2008 年金融危机爆发后，控制财政赤字、稳定国家财政成为立新政府最紧迫的工作任务。为此，立政府两次调整政府预算案，大幅削减公共部门人员工资，分档缩减退休金。为增加政府收入，立政府将增值税税率和企业所得税税率分别由原来的 18% 和 15% 提高至 21% 和 20%。在严格财政政策和经济刺激政策作用下，立陶宛经济从 2010 年开始走出危机。

得益于欧盟 2014～2020 年投资规划，立陶宛将在此期间获得 67 亿欧元欧盟资金，有力带动立陶宛就业，促进立陶宛 GDP 增长。据立陶宛统计局 12 月 1 日披露，2017 年前三季度 GDP 累计为 309 亿欧元，同比增长 3.9%。其中批发零售、机动车维修、运输仓储、住宿餐饮、制造业增长势头良好，对 GDP 增长贡献较大，而农林牧渔、金融保险业环比出现不同程度下降。

四　投资状况

（一）外国投资状况

根据立陶宛统计局数据，截至 2016 年 12 月 31 日，立陶宛累计外国直接投资达 139 亿欧元，同比增长了 3.2%。人均外国直接投资平均为 4890 欧元。主要投资国与上一季度相同，前三位为瑞典、荷兰、德国，其累计投资分别达 26 亿欧元，17 亿欧元和 13 亿欧元。

立陶宛最大的外国直接投资流量在制造业，约 1.649 亿欧元，其中 1.215 亿欧元投资于精制石油化工和医药制剂。5150 万欧元投在汽车、摩托车维修业。由于公司分红下降的原因，金融和保险活动发布的外商直接投资有所下降。2017 年第一季度外国直接投资收益主要来自非立陶宛居民，金额超过 3.258 亿欧元，瑞典、波兰和荷兰在立陶宛赢得了最大的投资收入（分别为 9070 万欧元、4170 万欧元和 4660 万欧元）。2017 年第一季度的股息大部分支付给瑞典（20330 万欧元）和波兰（1396 万欧元）的投资者，而爱沙尼亚投资者获得的收入（230 万欧元）大部分来自债务工具。最大再投资者来自荷兰（4040 万欧元）、德国（1900 万欧元）和挪威（1360 万欧元）。

（二）投资环境

1. 投资政策

立陶宛于 1999 年颁布实施《投资法》，该法适用于国内和外国投资。根据该法，外国投资者和立陶宛本国投资者享有同样的权利，享受平等对待。2007 年，立陶宛政府通过了《2008 年至 2013 年投资促进战略》。该战略的主要目的是改善立陶宛的投资环境，建立灵活的劳工和税收制度，加大工业区的建设力度，并对符合条件的投资项目给予直接的资金支持。此外，立境内设有两个自由经济区，分别为克莱佩达自由经济区和考纳斯自由经济区，投资者在自由经济区投资可享受以下优惠政策：免不动产税（不动产价值的 1%）；免道路税（税率为营业额的 0.5%）；如投资额超过 100 万欧元，则自公司注册之日起 6 年内免企业所得税，后 10 年减半征收（企业所得税税率为 15%）；免外方投资者红利税（税率为 15%），但企业所享受的税收优惠累计总额不能超过其投资额的 65%（中小企业）和 50%（大企业）。

根据美国传统基金会公布的 2016 年度全球经济自由度排名，立陶宛在全球 178 个国家中位列第 13 位，比去年上升 2 位；在欧洲国家中，立陶宛位列第 6 位。在参与评选的各项指标中，立的商业自由度以及财政自由度改善明显，但劳工自由度有所恶化。

2016 年立陶宛新政府成立以来，通过一系列新政策，自 2017 年 1 月 1 日起，立陶宛修改外国人法，推出创业签证计划，鼓励外国企业家到立陶宛新设高科技或其他创新企业，以促进立陶宛社会经济发展。为了便于初创企业起步和成长，配套的风险投资基金、促进企业发展的加速器项目也将逐步落地。在经济部投资署下设特别工作组，以吸引重大生产项目，并采取配套财政和税收优惠措施，对企业再投资提高免税优惠幅度。立经济部还将新设一个专门负责吸引人才的机构或部门，设计激励体系以吸引年轻人才，并为从欧盟外聘用高科技紧缺人才提供便利。同时将进一步修订自由经济区法，以吸引更多的外商直接投资，具体措施将包括减少行政负担、调整有限责任公司法、提高商业监管机构效率等。

2. 金融体系

立陶宛银行是立陶宛共和国的中央银行。立陶宛银行独立于立陶宛政府其他机构，其主要职能是制定和执行货币政策，建立立特汇率调节系统，并设置了官方立特汇率，管理商业银行和保险行业。立陶宛实行固定汇率战略，维持物价稳定。立陶宛加入欧元区后，在金融监管上加大政策力度，金融体系总体稳定。立陶宛银行业总资产的 90% 由五家资产较为充足的北欧银行拥有。2008 年金融危机后，立陶宛政府也加大了金融监管力度。2015 年 1 月 1 日，立陶宛正式成为欧元体系一部分，货币政策受欧洲央行调节。立陶宛境内三大银行，即瑞典北欧斯安银行（SEB）、瑞典银行（Swedbank）和挪威 DNB 银行，直接处于欧洲央行的监管之下。2015 年 2 月 3 日，立陶宛加入欧洲稳定机制（ESM），正式成为该机制的第 19 个成员国。加入欧洲稳定机制有利于立陶宛缓解金融动荡的冲击，从而更好地保护投资者。

3. 税收体系

立陶宛税务系统由财政部下属税务监管局管理，并设有 10 个地区税务监管局。另外，海关署、环境部等部门参与相关税费的征缴管理工作。目前立陶宛主要有以下税种：个人所得税、企业所得税、红利税、社会保险税、增值税、房地产税、土地税、消费税、遗产税及博彩税等。

表 4　立陶宛的主要税率

税种	税率	备注
个人所得税	15%	加 6% 的个人医疗保险税
企业所得税	15%	
红利税	0～15%	投资者持有的有表决权的股份额超过 10% 的,可免缴红利税
社会保险税	31%	加 3% 的医疗保险税
增值税	21%	
房地产税	0.3%～1%	
土地税	1.5%	

数据来源：中国驻立陶宛使馆商务处，http：//www. mofcom. gov. cn/aarticle/subject/zhcjd/subjectd/201004/20100406882645. html。

五　双边关系

(一) 政治关系

1991 年 9 月 14 日，中国与立陶宛建立外交关系。建交以来，双边关系健康、顺利发展。双方领导人交往密切，相互了解和信任日益加深。两国经贸合作不断扩大，立陶宛连续多年是中国在波罗的海地区最大的贸易伙伴。双方在文化、教育、体育等领域合作成果丰富，在联合国等国际组织中也保持良好的沟通与协调。2006 年 9 月，阿达姆库斯总统对中国进行了国事访问。2008 年以来，中立关系进一步发展，双方各级别往来密切。中国发生汶川特大地震后，立政府和社会各界以多种方式向地震灾区提供物资援助和精神支持，有力地增进了两国人民之间的友好感情。

近年来，"16＋1"合作成为中国与立陶宛开展经贸合作的新平台，对中国和立陶宛两国以及中国与中东欧国家之间扩大伙伴关系和增进互惠合作发挥了着重要作用。2012 年，立陶宛与中东欧地区的其他 15 国一道，加入了被称为"16＋1"的合作平台，开启了与中国合作的新模式。"16＋1"模式旨在推动、补充和增强彼此间的国家和地区项目，促进中国和欧洲在和平、增长、改革和文明方面的合作。按照《中国－中东欧国家中期合作规划》，双方合作前景广阔，涉及的经济领域包括工业产能、金融、农业和食品行业，以及创新、科技、研发、文教领域，当然还有医疗卫生方面。

（二）双边贸易

自1991年两国建交以来，两国经贸合作发展迅速。据中方统计，中立双边贸易额已从2000年的3871万美元增长到2008年的10.87亿美元，8年间增长了20多倍。受金融危机的影响，双边贸易额在2009年下降显著，但立陶宛出口实现增长。据欧盟统计局统计，2016年立陶宛与中国双边货物进出口额为9.2亿美元，微增0.1%。其中，立陶宛对中国出口1.4亿美元，增长20.1%，占其出口总额的0.6%；立陶宛自中国进口7.8亿美元，下降2.7%，占其进口总额的2.9%。立方贸易逆差6.5亿美元，下降6.5%。2016年，居立陶宛对中国出口第一位的是家具玩具等杂项制品，出口额为4020.5万美元，增长29.8%，占立陶宛对中国出口总额的29.5%。此外，木及制品和光学钟表等的出口分别为3229.3万美元和1422万美元，增长83.5%和110.7%，占对中国出口总额的23.7%和10.4%。同时，机电产品和纺织品及原料出口1152.7万美元和789.2万美元，分别增长22.1%和0.3%，占立陶宛对中国出口总额的8.5%和5.8%。

立陶宛自中国进口的主要商品为机电产品、纺织品及原料、贱金属及其制品和家具玩具等。据欧盟统计局统计，2017年1~6月，立陶宛与中国双边货物进出口额为5.5亿美元，增长19.5%。其中，立陶宛对中国出口9998.9万美元，增长44%，占其出口总额的0.7%；立陶宛自中国进口4.5亿美元，增长15.1%，占其进口总额的3%。立方贸易逆差3.5亿美元，增长8.8%。

表5　中国与立陶宛商品贸易数据

单位：百万美元

年份	总额	同比%	出口	同比%	进口	同比%
2013	67854	10.1	32631	10.1	35223	10.1
2014	67406	-0.1	32317	-0.9	35089	0.7
2015	53828	-19.3	25564	-20.9	28264	-17.7
2016	52501	-2.0	25014	-1.5	27488	-2.4
2017(1~6月)	28802	13.7	13707	14.3	15095	13.1

数据来源：中国商务部欧洲司网站。

（三）双边经济合作

除了双边贸易以外，两国经济合作逐渐扩大到投资、基础设施领域。中立投资合作规模较小。据立陶宛统计局提供的数据，截至 2014 年 12 月 31 日，中国在立投资存量为 387 万欧元，其中中国大陆投资 218 万欧元，香港特别行政区投资 168 万欧元，仅占立引资总量的 0.026%，排名第 41 位，投资主要分布在房地产、制造业、餐饮业、批发零售业等领域。据立陶宛统计局提供的最新数据，截至 2016 年 12 月 31 日，立在华投资存量 717 万欧元，在立对外投资国别排名中位列第 16 名，投资主要分布在制造业、批发零售业等领域。

六　总体风险评估

第一，经济增长前景趋于稳定。为应对国际金融危机，立陶宛采取的降低劳动力成本和压缩财政赤字等恢复经济平衡的政策已基本达到预期效果。2017 年上半年立陶宛经济情况良好，出口与生产性投资增长较快，预计 2017 年 GDP 增长高于预期 0.9%，达到 3.6%。2017 年第一季度税前月薪增长 9.7%，是 2009 年以来最大涨幅。由于市场需求上升及劳动力短缺，企业投资活跃，尤其是信息、通信技术行业及专利产品投资增长逾 15%。加之 2014～2020 年的欧盟援助资金逐步到位，对投资产生促进作用。截至目前，欧盟援助资金到位 40%，约 250 万欧元。同时，欧盟及俄罗斯市场需求回暖，促进立陶宛出口较 2016 年上半年增长 17.7%。由于经济情况好于预期，立财政部预计 2017 年失业率将下降至 7%，并有望在 2020 年下降至 5.4%。

第二，各级政府财政赤字呈下降趋势，基本上消灭预算赤字。立陶宛政府继续执行财政巩固政策。根据立陶宛政府批准的立陶宛"趋同规划"，2014～2016 年度的主要经济指标将继续符合《马斯特里赫特条约》规定的要求：政府赤字分别占到国内生产总值的 −0.7%、−0.2%、0.3%。立陶宛 2016 年的政府预算实现盈余，占当年国内生产总值的 0.30%。根据 2017 年初政府提交的预算草案，2017 年的政府预算仍然能够实现平衡，

2017 年财政赤字预算为零。

第三，总外债规模下降，外债集中偿付风险可控。经常账户逆差的大幅下降使公共外债占 GDP 的比重自 2009 年后一直呈下降趋势，2016 年底为 40.2%。欧洲央行推出的直接货币交易已使欧洲金融市场的流动性紧张局面大为缓解，加之主要母银行瑞典各商业银行融资能力较强，因此立陶宛银行业外债偿还风险可控。

惠誉在 2017 年 3 月确定立陶宛长期本、外币主体违约等级为 A－，评级上限为 AAA。标准普尔将立陶宛长期信用评级展望由稳定上调为正面，长期及短期信用评级分别维持 A－及 A－2 不变。

（张弘）

罗马尼亚

（Romania）

一 国家基本信息

（一）地理概述

罗马尼亚位于欧洲东南部、巴尔干半岛北部、多瑙河下游、黑海西岸。西邻匈牙利和塞尔维亚，北连乌克兰，东靠摩尔多瓦，南部紧挨保加利亚。国土面积 238391 平方公里。首都是布加勒斯特。

（二）人口和民族

罗马尼亚人口为 1980 万（2016 年联合国数据），其中 90% 以上的居民为罗马尼亚族，主要少数民族为匈牙利族，占总人口的 7%。官方语言为罗马尼亚语。全国大约有 80% 以上的人口信仰东正教，此外还有罗马天主教教徒、新教教徒、浸礼教派教徒等。

（三）简史

罗马尼亚人的祖先为达契亚人。约公元前 1 世纪，布雷比斯塔建立了第一个中央集权和独立的达契亚奴隶制国家。公元 106 年达契亚被罗马帝国征服后，达契亚人与罗马人共居融合，形成罗马尼亚民族。14 世纪先后组成瓦拉几亚、摩尔多瓦和特兰西瓦尼亚 3 个公国。16 世纪后成为奥斯曼帝国的附属国。1859 年，瓦拉几亚公国和摩尔多瓦公国合并，称罗马尼亚，仍隶属奥斯曼帝国。1877 年 5 月 9 日，罗马尼亚宣布独立。1881 年，改称罗马尼亚王国。1918 年 12 月 1 日，特兰西瓦尼亚公国与罗马尼亚王国合并。至此，罗马尼亚形成统一的民族国家。

二战期间，安东尼斯库政权参加德、意、日法西斯同盟。1944 年 8 月 23 日，罗马尼亚举行反法西斯武装起义。1945 年 3 月 6 日，罗马尼亚成立联合政府。1947 年 12 月 30 日，罗马尼亚人民共和国成立。1965 年，改国名为罗马尼亚社会主义共和国。1989 年 12 月 22 日，齐奥塞斯库政权被推翻，罗马尼亚救国阵线委员会接管国家一切权力，易国名为罗马尼亚，定国庆日为 12 月 1 日。

二 政治状况

（一）政体简介

1. 宪法

1991 年 11 月 21 日，罗马尼亚议会批准新宪法，同年 12 月 8 日经由全民公决通过。宪法规定，罗马尼亚是主权、独立、统一和不可分割的民族国家，政体为共和制。2003 年 10 月，议会通过宪法修正案，增加了"融入欧洲－大西洋一体化结构"一章内容。

罗马尼亚是半总统制国家。总统是国家元首，但可与总理分享行政权力。自 2004 年后，总统任期从 4 年延长至 5 年，可连任 2 届。总统在任期间不能是任何政党成员。现任总统克劳斯·约翰尼斯（Klaus Iohanis）于 2014 年 11 月当选，任期 5 年。

2. 议会

议会是罗马尼亚人民最高代表机构和唯一的立法机构，由参议院和众议院组成。参议院在政治上代表地方行政机构，并具有对外政策职能，对有关地方行政机构以及国际条约和协定等事宜，或者与对外政策有关的事宜做出决定，而众议院则在所有其他立法方面享有决定性投票权。议员由普选产生，议会每一届任期为 4 年，本届议会于 2016 年 12 月 11 日选举产生，共有 465 名议员（参议员 136 名，众议员 329 名）。

3. 政府

政府由总理、各部部长和组织法规定的其他成员组成。总理人选由总统提出，议会就总理人选和内阁名单投信任票。2016 年 12 月大选之后，获胜的社会民主党与自由和民主联盟党联合组阁，社民党成员格林代亚努出任总理。然而 2017 年 6 月，社民党撤销了对该届政府的支持，议会投票通过了政府不信任案，弹劾了格林代亚努政府。现任政府 2017 年 6 月 26 日组阁成功。总理是米哈伊·图多塞，主要政府成员有副总理兼地区发展、公共行政与欧盟基金部部长保罗·斯特内斯库，副总理兼环境部部长格拉切拉·莱奥卡蒂亚·加夫里列斯库，内务部部长卡门·达恩，外交部部长特奥多尔－维奥雷尔·梅莱什卡努，等等。

4. 司法

罗马尼亚司法系统包括宪法法院、最高司法法庭、最高司法人员委员会、国家反腐局、各级上诉法庭、各级法院、各级司法机关以及国家法官研究院。宪法法院由 9 名法官组成，任期 9 年。其中 3 名由众议院任命，3 名由参议院任命，3 名由总统任命。最高司法法庭是罗马尼亚法院的最高法院，领导人由 1 名主席、2 名副主席和领导委员会组成。

5. 政党

社会民主党属中左翼政党，现为罗马尼亚执政党之一，现任主席为利维乌·德拉格内亚。其前身为 1989 年成立的救国阵线中支持伊利埃斯库的左翼力量。主张实现现代化与社会发展，坚定推动民主化和社会改革，尤其注重经济改革。倡导自由、人权、机会平等、公共福利、社会公正与人类团结。曾在 1992 ~ 1996 年、2000 ~ 2004 年执政。

国家自由党属中右翼政党。始建于 1864 年，1989 年罗马尼亚政局剧变之后重组。现任主席卢多维克·奥尔班。2011 年与社会民主党组成社会自由联盟，赢得大选。2014 年 2 月因与社会民主党矛盾分歧严重，联盟解散。现任总统约翰尼斯曾任该党主席。国家自由党奉行自由主义，近年更多地主张经济自由主义，主张国家更少参与经济活动，倡导自由平等的竞争。此外，在政治上倡导民主、法治与三权分立。

罗马尼亚匈牙利民主联盟是罗马尼亚最大的匈牙利族政党，曾经多次参与执政。党主席是凯莱曼·胡诺尔。该党成立于 1989 年 12 月，主要目标是保护罗马尼亚的匈牙利少数族群的利益。

拯救罗马尼亚联盟是议会第三大党，成立于 2015 年 7 月，原称拯救布加勒斯特联盟，2016 年 8 月更名为拯救罗马尼亚联盟。主张推动政策公正透明和国家现代化。党主席为达恩·巴尔纳。

（二）政局现状

2014 年 11 月，国家自由党候选人克劳斯·约翰尼斯击败社会民主党候选人维克多·蓬塔，最终在第二轮选举中以 54.43% 的得票率当选罗马尼亚总统，是 1989 年以来第一位非罗马尼亚裔、非东正教教徒的民选总统。

2016 年 12 月，罗马尼亚举行议会大选，最终仍然是社会民主党大获全胜，在新一届议会中共赢得了 221 个席位，成为议会第一大党。国家自由党共赢得 99 个席位，是议会第二大党。进入议会的还有拯救罗马尼亚联盟，罗马尼亚匈牙利民主联盟、自由和民主联盟党以及前总统伯塞斯库新成立的人民运动党。最终由社会民主党与自由和民主联盟党组成执政联盟。由于总统的政治理念与执政联盟理念不同，罗马尼亚近年来府院之争愈演愈烈。社会民主党内部分歧也日渐突出，自 2016 年大选以来政府已经两次更迭。

罗马尼亚司法制度完善以及反腐败工作在欧盟的合作与审查机制的监督下有了较大进展。该机制每年发布评估报告，对罗马尼亚的反腐败行动和司法系统建立做出评估并提出相应的建议。在 2017 年 1 月的报告中明确提到，一旦罗马尼亚采纳了该报告中的全部建议与措施，即可被视为已经满足入盟时为罗马尼亚设立的司法改革标准，届时合作与审查机制也将关闭。然而由于罗马尼亚政局出现波动，政府更迭，导致各项改革不能顺利实施，欧盟对此表示担忧。

（三）国际关系

罗马尼亚奉行友好和平的外交政策。主张在维护和发展本国民族利益的基础上实行广泛的对外开放。目前，罗马尼亚与 187 个国家保持外交关系。重点发展与欧盟、美国和北约的关系，同时注重搞好与周边及亚太地区国家的关系。

1990 年以后，罗马尼亚将与美国的关系放在最重要的地位。2007 年 8 月，美国在罗马尼亚设立军事基地。2010 年 2 月，罗马尼亚最高国防委员会决定同意美国在罗境内部署新反导系统。2011 年 9 月 13 日，罗马尼亚总统伯塞斯库访美，两国签署《关于 21 世纪战略伙伴关系的联合声明》《弹道导弹防御协议》。2016 年，美国在罗马尼亚设立的导弹防御系统正式启动。

20 世纪 90 年代初，罗马尼亚表示希望加入欧洲共同体，并于 1993 年 2 月与欧共体签署了联系国协定。2000 年 3 月，罗马尼亚开始入盟谈判。2007 年 1 月 1 日，罗马尼亚正式加入欧盟。入盟后，罗马尼亚积极申请加入申根区，在合作与审查机制的监督下，深化司法改革，进一步打击腐败。此外，罗马尼亚支持并推动欧盟多瑙河战略，在欧盟框架下加强地区合作。

罗马尼亚与俄罗斯于 1878 年 9 月建立公使级外交关系。1918 年，两国断交，1934 年 6 月 9 日，两国恢复外交关系。1941 年 6 月 22 日，两国再次断交。1945 年 8 月 6 日，双方建立公使级外交关系，同年 8 月 24 日，两国外交关系升格为大使级。苏联解体后，由于与摩尔多瓦共和国存在历史及现实问题的纠葛，以及罗马尼亚亲西方的立场，罗俄两国关系趋于冷淡。

出于历史、文化、语言和传统等原因，罗马尼亚优先发展与摩尔多瓦共和国的外交关系，支持摩尔多瓦向欧洲发展并加强双边的交往与合作。两国于 1991 年 8 月建交。摩尔多瓦于 2003 年 3 月被纳入欧盟睦邻政策框架，并于 2005 年 2 月与欧盟签署了行动计划。罗马尼亚积极推动摩尔多瓦与欧盟的关系。2010 年 1 月，在法国的支持下，罗马尼亚提出成立支持摩尔多瓦欧洲行动的非正式小组，旨在加强欧洲层面的对话，有计划地采取必要措施支持摩尔多瓦接近欧盟。罗摩两国于 2010 年 4 月签署了战略伙伴关系联合声明，并于 2012 年签署了该声明的行动计划。此外，罗摩双方在教育、贸易、运输和能源等各个领域都有广泛与密切的合作。罗马尼亚是摩尔多瓦第二大贸易伙伴。在 2016 年 10 月的摩尔多瓦总统选举中伊戈尔·多东胜出，其亲俄立场在一定程度上影响了罗摩关系。

罗马尼亚与乌克兰在 1992 年 2 月建立外交关系。两国由于历史问题存在领土之争。2009 年 2 月 3 日，国际法院在荷兰海牙一致裁决，划分了罗马尼亚与乌克兰两国在黑海海域的边界，存在争议的区域约有 80% 被判归罗马尼亚所有。两国在罗马尼亚与乌克兰总统委员会的基础上建立了对话与合作机制，包括欧洲－大西洋与地区安全委员会，欧洲文化、教育、少数民族事务合作委员会，环境保护与可持续发展委员会。

罗马尼亚与中亚的关系建立在欧盟外交政策的基础上，即推动该地区的安全与稳定，以保障一个和平、民主和繁荣的中亚。中亚各国每年都有留学生来到罗马尼亚高等院校交流学习。

三　经济形势

（一）经济概况

1. 自然资源

罗马尼亚自然资源丰富。矿产资源主要有石油、天然气、煤、铝土矿、金、银、铜、铁、岩盐、铀、铅、锌等。罗马尼亚的石油储量居欧洲前列，是世界上盐矿最丰富的国家之一，森林面积占国土总面积的27.6%。发源于喀尔巴阡山脉的河流极大地丰富了多瑙河的水量，为罗马尼亚汇集了丰富的水利资源。

2. 产业结构

罗马尼亚特色产业包括石油化工、机械、汽车、医药、计算机软件、纺织服装、食品加工、葡萄酒酿制、生态农业等。

农业是罗马尼亚传统经济部门。罗马尼亚的土地资源丰富，可耕种农业土地面积约占国土总面积的 64%，土地肥沃，适宜发展种植业、畜牧业和林果业。长期以来，罗马尼亚都是欧洲主要的粮食生产国和出口国，有"欧洲粮仓"的美誉。除粮食作物之外，罗马尼亚葡萄种植业也十分发达，是世界优质葡萄酒酿造国家之一。但近年来罗马尼亚农业发展缓慢，城乡差距逐渐拉大，已成为农产品净进口国，农业产值占 GDP 比重连年下降，2016 年仅为 3.9%。近年来在政府鼓励下，罗马尼亚大力发展生态农业，努力恢复传统产业活力。

罗马尼亚主要工业部门有冶金、石油天然气开采、采煤、机电设备和运输工具制造、木材、建材、纺织、制衣以及食品加工等。冶金和石油化工是二战以后重点发展的部门，纺织和食品加工等部门是经济转轨后大力发展的面向出口的行业。近年来，罗马尼亚因生产成本低廉已成为欧盟最重要的纺织业代工国之一。2016 年工业产值占 GDP 的比重为 23.1%。

罗马尼亚服务业自 2002 年起发展迅速，现已成为经济发展的重要推动力，也是吸纳劳动力的主要部门。生活服务业发展迅速，零售业和商业部门（包括金融服务、房地产和通信工程等）雇用的劳动力人数较多，IT和软件服务业也是罗马尼亚优势产业之一。近年来居民消费强劲增长，消费结构多元化，零售业发展迅猛。此外，罗马尼亚旅游业也发展较好，拥有世界自然遗产和文化遗产等多处优质旅游景点。2016 年前三季度，服务业占 GDP 的比重已达到 63.9%。

（二）近期经济运行状况

1. 宏观经济

罗马尼亚转轨起步初期，经济改革政策给不适应自由市场机制的罗马尼亚经济带来强烈影响。1992 年国内生产总值降到 1989 年的 75%，工业产值只有 1989 年的 46%。在初步建立市场经济框架之后，各项经济活动逐渐步入正轨，经济持续稳步发展。2006 年，罗马尼亚国内生产总值增长率高达 7.7%。但之后受全球经济危机的影响，罗马尼亚国内生产总值下降，经济出现衰退。2012 年罗马尼亚国内生产总值增长率仅为 0.7%。但到了 2013 年，工业出口和农业丰收带动了经济增长，2013 年 12 月的通货膨胀率降到历史最低（1.6%）。自 2013 年起，罗马尼亚经济连续保持快速增长，增速位列欧盟前茅。

表1 罗马尼亚主要经济指标统计

年份	2013	2014	2015	2016
GDP(10 亿美元)	191.5	199.5	177.5	187.6
人均 GDP(美元/PPP)	19793	20730	22002	23539
实际 GDP 增长率(%)	3.5	3.1	3.9	4.8

续表

年份	2013	2014	2015	2016
通货膨胀率(%)*	4.0	1.1	-0.6	-1.5
失业率(%)	7.2	6.6	6.8	5.6
财政收入(%,GDP)	31.4	32.0	32.8	29.4
财政支出(%,GDP)	33.9	33.9	34.3	31.8
商品出口(FOB)(亿美元)	583.2	621.7	544.9	577.2
商品进口(FOB)(亿美元)	660.5	707.8	631.2	679.4
经常账户余额(亿美元)	-20.8	-13.8	-21.7	-43.9
国际储备(亿美元)	488.2	431.6	387.1	400.0
外债总额(亿美元)	1239.5	1118.2	964.5	958.9**
汇率(美元/列伊)	3.33	3.35	4.01	4.06

资料来源：EIU，*为罗马尼亚国家统计局数据，**为 EIU 估算值。

2. 国际收支

2016 年罗马尼亚出口总额为 573.92 亿欧元，同比增长 5.1%。进口总额为 673.64 亿欧元，同比增长 7%，商品贸易赤字为 99.72 亿欧元。

从结构看，2016 年罗主要的进出口货物大类为机械和机械器具（分别占同期总出口的 29.4% 和总进口的 28.1%），其次是车辆及运输设备（分别占同期总出口的 17.6% 和总进口的 10.1%）。这两项也是进口增加最多的类别。

从贸易伙伴来看，欧盟国家依然是罗马尼亚最大的贸易伙伴，占罗马尼亚进口总额的 75.1%，出口总额的 77.1%。其中德国依然是罗马尼亚最大的贸易国，进口额占进口贸易总额的 21.5%，出口额占出口贸易总额的 20.5%。其次为意大利，进口与出口额分别占比为 11.6% 和 10.3%。

罗马尼亚 2016 年经常账户赤字增长至 39.66 亿欧元（2015 年为 19.78 亿欧元）。2015 年经常账户赤字占国民生产总值的 1.2%，2016 年增加至 2.3%。经常账户赤字扩大的原因是 2016 年罗马尼亚贸易逆差和预算赤字的增长。

罗马尼亚国家银行数据显示，2016 年罗国际储备有所增长，达到 379 亿欧元，加强了罗马尼亚的外部信誉，增强了经济对金融市场可能出现的动荡的承受能力，也一定程度上帮助政府和地方的企业减少了融资成本。

3. 外债状况

罗马尼亚国家银行公布的数据显示，截至 2016 年 12 月 31 日，罗马尼亚外债总额为 923.77 亿欧元，占国内生产总值的 54.5%。其中短期外债总额为 233.98 亿欧元，较 2015 年底增长了 17.7%。长期外债总额为 689.79 亿欧元，比 2015 年底降低了 3.4%。从外债结构来看，公共外债占比有所增加；从债务清偿情况来看，罗马尼亚长期外债清偿率为 25.2%，较 2015 年有所下降，主要原因是罗马尼亚偿还了国际货币基金组织的贷款。

4. 财政收支

2016 年罗马尼亚公共债务占国内生产总值的 37.6%，较 2015 年有所下降（38%）。

2016 年政府财政收入占国内生产总值的 31.7%，财政支出占国内生产总值的 34.7%，与 2015 年相比均有所下降。财政赤字占国内生产总值的 3%，较 2015 年（0.8%）相比大幅提升。财政收入的下降与 2016 年增值税率调整相关。

四　投资状况

（一）外国投资状况

罗马尼亚国家银行公布的数据显示，2016 年罗马尼亚吸引外国直接投资净流量为 45.17 亿欧元，同比增长了 30.5%，截至 2016 年底，罗马尼亚的外资存量为 701.13 亿欧元，同比增长 8.8%。外国投资仍保持在低位，在外工作的罗马尼亚人向国内汇款比同期吸收外国直接投资数额还要高。其中制造业占外国直接投资存量总额的 32%，建筑与房地产交易占 14%，贸易占 12.8%，金融中介与保险占 12.6%，电力、天然气与自来水供应占 9.6%。前五大外资来源地为荷兰、德国、奥地利、法国和塞浦路斯，分别占外国直接投资总额的 24.3%，13.2%，11.9%，6.9% 和 6.5%。

罗马尼亚国家商业注册办公室公布的数据显示，截至 2017 年 11 月，在罗马尼亚注册的有外资参与的公司共有 130301 家，虽然外商投资企业数目众多，但在罗马尼亚较活跃的外资企业大多是小微企业。投资大多分布在首都及其周边地区（在布加勒斯特－伊尔福夫地区的外国直接投资占总量的 59.9%），其次集中在中部地区（9.1%），地理分布极不平衡。同时，大多外资企业较少从当地采购原材料，多依赖传统的外国供应商，未能较好地融入当地经济。

世界银行发布的《2017 年营商环境报告》显示，在 190 个国家和地区中，罗马尼亚排名第 36 位。其中跨境贸易与合同效力方面得分较高。

（二）投资环境

1. 投资政策

2008 年 6 月底，罗马尼亚出台了《投资促进法》。该法提出将对投资者提供优惠，对加工工业、供电、供气、供暖和空调业等一些投资领域给予优惠政策，并对在欠发达地区和失业率较高的地区投资提供力度更大的支持。另外，在经济特区或工业园区投资的企业可享受一定程度的税收优惠。除此之外，罗马尼亚不断修改并完善《竞争法》，力求与欧盟的竞争法保持一致。有关投资的法律还有 2014 年第 807 号《关于设立鼓励对经济领域有重要影响投资国家援助计划的政府决定》以及 2014 年第 332 号《关于设立鼓励创造工作岗位促进地区发展投资国家援助计划的政府决定》。有关鼓励措施遵循对内外资实行无差别非歧视性待遇原则，对外资企业实行国民待遇，相关优惠政策对内外资企业同等适用。

罗马尼亚入盟后，对国税税收优惠进行了清理，只有经济特区或工业园区内的企业可享受部分税收优惠。地方政府可根据需要对工业园区内投资者减免征收部分税种，主要是指建筑物税、土地税、建筑许可税和交通工具税等，减免程度和期限由地方政府根据 2013 年第 186 号《关于工业园区设立和运营的法律》以及 2013 年 9 月 24 日地区发展和公共行政部《关于批准向在工业园区内投资提供支持措施条件的第 2980 号部令》确定。目前，罗马尼亚境内有 72 个工业园区，其中 21 个位于南部地区，15 个位于西北部地区。

2. 金融体系

1989 年政局剧变之后，罗马尼亚允许私有银行成立和外资银行进入，罗马尼亚银行体系转型为中央银行和商业银行两级银行体系。目前的银行体系中，共有 50 余家银行，其中罗马尼亚国家银行和罗马尼亚进出口银行（EximBank）为国有银行，此外大部分为外资私营银行。罗马尼亚国家银行为中央银行，负责发行货币，并通过货币政策和汇率政策维持物价稳定。罗马尼亚进出口银行是以国有资本为主的股份制银行，支持罗马尼亚公司扩展海外业务，推动进出口贸易。罗马尼亚商业银行是最大的商业银行，于 2005 年进行了私有化重组。目前，奥地利 ERSTE 银行是罗马尼亚商业银行的最大股东。外资银行资产占银行业总资产的 90% 以上，投资主要来自奥地利、法国、匈牙利和塞浦路斯等国。

罗马尼亚共有两个证券交易市场，布加勒斯特股票交易所与锡比乌股票交易所。2017 年 4 月，布加勒斯特证券交易所股东大会投票通过与锡比乌证券交易所合并的计划。1995 年，布加勒斯特股票交易所重新恢复建立，1997 年第一个官方指数 BET 发布，成为反映市场资本交易的晴雨表。2005 年 12 月 1 日，拉斯达克（RASDAQ）交易所与布加勒斯特股票交易所合并。2014 年 9 月 30 日，罗议会决定撤销拉斯达克市场。目前，布加勒斯特交易所一共有 8 支本地指数，1 支国际指数。锡比乌股票交易所于 1994 年建立，1997 年成为第一个衍生品交易所并发行第一个期货合约产品。

罗马尼亚于 2003 年底开始放开资本账户的外汇长期流通业务，现已全部开放。2012 年 5 月，罗马尼亚出台了新的外汇制度条例，对 2005 年的外汇制度条例进行了修改与补充。按照规定，除国家银行有特殊规定外，居民和非居民之间的经常项目和资本项目的外汇业务可以自由进行。非居民有权获得、持有、使用以外汇表示的金融资产，可以在罗马尼亚银行开设外汇和本币账户，所持有的列伊和外汇可以在外汇市场上兑换。在罗马尼亚工作的外国人，其税后合法收入可全部汇往国外。

3. 税收体系

1989 年以后，罗马尼亚税制经历多次改革。税法最新一次变更将于 2018 年 1 月 1 日开始施行，其中将所得税率从 16% 降低至 10%，社会保险税率也下调2%。罗马尼亚从2005年开始对个人所得税和企业所得税施行单一税制（16%）。2010年7月，增值税由19%变为24%，2015年6月，食品增值税下调至9%，2016年1月，一般增值税由24%下调至20%，2017年1月，非食品类商品增值税由20%下调至19%。减税有效地刺激了居民消费，消费成为罗马尼亚近年来经济增长的最强拉动力，但同时减少了政府财政收入。

罗马尼亚对酒精及酒精饮料、烟草制品、能源、香水、珠宝等商品征收消费税。

表2　罗马尼亚主要税收一览

单位：%

税目	税率
公司所得税	16
个人所得税	16
增值税（标准税率）	19

五　双边关系

（一）政治关系

中国与罗马尼亚自1949年10月5日建交以来，一直保持着友好合作关系。罗历届政府均奉行对华友好政策，坚持一个中国的原则立场，不与台湾地区进行官方接触。1971年10月，在第26届联合国大会上，罗马尼亚作为联合提案国，投票赞成关于恢复中华人民共和国在联合国的一切合法权利的决议。

1990年以后，国际形势和罗中两国国内情况都发生了巨大变化，中国政府尊重罗马尼亚的独立、主权和领土完整，尊重罗马尼亚选择的发展道路和内外政策，在和平共处五项原则的基础上继续发展两国友好关系。两国高层交往频繁，相互了解与信任不断增强，在联合国及其他国际组织中合作良好，各领域的交流与合作富有成果。2004年6月，胡锦涛主席对罗马尼亚进行了国事访问，并与罗马尼亚总统伊利埃斯库签署了《中华人民共和国与罗马尼亚关于建立全面友好合作伙伴关系的联合声明》。2013 年 6 月 29 日至 7 月 3 日，罗马尼亚总理蓬塔来华出席在重庆举行的中国 – 中东欧国家地方领导人会议，习近平主席、李克强总理在京分别与他会见。2013 年 11 月 25 日至 29 日，李克强总理出席中国 – 中东欧国家领导人会晤并对罗马尼亚进行正式访问。2015 年 9 月，习近平主席出席联合国成立 70 周年系列峰会期间会见罗马尼亚总统约翰尼斯。

（二）双边贸易

20 世纪 90 年代以来，两国贸易方式由过去的政府记账改为现汇支付，双边贸易额一度下降。2000 年起双边贸易额止跌回升。2006 年达 63.1 亿美元。根据中国海关统计数据，2016 年 1 ~ 12 月，中罗贸易额 48.99 亿美元，较上年同期增加 9.59%，其中，中国对罗出口近 34.47 亿美元，同比增加 9.04%，主要出口商品类别为机电、音响设备及其零件和附件，核反应堆、锅炉、机械器具及零件，电气等；中国自罗进口近 14.52 亿美元，同比增加 10.94%，进口额最高的商品类别与进口基本一致。

表 3　中国与罗马尼亚贸易统计

单位：亿美元，%

年份	中国出口		中国进口		顺（逆）差
	出口额	增长率	进口额	增长率	
2013	28.23	0.9	12.08	23.3	16.15
2014	32.25	14.2	15.24	26.2	17.01
2015	31.63	−1.9	12.97	−14.9	18.66
2016	34.47	9.0	14.52	12.0	19.95

资料来源：中国海关统计数据。

（三）双边经济合作

从 1970 年起，中罗开始进行经济技术合作。1978 年，中罗成立两国政府经济技术合作委员会，1994 年改称政府经济贸易委员会，2006 年改称政府经济联委会。

2013 年 11 月李克强总理访罗期间，中罗两国签署了《中华人民共和国商务部和罗马尼亚经济部促进投资合作谅解备忘录》《中华人民共和国商务部与罗马尼亚经济部关于开展合建中罗经济技术园区可行性研究的谅解备忘录》。此外中罗双方签署了多项经贸协议，包括《罗马尼亚信息社会部和华为技术有限公司战略合作备忘录》《罗马尼亚 20 万千瓦风电投资和设备出口项目协议》《中国广核集团有限公司和罗马尼亚国家核电公司关于合作开发切尔纳沃德核电厂 3、4 号机组项目的意向书》《德瓦火电厂4 号机组现代化改造及 3、4 号机组新建脱硫项目的协议》《罗维纳里燃煤电站合作意向协议》《罗马尼亚塔尼塔电站项目合作意向书》。2014 年 2月，中国进出口银行与罗马尼亚进出口银行在北京签订金融合作框架协议，旨在构建和发展长期合作关系，促进中国在罗投资，尤其是涉及能源和基础设施领域项目的投资。2015 年，中罗签署《关于在两国经济联委会框架下推进"一带一路"建设的谅解备忘录》。

六　总体风险评估

自 1989 年政局发生剧变以来，罗马尼亚经历了近 30 年转轨进程，多党议会民主制和市场经济体制已经基本确立，政党权力交接不会影响国家的发展方向。2012 年，罗马尼亚出现了街头示威游行，总理博克辞职，自此以后罗马尼亚政局出现一定程度的动荡不安。由于总理与总统分属不同党派，府院之争的危机一直存在，而议会最大党社民党内部矛盾也逐渐凸显。最新成立的政府在中短期内可以保持政权稳定。

国内政局的不稳定将会在一定程度上影响经济发展政策的制定与执行。由于政府近年来一直采取减税、增长工资等刺激消费的政策，居民消费成为罗经济增长的最大拉动力，罗马尼亚经济增长速度几年来一直保持在欧盟前列。

在欧盟设立的合作与审查机制的监督下，罗马尼亚反腐败行动有了一定成效，司法制度也越来越趋于完善。欧盟以合作与审查机制的报告为依据，一直未批准罗马尼亚进入申根区，在一定程度上也约束了罗马尼亚。

而腐败问题也一直是罗马尼亚政治社会生活中最为敏感的问题，极易引发民众对政府的不满情绪。

中罗友好关系源远流长，罗马尼亚一直是中国发展与中东欧国家关系的重要合作伙伴之一。两国高层交往频繁，相互了解与信任不断增强，在联合国及其他国际组织中合作良好，各领域的交流与合作均富有成果。2013 年 11 月，李克强总理访罗，进一步促进了两国在政治、经济、文化等各方面的合作与交往。此外，两国签订了合作协议与意向书，将继续推动两国经贸往来与合作。罗马尼亚对于中国投资者而言有很大的投资潜力，两国友好的双边关系为这一潜力提供了强有力的保障。

（曲岩）

马其顿

（The Republic of Macedonia）

一

（一）地理概述

马其顿共和国（简称马其顿）位于东南欧地区，地处巴尔干半岛中部，西部毗邻阿尔巴尼亚，东部与保加利亚接壤，南部与希腊相邻，北部为塞尔维亚。国土面积为 25713 平方公里，地形多为山地，瓦尔达尔河（Vardar River）横贯南北。首都为斯科普里（Skopje）。

（二）人口和民族

截至 2016 年底，全国总人口约 207 万，主要民族有马其顿族（64.2%）、阿尔巴尼亚族（25.2%）、土耳其族（3.9%）、罗姆族（2.7%）和塞尔维亚族（1.8%）。官方语言为马其顿语，居民多信奉东正教，少数信奉伊斯兰教。

（三）简史

公元 7 世纪，部分斯拉夫人迁居至马其顿地区。10 世纪下半叶至 11 世纪初，萨莫伊洛（Tsar Samuel，976 - 1014）建立了第一个斯拉夫人的马其顿王国，中心位于奥赫里德。14 世纪始，马其顿地区相继处于拜占庭帝国和土耳其帝国的统治之下。1912 年第一次巴尔干战争结束后，塞尔维亚、保加利亚、希腊军队占领马其顿地区。1913 年第二次巴尔干战争结束后，塞、保、希三国重新对马其顿地区进行瓜分。地理上属于塞尔维亚的部分称瓦尔达尔马其顿，属于保加利亚的部分称皮林马其顿，属于希腊的部分称爱琴马其顿。

第一次世界大战结束后，瓦尔达尔马其顿作为塞尔维亚的一部分并入塞尔维亚 – 克罗地亚 – 斯洛文尼亚王国（1929 年改称南斯拉夫王国）。第二次世界大战后，南斯拉夫联邦人民共和国成立（1963 年改称南斯拉夫社会主义联邦共和国），原属塞尔维亚的瓦尔达尔马其顿成为南斯拉夫联邦的组成单位之一，称马其顿共和国。

1991 年 11 月 20 日，马其顿宣布从南斯拉夫联邦独立。1993 年 4 月 7 日，马其顿以"前南斯拉夫马其顿共和国"的暂用名加入联合国。2001 年 4 月，马其顿同欧盟签署《稳定与联系协议》。2004 年 3 月，马其顿递交入盟申请，2005 年 12 月，获得入盟候选国地位。2009 年 10 月、2010 年 10 月、2011 年 10 月、2012 年 10 月、2013 年 10 月、2014 年 10 月以及 2015 年 11 月，欧盟委员会 7 次建议开启入盟谈判。

二 政治状况

（一）政体简介

1. 宪法

1991 年 11 月 17 日，马其顿通过新宪法，规定马其顿是一个主权、独立、民主和福利的国家。1992 年 1 月，议会对宪法进行修改，声明马其顿对邻国没有领土要求。2001 年 11 月，议会再次修宪，扩大国内阿尔巴尼亚族的自治权利。

国家首脑为共和国总统，以无记名投票方式通过普选产生，任期 5 年，最多不得超过两任。总统是国家的象征与代表。2014 年 4 月 13 日，新一届总统选举进行。参与角逐的 4 名候选者无人能够获得法定多数票在第一轮选举中胜出。根据马其顿选举委员会的统计结果，"内部革命组织 – 民族统一民主党"（简称内部革命组织竞选联盟）的候选人、时任总统奥尔盖·伊万诺夫（Gjorge Ivanov）得票率为 51.6%，反对党社会民主联盟的候选人史蒂沃·潘达洛夫斯基（Stevo Pendarovski）则获得了37.5%的选票。

根据马其顿选举法，候选人在首轮投票中须获得过半数登记选民的支持，才能直接当选总统，马其顿全部登记选民约为 178 万人，而当日的投票率不足 49%。因此，尽管以绝对优势领先，伊万诺夫仍然未能获得登记选民过半数的支持，必须与潘达洛夫斯基在 4 月 27 日进行第二轮投票角逐。第二轮投票结果显示，伊万诺夫赢得 55.28% 的支持率，潘达洛夫斯基赢得 41.14% 的支持率。虽然潘达洛夫斯基对选举结果表示怀疑，要求国际观察员进行调查，但这并没有使最终结果发生变化。

2. 议会

马其顿实行议会制。议会是国家最高立法机构，议会行使立法权和监督权，并有对内政外交等重大问题做出决定的权力。议员通过直选产生，任期 4 年。

2016 年 12 月，马其顿举行提前议会选举。马其顿内部革命组织竞选联盟（VMRO-DPMNE coalition）获得 120 个议席中的 51 席，社会民主联盟（Social Democratic Union of Macedonia）获 49 席，阿族融合民主联盟（Democratic Union for Integration）获 10 席，贝萨运动（Besa Movement）获5 席，阿族人联盟（Alliance for the Albanians）获 3 席，阿族民主党（Democratic Party of Albanians）获 2 席。由于议会多数未能形成，议长一职较长时间未进行选举，直到 2017 年 4 月前国防部部长贾菲里（Talat Xhaferi）当选为议长，他成为马其顿历史上首位阿尔巴尼亚族裔的议长。然而，该结果一公布，议会便遭遇袭击，并引发社会动荡。后来，在美国和欧盟的斡旋下事态才得以平息。

3. 政府

政府是国家权力执行机构，由总理和各部部长组成，任期 4 年。内部革命组织竞选联盟虽然在 2016 年 12 月赢得议会选举，但没有获得足够席位，因此必须组建联合政府。经过博弈和较量，由佐兰·扎耶夫（Zoran Zaev）领导的社会民主联盟、阿族融合民主联盟以及阿族人联盟联合组阁。2017 年 5 月 31日，扎耶夫提交的新政府组阁方案获得议会批准，25 名部长随即宣誓就职。10

月 30 日，马其顿地方选举第二轮结果揭晓。执政党社会民主联盟赢得 57 个市长职位（包括首都斯科普里），内部革命组织竞选联盟赢得 5 个市长职位，阿族融合民主联盟获得 10 个市长职位，阿族人联盟获得 3 个市长职位，贝萨运动、阿族民主党、土耳其人民主党分获 1 个市长职位。

4. 司法

马其顿司法机构设宪法法院、普通法院和检察院。普通法院分初级法院（区法院）、中级（地区法院）和最高法院三级。另外，马其顿还设有经济法院和军事法院。

（二）政局现状

2001 年是马其顿的一个重要转折年。是年，马其顿族与阿尔巴尼亚族发生冲突，国家一度濒临内战边缘，历时近半年冲突才得以结束。此后，马其顿政局基本保持平稳发展。不过，民族问题并未得到彻底解决，并时常引发政府内部纷争。

2011 年，马其顿提前举行议会选举，以内部革命组织为首的竞选联盟再次获胜，与阿族融合民主联盟组阁，产生了历史上首任阿尔巴尼亚族国防部部长法特米尔·贝希米（Fatmir Besimi）。2012 年，贝希米参加阿尔巴尼亚民族解放军纪念庆典引发争议，使其所在阿族融合民主联盟与执政伙伴内部革命组织的关系恶化。同年 8 月，内部革命组织提出法律草案，要求提高参与 2001 年武装冲突的安全部队成员及其家属的待遇，扩大一系列特权，并明确规定准军事化人员（指阿族解放军战士）不能享有这些特权。作为回应，阿族融合民主联盟也提交了一份修正案，同样要求提高阿族解放军的待遇。但是，内部革命组织拒绝了阿族融合民主联盟的要求，理由是大部分马其顿族人认为阿族解放军是非法组织。执政联盟内部的争斗表明，马其顿看似没有再发生民族冲突，但民族矛盾并没有被根本消除。

2015 年 2 月，"窃听门"丑闻爆发，社会民主联盟主席扎耶夫陆续向全社会公布当局操纵的窃听电话录音。窃听者是马其顿内务部和情报局，窃听对象则包括反对派领导人、法律工作者、资深记者等，窃听内容包括政府从 2007 年至 2013 年秘密记录下的谈话，从政府高官密谋操纵选举到试图掩盖谋杀，无所不包，共计 67 万份，被窃听者达 2 万多人。"窃听门"事件曝光后，立即引发马其顿国内动荡，抗议示威和反抗议示威活动一波接着一波发生。

2016 年 12 月，议会选举提前进行，最终由于议会多数未能形成，较长一段时间没有组阁和选举议长。2017 年 4 月，阿尔巴尼亚族裔贾菲里当选议长，再度引发社会动荡与不安。直到 2017 年 5 月底，政府完成组阁，自 2015 年爆发窃听丑闻后的政治危机才告一段落。

（三）国际关系

马其顿独立后，其对外政策的主要目标是维护国家的独立、主权和领土完整；致力于加入欧盟和北约；优先发展同大国和邻国的关系。目前，马其顿已经与 150 多个国家建立了外交关系。1993 年，马其顿加入联合国。1996 年，马其顿与欧盟建立外交关系，并于 2001 年签署《稳定与联系协议》，2005 年成为欧盟候选国。另外，马其顿还于 1998 年加入北约"和平伙伴关系计划"。

在邻国关系上，希腊在马其顿国名问题上一直没有妥协，成为马其顿入盟的一个绊脚石。2009 年，正是由于希腊反对，马其顿未能和阿尔巴尼亚、克罗地亚一起加入北约。2011 年底，国际法院裁定马其顿在国名问题上胜诉，但希腊仍坚持立场，阻碍马其顿加盟入约。此外，2012 年底，保加利亚也以"马其顿需要切实改善与其邻国关系"为由，和希腊一同抵制马其顿入盟谈判。近年来，马其顿和希腊双方就马其顿国名更改提出了多个方案，进行了多次协商，但进展不大，并未获得一致认可。需要提及的是，马其顿同其他西巴尔干国家的关系一直在提升，在共同入盟的前景刺激下，推进地区合作成为马其顿的内在要求和动力。

三　经济形势

（一）经济概况

1. 自然资源

马其顿矿产资源品种比较丰富，有煤、铁、铅、锌、铅、镍等，其中煤的蕴藏量约 9 亿吨，铜矿的蕴藏量约 3 亿吨。另外，马其顿还有丰富的非金属矿产碳、斑脱土、耐火黏土、石膏、石英、蛋白石、长石以及建筑装饰石材等，森林覆盖率为 35%～39%。

2. 产业结构

马其顿产业结构多元化，分布领域包括纺织及皮革制品、鞋业、食品加工和包装、旅游、钢铁和金属加工、化学和医药、电器、汽车、建筑、银行和其他服务业等。

纺织和皮革业是马其顿重要的产业部门，占国内生产总值的 20%，占全国公司总数约 9%，并占全部就业的 24%。主要产品包括棉线和布料、羊毛纱线及其制品、针织品等，出口主要面向欧洲和北美市场。

金属制造、汽车和电器设备制造业比较发达，约占马其顿国内生产总值的 10%。主要产品包括公共汽车、铸件、钢管、电池、电缆、水泵、家用电器，以及生产五金、木材和塑料加工的机械用具。

黑色冶金和有色金属冶金业较为发达，分别占马其顿国内生产总值的 7% 和 3%。产品以出口为主，包括热轧和冷轧钢板、铝棒、铁合金、焊接管、镍制品、铅、锌、铜、黄金、白银等，主要企业有德尔杨（DOJRAN）钢铁公司。

建筑业也比较发达，全国共有较大型公司 6 家。该行业不仅在马其顿国内发展良好，而且在中东欧、中东和俄罗斯项目建设中占有一席之地。

农业和农业综合产业也是马其顿经济的重要组成部分，约占国内生产总值的 11%。农业就业人口占总就业人口的 19%。主要出口农产品包括烟草原料和制成品、葡萄酒、羊肉和园艺产品，主要的贸易伙伴是欧盟、塞尔维亚以及黑山。主要进口产品包括冷冻和加工肉类、植物油和动物脂油、蔬菜、食粮和小麦等。

此外，旅游业也是马其顿重要的产业之一。马其顿主要旅游区包括奥赫里德湖、斯特鲁加、多伊兰湖、莱森、马弗洛沃山和普雷斯帕湖等地。2016 年，马其顿游客总数为 85.68 万人次，同比增长 5.0%，其中，国内游客 34.63 万人次，同比增长 4.8%，境外游客 51.05 万人次，同比增长 5.1%。中国游客 6565 人次，占境外游客总数的 1.3%，同比下降 9.6%。

（二）近期经济运行状况

1. 宏观经济

独立后，马其顿经济深受前南斯拉夫地区危机的影响，国内安全形势的恶化使其经济更加难有起色。2002～2008 年，随着国内外环境的改善和各项改革举措的推进，经济有一定的恢复。但是，随即又遭遇金融危机和欧债危机的冲击。不过，近年来马其顿经济恢复和发展良好。2013 年，马其顿 GDP 增速 3.1%，增速在欧洲位居第 3 位。2014 年和 2015 年连续两年经济增速接近 4%。2016 年，受投资下降影响，经济增速降至 2.4%。

马其顿政府在高度重视经济发展的同时，下大力气改善政府财政状况。马其顿通胀控制良好，年均通胀率在 2% 左右，但预算赤字和外债占GDP 比重仍在扩大。另外，马其顿失业率居高不下，但在建筑纺织汽车零配件等劳动密集型行业发展迅速、政府大力吸引外资以及积极增加就业岗位等因素作用下，2013 年，失业率自建立统计数据以来首次降至 30% 以下，2016 年降至 23.7%，为近 10 年最低。

表 1　2008～2016 年马其顿主要经济指标统计

年份	2008	2009	2010	2011	2012	2013	2014	2015	2016
GDP 增长率(%)	5.0	-0.9	1	3	0.2	3.1	3.6	3.8	2.4
人均 GDP(美元)	—	9209	9569	10022	11843	12666	113349	14551	15105
失业率(%)	33.8	32.2	30.9	31.4	31.0	29	28.0	26.1	23.7
居民消费价格（按年变化,%）	4.1	-1.6	3.0	3.9	4.8	1.4	-0.6	-0.3	-0.3
财政盈余占 GDP 百分比(%)	-0.9	-2.7	-2.5	-2.0	-3.8	-3.8	-4.2	-3.5	-2.6
外汇储备（百万美元）	2108	2291	2277	2690	2891	2747	2963	2471	2755
经常账户余额（百万美元）	-1236	-599	106.2	67.4	-319	-177	-72	-204	-341

资料来源：马其顿国家银行；马其顿国家统计局；经济学人情报社（EIU）。

2. 国际收支

据马其顿国家统计局数据显示，2016 年，马其顿进出口贸易额为 115.4

亿美元，同比增长 6.0%。其中，出口额 47.9 亿美元，同比增长 6.6%，进口额 67.6 亿美元，同比增长 5.6%，当年贸易逆差 19.7 亿美元。

在 2016 年马其顿对外贸易额中，德国、英国、塞尔维亚、希腊、和意大利位居前 5 位。自欧盟 28 国进口占其全部进口额的 62.0%，对欧盟 28 国出口占其全部出口额的 79.7%，与欧盟的贸易额占其总贸易额的 69.4%。中国继续为马其顿第七大贸易伙伴，欧洲外第一大贸易伙伴，占其总贸易额的 4.1%。可见，马其顿对外贸易严重依赖欧盟成员。

表 2　2008～2016 年马其顿对外贸易情况

单位：百万美元

年份	2008	2009	2010	2011	2012	2013	2014	2015	2016
出口	3971	2685	3302	4460	4000	4267	4934	4490	4790
进口	6543	4842	5450	7000	6500	6600	7277	6400	6760
贸易差额	-2572	-2157	-2148	-2540	-2500	-2333	2343	1910	1970

资料来源：马其顿国家银行，马其顿国家统计局。

3. 外债状况

马其顿国内经济规模总体较小，经济对外依赖度较高，金融资本多受外国控制，抗击金融危机冲击能力相对较弱。国际金融危机发生后，马金融市场遭受冲击，陷入流动性短缺以及不良贷款危机。其中，广义货币供应起伏不定，2014 年和 2015 年达到 7% 以上的增长。2016 年 5 月底，马其顿央行发布了 2017～2019 年战略规划，将物价低位平稳运行、本币代纳尔与欧元联系汇率保持稳定作为主要任务，以促进国家金融稳定。规划进一步指出，央行将继续在人力资源开发、科技创新、风险有效管理及与国内外机构合作等方面做出努力。

表 3　2012～2017 年马其顿广义货币（M2）供应增长率

单位：%

年份	2012	2013	2014	2015	2016	2017*
M2 供应增长率	0.5	0.2	7.2	7.6	6.1	2.9

*2017 年为估计值。

资料来源：世界银行。

近些年来，马其顿外债呈现快速上涨趋势，负担日益加重。2012 年，外债共约 65.5 亿美元，其中政府外债约占 1/3，外债中短期债务约占 1/3，长期债务约占 2/3。是年，马其顿外债占 GDP 比重为 68.2%。到 2016 年，这一比重上升到 71.2%。从目前的发展趋势和马国内经济状况看，未来一段时期内，其外债水平难有实质性降低。

表 4 2012～2017 年马其顿外债情况

单位：百万美元，占比：%

年份	2012	2013	2014	2015	2016	2017*
外债额	6469	6737	7233	6942	8210	8595
外债占 GDP 比	68.2	64.0	70.0	69.4	71.2	—
已付偿还外债本息	479	734	770	872	490	508

资料来源：经济学人情报社（EIU），世界银行。

4. 财政收支

过去几年来，马其顿财政收支均处于赤字状态，赤字率在 2% 左右。据马其顿财政部发布数据显示，2013 年，马其顿财政赤字 192.5 亿代纳尔（约 4.15 亿美元），赤字水平不高，但赤字不断上升，比 2012 年增加 58.6%。马其顿主要依靠向外借债来弥补赤字。到 2016 年，马财政赤字仍占 GDP 的 2.6%，造成这一现象的主要原因是资本投资执行不力、选举前支出限制和拖欠款项。

四 投资状况

（一）外国投资状况

据马其顿国民银行的统计数据，2015 年马其顿共吸引外资 1.78 亿美元，主要来自百慕大、圣文森特和格林纳丁斯、德国、瑞士、土耳其等国家和地区。据联合国贸发会议发布的 2016 年《世界投资报告》显示，截至 2015 年底，马其顿吸引外资存量 45.72 亿美元。外商投资流量不大，主要集中在电信、制造业、冶金、水泥、石油加工、食品与饮料、纺织、银行与保险等行业。投资的公司包括匈牙利 MATAV 公司、德国 Van Societe 公司、美国 Kemet 公司、奥地利电信公司、奥地利 EVN 公司以及土耳其 TAV 航空公司等。

表 5　2008～2015 年马其顿吸收外商直接投资流量情况

单位：亿美元

年份	2008	2009	2010	2011	2012	2013	2014	2015
外国对马投资流量	5.94	1.74	2.38	4.73	1.4	3.34	2.72	1.78

资料来源：马其顿国家银行。

（二）投资环境

1. 投资政策

马其顿于 2003 年 4 月加入 WTO，并正积极谋求加入欧盟。按照 WTO 的要求，马其顿平均关税逐年下降。马其顿与 10 个周边国家及俄罗斯签订了双边自由贸易协定，规定对双边进出口的绝大部分商品免征关税，只征收 1% 的海关登记费。

近几年来，马其顿不断出台和调整法律法规，为外国企业来马其顿投资营造良好的环境，这些法律主要包括《卫生和植物检疫措施》《经济自由区法》《公司法》《海关法》等。

马其顿主管对外贸易的部门是经济部。2005 年 1 月，马其顿成立了投资促进专门机构——马其顿外国投资局，负责吸引外资，向外商提供优质的投资全程服务。外资局直属总理府，下设投资服务处、市场和通信处、行政和协调处。另外，马其顿成立商会作为投资管理指导机构。

除军事工业、武器交易、麻醉品交易、受保护的文物交易等领域外，其他投资均对外开放。其中，重点吸引外资投资的行业主要有纺织、皮革、鞋、食品处理和包装、钢铁、化工和医药生产、车辆组装、电气设备、银行业和电信业。个别行业有一些特殊规定。比如，银行业对外国资本投入无法律限制，但获取 75% 的银行股份需要得到马其顿国民银行的批准；《保险监管法》要求外国投资者在购买涉及保险事业管理权的股票时，必须获得保险业监管机构的同意；根据《广播法》规定，外国人参与广播公司的投资比例不能超过 25%。

外国企业在马其顿投资可设立有限责任公司和联合股份公司，或在马其顿设立分支机构或代表处开展营利性活动。马其顿积极支持外资企业以 BOT 方式（建设－经营－转让）参与马其顿基础设施建设，对外资参与领域并无特殊限制。目前，BOT 项目主要集中于机场、道路等领域。

2. 金融体系

马其顿的货币为代纳尔（国际代码 MKD），在国内可自由兑换。为保持国内的低通胀水平，自 2002 年起，马其顿中央银行实行代纳尔与欧元挂钩的固定汇率制度，本币代纳尔对欧元的汇率稳定在 1 欧元兑换 61.3 代纳尔，而对美元汇率波动较大。马其顿较大的经常账户赤字可能会威胁代纳尔绑定欧元的汇率政策。

在国内外经济处于下行区间的背景下，放弃固定汇率政策不仅无法保持本国短期收支平衡，而且会大幅提高外币债务的偿还难度，从而对国民经济产生更多不利影响。自金融危机爆发以来，马其顿中央银行为稳定代纳尔与欧元挂钩的固定汇率制度，一直采取从紧的货币政策，时常需要动用外汇储备干预汇率，致使本来就短缺的外汇更加紧缺。为防止国内资本大量外流，马其顿中央银行采取提高基本利率举措，一度将其提高到 9%。

马其顿拥有较完整的银行体系，除中央银行外，还有马其顿发展促进银行，以及 17 家私营银行和 12 个储蓄所。马其顿三大主要商业银行包括：Komercijalna Banka AD Skopje、Stopanska Banka AD Skopje（希腊国家银行为主要持股者）和 NLB Tutunska Banka AD Skopje（斯洛文尼亚的 NLB Ljubljana 银行为主要持股者）。这三大银行持有马其顿银行系统 60% 以上的净资产，主导着马其顿银行系统。

3. 税收体系

马其顿实行属地税制，其税收法律仍处于调整之中。为吸引外国投资，马其顿政府不断修订税法。现正在执行的税法包括：《企业所得税法》《财产税法》《个人收入所得税法》《增值税法》《工资税法》《消费税法》。

企业所得税：法人实体和从事商业行为的居民，其在马其顿境内外由商业行为所取得的利润，均须缴纳所得税；非马其顿法人实体和居民须为其在马其顿境内获取的利润缴纳所得税，税率为 10%，其中，年营业额在

600 万代纳尔（约合 13 万美元）及以下的中小贸易类企业可选择按照其年营业额的 1% 缴税或按企业所得的 10% 缴税。

个人所得税：由个人纳税者缴纳，范围包括纳税人在 1 年中境内外各种来源的收入，税率为 10%。如企业雇用在当地劳工机构注册失业 1 年以上的工人，则 3 年内无须为其缴纳个人所得税。

增值税：在马其顿境内进行商业活动的法人实体或个人，在进行商业活动或货物进口时出售的有偿货物或服务须缴纳增值税。个人或企业年营业额超过 200 万代纳尔（约合 4.34 万美元），须强制注册缴纳增值税。年营业额不超过 200 万代纳尔的按年度缴税，200 万~2500 万代纳尔（约合 54.34 万美元）的按季度缴税，超过 2500 万代纳尔的按月度缴税。税率一般为 18%，少数类别商品如食品、电脑等税率为 5%。

消费税：与欧盟的法律一致，矿物油、烟草、酒精和含酒精的饮料、汽车等商品消费须交纳消费税。税率可以按比例计算，也可以按每个计量单位（例如千克、升、件）缴纳固定税额。

地产税：拥有土地、楼宇等地产的法人和个人须缴纳地产税，税率为地产总价值的 0.1%~0.2%，视地产种类而定。被挪作他用的农用土地税率是基本税率的 3~5 倍。纳税人自用或者其家庭所居住的楼宇或公寓，可享受减半纳税。

遗产与赠与税：税率根据继承顺序以继承财产的比例计算。第一继承人与接受人将免除遗产与赠与税，第二继承人与接受人将按 2%~3% 的比例缴税，第三继承人或与立遗嘱人无血缘关系的接受者将按 4%~5% 比例缴税。

不动产销售税：不动产的出售须缴纳不动产销售税，具体包括转让房地产的所有权并获得资金的补偿，法人实体与个人之间房地产所有权的更替，以及通过支付资金获得房地产等情况，税率为 2%~4%。

五　双边关系

（一）政治关系

1993 年 10 月 12 日，马其顿同中国正式建立大使级外交关系。1997 年

6月9～13日，应国家主席江泽民邀请，马其顿总统基罗·格利戈罗夫（Kiro Gligorov）访华，两国元首签署《中华人民共和国和马其顿共和国联合公报》。

1999年，马其顿与中国台湾地区"建交"，在多次严正交涉无效的情况下，中国政府宣布中止同马其顿的外交关系。2001年，两国签署《中华人民共和国和马其顿共和国关于实现关系正常化的联合公报》，恢复外交关系。此后，双方关系稳定发展。2002年4月25日至30日，应国家主席江泽民邀请，马其顿总统博里斯·特拉伊科夫斯基（Boris Trajkovski）访华。2007年12月，应国家主席胡锦涛邀请，马其顿总统布兰科·茨尔文科夫斯基（Branko Crvenkovski）对华进行国事访问，并签署《中华人民共和国和马其顿共和国关于深化互利合作关系的联合声明》。

2012年4月，温家宝总理在华沙会见出席中国－中东欧国家领导人会晤的马其顿总理尼古拉·格鲁耶夫斯基（Nikola Gruevski）。2013年10月，国家主席习近平在京会见来华出席第十四届中国西部国际博览会的马其顿总统伊万诺夫。11月，在罗马尼亚布加勒斯特举行的中国－中东欧国家领导人会晤时，国务院总理李克强同马其顿总理格鲁埃夫斯基举行会见。2016年11月、2017年11月，李克强总理分别在里加和布达佩斯同马其顿总理迪米特里夫耶举行会见。2017年9月，在中国杭州举办的第三届中国－中东欧国家文化合作部长级论坛上，中国与中东欧16国文化部部长签署备忘录，将在马其顿设立"16＋1"文化合作协调中心。

（二）双边贸易

自1993年中国和马其顿建交以来，双边贸易持续增长。一直以来，双方贸易以中国对马出口为主，马方逆差逐年增加。从2010年起，中国从马方进口首次超过对马出口，并有扩大趋势。据中国海关统计，2015年中马双边贸易额为2.2亿美元，同比增长31.3%。其中，中方出口8651万美元，同比增长12.8%；从马进口1.33亿美元，同比增长47%。据马方统计，2008年、2009年、2010年和2011年中国连续4年保持在马其顿第八大贸易伙伴地位，到2012年升至第七位，2016年和2017年分别上升至第六位和第四位。

表6　2008~2015年中马双边贸易情况

单位：百万美元

年份	进出口额	出口额	进口额	累计比上年同期增减（%）		
				进出口	出口	进口
2008	83.9	70.7	13.3	-0.4	-6.3	45.1
2009	80.1	56.0	24.1	-4.6	-20.8	81.5
2010	144.5	52.8	91.7	80.2	-5.8	279.4
2011	246.6	91.8	154.8	70.6	73.9	68.7
2012	227.6	88.8	138.9	-7.5	-3.3	-10
2013	172	63	108	-24.9	-28.5	-22.7
2014	168	77	91	-2.1	20.8	15.5
2015	220	87	133	31.3	12.8	47

资料来源：中国海关。

据中国海关统计，近年来，中国对马其顿出口商品主要类别包括：电机、电气、音像设备及其零配件；车辆及其零配件；核反应堆、锅炉、机械器具及零件；大理石；鞋靴、护腿和类似品及其零件。中国从马其顿进口商品主要类别包括：镍铁；矿砂、矿渣及矿灰；非针织或非钩编的服装及衣着附件；饮料、酒及醋；光学、照相、医疗等设备及零配件。

（三）双边经济合作

1997年，中国和马其顿签署双边投资保护协定和避免双重征税协定。2002年和2007年，双方签署经济技术合作协定等一系列合作文件。中马双边经济合作发展迅速，但总量不大。据中国商务部统计，2016年前，中国对马其顿没有直接投资，截至2016年末，中国对马其顿直接投资存量为210万美元。

近年来，中国企业和马其顿的经贸交流增多。比如，1998年中国水利电力对外公司承建了被誉为马其顿"小三峡"的科佳水电站项目；中兴公司与华为公司在马其顿均设有分公司。此外，还有不少中国企业中标马其顿的项目。比如，2007年8月，同方威视公司中标马其顿海关4台集装箱设备、海尔公司中标马其顿教育部10万台电脑采购项目；11月，华为公司中标马其顿电信DWDM国家骨干传输网项目；2008年，华为公司中标马其顿 3G 项目合同；2009 年 12 月，海尔公司中标马其顿信息部 6.5 万台笔记本电脑项目；2010 年 4 月，宇通公司中标马其顿政府采购 202 辆双层巴士项目。

2014 年 2 月，由"中国 – 中东欧国家合作 100 亿美元专项贷款"支持的马其顿米拉迪诺维奇 – 什蒂普和基切沃 – 奥赫里德的高速公路项目举行开工仪式，该项目由中国水电建设集团国际工程有限公司承建，工期 3 ~ 4 年。同年 6 月，中车株洲电力机车有限公司与马其顿国家铁路公司正式签署动车组购销合同，中方向马其顿出口 6 列三节编组（二动一拖）的低地板动车组、备件、耗材等设备，并提供相关服务，产品按照马其顿国家标准和欧盟标准生产。2017 年 1 月，中车株洲电力机车有限公司与马其顿国家铁路公司在马其顿斯科普里举行 4 台电力机车采购合同签约仪式。这是继 2014 年中国 6 列动车组出口马其顿后，马其顿再次向中车株机公司采购高端轨道交通装备。

六　总体风险评估

独立后尤其是经历 2001 年内乱后，马其顿政局基本保持稳定，但政府内部还存在诸多纷争，持续的党派争斗和提前选举，使得政府无法集中精力推进欧盟提出的结构性改革，入盟进程滞后。尽管 2015 年初爆发的"窃听门"丑闻、2017 年 4 月阿尔巴尼亚裔当选议长引发的社会动荡已经结束，但代表不同民族的政党较量仍可能上演。持续的政治纷争对政局稳定性产生冲击。与此同时，国内腐败和不透明的司法体系以及与希腊等国家存在的国名争端长期得不到改观，成为其加入欧盟和北约的绊脚石。

马其顿已经成为欧洲税制最为优惠和最具吸引力的国家之一。但是，马其顿经济基础薄弱、结构单一，其对外贸易呈现出口品种单一的特征，加之国内自然资源匮乏以及购买力较弱等因素，大大制约了其经济发展，也不利于本国企业参与国际竞争。

马其顿是严重依赖对外贸易的国家，对外贸易在其国民经济中占有重要地位，特别是出口贸易严重依赖欧盟及其成员国，其对外部风险的抵御能力较弱。马其顿对外贸易长期处于逆差，经常账户赤字问题严重，企业尤其是银行业的外资占比高，政府依靠借债弥补财政赤字，推高了马其顿的公共债务水平，加上对外部融资的依赖使其偿债能力脆弱性充分显现，对经济长期发展不利。另外，马其顿失业率居高不下，就业形势依旧严峻。贫困人口数量较多。2016年超过45万人处于贫困线之下，占总人口的21.8%。这些问题都在一定程度上影响着马其顿的社会稳定。

马其顿属于内陆国家，尽管近年来制订了大量基础设施投资计划，但交通运输设施方面的投资仍然缺乏。连接塞尔维亚、希腊和科索沃的运输设施可以满足需求，而连接阿尔巴尼亚的运输设施明显不足。马其顿电力价格便宜，但供应不太稳定，冬季易出现断电情况。在保护环境方面，马其顿加大力度，推出一系列举措，旨在与欧盟法律相协调，但在执行标准上仍然存在问题。另外，马其顿行政审批程序较为烦琐，政治干预经济管理现象比较普遍，腐败问题尤其是司法公正问题也比较严重。

外国投资对马其顿经济发展具有重要意义。马其顿政府通过一系列举措欢迎外资进入，尤其是鼓励外商投资马其顿汽车配件、软件开发、食品加工、医药、水能开发、精细化工、旅游开发等领域。中马关系发展良好，马方也欢迎中方扩大对其投资，并为此提供良好环境。

总的来说，马其顿总体风险可控，经济发展易受政治纷争影响。新政府组阁后，政局逐渐平稳，新政策有望恢复人民信心，促进经济增长。2016年8月，惠誉给予马其顿主权信用评级为BB，展望为否定。2017年4月，联合评级对马其顿主权信用评级为BBB-，展望为稳定。9月，标准普尔公司对马其顿主权信用评级为BB，展望为稳定。

（徐刚）

孟加拉国

（The People's Republic of Bangladesh）

一　国家基本信息

（一）　地理概述

孟加拉人民共和国（简称孟加拉国）位于南亚东部，东南部与缅甸接壤，东、西、北三面与印度毗连，南临孟加拉湾。面积为 147570 平方公里。全国 80% 以上的领土属于恒河和布拉马普特拉河下游冲击而成的三角洲地区，属于肥沃、平坦的冲积平原。全国大部分地势低洼，河流湖泊密布。东南部和东北部为丘陵地带。东南部为吉大港丘陵，平均海拔 300～600 米。孟加拉国的最高点毛多克穆阿尔山就位于这一地区。首都是达卡（Dhaka）。

孟加拉国被称为"水泽之乡"和"河塘之国"，是世界上河流最稠密的国家之一。海岸线长 550 公里，海岸多小岛和沙洲。全国有大小河流 230 多条，内河航运线总长约 6000 公里。这里不仅河流纵横，密如蛛网，而且池塘众多，星罗棋布，全国有 50 万～60 万个池塘，平均每平方公里约有 4 个池塘，这些池塘如同镶嵌在大地上的一面面明镜。在水网沼泽地带还随处可见美丽的孟加拉国国花——睡莲。

孟加拉国大部分地区属亚热带季风型气候，湿热多雨，为世界上降雨量最多、河流最多的国家之一。全年分为冬季，夏季和雨季。年平均气温为 26.5℃。冬季是一年中最宜人的季节，最低温度为 4℃，夏季最高温度达 45℃，雨季平均温度 30℃。孟加拉国是世界上最容易受到气候变化影响的国家之一，常年受到旱灾、热带气旋和洪水等多种气候灾害影响。当雨季来临，恒河与布拉马普特拉河排水不易，每年都会遭遇各种巨大的洪灾。

（二）人口和民族

全国总人口约 1.6 亿，孟加拉族占 98%，另有 20 多个少数民族。孟加拉语为国语，英语为官方语言。伊斯兰教为国教，穆斯林占总人口的 88%。孟加拉族是孟加拉国的主体民族，最大的少数民族是吉大港山地部落查克玛人，信上座部佛教，人口为 70 万（占 0.7%）。孟加拉国还有很多来自缅甸的罗兴亚人。孟加拉国有 49.8% 的人口生活在贫困线以下，其中 33.4% 为极度贫困人口。平均每 4109 人有 1 张医院床位，每 3866 人有 1 名医生。

（三）简史

孟加拉族是南亚次大陆古老民族之一。孟加拉地区曾数次建立独立国家，版图一度包括现印度西孟加拉、比哈尔等邦。16 世纪已发展成次大陆上人口最稠密、经济最发达、文化昌盛的地区。18 世纪中叶成为英国对印度进行殖民统治的中心。19 世纪后半叶成为英属印度的一个省。1947 年，印巴分治，孟划归巴基斯坦（称东巴）。1971 年 3 月，东巴宣布独立，1972 年 1 月，正式成立孟加拉人民共和国。

二 政治状况

（一）政体简介

1. 宪法

孟加拉国宪法于 1972 年通过，1982 年 3 月军管中止实行，1986 年 11 月恢复执行。截至 2011 年，宪法共经过 15 次修改。第 15 次宪法修正案主要内容包括将议会中的妇女保留席位由 45 名增加至 50 名，取消看守政府。

2. 议会

孟加拉国实行一院议会制，即国民议会（Jatiya Sangsad）。宪法规定议会行使立法权。议会由公民直接选出，议员任期 5 年。议会设正、副议长，由议员选举产生。议会还设有秘书处以及专门委员会等部门。2014 年 1 月 5 日，第十届议会产生。各政党获得的议席情况是：人民联盟 273 席，民族党 42 席，孟加拉工人党 7 席，独立候选人 18 席，其他小党 9 席，1 名空缺。诗琳·乔杜里（Shirin Chaudhury）当选该国历史上首任女议长。

3. 政府

总理谢赫·哈西娜（Shenikh Hasina，女），兼管电力、能源与矿产部，住房与公共工程部，国防部，武装部队局，内阁事务局；还有财政部部长阿布·马尔·阿布杜尔·穆希特（Abul Maal Abdul Muhit），农业部部长莫蒂娅·乔杜里（Motia Chowdhury，女），黄麻与纺织部部长阿布杜尔·拉蒂夫·西迪基（Abdul Latif Siddiqui），司法与议会事务部部长沙非克·艾哈迈德律师（Barrister Shafique Ahmed），计划部部长 AK. 孔达卡尔退役空军上将［Air Vice-marshal（retd）AK Khandker］，邮电部部长拉兹乌丁·拉祖（Raziuddin Raju），内政部部长沙哈拉·卡顿律师（Advocate Shahara Khatun），地方政府、乡村发展与合作部部长赛义德·阿什拉夫·伊斯拉姆（Syed Ashraful Islam），劳工与就业部部长、侨民福利与海外就业部部长孔达卡尔·穆沙拉夫·侯赛因（Khandaker Mosharraf Hossain），土地部部长利扎乌尔·卡利姆·希拉（Rezaul Karim Hira），信息部部长、文化部部长阿布·卡拉姆·阿扎德（Abul Kalam Azad），社会福利部部长伊纳穆尔·哈克·穆斯塔法·沙希德（Enamul Haque Mostafa Shahid），工业部部长迪利普·巴鲁阿（Dilip Barua），水力资源部部长罗梅什·昌德拉·森（Romesh Chandran Sen），商业部部长古拉姆·穆罕默德·卡德尔（Ghulam Muhammad Quader），民航与旅游部部长法鲁克·汗退役中校［LtCol（retd）Farooq Khan］，交通部部长赛义德·阿布·侯赛因（Syed Abul Hossain），粮食与灾害管理部部长阿布杜尔·拉扎克博士（Abdur Razzak），初级与大众教育部部长阿夫萨鲁尔·阿明博士（Afsarul Amin），卫生与家庭福利部部长 AFM. 鲁胡尔·哈克教授（Prof AFM Ruhul Haque），外交部部长迪布·莫尼博士（Dipu Moni，女），教育部部长努鲁尔·伊斯拉姆·纳希德（Nurul Islam Nahid），渔业与畜牧业部部长阿布杜尔·拉蒂夫·比斯瓦斯（Abdul Latif Biswas），船运部部长沙贾汗·汗（Shahjahan Khan），环境与森林部部长哈桑·马穆德博士（Dr Hasan Mahmud），铁道部部长欧拜杜尔·卡德尔（Obaidul Quader），另有19名国务部长。

4. 司法

最高法院分为上诉法院和高等法院。首席大法官及法官若干人均由总统任命。首席大法官和一部分指定的法官审理上诉法院的案件，其他法官审理高等法院的案件。达卡有高等法庭和劳工上诉法庭。此外还有巡回法院，县法院，民事、刑事法院。

（二）政局现状

孟加拉国党派众多，主要政党如下。

孟加拉人民联盟（Bangladesh Awami League，简称人盟），前身是1949年10月建立的巴基斯坦人民穆斯林联盟，1952年改为现名。孟加拉国独立后至1975年为首个执政党。其宗旨是民族主义、民主、社会主义和世俗主义。1992年9月，人盟全国理事会修改了党章，放弃公有制原则，实行市场经济，引进自由竞争机制；实行不结盟外交政策，主张同一切国家建立友好关系。党主席为谢赫·哈西娜（Shenikh Hasina）。

孟加拉民族主义党（Bangladesh Nationalist Party，BNP），1978年9月成立。该党主张维护民族独立、主权和领土完整，信奉真主、民主、民族主义，保证社会和经济上的公正。其基本政策是民主多元化、私营化、取消过多的行政干预和建立市场竞争经济。对外政策坚持中立、不结盟，主张同一切国家友好。主席为卡莉达·齐亚（Khaleda Zia，女）。

孟加拉民族党（Bangladesh Jatiya Party），1986年1月1日成立。该党主张维护独立和主权，建立伊斯兰理想社会，提倡民族主义、民主和社会进步，发展经济。1997年6月底民族党曾发生分裂，前总理卡齐等成立民族党，后于1998年12月合并。1999年4月，时任交通部部长曼久和原民族党副主席米赞成立民族党米曼派，民族党再次分裂。民族党主流派主席为前总统侯赛因·穆罕默德·艾尔沙德（Hussain Muhammad

Ershad）。

伊斯兰大会党（Jamaat-e-Islami Party），1946年成立。曾因反对孟加拉国独立而遭禁。1979年重新开展活动。2001年10月，作为民族主义党领导的四党联盟一员参加大选，成为执政党之一。该党的最终目标是将孟加拉国变成一个伊斯兰国家，主张废除一切非伊斯兰法律，认为外交政策应反映伊斯兰的理想。主席为马蒂乌尔·拉赫曼·尼扎米（Matiur Rahman Nizami）。

1991年2月27日，在看守政府的主持下，孟加拉国举行了第五届议会选举。孟加拉国民族主义党赢得了多数席位，该党主席卡莉达·齐亚夫人（齐亚·拉赫曼的遗孀）就任总理，这是孟加拉国历史上第一位女总理。8月，议会通过了宪法第十二次修正案，改变总统政体，恢复议会民主制。10月，成功地举行了总统选举，至此，孟加拉国的政治体制经过长达16年的大循环，终于又回到了建国初期宪法规定的轨道，重建了民主制。1996年在看守政府的监督下，孟加拉国举行了全国大选，由穆吉布·拉赫曼的女儿哈西娜领导的人民联盟获得了议会多数席位，新老政府进行了有序的权力交接。2001年7月，哈西娜任届期满，和平地把权力移交给了看守政府。2001年10月，由民族主义党领导的四党联盟在大选中获得压倒性胜利，组成了新一届政府，莉达·齐亚夫人再一次任总理。

2014年1月，谢赫·哈西娜领导人民联盟在该国第十次大选中获得压倒性胜利，反对党集体抵制大选。

（三）国际关系

孟加拉国奉行独立自主的不结盟政策。在同大国平衡发展关系的同时，孟加拉国注重维护与伊斯兰国家的传统关系，努力改善与印度的关系，并加强同西方国家的关系。孟加拉国积极参加联合国、不结盟运动、伊斯兰会议组织、英联邦等国际或地区性组织的活动。孟加拉国注重经济外交，强调建立公正的国际经济新秩序，致力于推动南亚区域合作进程，积极参与次区域和跨区域经济合作。孟加拉国主张全面、彻底裁军，反对西方国家利用人权问题干涉别国内政。

三　经济形势

（一）经济概况

孟加拉国是最不发达国家之一，经济发展水平较低，国民经济主要依靠农业。孟加拉国近两届政府均主张实行市场经济，推行私有化政策，改善投资环境，大力吸引外国投资，积极创建出口加工区，优先发展农业。人民联盟政府上台以来，制订了庞大的经济发展计划，包括建设"数字孟加拉"、提高发电容量、实现粮食自给等，但面临资金、技术、能源短缺等挑战。

1. 自然资源

孟加拉国矿产资源有限。主要能源天然气已公布的储量为3113.9亿立方米，主要分布在东北部几小块地区，煤储量7.5亿吨。森林面积约200万公顷，覆盖率约13.4%。

2. 产业结构

多年以来，孟加拉国低水平缓慢地由农业社会向工业社会演进，但产业结构的优化尚待时日，目前仍以农业为主体。大约80%的总人口、85%的贫困人口生活在农村地区，在6000多万总劳动力中，约62%就业于农业。农业对于孟加拉国就业、减贫和粮食安全以及国民经济增长等都有重要影响。孟加拉国工业落后，产业结构不合理。工业以原材料工业为主，包括纺织服装业、化肥业、水泥业、黄麻及黄麻制品业、皮革及皮革制品业、食品加工业、糖业、天然气开采以及茶业等。重工业微不足道，制造业欠发达，以技术密集为特征的产业结构远未形成。其中，纺织服装业发展最为迅速，目前已成为孟加拉国最主要的工业和拳头出口产业（约占总出口额的76%）。服务业在孟加拉国国民经济中占重要地位，主要包括批发零售业、交通运输业、通信业、金融保险业、公共管理业和国防服务业等。

工业化仍是孟加拉国政府当前一项非常重要的任务。根据孟加拉国《工业政策2005》，目前将以下产业或产品列为重点发展产业：农副业及农产品加工业、纺织业、黄麻产品及麻混合产品、成衣业、计算机软件和 IT 产品、电子、轻型工程产品（包括汽车）、医药品、皮革及制品、陶瓷、时尚与高附加值成衣、人造花、冷冻食品、整合虾养殖、花卉养殖、基础设施、珠宝及钻石切割与抛光、石油与天然气、蚕及丝绸工业、填充玩具、旅游业、基础化学/工业原材料、纺织业用的染料及化工品、眼镜架、家具、时尚行李产品、化妆品、手工艺品、文具产品、草药、商业种植园、园艺业。其中的农副业及农产品加工业、纺织服装业、计算机软件和 IT 业、电子业、冷冻食品、皮革及制品业的发展尤为孟加拉国政府所重视。

（二）近期经济运行状况

1. 宏观经济

孟加拉国实行市场经济体制。自 20 世纪 80 年代中期开始，孟加拉国实施以市场为导向的自由经济增长战略，并在 90 年代初期加大实施这一战略的力度，全面修订工业贸易政策，推动贸易、投资自由化进程，加强对民营企业发展的支持，大力改善基础设施。经历届政府努力，孟加拉国经济与社会取得了一定程度的发展，经济的持续、平稳增长不但使国民财富不断增长，购买力扩大，还造就了富有较强购买力的中产阶层，他们拥有不断膨胀的购买力和日益增长的对产品和服务的需求。作为一个人口约 1.6 亿的国家，即使中产阶层比例不大也足可构成一个庞大市场。因此，孟加拉国市场规模及其发展潜力不可小视。

世界银行 2018 年 1 月 9 日发布全球经济展望报告，报告预计孟 2018～2019 财政年度 GDP 增速为 6.4%，低于孟政府宣布的 7.4% 的目标，但高于南亚地区除印度外的其他邻国。2016～2017 财年孟人均收入将增长12.23%，达 1358 美元。2015～2016 财年孟人均收入为 1210 美元。孟政府此前宣布要在 2021 年（建国 50 周年）之际成为中等收入国家。

2. 外汇政策和外贸情况

孟加拉国货币为塔卡（taka）。孟加拉国实行浮动汇率制，中央银行并不对本、外币汇率进行硬性规定，而由各银行根据市场供求情况自行决定。

1994 年 3 月 24 日，孟加拉国政府宣布其货币塔卡在经常项目下可以自由兑换，比如进口贸易和旅行支出，但对资本项目如投资和货币投机仍然实行严格的管制。

孟加拉国政府规定，在无须征求孟加拉中央银行同意的情况下，即可开展以下外汇业务：将利润汇回投资者本国；向非孟加拉公民发行在孟设立企业的股票；向在孟设立企业的非孟加拉公民分发红利；非孟加拉公民/企业通过证券交易所购买股票和有价证券方式进行证券资产投资；非孟加拉公民将通过证券交易所进行证券资产投资所获得的红利汇回本国；在符合投资局规定或经投资局同意的前提下，为私人投资的工业企业签署的卖方信贷和其他外国贷款合同开具信用证；对外汇出技术转让费和专利费；在投资局认可的雇用合同有关工资和奖金金额范围内，汇出款项；等等。不过，超过销售额 6% 的技术使用费及其他技术转让费的汇出必须获得孟加拉国政府投资局的批准。孟加拉国政府还为出口导向型企业另行制定了一些鼓励出口的外汇政策。

根据孟出口促进局数据显示，得益于成衣、黄麻制品、家具出口增长，2017～2018 财年上半年（2017 年 7～12 月）出口总额为 179.2 亿美元，同比增长 7.15%，较预期目标上升 0.23%。其中成衣出口达 147.7 亿美元，同比增长 7.75%，占出口总额的 80% 以上；针织品出口 76 亿美元，同比增长 11.47%；黄麻及其制品出口 5.74 亿美元，同比增长 21.48%；农产品出口 3.1 亿美元，同比增长 19.84%，鱼虾等海产品出口 3.12 亿美元，同比增长 7.17%；药品出口 0.5 亿美元，同比增长 11.66%；而皮革及其制品出口 6.2 亿美元，同比下降 1.21%。上财年孟出口总额为 346.6 亿美元，本财年出口目标为 375 亿美元。

据孟加拉国央行最新统计数据，2017～2018 财年头 5 个月（2017 年 7～11 月）贸易赤字总额达 76.1 亿美元，较上财年同期增长 37.3 亿美元，上升近 1 倍。贸易赤字扩大的主要原因是粮食、燃油、机械设备等进口增加，2017 年 7～11 月进口总额为 219.7 亿美元，同比上升 27%，出口总额为 143.7 亿美元，同比增长 7.65%。央行官员表示，倘若出口保持平稳增长态势，则未来数月总体贸易赤字有望收窄。2017 年 12 月出口收入为 33.5 亿美元，同比上升 8.42%。数据还显示，本财年头 5 个月服务贸易赤字上升至 18.5 亿美元。研究人士表示，有关当局应开拓新的出口市场，并采取有效措施加强对非生产性或奢侈品等商品进口的监管。贸易赤字扩大也导致经常账户赤字上升，本财年头 5 个月经常账户赤字为 44.3 亿美元，但同期侨汇收入为 56.4 亿美元，同比增长 10.06%。2017 年 3 月 30 日，孟加拉塔卡对美元汇率：1 美元: 79.67 孟加拉塔卡；孟加拉塔卡对欧元汇率：1 欧元: 84.84 孟加拉塔卡。截至 3 月底，孟加拉的外汇储备达 320 亿美元，成为南亚仅次于印度的第二大外汇储备国。

四 投资状况

（一）外国投资状况

据联合国贸发会议发布的 2017 年《世界投资报告》显示，2016 年，孟加拉国吸收外资流量为 23.3 亿美元；截至 2016 年底，孟加拉国吸收外资存量为 145.4 亿美元。

根据孟加拉国央行数据，2016 年，该国共吸收外资 23.34 亿美元，主要来自新加坡（6.73 亿美元）、英国（3.3 亿美元）和美国（2.18 亿美元），中国对孟投资 6140 万美元，在所有国家和地区中排名第九（不含香港对孟投资，同期为 9846 万美元，排名第六）。从外资分布领域来看，2016 年，孟前三大投资领域分别为通信（5.73 亿美元）、纺织服装（3.64 亿美元）和电力（2.68 亿美元）。

2017 年 3 月孟总理哈西娜在出席孟投资发展委员会（BIDA）会议时表示，2009 年 1 月至 2016 年 10 月，共有 1376 家外国投资或合资公司落户孟加拉国，总投资额预计超过 276.4 亿美元，创造就业岗位 431688 个。2016~2017 财年，已有 7 个重大投资项目在 BIDA 注册，包括：阿拉伯孟加拉国集装箱运输公司二期（投资额 22.8 亿美元），艾萨拉姆电站一期（投资额 12.6 亿美元）、二期（投资额 12.6 亿美元），Orion 电站二期（投资额 8.4 亿美元），Sembcorp 电站（投资额 4.1 亿美元）以及 Excelerate 能源公司 LNG 终端项目（投资额 176 亿美元）。

（二） 投资环境

1. 投资政策

孟加拉国奉行投资自由化政策，鼓励私人投资和外商投资。根据世界银行评估报告，孟加拉国是南亚地区投资政策最自由的国家之一。其主要的外资鼓励政策包括以下几个方面。（1）在投资准入方面，赴孟投资只需要到孟加拉国投资局办理登记注册即可，无须事先批准；在孟出口加工区内进行的投资，受孟出口加工区管理局管辖；在电力、矿产资源和电信领域投资，须获得孟政府有关主管部门的同意；从事服装出口者须向孟商务部出口促进局申请生产配额。（2）对外国投资者实施税收减免。（3）对外国投资主体实施国民待遇。（4）投资领域非常开放，只有四个部分为保留领域，即私人企业不能投资武器、军火、军用设施和机械，核能、造币以及森林保护区内的森林种植及机械化开采；其他所有行业都属于孟政府鼓励投资的领域，不过，孟政府不鼓励外商在银行、保险及其他金融机构行业投资。（5）对资本形态和股权比例无限制，外国投资者可以享有100%股权。（6）保证外国投资不被无偿国有化和征收。（7）保证投资本金、利润和红利可汇回投资国。（8）设立出口加工区，为区内投资者提供优质服务和优惠的投资政策。

2. 税收体系

税收政策是孟加拉国政府鼓励投资、调整产业发展方向、调节进出口和国民收入的重要手段。为了鼓励出口、鼓励投资（包括外国投资），政府通过工业政策、进出口政策、出口加工区政策等多种渠道制定了一系列繁杂的税收减免优惠政策，包括：对指定领域如纺织业、高附加值成衣业的新投资提供4~10年的免税期；如果不愿使用免税期的优惠政策，则可享受快速折旧法；对已经享受免税期的企业，其扩展投资还可享受第二年80%折旧、第三年20%折旧的优惠；对100%出口导向企业，其资本机械和10%以内的零部件可以免税进口；对一般企业，其初期建设或现有工业项目的改造、更新或扩建所需要进口的资本机械和10%以内的零配件只需要交纳7.5%的进口税及一定的赔偿保证金（可退还）；资本机械进口全部免缴增值税；成衣企业出口所得按10%的优惠税率缴纳；黄麻产品企业和纺织业出口所得按 15% 的优惠税率缴纳；外国贷款利息免税；特许权使用费、技术转让费和技术服务费免税；聘用的外国技术人员免征 3 年所得税；外国人持有的股份在孟加拉国银行外汇管理局完税后，可向本地股份持有者或投资者转让，其资本收入免税；电力项目 15 年内免除所得税。

孟国家税收委员会（NBR）数据显示，2016~2017 财年，孟税收总收入为 1.86 万亿塔卡，同比增长 19%，实现该财年修正后税收收入 1.85 万亿塔卡的目标值，此系孟连续第三年实现税收收入目标。

五　双边关系

（一）政治关系

1975 年 10 月 4 日中孟两国建交，此后关系发展迅速，双方领导人互访频繁。齐亚·拉赫曼总统、艾尔沙德总统曾多次访华，卡·齐亚夫人和哈西娜夫人出任总理后均首访中国。李先念主席（1986 年）、李鹏总理（1989 年）、朱镕基总理（2002 年 1 月）、温家宝总理（2005 年 4 月）、习近平副主席（2010 年 6 月）先后访孟。

2014 年 6 月 10 日，习近平主席在北京人民大会堂会见了来访的孟加拉国总理。习近平主席表示，孟加拉国是中国在南亚和印度洋地区重要的战略伙伴，并积极邀请孟加拉国参与中国丝绸之路经济带和 21 世纪海上丝绸之路建设。2015 年是中孟建交 40 周年，5 月，刘延东副总理对孟进行正式访同。6 月，孟国民议会议长乔社里赴云南出席第三届中国－南亚博览会开幕式。9 月，习近平主席在纽约出席联大会议期间与孟加拉国总理哈西娜举行双边会见。10 月，孟议长乔社里访华并在京出席亚洲政党丝绸之路专题会议和中孟建交 40 周年纪念活动。2016 年 10 月，习近平主席成功访问孟加拉国，分别同哈米德总统、哈西娜总理和乔杜里议长举行了会谈、会见，双方就中孟关系及共同关心的国际地区问题深入交换意见，达成广泛共识，双方一致同意将中孟关系提升为战略合作伙伴关系，开启了中孟传统友好关系的新篇章。

（二）双边贸易

从 2010 年 7 月 1 日起，中国对孟 60% 输华商品实施免关税待遇。2011 年中孟贸易总额为 82.6 亿美元，同比增长 17%。其中，中方出口 78.11 亿美元，同比增长 15.1%；孟方出口 4.49 亿美元，同比增长 66.9%。2012 年前 5 个月双边贸易额为 32.67 亿美元，同比下降 6.8%。据中国商务部统计，2016 年，中孟两国进出口总额 151.7 亿美元，同比增长 3.1%。其中，中国对孟加拉国出口 143 亿美元，同比增长 2.9%；进口 8.7 亿美元，同比增长 6.4%。

中国从孟进口的商品主要有皮革、棉纺织制品和鱼类食品等原料性商品。出口商品主要有纺织品、机电产品、水泥、化肥、轮胎、生丝、玉米等。

孟是中国主要受援国之一，也是中国在南亚对外承包工程的传统市场。截至 2015 年底，中对孟直接投资 1.87 亿美元，孟对华实际投资达 4114 万美元。

（三）双边经济合作

随着经济全球化和区域一体化不断加深，中孟双方各领域合作正面临巨大机遇，中印今年初提出的"中印孟缅经济走廊"倡议将为孟加拉国带来前所未有的发展契机。中孟经济互补性强，在近年全球经济疲软的背景下，两国双边贸易和投资依然保持快速增长势头。

2014 年 6 月 10 日，孟总理哈西娜在"中国-孟加拉国经贸合作论坛"上发表讲话，呼吁中国企业赴孟开办工厂。哈西娜指出，赴孟投资能够为企业带来丰厚利润，孟为外国投资者提供了最友好的财政政策，包括投资者享受国民待遇、投资受法律保护、不允许被国有化和被征用、保证资本和股息外派、公司享受 5~7 年免税期、进口机械设备享受关税优惠、享受最不发达国家出口优惠、允许 100% 外资股权并无任何退出限制等。

2015 年 8 月 25~26 日，中国政府代表、商务部部长高虎城率中国政府经贸代表团访问孟加拉国。访孟期间，高虎城拜会了孟加拉国总理哈西娜，与孟财政部部长穆希特举行会谈并签署有关经济技术合作文件，分别会见孟外交部部长、交通部部长，并出席孟中友谊七桥交接仪式。

2016 年 8 月 22 日，商务部副部长高燕与孟加拉国财政部高级秘书（副部长）梅巴乌丁在达卡共同主持召开中国 – 孟加拉国政府间经济贸易合作联合委员会第 14 次会议。双方就落实两国领导人在经贸合作领域达成的共识，共建"一带一路"，深化贸易投资、援助、重大项目、产业园区合作及自贸区建设等议题深入交换意见。

六　风险评估

中孟建交以来，两国经贸关系迅速发展，孟加拉国成为中国在南亚地区的重要合作伙伴之一，孟加拉国积极参加"中印孟缅经济走廊"和"一带一路"倡议，对与中国合作态度积极。但是，该国常年政局动荡，恐怖主义威胁严重，政府效率低下以及域内大国对孟加拉国的影响力带来的政治风险可能会增大中国在孟经济投资的风险。

第一，政局动荡呈周期规律，影响投资者信心。2018 年 2 月 8 日，孟加拉国反对党领袖、前总理卡莉达·齐亚因腐败获罪，刑期 5 年。齐亚受到的指控是，她在 2001 ~ 2006 年担任总理期间，从其成立的孤儿院信托中贪污近 25 万美元。同时，齐亚的儿子、孟加拉国民族主义党副主席塔里克·拉赫曼被判 10 年徒刑。在孟加拉国迎来 5 年一度的大选前夕，针对反对党的司法审判具有明显的政治斗争色彩，很可能引发政治动荡和社会骚乱，实际上，孟加拉国大选期间爆发骚乱已经成为该国政治生活中的一大特征。

第二，恐怖威胁严重，社会治安环境恶劣。近年来，极端组织"伊斯兰国"加大了对孟加拉国的渗透力度，制造了多起恐怖袭击，并把孟加拉国作为招募恐怖分子的重要来源地之一，该国恐怖威胁水平持续居高不下。此外，由于贫富悬殊，腐败等问题严重，孟加拉国安全和社会治安形势持续恶化，地方黑势力以及地方保护主义力量较强。有研究称："敲诈、凶杀、持枪抢劫、绑架、走私贩毒和黑社会团伙之间的火并等各类传统案件不断发生。"

第三，孟加拉国部分政府部门能力及效率不高，贪腐相对严重。当地商人、银行、海关和有关政府人员相互勾结，欺诈舞弊行为时有发生。盛行的腐败风气降低了经济运行总体效率，对经济发展制约较大，影响了投资者的积极性。

第四，区域内大国印度的地区霸权主义心态日渐抬头，其控制孟加拉国政治和经济事务的企图加大，孟加拉国在印度的胁迫下，做出既不利于自身发展也不利于其他经济合作伙伴的举动的可能性有所增加。2016 年，孟加拉国就曾在印度的要求下，拒绝前往巴基斯坦参加南盟峰会。孟加拉国受制于自身实力有限，又处于战略敏感地带，其内政外交政策常常会受制于大国的影响。这是中国需要格外注意的地缘政治风险。

（王瑾）

蒙古国

（Mongolia）

一　国家基本信息

（一）地理概述

蒙古国位于亚洲中部蒙古高原，南接中国，北邻俄罗斯。边界线长8252.7公里，与中国边界线长4709.7公里。疆域东西长2392公里，南北宽1259公里，面积为156.41万平方公里，为世界第二大内陆国。国土平均海拔1580米，西部多山，东部多平原，1/3国土为戈壁。典型大陆性气候，冬长夏短，气温季差、日差大；日照率高，降水量少；最低气温至-50℃，最高气温至40℃以上。

（二）人口和民族

2015年初，人口逾300万，密度约1.9人/平方公里。2013年人口出生率为21.8‰，平均预期寿命为69.1岁。城市人口占66.9%，首都乌兰巴托及周边中央地区人口约占总人口的63%。喀尔喀蒙古人约占人口总数的80%，其余为属于不同历史部落的十几个部族，以及约占人口总数6%的哈萨克族和其他少数民族。居民主要信奉藏传佛教和伊斯兰教，少部分居民信奉基督教、东正教、天主教，近年来早期信仰的萨满教有所恢复。官方语言为喀尔喀方言。文字原用回鹘式蒙文（亦称旧蒙文），经多次创制改革，从20世纪40年代起使用基里尔字母拼写的"俄式新蒙文"。1990年后恢复使用旧蒙文。

（三）简史

蒙古高原是人类早期活动区域之一。公元前3世纪匈奴首次统一各部落后，高原霸主先后易手于诸多部族。1206年，铁木真统一蒙古及其他部族，尊为成吉思汗，宣国名为大蒙古国。成吉思汗及其子孙北上极地，东进辽东和朝鲜半岛，西征中亚和西亚，鞭及南亚，抵至欧洲维也纳和非洲埃及边界，南下灭金夺夏，推翻南宋，构建了覆盖亚欧大陆的四大汗国和元朝。四大汗国和元朝各自为政，存亡绝续。明朝兴，元朝退守漠北。但各部相互争斗，利用西藏喇嘛教势力抬高自己，割据一方，被后金征服。清朝时，准噶尔部统一漠西，联络沙俄，试图抗衡清朝，重建蒙古帝国，被清朝剿灭。

在长期政治压迫、经济剥削和军事镇压下，清朝末年漠北外蒙僧俗上层寻求独立，获得沙俄支持。辛亥革命后南方各省独立之际，哲布尊丹巴于1911年12月宣布独立。1915年中俄蒙签署协议，承认外蒙自治和中国对其宗主权。俄国十月革命后，在外蒙自治政府请求下，民国政府取消外蒙自治。1921年，哲布尊丹巴在白俄支持下成立政府，与中国断绝关系，后被蒙古人民党组建的君主立宪人民革命政府替代。1924年11月26日，废除君主立宪，成立蒙古人民共和国，民国政府未予承认。1945年，雅尔塔协定规定"外蒙古（蒙古人民共和国）现状须予维持"。根据中苏协议和外蒙独立问题公民投票结果，1946年1月，国民政府承认外蒙独立。1992年2月，蒙古人民共和国更名为蒙古国。

二 政治状况

（一）政体简介

1. 宪法

1992年通过宪法，申明国家的目标是巩固独立和主权，崇尚人权、自由、正义和统一，珍惜和继承立国典章、历史与文化传统，尊重人类文明成果，建立和发展人道的公民民主社会。规定蒙古国为独立主权共和国家；全部政权属于劳动人民；国家经济为多种成分经济；国家尊重宗教，宗教崇尚国家；遵守公认的国际法准则，奉行和平外交政策；在未颁布法律情况下，禁止外国军事力量驻扎境内和通过领土。宪法规定实行议会制。

2. 议会

议会称"国家大呼拉尔"，实行一院制，由 76 名委员组成，是具有立法权的国家最高权力机关，任期 4 年。它可提议讨论任何内外政策问题，行使如下职权：批准和修改法律，确定内外政策基础；决定总统和议会选举日；决定和变更议会常设委员会和政府；确认总统职权和罢免总统；任免总理和政府成员；批准政府施政纲领、国家预算及其执行报告；决定国家安全委员会组成及权限；决定大赦；批准和废止国际条约；宣布或终止战争状态；等等。

3. 元首

总统为国家元首。凡本土出生、年满 45 岁、参选前定居国内不少于 5 年者均可参选总统。任期 4 年，可连任两届。总统有权否决议会通过的法律和决议，同议会磋商任命总理、解散政府、缔结国际条约、任免驻外使节；任国家安全委员会主席和武装力量最高统帅，可发布军事动员令，宣布紧急或战争状态。总统若背弃誓言、违背宪法和职权，议会可予罢免。总统若被罢免、去世或自愿卸任，则由议会主席代职。

4. 政府

政府为最高国家执行机关，由总理及其提名的若干成员组成，任期 4 年。职权如下：组织实施宪法和法律；制定经济和社会发展基本方针；编制执行国家财政预算；保护环境与合理利用自然资源；领导中央政府和地方行政机关工作；保护人权、自由，维护社会秩序；保障国家安全；实施国家对外政策；提请议会批准缔结或废止国际条约；等等。现政府由民主党、人民革命党和民族民主党组成的"正义联盟"及公民意志绿党等组成。

5. 司法

行使审判权的法院由国家最高法院、省和首都法院、县和县际法院以及区法院组成。为保障法院独立，设有司法总委员会。检察机关由国家总检察署和各级地方检察署构成。国家总检察长由总统与议会协商任命。

6. 政党

截至 2014 年，蒙古国约有 20 个政党。主要政党如下。

蒙古人民党。1921 年 3 月 1 日成立，1925 年改称蒙古人民革命党，2010 年恢复现名。1997 年，放弃马克思列宁主义，确定党的性质为"民族民主主义性质的中左翼政党"，理论基础为"民主社会主义思想"。党员约 16 万名。

蒙古民主党。2000 年 12 月 6 日由蒙古民族民主党、社会民主党、民主复兴党、宗教民主党、民主党合并而成，脱胎于基础是 1990 年首个反对派"蒙古民主联盟"和 1992 年成立的蒙古民族民主党。宗旨是重视人的发展、权力和自由，视个人能力大小承担相应社会责任。党员约 16 万。

（二）政局现状

从 1924 年 11 月建国至 1990 年 7 月举行首次自由选举，蒙古人民革命党一直为唯一执政党。1989 年反对派"蒙古民主联盟"走上街头，要求实行多党制。翌年，"蒙古民主联盟"属下首个反对党蒙古民主党成立，蒙古人民革命党放弃对国家的绝对领导，接受议会制。《政党法》颁布后，蒙古人民革命党和新成立的蒙古民族民主党、自由劳动党、蒙古民主党、社会民主党、绿党、蒙古宗教民主党登记注册，多党政治成为新的政治结构。在首次自由选举中，蒙古人民革命党以绝对优势获胜，在多党竞争中守住执政党地位，占据了大呼拉尔主席、总统、小呼拉尔副主席、政府总理等职位，仅把副总统兼小呼拉尔主席之位让与蒙古民主党。

现任总统为哈勒特马·巴特图勒嘎。作为民主党推举的候选人，他在 2017 年 6 月蒙古国总统选举第一轮投票中，获得 38.1% 的选票；在 7 月举行的第二轮投票中获得 50.06% 的选票，击败了对手、人民党主席恩赫包勒德，成为蒙古国总统。巴特图勒嘎 1963 年出生，曾在 2008 年北京奥运会上为蒙古国获得了该国历史上的首块奥运柔道金牌；2004～2016 年，他连续三次当选国家大呼拉尔（议会）委员，曾任交通运输、建筑和城建部部长及工业和农业部部长。

（三）国际关系

1. 外交原则

1994 年通过的《蒙古国对外政策构想》规定蒙古国奉行"开放、不结盟、多支点外交政策"，强调"同俄罗斯和中国建立友好关系是蒙古国对外政策的首要任务"，主张同中俄"均衡交往，发展广泛的睦邻合作"，同时重视发展同美、日、德等西方发达国家，亚太国家，发展中国家以及国际组织的友好关系与合作。2011 年通过的新《蒙古国对外政策构想》基本保持原有基调，根据国内外新形势进行了补充，将"开放、不结盟的外交政策"扩充为"爱好和平、开放、独立、多支点的外交政策"，并强调对外政策的统一性和连续性。

2. 邻国关系

在中俄两大邻国中，现代蒙古国国家的建立与苏俄支持直接相关。20 世纪 90 年代前，蒙古人民共和国与苏联关系密切，有苏联"第 16 个加盟共和国"之称。1990 年以后，随着苏联解体，蒙古国内外形势剧变。强烈的排俄情绪，导致蒙俄关系经历了一段冷漠期。

2000 年，俄总统普京访蒙，确定了 21 世纪全面发展两国关系的方向和政治基础。2002 年，俄总理访蒙，推动了两国传统经贸关系的全面恢复和发展。俄表示，将对蒙关系置于对亚洲国家关系中的首位。2003 年，蒙总理访俄，普京总统称，俄视蒙为可靠的老朋友，俄对蒙比对任何其他国家都友好。双方签署了解决蒙拖欠苏联债务问题备忘录等文件，消除了阻碍双方经贸关系发展的主要因素。

从 1999 年起，俄罗斯是蒙最大贸易伙伴国地位被中国取代，但在蒙进口市场俄国长期居各国之首。蒙古国约 90% 的石油和西部三省电力从俄进口，双方合资的额尔敦特铜钼矿、蒙俄有色金属公司、乌兰巴托铁路股份公司这三大合资企业，产值占蒙 GDP 的 40%，产品出口占蒙出口总额的 60%，运力占蒙全国的 98%。俄罗斯对蒙经济的重要地位无可取代。再加上地缘政治因素，俄蒙伙伴关系超前或同步于中蒙伙伴关系，并不断得到提升。

3. 大国关系

2011 年通过的新《蒙古国对外政策构想》，在明确对外政策首要任务是发展同俄、中两大邻国友好关系的同时，将"第三邻国"概念列入构想，重视发展同美国、日本、德国、印度、土耳其等大国和北约、欧盟、欧安组织的关系。

1986 年苏联宣布从蒙撤军后，翌年美国与蒙建交。1990 年，蒙古国民主化运动兴起，美蒙关系开始实质性地发展。美国日益重视蒙战略地位，通过高层互访，积极援助蒙民主化和市场化进程，为蒙提供军事技术和装备，帮助培训军官和定期举行联合军演，支持蒙参与更多国际事务。美自称为蒙"第三邻国"，蒙也如此待美，将美作为其政治军事安全保障之一。2011 ～ 2013 年，美蒙年贸易额和美对蒙出口额始终排在中、俄之后的第三位。美对蒙投资虽排位靠后，但集中于规模大、工期长的石油和矿山开采部门。

1972 年，蒙古人民共和国放弃日本战争赔偿，两国建立外交关系，日本开始对蒙提供各种经济援助。从 1990 年起，日蒙关系迅速发展，高层互访频繁。日本不仅自己提供巨额经济援助，还动员国际组织和捐助国对蒙提供定期援助。其中，日本承诺和落实的援助额最多，达到一半左右。在日本对各国的援助中，按人均所获来算，蒙古国最多。日本援款贴近民生，主要用于电力、通信、运输等基础设施项目，部分用在农牧业、文化教育及旅游等领域。1998 年，蒙日建立新世纪综合性伙伴关系，后又以经贸关系为核心，将两国关系提升为综合战略合作伙伴关系。蒙古国领导人认为日援对蒙经济恢复和发展具有"决定性意义"，因而"一直把日本看作亚洲主要伙伴"。蒙古国支持日本成为联合国安理会常任理事国，准许日本自卫队前来参加美蒙联合军演。

三 经济形势

（一）经济概况

1. 自然资源

蒙古国境内河流总长 6.7 万公里，年均径流量 390 亿立方米。面积大于 100 平方公里的湖泊有 14 个，湖泊总水量为 1800 亿立方米。土壤为高山草甸冻土、山地森林草甸土、山地黑土、栗钙土、戈壁棕钙土、荒漠灰棕漠土、草甸沼泽土、盐土等。有森林草原、草原、半荒漠、荒漠等植被。森林覆盖率为 8.2%，木材蓄积 12.77 亿立方米。有狩猎价值的哺乳动物近 60 种、鱼类 50 多种、鸟类近 90 种。矿产资源丰富，尚未全面开展大规模勘探开发。已探明 80 多种矿藏和 6000 多处矿点，以铁、铜、钼、煤、锌、金、铅、钨、锡、锰、铬、铋、萤石、石棉、稀土、铀、磷、石油、油页岩矿为主。

2. 产业结构

建国后，以畜牧业为主的产业结构开始改变。1958 年，工业产值在整个国民经济中所占比重提高到 41%，因而宣布已发展成为农牧业 - 工业国家。1962 年以后，在以苏联为首的"经互会"分工下，其成为专门提供畜牧业产品的原料基地，工业化集中于苏联控制的矿产资源开发，对外贸易逆差越来越大，形成无法偿还的巨额债务。20 世纪 80 年代中期，"苏联模式"造成产业结构严重失衡，终于导致无法自我克服的经济和政治危机。从 1991 年起，停止执行计划经济，实行国有资产私有化，向市场经济转轨。经过 10 年过渡，在市场运作、对外开放条件下，蒙古国已形成以吸引国外资金和技术开发自然资源、扩大出口以拉动经济的模式，并不断完善整个产业结构。但在目前，产业结构仍以畜牧业、矿山采掘业、交通运输业为主。

（二）近期经济运行状况

1. 宏观经济

经过 20 多年转轨，2010 年以来，在矿产品国际市场价格持续走高情况下，蒙古国经济迅速复苏。"矿产兴国"发展战略初现成果，促进了相关产业和基础设施建设的发展。2011 ~ 2012 年，蒙 GDP 增速超过 20%。但在 2013 年，由于国际市场矿产品价格回落、矿产品运输条件未得到改善，加上国家大呼拉尔出台限制外国人投资矿产品开发的法律等，蒙 GDP 仅增长 11.7%，增速显著回落。

2. 外债

由于产业结构长期单一和不合理，经济转型需要大量资金，对外援依赖较强。主要援助方为日本、美国、德国、俄罗斯、中国等国家，以及亚洲开发银行、世界银行、国际货币基金组织等国际组织。2013 年，政府外债达 189 亿美元，占同年 GDP 的 156.8%。这些债务除了在国际债券市场发行的 15 亿美元"成吉思债券"、2.5 亿美元"武士债券"外，还有向一些国家和国际组织的借贷。据 2013 年 11 月 IMF 发布的蒙古国债务报告，目前蒙古国债务具有中度风险。如果继续实施扩张型经济政策，就有可能被评为高风险债务等级。2014 年，美国穆迪公司将蒙古国的主权债务评级降到 B2，表示前景为负面。

表 1　2008~2013 年蒙古国宏观经济数据

年份	2008	2009	2010	2011	2012	2013
实际 GDP（亿美元）	29.6	29.1	60.8	78.8	1033	115.4
人均 GDP（美元）	1921	1552	2470	2781	3482	3937
外贸额（亿美元）	57.8	40.3	61.7	114.2	111.2	106.3
外汇储备（亿美元）	6.6	11.5	20.9	24.6	36.3	11.9
外债余额（亿美元）	16.1	18.6	20.6	22.2	48.4	–
中央财政收支（亿美元）	-2.36	-2.30	0.02	-4.60	-8.33	-1.77
通胀率（%）	22.1	4.2	13.0	9.2	14.3	10.5
汇率（美元/本币）	1267	1442	1358	1374	1396	1675

资料来源：中国商务部网站。

3. 财政收支

2013 年，中央财政预算收入和受援额约为 5.9 万亿图格里克，总支出和偿还外债总额约为 6.2 万亿图格里克。2014 年上半年，财政预算收入和外来援助总额为 2.73 万亿图格里克，同比增长 6.9%。其中，税收收入占 84.5%，非税收入占 14.8%，其他占 0.7%；支出及借贷总额为 2.97 万亿图格里克，同比增长 12.6%；财政赤字为 2406 亿图格里克。

4. 国际收支

表2 2010~2013年蒙古国国际收支

单位：百万美元

项 目 \ 年 份	2010	2011	2012	2013
经常项目（A＋B＋C）	－886.7	－2758.6	－3362.3	－3211.4
商品及服务（A）	－474.9	－2153.4	－2653.6	－2575.0
净收入（B）	－598.8	－843.4	－948.1	－764.1
经常转移（C）	187.0	238.2	239.4	127.7
资本与金融项目（D＋E）	1743.7	2864.2	4929.5	1459.4
资本项目（D）	152.2	113.9	120.4	118.1
金融项目（E）	1591.5	2750.3	4809.1	1341.4
净误差与遗漏	16.1	－77.8	－195.5	－131.3
国际收支总差额	873.1	27.8	1371.7	－1883.3
储备与相关项目	－873.1	－27.8	－1371.7	1883.3

资料来源：2013年蒙古国统计年鉴。

四　投资状况

（一）外国投资状况

据蒙方统计，1990年至2013年10月，中、俄、日、美、韩等112个国家（地区）的12764家企业在蒙登记注册，累计直接投资141亿美元。另据联合国贸发会议公布的2014年《世界投资报告》，2013年蒙古国吸收的外资流量为20.5亿美元，同年底吸收的外资存量为154.7亿美元。在外国投资企业中，中资企业有6225家，占外资企业总数的48.8%。中资企业对蒙累计直接投资额为37.58亿美元，占外国直接投资总额的26.7%。加拿大、韩国、俄罗斯、英国、美国、日本等国的投资企业数量和投资额也在逐年增加。外国企业的主要投资领域是石油等地质矿产勘探开采、房地产开发、轻工、畜产品加工、贸易、餐饮等行业。

（二）投资环境

1. 投资政策

《投资法》规定，除麻醉品、鸦片、武器枪支等法律法规禁止的生产和服务外，其他行业都允许外商投资。外国投资者可以进行以下种类的投资：自由外汇或利润、动产和不动产及其相关财产权、知识与工业产权。外国投资者可以单独或与他人合作成立企业，购买股票和债券及其他有价证券，并购或合并公司，签署租让、产品分成、市场销售、经营管理合同和其他合同，融资租赁和专营，以及以法律未禁止的其他方式投资。外国国有资产法人在矿产业、金融、新闻通信方面进行经营活动，且其持股占比不少于33%者，须报外国投资局审批。

《竞争法》规定，居支配地位的商业实体有意通过合并、兼并或收购20%以上普通股，或50%以上优先股的方式，改组与其在市场上销售同一产品的实体企业，或合并、兼并相关竞争商业实体企业，须向公平竞争和消费者保护局申报。

《投资法》鼓励外商投资，通过税收、非税收、稳定税收优惠比例提供扶持。对于投资行业，尚无鼓励政策，但对采矿业、重工业、基础设施有一定的税收稳定政策倾斜。对于投资地区，也没有鼓励政策，但对中部、东部、西部地区有一定的税收稳定政策倾斜。对于在阿拉坦布拉格自由贸易区、扎门乌德自由经济区等四大特殊经济区域的投资，有税收和非税收优惠政策。

2. 金融体系

2010年以来，随着国内经济政治形势渐趋稳定，外资大量涌入，蒙古国的金融环境得到了改善。但由于其金融本身基础薄弱，金融体系仍比较脆弱。2013年，矿产品出口大幅减少，造成外汇储备减少，本币大幅贬值。

外汇管理方面，实行自由外汇管理体制。在任何金融机构和兑换点，蒙币图格里克随时可与美元、欧元、人民币相互兑换。已注册外国企业可在获得授权的蒙古国商业银行开设外汇账户，用于进出口结算。一年内外汇用尽时，可以临时性动用外汇追加分配。国家不限制个人和企业的外汇使用和储存。对于企业的出口收入，实行外汇上缴与留成制度，个体出口商可保留全部外汇收入。对于非贸易收支，不允许将外汇用于同商业贸易无关之处。外国投资者的利润，在缴纳税赋后，可以直接汇往国外。

融资条件方面，外资企业与蒙古国企业享受同等待遇。但蒙古国金融市场尚处于起步阶段，银行和证券市场规模小，资金实力有限，尚未完全融入国际金融体系。另外，目前在蒙古国还不能用人民币进行跨境贸易和投资。

在蒙古国可以使用 VISA 卡、万事达卡、中国银联卡。2010 年，中国银联与蒙古国 GOLOMT 银行在蒙首次发行了人民币借记卡。

3. 税收体系

税收体系由税和费构成。分为国家税收和费（含企业和机构的所得税、关税、增值税、特别税、汽油和柴油燃料税、矿产资源使用费）及地方税收和费（含个人所得税、枪支税、首都城市税、养狗税、遗产和礼品税、不动产税、印花税、水和泉水使用费、汽车运输及其他交通工具税、矿产之外其他自然资源使用许可费、自然植物使用费、通用矿产使用费、狩猎资源使用费、土地使用费、木材使用费）。

主要税赋有企业所得税、个人所得税、增值税。依法确定的农业应纳税年收入在 30 亿图格里克以下者，按 10% 课征企业所得税；年收入在 30 亿图格里克以上者，其超出部分按 25% 课征企业所得税。此外，对纳税人以分成收入按 10%、权益提成收入按 10%、销售不动产收入按 2%、利息收入按 10%、权利转让收入按 30% 的比例课征企业所得税。个人所得税按年收入的 10% 计缴。在蒙古国销售商品和进行劳务，收入不低于 1000 万图格里克的外国法人代表机构要缴纳税率为 10% 的增值税。

五　双边关系

（一）政治关系

中蒙两国于 1949 年 10 月 16 日建交，蒙古人民共和国是最早承认新中国的国家之一。1952 年双方签订《中蒙经济及文化合作协定》，在马列主义和无产阶级国际主义基础上发展两国关系。双方政府首脑和高层互访不断，在无产阶级国际主义原则和互相尊重国家主权和领土完整、互不干涉内政、平等互利的基础上，于 1960 年签订《中蒙友好互助条约》。1962 年，双方本着无产阶级国际主义精神，根据互相尊重、平等互利、互谅互利的原则，签订了两国边界条约。从 20 世纪 60 年代中期开始，因中苏关系恶化，中蒙政治关系几近中断。

20 世纪 80 年代中期，两国副外长互访，高层交往逐渐开展。1989 年，两国外长互访，实现双方关系正常化。从此，两国元首和高层互访不断，1960 年签订的《中蒙友好互助条约》和 1990 年签订的《中蒙联合公报》，成为发展两国关系的指导性文件。1994 年，双方改签《中蒙友好合作关系条约》，重申在和平共处五项原则基础上发展两国关系，为发展两国关系奠定了新的政治法律基础。1998 年，双方声明建立面向 21 世纪长期稳定、健康互信的中蒙睦邻友好合作关系。2003 年，双方声明根据 1994 年友好合作关系条约、1998 年联合声明、2002 年联合公报精神及和平共处五项原则，建立和发展中蒙睦邻互信伙伴关系。2011 年，两国宣布建立战略伙伴关系。2013 年，双方签署《中蒙战略伙伴关系中长期发展纲要》。2014 年，签署双边联合宣言，将中蒙关系提升为全面战略伙伴关系。

（二）双边贸易

1951 年，中蒙建立贸易关系，以记账方式互通有无。1991 年，两国签订新贸易协定，改用现汇贸易。此后，中蒙贸易额迅速增加。2010～2013 年，中蒙年贸易额在蒙年贸易总额的比重一直保持在 52% 以上，中国是蒙古国最大的贸易伙伴。其中，蒙对华年出口额一直占其年出口总额的 86% 以上，中国为蒙古国的最大出口对象国。2011～2013 年，蒙从中国年进口额一直占其年进口总额的 27% 以上，中国成为蒙最大进口来源国之一。

据中方统计，2013 年中蒙贸易额为 59.56 亿美元（蒙方统计为 55.29 亿美元），同比下降 9.8%。其中，中国出口 24.50 亿美元（蒙方统计为 18.23 亿美元），同比减少 7.7%；中国进口 35.06 亿美元（蒙方统计为

37.06 亿美元），同比减少 11.2% 。2014 年，双方签订新的《中蒙经济贸易合作中期发展纲要》，力争到 2020 年两国年贸易额达到不低于 100 亿美元。

近年来，中国对蒙出口商品主要有：机械器具及零件、电机、电气、音像设备及其零附件，除铁道车辆外的车辆及其零附件，针织或钩编的服装及衣着附件，皮革制品和旅行箱包，动物肠线制品，光学、照相、医疗等设备及零附件，钢铁制品，非针织或非钩编的服装及衣着附件，矿物燃料、矿物油及其产品和沥青等，盐、硫黄、土和石料、石灰及水泥等。中国由蒙进口的主要商品有：矿砂、矿渣及矿灰，矿物燃料、矿物油及其产品、沥青等，铜及其制品，钢铁，塑料及其制品，铝及其制品，盐、硫黄、土石料、石灰及水泥等，羊毛等动物毛、马毛纱线及其机织物，除毛皮外的生皮及皮革，油籽、籽仁、工业或药用植物、饲料等。

（三）双边经济合作

中国在蒙投资额持续增长。1990 年中国在蒙投资项目仅 2 个，投资额为 86.5 万美元。2000 年中国投资项目达到 291 个，投资额为 3292.7 万美元，成为蒙第一大投资来源国。据中方统计，2013 年中国对蒙直接投资流量为 3.89 亿美元。同年末，中国对蒙直接投资存量为 33.54 亿美元。中国对蒙投资主要行业为地质矿产资源勘探与开采、贸易餐饮服务、建筑工程及建材生产、畜产品加工、食品生产等。2013 年，中国企业在蒙新签承包合同 78 份，合同金额为 14.04 亿美元，完成额为 10.72 亿美元。新签的大型工程承包项目有奥尤陶勒盖 K320SWP002 – 005 项目、奥云陶勒盖风力发电站融资项目、乌兰察布市蒙中水泥 2700d 项目等。同年，中国对蒙派出劳务人员 9663 人，年末在蒙劳务人员为 7150 人。

六　总体风险评估

2013 年中国政府提出共建"一带一路"的倡议后，蒙古国政府是最先做出积极回应的国家之一。

中蒙两国自然禀赋不同，社会人文历史有异，经济发展不在同一阶段上。特别是蒙古高原的自然环境迥异于中国内地，蒙地大物博，人口稀少，游牧民族的生活方式与中国内地农耕民族迥然不同。在这种不同的生活环境下，中蒙两国居民的经济观和经济活动方式，也不完全一致。因此，在中蒙合作共建"一带一路"和"草原之路"过程中，必然会出现诸多矛盾。如果这些矛盾不能及时化解，就会转化为相当棘手的经济风险。因此，在深化中蒙经济合作时，首先要学会时刻尊重对方，绝不可把农耕文化或游牧文化的经济观和经济活动方式强加给对方。否则，必然会招致对方的强烈反感，把经济合作视为强人所难的经济侵略。作为经济上强势一方，中国企业必须首先从自己做起，放弃唯利是图的狭隘想法，树立正确的义利观并付诸实践。

比较中蒙两国，金融体系在货币流通量、现代技术应用和管理方法等方面，也存在较大的差异。尽快消除这种差异，有助于有效防范有可能遇到的金融风险。但是，要提高蒙古国金融体系的运作效率，消除中蒙之间的这种差异，必须要有足够的耐心，要让对方主动意识到这种差距，通过自己的努力来尽快提高其金融体系效率。同时，也要看到，中蒙两国金融体系的差距有可能被不法分子加以利用，加强国际金融合作中的刑事执法力度问题，必须得到高度重视。

中蒙合作共建"一带一路"和"草原之路"，安全风险有可能存在，但最需要关注的是来自生态环境的安全风险。蒙古高原植被稀少、土壤层薄弱、水资源珍贵，在任何改变地貌的工程中，需要首先考虑保护和恢复生态环境问题，避免造成对游牧民族赖以生存的草原的破坏。

（朴键一）

缅　甸

（The Republic of the Union of Myanmar）

一　国家基本信息

（一）地理概述

缅甸联邦共和国（简称缅甸）地处中南半岛西北部，位于西藏高原和马来半岛之间，东北与中国毗邻，西北与印度和孟加拉国相接，东南与老挝、泰国交界，西南濒孟加拉湾和安达曼海，海岸线长 2832 公里，国土面积 67.66 万平方公里。森林覆盖率占总面积的 50% 以上。地势北高南低，以山地、高原和丘陵为主，大河的中、下游均为平原，山川呈南北走向。北部高山区海拔 3000 米以上，东北部为掸邦高原，介于西部山地和高原之间的伊洛瓦底江平原，是国内经济最发达的地区。主要河流有伊洛瓦底江、萨尔温江等。首都是内比都（Nay Pyi Taw）。

（二）人口和民族

全国总人口约 5300 万（截至 2017 年 10 月 1 日），共有 135 个民族，主要是缅族（约占 68%）、掸族（约占 9%）、克伦族（约占 7%）、若开族（约占 3.5%）、孟族（约占 3%）、克钦族（约占 2.5%）、钦族（约占 2.2%）、克耶族（约占 0.4%）等。华侨约有 250 万人。缅甸官方语言为缅语、英语。各少数民族均有自己的语言，其中缅、克钦、克伦、掸和孟等少数民族有自己的文字。

缅甸 85% 以上人口信仰上座部佛教（俗称小乘教）。另外，还有约 8% 的人信奉伊斯兰教，其他信仰还有基督新教、天主教、印度教，以及部落民的拜物教（原始宗教），但比例较小。

（三）简史

公元 1044 年形成统一国家。1855 年沦为英国殖民地。第二次世界大战期间被日本侵占。1948 年 1 月 4 日宣告独立。1962 年 3 月，奈温发动政变，推翻吴努政府，成立革命委员会。1974 年 1 月，颁布新宪法，成立人民议会，将国名改为"缅甸联邦社会主义共和国"。1988 年 9 月，军队接管政权，成立"国家恢复法律和秩序委员会"（简称"恢委会"），改国名为"缅甸联邦"。1997 年 11 月，宣布取消"恢委会"，成立"国家和平与发展委员会"。

2010 年 11 月 7 日，缅甸举行全国多党制大选，联邦巩固与发展党（The Union Solidarity and Development Party，简称巩发党）获胜。2012 年 4 月 1 日，缅甸举行议会补选，昂山素季（Aung San Suu Kyi）领导的全国民主联盟赢得多数补选议席，成为议会第一大反对党；2015 年 11 月 8 日，昂山素季领导缅甸全国民主联盟斩获缅甸联邦议会过半议席，本次大选是缅甸 25 年来首次公开竞争的全国性民主选举。

二 政治状况

（一）政体简介

1. 宪法

1948 年 1 月 4 日缅甸从英国独立后，缅甸宪法历经了几次重大改变。第一次是 1948 年合宪性民主国家正式宣布的联邦宪法；第二次是 1974 年一党制下制定的《缅甸社会主义联邦宪法》；第三次也就是现行的宪法颁布于 2008 年。1988 年军政府接管政权后，宣布废除宪法，并于 1993 年起召开国民大会制定新宪法，历经 15 年，2008 年 2 月 19 日新宪法终于完成起草工作，5 月 15 日新宪法草案经全民公决通过，并于 2011 年 1 月 31 日正式生效。该宪法引起了国际社会的密切关注，同时也遭到普遍的批评。宪法赋予军人特殊的待遇和地位，保证了军队在缅甸未来政治中继续发挥领导作用，特别是国家"紧急状态条款"，保障了军队可以随时接管国家政权。国防与安全委员会在国家政治体系中享有优越地位。

2. 议会

缅甸联邦议会是缅甸联邦两院制立法权力机构，由上院民族院（Amyotha Hluttaw）和下院人民院（Pyithu Hluttaw）组成。2008 年通过的新宪法规定，两院议员任期一般为 5 年，每 5 年选举一次；两院共 664 个席位，其中民族院 224 席，人民院 440 席。两院必须提供 1/4 的席位归军人所有，因此任命产生的军人议席分别在人民院和民族院占有 110 席和 56 席；其余人民院的 330 席和民族院的 168 席由各政党候选人通过竞选产生。每个省或邦在民族院各有 12 席，由直接选举选出，14 个省和邦合计 168 席；全国 330 个镇区在人民院各有 1 席，由直接选举选出，共 330 席。

2012 年 4 月 1 日举行缅甸议会补选，由昂山素季领导的全国民主联盟获得了 45 个补选议席中的 40 席，成为缅甸联邦议会中的第二大政党和最大的反对党；2015 年 11 月缅甸大选，缅甸全国民主联盟在 498 个民选议席中斩获 390 席，成为联邦议会最大政党。

3. 政府

缅甸总统为国家领导及政府首脑，政府管理机构共设 30 个部：外交部、农业灌溉部、商务部、邮电通信部、合作社部、建设部、文化部、教育部、第一电力部、林业部、卫生部、内政部、饭店与旅游部、移民与人口部、第一工业部、第二工业部、劳工部、畜牧与水产部、宣传部、矿业部、国家计划与经济发展部、边境地区与少数民族发展事务部、宗教事务部、铁道部、科学技术部、社会福利与救济安置部、体育部、交通部、国防部、能源部。

4. 司法

缅甸法院和检察院共分四级，设最高法院和最高检察院，下设省邦、县及镇区三级法院和检察院。联邦最高法院为国家最高司法机关，现任首席法官为吴吞吞乌（U Tun Tun Oo）。最高检察院为国家最高检察机关，现任联邦检察长为吞欣博士（Tun Shin）

（二）政局现状

2010 年 11 月 7 日，缅甸举行 20 年来首次大选，巩发党成为第一大党和执政党。巩发党由 1993 年成立的缅甸联邦巩固与发展协会转变而成，共有党员约 1800 万人。其宗旨是实现国家永固，主权独立，民族团结，和平稳定，繁荣发展，保护百姓的安全，改善民生，维护人权，实现民主。该党奉行多党民主制度、市场经济制度和独立积极的外交政策。主席为总统登盛（Thein Sein），副主席为人民院议长吴瑞曼（Thura Shwe Mann），总部设在内比都。2013 年 5 月 2 日，登盛正式辞去该党主席职务，吴瑞曼接任巩发党主席。2016 年 3 月 15 日，缅甸联邦议会选出廷觉为半个多世纪以来缅甸首位民选非军人总统，4 月 1 日，新政府正式履职，标志长达半个多世纪的缅甸军政府统治结束。2012 年 4 月 1 日举行缅甸议会补选，由昂山素季领导的全国民主联盟（简称民盟）获得了 45 个补选议席中的 40 席，成为缅甸联邦议会第二大党和最大的反对党。

2015 年，缅甸进行新一轮大选，对执政的巩发党来说，民众将用选票对现政府 5 年来的全方位改革成效做出评判；对昂山素季和民盟而言，则是在制度内向军人集团发起挑战、争夺政权的最佳时机；而其他政党也不甘当陪衬，希望通过选举表达自身诉求，谋得发展利益，最终昂山素季领导的民盟获得压倒性胜利。

（三）国际关系

缅甸奉行"积极、独立"的外交政策，不依附任何大国和大国集团，是"和平共处五项原则"的共同倡导者之一。1988 年 9 月军政府上台后，以美国为首的西方国家对缅甸实施经济制裁和贸易禁运，终止对缅甸的经济技术援助。1997 年加入东盟后，缅甸积极参与东盟一体化进程，与东盟及周边国家关系有较大发展。2003 年"5·30"事件后，缅甸与西方国家关系进一步恶化，西方国家也进一步强化了对缅制裁。2007 年 1 月 12 日，联合国安理会就美国提出的缅甸问题决议草案进行表决，中、俄、南非投反对票，决议未获通过。西方国家还多次在联合国人权理事会会议上推动涉缅决议，要求成立涉缅问题国际联合调查机制。

2011 年 3 月缅甸现政府上台后，对内加快政治改革进程，对外积极寻求与西方国家改善关系，西方国家开始加大并调整对缅政策力度。2012 年以来，西方国家相继宣布放松对缅甸的经济制裁，还给缅甸提供了各类经济技术援助。丹麦、挪威、法国、英国等国家都在 2012 年推出了针对缅甸的援助计划。日本也宣布免除缅甸 60% 的债务及过期贷款滞纳金等，并恢复对缅甸的长期优惠贷款，同时提供 50 亿日元支持缅甸少数民族及农村地区的社会发展。2012 年 11 月 9 日，奥巴马访缅期间，也宣布美国将为缅甸提供 15 亿美元的经济援助。

缅甸是东南亚国家联盟 10 个成员国之一。2014 年，缅甸首次轮任东盟主席国，其加强对外开放，在地区事务上扮演更积极角色，特别是推动在 2015 年底前建立东盟经济共同体。目前，缅甸已与 111 个国家建立了外交关系。

三 经济形势

（一）经济概况

1. 自然资源

缅甸矿产资源丰富，现已探明的主要有石油、天然气、铜、铁、镍、铅、锌、银、金、宝石、玉石等。天然气储量 25 万亿立方米，位居世界第十。石油储量 202 亿桶，铜储量 96 亿吨，铁储量 22 亿吨。铅、锌、银、金储量分别为 30 万吨、50 万吨、750 万吨和 100 吨。缅甸森林资源十分丰富，林木种类有 2300 种，盛产柚木、檀木、鸡翅木、铁力木、花梨木等名贵硬木，其中柚木占世界总储的 60%，国际市场 75% 的柚木产自缅甸。此外，缅甸还有丰富的水力资源。缅甸海岸线漫长，渔业资源丰富。沿海盛产具有极高经济价值的石斑鱼、鲳鱼、龙虾等约 105 种，年捕捞量达 105 万吨。

2. 产业结构

按照缅甸国家计划与经济发展部统计数据，在 2016 ~ 2017 财年中，缅甸农业（农、林、牧、渔），工业（能源、矿业、加工制造业、电力、建筑业），服务业（服务和贸易）增长速率分别为 25.5%、35%、39.5%。①
农业是缅甸经济的主体，农业人口占总人口的 70%。缅甸工业基础薄弱，
技术水平低，主要有石油和天然气开采、小型机械制造、纺织、印染、碾
米、木材加工、制糖、造纸、化肥和制药等。缅甸服务业发展水平较低。
电信基础设计建设取得进展，金融服务仍然十分落后。虽然旅游资源丰
富，发展潜力很大，但由于交通不便，食宿昂贵，旅游签证限制，缅甸旅
游业一直呈现不发达状态。目前，缅甸政府力图在稳定物价的情况下，降
低农业所占比重，提高工业和服务业的比重。

（二）近期经济运行状况

1. 宏观经济

缅甸多年来经济发展缓慢，1987 年 12 月被联合国列为世界上最不发
达国家之一。缅甸军政府上台后，废除"社会主义计划经济"，实行以建
立市场经济为目标的经济体制改革，鼓励发展私人企业，积极引进外资。
2011 年缅甸新政府上台后，承诺实行由政府调控的市场经济模式，确保合
作社和私人经济在市场经济框架下协调发展，逐渐减少政府对市场的干预
和介入，加大对中小企业的扶持力度；以农业为基础，逐步向工业化国家
转变；加大改革开放力度，积极引进外资。之后，主要西方国家相继解除
对缅经济制裁。

表1　2012～2017 年缅甸经济状况

年份	GDP 平减指数	GDP 现价 （10 亿缅甸元）	GDP 美元现价 （10 亿美元）	人均 GDP 现价 （缅甸元）
2012	113.71	51259.26	59.73	1014287.02
2013	118.68	58011.63	60.13	1137947.67
2014	123.64	65262.09	65.58	1269210.98
2015	128.75	72714.02	59.49	1402509.26
2016	135.37	81127.98	64.37	1552577.60
2017	144.98	93173.38	66.97	1769843.10

数据来源：国际货币基金组织。

---

① 数据来源：亚洲开发银行数据库，https：//www.adb.org/data/statistics。

国际货币基金组织数据显示，缅甸经济近年来保持高速增长势头，2015~2016 财年增长 8.2%，2016~2017 财年预计增长 4.0%。

2. 国际收支

缅甸主要出口市场为泰国、中国、印度、新加坡和日本，主要出口产品包括燃料、矿物、农产品和服装。主要进口来源地为中国、泰国、新加坡及韩国。缅甸的进口产品主要是机械、运输设备、普通金属及其制品。

表 2　2013~2016 年缅甸国际收支状况

年份	商品出口 增长率(%)	商品进口 增长率(%)	贸易平衡 （占 GDP%）	经常项目平衡 （占 GDP%）
2013	27.5	37.5	-3.6	-4.8
2014	22.6	17.2	-3.9	-7.1
2015	0.4	14.4	-11.7	-8.9
2016	2.0	12.0	-10.4	-7.0

数据来源：亚洲开发银行。

3. 外债状况

2012 年 3 月，缅甸政府外债总额达 146 多亿美元。现政府上台后，推行经济和政治改革，2013 年初，多个债权国和机构同意免除缅甸将近 60 亿美元的债务。同时，亚洲开发银行和世界银行也宣布借贷 952 亿美元的低息贷款给缅甸，用于建造道路、桥梁、灌溉系统、学校、诊疗所和农村市场。据缅甸财政部统计数据，截至 2017 年底，缅甸外债余额为 96 亿美元（根据 IMF2016 年 12 月 30 日汇率计算）。其主要债权国及国际金融机构有 16 个国家及国际开发协会（IDA）、亚洲开发银行和石油输出国组织等。

4. 财政收支

近年来，缅甸政府持续出现财政赤字。根据亚洲开发银行的报告，2013 年，缅甸政府财政收入占 GDP 的 22.3%，支出占 GDP 的 17.2%；2014 年，财政收入占 GDP 的 24.2%，支出占 GDP 的 28.7%；2015 年，财

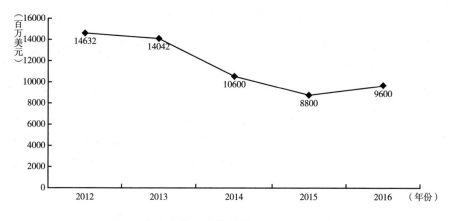

图 1　缅甸未偿还贷款总额（2012～2016 年）

数据来源：亚洲开发银行。

政收入占 GDP 的 20.9%，支出占 GDP 的 25.7%；2016 年，财政收入占 GDP 的 17.2%，支出占 GDP 的 21.8%。

表 3　2013～2016 年缅甸财政收支状况

年份	收入（占 GDP%）	支出（占 GDP%）	财政收支平衡（占 GDP%）
2013	22.3	27.2	-4.9
2014	24.2	28.7	-4.5
2015	20.9	25.7	-4.8
2016	17.2	21.8	-4.6

数据来源：亚洲开发银行。

四　投资状况

（一）外国投资状况

1988～1989 年，缅甸相继颁布《缅甸联邦外国投资法》《缅甸联邦外国投资法实施条例》《缅甸联邦外国投资项目条例》等。2012 年 11 月 2 日，缅甸颁布新的《缅甸联邦外国投资法》。近年来，缅甸政府积极扩大对外开放，努力改善投资环境，大力吸引外国直接投资。

2012 年以前，投资缅甸的外商主要来自亚洲国家，但在 2012 年后，缅甸市场进一步开放，来自西方国家的外商直接投资迅猛增加。据缅甸官方统计，2016～2017 财年，进入缅甸的外资总额达到了 541.21 亿美元，2016 年对缅甸投资最多的国家依次是中国（183.45 亿美元）、新加坡（128.87 亿美元）、中国香港（73.37 亿美元）、泰国（34.48 亿美元）。中国在缅甸投资企业 122 家，涉及金额 257 亿美元，占缅甸外资总额的 33.9%。外商在缅甸的直接投资累计总额中，约 74% 和能源及油气有关，制造业占 8%，酒店和旅游业占 4%。

（二）投资环境

1. 投资政策

2012 年 11 月，缅甸国会通过新的外国投资法。根据该法，外商投资缅甸可以采取独资或合资形式，在合资企业中外资股本不应低于 35%。酒店及房地产项目可采取 BOT（建造、运营和转让）方式，自然资源开采项目可采用 PSC（产品分成合同）方式。缅甸允许外商投资的范围广泛，包括农业、畜牧与水产业、林业、矿业能源、电力、制造业、建筑业、交通运输业和贸易等。缅甸政府大力支持以资源为基础的外商投资项目、出口项目，以及以出口为导向的劳动密集型项目。

具体的优惠政策如下：对外商投资企业税收优惠从过去自开业起连续 3 年免税改为连续 5 年免税；允许外国投资者从国家和私人业主租赁土地，租期长达 30 年，根据外商投资规模，可延长 15 年；取消产品必须全部出口的限制；政府保证外国投资企业在合同期内不被国有化。缅甸政府鼓励外国投资由大型资源开发转向农业、制造业和服务业，对这类能提供就业机会、减少贫困的项目，将给予优先批准。但政府将限制或禁止对自然资源和环境造成损坏的投资。

2012 年 3 月，缅甸颁布了《环境保护法》，旨在落实国家环境保护政策，防止自然资源枯竭和保障可持续利用。根据该法，环保部将规定环境质量标准，建立环保监测制度，并管理诸如矿产原料开采所带来的废弃物、工业领域污染物、影响环境的农用化学品等事项。《环境保护法》的颁布和实施，将对自然开发投资项目产生一定的负面影响。2013 年 10 月，缅甸政府颁布《电信法》，向私营企业开放电信市场。2017年10月，缅甸通过新的《公司法》，取代了长达100多年的殖民时期制定的《公司法》，新《公司法》规定，可以在线申请注册公司，个人也可以单独申请注册公司，取消了以前必须有几个人才能成立公司的规定。

2. 金融体系

银行体系是缅甸金融体系的主要组成部分，由中央银行、国有商业银行、私营银行构成。1988年以来，缅甸先后出台了《中央银行法》《金融机构法》《农业银行法》等法律法规，并对国有商业银行进行调整和重组，调整重组后的国有商业银行共有4家，即缅甸经济银行、缅甸投资与商业银行、缅甸外贸银行和缅甸农业发展银行。缅甸于1992年重新允许成立私营银行，2003年前曾有20多家私营银行，但经历了2003年的挤兑风波后，缅甸的私营银行减少至15家，业务也受到严格限制，其存款占比从近70%降至45%左右。2010年，又有4家私营银行获准成立，私营银行总数达到19家。这些银行在全国开设了350多家分行，已成为缅甸银行业的重要组成部分。2011年11月，缅甸政府批准11家私营银行开展外币汇兑业务。缅甸允许外国银行在其境内开设办事处，目前，新加坡、泰国、马来西亚、日本、中国、越南、文莱、柬埔寨、孟加拉国9个国家的银行已在缅甸开设了16家办事处。

2012年，缅甸启动了金融改革，4月，取消65缅元兑1美元的官方汇率。在新的汇率浮动制度下，缅甸中央银行每日和国内的认可交易行进行外汇拍卖之后，公布缅元兑美元的参考汇率，同时允许外商投资按市场汇率计价。2013年7月，缅甸总统签署新法令，确立中央银行脱离财政部的独立地位。同月，缅甸通过《证券交易法》，以便于2015年前成立证券交易所。据缅甸《七日新闻》2016年11月1日报道，缅甸为给予中小企业更多的金融支持，将进一步加快金融改革的步伐。

3. 税收体系

原军政府执政期间，缅甸有关税收的法律法规主要包括《缅甸联邦外国投资法》（1988）、《所得税法》（1974）、《贸易税法》（1990）、《关税法》（1992）、《仰光市政发展法》（1990）等。2011年，新政府执政后，对主要税法进行了修订。主要是取消了商业税，代之以贸易税。2012年4

月 1 日起，实行新的税制，主要税种有所得税、贸易税、财产税、关税、机动车税和印花税等。

根据新《所得税法》和《贸易税法》，个人所得税为 1%～30%；公司所得税为 25%；在缅甸国内生产销售的 70 种基本商品免征贸易税，对从国外进口之后在国内买卖的商品征收 5% 的贸易税。同时，对特定商品的贸易税及服务业税收另行规定。为避免双重征税，从 2012 年 1 月 1 日起，缅甸政府取消对公民的国外所得征税。这一措施将惠及 60 多万海外劳工，此前这些工人除在受雇国缴税，还要向缅甸政府缴付 10% 的所得税。

关税中，进口税为 0～40%，一般商品出口不征税，但以下五种商品须征税：大米按每吨 100 缅元计征，豆类、油籽饼、生皮和皮为 5%，竹为 10%，边境出口税为 0～15%。自 2011 年 7 月 1 日起，以美元上缴的出口税由 8% 降至 5%；8 月 15 日起，以缅元结算的与中国、印度、泰国贸易的边境出口税也由 8% 降至 5%；2011 年 8 月 15 日至 2012 年 2 月 14 日，分别对大米、豆类、玉米、芝麻、橡胶、水产、动物及其制品取消 5% 出口税；但对翡翠、宝石、木材及其制品仍继续征收 7% 的出口税。

五　双边关系

（一）政治关系

中缅两国于 1950 年 6 月 8 日正式建交，两国关系发展主要经历了四个阶段：第一阶段是 1950～1962 年吴努时期，两国建立"胞波"式友好关系，圆满解决了历史遗留的边界问题；第二阶段是 1962～1988 年奈温独裁时期，两国关系初期紧张甚至恶化，中后期逐渐恢复正常，并缓慢发展；第三阶段是 1988～2011 年苏貌与丹瑞独裁时期，西方对缅甸实施严厉制裁和政治封锁，中国一度成为缅甸在外交上唯一可以依赖的国家，中缅两国关系全面升温，并实现快速发展，2000 年时任中国国家副主席胡锦涛、2001 年中国国家主席江泽民访缅，为两国关系进一步发展奠定了坚实的基础；第四阶段是从 2011 年至今登盛民主化改革时期，中缅关系迈入历史新阶段，在波折中不断前进。中缅两国高层间互访频繁。

在中缅两国友好关系稳步发展的本阶段，两国各领域务实合作不断深化。2011 年 5 月，缅甸总统登盛访华，双方决定建立全面战略合作伙伴关系。登盛在总统任内共 7 次来华，3 次为国事访问。2015 年 4 月，习近平主席在印尼出席亚非领导人会议和万隆会议 60 周年纪念活动期间会见登盛总统。5 月，杨晶国务委员访问缅甸。6 月，应中国共产党邀请，昂山素季以民盟党主席身份率民盟代表团首次访华。9 月，登盛总统来华出席中国人民抗日战争暨世界反法西斯战争胜利 70 周年纪念活动。2016 年 3 月，赛茂康副总统应邀来华出席澜沧江 - 湄公河合作首次领导人会议和博鳌亚洲论坛年会。

缅新政府成立后，2016 年 4 月，王毅外长访缅。7 月，李克强总理在乌兰巴托出席第十一届亚欧首脑会议期间会见廷觉总统，王毅外长在东亚合作系列外长会期间会见缅甸外长昂山素季。8 月，缅甸国务资政昂山素季访华。9 月，张高丽副总理会见出席中国 - 东盟博览会的缅甸副总统敏瑞，国务委员郭声琨赴缅主持第五次中缅执法安全合作会议。10 月，习近平主席在印度出席金砖国家领导人第八次会晤期间会见昂山素季国务资政。11 月，外交部副部长刘振民赴缅同缅方共同主持中缅外交国防 2 + 2 高级别磋商首次会议。2017 年 5 月 18 日，中国海军远航访问编队抵达缅甸第一大城市仰光，开始为期 4 天的访问。2017 年 11 月 18 日，应昂山素季邀请，王毅外长访问缅甸。

（二）双边贸易

近年来，中国 - 东盟自由贸易区的建立和大湄公河次区域建设的深化，有力地促进了中国与缅甸的双边贸易。自 2010 年 7 月启动的边境贸易人民币结算试点，也极大地推动了中缅两国贸易的发展。据中国海关统计，2006～2010 年，中缅双边贸易年均增长 32.5%。2009 年，尽管受全球经济衰退的影响，中缅双边贸易仍达到 10.6% 的增长率。2012 年，中缅双边贸易合作再创历史新高，达到 74.237 亿美元，增长率为 8.23%，但由于矿产品进口锐减导致进口额大幅下滑，较 2011 年 45.75% 的增速大幅放缓，显著低于缅甸全国外贸增速。2017～2018 财年，缅甸与东盟贸易伙伴国的贸易额（包括通过海陆的一般贸易和边境贸易）达 135.4 亿美元，其中缅甸出口额为 45.3 亿美元，进口额为 90.1 亿美元。[①]

中缅两国经济和产业的巨大差别，导致多年来商品贸易结构的不均衡。中国对缅甸主要出口工业制成品，而自缅甸主要进口资源类产品。2017 年，缅甸对中国出口的前五大商品分别是木制品、宝石、矿石、橡胶及其制品和能源；同期，缅甸自中国进口的前五大商品分别是机械设备、汽车、电器及电子设备、钢铁制品和钢铁。在中缅双边贸易中，中方一直保持顺差，并呈逐年扩大趋势。

（三）双边经济合作

20 世纪 90 年代以前，中国在缅甸几乎没有任何投资活动。90 年代中期，中国企业才陆续进入缅甸市场开展投资活动，但投资项目数量较少，合同金额较低，没有形成规模。据缅甸投资委员会（MIC）统计数据显示，1988~2001 年，中国对缅甸投资金额累计只有 0.67 亿美元，所占缅甸外资比例仅为 0.94%，在缅甸吸引外资中排名第 13 位，相对靠后。进入 21 世纪以来，中国对缅甸投资迅猛增长、持续飙升。直到 2012 年，中国一直是缅甸吸引外资第一大来源。中国（大陆与港澳地区）合计投资项目数为 86 个，投资金额占缅甸外资比例达 49.52%，远高于排名第二位的泰国。

这一情况在 2013 年发生了变化，随着缅甸民主化进程的不断发展，市场逐步开放，来自西方国家的外商直接投资迅猛增加，2013 年进入缅甸的外资总额达到了 27.8 亿美元，同比增长 160.2%，中国（含港澳）降到第五位。但随着中缅石油管道的建成，中国仍将保持对缅甸高速投资。截至 2016 年 12 月，中国在缅甸工程承包合同额达到 280751 万美元，同比增长 41.7%。

中国对缅甸投资主要集中在电力、矿产、天然气与石油资源开发及基础设施建设等领域，对制造业、服务业领域的投资严重不足。中缅投资合

---

① 数据来源：中国商务部亚洲司。

作代表性项目有：中缅油气管道（25.4 亿美元）、莱比塘铜矿（10.65 亿美元）和密松水电站项目（36 亿美元）等。

六　总体风险评估

缅甸自实现民主化改革以来，政治形势渐趋稳定，但对于外国投资者来说，经济风险显著加大。政治上，随着 2015 年缅甸民主化改革以来的首次总统选举，执政的巩发党和昂山素季领导的反对党之间的博弈呈现激化态势，但缅甸国内舆论普遍认为，只要昂山素季有资格参加总统选举，民盟便会赢得大选的胜利，实现政治权力从军人集团及其依附者和支持者向反对派民主力量的彻底转移。问题在于，对政治运行拥有极大影响力的军人集团是否愿意和接受这一结局。目前来看，虽然昂山素季已经当选两年多，新一届政党的执政理念与军人集团依然存在冲突，缅甸的民主化转型困难重重。

经济上，缅甸因为实现民主化而摆脱了国际孤立的困境，理论上说，会为经济发展注入强大动力，但是，必须看到，随着缅甸民主化进程的加快、缅甸社会力量的兴起和社会运动的强化，也给缅甸经济引入外来资本、提供增长动力带来了比较明显的副作用。缅甸的民主化进程与社会力量，特别是非政府组织的兴起存在着密切关系。这些非政府组织在反对军政府统治、强化缅甸人民民主意识的同时，也使得许多缅甸人的自我意识过于膨胀，狭隘的保护观念明显增强，对外国投资者的敌意增加，对话能力下降。当前，在缅甸，遭遇本土的村社力量以及非政府组织阻挠的外国投资项目，并不仅仅包括与军人集团关系密切的中国企业，也涉及其他外国企业的投资活动。缅甸的民主运动正处于胜利后的狂热期，民众对经济发展和外国投资之间的关系认识比较模糊，过度强调自己的权益，有可能会恶化投资环境，伤害外资积极性，对经济发展造成隐患。

安全上，缅甸民主化的另一面是民族、宗教矛盾的激化和显化。缅甸政府采取强力压制了北部少数民族地区武装的割据活动，但并没有彻底解决问题，也没有提出实现民族和解的有效方案。未来北部以克钦人为代表的少数民族势力与缅人之间的矛盾还有可能激化。同时，西部地区信仰伊斯兰教的罗兴亚人与缅人佛教徒之间的冲突也呈恶化态势，不但影响缅甸国内政治和安全局势，也会对缅甸与孟加拉国的关系造成冲击，有可能给中国推动的孟中印缅经济走廊计划带来地缘政治风险。

（陈富豪）

摩尔多瓦

（The Republic of Moldova）

一　国家基本信息

（一）地理概述

摩尔多瓦共和国（简称摩尔多瓦）是位于东南欧北部的内陆国，与罗马尼亚和乌克兰接壤，属温带大陆性气候。境内平原和丘陵相间分布，中部为高地，2/3 的土地为黑钙土。北部和中部属森林草原带，南部为草原。河流众多但大部分短小，德涅斯特河和普鲁特河为摩尔多瓦境内两大河流。地下水资源丰富，约有 2200 个天然泉。摩尔多瓦面积有 3.37 万平方公里。首都为基希讷乌（Chisinau）。

（二）人口和民族

摩尔多瓦的人口约为 357.76 万（截至 2014 年 1 月 1 日，不包括德涅斯特河左岸地区），其中摩尔多瓦族占 65%，乌克兰族占 13%，俄罗斯族占 13%。多数居民信奉东正教（93.3%），少数人信奉犹太教。官方语言为罗马尼亚语。

（三）简史

摩尔多瓦人的祖先为达契亚人。13~14 世纪，由于蒙古鞑靼人和匈牙利人入侵，达契亚人逐渐分为三支：摩尔多瓦人、瓦拉几亚人、特兰西瓦尼亚人。1359 年，摩尔多瓦人建立独立的封建公国。1487
年，沦为奥斯曼帝国附庸。1600～1601 年，摩尔多瓦、瓦拉几亚和特
兰西瓦尼亚三个公国短暂统一。1812 年，俄国将部分摩领土（比萨拉
比亚）吞并。1859 年 1 月，摩尔多瓦和瓦拉几亚合并，称罗马尼亚。
1878 年，南比萨拉比亚再次隶属俄罗斯。1918 年 1 月，摩宣布独立，
3 月，与罗马尼亚合并。1940 年 6 月，苏联再次吞并比萨拉比亚，并
将其大部分领土与德涅斯特河左岸的摩尔达维亚自治共和国合并，成
立了摩尔达维亚苏维埃社会主义共和国，成为苏联 15 个加盟共和国之
一，比萨拉比亚南、北部的部分地区被划入乌克兰。1941 年，比萨拉
比亚划归罗马尼亚。1944 年 9 月，苏罗停战协定规定恢复 1940 年的苏
罗边界。1990 年 6 月，改国名为摩尔多瓦苏维埃社会主义共和国。
1991 年 5 月 23 日，改国名为摩尔多瓦共和国。1991 年 8 月 27 日（国
庆日）宣布独立。

二 政治状况

（一）政体简介

1. 宪法

1994 年 7 月 29 日，摩尔多瓦颁布独立以后的第一部宪法，规定摩尔
多瓦为法治国家、公民社会；民主和以人为本为最高价值观。2000 年 7 月
通过的宪法修正案规定，摩尔多瓦由原来的半议会制共和国改为议会制共
和国，将总统的产生方式由全民普选改为议会投票选举，作为国家元首的
总统在国家事务中的权力被削弱。

2. 总统

摩尔多瓦共和国总统是国家元首，代表国家，是国家主权、民族独
立、统一和领土完整的保障。总统任期为 4 年，连续任职不能超过两届，
在发生战争或出现灾害的情况下，摩总统的任期可延长。总统由议会以秘
密投票方式选举产生，不得少于 3/5 的议员赞同。2016 年 3 月 4 日，摩宪
法法院决定恢复全民投票选举总统制度。现任总统伊戈尔·多东，在 2016

年由选民直选选举产生。

3. 议会

议会是最高的人民代表机构与唯一的国家权威立法机关。议会由 101 名议员组成，一届任期 4 年。议员由选民直接投票普选产生。根据中央选举委员会按照选举结果提交的议员名单，由宪法法院认定议员资格。

4. 政府

政府是国家行政管理机构，总理由议会中的最大党派或联盟的领袖出任，并由总统任命，政府任期 4 年。2014 年议会选举之后，由于亲欧洲的 3 党就组建执政联盟谈判失败，在议会中总共拥有 42 席的自由民主党和民主党 2015 年 1 月 23 日签署联合执政协议，决定组建少数派政府。时任总统蒂莫夫蒂 1 月 28 日提名尤里·莱安克为新总理，要求在 15 天内完成组阁并接受议会信任投票。但是，第一次组阁因未能在议会获得过半数支持而流产。现任总理帕维尔·菲利普来自民主党。2016 年 1 月 20 日，摩尔多瓦议会以 57 票的多数通过对帕维尔·菲利普任总理的新政府的信任投票。

5. 司法

摩法院体系由法院、经济法院、军事法院、上诉院、最高法院和宪法法院组成。最高司法会议是摩尔多瓦的最高法官裁判机关，由 11 名大法官组成，任期 5 年，司法部门的法官由摩总统根据最高司法会议的提名任命。宪法法院是宪法司法机构，也称护宪机构、宪法法院独立于任何一个公众政权机构，它只服从宪法。

检察院系统由总检察院、地区检察院和专门检察院组成。总检察长由议会主席提名、议会任命。检察官由总检察长任命。

6. 政党

2007 年 12 月，摩议会通过政党法。新法规定，国家将从预算总收入中拨款 0.05% 作为政党活动经费，在中央和地方权力机构占有 20% 以上席位的政党将按其所占比例获得经费。同月，摩议会通过选举法修正案，禁止政党成立选举联盟，规定政党在议会选举中至少获得 6% 的选票才可进入议会。

2016 年 11 月 30 日举行的议会选举中，有 5 个政党进入新一届议会。其中，社会主义党在议会 101 个议席中占有 25 席、自由民主党占 23 席、共产党人党占 21 席、民主党占 19 席、自由党占 13 席。2015 年 1 月，来自民主党的德里安·坎杜当选新一届议会议长。

（二）政局现状

独立以来，摩尔多瓦共产党人党曾一直是执政党，直到 2009 年。之后由亲西方的"融入欧洲联盟"上台执政。自由民主党、自由党和民主党组建联盟的目的就是阻止摩共重新上台。但这三党的政治理念和执政思路分歧严重，加之在议会中执政联盟与反对派共产党人党尖锐对立，导致总统选举数度难产。最终历经 3 年，经过 6 次推选，才于 2012 年 3 月选举出新总统蒂莫夫蒂。

进入 2013 年，摩尔多瓦政局激烈动荡，执政联盟发生内讧，反对党摩共趁势介入，在议会通过了对菲拉特政府的不信任案。导致总理、议长易人，内阁重组。5 月 31 日，以尤里·莱安克为首的摩尔多瓦新政府宣誓就职。2015 年 10 月，摩尔多瓦议会通过对政府的不信任案，由时任总理斯特雷勒茨领导的执政联盟被迫下台，前执政联盟瓦解。

（三）国际关系

摩尔多瓦独立以后，在稳定发展同俄罗斯和独联体国家关系的同时，积极发展同美国、欧盟国家的关系，并将融入欧洲、加入欧盟列为摩对外政策的优先目标。摩已加入联合国、世界银行、国际货币基金组织、欧洲安全与合作组织、欧洲委员会、欧洲复兴开发银行、北约合作委员会等组织。1994 年 5 月与北约签署了"和平伙伴关系"计划。2001 年 5 月 8 日加入世界贸易组织。2009 年 9 月，多个中右政党组成的"融入欧洲"执政联盟上台执政，开始融入欧盟进程。摩尔多瓦于 2014 年与欧盟正式签署联系国协定，使外交和经济一体化明显转向西方。不过由于近两年来摩尔多瓦与欧盟一体化进程没有带来经济状况的好转，加之亲西方的执政联盟不断爆出腐败丑闻，亲俄的社会主义党候选人伊戈尔·多东在 2016 年总统大选中战胜亲西方候选人马娅·桑杜成为摩尔多瓦新总统。

1. 与俄罗斯关系

苏联解体后，刚刚获得独立的摩尔多瓦就遭遇了德涅斯特河左岸地区的分离运动。1992 年，摩尔多瓦政府与当地分离组织发生武装冲突，驻扎在当地的俄军参与军事冲突，导致摩尔多瓦与俄罗斯的关系一直发展不顺。虽然在 1994 年摩尔多瓦与俄罗斯签署了一项关于俄罗斯撤军协议，但是俄罗斯杜马至今一直没有批准该协议。2001 年，摩共产党人党在议会选举中获胜，该党主张亲俄的外交政策，两国关系一度缓和。2003 年，俄罗斯提出解决德左问题的"联邦化"方案，遭到摩尔多瓦国内民众反对。随后，摩共的外交政策也倒向欧洲一体化，摩俄双边关系再次遇冷。俄罗斯以能源和葡萄酒市场为手段报复其亲西方的外交政策。2009 年亲西方政党联盟上台后，与俄罗斯的关系继续低迷。2016 年总统选举之后，新总统伊戈尔·多东在外交政策上有着明显的亲俄倾向，他在竞选中号召就摩尔多瓦与欧盟的关系举行全民公决，改善与俄罗斯的关系。但是，由于摩尔多瓦实行的是议会制，外交政策主要由议会中的执政联盟和政府主导，亲俄总统伊戈尔·多东在改善与俄罗斯关系方面能走多远尚待观察。

2. 与欧盟关系

摩尔多瓦独立以来，一直将融入欧洲、加入欧盟作为摩内政外交的优先目标。2001 年 6 月，加入"东南欧稳定公约"。2004 年 10 月，以观察员身份加入"东南欧合作进程"。2006 年 5 月，以正式成员身份加入"东南欧合作进程"。2007 年，摩成为东南欧能源协定正式成员国。2008 年 12 月，摩尔多瓦加入了欧盟的"东方伙伴关系"计划。2013 年 11 月，摩尔多瓦与欧盟草签联系国地位协定和自贸区协议，并于 2014 年 6 月正式签署上述文件。

乌克兰危机爆发以后，欧盟的立场开始有所松动。2013 年 12 月，美国国务卿克里明确表示，美国支持摩尔多瓦加入欧盟。2014 年 5 月，北欧和波罗的海国家的 7 国议会领导人在摩尔多瓦首都基希讷乌表示，希望摩尔多瓦继续推动改革，并支持其早日加入欧盟。2014 年 4 月，欧洲议会决定，给予持生物特征护照的摩尔多瓦公民免签前往申根区旅行的待遇。由于摩尔多瓦经济比较落后，同时还存在着德涅斯特河左岸冲突问题，欧盟在短期内不可能吸收其加入。

三 经济形势

（一）经济概况

1. 自然资源

摩尔多瓦绝大部分国土介于普鲁特河和德涅斯特河之间，自然资源贫乏，但地下水资源丰富。森林覆盖面积占全国领土的40%，2/3的土地为黑钙土。

2. 产业结构

在摩尔多瓦国内生产总值中占主导地位的是服务业（占70.14%），工业约占16.79%，农业约占13.07%。摩是劳务输出大国，劳务出口是其经济发展的重要支柱。据统计，人口仅357万左右的摩尔多瓦在国外打工人数却在100万左右（最保守的统计也在60万人左右），其侨汇收入占到其GDP的30%以上，每年流入国内的巨额外汇绝大部分都进入了消费领域。

（二）近期经济运行状况

1. 宏观经济

摩尔多瓦自独立以来，因领土面积小，经济基础薄弱，是欧洲和后苏联空间最不发达国家之一。国际收支长期处于严重赤字之中，主要依赖海外侨汇来弥补赤字。在2008年的全球金融危机和欧债危机的双重打击下，摩尔多瓦经济遭受巨大打击，2009年GDP下降6%。在世界银行和国际货币基金组织的帮助下，摩尔多瓦经济在2010～2013年重新起飞。进入2014年以后，摩尔多瓦的外部经济环境再次恶化，主要侨汇来源和出口市场——俄罗斯的经济大幅下滑，使得摩尔多瓦经济受到波及，对俄罗斯的出口减少了近一半，侨汇收入下降20%。2015年的名义GDP总量为1218.51亿列伊，按可比价格计算，同比下降0.5%。2016年，经济止跌回升，实际GDP增长率为4.1%，通货膨胀率为2.1%，人均GDP为1900美元。

表1　摩尔多瓦主要经济指标统计

年份	2013	2014	2015	2016	2017
GDP（亿美元）	79.85	79.83	65.13	67.50	78.13
人均GDP（美元）	2243	2244	1833	1900	
实际GDP增长率（%）	9.4	4.8	-0.4	4.1	3.0
通货膨胀率（%）	5.2	4.7	13.6	2.1	10.3
登记失业率（%）	5.1	3.9	4.9	4.1	4.0
商品出口（FOB）（亿美元）	18.98	18.16	15.07	15.47	17.5
商品进口（FOB）（亿美元）	50.37	48.57	36.30	36.35	41.30
经常账户余额（亿美元）	-4.9	-5.68	-4.68	-2.86	-6.2
国际储备（亿美元）	28.21	21.57	17.57	22.06	23.0
外债总额（亿美元）	65.6	65.69	63.45	61.14	64.76
汇率：（美元/列伊）	12.59	14.04	18.82	19.92	18.43

数据来源：摩尔多瓦国家统计局，摩尔多瓦央行，国际货币基金组织。

在2014年6月的布鲁塞尔峰会上，摩尔多瓦与欧盟正式签署了联系国地位协定和自贸区协议。根据该协议，摩尔多瓦产品可以免税进入欧盟市场。2014年4月3日，欧盟宣布摩尔多瓦从4月28日起成为"申根国家"。此举对摩尔多瓦经济影响重大，以后摩尔多瓦人可以无障碍地进入欧盟国家。摩尔多瓦是欧洲最穷的国家，大约有100万人在海外打工，他们每年寄回家的汇款相当于这个国家GDP的30%以上。

2. 国际收支

摩尔多瓦独立以来，经济发展水平较为落后。国际收支长期处于赤字状态，2016年的经常账户赤字从2011年占国内生产总值的11.1%收窄至约5.4%。世界银行预计，2017年的经常账户赤字再次快速增长至6.2亿美元（占国内生产总值的7.9%）。根据摩尔多瓦央行分析，财政赤字改善主要得益于出口增加和侨民汇款。世界银行关于世界经济发展前景的报告指出，摩尔多瓦共和国2018年的经济增长率将为3.7%，2019年将为3.5%。刺激财政政策，尤其是公共投资和汇款，将继续支持经济增长。

外汇流入的复苏、金融部门的恢复和商业环境的改善将有助于增加投资。公共债务在 2017 年和 2018 年会因外部援助增多而增加，然后下降。鉴于摩尔多瓦的储蓄水平较低，随着经济增长率的提高，经常账户赤字将逐渐增加，但仍然会低于历史平均水平。经常账户赤字从 2015 年的 4.677 亿美元（占 GDP 的 7.2%）缩小至 2016 年的 2.856 亿美元（相当于 GDP 的 4.2%）。

2017 年的外部需求和价格的改善将有助于促进摩尔多瓦出口增长，随着国内需求的复苏，大宗商品进口价格的回升将导致经常账户赤字扩大。随着全球经济复苏巩固，摩尔多瓦货币列伊进入温和升值周期，国内消费在 2017 年上半年温和增长，摩尔多瓦的经常账户赤字在 2018 年和 2019 年有可能将逐渐收窄。

表 2　摩尔多瓦经常账户国际收支平衡状况

年份	2013	2014	2015	2016	2017
国际收支（亿美元）	4.9	5.68	4.68	2.86	6.2
经常账户占 GDP 比重（%）	6.13	7.11	7.18	4.2	7.9

数据来源：摩尔多瓦央行，http：//www.bnm.md/。

3. 外债状况

从欧盟和国际货币基金组织争取优惠贷款已经成为摩尔多瓦弥补国家资本短缺的外部主要资金来源，近年来摩尔多瓦还加大了与亚洲新兴经济体的资本合作。2016 年 11 月，国际货币基金组织与摩尔多瓦政府签署改革支持计划，批准在 3 年期间提供 1.78 亿美元的资金，用于支持经济和金融改革，并立即支付了 3600 万美元。2017 年 5 月，国际货币基金组织执行局完成了对摩尔多瓦的第一次审查，并提供了 2150 万美元的资金。截至 2017 年 6 月 30 日，摩尔多瓦 2017 年 1~7 月的外债增长了 11%，到 7 月 31 日达到了 16.626 亿美元以上。

据财政部介绍，2017 年前 7 个月，外部融资流入为 1 亿美元，是 2016 年同期的 3 倍。与此同时，政府还债 3280 万美元。2017 年债务规模增长在很大程度上是美元贬值导致的。截至 7 月 31 日，摩尔多瓦国内公债增加了近 1700 万列伊，规模达到 215 亿列伊。据财政部预测，2017

年底前，公共债务将再增加 100 亿列伊，达到约 608 亿列伊。应该指出的是，2017 年摩尔多瓦还计划获得 5.19 亿美元的财政援助，其中 1/3 是贷款。

表3 2013～2018 年摩尔多瓦外债状况

年度（年末数据）	2013	2014	2015	2016	2017	2018（预测）
政府总债务占 GDP 比重（%）	29.57	36.03	44.83	43.18	42.9	41.6
公共外债（亿美元）	23.61	28.75	29.12	29.25	33.51	40.72

数据来源：国际货币基金组织网站和摩尔多瓦财政部。

4. 财政收支

2017 年前 8 个月，摩尔多瓦全国公共财政收入 336 亿列伊（1900 万美元），同比增长 18.5%，预算支出同比增长率为 12.3%。2017 年的预算赤字目标定为占国内生产总值的 3%。

四 投资状况

（一）外国投资状况

作为东南欧一个小国，摩尔多瓦吸收外资的规模不大。根据与国际货币基金组织达成的贷款协议，其政府接受外资受到很多限制。目前主要接受国际货币基金组织、世界银行、欧洲复兴开发银行等国际金融组织的援助性低息优惠贷款，外国对摩投资也主要以购买私有化企业股份的方式进行，投资规模一般不大，年均吸收外资 4 亿～5 亿美元。

根据摩尔多瓦央行的修订数据显示，2016 年，摩尔多瓦外商直接投资增长 3.3%，达到 35.8 亿美元。此外，由于摩尔多瓦本身经济发展水平落后，对外投资能力和规模都比较小。

2017 年上半年，外国直接投资净流入 4020 万美元，比 2016 年同期增长了 24%。与此同时，摩尔多瓦对外投资额为 170 万美元，摩尔多瓦投资者以购买外国公司股份的形式在国外进行直接投资 150 万美元。与此同时，居民直接投资形式的海外资产净值下降了 170 万美元。

外国直接投资增长的主要原因是外国投资者将在摩尔多瓦的子公司的利润再投资（3310 万美元），以及在摩尔多瓦首都新投资 1100 万美元。

（二）投资环境

1. 投资政策

首先，外国投资者与本国投资者享有同等国民待遇，依法可以在摩境内所有经营领域投资。此外，外资企业可在税收上享受特殊优惠，其主要内容是：注册资金超过 25 万美元的外资企业，5 年所得税减半；注册资金超过 200 万美元的外资企业，3 年免除所得税（免除税收盈利的 80% 应继续投入本企业生产或投入国家经济发展规划）；50% 以上收入依靠销售自行研制的程序产品的 IT 企业，5 年免缴所得税。

其次，摩尔多瓦设立了七个经济特区：基希讷乌对外商务区（位于首都基希讷乌）、温根（距首都 107 公里）、特瓦尔基塔（距首都 115 公里）、奥塔西商务区（距首都 220 公里）、乌卡涅什蒂（距首都 200 公里）、塔拉克里亚（距首都 153 公里）和朱朱列什蒂港。特区内企业享受的优惠是：出口税减半，出口以外的收入税减 75%；投资 100 万美元以上的企业 3 年免征所得税，投资 500 万美元以上的企业 5 年免征所得税。

最后，2013 年 11 月，摩尔多瓦与欧盟草签了联系国地位协议和自贸区协议，随着 2014 年 6 月正式与欧盟建立自贸区，摩尔多瓦生产的产品可以免关税进入欧盟市场。

2. 金融体系

1991 年摩尔多瓦根据有关法律法规建立了两级银行体系。

截至 2014 年 4 月，在摩尔多瓦央行正式注册的商业银行共有 14 家，分别是：M-Agroindbank, Moldindconbank, Vicloriabank, Banca Sociala, Mobiasbanca, Banca de Economii, Energbank, Unibank, BCR Suursala Chisinau, Fincombank, Investprivatbank, Eximbank, EuroCretitbank, Comertbank。

其中摩尔多瓦有 6 家商业银行获得 "C" 级许可证（CHK 为 1.5 亿列伊以上，1 美元约合 13.30 列伊）；其余 8 家商业银行获得 "B" 级许可证（CHK 为 1 亿列伊以上）。摩尔多瓦商业银行整体信用等级不高，服务收费较多。

1995 年 6 月 30 日，摩尔多瓦接受了 IMF 协议的有关条款，允许列伊为往来账户项下可自由兑换的货币。

摩尔多瓦的有价证券市场起步较晚，但发展迅速。摩尔多瓦的证券交易所于 1995 年 6 月开始经营有价证券业务，在首都基希讷乌开办了第一家股票交易所。2000 年，证券交易所的业务已全部纳入自动化系统。摩尔多瓦的有价证券市场由独立的国家有价证券市场委员会进行调控，其主要职能是监督摩尔多瓦证券市场。为保证证券市场的透明度，摩尔多瓦每周发布一次证券市场信息快讯。

3. 税收体系

摩尔多瓦税收体系包括国家和地方两级。国税系统包括所得税、增值税、消费税、私有化税、关税和公路基金征费。地方税包括土地税、房产税、自然资源使用税等。

表 4　摩尔多瓦的税种与税率

税种	税率	税种	税率
社会保障缴款	23%	不动产税	0.1%
企业所得税	12%	道路税	120 列伊/吨
医疗保险缴费	3.5%	增值税（VAT）	20%

数据来源：摩尔多瓦经济部，Ministry of Economy of the Republic of Moldova，Moldovan Investment and Export Promotion Organization（MIEPO）。

五　双边关系

（一）政治关系

中国与摩尔多瓦于 1992 年 1 月 30 日建交。两国在一些重大国际事务领域一直保持着良好合作关系，对国际热点问题持相同或相近的观点，摩坚持一个中国立场，不支持"台独"，在联合国和多边事务中两国始终保持良好合作和相互支持。两国元首、议会和政府首脑实现了多次友好互访，高层往来频繁。

（二）双边贸易

1992 年，中国和摩尔多瓦签署了第一个政府间经贸协定，中摩两国间贸易开始单独统计。据摩海关统计，1992 年中摩贸易额为 35 万美元，此后逐年扩大。据中国海关统计，中摩贸易额从 2004 年的 678 万美元升至 2013 年的 1.31 亿美元，10 年增长 18 倍之多。另据摩方海关统计，摩中贸易额从 2000 年的 327 万美元升至 2009 年的 2.475 亿美元，增长 74 倍之多。2016 年中摩双边贸易额为 1.011 亿美元，同比下降 16.7%。其中，中方进口 0.24 亿美元，同比增长 13.6%，出口 0.77 亿美元，同比下降 23.2%。2017 年 1~5 月中摩双边贸易额为 0.42 亿美元，同比增长 6.13%。其中，中方进口 0.09 亿美元，同比增长 15.46%，出口 0.33 亿美元，同比增长 3.76%，贸易顺差 0.23 亿美元。[1] 由于两国统计方法不同，双边贸易数据存在较大差异。

中摩自贸协定联合可研于 2016 年 12 月正式启动。此后双方分别成立专家组，展开联合研究工作。通过工作交流及 3 次专家会，最终确认了联合可研报告的内容与结论。在 2017 年"一带一路"国际合作高峰论坛期间，中国商务部副部长王受文与摩尔多瓦经济部副部长维塔利·尤尔库代表双方签署了《关于结束中国－摩尔多瓦自由贸易协定谈判联合可行性研究的谅解备忘录》。联合可研报告内容涵盖中摩经济概况与对外经济关系、双边贸易和经济关系、货物贸易、服务贸易、投资、经济技术合作、机制条款和争端解决等内容，对双方商签自贸协定结论积极。双方未来将根据各自国内程序，适时启动自贸协定谈判。

---

[1] 数据引自中国外交部网站，http：//www.fmprc.gov.cn/web/gjhdq_676201/gj_676203/oz_678770/1206_679498/sbgx_679502/。

表5 2013～2017年中国和摩尔多瓦双边贸易

单位：亿美元

年份	2013	2014	2015	2016	2017q3
进出口总额	4.853	4.893	3.749	4.075	3.635
进口	4.788	4.811	3.664	3.93	3.52
出口	0.065	0.082	0.085	0.145	0.115

数据来源：摩尔多瓦国家统计局，http：//www.statistica.md/category.php？l=ru&idc=336&。

从两国贸易的商品结构来看，摩向中国出口的商品单一，仅以占中国市场份额不大的摩葡萄酒为主；摩从中国进口的产品最初以家电、建材以及服装、鞋帽、纺织等中低档日用消费品为主，近年来逐步向有行业竞争优势的通信设备、家具、汽车等高科技类商品发展。

（三）经济合作

中国与摩尔多瓦两国相距万里，贸易关系发展迅速。由于摩尔多瓦人口少、市场小，目前除双边贸易外，中国在摩尔多瓦的投资很少。1999年8月，中摩经济贸易合作委员会成立，双方签署《中摩合作委员会工作条例》。迄今为止，已召开了四次例会。目前在摩的中资机构仅有中兴通讯公司、华为公司和一家民营大型商场，中方在摩尚没有大型投资合作项目。

六 总体风险评估

2017年1月，穆迪将摩尔多瓦B3的长期发行主体评级的展望由负面调为稳定。依据是IMF新的信用安排，降低了该国融资风险；新的银行业改革框架将降低政府承担银行业或有债务的可能性。

与欧盟签订联系国地位协定和自贸区协议以及加入申根区更多利好摩尔多瓦经济和政治。通过密切与欧盟的政治经济联系，摩尔多瓦有望获得更加稳定的外部约束机制。乌克兰危机爆发以后，欧盟的东扩立场开始松动，转而加大对乌克兰和摩尔多瓦的经济援助和政治支持。摩尔多瓦议会中亲西方的欧洲一体化政党联盟影响力将逐渐扩大，欧盟在规范政治秩序、防治腐败等领域将发挥更加积极的影响。

俄罗斯成为影响摩尔多瓦经济增长的最大不确定因素。乌克兰危机之后，摩尔多瓦与欧盟达成自贸区协议，欧盟市场已经占摩尔多瓦出口市场的一半，俄罗斯市场比重由原来的35%下降到25%。但是摩尔多瓦严重依赖俄罗斯的能源供给，能源价格成为俄罗斯影响摩尔多瓦社会的经济手段。在西方制裁下，俄罗斯经济复苏速度也是影响摩尔多瓦经济的一个重要因素。特别是在2016年总统选举之后，亲俄罗斯的新总统伊戈尔·多东主张恢复与俄罗斯特殊伙伴关系，重新考虑与欧盟的自贸协议。目前约有1/3的摩尔多瓦劳动移民在俄罗斯工作，侨汇收入成为影响其宏观经济稳定的重要支柱。

德涅斯特河左岸地区分离活动有可能激化。乌克兰危机爆发以后，俄罗斯加大了在德左地区的影响力。俄副总理罗格津访问德左地区时明确表示支持该地区居民申请俄罗斯护照，声称已经收到该地区领导人要求加入俄罗斯的申请，因此不排除未来该地区局势紧张升级的可能。一旦德左地区矛盾激化，摩尔多瓦国内安全局势会受到影响。

（张弘）

黑　山
（Montenegro）

一　国家基本信息

（一）地理概述

黑山位于巴尔干半岛中西部，东南与阿尔巴尼亚为邻，东北部与塞尔维亚相连，西北与波黑和克罗地亚接壤。西南部地区濒临亚得里亚海，海岸线长 293 公里。国土面积 1.38 万平方公里。首都为波德戈里察（Podgorica）。

（二）人口和民族

全国总人口 63 万（截至 2017 年 2 月），其中黑山族占 43.16%、塞尔维亚族占 31.99%，波什尼亚克族占 7.77%，阿尔巴尼亚族占 5.03%。全国 73.1% 的居民信奉东正教，信奉伊斯兰教和天主教的居民分别占居民总数的 19% 和 3.4%。官方语言为黑山语。

（三）简史

1918 年第一次世界大战后，黑山加入"塞尔维亚－克罗地亚－斯洛文尼亚王国"，1929 年改称南斯拉夫王国。第二次世界大战结束后，黑山成为南斯拉夫社会主义联邦共和国的一个加盟共和国。1992 年 4 月 27 日，塞尔维亚与黑山两个共和国联合组成南斯拉夫联盟共和国。2003 年 2 月 4

日，南斯拉夫联盟共和国改为松散的塞尔维亚和黑山国家联盟。2006 年 5 月 21 日，黑山就独立问题举行全民公决并获通过。同年 6 月 3 日，黑山议会正式宣布独立。6 月 28 日，黑山加入联合国。

二　政治状况

（一）政体简介

1. 宪法

黑山独立后首部宪法于 2007 年 10 月 19 日经议会审议通过，并于 10 月 22 日正式生效。宪法宣称黑山是一个文明、民主、生态平衡、依法治国、主权独立自主的国家，承认公民的经济、社会和文化权利。黑山的官方语言被确定为"黑山语"，而不再称为塞尔维亚语，但也承认塞尔维亚语、波斯尼亚语、阿尔巴尼亚语和克罗地亚语具有同等的法律地位。

总统由全民直接产生，任期 5 年，连任不得超过两届。现任总统为菲利普·武亚诺维奇（Filip Vujanovic），于 2013 年 4 月连选连任。

菲利普·武亚诺维奇，1954 年生于贝尔格莱德，毕业于贝尔格莱德大学法律学院。1993～1995 年任黑山司法部部长，1996～1998 年任黑山内务部部长，1998～2001 年 6 月任黑山总理，2002 年 11 月当选黑山议长，并代行总统职责。2003 年 5 月当选黑山总统，2008 年 4 月连任。

2. 议会

议会是黑山立法机构，实行一院制。议员通过直选产生，任期 4 年。议会行使立法权、监督权、重要职位的人事任免权和重大事件的决定权。本届议会于 2016 年 10 月 16 日组成，共有 81 个议席。社会主义者民主党占 36 席，民主联盟占 18 席，民主黑山党占 8 席，社会民主党占 4 席，DEMOS 占 4 席，社会主义人民党占 3 席，联合改革运动占 2 席，社会民主者党占 2 席，波斯尼亚党占 2 席，阿尔巴尼亚族党联盟占 1 席，克罗地亚公民倡议党占 1 席。社会主义者民主党主席伊万·布拉约维奇（Ivan Brajovic）任议长。

3. 政府

政府是国家最高行政机构，由总理和各部部长组成。总理根据总统建议，由议会选出；各部部长根据总理建议，由总统任命。本届政府于 2016 年 12 月 28 日成立，由社会主义者民主党、社会民主者党、波斯尼亚党、阿尔巴尼亚族党联盟和克罗地亚公民倡议党组成，总理杜什科·马尔科维奇（Dusko Marković），主要政府成员包括负责经济事务的副总理兼农业部部长米卢廷·西莫维奇（Milutin Simović），负责政治事务的副总理兼司法部部长佐兰·帕日因（Zoran Pazin），主管地区发展事务的副总理拉菲特·胡索维奇（Rafet Husović）等。

4. 司法

司法工作由法院、检察院和宪法法院实施。法院包括最高法院、行政法院、上诉法院、经济法院、中级法院和初级法院；检察院包括最高检察院、中级检察院和初级检察院；宪法法院由 6 名成员组成。最高法院院长由黑山总统、议长和总理共同提议，其他法官由司法委员会选出，院长任期 5 年，其他法官的任期为 9 年。宪法法院成员根据总统建议，由议会选出，任期 9 年，宪法法院院长任期 3 年。

5. 政党

当前，黑山共有 37 个政党，主要政党如下。

社会主义者民主党，执政党。原为黑山共产主义者联盟，1991 年 6 月改为现名。自 1990 年实行多党制以来，社会主义者民主党一直是黑山的主要执政党。主张平等公正、民族团结，坚定走欧洲一体化道路。主席为米洛·久卡诺维奇。

社会民主党，在野党。1993 年 6 月 12 日成立。由黑山社会党和黑山社会民主改革党合并产生，现有党员约 7000 人。主要代表劳工利益，致力于建设民主社会主义，主张在改革中实现社会公正和经济繁荣。主席为兰科·克里沃卡皮奇。

（二）政局现状

黑山社会主义者民主党在黑山政治中占有绝对的主导地位，2016 年选举后联合其他 4 党组成亲欧洲政府。自 1990 年实行多党制以来，社会主义者民主党一直是黑山的主要执政党，保证了黑山政局平稳，政策连贯。

腐败是黑山社会中的重大问题。根据国际反腐组织"透明国际"的统计，黑山2016年的廉政指数得分为45分，位列全球第64位。欧盟一直要求黑山加大反腐力度，提高司法非政治化程度，确保媒体自由。但在过去几年里，这些问题并未得到根治。2013年总统选举在黑山引起广泛争议，反对派认为黑山社会主义者民主党候选人武亚诺维奇自2003年开始已经担任了两届总统，根据总统连任不得超过两届的宪法条款，武亚诺维奇不具备参选资格。最终宪法法院裁定由于武亚诺维奇第一任期开始时，黑山不是独立国家，因此武亚诺维奇当选总统有效。在2016年议会选举前夜，黑山政府逮捕了20名可疑人员，并指控外部势力通过塞族民族主义者发动政变。而反对派则指控政府和社会主义者民主党自导自演了这场政变，以此影响选举。最终的选举结果也引起了一定的争议。

黑山优越的地理位置，处于亚得里亚海沿岸，与阿尔巴尼亚以斯库台湖相隔，因此成为走私活动的枢纽，走私汽油和香烟以及因供不应求而价格暴涨的日用品成为其主要经济活动。政府把打击走私和有组织犯罪作为主要任务之一，近年情况稍有好转。

（三）国际关系

自独立以后，黑山把融入欧盟和北约、改善和保持睦邻友好关系和区域合作、发展双边和多边合作作为其外交政策的三大支柱。2008年底，黑山正式申请加入欧盟。2010年12月，黑山获欧盟候选国地位。2012年6月，正式启动入盟谈判。截至2017年12月，黑山已经开启了26个入盟谈判章节，其中关于科学研究和文化教育两个章节的谈判已经顺利完成。但是，黑山何时能加入欧盟仍是未知数。欧盟委员会在2016年11月发布的报告中称，黑山为满足入盟标准进行的改革效果有限。

2009年12月，黑山加入北约的"成员国行动计划"。2013年3月，为加快加入北约的进程，黑山政府成立了以总理久卡诺维奇牵头的负责加入北约事务的委员会。2015年12月，黑山入约谈判正式启动。2016年5月，北约成员国外长签署了黑山加入北约的协定。这意味着黑山加入北约问题已进入批准程序。2017年4月，黑山议会通过应邀加入北约的决议。2017年6月，黑山正式加入北约。

美国是最先同黑山建交的国家之一。鉴于美国在北约中的地位和角色、同欧盟和该地区的伙伴关系，以及在国际组织中的重要作用，黑山非常愿意加强和发展同美国的友好关系。

黑山同俄罗斯有着传统友好关系，俄罗斯一直是黑山最大的投资国和旅游客源国。但近年来，两国关系因黑山入约问题日趋紧张。俄罗斯公开反对黑山加入北约，甚至以中止所有经济关系相威胁。黑山政府则指控俄罗斯干涉黑山内政和议会选举结果，并出台禁止进口俄罗斯酒类产品的政令。

在邻国关系中，黑山特别重视发展同塞尔维亚的关系。2006 年 5 月 21 日，塞黑和平分手。6 月 22 日，两国建交。两国关系发展顺利，不存在悬而未决的问题。塞与黑互为重要的外贸伙伴，塞尔维亚是黑山最大的进口对象国。

黑山支持东南欧国家的区域合作及合作机制的进一步发展。黑山参加的区域组织有：东南欧合作进程，中欧倡议，东南欧合作倡议，东南欧国防部长会议等。

三　经济形势

（一）经济概况

1. 自然资源

黑山的森林和水利资源丰富，森林覆盖率为 39.43%。铝、煤等资源丰富，铝矿石储量 3600 万吨，褐煤 3.5 亿吨。海岸线长 293 公里，风景优美，旅游资源丰富。

2. 产业结构

黑山制造业薄弱，大量的工业产品、农产品、能源及日用消费品依赖进口。2016 年工业产值同比增长 4.7%，占 GDP 总量的 20.5%。主要工业部门有采矿、建筑、冶金、食品加工、电力和木材加工等。全国农业用地 51.6 万公顷，占国土总面积的 37.4%，其中可耕地面积为 18.91 万公顷，播种面积为 3.25 万公顷。农业产值占 GDP 总量的 10.2%。

独立后，黑山大力发展服务业，吸引外国投资者参与旅游新建投资和大型基础设施项目，以促进旅游业发展。俄罗斯、英国和其他国家的富豪在黑山沿海地区购买物业使得房地产业蓬勃发展。但受 2008 年金融危机的影响，大型的基础设施建设被推迟。此后，受制于高额的财政赤字，黑山政府大幅削减了在基础设施领域的投入。这在一定程度上影响了服务业的发展。2016 年服务业产值为 23 亿欧元，占 GDP 总量的 69.3%。主要包括旅馆、餐厅、咖啡、酒吧等。

旅游业是黑山国民经济的重要组成部分和主要外汇收入来源，在 GDP 中的占比超过 60%，主要风景区是亚德里亚海滨和国家公园等。2016 年，黑山游客总数约 166 万人次，比 2015 年增长了 6.5%。游客主要来自俄罗斯、塞尔维亚、波黑、阿尔巴尼亚等国。

（二）近期经济运行状况

1. 宏观经济

20 世纪 90 年代，黑山因受战乱、制裁影响，经济一路下滑。在米洛舍维奇时代，黑山断绝了与塞尔维亚的经济关系，保持了自己的中央银行，采用德国马克（后变为欧元）而不是南斯拉夫第纳尔作为官方货币，收取关税，并制订自己的预算。2006 年，黑山独立。2007 年 1 月，黑山加入世界银行和国际货币基金组织。2011 年 12 月，黑山成为世界贸易组织第 156 个成员。

黑山经济规模小，在很大程度上依赖于外国旅游和精炼金属出口，国有的波德戈里察铝厂是黑山最大的出口方。全球金融危机对黑山经济产生了显著的负面影响，信贷紧缩，房地产行业衰退严重，铝出口明显下降。近年来，随着外部环境的改善及各项经济改革的推进，黑山经济缓慢恢复，2010～2016 年，年均 GDP 实际增长率仅为 1.6%，未能达到金融危机前的经济增长水平。财政赤字和公共债务是黑山经济发展中的两大问题，虽然政府试图通过减少基础设施投资等方式改变现状，但工资和养老金的不断增长以及一系列新福利政策的出台使得财政支出有增无减。2017 年，黑山的财政赤字达到 GDP 的 5.7%，公共债务达到 GDP 的 78%，远远超过欧盟设立的 GDP 占比 60% 的红线。黑山 2016 年的通货膨胀率为 -0.3%，但受到全球能源市场、本国食品和房地产价格变动的影响，黑山通货膨胀率逐渐上升。2017年的通货膨胀率预计将达到2.3%。

表1　黑山主要经济指标统计

年份	2012	2013	2014	2015	2016
GDP（亿美元）	31.81	33.62	34.58	36.25	37.30
人均GDP（欧元）	5302	5603	5763	6042	6217
实际GDP增长率（%）	-2.5	3.5	1.8	3.2	2.5
通货膨胀率（%）	3.9	1.9	-0.5	1.5	-0.3
失业率（%）	19.6	19.5	18.0	17.5	17.5
经常账户余额（亿美元）	-7.55	-6.46	-6.99	-5.35	-7.88
国际储备（亿美元）	4.58	5.83	6.60	7.33	8.47
外债总额（亿美元）	16.65	19.03	20.75	21.71	23.35
偿债率（%）	13.7	17.6	13.5	25.2	24.0

资料来源：EIU。

2. 国际收支

近年来，黑山对外贸易活动逐渐活跃，外贸额稳定上升。黑山主要贸易伙伴为塞尔维亚、匈牙利、德国、意大利、波黑等。主要出口货品是工业品和石油，主要出口国依次是塞尔维亚、匈牙利、波黑和中国。而进口货品主要是粮食、石油、机械和运输设备，主要进口国依次是塞尔维亚、德国、中国、意大利。

表2　黑山对外贸易状况

单位：亿美元

年份	2012	2013	2014	2015	2016
出口	17.85	18.46	18.42	17.07	17.63
进口	27.83	27.42	27.52	24.55	27.40
差额	-9.98	-8.96	-9.10	-7.48	-9.77

资料来源：世界银行。

3. 外债状况

黑山经济对国际金融市场严重依赖，国际金融危机爆发后，政府债务快速增长，尤其外债水平持续上升。2013年黑山外债总额达到19.03亿欧元，此后外债水平逐年上升。2016 年外债总额为 23. 35 亿美元。到 2017 年年末，预计将达到 27. 74 亿美元，约占 GDP 总量的 62%。

随着外债水平的不断上升，黑山的偿债率也逐渐升高。2015 年黑山偿债率高达 25. 2%，已超过国际货币基金组织通常采用的 25% 的国际警戒水平。2016 年的偿债率虽然有所下降，但仍然达到 24%，显示出黑山外债还本付息负担过重，有出现债务危机的风险。

4. 财政收支

黑山从 2009 年开始出现财政赤字，2009～2012 年平均赤字水平高达 GDP 的 4. 7%。此后黑山政府采取了财政紧缩政策，2011 年修改了《不动产税收法》，提高了房产税的税率。但黑山的财政赤字仍然超过预期。除 2014 年外，黑山在 2012～2016 年的财政赤字都超过 GDP 的 4%。2016 年，黑山的财政收入 16. 35 亿欧元，财政支出 18. 63 亿欧元，净差额 2. 28 亿欧元，占 GDP 6. 03%，超出欧盟 2015 年提出的 GDP 占比 3% 的要求。2016 年 12 月，黑山政府进行了一系列财政改革，包括增加消费税和增值税，减少公共部门工资和社会福利支出等内容，有望于 2018 年扭转财政赤字增长的势头。

表 3　黑山财政收支状况

年份	2012	2013	2014	2015	2016
财政收入（亿欧元）	12. 68	13. 90	15. 05	14. 76	16. 35
财政支出（亿欧元）	14. 54	15. 41	15. 29	16. 89	18. 63
差额（亿欧元）	- 1. 86	- 1. 51	- 0. 24	- 2. 13	- 2. 28
差额占 GDP 比重（%）	- 5. 84	- 4. 49	- 0. 70	- 5. 88	- 6. 03

资料来源：国际货币基金组织。

四　投资状况

（一）外国投资状况

黑山自独立以来加大了吸引外资的力度，并取得不错的成绩。按人均吸引外资额来看，黑山在该地区名列前茅。2009 年，黑山的外资净流入额达到 15.5 亿美元。但此后受到国际金融危机的影响，黑山的外资额大幅度下降。2016 年，黑山的外资净流入额仅为 2.3 美元，占 GDP 比重的 5.4% 。虽然黑山拥有税率和工资方面的优势，旅游业和房地产业也较为发达，但腐败问题、有组织犯罪和落后的土地登记制度限制了外资的流入。2017 年，黑山的外资流入额有持续下降的趋势，前 9 个月的外资额为 1.17 亿美元，低于去年同期的 1.40 亿美元。阿联酋位居外资投资的首位，投资额为 0.85 亿美元，其次是俄罗斯、德国、意大利、瑞士、阿塞拜疆和塞尔维亚等国。房地产是外资的主要流入领域，流入额占外资总流入额的 91.1% ，且有继续增长之势。在房地产领域的外国直接投资中，有 1/3 来自俄罗斯，显示出两国虽然在政治关系上不断趋冷，但在经济上仍然保持密切的联系。

在巴尔干地区，黑山仍然是外资流入的最佳选择地之一。国际金融机构也预测，未来黑山的外资流入状况会出现反弹。但对于黑山而言，主要的问题不在于吸引外资，而是如何利用外资实现经济的快速发展。现有的 GDP 增长率与黑山吸引外资的能力并不相符。

表 4　黑山吸引外国投资状况

年份	2012	2013	2014	2015	2016
外资净流入额（亿美元）	6.18	4.47	4.97	7.00	2.27
外资净流入额占 GDP（%）	15.1	10.0	10.8	17.4	5.4

资料来源：世界银行。

（二）投资环境

1. 投资政策

黑山的《外商投资法案》对国内外投资者权益进行法律保护，消除了以前的投资限制，扩展了外国投资者国民待遇，允许对利润和股息遣返转移，并对资本进口设备减免关税。外国投资者可以对黑山国内公司完全控股，可以参与私有化的进程，可以在黑山购买土地。黑山按照欧盟标准制定了 20 多个投资相关法律，主要有《外国投资法》《企业法》《破产法》

《对产权信托转让的法律》《会计法》《对外贸易法》等。

黑山政府建立了海关和财政激励措施吸引外资，比如实行一站式商业登记和便利化、以电子方式提交的注册申请；开具施工程序简化执照；可以电子支付税金；简化外国人招聘程序，表现突出的法人实体可以在经营的头3年免缴利得税。

黑山拥有低成本和高素质的人力资源、较为完善的基础设施、较为稳定的安全环境，尤其是企业所得税税率为欧洲最低，仅为9%，对外商有一定的投资吸引力。

2. 金融体系

黑山实行两级银行体制。黑山国家银行即中央银行。成立于2000年，其主要任务是建立和维护黑山银行体系及货币政策。黑山从2002年起单方面采用欧元作为本国货币，因此尽管黑山中央银行不属于欧洲央行体系，却执行其政策。央行行长由总理提名、总统任命。除中央银行外，黑山有12家商业银行。

2010年以前，黑山有两个证券交易所，都位于首都波德戈里察，一个是成立于1993年的黑山证券交易所（MnSe），另一个是成立于2001年的新证券交易所（NEX）。2011年初，两家证券交易所合并为新的黑山证券交易所。

3. 税收体系

自2001年以来，黑山全面开展税收体系改革，以创造一个良好的商业环境，吸引外国投资者。在改革的过程中，黑山政府的主要目标一直专注于：使税收系统在黑山更有效和更容易实现；增加税收制度对外国投资者的吸引力；与欧盟和国际标准的税收制度相协调。

自独立以来，黑山同爱尔兰，马耳他和塞尔维亚签订了避免双重征税协定。

表5　黑山主要税种及税率

个人所得税	9%，15%（月收入超过720欧元）
企业所得税	9%
资本利得税	9%

增值税	19%,7%和0%
社会保险福利捐税	个人24%;雇主9.8%
转让税	3%
房地产税	0.1%~1%(由地方政府确定)

资料来源:黑山财政部。

五　双边关系

(一)政治关系

中国和黑山两国人民之间有着传统友谊。2006年7月6日两国建立外交关系。建交后,两国友好关系全面发展。2010年5月,黑山总统菲利普·武亚诺维奇来华出席上海世博会黑山国家馆日活动。9月,中共中央政治局常委李长春访问黑山。2011年9月,全国政协副主席陈奎元访问黑山。2012年3月,国务院副总理回良玉对黑山进行正式访问。同年4月,国务院总理温家宝在华沙会见出席"中国-中东欧国家领导人会晤"的黑山总理卢克希奇。此后,两国领导人都出席了历届"中国-中东欧国家领导人会晤",这一会晤也成为双方进行磋商交流的重要机制。2016年7月,中黑两国共同庆祝建交10周年。习近平主席和武亚诺维奇总统、李克强总理和久卡诺维奇总理、张德江委员长和帕约维奇议长分别互致贺电。两国各自发行纪念封。2017年5月,黑山政府对中国公民赴黑山实施签证便利化措施。

(二)双边贸易

自2012年以来,中黑贸易发展迅速。2013年双方贸易总额达到2.11亿美元。此后,双方贸易额虽然有所波动,但都要好于2012年之前的贸易水平。据黑山统计,2016年中黑贸易总额为2.035亿欧元,其中,黑山对中国出口0.1893亿欧元,黑山从中国进口1.8459亿欧元。据中国海关统计,2016年中黑双边贸易额为1.4125亿美元,同比下降10.8%,其中中方出口额1.0867亿美元,下降19%,进口额0.3258亿美元,上升34.2%。

表 6　中国与黑山贸易统计

单位：万美元

年份	中国出口	中国进口	进出口总额
2013	8638	1614	10252
2014	14707	5356	20063
2015	13413	2441	15854
2016	10867	3258	14125

资料来源：中国海关。

（三）双边经济合作

2006 年 8 月，中国与黑山签署《中华人民共和国政府与黑山政府经济贸易协定》。2007 年 9 月，两国政府间经济和贸易合作委员会成立。2008 年 6 月，中黑经贸联委会第一次例会在北京举行，每两年召开一次会议，会议轮流在中黑两国举行。2009 年 10 月 29 日，中黑签署了《经济合作协定》与《相互促进和保护投资协定》，双方对开通从黑山巴尔港到中国港口的直接海上运输线表示了兴趣。2014 年 2 月，中黑两国修订了 2011 年 6 月签署的《加强基础设施建设合作协议》，为巴尔至博利亚雷高速公路优先段施工提供法律保障。2015 年 5 月，由中国路桥工程有限责任公司承建的巴尔至博利亚雷高速公路斯莫科瓦茨至马泰舍沃路段正式开工。同年 12 月，中黑合作实施的太阳能照明示范项目竣工仪式分别在黑山故都采蒂涅和世界自然和文化遗产城市科托尔市举行。2016 年 4 月，中国驻黑山大使崔志伟、黑山副总理拉佐维奇分别代表两国政府签署《中华人民共和国政府与黑山政府经济技术合作协议》。2017 年 5 月，由中土集团承建的黑山"科拉欣－科斯"段铁路修复改造项目进入完工阶段，中国和马耳他在黑山合资投建的风电项目也已完成了基础施工，双方在"一带一路"框架下的经济合作取得突破性进展。

六　总体风险评估

黑山是一个稳定的、民主的多民族国家，睦邻友好，法治水平高于该地区的平均水平。2012 年开启入盟谈判，国家的法律体系正逐步同欧盟趋于一致。拥有丰富的矿产资源和旅游潜力。值得注意的是，黑山一直是国际毒品贸易的主要通道，大量的毒品通过巴尔干国家（包括黑山）进入欧洲其他地区，犯罪分子与官员相互勾结，高层腐败和有组织犯罪形势严峻。

黑山已经建立起比较完善的市场经济体系，在全球金融危机的影响下，其经济表现仍然好于该地区其他国家。尽管经济总量很小，但人均GDP 以及平均工资在该地区都名列前茅。黑山经济高度依赖对外贸易、旅游业和外国直接投资，出口产品单一。财政赤字和外债水平也在一定程度上制约了黑山的经济发展。从中长期来看，只要外商直接投资保持增长，黑山经济前景，特别是旅游业前景看好。反之，如果在困难的国际环境下不能保证充足的外国直接投资流量，对黑山来说将意味着新一轮的经济衰退。

根据世界银行发布的《2017 年营商环境报告》，黑山在 190 个经济体中列第 42 位。而按照法国对外贸易保险公司（COFACE）2017 年 1 月发布的《国别风险评级报告》，黑山的风险级别为 C 级，商业环境为 B 级，属于"政治、经济环境存在不确定性，但拥有投资潜力的国家"。

（鞠豪）

塞尔维亚

（The Republic of Serbia）

一　国家基本信息

（一）地理概述

塞尔维亚共和国（简称塞尔维亚）位于巴尔干半岛的中部，是一个内陆国家，北部和东北部同匈牙利和罗马尼亚为邻，东部与保加利亚、东南与马其顿、南部与阿尔巴尼亚、西南与黑山、西部与波黑、西北与克罗地亚相连。国土面积 8.75 万平方公里。首都为贝尔格莱德（Belgrade）。

（二）人口和民族

全国总人口 706 万（截至 2016 年），其中塞尔维亚族占 83.3%，主要少数民族有匈牙利族、罗姆族、波斯尼亚族等。多数居民信奉东正教。官方语言为塞尔维亚语。

（三）简史

1918 年，塞尔维亚－克罗地亚－斯洛文尼亚王国成立，即南斯拉夫王国的前身。1945 年，南斯拉夫社会主义联邦共和国（南联邦）建立，铁托成为国家最高领袖。1991 年，克罗地亚，斯洛文尼亚和马其顿宣布独立，1992 年波黑独立，同年 4 月，剩下的塞尔维亚和黑山重组成立南斯拉夫联盟共和国（南联盟）。1999 年，塞尔维亚在科索沃战争中遭到北约的轰炸，战争以国际社会接管科索沃告终。2003 年，南联盟成为由塞尔维亚和黑山两个共和国组成的松散联邦国家，将国名改为塞尔维亚和黑山。2006 年 5 月，黑山通过全民公决成为独立国家。6 月，塞尔维亚议会宣布继承塞黑的国际法主体地位。

科索沃地区自 1999 年科索沃战争结束以来，就脱离了塞尔维亚的实际管辖，成为联合国的保护地，由联合国科索沃特派团临时管治。从 2006 年 2 月 20 日起，有关各方就科索沃地位问题展开谈判。经过近两年的谈判仍无结果，科索沃于 2008 年 2 月 17 日单方面宣布独立，塞尔维亚拒绝承认。在欧盟的调解下，塞尔维亚和科索沃于 2013 年 4 月达成《关于"关系正常化"规则的首份协议》。2015 年 8 月，双方就多项领域签署合作协议。不久，两国关系因边境隔离墙和科索沃建立军队等问题再度呈现紧张状态。2017 年 2 月，联合国秘书长古特雷斯在向安理会提交的报告中称，科索沃当局和塞尔维亚政府间的状况令人担忧。

二 政治状况

(一) 政体简介

1. 宪法

2006 年 11 月 8 日，塞尔维亚颁布新宪法，以代替 1990 年制定的塞尔维亚宪法。根据新宪法，塞尔维亚是塞族和所有生活在塞尔维亚的公民的国家，实行议会民主制，建立在法治和社会公正基础上，复兴民主、尊重人权和少数民族权力，从属欧洲价值观。新宪法在序言中指出，科索沃是塞尔维亚不可分割的一部分，享有高度自治权。

塞尔维亚总统由直选产生，任期 5 年。现任总统亚历山大·武契奇（Aleksandar Vučić）2017 年 5 月正式就职。

2. 议会

议会是塞尔维亚最高国家权力机关，采用一院制，每届任期 4 年。议会行使立法权、监督权、重要职位的人事任免权和重大事件的决定权。议员通过直选产生，任期 4 年。本届议会于 2016 年 4 月 24 日选举产生，共有 250 席。其中以塞尔维亚前进党为核心的竞选联盟获 131 席，塞尔维亚社会党联盟获 29 席、塞尔维亚激进党获 22 席、"够了"党获 16 席、民主党联盟获 16 席、社会民主党－自由民主党－伏伊伏丁那社会民主人士联盟获 13 席、德维利运动党－塞尔维亚民主党联盟获 13 席、伏伊伏丁那匈牙利人联盟获 4 席、桑贾克博什尼亚克民主共同体穆阿梅尔祖科尔利奇获 2 席、桑贾克民主行动党获 2 席、绿党获 1 席、民主行动党获 1 席。议长为玛娅·戈伊科维奇（Maja Gojković）。

3. 政府

政府是国家最高权力执行机构，由总理和各部部长组成。本届政府于 2017 年 6 月 29 日成立，由塞尔维亚前进党、塞尔维亚社会党、塞尔维亚社会民主党、塞尔维亚社会主义运动党、塞尔维亚统一退休者党、塞尔维亚国家党和无党派人士组成，总理是安娜·布尔纳比奇。主要政府成员有第一副总理兼外交部部长伊维察·达契奇，副总理兼建设、交通和基础设施部部长佐兰娜·米哈伊诺维奇，副总理兼内务部部长奈博伊沙·斯特法诺维奇，副总理兼贸易、旅游和电信部部长拉西姆·利亚伊奇等。

4. 司法

司法工作由法院、检察院和宪法法院实施。法院包括最高法院和地方各级法院；检察院包括最高检察院、州检察院和地方检察院；宪法法院由 15 名成员组成。最高法院院长和最高检察院检察长根据总统建议由议会选出，宪法法院成员由国会选出。现任最高法院院长德拉戈米尔. 米诺耶维奇（Dragomir Milojević）2013 年 2 月就任。最高检察院检察长奥利维拉斯坦尼米若维奇（Olivera Stanimirović）2015 年 9 月就任。宪法法院院长韦斯娜·伊里奇（Vesna Ilić-Prelić）2014 年 1 月就任。

5. 政党

塞尔维亚主要政党有塞尔维亚前进党、塞尔维亚社会党等。

塞尔维亚前进党，执政党。成立于 2008 年 10 月 21 日，是塞尔维亚最年轻的政党之一。该党最初由 21 名原塞尔维亚激进党成员组成，属于中右翼政党，主张在维护国家利益的同时完全融入欧洲一体化。自 2012 年议会选举后，该党一直是塞尔维亚议会中的第一大党。现任主席为亚历山大·武契奇。

塞尔维亚社会党，执政党。成立于 1990 年 7 月，由原塞尔维亚共产主义者联盟和塞尔维亚劳动人民社会主义联盟合并而成。2000 年 10 月以前一直是居主导地位的执政党，曾是塞尔维亚第一大党。随着米洛舍维奇的下台，它自 2001 年起在长达 7 年多的时间里沦为在野党。2008 年后，塞社会党重新成为执政党。主席为伊维察·达契奇。

（二）政局现状

塞尔维亚政局总体保持稳定，以塞尔维亚前进党为主导的新政府致力于改善民生、创建良好的市场环境、消除腐败、实施经济改革，旨在使塞尔维亚成为东南欧最具活力和吸引力的经济体。由于塞尔维亚前进党在政府中占据绝对多数，总统也来自该党，而反对党力量薄弱，因此执政党地位相当稳固，有利于各项政策措施的贯彻实施。

反腐败斗争取得一定成绩，但仍任重道远。近年来，塞尔维亚通过完善法律制度和机构设置，制定一系列措施，在预防和打击腐败及有组织犯罪方面取得了一定的成效，审理了一些大案要案，逮捕了一批贪官污吏和要犯。但反腐败形势依然严峻，根据"透明国际"公布的 2016 年世界各国腐败认知指数，塞尔维亚名列第 72 位。有组织犯罪团伙在塞尔维亚建有据点，并同高级官员和军事组织勾结，引发腐败、灰色经济等一系列问题。

与科索沃关系正常化协议有待落实，但不会对国家和地区稳定构成威胁。在欧盟的斡旋下，塞尔维亚和科索沃 2013 年 4 月在布鲁塞尔草签协议，同意使关系正常化，塞尔维亚承诺不会干涉科索沃的入盟进程，但仍然坚持不承认科索沃独立。过去一段时间，由于相继发生了科索沃在北部米特罗维察建立隔离墙、塞尔维亚"宣示主权列车"试图驶入科索沃北部塞族区等事件，塞尔维亚与科索沃的双边关系骤然紧张，科索沃甚至提出了建立正式军队的要求。在欧盟和北约的斡旋下，这一要求未能实现。从长期来看，科索沃问题必将继续存在，但在各方的影响下，这一问题不会对国家和地区稳定构成威胁。

与邻国仍在诸多问题上存有争议，但总体趋势向好，矛盾激化的可能性不大。历史的原因，塞尔维亚同邻国关系一直较为敏感。近年来，虽然双边关系仍有些磕磕碰碰，但在入盟压力之下，相互关系逐渐好转，地区合作不断加强，不稳定因素越来越少，"巴尔干火药桶"已不复存在。

（三）国际关系

欧盟、美国、俄罗斯、中国是塞尔维亚外交政策中的四大支柱。在此基础上塞尔维亚外交政策的基本宗旨和主要任务是：加入欧盟、保持领土及主权完整、加强地区合作与经济外交。

加入欧盟是其外交第一要务，关于这一战略目标，塞尔维亚各政党和民众有着广泛的共识。2014 年 1 月 21 日，塞尔维亚开始入盟谈判，2015 年 12 月，欧盟决定开启塞尔维亚入盟第 5 章和第 25 章谈判。2016 年 7 月，欧盟开启塞入盟第 23 章和第 24 章谈判。2017 年 2 月，塞尔维亚开启入盟谈判第 20 章和第 26 章，第 29 章的谈判也已具备开启条件。如果进展顺利，塞尔维亚有望于 2019 年底前完成所有与入盟相关的改革。

塞尔维亚政府认为加强同美国的伙伴关系对塞尔维亚的整体国际地位和具体外交政策的实现将产生积极影响，因此双方近年来加强了联系。美国国务卿和副总统多次访塞，表示支持塞尔维亚的入盟愿望，并鼓励塞尔维亚与科索沃关系正常化。在 2016 年访塞期间，美国副总统拜登向在北约空袭的遇难者致哀，这是 1999 年科索沃战争后美国高级官员首次做此表示。2016 年 2 月，贝尔格莱德在时隔 24 年后恢复了与纽约之间的直航。同年 7 月，塞首次同意，因"人道主义原因"接收两名关塔那摩因犯。塞外交部称，塞此举为的是与美国建立友好关系。

在加强同西方关系的同时，塞尔维亚继续保持同俄罗斯的传统友谊。2013 年 5 月，塞尔维亚总统尼科利奇访问俄罗斯，访问期间同俄罗斯总统普京签署了《俄塞战略伙伴关系宣言》。此后双方一直保持战略伙伴关系。塞尔维亚是俄罗斯领导的"集体安全条约组织"的观察员，并且与俄罗斯进行了数次联合军演。在 2017 年总统选举前，武契奇到访俄罗斯，俄方赠予塞尔维亚米格 29 战斗机。

20 世纪 90 年代，塞尔维亚同邻国关系十分紧张。进入 21 世纪，随着各国强权人物相继离开政治舞台，以及加入欧盟的共同需求，该地区国家关系逐步实现正常化。塞尔维亚同邻国发展关系的原则是睦邻友好，互相尊重主权、独立、领土完整，平等，并通过坦率的谈判，根据国际法的原则并借助于国际法律援助用政治手段解决相互间悬而未决的问题。以此为基础，塞尔维亚与邻国，特别是与克罗地亚的关系大大改善。

由于 1999 年北约对塞尔维亚的轰炸，塞尔维亚民众对加入北约的支持率始终较低。根据贝尔格莱德自由选举与民主中心的民意调查，70% 以上的受访者认为加入北约对国家有害。塞尔维亚政府也明确表示不会加入北约。2006 年北约里加峰会邀请塞尔维亚加入"和平伙伴关系计划"。从 2009 年起，塞尔维亚每年向北约提交"个别伙伴关系活动计划"，确定双方合作的目标和领域。2011 年 2 月，塞尔维亚批准"个别伙伴关系行动计划"（IPAP）。此后塞尔维亚一直在这一框架内与北约开展合作。2016 年 2 月，塞尔维亚政府与北约保障供给局签署协议，塞议会批准了有关授予北约代表外交豁免权以及在塞尔维亚境内提供后勤支持的文件。但在与北约的合作中，塞尔维亚政府既强调积极参与和平伙伴关系，也坚持军事中立的政策。

三 经济形势

（一）经济概况

1. 自然资源

塞尔维亚拥有广阔而肥沃的耕地资源和良好的气候条件，森林覆盖率为 25.4%，水利资源十分丰富，除 1000 余公里可通航的航道外，纵横交错的河流是水力发电、农业灌溉、发展渔业和旅游业的重要资源。塞尔维亚能源和矿藏资源并不十分丰富，除了有少量的黑色、有色金属矿藏以及煤炭外，石油和天然气资源非常贫乏。优质煤储量少、埋藏深、开采难。

2. 产业结构

塞尔维亚的农业生产在其国民经济中始终占有十分重要的地位。2016 年农业产值比上一年增长了 7.8%，占 GDP 总量的 8.3%。但受制于自然气候条件，塞尔维亚的农业生产并不稳定。因为干旱，塞尔维亚 2017 年第二季度的小麦产量下降了 20%，燕麦和蔬菜产量下降了 30% ~ 40%，全年农业产值预计将减少 20%。塞尔维亚农业土地约为 506 万公顷，主要集中在北部的伏伊伏丁那平原和塞尔维亚中部地区，伏伊伏丁那地区是塞尔维亚著名的"粮仓"和"菜园子"。塞尔维亚的农业科研较发达，在 20 世纪 90 年代前就研究出小麦、玉米、向日葵等多种高产品种，并且在世界上享有一定的知名度。

20 世纪 90 年代初由于联邦解体、前南地区战争、国际制裁、民族冲突和外债压力等诸多因素的影响，塞尔维亚工业生产大幅下滑。自 2010 年起，在外需的有力带动下，工业生产呈快速回升势头。除 2014 年外，工业生产在 GDP 中的比重都在稳步上升。塞尔维亚主要工业部门有冶金、汽车制造、纺织、仪器加工等。化学工业是塞尔维亚工业中领先的行业之一，在塞尔维亚的经济和对外贸易中起着非常重要的作用。汽车工业也是塞尔维亚政府确定的经济重点发展产业。

塞尔维亚服务业发展迅速，提供了国内半数以上的工作岗位，且创造的就业岗位一直在不断增长。2016 年，服务业产值占 GDP 的比重为 62.1%。塞尔维亚的服务业主要包括旅馆、饭店、餐厅、咖啡馆和酒吧等，大部分已经完成私有化。银行业和旅游业是其重要部门，主要旅游点有浴场、滑雪场和国家公园等。

（二）近期经济运行状况

1. 宏观经济

塞尔维亚的经济基础相对不错，但由于国家分裂、爆发战争，以及国际制裁，经济遭到毁灭性的打击，20 世纪末塞尔维亚经济规模只有 1990 年的一半。2000 年塞尔维亚民主政权实施稳定措施，走上了市场化改革方案。之后，塞尔维亚通过重新加入世界银行、欧洲复兴开发银行等一系列国际金融组织重新融入国际社会。人均国内生产总值从 2000 年的 1160 美元上升到 2008 年的 7054 美元。2009 年因受国际金融危机的影响，经济 5 年来首次出现下降。此后经济持续低迷，2010 年和 2011 年 GDP 实际增长率分别为 1% 和 1.6%。2012 年重新陷入衰退，其中农业衰退最为严重，产量下降 17.3%。塞尔维亚政府 2013 年出台了一系列新的政策措施，试图推动宏观经济企稳向好，但取得的效果十分有效，2014 年塞尔维亚经济再次出现负增长，此后的 GDP 增长率维持在 2% ~ 3%。2016 年塞尔维亚的名义 GDP 为 383 亿美元。

塞尔维亚经济发展中的主要问题包括：居高不下的失业率；经济依赖于制造业和出口，外国直接投资不足；税负的不断上升；对于交通路网的改造进展缓慢，阻碍物流和销售；不良贷款增加，影响金融系统稳定。塞尔维亚发展经济的有利因素包括：优越的地理位置，相对廉价和熟练的劳动力，以及与欧盟、俄罗斯、土耳其等国签署了自由贸易协定。

表1　塞尔维亚主要经济指标统计

年份	2013	2014	2015	2016	2017
GDP（亿美元）	455.20	442.11	371.60	383.00	408.75
人均GDP（购买力平价美元）	13773	13803	14113	14724	15328
实际GDP增长率（%）	2.6	-1.8	0.8	2.8	1.8
通货膨胀率（%）	7.7	2.1	1.4	1.1	3.2
失业率（%）	20.1	19.7	19.3	18.9	18.5
财政收入占GDP（%）	37.9	39.7	40.4	43.2	41.5
财政支出占GDP（%）	43.5	46.3	44.0	44.6	42.7
商品出口（FOB）（亿美元）	139.76	141.37	125.97	140.86	147.91
商品进口（FOB）（亿美元）	195.04	195.85	170.26	179.31	192.58
经常账户余额（亿美元）	-27.95	-26.35	-17.51	-13.94	-17.57
国际储备（亿美元）	154.30	120.48	113.46	107.57	107.90
外债总额（亿美元）	363.97	330.79	313.64	310.53	312.85
已付偿债额（亿美元）	84.55	83.18	42.69	45.74	45.10
汇率：（美元/第纳尔）	83.13	99.46	111.25	117.14	105.35

资料来源：EIU；2017年数据为估计值。

2. 国际收支

2009年，在国际金融危机的冲击下，欧元区经济衰退导致塞尔维亚进出口额大幅度下降。从2010年开始，由于西欧主要经济体，特别是德国经济快速恢复，塞尔维亚逐步走出国际金融危机阴影，外贸额止跌回升。除2015年外，塞尔维亚的进出口总额一直维持在320亿～340亿美元。2017年的外贸额预计为340.5亿美元，比2016年增长了6.3%。

塞尔维亚与欧盟签署了ATM优惠贸易安排及《过渡性贸易协议》，与中东欧自由贸易区国家、俄罗斯、白俄罗斯、土耳其等签署了自由贸易协定（FTA），所有塞尔维亚出口产品到上述地区和国家享受免关税、免配额优惠待遇。在货物出口中，工业产品所占比重较大，占 67.6%，农业产品占 22.4%，燃料和矿产占 8.1%。在货物进口中，工业产品占 62.9%，燃料和矿产占 16.2%，农业产品占 9.5%。具体来看，出口额最高的农产品是谷物，非农产品是汽车，进口额最高的农产品是烟草，非农产品是机动车零部件。66.2% 的货物出口到欧盟 28 国，其次是波黑（8.3%）、俄罗斯（5.3%）、黑山（4.9%）和马其顿（4%）。63.1% 的货物进口来自欧盟，其次是中国（8.3%）、俄罗斯（7.9%）、土耳其（3.5%）和波黑（2.3%）。

3. 外债状况

近几年塞尔维亚外债水平、负债率长期居高不下，造成国民经济对外债乃至国际金融市场的严重依赖。2008 年外部经济环境恶化后，公共部门加大了向外国债权人的借款，导致外债急剧增加。从 2011 年开始，塞尔维亚外债占 GDP 的比重超过，根据国际公认的负债标准，塞尔维亚为高风险负债国家。此后塞尔维亚政府制订了新的国家财政计划，努力减少外债和公共债务。2016 年塞尔维亚公共债务减少至 GDP 总额的 73.5%，这是自 2008 年以来公共债务在 GDP 中的占比第一次出现下降。2017 年塞尔维亚的公务债务有望减至 GDP 比重的 69.0%，但距离 GDP 占比 60% 的目标仍有一定距离。2013~2016 年，塞尔维亚的外债总量持续下降，2016 年的外债额为 310.53 亿美元，2017 年的外债额预计与 2016 年相近。2015 年之后，塞尔维亚的偿债率也大幅下降，表明塞尔维亚的外债负担有所减轻。但塞尔维亚有 60% 的外债是以美元计价，美元的走强会对塞尔维亚的外债状况产生一定的影响。

4. 财政收支

塞尔维亚财政赤字一向偏高，2009~2013 年财政赤字占 GDP 的比率分别为 4.5%、4.7%、4.9%、6.5% 和 4.9%。为解决财政赤字过高的问题，2013 年塞尔维亚执政联盟的主要党派达成以下共识：进一步减少政府部门支出；进一步推动国有企业私有化，出售政府持有的矿产、电信、保险、银行等领域企业股份；继续完善商业环境，吸引外资并鼓励自主创业；降低工资和退休金增长幅度；缩减各项财政补贴；加强财税部门征管力度，持续打击灰色清关行动。此后，塞尔维亚的财政赤字状况出现了明显的改善，2016 年的财政赤字仅为全年 GDP 的 1.3%，为数年来最低，也低于国际货币基金组织建议的 4% 的标准。赤字减少的原因来自税收系统的效率化、工资和社会福利支出的控制和各类补贴的减少。在未来数年内，塞尔维亚政府希望将财政赤字控制在 1.7% 左右，为此塞尔维亚需要继续进行公共部门改革和地方金融体系改革，减少对亏损企业的补贴以及实现部分国有企业的私有化。

四 投资状况

（一）外国投资状况

2000 年以来，塞尔维亚着力进行结构改革，改善投资环境，外资额大幅增加，成为欧洲地区大型制造项目最受青睐的目的地之一。2006 年，塞尔维亚的外资净流入额达到 56.6 亿美元。此后受到世界金融危机的影响，各国对于塞尔维亚的投资大为减少。2013 年后，塞尔维亚的外资流入额逐渐回升，但仍低于 2011 年的水平，更远不及金融危机之前的水准。塞尔维亚 2016 年外资净流入额为 23 亿美元，与 2015 年基本持平，约占 GDP 总量的 6.1%。塞尔维亚吸引的外资主要来自意大利、美国、奥地利、挪威、希腊和德国等国。大部分外资流入汽车制造、食品和饮品加工、机械制造和服装纺织等领域。投资或设厂的世界级企业包括：菲亚特（汽车工业），美国钢铁公司（金属加工），法国拉法基集团（建筑材料），嘉士伯、可口可乐和雀巢（食品和饮料）以及微软和西门子（信息通信技术）等。根据德国商会的投资者调研，塞尔维亚是东南欧最佳的投资目的地，97% 的受访公司满意塞尔维亚的商业环境。很多世界知名企业也认可塞尔维亚的发展潜力，决定在塞尔维亚设立分部。

（二）投资环境

1. 投资政策

塞尔维亚《外国投资法》对国内外投资者权益进行法律保护，规定外商投资享受国民待遇，外国人投资或创建保险公司或金融机构须依据有关专门法规，资金、资产、利润、股份及分红等可自由转移。根据塞尔维亚《外汇管理法》，在塞尔维亚注册的外国企业可以在塞尔维亚的外资银行和内资银行开设外汇账户，用于进出口结算、企业经营和投资。

塞尔维亚吸引外国直接投资的优惠政策有以下几种。

（1）政府奖励。为加速经济发展和增加就业，塞尔维亚政府对外商在生产领域创造的每个新的就业岗位提供 2000～10000 欧元的奖励金，具体要求条件及奖励办法见表 2。

表 2　政府奖励政策

企业类型	投资额	新增就业人数	政府奖励
生产性企业	100 万～500 万欧元	50 人以上	2000～5000 欧元/人
国际营销服务业	100 万欧元	10 人以上	2000～10000 欧元/人
研发企业	100 万欧元	10 人以上	5000～10000 欧元/人

同时，地方政府可视具体投资项目对该地发展的重要性，自行决定给予外商适当的优惠和便利，主要包括减免部分地方税、无偿或低于市价提供土地供外商投资建厂、对使用土地进行基础设施建设和发展企业生产等减免建设审批手续费和市政配套费等。

（2）税收优惠。塞企业所得税为 10%，在欧洲仅高于黑山的 9%。除此之外，塞视投资额度和所创造的新的就业岗位多少给外商税收优惠减免，具体为：固定资产投资达 800 万欧元以上，投资期内新增 100 个以上就业岗位的外资企业，可享受特殊优惠，即从获得纳税收入之年起 10 年内免缴企业所得税；在塞尔维亚不发达或欠发达地区投资 7.5 万欧元以上，且最少雇用 5 名当地工人，可享受 5 年的企业所得税免征；企业用于扩大再生产投资，其投资额的 20% 可抵免企业所得税，且该额度可延用，最长为 10 年。

（3）专项优惠信贷基金。塞尔维亚政府设立了专项优惠信贷基金，用于资助外资和内资企业的发展，主要针对开放性和并购性投资项目。资助领域包括工业生产、国际营销和服务、贸易和旅游及服务、农业研发。优惠信贷的利率为 1%。

2. 金融体系

自 2001 年塞尔维亚全面进入经济恢复和转型阶段以来，金融环境显著改善，银行私有化成效明显，金融投资是吸引外资的三大领域（通信、金融和交通）之一。塞尔维亚的银行系统由中央银行即塞尔维亚国家银行、商业银行其他金融机构组成。塞尔维亚国家银行成立于1884年，主要负责货币政策、外汇及储备管理、维护本国市场价格和汇市稳定，对本国银行进行监管，发行或撤销商业银行的经营许可证等。银行行长由总理提名、总统任命。《国家银行法》规定：国内外的法人、自然人都可以创建银行，但必须以联合股份公司的形式建立。塞尔维亚现有29家商业银行，其中21家为外资控股。

在塞尔维亚国家银行的调控下，塞尔维亚货币第纳尔可以在统一的外汇市场上买卖。根据欧盟资本流动的要求，塞尔维亚允许资本自由流动，公司及个人可以自由拥有外汇，在当地注册的外资企业开立外汇账户没有特别限制，短期组合投资交易、对冲、短期或长期信贷交易、金融证券交易、债务委托和重组等行为也不受限制或无须申报，交易各方可用外汇结算债务。外国投资者可以将税后利润、股息、特许权使用费等收入自由汇出，外国雇员的税后薪金也可以自由汇出。

3. 税收体系

塞尔维亚于2001年6月全面展开税收体系改革，削减税种，调整税率，实行新税种，引入增值税，营造出了低税率的税务和商业环境。目前塞尔维亚税收体系以所得税和增值税为核心，全国实行统一的税收制度。原则上，税收是由中央政府管理，也有一些例外，如财产税。

表3　塞尔维亚主要税收一览

税种	税率
增值税	最低为8%（基本生活所需品），标准为20%
企业所得税	统一税率15%
个人所得税	工资税为10%，其他的个人所得税为20%
年收入税	凡年收入超过年平均工资3倍以上的，都须征税，年收入税率为10%～15%
财产税	个人：0.4%～2%（累进税）；企业：0.4%（单一税）
社会保险福利捐税	个人：19.9%；雇主：17.9%；社会保险福利捐税的上限是塞尔维亚平均工资的5倍

资料来源：塞尔维亚财政部。

塞尔维亚还建立了一些免税区，海关对免税区实行监管。免税区内的合资企业被视为外国法人实体，可在塞尔维亚银行开设外汇账户；可免税进口机器设备、原料、零部件等产品；生产出来的产品可免税向国外出口；免税区内存放货物没有时间限制；从免税区进口的商品被视为从国外直接进口的商品。

五　双边关系

（一）政治关系

2009 年，中塞宣布建立战略伙伴关系。两国高层交往频繁，政治互信不断增强。2010 年 6 月，塞尔维亚总理茨韦特科奇对中国进行工作访问；7 月，中国全国人大常委会委员长吴邦国对塞尔维亚进行正式访问。2011 年 5 月，中国外交部部长杨洁篪访塞；7 月，中共中央政治局常委、中央纪委书记贺国强访塞；8 月，塞尔维亚议长久基奇－德亚诺维奇访华。2013 年 8 月，塞尔维亚总统尼科利奇来华进行国事访问，两国元首共同签署《中华人民共和国与塞尔维亚共和国关于深化战略伙伴关系的联合声明》。2015 年 6 月，中国国务院副总理张高丽访问塞尔维亚，分别同塞尔维亚总统尼科利奇、总理武契奇会见；同年 11 月，塞尔维亚总理武契奇正式访华，并出席在苏州举行的第四次中国－中东欧国家领导人会晤。2016 年 6 月，中国国家主席习近平对塞尔维亚进行国事访问。访问期间，两国元首共同签署了《中华人民共和国和塞尔维亚共和国关于建立全面战略伙伴关系的联合声明》，将中塞关系定位提升为全面战略伙伴关系。

（二）双边贸易

中国与塞尔维亚有着传统友好关系。塞尔维亚是中国在中东欧地区的重要贸易伙伴，中国是塞尔维亚第二大进口来源地。从 2009 年以来，中塞贸易额稳步上升。尽管在两国贸易中，中国对塞出口占据绝对数额，但近年来中国从塞进口呈现大幅度增长的趋势。2016 年中塞贸易额为 5.94 亿美元，比 2015 年增长了 8.2%，其中中国进口额增长了 21.6%。双边贸易的商品以机电产品为主。此外，中国出口商品主要有手机、电子产品、轻纺产品。

表 4　中国与塞尔维亚贸易统计

单位：亿美元

年份	中国出口	中国进口	进出口总额
2013	4.32	1.80	6.12
2014	4.25	1.13	5.38
2015	4.15	1.34	5.49
2016	4.31	1.63	5.94

资料来源：中国统计年鉴。

（三）双边经济合作

中塞政府间签有《关于共同推进"一带一路"建设的谅解备忘录》《投资保护协定》《避免双重征税协定》《基础设施领域经济技术合作协定》等协议。中塞政府间建有经贸混委会机制，每两年召开一次会议，会议轮流在中塞两国举行。

近年来，中塞两国经济交流频繁。2012年11月，塞财政和经济部国务秘书佩特科维奇出席在上海举办的中国国际旅游交易会中国－中东欧国家旅游产品专场推介会。2013年8月，中塞双方签署《两国关于建立农业科技合作促进网的备忘录》。同年11月，塞尔维亚自然资源、矿产资源和国土规划部部长巴切维奇来华出席"2013（第十五届）中国国际矿业大会"。其间，中国国土资源部部长姜大明与其会谈，双方签署两部合作谅解备忘录。2014年6月，塞建设、交通和基础设施部国务秘书特里法诺维奇来华出席匈塞铁路联合工作组第一次会议。塞贸易、旅游和电信部国务秘书尼科切维奇出席在浙江宁波举办的中国－中东欧国家贸易促进部长会议及同期举办的中东欧国家特色商品展。2016年6月，中国－中东欧国家合作秘书处与塞建设、交通和基础设施部签署关于成立中国－中东欧国家交通基础设施合作中心的谅解备忘录。2017年1月，《中塞互免持普通护照人员签证协定》正式生效。中国农业部部长韩长赋访塞，两国农业主管部门签署《中华人民共和国农业部和塞尔维亚共和国农业和环境保护部关于农业合作的谅解备忘录》。

基础设施建设是双方经济合作的重点领域。2010年，中塞签署了建设贝尔格莱德市跨多瑙河大桥项目的商业合同。该桥段总投资花费约2.6亿美元，由中国国有企业——中国路桥集团承建，中国进出口银行提供贷款。2014年12月中国和中东欧国家"16+1"峰会期间，这座大桥在两国最高领导人的见证下正式通车。匈塞铁路是中塞经济合作的另一个重大项目。2014年12月，塞尔维亚、匈牙利和中国签署了合作建设匈塞铁路的谅解备忘录。同时，塞尔维亚、中国、匈牙利和马其顿四国还签署了《通关便利化合作框架协议》，四国总理一致同意共同打造中欧陆海快线，实现由比雷埃夫斯港经马其顿到塞尔维亚、匈牙利和其他欧洲国家的统一铁路运输和海关体制。该项目于2015年12月启动，由中国铁路总公司牵头组成的中国企业联合体承建。2017年11月，匈塞铁路塞尔维亚境内贝尔格莱德至旧帕佐瓦段正式开工，标志着匈塞铁路建设取得重大进展。在高速公路方面，塞尔维亚与中国进出口银行签有贷款协议，中国进出口银行将贷款2.07亿欧元支持塞尔维亚苏尔钦至奥布莱诺瓦茨段高速公路的建设。以山东高速集团为代表的中方企业也参与了塞尔维亚高速公路的新建和改造工程。

除基础设施建设外，中塞还有多项经济合作。2010年，塞国家电力公司与中国机械进出口公司签订了科斯托拉茨电站项目商务合同，总金额约10.6亿美元。在一期工程完工后，中国进出口银行又批复了6.08亿美元的贷款，用以火电站的二期工程，即新建发电机组。整个工程工期约为58个月，预期将于2019年底完工，整个项目由中国机械设备工程股份有限公司承建。2016年4月18日，中国河钢集团与塞尔维亚政府签约，以4600万欧元收购斯梅代雷沃钢铁厂，此项收购对于塞尔维亚的工业生产和就业状况都意义重大。此外，中方的投资活动还包括在塞尔维亚开办贸易公司，经营中国商品批发和零售业务。现有的规模化的中国商品销售中心有三个，商品销售范围辐射马其顿、波黑、克罗地亚、斯洛文尼亚以及匈牙利、罗马尼亚、保加利亚等周边国家。

六　总体风险评估

尽管塞尔维亚在历史上战争频发，被称为"巴尔干火药桶"，但自2001年民主转型以来，多党议会民主制和市场经济体制已经确立，政局稳定，法律法规进一步完善，治安状况良好，邻国关系不断改善。经济方面，塞尔维亚已经基本完成经济体制的私有化改造，奉行的是完全自由市场经济制度。

总的来说，塞尔维亚优越的地理位置、较高的劳动力素质、较低的税率以及税收优惠和投资奖励政策对外国投资者具有相当的吸引力。但应当注意到，塞尔维亚仍然面临高失业率和高外债的问题，经济体系自我调适能力也稍有不足，容易受到外部因素的冲击。根据法国对外贸易保险公司（COFACE）2017年1月发布的《国别风险评级报告》，塞尔维亚风险级别为B级，营商环境也是B级，说明塞尔维亚的政治经济环境相对稳定，也具有吸引投资的潜力和优势。

长期来看，国际金融机构均对塞尔维亚经济发展趋势持乐观态度，特别是国际货币基金组织参与的公共部门改革和财政改革初见成效。预测塞尔维亚2018年和2019年GDP增幅将超过3%。

（鞠豪）

斯洛伐克

（The Slovak Republic）

一 国家基本信息

（一）地理概述

斯洛伐克共和国（简称斯洛伐克）是欧洲中部的内陆国。东邻乌克兰，南接匈牙利，西连捷克与奥地利，北毗波兰。国土面积 49036 平方公里，在欧洲 43 个国家中位居第 27 位。首都是布拉迪斯拉发（Bratislava）。

（二）人口和民族

截至 2017 年 9 月 30 日，全国人口 544.2 万。根据 2011 年的人口普查结果，主要民族为斯洛伐克族，约占全国总人口的 80.7%。其他民族有匈牙利族（占 8.5%）、罗姆族（占 2%）、捷克族（占 0.6%）、罗塞尼亚族（占 0.6%）和乌克兰族（占 0.1%）等。68.9% 的居民信仰罗马天主教，6.9% 的居民信奉新教，4.1% 的居民信奉希腊天主教，2% 的居民信奉卡尔文教，0.9% 的居民信奉东正教，13% 的居民是无神论者。官方语言为斯洛伐克语，属斯拉夫语系。

（三）简史

1918 年 10 月 28 日，捷克斯洛伐克共和国成立。1939 年 3 月 15 日，斯洛伐克宣布独立，成为纳粹德国的傀儡政权。第二次世界大战结束后，捷克斯洛伐克国家恢复。1948 年"二月事件"后，捷克斯洛伐克共产党开始全面执政。1960 年 7 月，改国名为捷克斯洛伐克社会主义共和国。1968 年 8 月 20 日，以苏联为首的华约五国出兵捷克斯洛伐克，镇压"布拉格之春"改革运动。1969 年 1 月 1 日，捷克斯洛伐克实行联邦制。1989 年 11 月，捷克斯洛伐克政局发生剧变，实行多党议会民主制。1992 年 12 月 31 日，捷克斯洛伐克联邦共和国解体。自 1993 年 1 月 1 日起，斯洛伐克成为独立主权国家。如今，斯洛伐克是下列国际组织的成员：联合国、北约、欧安组织、世界贸易组织、国际货币基金组织、世界银行、欧洲委员会、欧盟、欧元区、欧洲关税联盟、申根区、经合组织和维谢格拉德集团等。

二 政治环境

（一）政体简介

1. 宪法

1992 年 9 月 1 日，斯洛伐克议会通过了斯洛伐克共和国宪法。宪法确定斯洛伐克为主权、民主和法治的国家，不受任何意识形态和宗教的限制。宪法还确定了三权分立、多党议会民主的政治制度。

2. 议会

国民议会是最高立法机构，实行一院制。议会共有 150 个议席，任期 4 年。本届议会于 2016 年 3 月 5 日大选产生，有 8 个党派进入议会。议长是来自斯洛伐克民族党的安德烈·丹科（Andrej Danko）．

3. 总统

总统是国家元首和武装力量的最高统帅，任期 5 年，连任不得超过两届。从 1999 年起，斯洛伐克开始采取全民直选总统方式。在 2014 年 3 月举行的新一届总统选举中，独立候选人安德烈·基什卡（Andrej Kiska）获胜，他于 2014 年 6 月 15 日就任总统。

4. 政府

政府是最高权力执行机构，对国民议会负责，由总理、副总理和各部部长组成，由总统任免。现政府于 2016 年 3 月 23 日正式就职，共有 15 名成员，分别来自方向－社会民主党、斯洛伐克民族党、桥梁党和网络党。总理是方向－社会民主党主席罗伯特·菲措（Robert Fico）。

5. 司法

司法工作由法院、检察院和宪法法院实施。宪法法院是维护国家宪法的司法机构，由 13 名法官组成，任期 12 年；法院包括最高法院、州法院、县法院、军事法院和专门的刑事法院；检察院包括最高检察院、州检察院和县检察院。宪法法院、最高法院和最高检察院的院长均由总统任命。

6. 政党

目前，斯洛伐克进入议会的政党有以下几个。

方向－社会民主党（Smer-SD）：中左翼政党，其首要目标是建立有序、公正和稳定的社会。执政党，在国民议会占有 49 个议席。

自由与团结党（SaS）：右翼自由主义政党，主张尊重个人自由和社会团结，推崇自由市场经济和私有制，反对国家干预。在野党，在国民议会占有 21 个议席。

普通人与独立人士组织（OL'aNO）：中右翼保守党派，倡导为民请愿、反对腐败。在野党，在国民议会占有 19 个议席。

斯洛伐克民族党（SNS）：右翼政党，持民族主义、保守主义和欧洲怀疑主义立场，致力于保持和发展斯洛伐克国家和民族特性。执政党，在国民议会占有 15 个议席。

我们的斯洛伐克－人民党（L'SNS）：极右翼政党，持民族主义、保守主义和欧洲怀疑主义立场。在野党，在国民议会占有 14 个议席。

我们是家庭党（SME RODINA）：民粹主义政党，宣称代表每一个普通斯洛伐克家庭的利益，批评一切传统政党。在野党，在国民议会占有 11 个议席。

桥梁党（MOST-HÍD）：匈牙利族党团，维护匈牙利族人和其他少数民族的利益，持自由保守主义和亲欧洲的立场。执政党，在国民议会占有 11 个议席。

网络党（SIEŤ）：中右翼政党，标榜团结各阶层人民，主张减税减赋、改善社会福利、反腐倡廉。执政党，在国民议会占有 7 个议席。

（二）政局现状

在 2016 年 3 月举行的议会选举中，执政党方向 – 社会民主党的支持率从 2012 年的 44% 下降到 28%，失去了在议会的多数议席。进入议会的政党数量从原先的 6 个增加到 8 个。大选后不久，方向 – 社会民主党与斯洛伐克民族党、桥梁党和网络党组成执政联盟。反对党处于分裂状态，对执政联盟威胁不大，但执政联盟内各党在政治光谱上占据不同的位置，一些政府成员缺乏执政经验、腐败丑闻频发，导致执政联盟内部纷争不断。迄今为止，执政联盟总能在最后关头达成妥协，避免了政府垮台和提前举行议会大选。

（三）对外关系

斯洛伐克独立后，在外交上不断进取，国际地位明显提高。它奉行独立自主的全方位外交政策，以欧盟和北约为依托，在重点谋求同西方国家全面合作的同时，努力发展睦邻友好关系，保持与俄罗斯和乌克兰的传统联系，并寻求与欧洲以外地区特别是亚太地区国家开展合作。

斯洛伐克积极参与欧洲一体化进程，力求与欧盟核心国家保持一致。在稳定欧元区经济形势过程中，它支持欧盟利用危机加速推进欧洲一体化而采取的各项措施。在 2015 年，斯洛伐克因坚决反对欧盟强制分配难民计划而与一些欧盟老成员国关系紧张。在 2016 年下半年，斯洛伐克较为成功地担任欧盟轮值主席国，修复了与一些欧盟成员国之间的关系。从 2017 年中期起，菲措总理多次表示，他希望斯洛伐克成为欧盟的核心部分。

三　经济形势

（一）经济概况

1. 自然资源

斯洛伐克森林资源极其丰富，森林覆盖率高达 40%。水资源也很丰富，河网稠密，湖泊众多。矿泉资源非常丰富，温泉疗养历史悠久。天然气、褐煤和铁矿的开采量较小，主要依赖进口。其他金属矿有铜、锌、铅、镁、银和金等。斯洛伐克有着欧洲最大的用于电陶瓷和建筑陶瓷生产的陶瓷矿，其他非金属矿有膨润土、菱镁矿、黏土矿、白云岩砂和食盐矿。

2. 产业结构

经济转型后，斯洛伐克的产业结构得到大幅调整，工业和农业的经济地位显著下降，服务业的经济地位大幅上升。2015年，农业、工业和服务业的生产总值占国内生产总值的比例分别为3.7%、31.1%和65.2%。

斯洛伐克主要工业部门有机械、电子、汽车、钢铁、石化、食品和烟草加工等。汽车工业是斯洛伐克的支柱产业，在其经济中占有重要的战略地位。汽车工业产品的出口是斯洛伐克经济增长的重要拉动，德国大众、法国标致雪铁龙、韩国起亚和英国捷豹路虎等世界知名汽车生产企业均在斯洛伐克投资建厂。在斯洛伐克还有多个汽车生产企业次供应商。斯洛伐克每年汽车产量超过100万辆，平均每千人生产汽车190辆，成为世界上人均汽车产量最多的国家。

斯洛伐克另一个重要的产业部门是电子工业。三星、索尼和富士康等外资企业先后在斯洛伐克落户，促使斯洛伐克的电子产品质量得到提升，附加值得到增加。同时汽车工业的迅猛发展也为与汽车相关的电子产品带来较大的发展空间。

斯洛伐克的冶金和机械制造业历史悠久。目前，位于科希策的美国钢铁公司是斯洛伐克重要的冶金企业。机械制造业的产品主要有建筑机械、林业机械、电力设备、铁路机车、机床、医疗器械和轴承等。

斯洛伐克农业人口约占总劳动力的4.4%，农作物主要有小麦、大麦、玉米、油料作物、土豆、甜菜、蔬菜和向日葵等。主要养殖牛、猪、羊和家禽。

斯洛伐克拥有城堡、雪山、温泉、森林和喀斯特岩洞等多种旅游资源，加入欧盟和申根协定后，旅游业发展很快。主要旅游点有布拉迪斯拉发、皮耶什贾尼、科希策、尼特拉和塔特拉山等。2015年斯洛伐克旅游收入突破20亿欧元。

（二）近期经济运行情况

1. 宏观经济发展

斯洛伐克独立后走上了建立市场经济的独特道路。1994～1998年，梅恰尔政府不仅采取了不透明的私有化方式，而且放慢了经济改革的速度。1994～1996年，斯洛伐克国内生产总值持续增长，增长幅度在中东欧转型国家中最高，通货膨胀率也大幅下降。由于经济增长建立在政府和家庭消费激增，而不是制度创新和结构改造的基础之上，从1996年起即出现了财政赤字增加、外债攀升和经常项目赤字扩大等宏观经济失衡现象。1998～2002年，通过采取紧缩性政策和结构改造，第一届祖林达政府成功实现了宏观经济的稳定。企业和金融业加速重组、外资大量涌入和出口不断扩大，推动斯洛伐克经济竞争力显著提高。2002～2006年，第二届祖林达政府继续深化改革，旨在尽快满足哥本哈根标准，并使斯洛伐克经济接近马斯特里赫特趋同标准。随着经营环境和贸易环境的日益改善，以及外国直接投资的稳定流入，斯洛伐克的经济发展速度超过了中欧邻国。2005年斯洛伐克加入欧洲汇率机制，2009年1月1日加入欧元区。欧元区债务危机的爆发使斯洛伐克经济增长的速度有所放慢，但近几年其经济增速在欧盟内一直名列前茅。2005～2016年，按购买力平价计算人均国内生产总值，斯洛伐克从欧盟平均水平的60%上升到77%。

在不断缩小与欧盟经济差距的同时，斯洛伐克一直难以解决两大经济问题：地区发展不平衡与失业率居高不下。在首都布拉迪斯拉发，人均国内生产总值达到欧盟平均水平的167%，但在斯洛伐克东部一些州，人均国内生产总值只有欧盟平均水平的51%。2001～2004年，斯洛伐克的失业率为17%～19%。2008年，斯洛伐克的失业率降至9.6%，但依然超过欧盟的平均水平7.0%。从2009年起，失业率又逐渐上升，至2014年一直位于13%～15%的水平。近两年，失业率呈下降趋势，2016年降至9.6%。

2. 国际收支

斯洛伐克是小型、开放的经济体，对外贸易和外国直接投资对其经济发展非常重要。1993年独立以来，斯洛伐克的对外贸易取得长足发展，具

表1　2012～2016年斯洛伐克主要经济表现指标

指标名称	2012	2013	2014	2015	2016
实际GDP增长率(%)	1.7	1.5	2.6	3.8	3.3
与欧盟经济趋同程度(%)	76	77	77	77	77
通货膨胀率(%)	3.7	1.5	-0.1	-0.3	-0.5
失业率(%)	14	14.2	13.2	11.5	9.6
外贸顺差(亿欧元)	250.6	290.8	275.8	201.6	227.8
经常账户余额(亿欧元)	6.8	13.8	8.7	1.3	-5.9
外汇储备(亿欧元)	25.1	21.5	26.3	28.7	27.4
外债(亿美元)	709	823	804	732	777
人均外债(美元)	13132	15240	14887	13503	14341
公共债务占GDP的百分比(%)	52.2	54.7	53.6	52.5	51.9
公共财政赤字占GDP的百分比(%)	-4.3	-2.7	-2.7	-2.7	-1.7

资料来源：欧盟统计局，斯洛伐克中央银行网站。

有四大特点：第一，对外贸易规模不断扩大，但长期出现贸易逆差，近几年起才开始出现贸易顺差；第二，欧盟是其最重要的贸易伙伴，与欧盟的贸易额占其贸易总额的80%以上；第三，进出口商品结构发生改变，机械、交通设备和高新产品在进出口商品中的比重不断加大，而原材料和半成品的比重明显减少；第四，在石油和天然气进口方面严重依赖俄罗斯，自俄罗斯的进口额占其进口总额的比率长期维持在10%左右。

据欧盟统计局统计，2016年斯洛伐克货物进出口额为1530.1亿美元，其中，出口775.9亿美元，增长3.1%；进口754.2亿美元，增长2.8%；贸易顺差21.6亿美元，增长15.4%。斯洛伐克大约80%的货物贸易在欧盟区域内进行，德国和捷克是其欧盟内最大的贸易伙伴。美国是其欧盟外的重要出国目的地，中国和韩国是其欧盟外的主要进口来源国。斯洛伐克主要出口机电产品、运输设备、贱金属及制品、钢材、电子产品、化工产品、矿物燃料、电力设备等，主要进口机电产品、运输设备、石油、天然气、原材料、食品、化工产品等。

斯洛伐克在1994～1995年经常账户出现盈余，后来长期保持逆差。从2012年起再次出现盈余，一直延续至2015年。2016年再次出现逆差，一方面由于斯洛伐克持续扩大对需求量高的工业产品如汽车的投资；另一方面是因为随着财政紧缩政策逐渐放开，个人消费需求有所上升，进口随之增长。

3. 外债状况

在 1993 年独立时，斯洛伐克属于外债比较少的国家之一，只有 23 亿美元。在其独立后的最初 3 年中，其外债增长速度缓慢，1995 年底为 53 亿美元，在中东欧地区属于外债水平比较低的国家。从 1996 年起，外债增长速度明显加快，至 1998 年底已达到 118 亿美元。外债明显上升的原因是，在国内资金短缺、贷款利息较高、外国直接投资流入量少的情况下，许多企业只能通过借贷国外资金开展投资活动。从 1999 年起，随着祖林达政府采取一系列改革措施，外债增长速度有所放缓。1999～2008 年，外债占国内生产总值的比例一直维持在 50%～60%。2009 年 1 月 1 日，斯洛伐克加入欧元区，其短期债务结构发生变化，加之受国际金融危机的影响，2009 年底外债达到 653 亿美元，占国内生产总值的比例从 2008 年的 55.4% 飙升至 72.2%，超过了马斯特里赫特趋同标准规定的 60% 的门槛。2010～2012 年，外债占国内生产总值的比例一直处于 70%～80%。至 2013 年底，外债达到 823 亿美元，占国内生产总值的 82.7%。近几年，外债略有减少，但依然保持较高水平。

4. 财政收支

与欧盟其他国家相比，斯洛伐克公共财政赤字的发展波动性很强。2003～2008 年（2006 年除外），预算赤字占国内生产总值的比例低于 3%，主要原因是斯洛伐克为了加入欧元区致力于履行马斯特里赫特趋同标准。受国际金融危机和欧元区债务危机的影响，从 2009 年起斯洛伐克的公共财政状况显著恶化。在 2009 年加入欧元区的第一年，公共财政赤字占国内生产总值的比例为 7.8%，创 2002 年以来最高纪录。

2012 年 5 月，欧洲委员会建议斯洛伐克继续推进退休金制度、劳动力市场和税收制度等领域的改革，以便使公共财政保持长期可持续性。斯洛伐克政府对欧洲委员会的一些建议做出了回应，采取措施促使 2012 年的公共财政赤字占国内生产总值的比例降至 4.3%，并力争使 2013 年这一比例降至 3% 以下。2013 年这一比例是 2.7%，2014～2015 年保持了这一比例，2016 年又降至 1.7%。

国际金融危机爆发后，斯洛伐克公共债务也不断攀升。从 2012 年起，公共债务占国内生产总值的比例一直超过 50%。为了降低公共债务占国内生产总值的比例，斯洛伐克政府需要采取长期有效的措施。

四　投资状况

（一）外国投资状况

在 20 世纪 90 年代，斯洛伐克吸引的外资很少。主要原因有三：一是 1994～1998 年国内政局不稳定；二是投资环境较差；三是政府排斥外资进入私有化进程。斯洛伐克在实行激进经济改革和努力融入欧洲一体化政策后，凭借在中欧国家中最低的工资水平和单位劳动成本，以及较高的劳动力素质，成为外国直接投资者青睐之地。如今，斯洛伐克是欧盟、北约、经合组织、申根协议区和欧元区等重要国际组织的成员，政局稳定，经济持续增长，2016 年国际三大评级机构对其评级分别是：穆迪 A2，标普 A+，惠誉国际 A+。这一切都提高了斯洛伐克对外国直接投资的吸引力。主要投资来源国为德国、奥地利、荷兰、意大利、法国、捷克和匈牙利等欧盟国家。外国直接投资主要流向工业生产、能源供应、交通、建筑业、金融业、商业和服务业。在外国投资者的帮助下，斯洛伐克业已形成向加工工业，特别是汽车工业和机电工业倾斜的产业结构。

（二）投资环境

1. 投资政策

斯洛伐克经济部主要负责投资资助政策的制定和实施。投资和贸易发展局是促进外来投资和外贸出口的机构，有关投资机会、投资鼓励、重要联系人的信息，可以在该机构的网站（www. sario. sk）上了解。

外国投资者可以在斯洛伐克新设企业，也可以通过收购现有企业股权资产方式进行投资。外国投资者在斯洛伐克设立公司，最常见的类型是有限责任公司和股份公司。有限责任公司的注册资本为 5000 欧元，股份制公司的注册资本为 25000 欧元。有限责任公司可以只有一个股东，最多可以有 50 个股东，每个股东必须至少投资 750 欧元。

在企业并购方面，外国投资者与国内企业和公民享有同等权利，但并购商业企业须经反垄断办公室批准，并购银行须经斯洛伐克中央银行批准。1991 年的《商业法典》，2001 年的《竞争保护法》，反垄断办公室颁布的《罚款办法指南》《并购程序提前披露》《经营者集中》《与集中直接相关的竞争限制》等行政指令，欧盟《竞争法——收购控制适用准则》均适用于外国投资者在斯洛伐克设立、并购公司。

加入欧盟后，斯洛伐克金融环境明显改善，外汇管制逐渐放宽。根据斯洛伐克《外汇法》，在斯洛伐克注册的外国企业可在银行开设外汇账户，外汇进出需要申报，但无须缴纳特别税金。

斯洛伐克限制外资进入军品生产、博彩业、广播电视、部分矿产资源开采以及影响环保的行业，鼓励外资进入工业生产、技术中心、战略中心（IT 研发和客服中心）。由于失业率长期居高不下，扩大和维持就业成为外国公司并购斯洛伐克企业过程中斯方关注的重点。

斯洛伐克没有专门针对行业的外商投资优惠政策。为了缩小地区差异，斯洛伐克制定了《国家资助法》，其实质是向欠发达地区提供引资和创造新就业岗位的支持。按照各地区失业率水平，制定不同的补贴比例。在工业生产、技术中心、战略服务中心和旅游业的外商投资项目，均可申请享受投资资助，但需要满足一定的条件。资助方式主要有：现金资助、所得税减免、对创造就业岗位予以补贴、以低于市场价转让国有或地方政府的不动产、培训补贴等。

2. 金融体系

在捷克和斯洛伐克联邦框架内，二级银行体系已经建成。1993 年独立后，斯洛伐克银行数量增加很快。斯洛伐克的二级银行体系中的第一级是中央银行——斯洛伐克国家银行，它的主要任务是保障货币的稳定，主要职责包括：制定货币政策；发行货币；管理货币流通、协调银行间的支付关系和结算；在法律规定的范围内监督银行的活动，负责金融体制的安全运作和既定发展；履行法律赋予它的其他职能，如在国际货币机构中代表斯洛伐克处理金融事务。二级银行体系中的第二级是商业银行，它们提供存贷业务，还可以从事下列活动：在自己账户上投资有价证券，金融租赁，发行和管理支付工具（支付卡和旅行支票等），提供担保，开具信用证，收账，用自己或顾客的账户从事外汇买卖，参与发行有价证券并提供有关服务，财政中介，在经营事务方面提供咨询服务，有价证券的储蓄和管理，兑换活动，提供金融信息和从事抵押性商业活动等。

如今，斯洛伐克有12家商业银行和13家外国银行分行。资产规模最大的3家银行是斯洛伐克储蓄银行、通用信贷银行和塔特拉银行。斯洛伐克金融业开放程度较高，主要商业银行已被国际大公司控股。

3. 税收体系

从2004年1月1日起，斯洛伐克实行统一税率，即公司所得税、个人所得税和增值税都是19%。同时取消了不动产转让税和交易税、遗产税、股息税、资本所得税、赠与税和轿车的道路税。改革后，斯洛伐克只有少量几个税种：公司和个人的所得税、不动产税、机动车税、增值税、消费税（酒精、啤酒、葡萄酒、烟草和烟草制品、矿物油）。在欧盟成员国中，斯洛伐克的税率比较低，在一定程度上促进了它的经济增长。从2011年1月1日起，增值税率从19%提高到20%，而医疗器械生产、制造业生产、书籍和音像制品生产和销售的增值税为10%。

2012年12月，斯洛伐克议会通过法案，取消统一税率。从2013年1月1日起，公司所得税率从19%提高到23%。从2016年起，个人年收入超过35022.31欧元者，其个人所得税从19%提高到25%。在斯洛伐克登记的土地所有人须缴纳土地税，地下和地上建筑物均须缴纳建筑税。不动产税中还包括住宅税。

斯洛伐克执行欧盟的统一关税税则。非欧盟成员国出口货物至斯洛伐克，制成品平均关税4.2%，纺织品和食品平均关税17.2%。

表2　斯洛伐克主要税收一览

单位：%

税种	税率
公司所得税	23
个人所得税	19，25
增值税	10，20

资料来源：《对外投资合作国别（地区）指南——斯洛伐克》（2016年）。

五 双边关系

（一）政治关系

1993 年 1 月 1 日斯洛伐克共和国独立后，中国及时予以承认并与其建立大使级外交关系。中国同捷克斯洛伐克联邦共和国签署的条约和协定，对斯洛伐克继续有效。双方还商定，保留中国同捷克斯洛伐克建交的日子——1949 年 10 月 6 日为两国建交日。1993 年 1 月 15 日，中国同丹麦等国共同向联合国秘书处提出关于接纳斯洛伐克为其成员国的提案。斯中建交以来，建立在传统友谊与和平共处五项原则基础之上的友好合作关系取得长足发展，各级别人员往来不断增多，政治互信逐渐加深，合作领域明显扩大，在国际事务中相互配合。

建交 20 多年来，两国高层互访不断，主要有：1994 年 2 月，斯洛伐克总理梅恰尔访华；1996 年 4 月，斯洛伐克总统科瓦奇访华；1999 年 10 月，斯洛伐克国民议会议长米卡什访华；2000 年 6 月，中国全国人大常委会委员长李鹏访斯；2003 年 1 月，斯洛伐克总统舒斯特访华；2005 年 12 月，中国国务院总理温家宝访斯；2007 年 2 月，斯洛伐克总理菲措访华；2008 年 8 月，斯洛伐克总统卡什帕罗维奇访华；2009 年 6 月，中国国家主席胡锦涛访斯；2010 年 9 月，斯洛伐克总统加什帕罗维奇访华；2015 年，斯洛伐克国民议会议长佩列格里尼访华。

在台湾问题上，斯洛伐克坚持一个中国、不同台湾地区进行官方接触的政策。在西藏和人权问题上。斯洛伐克亦理解和尊重中方立场。

（二）双边贸易

虽然中国不是斯洛伐克的优先利益地区，但作为一个国力不断增强的亚洲大国，它对于斯洛伐克来说是一个重要国家，尤其是中国潜力巨大的市场对斯洛伐克公司意义重大。1994 年，双方签署《两国政府经济和贸易协定》。同年 10 月，斯中经济贸易合作委员会第一次会议召开。以后每两年举行一次会议，互相交流经贸信息并鼓励两国企业间建立直接经贸合作关系。近年来，在"16＋1"合作和"一带一路"倡议推动下，斯中两国在贸易、投资、物流、农业、旅游等领域不断深化务实合作，其中经贸合作是重中之重。

1993 年以来，斯中两国的双边贸易时有起伏，但总的趋势是贸易额不断增长。近年来，两国贸易额稳定在 60 亿美元以上，在中东欧 16 个国家中排名第四。据欧盟统计局统计，2016 年斯洛伐克与中国双边货物进出口额为 47.3 亿美元，增长 14.2%。其中，斯洛伐克对中国出口 12.6 亿美元，增长 11.3%；自中国进口 34.7 亿美元，增长 15.3%。斯洛伐克贸易逆差 22.2 亿美元，增长 17.7%。

斯洛伐克对中国出口的产品主要有运输设备、机电产品、机械器具及其零件、木及木制品、鞋、塑料及其制品、贱金属及其制品、光学设备、医疗设备和家具等；从中国进口的商品主要有船舶、机电产品、皮革制品、机械器具及其零件、钢铁制品、无机化学品和纺织品等。

（三）双边经济合作

斯中两国的经贸合作有着良好的法律基础。根据两国签署的外交换文，斯洛伐克承认中国与捷克斯洛伐克联邦签署的避免双重征税和防止偷漏税的协定、民用航空运输协定、投资保护协定、海关事务合作协定。2001 年中国国务委员吴仪访斯期间，两国签署了林业合作及动、植物检疫协定。此外，两国还签有技术标准化、计量和质量控制合作协议等。2005 年 12 月中国总理温家宝访斯时，两国签署了关于促进和相互保护投资协定的附加议定书和信息通信合作协定。

近年来，两国企业间相互投资不断扩大，合作领域日益拓宽，合作方式逐渐多元化。联想、华为、中兴等国内知名企业在斯洛伐克设立了分支机构；中国中车、中国航天科工集团、上海延峰汽车内饰公司通过并购方式，投资并控股了斯洛伐克企业；江苏南通通机公司与斯洛伐克马塔托尔（Matador）集团以生产许可方式在南通合作生产轮胎机械；中国国新国际投资有限公司成功收购斯洛伐克第二大物流园，成为中国企业在斯洛伐克最大的投资项目；"中国大连－斯洛伐克布拉迪斯拉发"中欧班列于 2017年 10 月 27 日从大连首发，斯洛伐克有望成为中国货物进出欧洲的又一个集散中心。

斯洛伐克是中东欧国家中最早与中国签署共同推进"一带一路"建设谅解备忘录的国家之一。2017年4月，斯洛伐克政府出台了《2017～2020年发展对话经济关系构想》，积极欢迎中国企业赴斯开展贸易和投资活动。今后，两国在经贸合作领域将会开展更多务实合作。

六　总体风险评估

加入北约和欧盟以来，斯洛伐克的主权和独立性进一步加强，外部安全环境得到保证，遭受外来干预的可能性很小。国内政局相对稳定，民族和宗教冲突较小。安全形势较好，发生恐怖活动的可能性较小。

自2004年加入欧盟后，斯洛伐克进行了税收、劳动力市场、社会保障、医疗卫生和公共财政等一系列改革，投资和营商环境不断得到改善，吸引了越来越多的外国企业去投资。此外，尽管受到国际金融危机和欧债危机的影响，斯洛伐克经济仍以较快的速度得以复苏，如今是欧盟内经济增长最快的国家之一。

斯洛伐克政府重视发展与中国的经贸合作，斯洛伐克人对中国人也比较友好，他们欢迎中国人去投资。斯洛伐克是欧盟大市场的一部分，蕴藏着巨大的出口和投资商机。但中国公司在投资前要做好市场调研，熟悉当地相关的法律法规，做好金融风险特别是汇率风险的防范措施。

（姜琍）

斯洛文尼亚

(The Republic of Slovenia)

一　国家基本信息

（一）地理概述

斯洛文尼亚共和国（简称斯洛文尼亚）位于欧洲中南部、巴尔干半岛西北端，毗邻阿尔卑斯山，西接意大利，北邻奥地利和匈牙利，东部和南部与克罗地亚接壤，西南濒临亚得里亚海。国土面积 20273 平方公里。首都是卢布尔雅那（Ljubljana）。

（二）人口和民族

据斯洛文尼亚统计局统计，2017 年 7 月初，全国总人口约 206 万，其中斯洛文尼亚族约占 83%，其他民族包括塞尔维亚族（约占 2%）、克罗地亚族（约占 1.8%）、匈牙利族和意大利族等。居民主要信奉天主教，官方语言为斯洛文尼亚语。

（三）简史

公元 6 世纪，斯拉夫人的一支来到现斯洛文尼亚地域。7 世纪建立卡兰塔尼亚公国（或称卡林西亚公国）。14 世纪斯洛文尼亚成为哈布斯堡王朝的领地。1918 年底，南部斯拉夫民族联合成立塞尔维亚 – 克罗地亚 – 斯洛文尼亚王国（1929 年改称南斯拉夫王国）。1945 年，南斯拉夫各族人民赢得反法西斯战争的胜利，并于同年 11 月 29 日宣告成立南斯拉夫联邦人民共和国（1963 年改称南斯拉夫社会主义联邦共和国），斯洛文尼亚为其中的一个共和国。1991 年 6 月 25 日，斯洛文尼亚议会通过决议，宣布脱离南斯拉夫社会主义联邦共和国成为独立的主权国家。1992 年 5 月，斯洛文尼亚加入联合国。2004 年 3 月和 5 月，斯洛文尼亚先后成为北约和欧盟正式成员。2007 年 1 月 1 日，斯洛文尼亚加入欧元区。2007 年 12 月 21 日，斯洛文尼亚加入申根区。

斯洛文尼亚是前南第一个加入欧盟的国家，也是第一个加入欧元区的中东欧国家，被欧盟称为"中东欧中经济转轨最成功的优等生"。

二 政治状况

（一）政体简介

1. 宪法

1991 年 6 月 26 日，斯洛文尼亚宣布独立。12 月 23 日，斯洛文尼亚国民议会公布新宪法。此后，宪法经历了七次修正，其中，1997 年、2000 年、2003 年和 2006 年四次修宪的力度最大。宪法确立斯洛文尼亚实行立法、行政、司法三权分立原则。

总统由国民议会选举产生，任期 5 年，连任不得超过两届，基本上是礼仪性的象征职务。2017 年 11 月，现任总统博鲁特·帕霍尔（Borut Pahor）赢得选举，获得连任。

2. 议会

国民议会是国家最高立法机构，实行一院制。国民议会由 90 名议员组成，通过直接选举产生，任期 4 年。全国共分 8 个选区，每个选区选出 11 名代表，保留 2 个代表席位给意大利族和匈牙利族议员。

2014 年 5 月，时任总理阿伦卡·布拉图舍克（Alenka Bratušek）在竞选最大执政党——积极的斯洛文尼亚党（Positive Slovenia）主席失败后宣布辞职，她领导下的联合政府也在执政仅 13 个月之后宣布终止任期。由于议会内部未能推举出新总理，总统帕霍尔宣布解散国民议会，提前于

2014 年 7 月举行议会大选。采拉尔党（Party of Miro Cerar，2015 年 3 月更名为现代中间党，Modern Centre Party）获胜并获得组阁权。9 月，由采拉尔党、退休者民主党（Democratic Party of Pensioners of Slovenia）和社会民主人士党（Social Democrats）组成的联合政府成立。民主党（Slovenian Democratic Party）、左翼联盟党（United Left）、新斯洛文尼亚党（New Slovenia）和阿伦卡·布拉图舍克联盟（Alliance of Alenka Bratušek）分获 21 席、6 席、5 席和 4 席。意大利族和匈牙利族少数民族议员各 1 席。8 月，国民议会任命米兰·布尔格莱兹（Milan Brglez）接替扬科·韦贝尔（Janko Veber）为新任议长。

3. 政府

政府是国家权力执行机构，由总理和各部部长组成，任期 4 年。总理根据总统建议，由国会选出；各部部长根据总理建议，由总统任命。本届政府成立于 2014 年 9 月，总理为米罗·采拉尔（Miro Cerar）。

4. 司法

司法工作由法院和检察院实施。法院包括宪法法院、最高法院、高等法院、地区法院和县级法院，另外还设有两类专业法院：高等劳动和社会法院（主要负责处理雇佣关系和社会福利方面的法律案件）及行政诉讼法院。宪法法院主要负责判定议会有关立法是否符合国家宪法，由 9 名法官组成，任期 9 年，不得连任。最高法院为最高司法机构，院长任期 6 年。检察院分共和国检察院、高等检察院（4 个）和地区检察院（11 个）。

（二）政局现状

独立以来，斯洛文尼亚政局保持平稳。但自 2008 年国际金融危机及欧债危机发生后，斯洛文尼亚不仅经济遭受巨大冲击，政局也开始频繁变动。2011 年 12 月，议会选举提前进行。2012 年 2 月，民主党主席雅奈兹·扬沙（Janez Janša）成功组阁并出任总理。12 月，总统选举举行，前总理博鲁特·帕霍尔当选新总统。2013 年 3 月，议会通过对扬沙的不信任案，扬沙政府解散。由积极的斯洛文尼亚党主席阿伦卡·布拉图舍克出任总理的新政府上台。6 月，扬沙因贪腐受贿等罪名，被法院判处 2 年监禁。

2014 年 5 月 5 日，布拉图舍克向总统帕霍尔和议长韦贝尔递交辞呈，以"促成提前大选"。这已经是斯洛文尼亚连续三届政府提前终止任期，并连续两次提前举行大选。

如果说前两届政府提前下台除了执政联盟内部存有分歧外，最重要的是政府应对经济不力，那么布拉图舍克突然辞职的原因则较为复杂。她就任总理以来，每况愈下的国家财政趋向稳定，连年衰退的经济转而好于预期，更为重要的是，债台高筑的斯洛文尼亚成功避免申请国际救助。选择在这个时候辞职，除了她认为"出于国内政治需要，提前举行大选使国家走向稳定"的原因外，竞选积极的斯洛文尼亚党主席时她败给该党的创始人、卢布尔雅那市市长佐兰·扬科维奇（Zoran Janković）也是一个重要的因素。因此，归根到底，政局的变动在于各党派、各政治人士在恢复国家经济发展上斗争的结果。一方面，斯洛文尼亚经济有恢复并趋好的迹象；另一方面连年不断的党争与内耗也明显增大了其摆脱经济困境的难度。

2014 年 9 月，采拉尔政府上台以来，斯洛文尼亚政局实现了稳定，国内各项建设取得不错进展，在东南欧地区以及欧盟事务中也发挥着积极的作用。

（三）国际关系

斯洛文尼亚独立后，率先获得欧共体/欧盟的承认，并于 1992 年 4 月同欧共体正式建立外交关系。从此，斯洛文尼亚把加入北约和欧盟作为其对外政策的主要任务。1994 年 3 月，同北约签署"和平伙伴计划"协议。1996 年 6 月，同欧盟签署联系国协议。从 1998 年 3 月到 2002 年底，完成入盟谈判。2002 年底，同保加利亚、爱沙尼亚、拉脱维亚、立陶宛、罗马尼亚和斯洛伐克一起，开启加入北约的谈判。2004 年 3 月，正式成为北约成员国，5 月，正式成为欧盟成员国。2007 年，成为首个加入欧元区的中东欧国家。2010 年，成为经济合作与发展组织成员国。

独立后的斯洛文尼亚谋求与邻国的友好合作，致力于维持东南欧的稳定。虽然斯洛文尼亚和克罗地亚仍存在边界争议，与部分前南斯拉夫国家存在历史债务和财产问题，但总体上看，斯洛文尼亚与周边国家不存在严重危害关系的争端，斯克两国努力解决皮兰湾归属争端，多双边关系不断深化。2013 年 7 月，斯洛文尼亚总统帕霍尔与克罗地亚总统约西波维奇（Ivo Josipovic）在克罗地亚加入欧盟之际发起成立"布尔多－布里俄尼进程"（Brdo-Brijuni Process），该机制旨在加强东南欧地区合作，推动区域国家间及与欧盟的对话，现已经成为一个东南欧国家领导人战略对话机制。此外，斯洛文尼亚还加入了中欧国家维和组织、东南欧多国维和组织等多种军事外交组织。

三　经济形势

（一）经济概况

1. 自然资源

斯洛文尼亚全国平均海拔为 557 米，最高峰为海拔 2864 米的特里格拉夫峰（Triglav）。斯洛文尼亚森林覆盖率为 66%，位列欧洲第三，森林资源十分丰富。此外，斯洛文尼亚有 5593 平方公里的草场，363 平方公里的果园，以及 216 平方公里的葡萄园。

斯洛文尼亚矿产资源相对贫乏，主要有汞、煤、铅、锌等，但储量不多。不过，矿泉、温泉和水力资源较为丰富。2011 年初，斯洛文尼亚新探测出东北部波姆尔耶（Pomurje）地区蕴含天然气资源，各项调研均已完成，有待开发。

2. 产业结构

斯洛文尼亚有"东欧小瑞士"之称，虽然自然资源匮乏，但拥有良好的工业、科技基础。

汽车工业是斯洛文尼亚制造业的一个重要部门。斯洛文尼亚汽车工业历史悠久，早在 1900 年就开始制造摩托车等相关产品。现主要汽车产品为座椅及部件、车厢内部装饰材料、底盘、制动系统、汽车发动机、电子和电气元件及转向系统等。汽车产品主要以出口为主，出口市场主要为奥地利、克罗地亚、匈牙利、法国、德国和意大利，主要出口商为奥迪、宝马、戴姆勒－克莱斯勒、大众和雷诺等。据统计，过去几年来，汽车工业对斯洛文尼亚 GDP 的贡献率约为 10%，汽车工业约 80% 的产品为出口，约占斯出口总额的 20%。汽车产业企业 85 家，吸纳从业人员 14.7 万人。此外，在斯洛文尼亚效益最好的二十大企业中，汽车产业占四家，分别是车灯生产商 Hella Saturnas（第二名）、雷诺分厂 Revoz（第六名）、房车生产商 Adria Mobil（第十九名）和汽车零部件生产商 Cimos（第二十名）。

金属加工业是斯洛文尼亚历史最为悠久的行业之一，其中钢铁制造业拥有 400 年历史。主要金属加工为车辆部件、水轮机、水泵和各种金属制品。此外，金、银、铅等有色金属制造业也比较发达。金属加工产品主要出口市场为德国、法国、意大利、克罗地亚、爱尔兰和荷兰等。其主要金属生产商有 SIJ 钢铁集团和 Impol 铝制品公司。

斯洛文尼亚化学工业的发展也较早。从 19 世纪中期第一家为奥匈帝国生产军用黑火药的化学工厂（即现在 KRKA 公司的前身）成立至今，斯洛文尼亚已经形成以生产医药及医药中间体、化妆品、化学制剂、橡胶及塑料制品等为主的现代化学工业格局。出口市场主要是奥地利、意大利、德国、爱尔兰、美国、阿尔巴尼亚、波黑、克罗地亚和马其顿等。主要制药厂商有莱柯（LEK）制药公司和克尔卡（KRKA）制药公司。

电气电子工业是斯洛文尼亚重要出口行业之一，主要产品为电动机、家用电器、电信设备、电子仪表设备、电子测量系统、医疗设备和光学器械、配电设施、电子元器件，主要出口国家是奥地利、克罗地亚、丹麦、法国、德国、意大利、俄罗斯和英国等。

电信业是斯洛文尼亚比较具有活力的部门，亦是国家优先发展的行业。电信业主要产品有电信设备、电信服务、IT 服务、软件、硬件、设备供应和网络服务，主要出口市场为澳大利亚、奥地利、白俄罗斯、波黑、克罗地亚、塞浦路斯和芬兰等。

旅游业是斯洛文尼亚一个重要的产业，发展迅速。2016 年，斯洛文尼亚游客人数创历史新高，为 430 万人次，同比增长 9%。国外游客主要来自意大利（17.4%），奥地利（10.5%），德国（10.1%），克罗地亚（5.1%），韩国（3.9%），英国（3.5%），塞尔维亚（3.4%）、匈牙利（3.2%）和法国（3%）。2016 年，斯洛文尼亚旅游收入达到 23.5 亿欧元。据斯洛文尼亚旅游协会统计，全国共有 5553 家企业从事旅游业。其中，2596 家为旅游公司，其余为个体旅游经营业者。90% 以上的旅游企业为小型企业，雇员不超过 10 人。旅游从业人员近 4 万人，占全国就业人口的 6.4%。据世界旅游组织预测，未来 20 年斯洛文尼亚旅游业年均增速将达 6%，超过原欧盟 15 国旅游业年均 3% 的增长速度。2017 年 7 月，斯洛文尼亚政府通过《2017~2021 年旅游业发展战略》，根据这一计划，斯将设立 1.5 亿欧元的贷款规模，以促进旅游业的发展。

（二）近期经济运行状况

1. 宏观经济

自 2004 年加入欧盟以来，斯洛文尼亚经济保持平稳增长，增长幅度基本保持在 4%~6%。2008 年国际金融危机爆发后，宏观经济遭受重大冲击。2009 年 GDP 增长率急剧下降至 -8.1%，2010 年虽有 1.2% 的增长，但从 2011 年以来一直都是负增长，成为欧元区经济衰退最为严重的国家之一。另外，失业率一直攀升，2014 年 1 月的失业率比上月增加 0.7%，达到 14.2%，就业人数减少最多的行业包括农业、林业、渔业、建设工程领域。

2013 年 4 月，欧盟委员会发布报告指出，斯洛文尼亚存在的问题是经济疲软、债务水平过高、赤字多、银行业存在严重问题、劳动力市场不活跃等"宏观经济不平衡"问题，并向斯洛文尼亚提出警告。2014 年 3 月，欧盟委员会指出斯洛文尼亚依然面临上述问题，它由此成为唯一一个连续两次接到类似警告的欧盟成员国。斯洛文尼亚已于 2014 年 4 月向欧盟提交相应预算调整以及改革措施，如果欧盟评估其举措力度不够，将可能启动纠正过度不平衡的程序。

2015 年以来，针对斯洛文尼亚经济过度失衡的情况，欧盟成立审查机制对其经济进行监测、分析。随即，斯洛文尼亚政府通过一揽子计划以纠正经济失衡。2016 年 4 月，斯洛文尼亚通过国家改革与稳定计划。2017 年 2 月，欧盟委员会发表报告称："斯洛文尼亚须采取进一步措施，解决公司债务和金融、财政方面的缺点，改善商业环境，以确保公共财政的长期可持续性发展。"可见，要彻底实现经济发展的平衡尚需要时日。

表1 2008~2016年斯洛文尼亚主要经济指标统计

年份	2008	2009	2010	2011	2012	2013	2014	2015	2016
GDP(百万欧元)	37305	35384	36061	35939	35466	35275	37246	38543	40418
GDP增长率(%)	3.7	-8.1	1.2	-0.2	-2.3	-1.1	2.6	2.9	3.1
人均GDP(欧元)	18540	17331	17602	17364	17428	17128	18065	18680	19576
通货膨胀率(%)	5.7	0.9	1.8	1.8	2.6	1.8	0.2	-0.5	1.0
失业率(%)	4.4	5.9	7.2	8.1	8.9	10.1	9.7	9.0	8.0
出口增长率(%)	3.3	-17.7	7.8	6.8	0.3	2.9	6.3	5.2	6.7
进口增长率(%)	3.8	-19.7	6.6	4.7	-4.3	-0.4	5.6	1.8	6.9
外债(百万欧元)	38997	40008	40851	41444	40838	40110	46218	44723	38119

资料来源：斯洛文尼亚宏观经济研究院、斯洛文尼亚统计局。

2. 国际收支

斯洛文尼亚经济高度依赖国际贸易，货物和服务出口占GDP的65%~70%。据斯洛文尼亚统计局统计，2016年斯洛文尼亚出口249.7亿欧元，同比增长4.3%；进口241.1亿欧元，同比增长3.5%。贸易顺差8.6亿欧元，达到12年来最高值。2016年斯洛文尼亚主要贸易伙伴国仍为欧盟成员国，占其全部出口的76.4%、进口的81%。近年来同欧盟成员国的贸易逆差进一步缩小，其中德国和意大利占第一、二位。此外，与非欧盟成员国之间的贸易继续保持顺差，其中塞尔维亚和俄罗斯为斯最大的出口市场，中国为最大的进口国。斯洛文尼亚与美国、澳大利亚、土耳其、印度、日本、阿根廷、埃及、巴西和智利的贸易也在积极开展。

表2 2009~2016年斯洛文尼亚对外商品贸易情况

单位：百万欧元，%

年份	2009	2010	2011	2012	2013	2014	2015	2016
出口额增幅	-15.6	11.0	7.7	0.3	2.6	6.9	4.4	4.3
进口额增幅	-17.9	8.0	5.7	-4.3	0.3	2.4	2.7	3.5
贸易收支	-101	-146	-156	-102	-565	355	635	859
出口进口比	94	93	93	95	97	102	103	104

资料来源：斯洛文尼亚统计局。

3. 外债状况

欧债危机爆发后，斯洛文尼亚债务状况逐步恶化。各大评级机构纷纷下调斯洛文尼亚主权债务评级，使其成为继希腊、塞浦路斯之后又一个面临债务困境的欧盟国家。2008 年主权债务为 82.8 亿欧元，占 GDP 的 21.8%。2012 年主权债务累计上涨至 194 亿欧元，占 GDP 的 53.8%。截至 2015 年底，主权债务达到 320.6 亿欧元，占 GDP 的 82.6%，达到历史之最。进入 2016 年，债务情况有一定好转。截至 2016 年底，主权债务小幅下降至 317.3 亿欧元，仍居高位，占 GDP 的 78.5%。

此外，斯洛文尼亚还存在银行财务状况告急、金融市场陷入流动性短缺以及不良贷款危机等现象。受外资银行挤压，斯洛文尼亚几家最大的本土银行近年来逐渐丢失其市场份额，如最大的银行新卢布尔雅那银行近 3 年来市场份额丢失近 1/6。随着 2013 年底斯洛文尼亚政府给予银行业国家援助后，情况逐渐好转。2014 年，斯洛文尼亚银行业净亏损 6750 万欧元。2015 年开始盈利，银行业实现了约 2 亿欧元的税前利润。同年，银行业重组加速。Abanka Vipa 银行和 Banka Celje 银行合并，成立了斯第二大银行，命名为 Abanka 银行。2016 年 4 月，美国股票基金阿波罗国际惯例公司以及欧洲复兴开发银行共同收购了斯洛文尼亚 NKBM 银行，后者占斯洛文尼亚银行份额的 9.1%。其他一些小型私人银行或停止运营，或撤出市场。

表3　2009～2016 年斯洛文尼亚主权债务及占 GDP 比重

单位：亿欧元，%

年份	2009	2010	2011	2012	2013	2014	2015	2016
主权债务	125.3	139.1	172.0	194.0	255.1	302.0	320.6	317.3
占 GDP 比重	34.6	38.4	46.6	53.8	70.4	80.3	82.6	78.5

资料来源：斯洛文尼亚统计局。

4. 财政收支

金融危机发生以来，斯洛文尼亚财政收支失衡，赤字率一直都超出欧盟规定的 3% 红线，达 4%～5%。2014 年，新一届政府做出规划，斯洛文尼亚将按照欧盟要求进一步采取财政紧缩措施，规划 2014 年财政赤字占 GDP 的 4.2%，2015 年下降到 GDP 的 2.5%。欧盟原要求斯洛文尼亚 2013

年将财政赤字下降到 GDP 的 3% 以下，但鉴于斯洛文尼亚采取的改革措施以及在财政紧缩方面的努力，要求放宽至 2015 年实现财政赤字占 GDP 的 3% 以下。结果，2014 年不仅没有达到要求，反而比重上升至 5.4%。从 2015 年起，财政收支大大好转，赤字率下降到 3% 以下，到 2016 年比重则下降至 1.8%。

表 4　2009～2016 年斯洛文尼亚财政收支情况

单位：%

年份	2009	2010	2011	2012	2013	2014	2015	2016
财政收入占 GDP 比重	40.7	41.7	41.4	42.5	41.7	44.7	45.4	43.7
财政支出占 GDP 比重	46.2	47.0	45.8	45.7	46.2	50.0	48.3	45.5
收支平衡比	-5.5	-5.4	-4.3	-3.2	-4.5	-5.4	-2.9	-1.8
公共债务占 GDP 比重	31.3	33.5	41.9	47.6	56.7	80.9	83.5	79.7

资料来源：经济学人情报社（EIU）。

四　投资状况

（一）外国投资状况

斯洛文尼亚是东南欧地区吸引外资较少的国家，外商直接投资（FDI）占斯洛文尼亚 GDP 比例处于较低水平，仅占 GDP 的约 2%。据联合国贸发会议发布的《2016 年世界投资报告》显示，2016 年，斯洛文尼亚吸引外资流量为 9.19 亿美元，截至 2016 年底，吸收外资存量为 127.31 亿美元。

表 5　近年来斯洛文尼亚吸引外资情况

单位：百万美元

年份	2000		2010		2016	
外国对斯投资存量	2389		10667		12731	
年份	2011	2012	2013	2014	2015	2016
外国对斯投资增量	1087	339	-151	1050	1625	919

资料来源：World Investment Report 2017。

从投资的行业分布看，外商投资最多的是金融中介（不包括保险业和养老基金）和零售业（车辆除外），各占 FDI 的 13.2%；其次是批发业（车辆除外）占 8.1%，房地产占 7.2%，医药制品占 6.8%，汽车业占 4.9%，通信占 3.6%。在旅游、物流运输、健康、教育与科技研发等领域引进外资较少。从地域分布看，引进的外资主要集中在中部，特别是卢布尔雅那及周边地区。从投资国别来看，主要包括奥地利、德国、美国以及瑞士。从投资企业来看，多为国际知名大型企业，如美国微软和 IBM 公司，德国汉高和西门子公司以及美国联信集团等。

（二）投资环境

1. 投资政策

2013 年，斯洛文尼亚将投资促进署、旅游局和技术局合并成为企业、创新、旅游、发展和投资事业局（SPIRT），负责外国投资的相关事宜，吸引外国投资，执行相关的投资促进政策，促进企业的发展和投资。另外，为促进和规范投资，该国出台了《外汇法》《收购法》《避免限制竞争法》《在斯洛文尼亚设立企业的有关规定》等一系列法律法规。

外商可以在斯洛文尼亚诸多领域自由投资，但也有一些禁止和限制领域。禁止外商设立独资企业的领域包括：武器和军事设备的生产和销售；国家财政预算内指定的养老保险和医疗保险业；铁路与航空运输；交通与通信；保险业。外资企业在下列领域的投资有一定股份比例限制：审计企业不得高于 49%；出版和广播领域的企业不得高于 33%；证券经纪领域的企业不得高于 24%；投资公司（负责管理投资基金）不得高于 20%，但经有关部门批准，外商投资可超过 20%，授权投资公司（经母公司授权可被投资的分公司）投资可超过 15%。此外，外资在斯洛文尼亚建立独资银行，需要在国家对等的条件下得到其中央银行的批准。

目前，斯洛文尼亚公司分类采用德国标准，主要分为有限、无限和不公开三种形式。外国人可在斯洛文尼亚全部或部分拥有公司并享受国民待遇。斯洛文尼亚没有设立专门的外资管理部门，外资企业同本国企业一样在地方法院注册，无须政府批准。

2. 金融体系

斯洛文尼亚于 2007 年 1 月 1 日加入欧元区，采用欧元作为本国货币。斯洛文尼亚中央银行是"斯洛文尼亚银行"（Bank of Slovenia），其他还有 20 余家银行。其中，主要有 1994 年成立的新卢布尔雅那银行（Nova Ljubljanska Banka d. d.)、1994 成立的新马里博尔信贷银行（Nova Kreditna Banka d. d.) 和 2002 年成立的 Abanka Vipad. d. 银行。

在斯洛文尼亚履行正常注册手续的所有外资企业，均享有在银行融资的机会，但企业的经营和财务状况必须符合有关银行的规定。在利率方面，斯洛文尼亚银行贷款利率高于欧元区 1% ~ 2%。

斯洛文尼亚"坏账银行"于 2013 年 3 月成立，全称为斯洛文尼亚银行资产管理公司，名义股本金为 25000 欧元。政府要求其筹集 360 万欧元进行资本重组，以确保完成法定职责，重组资金主要来自财政预算，将帮助其解决银行坏账，稳定该国银行体系。另外，"坏账银行"还制定了偿付政策，偿付的方式包括固定股票、可变股票、养老金等其他福利以及离职金，离职金上限为 12 个月工资。

3. 税收体系

斯洛文尼亚于 2004 年 5 月 1 日加入欧盟后，税收体系与欧盟接轨。斯洛文尼亚主要税收包括《宪法》第 147、153 款，以及《税收法》《税收程序法》《增值税法》《使用税法》《海关法》《执行增值税法的规章》《执行使用税法的规章》《法人实体收入税法》《个人收入税法》《不动产税法》等。此外，欧盟的《共同体条约》《海关法典》《尼斯条约》《关于制定规定实施第（EEC）2913/92 号规则的第（EEC）2454/93 号委员会规则》等法律法规同样具有约束力。

除关税以外的所有税赋由斯洛文尼亚税务局征收，主要有：针对法人实体收入的税赋，针对个人收入的税赋，为社会安全强制征收的税赋（伤残养老金保险、医疗保险、就业保险、生育保险等），营业税，财产税，其他税赋。

表6 斯洛文尼亚主要税赋和税率

企业所得税	17%
税务优惠	研发投资总额100%减免
	设备和长期无形资产投资最高可减免40%
收益返国税	国外红利的15%,有双边协议的除外
	向欧盟公民支付免此税
个人所得税	累进税率,16%,27%,41%和50%
利息、红利和资本收益所得税	利息的20%
	红利的20%
	资本收益所得的0%~25%(根据时间而税率不同)
财产税	0%
不动产转移税	2%
增值税	标准税率为20%
	优惠税率8.5%,包括食物,不包括饮料
社会保障金	雇主:16.1%
	雇员:22.1%
工资税	0%

资料来源：斯洛文尼亚财政部。

五 双边关系

（一）政治关系

1992年4月27日，中国正式承认斯洛文尼亚，5月12日，两国签署建交公报，正式建立外交关系。5月22日，联合国大会通过决议，同意接纳斯洛文尼亚以独立国家身份加入联合国，中国投了赞成票。6月13日，李鹏总理在参加联合国环境与发展大会期间会见斯洛文尼亚总理雅奈兹·德尔诺夫舍克（Janez Drnovsek）。

1993年9月12~14日，中国国务院副总理兼外交部部长钱其琛访问斯洛文尼亚。这是 1992 年中斯建交以来中国领导人首次访斯。1995 年 2 月 13 ~ 17 日，应李鹏总理邀请，斯洛文尼亚总理雅奈兹·德尔诺夫舍克对中国进行正式友好访问。这是斯洛文尼亚政府首脑对中国的首次访问。1996 年 10 月 14 ~ 19 日，应江泽民主席邀请，斯洛文尼亚总统米兰·库昌（Milan Kučan）对中国进行国事访问。2003 年 12 月 3 ~ 6 日，斯洛文尼亚总理安东·罗普（Anton Rop）访华。2007 年 11 月，斯洛文尼亚总理雅奈兹·扬沙访华。2008 年 10 月，斯洛文尼亚总统达尼洛·图尔克（Danilo Türk）对中国进行国事访问并出席第七届亚欧首脑会议。2010 年 6 月，斯洛文尼亚总理帕霍尔对华进行工作访问并出席上海世博会斯洛文尼亚国家馆日活动。2011 年 6 月，斯洛文尼亚议长甘塔尔（Pavel Gantar）访华。2015 年 11 月，斯总理采拉尔赴华出席第四次中国 – 中东欧国家领导人会晤。2016 年 11 月，斯副总理兼农林食品部部长日丹（Dejan Židan）访华，并出席第十一届中国和中东欧国家暨国际农业合作论坛。

2011 年 4 月，中共中央政治局常委李长春访问斯洛文尼亚。2012 年 4 月，国务院总理温家宝在华沙会见出席中国 – 中东欧领导人会晤的斯洛文尼亚总理雅奈兹·扬沙。2013 年 11 月，李克强总理在罗马尼亚布加勒斯特会见共同出席中国 – 中东欧国家领导人会晤的斯洛文尼亚总理布拉图舍克。

（二）双边贸易

据中国海关统计，2015 年中斯进出口贸易总额为 23.8 亿美元，同比增 2.48%。其中，斯洛文尼亚对中国出口 2.9 亿美元，同比减少 12.69%；自中国进口 20.9 亿美元，同比增长 5.01%。中国是斯洛文尼亚最大的亚洲贸易伙伴，也是其欧盟外最大的进口来源国。

中国对斯洛文尼亚主要出口电脑及其零部件、家用电器、玩具、化工原料、电信器材和工具等。中国自斯洛文尼亚主要进口真空吸尘器及部件、电动机、发电机及零部件、冷冻设备压缩机、齿轮和其他变速传动装置、轴承、有机化学品；医药产品；制革与染色剂、单宁酸及其衍生物；精油、树脂、香精及化妆品等。

表7 2008～2015年中斯双边贸易情况

单位：亿美元

年份	2008	2009	2010	2011	2012	2013	2014	2015
中方出口	9.5117	7.7	13.8569	16.76	15.67	18.33	19.9	20.9
中方进口	1.3156	1.27	1.7657	2.02	2.56	3.03	3.3	2.9
合计	10.8273	8.97	15.6226	18.78	18.23	21.36	23.2	23.8

资料来源：中国海关。

（三）双边经济合作

自1992年中斯签署《中华人民共和国政府和斯洛文尼亚共和国政府经济贸易协定》以来，两国签署多项经贸协议，经济合作不断增强。1993年9月，两国政府签署《鼓励和相互保护投资协定》《科学技术合作协定》《教育、文化、科学合作协定》。1995年2月，两国政府签署《关于对所得避免双重征税和防止偷漏税的协定》。2006年8月，两国签署《政府经济合作协定》。2014年10月，两国签署《2015～2016年农业合作行动计划》。2015年11月，两国签署《斯洛文尼亚奶制品对华出口协定》《中国-中东欧森林协调机制备忘录》。2016年4月，两国签署《中国与斯洛文尼亚民航当局谅解备忘录》《中国民用航空局与斯洛文尼亚共和国民航局关于设计批准、出口适航审定、设计批准后活动和技术支持的技术安排》。

据中国商务部统计，截至2016年末，中国对斯洛文尼亚直接投资存量2686万美元。其中，2016年投资流量为2186万美元，改变了此前连续多年没有新的投资局面。中国的投资主要分布在餐饮、贸易及中医按摩等领域的小微型企业。2013年4月，中国在斯洛文尼亚投资的第一家生产型企业正式开业，中国恒天集团与国际合作方联合收购了斯 TAM-Dura Bus 客车公司。2015年11月，华为成立卢布尔雅那分公司。12月，浙江亚太机电股份有限公司与斯埃拉普海公司（Elaphe）签署投资合作协议，亚太机电股份以增资方式注资1000万欧元，获得斯埃拉普海公司20%的股份。2017年5月，中国汉德资本（AGIC）收购斯洛文尼亚激光医疗器械产品制造商福托纳（Fotona）公司。

相比较而言，斯洛文尼亚对华投资要多一些。截至 2014 年 9 月，斯洛文尼亚在华投资额为 1559 万美元，主要集中在制造业、批发零售业等领域。2002 年，莱特尼卡公司（LE-TEHIKA d.o.o）在苏州成立中斯科技公司，这是斯洛文尼亚在华投资的第一家企业。2003 年，柯尔卡公司（KRKA d.o.o）进入中国市场，先后购买了安徽美诺华药物化学有限公司和浙江美诺华药物化学有限公司各 7.5% 的股份。2005 年，雷瑞卡公司（LETRIKA d.o.o）在江苏太仓投资 260 万欧元成立了全资子公司——苏州依斯克拉汽车电器有限公司（现更名为雷瑞卡＜苏州＞汽车电器有限公司），这是斯洛文尼亚目前在华投资最大的生产企业。2005 年，GORENJE 公司进入中国，在上海建立了代表处，2013 年在上海成立分公司，在上海、沈阳、青岛等地均开有门店。2010 年，海瑞达公司（HIDRIA d.o.o）在常熟高新技术产业园设立了独资生产企业——苏州海瑞达柴油冷启动技术有限公司。2013 年，转向器 KOLEKTOR 公司在南京成立一家分公司。2017 年 11 月，克尔卡制药公司同宁波美诺华药业股份有限公司签约合资成立宁波克尔卡美诺华制药公司，克尔卡持有新公司 60% 的股份。

另据中国商务部统计，2015 年中国企业在斯洛文尼亚新签承包工程合同 3 份，新签合同额 406 万美元，已完成营业额 194 万美元。2015 年中国向斯洛文尼亚派出各类劳务人员 10 人，年末在斯洛文尼亚劳务人员 10 人。

六 总体风险评估

斯洛文尼亚独立后迅速进行政治、经济等全方位的转型。斯洛文尼亚实行多党议会民主体制，随着政党不断分化组合，逐步形成比较明晰的左、中、右三翼政党分野格局。斯洛文尼亚基本是一个单一民族的国家，不存在突出的民族矛盾问题。总的来说，20 多年来斯洛文尼亚的政治社会发展稳定。

受国际金融危机和欧债危机的影响，斯洛文尼亚政治、经济和社会问题频出。在政治上，自 2011 年以来，连续三届政府提前终止任期，并连续两次提前举行大选。2014 年采拉尔担任总理以来，政府保持较为稳定的状态。在经济上，斯洛文尼亚深受欧债危机的影响，出现了"宏观经济不平衡"问题，国内生产总值出现负增长，失业率较高，特别是债务占 GDP 比重高出 60% 的红线，债务违约风险增加，国际社会普遍出现斯洛文尼亚是否会成为下一个塞浦路斯的担忧。欧盟专门为其成立审查机制。近几年来，随着国家改革计划的推进，债务率有所下降，银行业也在加紧重组，经济发展出现积极的趋势。

目前，斯洛文尼亚正处于摆脱危机的关键时期。据统计，斯洛文尼亚是欧盟成员国中外商投资占 GDP 份额最低的国家之一，外商投资规模近几年才呈现扩大趋势。但是，斯洛文尼亚劳动力素质高，加工工业基础雄厚，地理位置优越，交通设施也比较发达，其不少企业与欧洲企业建立了长期合作关系，这些都在一定程度上为外商提供了良好的投资环境。近年来，斯洛文尼亚一直积极参加中国举行的各种经贸论坛和推介会，主动寻求合作机会，创造优越条件，吸引中国投资。

斯洛文尼亚国家的总体风险趋于稳定。2017 年 6 月，标准普尔对斯洛文尼亚主权信用评级为 A，展望为积极。9 月，穆迪对斯洛文尼亚主权信用评级为 Baa1，展望为稳定。

（徐刚）

塔吉克斯坦

(The Republic of Tajikistan)

一　国家基本信息

(一) 地理概述

塔吉克斯坦是内陆国，位于中亚东南部，国土基本位于东5时区（比北京时间晚3小时）。全国面积14.25万平方公里（与辽宁省相当），东西长700公里，南北长350公里。西与乌兹别克斯坦接壤（边境线长1333公里），北同吉尔吉斯斯坦接壤（987公里）；东与中国新疆接壤（495公里），南与阿富汗接壤（1344公里）。

塔行政区划共分为5个州级行政区，其中1个直辖市（杜尚别市）、1个中央直属区和3个州（戈尔诺－巴达赫尚州、索格特州、哈特隆州）；地市级的区（农业为主）62个，市（工业和服务业为主）17个；区下属的市4个（相当于中国的县级市）；镇55个，乡368个。国内主要城市有首都杜尚别、胡占德、库尔干秋别、霍罗格等。

塔吉克斯坦有"高山国"之称，境内山地和高原约占国土的4/5，其中约一半在海拔3000米以上。北部的山脉属天山山系，中部属吉萨尔－阿尔泰山系，东南部为冰雪覆盖的帕米尔高原，全国最高处为共产主义峰，海拔7495米。

塔属大陆性气候，因境内多山地，气温和降水随海拔高度变化，另外，境内南北两地被吉萨尔山脉和帕米尔高原分割，呈现不同气候特征，降水和温差较大。全国 1 月平均气温 −2℃，7 月平均气温 23℃ ~ 30℃，年均降水量 150 ~ 250 毫米。

（二）人口和民族

截至 2016 年 1 月 1 日，塔全国人口 855.12 万，人口密度为 60 人/平方公里，城市人口占 26.4%，农村人口占 73.6%；其中塔吉克族占 80%，乌兹别克族占 15%，俄罗斯族约占 1%，此外还有鞑靼、吉尔吉斯、土库曼、哈萨克、乌克兰、白俄罗斯、亚美尼亚等民族。

塔吉克语（属印欧语系伊朗语族）为国语，俄语为族际交流语言。

全国 99.4% 的人口信仰伊斯兰教，其余 0.6% 信仰其他宗教或不信教。伊斯兰教基本是逊尼哈乃斐教派，东部的帕米尔高原地区有近 15 万什叶伊斯玛仪教派信徒。

（三）简史

"塔吉克人"这个词起源于古波斯，最初的意思是"戴王冠的人"，即祆教（又称拜火教，Zoroastrianism）戴的标志性头饰。隋唐时期（公元 6 世纪起），中国史书开始用"粟特人"来称呼中亚地区讲波斯语、信奉祆教的族群，从而将其与波斯本土人相区别。

今日塔吉克斯坦所在的地区，公元前 3 世纪以前称作"巴克特里亚"（Bactria），是古希腊人对兴都库什山以北地区的称呼。公元前 3 世纪中叶，古希腊马其顿人在中亚地区建立奴隶制国家巴克特里亚王国，首都巴克特拉（今阿富汗巴尔赫），位置大体在今乌兹别克斯坦东南部、塔吉克斯坦和阿富汗斯坦北部。这一地区后来被西方称为"吐火罗斯坦"，中国《史记》称为"大夏"。

希腊人被波斯打败后，塔吉克人于公元前 3 ~ 公元 8 世纪属于波斯帝国的呼罗珊行省管辖。9 ~ 10 世纪建立萨曼王朝，10 ~ 13 世纪属于伽色尼王朝和花剌子模王国。13 世纪被蒙古鞑靼人征服。14 ~ 15 世纪属帖木儿王国，16 世纪属布哈拉汗国，1868 年部分领土并入沙皇俄国。1918 年建立苏维埃政权。1924 年成立塔吉克苏维埃社会主义自治共和国，属乌兹别克苏维埃社会主义共和国。1929 年成立塔吉克苏维埃社会主义共和国，并于 12 月 5 日加盟苏联。1990 年 8 月 24 日发表主权宣言。1991 年 8 月更名为塔吉克斯坦共和国，9 月 9 日宣布独立。

二 政治状况

塔吉克斯坦独立后不久，国内世俗势力与伊斯兰势力纷争不止，最终导致 1992~1997 年的内战，造成近 5 万人死亡和数十万的难民，国内经济体系和基础设施遭到严重破坏。1997 年签署民族和解协议后，残余武装直至 2001 年才被基本清除，国家建设得以真正转入经济社会发展。

内战后，塔国内民心思定，不愿国家再度陷入政治纷争。这样的民情氛围，加上国际社会大力支持，为塔政治稳定创造了良好条件。从 2000 年至今，塔总统拉赫蒙及其领导的执政党（人民民主党）总体上能够牢固把握政权，反对派势力难以形成足够威胁。

（一）政体简介

1. 宪法

塔吉克斯坦于 1994 年 11 月 6 日通过独立后首部宪法，确立世俗、民主、法治、三权分立制度。1997 年开启民族和解进程后，塔着手修改宪法，并于 1999 年 9 月 26 日以全民公决方式通过。新宪法允许在保持世俗国体前提下成立宗教性质政党、议会由一院制改为两院制、总统任期由 5 年改为 7 年。2003 年 6 月 22 日，又以全民公决方式修改宪法，取消总统候选人资格的年龄上限（65 周岁）。2016 年 5 月 22 日，塔再次举行修宪公投并通过，宪法修改的主要内容有三：一是取消"民族领袖"（即现任总统拉赫蒙）的总统任期限制；二是将总统候选人的年龄下限从 35 岁降低至 30 岁；三是取缔宗教政党，不允许存在带有宗教色彩的政党。

2. 议会

塔吉克斯坦议会称作"马吉利西·奥利"（Majlisi Oli），意为"最高会议"，是国家最高代表机关和立法机关。议会实行两院制。

议会上院（Majlisi Milli，塔语音译"马吉利西·米利"，意译"民族院"）共有 34 名议员，任期 5 年，其中由索格特州、哈特隆州、戈尔诺-

巴达赫尚自治州、中央直属区和杜尚别市 5 个地方议会各选 5 人，总统直接任命 8 人，塔首任总统马赫卡莫夫为上院终身议员。

议会下院（Majlisi Namoyandagon，塔语音译"马吉利西·纳莫扬达贡"，意译"人民代表会议"）。共设 63 个议席，任期 5 年，其中 41 个议席按单一选区制产生，22 个议席按政党比例制产生，得票率超过 5% 的党派有资格进入议会。

现任议会上、下两院于 2015 年选举产生。下院议席的政党结构是：总统领导的人民民主党 51 席，农业党 5 席、经济改革党 3 席，共产党 2 席，社会主义党 1 席、民主党 1 席。

3. 总统

埃莫马利·拉赫蒙（Emomali Rakhmon）曾用名"拉赫蒙诺夫"，2007 年 3 月 22 日为去除俄语痕迹，宣布将名字中的斯拉夫语后缀"诺夫"去掉，改为"拉赫蒙"。1952 年 10 月 5 日生于库利亚布州（今塔吉克斯坦哈特隆州）丹加拉镇，塔吉克族。1971～1974 年在苏联太平洋舰队服役。1982 年毕业于塔吉克国立大学经济系。1988～1992 年任丹加拉区列宁农场场长。1990 年当选为塔最高苏维埃人民代表。1992 年任库利亚布州人民代表苏维埃执委会主席，同年 11 月 19 日当选塔最高苏维埃主席。1994 年 11 月 6 日被全民直选为塔总统，后于 1999 年 11 月 6 日、2006 年 11 月 6 日和 2013 年 11 月 6 日三次连任。已婚，育有 9 名子女。

4. 政府

塔吉克斯坦政府由总统领导（政府主席），下设的部级机构有部（Ministry）、国家委员会（State committee）、委员会（Committee）、总局（Service）、署（Agency）、管理局（General Administration）6 种类型，其中，部和国家委员会负责人是内阁成员。拉赫蒙 2013 年当选总统后，大幅调整政府结构。新政府内阁由总统、总理、1 位第一副总理、3 位副总理、14 位部长和 3 位国家委员会主席组成。

部分别是：外交部，国防部，内政部，司法部，财政部，经济发展和贸易部，农业部，工业和新技术部，运输部，电力和水利资源部，劳动、移民和居民就业部，卫生和居民社会保障部，教育和科技部，文化部。

国家委员会分别是：国家安全委员会，国家国土管理和测量委员会，国家投资和国有资产管理委员会。

5. 司法

塔吉克斯坦的司法权由宪法法院、最高法院、最高经济法院、军事法院、戈尔诺－巴达赫尚自治州、各州、杜尚别市、市和区法院行使。议会根据总统提名，选举和免除宪法法院院长、副院长和审判员，最高法院院长、副院长和审判员，最高经济法院院长、副院长和审判员。

塔吉克斯坦的法律监督机关是检察院。实行全国集中统一领导，向议会和总统报告工作。总检察长由总统提名，议会同意，任期5年。

6. 政党

塔吉克斯坦合法注册的政党有7个：人民民主党、社会主义党、民主党、共产党、经济改革党、农业党、社会民主党。另外，塔境内还有未能注册的政治运动、政治联合会等政治组织，在国家政治生活中也具有一定影响。

人民民主党1994年12月10日成立，原名"人民党"，1997年6月改为现名。党员约20万人，在全国各地均建有分支机构。现任总统拉赫蒙自1998年4月至今担任党主席。

共产党前身是苏联的塔吉克共产党。1991年"8·19事件"后塔共停止活动，同年9月21日更名为"社会党"，1992年1月19日恢复原名。1996年6月第23次党代表大会通过新党章。党员约6万人。

塔原有一个宗教政党——伊斯兰复兴党，1990年10月26日成立，创始人是努里。起初是全苏（联）伊斯兰复兴党在塔吉克加盟共和国的分部，苏联解体后成为独立的政党，曾是独联体地区唯一具有合法地位的宗教政党，不仅在司法部顺利注册，还在议会中占有席位。2016年宪法改革后，该党被取缔。

（二）政局现状

塔吉克斯坦独立后不久，国内世俗势力与宗教势力纷争不止，最终导致1992～1997年内战，造成近5万人死亡，数十万难民流离失所，国内经济体系和基础设施遭到严重破坏。1997年签署民族和解协议后，残余武装直至2001年才被基本清除，国家建设得以真正转入经济社会发展。

（三）国际关系

塔吉克斯坦奉行对外开放和大国平衡政策，与世界各国发展友好合作关系，尤其是与周边国家、世界大国和伊斯兰国家。截至 2017 年初，塔已与 151 个国家开展合作，与 126 个国家建立正式外交关系，是 51 个国际组织的成员。2013 年成为世界贸易组织的正式成员。

俄罗斯是塔外交优先方向，是塔最大的贸易伙伴，在塔设有军事基地（租期至 2042 年，约驻有 6000 名俄军人），两国同是集体安全条约组织成员。美国是塔重要伙伴，帮助塔修建通往阿富汗的公路和桥梁，支持塔发展水电，修建大型水利设施和输变电网。塔与伊朗同属波斯民族，语言相近，两国与阿富汗商定共同建设联通三国的交通和能源通道。塔与邻国乌兹别克斯坦关系较紧张，常因水资源（塔位于上游，乌处下游）和恐怖分子跨境流动等问题纠纷不断。米尔济约耶夫 2016 年就任乌兹别克斯坦总统后，谋求改善塔乌关系，但对塔在上游修建水坝问题仍未放松。

三　经济形势

内战结束后，塔吉克斯坦经济总体保持向前发展势头。为更好指导规划未来发展，塔政府陆续出台若干发展战略，包括系列《减贫战略文件》（每 3 年制定一次具体落实措施）。2007 年 4 月 3 日发布《2015 年前国家发展战略》，分为基础领域、生产领域和社会领域三大板块。2016 年 12 月 1 日发布《2030 年前国家发展战略》，确定未来 15 年的四大发展目标：一是保障能源安全和提高能源利用效率；二是粮食安全，提高居民粮食保障水平；三是突破交通瓶颈，将塔发展成重要过境国；四是努力扩大就业。

（一）经济概况

1. 自然资源

塔吉克斯坦水能蕴藏量位居世界第八位，人均拥有量居世界第一位，占整个中亚的一半左右，但开发量不足10%。塔水源主要来自冰川，记录在册的冰川有1085条，面积为8041平方公里，约占中亚冰川总面积的60%。

塔有三大水系，分属于阿姆河流域、泽拉夫尚河流域和锡尔河流域。长度500公里以上的河流有4条，长度在100~500公里的河流有15条。主要河流有喷赤河（921公里）、泽拉夫尚河（877公里）、瓦赫什河（524公里）、锡尔河（110公里）。塔湖泊总面积为1005平方公里。

塔矿产资源丰富，已探明有铅、锌、铋、钼、钨、锑、锶、金、银、锡、铜、油气和石盐、硼、煤、萤石、石灰石、彩石、宝石等。但大部分矿产位居深山，交通困难，开采成本高。境内共探明金矿31处，储量约675吨，主要位于泽拉夫尚谷地。银矿多为与铅、锌伴生矿，已探明储量7万吨，大卡尼曼苏尔银矿为世界最大银矿之一。煤炭遍布全国，已探明蕴藏量36亿吨，其中褐煤1.4亿吨、焦煤9亿吨、烟煤23亿吨、无烟煤2.5亿吨。全国约1/4国土具有油气储藏条件，石油远景储量约1.2亿吨，凝析油储量2600万吨，天然气年产量不足0.5亿立方米。铀矿经历苏联50多年开采后，基本处于关闭状态，尾矿中约有5500万吨废料。

2. 产业结构

据美国《世界概览》数据，2000~2016年，塔农业占GDP比重为20%~30%，受收成影响，时高时低，但始终不足1/3，2016年占GDP比重为20.7%。工业占30%~40%，总体呈下降趋势，从2000年初的38%降到2016年的15%，主要是能源和交通瓶颈限制国家工业增长，而且作为最主要工业品的铝的生产和售价受世界市场行情影响较大。服务比重占40%~60%，总体呈上升态势，从2000年的34%增长到2016年的64%。

农业是塔重要经济部门之一，从业人口约占全国就业人口的70%，农产品出口约占全国出口总值的1/3。农业以种植业为主，每年农作物种植面积约90万公顷，主要有小麦、棉花等。总体上，塔属于缺粮国家。土豆、蔬菜、瓜果等基本能够自给自足，但谷物、肉、蛋、奶、水果、植物油等需要进口。每年进口谷物约50万吨，逢灾年可能超过

100 万吨。

塔工业主要是水电、棉花和铝业。受化石能源储量小和开采难所限，塔电力几乎全部来自水电，2010～2016 年发电量为 162 亿～172 亿度。2010 年之前，铝业（铝锭生产和加工）和棉花种植是塔国民经济的支柱产业和最主要出口产品，产值最高时约占塔工业总产值的 40% 以上、出口总额的 1/3 以上、财政收入的 50%。2010 年后，因国际市场价格波动、生产工艺落后、竞争力弱等因素影响，棉花和铝业逐渐失去支柱产业地位，产量和产值大幅下降，2013 年仅占塔财政收入的 1.3%。

（二）近期经济运行状况

1. 宏观经济

自 1998 年以来（塔内战结束后），以本币现价计算，塔吉克斯坦 GDP 始终保持增长态势。但 2014 年后，本币索莫尼兑美元汇率走低，造成以本币计算的经济规模总体增长，以美元计算的 GDP 总量却呈下降趋势。2016 年 GDP 总值为 544 亿索莫尼，约合 76 亿美元。另外，塔在俄罗斯的劳动移民每年都向国内汇回大量外汇，多的时候约占 GDP 的一半。2014年后，俄经济下滑，在俄打工人员的数量和汇回款项减少，2014 年有 38.31 亿美元，2015 年有 12.78 亿美元，2016 年有 19.29 亿美元。

表 1 2012～2016 年塔吉克斯坦 GDP 统计

年份	2012	2013	2014	2015	2016
GDP（亿索莫尼）	361.61	405.24	456.05	484.02	544.71
GDP（亿美元）	76.29	85.13	92.32	78.57	69.48

资料来源：Агентство по статистике при Президенте Республики Таджикистан, Показатели реальной экономики 2012 – 2017, http://stat.tj/ru/database/real-sector/。

塔民众生活水平虽能满足基本生活需求且总体呈不断改善趋势，但总体水平不高，人均每日能量摄入量约 2200 千卡，略高于世界卫生组织的最低标准（2100 千卡）。2016 年，塔职工月均工资 153 美元，金融银行领域始终保持高收入，约是全国平均工资水平的 1 倍。

随着外部经济不景气，塔国内经济亦承受巨大压力，通胀走高和汇率

贬值成为政府需要应对的经济难题。塔年均通胀率 2015 年为 5.1%，2016
年为 6.1%（其中食品 6.8%，非食品 5.7%，服务 4.5%）。

表 2　塔吉克斯坦平均工资

单位：索莫尼

年份	2011	2012	2013	2014	2015	2016	2017（6 月）
全国平均	529.86	748.88	921.33	964.32	1032.73	1197.09	1204.59
农林牧副渔	169.59	234.07	284.21	349.90	356.53	404.44	471.61
商贸、服务	638.01	859.33	831.16	884.28	952.36	1129.55	1101.76
交通、通信	1441.17	1676.10	1888.74	1944.81	1986.07	2374.46	2305.94
金融银行	1905.10	2627.42	2611.82	3137.35	2766.48	3203.33	2831.21
不动产	759.97	1002.77	1185.15	1407.30	1611.07	1676.31	1623.52
其他	515.36	659.80	872.79	1076.18	1268.25	1277.59	1431.15

资料来源：Агентство по статистике при Президенте Республики Таджикистан，Средмесячная
заработная плата，http：//stat. tj/ru/database/real-sector/。

2. 国际收支

塔吉克斯坦对外贸易发展呈现四个特点：一是贸易规模 2013 年前呈
上升态势，之后总体下降，对外贸易规模 2010 年以来基本维持在 40 亿~
50 亿美元，其中出口约 10 亿美元，进口 30 亿~40 亿美元；二是贸易规模
下降主要受价格下降影响，进出口商品的实物量变化不大；三是贸易结构
变化不大，进出口商品种类依旧相对单一，主要是电力、天然气、粮食、
铝土、棉花等；四是主要外贸合作伙伴有俄罗斯、哈萨克斯坦、中国、土
耳其、伊朗、阿富汗、荷兰等，进口以独联体国家为主，出口以非独联体
国家为主。

表 3　2010~2015 年塔吉克斯坦进出口统计

年份	2010	2011	2012	2013	2014	2015
出口（亿美元）	11.95	12.57	13.60	11.62	9.77	8.91
棉花（亿美元）	2.01	1.973	2.239	1.892	1.325	1.445
棉花（万吨）	9.6	7.24	14.4	11.44	8.67	10.78

续表

年份	2010	2011	2012	2013	2014	2015
电力(亿美元)	0.04	0.043	0.213	0.333	0.481	0.484
电力(亿千瓦时)	1.80	1.909	6.76	9.681	15.528	14.002
进口(亿美元)	26.57	32.06	37.78	41.51	42.97	34.36
天然气(亿美元)	0.42	0.48	0.39	0.00	0.00	0.00
天然气(亿立方米)	1.74	1.80	1.33	0	0	0
石油产品(亿美元)	4.38	4.50	4.25	3.94	5.11	3.52
石油产品(万吨)	62.9	44.0	37.4	38.3	58.28	35.22
电力(亿美元)	0.13	0.01	0	0	0	0.01
电力(亿千瓦时)	3.39	0.65	0.14	0.002	0.126	0.63
粮食(亿美元)	0.88	1.25	2.18	2.08	2.57	2.67
粮食(万吨)	47.0	46.96	82.7	64.02	82.98	90.39
小麦面粉(万吨)	38.9	33.52	36.0	23.24	19.43	85.88

资料来源：塔吉克斯坦总统下属统计委员会，Экспорт товаров，1993－2014，Импорт товаров，1993－2014，http：//stat.tj/ru/analytical-tables/external-sector/。

表4 塔吉克斯坦的主要进出口对象国

单位：亿美元

年份	2010	2011	2012	2013	2014	2015	2016
出口							
中国	3.77	4.31	4.59	4.93	2.14	2.71	2.16
土耳其	4.47	4.93	5.68	3.88	1.88	1.89	1.14
意大利	1.02	1.05	1.19	1.04	1.88	2.64	1.68
英国	0.29	0.00	0.53	0.50	1.21	1.41	0.76
俄罗斯	0.60	0.67	0.74	0.65	0.60	0.50	0.51
泰国	0.52	0.51	0.46	0.37	0.32	0.26	0.26
哈萨克斯坦	0.18	0.37	0.27	0.17	0.39	0.28	0.45
阿富汗	0.15	0.19	0.20	0.19	0.19	0.18	0.18
德国	0.00	0.35	0.14	0.28	0.49	0.00	0.00
格鲁吉亚	0.20	0.19	0.18	0.15	0.14	0.11	0.11
进口							
土耳其	8.57	12.57	11.44	12.68	14.32	12.29	11.72
俄罗斯	2.38	3.75	3.56	3.95	5.31	3.90	3.74

年份	2010	2011	2012	2013	2014	2015	2016
中国	2.93	4.10	3.68	4.05	5.05	3.57	3.42
德国	1.42	1.97	1.61	1.69	2.05	1.44	1.37
乌克兰	0.72	1.18	1.28	1.54	1.99	1.43	1.38
意大利	1.89	1.53	2.32	1.36	1.01	0.64	0.54
韩国	0.60	0.80	1.17	1.46	1.45	0.86	0.80
美国	0.61	0.97	0.95	1.10	1.39	0.99	0.96
白俄罗斯	0.73	0.93	1.06	1.28	1.17	0.63	0.60
法国	0.35	0.59	0.67	0.84	0.99	0.70	0.58

资料来源：Asian Development Bank（ADB），Key Indicators for Asia and the Pacific 2017，www. adb. org/statistics。

3. 外债状况

独立后，塔吉克斯坦经济曾严重依赖外国援助和贷款。外债成为国家发展的沉重负担。为减少外债，塔采取的主要措施有：一是与国际金融组织和债权国协商减免债务；二是债转股，比如将国企股份转让给债权国；三是实行预算盈余政策，严控赤字；四是大力吸引外资，投资基础设施建设，刺激经济发展。

2000 年，塔外债高达 102.71 亿美元，是 GDP 的 1.082 倍。截至 2016 年 1 月 1 日，外债总额已降到 22.76 亿美元。从外债结构看，与国际组织的多边债务减少，双边债务增多。主要债权国是中国（11.7 亿美元），占全部债务总额的一半，其次是世界银行（3 亿美元）、亚行（2.6 亿美元）。

2014 年后，受本币贬值和侨汇收入减少影响，塔偿债压力增大，偿债成本增加。外债负债率 2014 年为 22.7%，2015 年为 27.9%，2016 上半年达到 35.9%。2017 年偿债额 2.2 亿美元（17 亿索莫尼），占 GDP 总值的 2% ~ 3%。另外，一些银行等金融机构出现资金紧张，最大的银行农业银行和外经银行甚至一度面临倒闭的危险（发不出工资、还不了存款）。

表5 2016年7月1日塔外债余额（按债权人类别划分）

单位：亿美元

债权人类别		外债余额
政府外债(有优惠条件)	多边贷款	7.8826
	世界银行	3.0438
	亚洲开发银行	2.6180
	伊斯兰开发银行	1.0784
	欧佩克基金会	0.3942
	欧洲投资银行	0.0500
	欧洲复兴开发银行	0.0215
	欧亚经济共同体反危机基金	0.6767
	双边贷款	12.9570
	伊朗	0.0156
	美国	0.0746
	中国进出口银行	11.6260
	沙特发展基金	0.3341
	科威特发展基金	0.3478
	法国	0.2478
	德国复兴信贷银行	0.2292
	阿布扎比(基金)	0.0812
政府贷款	国际货币基金组织	1.2230
	中国	0.1100
	伊斯兰开发银行	0.0513
其他的政府部门、组织机构的贷款	有国家担保	0.2250
	无国家担保	0.3152
外债余额总计		22.764

资料来源：塔吉克斯坦财政部 Министерство финансов Республики Таджикистан, Государственный долг, Структура внешнего долга, Структура внешнего долга по состоянию на 1 июля 2016года, http：//minfin. tj/index. php? do = static&page = gosdolg。

4. 财政收支

塔《预算法》规定，中央预算赤字总和不得超过预算投资和国债发行总额，在没有中央预算资助的情况下，地方财政赤字总和不得超过财政收入总和的3%。因外债数额和比重较大，为稳定经济，塔努力维护财政盈余，基本不实行刺激性财政政策。2001～2012年，只有2007年出现3亿美元赤字，其余年份均是财政盈余。

塔吉克斯坦的国家预算分为中央预算和地方预算两级。2010～2016年，预算收入占 GDP 比重为 26%～30%。收入主要来源于税收，占65%～67%，非税收入占 3%～6%，其余主要是国内外援助、捐赠、政府财产经营所得等。税收收入中，营业税约占一半，其次是所得税，约占 1/5。

2010～2016 年，塔预算支出占 GDP 的比重是 25%～29%。支出结构是：国家权力和管理机关占总支出的 6.4%～7.9%，教育 14%～17%，卫生 5%～6.5%，社会保险和保障 12%～17%，住房和公用事业 5.2%～7.9%，大众文化及康乐活动 3.6%～4.5%，燃料能源综合体 6.4%～13%，农林渔牧 2%～3.4%，采掘业和建筑业 0.4%～1%，交通和通信2%～12%，其他经济事务和服务 0.4%～0.6%。预算支出大部分用于社会领域（占 40%～53%），近年，塔注重基础设施建设，经济领域的支出也随之加大。

2012 年，塔实际预算收入 96.73471 亿索莫尼（合 20.36 亿美元），到2016 年只有 38 亿索莫尼（约合 5 亿美元）。财政收入减少的主要原因是商品价格下降，特别是进口商品价格下跌，致使关税收入减少。

四 投资状况

尽管经济不断向前发展，政府不断出台优惠措施，但受内战和内陆国地理环境影响，塔国内经济基础仍然薄弱，对国际援助的需求大。尤其是水电生产的季节性特点，造成本国能源供应不稳定，使得塔难以大量吸引外资投入。据世界银行的营商环境年度报告，2014 年度在全球 189 个被测评的国家中，塔排名第 143 位，2017 年度在全球 190 个国家中排名第 128位。营商环境总体呈改善趋势。

（一）外国投资状况

从行业分布看，塔吸引外资的领域主要有交通、通信、水电站等基础设施以及矿产开发。主要外资来源国有中国、俄罗斯、土耳其、美国、伊朗、瑞士、英国、荷兰等。

当前制约外资进入塔的主要因素有：基础设施发展程度较差，冬季供电不足，道路交通不畅，年久失修；执法人员执法手段有时粗暴，对法律法规的解释存在随意现象；对外籍工作人员居留政策严格，实行工作许可证和签证双重制度；税收负担较重，制约企业发展；银行体系薄弱，缺少非现金支付手段。

表 6　塔吉克斯坦吸引的外国投资

单位：万美元

年份	2011	2012	2013	2014	2015	2016
直接投资	13877	19642	10969	30931	42615	34415
证券投资	49	6	121	181	6	3
金融衍生品	0	0	0	0	0	0
其他投资	38046	25595	—	-1672	6668	11879

资料来源：Asian Development Bank （ADB），Key Indicators for Asia and the Pacific 2017。www.adb.org/statistics。

（二）投资环境

1. 投资政策

规范塔吉克斯坦投资环境的法律主要有《投资法》《对外经济活动法》《外国人投资法》《自由经济法》《税法典》《企业法》《企业注册法》《劳动管理法》《外国劳动移民管理实施办法》《反不正当竞争法》《环保法》《土地法》等。

塔境内禁止投资的行业是博彩业。限制投资的行业有军工、金融、矿产勘探、法律服务、航空等，投资这些部门需要获得主管部门签发的许可。鼓励投资的行业有能源（尤其是水电和水利工程、输变电网、煤炭、石油、天然气的勘探开发），公路、隧道、桥梁等交通基础设施，农业，铝锭和农产品的深加工。鼓励投资的地区主要是自由经济区，包括索格特自由经济区、喷赤自由经济区、伊什卡希姆自由经济区、丹加拉自由经济区。对投资上述行业或地区的企业给予税收、劳工、土地等优惠。

塔对外来劳工实行许可配额制度，配额数量根据上年用人单位申请，由劳动和社会保障部门确定,具体核发则由移民部门负责。外资企业中,外籍员工的比重不得超过员工总数的 30% 。从 2014 年初开始,为解决本国就业难题,塔逐步收紧赴塔劳务签证,签证手续严格,劳工许可配额数量减少。

2. 金融体系

塔吉克斯坦实行两级银行体系,央行负责货币政策和金融监管,商业银行负责具体金融业务。截至 2017 年初,塔共有 142 家信贷机构,其中商业银行 16 家,非银行金融机构 2 家,小型信用机构 124 家,另有外国银行代表处及分支机构 6 家。商业银行中,国有的农业投资银行(agroinvest bank)、外经银行(Tojik Sodirot Bank)、储蓄银行(Amonat bonk)和东方银行(Orien bank)4 家银行总资产占全部银行资产的 80% 左右。

近年,为维护经济稳定,塔货币政策的重点是维护汇率和价格稳定,维护货币流动性和适度规模,完善支付体系。主要措施是发行国债等。伴随美元收紧升值,塔本币索莫尼兑美元汇率总体呈贬值趋势,2012 年 1 美元兑 4.74 索莫尼,2016 年兑 7.84 索莫尼。为刺激经济发展,塔央行自 2011 年 10 月起不断调低折现率,从 10% 直降到 4.8% (2014 年 1 月 10 日起),此后又不断提高,2017 年 3 月达到 16% 。截至 2017 年 7 月底,塔国内广义货币规模 M4(含外债)共计 161.47 亿索莫尼(约合 20 亿美元)。

表 7 塔吉克斯坦本币索莫尼兑美元汇率

单位:1 美元兑索莫尼

年份	2011	2012	2013	2014	2015	2016
年末汇率	4.76	4.76	4.77	5.31	6.99	7.88
年均汇率	4.61	4.74	4.76	4.94	6.16	7.84

资料来源:Asian Development Bank (ADB), Key Indicators for Asia and the Pacific 2017, www. adb. org/statistics。

表 8 塔吉克斯坦货币规模

单位:亿索莫尼

时间	2017 年 1 月底	2017 年 7 月底
M0 银行外现金	73.85	93.37
M1(M1 = M0 + 活期存款)	84.36	102.66
活期存款	10.51	9.29

续表

时间	2017 年 1 月底	2017 年 7 月底
M2（M2 = M1 + 定期存款）	97.48	116.36
定期存款	13.12	13.70
M3（M3 = M2 + 国债）	97.48	116.36
国债	0.00	0.00
M4（M4 = M3 + 外币存款）	145.18	161.47
外币存款	47.69	45.11
储备金	110.83	126.38

资料来源：塔吉克斯坦中央银行 Денежная масса（на конец периода）。

3. 税收体系

独立后至今，塔吉克斯坦共出台三部《税法典》，第一部自 1999 年起生效，第二部自 2005 年起生效，第三部（现行）自 2013 年 1 月 1 日起生效。现行税种共 13 种，其中中央税 8 种（个人所得税、法人利润税、增值税、消费税、社会税、资源税、公路使用税、皮棉和铝锭销售税）；地方税 2 种（运输工具税、不动产税）；另外还有 4 项依照特别征收程序的税收：一是自然人依照专利和执照从事经营活动的专项课税；二是针对博彩业经营主体的专项课税；三是针对农产品生产者的简化征税（统一征税）；四是针对小型企业活动主体的简化征税。

表 9　塔吉克斯坦主要税种和税率（2017 年 1 月）

税种	税率
个人所得税	个人所得 8%，超过 140 索莫尼部分 13%
法人利润税	15%
增值税	18%
社会税	25%
资源税	根据矿产不同征收 3% ~ 10%，其中油气开采 6%，贵金属 8%
公路使用税	2015 年前 0.5% 或 2%，2015 ~ 2017 年 0.25% 或 1%，2017 年月 1 日起取消
销售税	棉花 10%，铝 3%

五　双边关系

中国与塔吉克斯坦 1992 年 1 月 4 日建交，现为全面战略伙伴关系。两国关系具有坚实的法律基础：2000 年 7 月签署《中华人民共和国和塔吉克斯坦共和国发展面向 21 世纪的睦邻友好合作关系的联合声明》，2007 年 1 月签署《睦邻友好合作条约》，2008 年 8 月签署《关于进一步发展睦邻友好合作关系的联合声明》，2013 年 5 月 20 日签署《关于建立战略伙伴关系的联合声明》，2017 年 8 月 31 日签署《中华人民共和国和塔吉克斯坦共和国关于建立全面战略伙伴关系的联合声明》，这些声明和条约以法律形式确定了两国睦邻友好和战略伙伴关系。中塔之间没有任何难以解决的矛盾冲突，不仅边界划分和边境地区安全问题得到有效解决，政治互信不断加深，还充分利用地理毗邻和经济互补优势，在平等互利基础上深化各领域合作。

（一）政治关系

中塔相互坚定支持对方根据本国人民的意愿选择的发展道路，支持对方为维护国家主权、安全和领土完整所做的努力，支持对方为保障社会稳定、发展国民经济、扩大对外交往所采取的措施，承诺不参与任何针对对方主权、安全和领土完整的敌对同盟或集团，不采取任何此类行动，包括不同第三国缔结此类条约，不允许在本国领土上成立损害另一方国家主权、安全和领土完整的组织和团体，并禁止其开展活动。

中塔相互尊重对方的核心利益。塔奉行一个中国政策，承认中华人民共和国政府是代表全中国的唯一合法政府，台湾是中国领土不可分割的一部分，不与台湾地区建立官方关系和进行官方往来，支持两岸关系和平发展和中国和平统一大业。

（二）双边贸易

中塔已签署的政府间双边经济合作协议主要有：《鼓励和相互保护投资协定》《对所得和财产避免双重征税和防止偷漏税的协定》《经济

贸易协定》《经济技术合作协定》《汽车运输协定》《能源领域合作协定》等。

中塔贸易规模约 20 亿美元，其中 95% 是中国向塔出口，5% 是从塔进口。出口商品种类繁多，主要是日用百货、家电、服装、机电设备、建材等。从塔进口商品主要有铝土、矿石、农产品等。

位于新疆塔什库尔干塔吉克自治县境内的卡拉苏口岸是中塔之间唯一的陆路口岸，属于季节性口岸。冬季由于海拔较高和降雪，车辆无法通行，通常每年 12 月至次年 4 月闭关。闭关后，货物通常经过中国和吉尔吉斯斯坦之间的伊尔克什坦口岸转运，成本高且费时。

表 10　中国与塔吉克斯坦贸易额统计

单位：亿美元

年份	2008	2009	2010	2011	2012	2013	2014	2015
进出口总额	14.9992	14.0670	14.3256	20.6901	18.5670	19.5811	25.1594	18.4743
向塔出口	14.7968	12.2168	13.7650	19.9678	17.4787	18.6936	24.6824	17.9539
自塔进口	0.2024	1.8502	0.5606	0.7223	1.0883	0.8875	0.4770	0.5204

资料来源：中国国家统计局历年统计年鉴中"对外经济贸易"部分。

（三）双边经济合作

据中国商务部统计，截至 2016 年底，塔对华投资存量不足 50 万美元，中国对塔非金融类直接投资存量 2.17 亿美元（2012 年流量 0.22 亿美元），主要涉及采掘、电信、纺织、农业等领域。主要投资企业有紫金矿业、中兴通讯、华为、中大实业等。中国在塔经济合作完成额（全部是工程承包）2012 年为 2.5 亿美元，2015 年增加到 6.7 亿美元。

中塔两国近年的经济合作项目主要如下：工程承包项目有"瓦赫达特－亚湾"桥隧项目一号隧道，中塔公路二期，煤炭和油气资源勘探等；投资项目有中亚天然气管道 D 线等项目，华新集团亚湾水泥厂等；境外园区有中塔工业园（铅锌矿和加工），中泰新丝路农业纺织产业园（棉花种植和加工），中塔农业产业加工园（粮食蔬菜种植和加工）。金融合作方面，2015 年 12 月 13 日人民币兑塔吉克斯坦索莫尼实现汇率挂牌交易，这有利于丰富中塔两国贸易结算币种，降低汇率风险和交易成本，促进中塔双边贸易投资便利化。

表 11　塔吉克斯坦对中国直接投资统计（当年投资额）

单位：万美元

年份	2005	2006	2007	2008	2009	2010	2011	2012	2013	2014	2015
金额	21	0	0	0	2	7		11	0	0	0

资料来源：中国国家统计局：历年统计年鉴"对外经济贸易"部分。

表 12　中国对塔吉克斯坦经济合作统计

年份	2011	2012	2013	2014	2015
总工程承包完成额额（万美元）	22792	25244	44456	40931	64377
工程承包年末在塔人数（人）	1413	2070	2306	1262	1633
劳务合作年末在塔人数（人）	96	85	39	103	105

资料来源：中国国家统计局历年统计年鉴中"对外经济贸易"部分。

六　总体风险与评估

当前及未来一段时期内，国内外环境总体上有利于塔吉克斯坦国内的发展和稳定。现任总统拉赫蒙通过强力推行总统制，在国内政坛上实现了一党独大和以总统为核心的行政权力体系，加上与周边国家的关系总体呈改善趋势，以及民众有厌倦内战心理，尽管国内存在一些不稳定因素，但局势总体上来说有望保持稳定。

与此同时，可能对塔吉克斯坦稳定和发展造成一定威胁的风险因素主要有：（1）家族腐败，总统身边的人占据高位并垄断优势资源，民众不满情绪在积累；（2）宗教极端，尤其是从南部邻国阿富汗渗透的暴恐和极端势力，使得塔国内的极端分子数量在增长；（3）伊斯兰复兴党虽被取缔，但不甘心失败，可能会在境外积蓄力量，并在国内秘密发展；（4）经济基础依然脆弱。结构较为单一，对外国投资、外债和国际援助的依赖较大。

（张宁）

土耳其

（Republic of Turkey）

一　国家基本信息

（一）地理概述

土耳其共和国（简称土耳其）国土面积 783562 平方公里，其中 97%位于亚洲的小亚细亚半岛，3%位于欧洲的巴尔干半岛。地跨亚、欧两洲，海岸线长 7200 公里，陆地边境线长 2648 公里。北临黑海，南临地中海，东南与叙利亚、伊拉克接壤，西临爱琴海，并与希腊以及保加利亚接壤，东部与格鲁吉亚、亚美尼亚、阿塞拜疆和伊朗接壤。在安纳托利亚半岛和东色雷斯地区之间的是博斯普鲁斯海峡、马尔马拉海和达达尼尔海峡，总称黑海海峡，别称土耳其海峡，是连接黑海以及地中海的唯一航道。土耳其大部分地区属高原地形，地壳持续变动，地震频仍。

南部沿海地区属亚热带地中海式气候，内陆为大陆型气候。南部和西部气候温和，夏季干热，冬季多雨；黑海沿岸，凉爽湿润；内陆、东北、东南则冬季寒冷，夏季干热。

首都是安卡拉（Ankara）。

（二）人口和民族

全国总人口 7600 万，人口密度为 98 人/平方公里。其中，女性占 49.9%，男性占 50.1%，土耳其族占人口总数的 75%以上，库尔德族约占 18%，其他少数民族约占 7%，识字率达到 87%。

土耳其人是现代土耳其共和国的主体民族，大部分是从 11 世纪以后由中亚迁入小亚细亚的乌古斯人，大多数人为信奉伊斯兰教的逊尼派（Sunnite），少数人为信奉伊斯兰教什叶派的支派阿列维派（Alevi）。

（三）简史

中国历史上称土耳其为突厥。奥斯曼土耳其人是西突厥的一支，早期居住在中亚一带，12 世纪迁至小亚细亚，依附于塞尔杜突厥人建立的罗姆苏丹国，并接受伊斯兰教。13 世纪末建立奥斯曼帝国，16 世纪版图扩及欧洲、亚洲、非洲，达到鼎盛，16 世纪末开始衰落。19 世纪至 20 世纪初，逐渐沦为英、法、德等国的半殖民地。第一次世界大战后，领土只剩下小亚细亚中部、东部和黑海沿岸地区。1919 年，凯末尔领导民族资产阶级革命，推翻封建王朝，击退外国侵略，于 1923 年宣布成立土耳其共和国，凯末尔当选首任总统。同年，《洛桑条约》确定了土耳其现今的边界。

二 政治状况

（一）政体简介

1. 宪法

土耳其立法体系效仿欧洲模式。现行宪法于 1982 年 11 月 7 日生效，这是土耳其第三部宪法。宪法规定：土耳其为民族、民主、政教分离和实行法治的国家，奉行世俗主义。2007 年 10 月，土耳其全民公决通过正义与发展党所主导的宪法修正案；2010 年土耳其公投通过了新的宪法修正案。

土耳其宪法法院的功能是：审查法律、具有法律效力的法规以及土耳其国民大会议事规则这三者的合宪性；同时，作为国家的终极裁判机构对总统、内阁成员、最高法院的法官与检察官最高委员会的成员、公共审计最高委员会的成员、国家检察总长与副总长等人员是否犯罪进行审判；选定冲突法院（用于解决不同法院之间管辖权冲突的独立法院）主席与副主席。宪法法院共有 11 名常任法官与 4 名候补法官。宪法法院的裁决必须获得 11 位常任法官完全一致的同意方能做出。宪法法院一旦做出裁决，该裁决即为绝对终极裁判，任何机构、个人必须严格执行遵守。

2. 议会

议会全称为土耳其大国民议会，是土耳其最高立法机构。共设 550 个议席，议员根据各省人口比例经选举产生，任期 4 年。实行普遍直接选举制，18 岁以上公民享有选举权。只有超过全国选票 10% 的政党才可拥有议会席位。本届议会成立于 2015 年 11 月，是土耳其第 26 届议会。2017 年 4 月 17 日，总统埃尔多安宣布修宪公投获得通过，土耳其政体由此前的议会制变更为总统制，总统将被赋予更多的权力。

3. 政府

政府又称部长会议。土耳其以代议民主制的共和制为框架，总理是政府的领导人。行政权由政府行使，立法权则属于政府及土耳其大国民议会，司法独立于行政及立法。

本届政府是第 62 届政府，成立于 2014 年 8 月 28 日，由正义与发展党（简称正发党）单独执政，法定任期 4 年。因前总理埃尔多安就任总统，现任总理是比纳利·耶尔德勒姆，于 2016 年 5 月在埃尔多安的支持下当选正发党主席并出任总理。

总统雷杰普·埃尔多安（Recep Erdogan），是该国第 12 任总统，也是首次在全国直选中获胜的总统，此前他担任了 11 年的总理。

4. 司法

中央一级的法院有宪法法院、上诉法院、行政事务法院、审计法院等。土耳其司法独立，受到宪法的保障。没有任何组织、个人、机关可以干预法院的运作，行政和立法部门都必须遵从法院的裁决。法院独立运作，其裁决必须依据宪法和法律。土耳其司法制度结构严谨，受政党政治的影响较小，历史上，宪法法院多次做出不利于执政党的判决，甚至按照土耳其宪法的世俗主义原则判决取缔执政党。

（二）政局现状

2013 年底，土耳其爆发了大规模反政府示威，土耳其政坛的紧张与不确定状态不断凸显。当时，总理埃尔多安对内阁进行了重组，更换了包括内政部、经济部在内的 10 名部长，但局势仍未得到控制。动荡发生的背景是 2014 年将进行议会选举，折射出土耳其国内政治斗争正在加剧。尽管如此，埃尔多安领导的正义与发展党的执政地位仍然难被撼动，并仍在选举后保持土第一大党地位。

目前，土耳其的主要政党包括正义与发展党、共和人民党、民族行动党、和平民主党及民主左翼党、土耳其共产党、民族行动党等。

正义与发展党（AKP），现为执政党，2001 年成立，2002 年起一直是土耳其的执政党，是温和保守的伊斯兰中右翼政党，党的标志是一只发光的橘黄色灯泡。正义与发展党把自身定义为亲西方的政党，主张建立法律至上、尊重人权与自由的现代共和政体，倡导保守的社会议程与自由市场经济，支持土耳其成为欧盟的成员国，是具有较强宗教保守倾向的土耳其中下层民众的代表。2005 年，该党被给予欧洲人民党观察员身份。2002 年 11 月，正发党赢得土耳其第 22 届大选，实现单独执政至今。其党主席是雷杰卜·塔伊卜·埃尔多安。在 2015 年 11 月举行的第 26 届大国民议会选举中，正发党的得票率约为 49.35%，赢得 550 个议会席位中的 316 席，超过半数以上，获得单独组阁权。

共和人民党（土耳其语：Cumhuriyet Halk Partisi，CHP）是土耳其历史最悠久的政党，现为最大反对党。该党在锡瓦斯会议时以"人民党"的名义成立。1923 年 9 月 9 日，人民党正式宣称自己是政治组织。1923 年，人民党宣布国家由无党派民主过渡到共和体制。1924 年，人民党重新命名为共和人民党，使土耳其进入一党执政时期。共和人民党传统上获中产阶级人士的支持，如白领、退休公务员、知识分子、官僚、大学生及企业家。2011 年大选，共和人民党惨败，取得 135 席。2015 年 11 月大选共和人民党获得 134 个议席。

（三）国际关系

奉行在"普世价值"与国家利益之间寻求最大平衡的外交政策，联美、入欧、睦邻是其外交政策三大支柱，同时重视发展同包括中国、日本、韩国在内的亚太及中亚、巴尔干和非洲国家关系，注重外交多元化。近年来，土凭借其日益增强的综合国力和地缘战略优势，外交上更加积极进取。西亚北非地区局势动荡以来，深度介入利比亚、叙利亚、伊核等地区热点问题，以提升自身对地区事务的影响力和塑造力。

土耳其重视建立和维护同邻国的友好关系，推行与周边邻国"零问题"政策，强调发展同世界及地区大国的关系。在中东、黑海和巴尔干地区，积极开展多边和双边外交，突出其地区大国的重要性。在中亚，利用与突厥语国家在民族、宗教、历史、文化和地缘方面的联系，密切与这一地区国家的关系。土耳其还注重发展同阿拉伯和伊斯兰国家的关系，承认阿拉伯国家和以色列的合法权益，支持中东和平进程。

三 经济形势

（一）经济概况

1. 自然资源

土耳其自然资源丰富，境内蕴藏多种金属、稀有金属和非金属矿藏，如铁、铜、铝、镁、铬、金、银、铅、汞、硼、煤、硫、天然碱、大理石、海泡石等，铬、汞、锑、硼、重晶石等储量均居世界前列，其中，硼储量占世界的65%。60%的国土适合农业耕种，而实际耕地只占国土面积的20%。森林面积约2000万公顷，占国土面积的26%。

土耳其主要河流有底格里斯河、幼发拉底河及其支流、萨卡里亚河和克孜勒河等，重要湖泊有东部的凡湖、中部的图兹湖等。其内陆河流湍急，落差很大，适宜发电，不适宜航运。水资源短缺，人均水拥有量仅为1430立方米。凡湖盛产鱼和盐。

2. 产业结构

土耳其的现代工业结构较为复杂，传统农业仍是主体。私营体系发展迅速，但国家仍掌握着基础工业，如银行业、交通运输业、信息传播业。土耳其农业较好，粮、棉、蔬菜、水果、肉类等基本自给，提供约30%的就业机会，是整个西亚地区仅有的两个粮食出口国之一，也是世界上最大的榛子、无核葡萄干和无花果出口国。

土耳其的工业有一定基础，高度集中于邻近欧洲、交通便利、农业发达的沿海地区，主要经济中心有伊斯坦布尔、伊兹密尔等，内地仅限于首都安卡拉。土耳其的工业以加工工业为主，其产值占工业总产值的80%以上。其加工工业以纺织工业、食品工业、烟草工业、建筑材料工业、钢铁工业和机械工业等部门为主。其中，纺织工业是土耳其加工工业中规模最大、创汇最多的部门。

其他部门尤其是汽车和电子行业，在土耳其出口结构中的重要地位也在日益凸显。

从消费看，2012~2016年土耳其居民消费支出和政府消费支出占GDP的平均比例分别为61%和14.21%。2016年土耳其消费对经济的贡献率为73.48%，较上年（73.27%）小幅上升，消费对经济拉动作用明显。2016年该比值达到29.45%，较上年（29.32%）上升0.13%，投资对经济的拉动作用稳步增长。从贸易看，近5年土耳其贸易逆差有所减少，土耳其出口净额占GDP的比重由-4.96%上升至-2.93%，贸易对经济的拖累程度有所减少。

2012~2016年土耳其农业、工业和服务业在GDP中的平均占比分别为7.73%，31.57%和60.70%，产业机构较为合理。

（二）近期经济运行状况

1. 宏观经济

土耳其目前位列全球十大新兴市场国家之列。20世纪80年代中期以来，土耳其推行市场经济政策，大力发展私营经济，实行国营企业私有化，实现了由传统的中央计划经济向市场经济的转轨。

从2010年末开始，土耳其经济出现强劲复苏势头，通胀率和失业率较2008年金融危机初期大幅下降。2011年，土耳其经济全年增速超过8%，是当年世界上经济增长最快的国家之一。2012年，土经济发展受到欧洲主权债务危机及地区局势动荡影响，增速不及预期。

2013年，为刺激经济增长，土耳其政府表示将加速国内各行业的私有化进程，出售包括电信、化工、银行、钢铁等领域的国有生产或服务企业。同时，电站、桥梁、公路等基础设施的私有化进程也将逐步推进，这为有意在土耳其拓展市场、完善业务网络的各国企业提供了很好的进入机会。

土耳其 GDP 在 2003～2016 年的平均增长率为 4.6%，其中 2016 年的增长率为 2.9%，世界排名第 81 位。国际货币基金组织（IMF）预测，土耳其 2017 年的经济增长率为 2.9%，世界银行（WB）的预测为 3.5%。

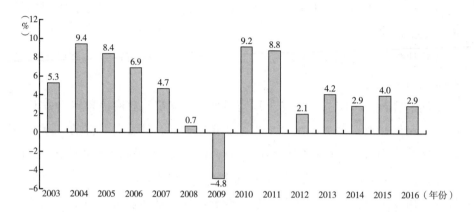

图 1　土耳其经济增长率

资料来源：土耳其国家统计局（TU2KSTAT）。

土耳其人均国内生产总值从 2002 年的 3492 美元增长到 2016 年的 10863 美元。2012 年土耳其人均国民收入超过 1.1 万美元。

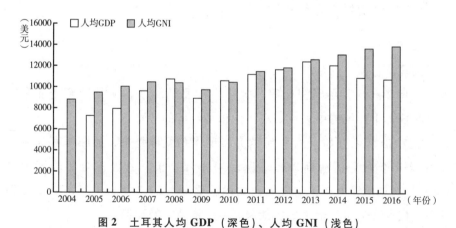

图 2　土耳其人均 GDP（深色）、人均 GNI（浅色）

资料来源：GDP 来自土耳其国家统计局，GNI 来自世界银行。

土耳其 2017 年产能利用率的平均水平为 78.1%，2017 年 12 月的产能利用率为 79%。

土耳其 2008～2016 年的年均通货膨胀率为 7.7%。2008～2016 年外贸货物出口年均增长率为 1.58%，2016 年达 1501 亿美元。2016 年土耳其的 CPI 为 7.76%，PPI 为 4.31%。

2017 年 12 月，新土耳其里拉 CPI 实际有效汇率较去年同期贬值 8.06%，PPI 实际有效汇率较去年同期贬值 5.98%。2017 年 11 月，土耳其的资本充足率为 16.4%。

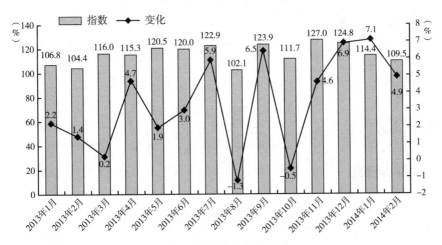

图 3 土耳其产能利用率

资料来源：土耳其国家统计局。

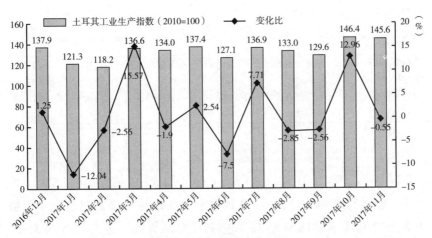

图 4 土耳其工业生产指数

资料来源：土耳其国家统计局。

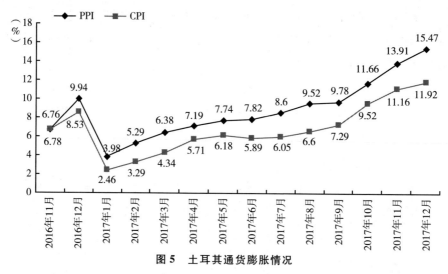

图 5 土耳其通货膨胀情况

资料来源：土耳其国家统计局。

2. 国际收支

表 1 土耳其国际收支平衡（2006～2016 年）

单位：百万美元

年份	2006	2007	2008	2009	2010	2011
经常项目	－31.168	－36.949	－39.425	－11.358	－44.616	－74.402
固定资产账户	0	－8	－61	－43	－51	－25
财务账目	－42.689	－49.287	－34.761	－9.879	－60.099	－67.146
储备资产	10.625	12.015	－2.759	792	14.968	1.014

年份	2012	2013	2014	2015	2016
经常项目	－47.962	－63.621	－43.597	－32.118	－33.011
固定资产账户	－58	－96	－70	－21	23
财务账目	－71.768	－72.903	－41.159	－10.110	－22.876
储备资产	22.821	10.763	－468	－11.831	813

数据来源：土耳其中央银行。

2017 年 11 月，土耳其经常账户赤字达到 42 亿美元，同比增长 19.4 亿美元。土耳其中央银行表示："经常项目的这种发展主要是由于货物赤字增加 18.2 亿美元，净流出 46.7 亿美元，原有收入赤字增加 5.55 亿美元，达到 10.4 亿美元。"旅游业是服务业的主要项目，2017 年 11 月净流入 12 亿美元，与 2016 年同月相比增加 3.22 亿美元。

在土耳其里拉兑主要货币下跌的推动下，土耳其 2017 年的出口额达到创纪录的 1200 亿欧元。

3. 外债状况

从政府债务总水平看，2012～2016 年，土耳其政府债务水平维持在 30% 左右的较低水平，且总体呈现下降趋势。截至 2016 年底，土耳其一般政府债务总额达到 7537.58 亿土耳其里拉，相当于 GDP 比值的 29.10%，较上半年上升 1.53%。

从政府债务净额看，截至 2016 年底，土耳其一般政府债务净额为 5747.54 亿土耳其里拉，相当于 GDP 比值的 22.19%，较上半年上升 1.85%。

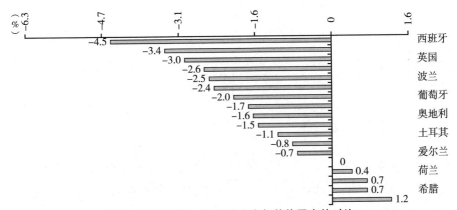

图 6　政府债务占 GDP 的比率与其他国家的对比

资料来源：土耳其国家统计局。

2017 年 9 月，土耳其副总理穆沙姆·辛塞克在新闻发布会上说，中期计划的主要目标是保持宏观经济稳定，提高人力资源和劳动力素质，实现可持续增长。预计 2018 年赤字占 GDP 的比例为 1.9%，2019 年为 1.8%，中期计划结束时为 1.6%。

4. 财政收支

2016 年，土耳其中央财政收入 80088.19 亿里拉，同比增长 11.9%；财政支出 8673.58 亿里拉，同比增长 15.5%；财政赤字 671.08 亿里拉，占 GDP 的比重为 2.6%。

2016 年土耳其的政府债务占 GDP 比率是 28.3%，低于马斯特里赫特标准（60%）。根据欧盟 2016 年的数据，土耳其的表现好于很多欧盟国家。

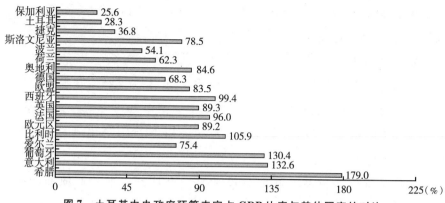

图7　土耳其中央政府预算赤字占 GDP 比率与其他国家的对比

资料来源：土耳其国家统计局。

四　投资状况

（一）外国投资状况

土耳其的大多数外国直接投资来自欧洲、北美及海湾国家。根据土耳其经济部统计，截至2016年底，土耳其境内外资企业累计达到53200家，相比于2015年，增长了11.7%。中介和制造业吸引的外国直接投资最多。截至2016年底，外国直接投资的市值达到了近1230亿美元。

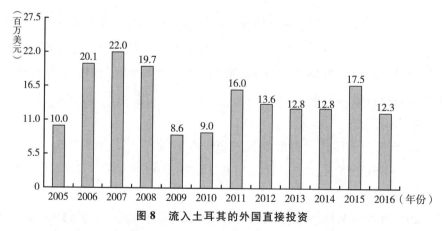

图8　流入土耳其的外国直接投资

资料来源：土耳其共和国中央银行。

（二）投资环境

1. 投资政策

土耳其负责投资的主管部门是工业贸易部。其职责包括制定必要的政策、采取有效措施、实施市场监管和控制机制。外国投资者在土耳其享有与其国内企业同等的优惠政策。

土耳其最新的投资鼓励政策已于 2012 年 6 月正式生效。新的鼓励投资政策主要有四个部分，分别是一般性投资鼓励政策、区域投资鼓励政策、大规模投资鼓励政策，以及战略性投资鼓励政策。其中，战略性投资鼓励政策是新增加的内容。优惠政策项目包括免关税、免增值税、减税、利息优惠、土地分配、社会保险支持、退增值税等；一般性投资仅享受免关税、免增值税、减所得税三项优惠；大规模投资不享受利息优惠。对战略性投资的优惠力度是最大的，享受所有优惠项目，特别是在能源投资领域。

2. 金融体系

尽管土耳其国内经济逐步实现了自由化，国家在经济生活中仍然居于主导地位，政府仍旧控制着全国的基础设施建设、基础工业、食品加工工业和 30% 的银行部门。

土耳其的银行信用及金融服务比较发达，信用卡的使用十分普遍。但是，土耳其银行系统的问题也很多，贪污腐败、呆账坏账长期存在。

土耳其的银行系统由国营和私营商业银行两部分组成。经过 1999 年和 2001 年的两次金融危机及其后的兼并重组，土耳其现有银行约 50 家，它们都处于独立监督机构——银行管理与监督机构（BRSA）的严密监控之下。外国银行在土耳其只占极小的市场份额（约 3%）。约 33 家土耳其银行在海外设有自己的分支机构或合资银行。GARANTI 银行是唯一一家在中国（上海）设有办事处的土耳其银行。

3. 税收体系

土耳其的企业税收制度在经合组织（OECD）国家中最具竞争力，实行属地税法与属人税法相结合的税收体系。外国投资者与土耳其当地公司和自然人一样纳税。土耳其的税收制度主要分为三大类：所得税、消费税、财产税，共计 14 个税种；其中直接税有 2 种，即收入税和公司税，包括个人所得税、公司所得税；间接税有 12 种，包括增值税、印花税、交通工具税、金融保险交易税、博彩税、遗产与赠与税、房地产税、财产税、通信税、教育贡献税、关税、特别消费税。

五　双边关系

（一）政治关系

1971 年 8 月 4 日，中国和土耳其建交。20 世纪 80 年代以来，两国高层互访增多，双边关系发展较快。近几年，土方重要来访有：托普坦议长（2008 年 4 月）、居尔总统（2009 年 6 月）、埃尔多安总理（2012 年 4 月）、埃尔多安总统（2015 年 7 月）。中方重要出访有：全国政协主席贾庆林（2008 年 11 月）、中共中央政治局常委李长春（2010 年 4 月）、国务院总理温家宝（2010 年 10 月）、时任国家副主席习近平（2012 年 2 月）、最高法院院长周强（2014 年 9 月）、中央政法委书记孟建柱（2014 年 11 月）。2015 年 11 月，习近平主席赴土出席二十国集团领导人安塔利亚峰会并同土总统埃尔多安会谈。

2016 年 9 月，土总统埃尔多安来华出席二十国集团领导人杭州峰会，习主席同埃举行会谈，双方签署 4 项合作协议。

2016 年 11 月，汪洋副总理访问土耳其，同土副总理西姆谢克举行中土政府间合作委员会首次会议。

2017 年 4 月，刘延东副总理访问土耳其，会见土总统埃尔多安、总理耶尔德勒姆，并同土副总理图尔凯什举行会谈。

2017 年 5 月，土总统埃尔多安来华出席"一带一路"国际合作高峰论坛，习主席同埃举行会谈，双方签署 3 项合作协议。

（二）双边贸易

过去 10 年，土中两国经济的快速发展对两国间的经济贸易关系产生了重大的影响。两国贸易额不断增长，经济贸易合作范围不断扩大。贸易

额自 1990 年的 2.83 亿美元增至 2014 年的 230.18 亿美元、2015 年的
215.7 亿美元、2016 年的 194.7 亿美元。两国经贸合作持续发展，交通、
电力、冶金、电信是双方合作的重点。

表 2   2014～2016 年中国与土耳其双边贸易额

单位：亿美元、%

年份	进出口		出口		进口	
	金额	同比	金额	同比	金额	同比
2014	230.19	3.63	193.07	8.75	37.12	-16.76
2015	215.65	-6.3	186.17	-3.57	29.48	-20.57
2016	194.6	-9.7	166.8	-10.3	27.8	-5.4

资料来源：中国商务部。

中土扩大经贸合作具有很大潜力，前景广阔。2010 年，中国和土耳其
签署合作文件，涉及双边经贸合作、第三国基础设施与技术咨询合作、文
化交流、信息通信技术合作、海事合作和铁路合作等领域。2017 年 1～6
月，中土双边贸易额 103.8 亿美元，同比增长 4.2%；其中，我对土出口
85.6 亿美元，同比下降 1.4%，自土进口 18.2 亿美元，同比增长 43.0%。

（三）双边经济合作

自 1971 年两国正式建交以来，中国与土耳其的双边关系稳步发展。
两国经贸往来日益密切，交通、电力、冶金、电信是双方合作的重点。
中国商务部统计数据显示，2016 年中土两国货物贸易额为 194.7 亿美
元，其中土耳其自中国进口 166.8 亿美元，对华出口 27.8 亿美元，对华
贸易逆差 139 亿美元。根据土耳其国家统计局统计，2016 年，中国为土
耳其第一大进口来源国，中国为仅次于德国的第二大贸易伙伴国和第一
大贸易逆差来源国。土耳其和中国签署有 9 项双边贸易协议。中国企业
主要的经营领域有采矿、电信、高速铁路建设、能源和装配部门等。中
土两国在贸易、工程承包、相互投资等领域的合作已初具规模，并在近
几年实现跨越式发展，其中，工程承包成为两国经贸合作的亮点，项目
规模不断扩大，双向投资合作取得实质性进展。中国已成为土耳其重要

的贸易伙伴。

土耳其是亚欧非三大洲重要的中转地和交通枢纽，其有利的地缘优势、丰富的劳动力资源优势已成为经济持续增长的发动机。同时，土耳其拥有独特的投资和贸易条件。目前，土耳其政府正加大对外开放力度，加速私有化进程，为中国企业在土耳其投资提供了难得的机遇。

六 总体风险评估

土耳其总体风险水平很低，政治运行良好，经济发展顺利，制度化水平较高，风险主要来自周边地区复杂的安全环境。

埃尔多安领导的正发党政府是土耳其数十年来执政时间最长、具有最稳定优势甚至强势的政府。自 2002 年首次执政以来，已经连续掌握国家权力 16 年。

对埃尔多安造成威胁的主要是不满于正发党宗教色彩的军队和世俗力量，但在土耳其努力融入欧洲以及正发党选举优势巨大的大背景下，军队发动政变取缔正发党的可能性很小。部分对埃尔多安长期执政感到厌倦的市民阶层，尤其是伊斯坦布尔市民，尽管曾经发动规模较大的街头抗议，但无法动摇正发党在全国范围内的优势地位。

土耳其国内安全风险主要来自极端主义势力和该国东南部的库尔德工人党分离主义势力，但风险总体可控，该国大部分地区安全态势良好。

土耳其所要应对的安全挑战主要是叙利亚内战以及"伊斯兰国"极端主义武装在叙伊边境地区兴起所造成的安全压力。土耳其既希望颠覆叙利亚的阿萨德政权，又希望消灭"伊斯兰国"武装，这两个很大程度上互相冲突的目标将给土耳其安全政策的制定与实施，以及土耳其的南部安全环境造成挑战，也可能导致极端主义分子向土耳其境内渗透的加剧。

（夏晓艳 刘成凯）

土库曼斯坦
（TURKMENISTAN）

一　国家基本信息

（一）地理概述

土库曼斯坦位于中亚西部，科佩特山以北，西濒里海，东部是阿姆河，北部与哈萨克斯坦、东部与乌兹别克斯坦接壤，南邻伊朗，东南与阿富汗交界。国土面积 49.12 万平方公里（略大于四川省），东西长 1100 公里，南北长 650 公里。全国划分成 1 个直辖市（首都阿什哈巴德）和 5 个州（阿哈尔州、巴尔坎州、列巴普州、马雷州、达绍古兹州）。

土境内基本是低地，约 80% 的国土被沙漠覆盖，平原基本在海拔 200 米以下，绿洲深居内陆腹地且主要用于农牧业，采用灌溉生产方式。气候属典型的大陆性干燥气候，降水稀少，蒸发能力强。

土年均气温的空间分布不均匀，区域特征明显，各地气温在 5.71℃ ~ 27.72℃ 间变化。1960 ~ 2010 年，年均温度为 14℃ ~ 16℃，年均降水量 135 毫米，平均蒸发能力 2567 毫米，蒸降比为 19∶1。干旱的气候条件和不合理的土地利用方式，导致生态环境较脆弱，绿洲退化。

（二）人口和民族

土库曼斯坦人口以土库曼族等突厥语民族为主。境内生活着 120 多个民族，其中土库曼族约占总人口的 80%，乌兹别克族约占 10%，俄罗斯族约占 3%，哈萨克族约占 2.7%，此外还有亚美尼亚、鞑靼、阿塞拜疆族等。据中国商务部数据，截至 2012 年底，在土库曼斯坦的华人约 3000 人，主要集中在首都阿什哈巴德和中土能源项目所在地的列巴普州和马雷州。

截至 2017 年初，土国内人口约 517 万，另外在海外约有三四百万土库曼族，其中在塔吉克斯坦约有 0.7 万人，在乌兹别克斯坦约有 15 万人，在俄罗斯约有 3.6 万人（主要位于里海北部周边，如斯塔夫罗波尔边疆区、达吉斯坦共和国、阿斯特拉罕州等），在伊朗约有 132 万人，在阿富汗（主要是北部）约有 93 万人，在土耳其约有 50 万人，巴基斯坦约有 6 万人，在中国（撒拉族）约有 13 万人。

土官方语言为土库曼语，俄语为通用语。绝大多数民众信仰伊斯兰教（逊尼派），俄罗斯族和亚美尼亚族信仰东正教。

（三）简史

土库曼斯坦历史悠久。旧石器时代便有人在此生活。历史上先后被波斯人、马其顿人、突厥人、阿拉伯人统治。11 世纪建立塞尔柱帝国，这是土库曼斯坦历史上最辉煌时期。12～16 世纪归属蒙古和帖木儿帝国统治，16～19 世纪属希瓦汗国，19 世纪中叶至 20 世纪初属沙皇俄国。1917 年十月革命后建立苏维埃政权。1924 年成立土库曼苏维埃社会主义共和国，加入苏联。1991 年 10 月 27 日宣布独立，改国名为"土库曼斯坦"。1995 年 12 月 12 日被联合国承认为"永久中立国"。

二 政治状况

（一）政体简介

1. 宪法

独立后，土库曼斯坦第 12 届最高苏维埃于 1992 年 5 月 18 日通过独立后首部宪法，确定民主、世俗和总统制政体，后于 1995 年 12 月 27 日、

1999 年 12 月 29 日、2003 年 8 月 15 日、2006 年 12 月 27 日、2008 年 9 月 26 日、2016 年 9 月 14 日对宪法进行修订。宪法改革主要涉及四个方面内容：人民会议，议会，总统候选人资格，弹劾总统的条件等，目的是加强总统制，巩固和发展以总统为核心的政体。

1995 年宪法修改主要是根据当年 12 月 25 日联合国通过承认土为永久中立国决议而将永久中立国义务写入宪法。1999 年宪法修订是因当年 12 月 28 土人民会议通过"关于废除死刑的决议"而将完善保护人权义务写入宪法。2016 年修宪的主要内容是解除总统候选人年龄不得超过 70 岁的限制，并且把每届总统任期从 5 年延长至 7 年。如果说 1992 年首部宪法确定了首任总统尼亚佐夫治国理政的基本格局，2008 年的宪法修订则确定了别尔德穆哈梅多夫的执政框架。

2. 议会

根据 2008 年新宪法规定，议会是行使立法权力的国家最高代表机关，由 125 名根据单一选区制产生的议员组成（之前是 50 名），任期 5 年。议会有权通过法律、修改宪法和法律、解释法律、通过国家预算和执行报告、确定总统和议会选举日期、确定国家机关的行政法规是否符合或违反宪法、批准和废除国家间条约、审议和平与安全问题及其他问题。

现任议会是 2013 年 12 月 15 日选举产生的独立后第五届议会。执政的民主党拥有 125 席中的 47 席，企业家党 14 席、工会组织 33 席、妇女协会 16 席，其他 15 席为青年代表和独立候选人。

3. 总统

土库曼斯坦总统由民众直接选举产生，任期 7 年，是国家元首、行政首脑和武装力量最高统帅。总统有权组建和领导国家安全委员会；签署法律；指定全民公决日期；决定公民加入或退出土库曼斯坦国籍的问题；颁发勋章和其他国家奖章；在征得议会同意后任命和解除最高法院院长、总检察长、内务部长、司法部长的职务；宣布宽恕和大赦；决定在全国或个别地区实施紧急状态。如果总统因为某种原因不能履行职权，在新总统选举产生之前，议会可以根据国家安全委员会的决定，临时指定一位政府副总理代行国家元首职能。

现任总统是别尔德穆哈梅多夫（Gurbanguly Berdymukhamedov），1957

年生于阿什哈巴德市，土库曼族，已婚，有3个子女。毕业于土库曼斯坦国立医学院，医学副博士（相当于中国的博士）。1997年任土卫生部部长，2001年4月起任副总理兼卫生和医疗工业部部长。2006年12月21日尼亚佐夫总统去世后出任代总统，2007年2月14日当选总统，2012年2月12日和2017年2月12日成功连任。出版《土库曼斯坦药用植物》《土库曼斯坦——疗养胜地》《天马飞翔》等专著，已被译成中文。

在2010年10月26日庆祝土库曼斯坦独立19周年庆祝仪式上，民众高举"庇护者"标语牌，唱着"感谢您，我们的庇护者"的歌曲。由此，别尔德穆哈梅多夫被赋予"庇护者"称号，民间和媒体则有时候非正式地称呼其为"民族领袖"。

4. 政府

政府又称为内阁，是国家权力执行机关，由主席、副主席和部长组成，主管经济社会各领域。内阁主席由总统兼任，不设政府总理一职，政府工作由总统直接领导副总理。内阁成员的组成和任免均由总统决定，无须经过议会批准。

2012年总统选举后的新政府组成共有11名内阁副主席（政府副总理）和24名部长。内阁部分别是外交部、国防部、内务部、国家安全部、司法部、财政部、经济与发展部、贸易和对外经济联系部、能源和工业部、油气工业和矿产资源部、农业部、建设部、建材工业部、通信部、铁道部、公路运输部、水利部、公共事业部、卫生和医疗工业部、文化部、教育部、环保部、劳动和居民社会保障部、纺织工业部。

5. 司法

土库曼斯坦的司法权属于法院，包括最高法院、最高经济法院、军事法院和地方法院，以民事、经济、行政和刑事诉讼的形式行使司法权，不允许设立特别及其他同法院分庭抗礼的机构。法官由总统任命，任期5年。

检察院是法律监督机构，向总统汇报工作。总检察长、副总检察长和州检察长由总统任命，任期5年。市和区检察长由总检察长任命。

6. 政党

土库曼斯坦独立后曾长期实行一党制，全国只有一个合法政党，即执政的土库曼斯坦民主党（Democratic Party of Turkmenistan）。2012 年 1 月 10 日，土议会通过《政党法》修正案，允许多党制。一个月后（2 月 21 日），土境内出现第二个合法注册的政党"企业家党"（Party of Industrialists and Entrepreneurs）。2014 年 9 月 28 日注册了第三个合法政党"农业党"。

新版《政党法》规定：年满 18 周岁的土公民有权参加政党；组建政党需要至少有 1000 名党员，并在各地设有分支机构；成立政党需要召开成立大会（组委会成员不得少于 10 人），并在司法部注册登记后方可活动。《政党法》第 8 条第 2 款明确规定"禁止在地区和行业基础上组建政党"，防止产生国家、地区或社会分裂势力。

民主党由前苏联土库曼共产党改组而来。1991 年 12 月 16 日，土库曼共产党宣布停止活动，党员于 1992 年 2 月开始重新登记，改组后于当年 3 月 2 日在司法部重新登记注册。2007 年 8 月之前一直由尼亚佐夫总统担任民主党主席，之后是现任总统别尔德穆哈梅多夫担任党主席。现有党员 13 万多。

土有 5 个未能合法注册的政党：共产党、共和党、民主力量联盟、"祖国"社会政治运动、"复兴"社会政治运动。后 4 个政党均由遭解职或判刑的前政府高官组建，目前全部在国外流亡，俄罗斯是这些人的主要收留国。这也是影响土俄关系的因素之一。

（二）政局现状

独立以来，土库曼斯坦积极探寻适合本国国情的发展道路，国内政治总体稳定，主要原因：一是坚持国家主导，对社会控制较严；二是社会福利高，加上民族和社会传统相对封闭保守，民众比较安于现状；三是严格出入境管理。内外交流少，外部势力较难影响土国内。

独立后影响较大的政治事件不多。一是 2002 年 11 月 25 日上午，尼亚佐夫在从郊区官邸赴总统府途中遭到枪手袭击，尼亚佐夫总统本人安全，4 名警卫受伤。土政府指责事件是由 3 名在俄罗斯流亡的土反对派人士策划和资助的，在清洗国内高官的同时，土俄关系亦随之降温。二是 2006 年 12 月 21 日尼亚佐夫总统去世。时任副总理别尔德穆哈梅多夫在国家安全委员会支持下出任代总统，不久又赢得总统选举。

首任总统尼亚佐夫的执政风格既有苏联遗产（如坚持一党制、个人崇拜），又结合土库曼人传统社会的特点（如敬老、保守），其执政理念集中体现在其专著《鲁赫纳玛》[①]中。这个时期，土社会虽稳定，但较压抑，比如马戏、芭蕾、歌剧、电影等"舶来品"被禁止，也不允许民众镶金牙、结婚录像，禁止电视台主持人使用化妆品等。别尔德穆哈梅多夫就任总统后，奉行较开明政策，在继承前任政策的同时也做出诸多重大改革，比如逐步消除尼亚佐夫的个人崇拜痕迹，[②] 开放互联网、鼓励私营经济发展等。

2012 年 2 月 27 日，土总统别尔德穆哈梅多夫宣布土进入"强大幸福时代"，取代尼亚佐夫时期提出的"伟大复兴时代"，国家今后的主要任务是努力建设强大和幸福的土库曼斯坦。如果说尼亚佐夫时代是"金色世纪"，则别尔德穆哈梅多夫时代是"幸福世纪"。

（三）国际关系

土库曼斯坦对外政策的基本原则是：维护和巩固国家主权，维护国家利益，提高国家在国际社会的地位和影响力，为国内发展创造良好的外部环境，与世界各国在相互尊重和平等的基础上发展建设性的友好合作关系。截至 2017 年 1 月 1 日，土与 131 个国家建立正式外交关系，共在 25 个国家和国际组织设立使馆，共有 29 个国家在土设立使馆。

土奉行中立和对外开放政策，是当今世界 7 个被国际社会广泛承认的永久中立国之一，实行纯粹防御性军事政策，中立与和平调解争端，不参加任何军事集团和同盟，不在本国领土部署外国军事基地，不生产或扩散核化等大规模杀伤性武器，优先致力于通过政治外交和其他和平方式解决问题。

[①] "鲁赫纳玛"是土库曼语音译，意思是"精神灯塔"。该书被誉为土库曼斯坦人的"精神宪法"，不仅被收录进教科书，学生要诵读，还与各单位职工的考核及升迁挂钩，2005 年 8 月 24 日，该书的一本随俄罗斯的第聂伯号火箭升上太空。

[②] 比如恢复公历及其称谓，废止尼亚佐夫 2002 年设立的独特官方历法（月份和一周 7 天均以尼亚佐夫及其父母、《鲁赫纳玛》书中的英雄等命名）；将尼亚佐夫的肖像从街道、广场、电视、货币上拿掉；清除遍布城乡的尼亚佐夫塑像和纪念碑；修改宪法，取消人民会议（土语"哈尔克·马斯拉哈特"），删除文本中有关前总统的文字等。

三　经济形势

（一）经济概况

1. 自然资源和基础设施

土库曼斯坦矿产资源主要有石油、天然气、芒硝、碘、有色及稀有金属等。80%的国土（含里海大陆架）有油气储藏。据 BP 世界能源统计年鉴 2012 数据，土石油已探明储量 1 亿吨，天然气 13.4 万亿立方米，大型天然气田主要有南约洛坦、米纳拉、亚什拉尔等。

土大部分国土被沙漠覆盖，湖泊和河流较少。阿姆河是境内最大河流（全长 2485 公里，土境内约 1000 公里）。从 2000 年起，土在卡拉库姆大沙漠建设人工湖，取名"黄金时代"，计划储水 1300 多亿立方米。

卡拉库姆运河调水工程是 20 世纪 80 年代建设完成的阿姆河上最大的调水工程，将阿姆河水引至阿什哈巴德市以西，总长 1300 公里以上，设计年引水量达 130 亿立方米，实际引水量约 130 亿立方米，调水量约占阿姆河的 1/3 水量，灌溉面积超过 100 万平方公里。

截至 2013 年底，土库曼斯坦有机场 26 座。其中跑道长度超过 3047 米的机场有 1 座（阿什哈巴德国际机场），跑道长度 2438～3047 米的机场有 9 座，跑道长度 1524～2437 米的机场有 9 座，跑道长度 914～1523 米的机场有 2 座。

截至 2013 年底，土库曼斯坦拥有天然气管道 7500 公里，石油管道 1501 公里；共有铁路 2980 公里，全部是宽轨（1520 毫米）；共有公路 5.8592 万公里，其中硬路面公路 4.7577 万公里；共有商业码头 11 座，其中货物码头 4 座、化学品码头 1 座、石油码头 5 座、冷藏码头 1 座；共有海港 1 处，即位于里海的土库曼巴什港。阿姆河和卡拉库姆运河可通航里程 1300 公里；电站的总装机容量为 4173.2 兆瓦，其中电厂装机容量 3984 兆瓦。

2. 产业结构

土库曼斯坦经济结构较单一，以工业为主，农业和服务业比重不大，2015 年农业、工业和服务业占 GDP 的比重分别为 9%、57%和 34%。受土地和气候资源限制，农业以种植业为主，主要作物有小麦、大麦、玉米、棉花、桑蚕等。工业以石油和天然气开采为主（产量主要取决于出口情况），此外还有石油加工、电力、纺织、化工、建材、地毯、机械制造和金属加工等。

表1　土库曼斯坦经济结构

单位：占GDP比重（%）

年份	2010	2011	2012	2013	2014	2015
农业	14.5	8.9	8.5	8.5	8.5	9.3
工业	48.4	65.9	66.6	63.4	63.0	56.9
服务业	37.0	25.2	24.9	28.1	28.5	33.8

资料来源：IMF，World Economic Outlook Database，April 2017 Edition，http://www.imf.org/external/pubs/ft/weo/2017/01/weodata/index.aspx。

为提高本国粮食安全，土努力增加灌溉面积，调整种植结构，优先保障小麦等粮食作物种植。农作物年均种植面积约160万公顷（其中小麦基本保持在70万公顷以上），粮食产量年均250万吨（其中小麦230万吨），但每年波动较大，基本能够满足本国消费需求，不足年份粮食主要从哈萨克斯坦和俄罗斯进口。

土每年开采石油约1000万吨，其中一半用于国内消费（主要是炼厂），其余出口到周边国家（主要是乌兹别克斯坦和俄罗斯）。每年天然气产量主要取决于出口量。主要出口对象是中国、俄罗斯、伊朗等。

为改善经济结构，土努力发展非油气领域经济，提高加工业水平，主要有石油和天然气加工，主要是重油、汽油、柴油、焦油、液态天然气、聚乙烯、聚丙烯等；化工，主要是各类化肥，以及塑料制品、合成丝和纤维、油漆和涂料等化工产品；建材，主要是水泥、非金属建材、陶料、气孔混凝土、墙体材料、玻璃、玄武岩纤维等；纺织业，主要是棉纱、服装和针织品等；食品，主要有粮食加工、罐头、水产品、肉制品及奶产品等；电子产品，主要有半导体元件、光电设备、照明器材、LED灯具、电工设备等。

（二）近期经济运行情况

1. 宏观经济

土库曼斯坦2003年通过《2020年以前政治、经济和文化发展战略》，目标是把土建成"一个社会经济发展指标达到世界高水平、居民生活保障高水准的快速发展的强国",使人民生活提高到世界发达国家水平。2010年又通过《2011~2030年社会经济发展国家纲要》,计划分三个阶段落实:第一阶段即2011~2016年大力改革和调整经济结构,发展多元经济,创造新的经济增长点;第二阶段即2017~2021年建立国家创新体系,进一步发展社会导向的经济潜力;第三阶段即2022~2030年让土成为高度发达且与世界深度一体化的国家,经济结构实现真正多元化,居民收入和社会环境达到发达国家水平。

为落实该战略第一阶段任务,土总统2012年2月25日签发《2012~2016年国家经济社会发展纲要》,2016年编制了《2017~2021年国家社会经济发展总统纲要》,旨在促进土国经济多元化,加快工业发展,向发达国家输出劳动力和智力,促进社会经济增长,改善人文生态环境,提高居民生活水平。主要措施是发展基础设施,尤其是技术领先性工业项目,以及居民生活基础设施、交通、通信等。

2015年5月15日,土政府发布《生产进口替代产品国家纲要》《扩大民族产品出口国家纲要》《生产进口替代产品和民族产品出口国家纲要》,制定出口导向产品目录,在加大油气勘探开发和炼厂现代化改造的同时,发展加工业、服务、交通、通信等行业,扶持约10个非石油领域发展(涉及建材、化工、轻工、食品、机械制造、农业、医药等),使民族经济具有强大竞争力,希望到2020年,非油气商品出口量能达到50亿美元(2015年出口额只有约10亿美元规模)。

土库曼斯坦是个高福利国家。自1993年起为居民提供免费的水、电、天然气、盐(这四项免费措施直至2030年),还提供廉价燃油、食品等生活必需品和交通、通信、医疗、教育等服务。土国内每升汽油零售价2008年前约2美分,2008年2月起提至约20美分,但政府每半年向货车、汽车和摩托车车主发放120升免费汽油票(此项措施至2014年7月1日终止)。

在调整经济结构和加大投资项目的同时,为减轻财政压力,土也尝试逐步实行市场化改革,由优惠社会服务逐渐替代免费社会福利。首先在燃料和能源综合体领域实行市场价格调控,规范油气产品的国内市场销售,促使居民合理使用等，比如自 2015 年 7 月 1 日起停止向公民非营运小型车主和摩托车主免费提供汽油和柴油。

土库曼斯坦的经济总规模并不大，2014 年后受国际油气价格下跌影响，GDP 产值下降。GDP 总值 2010 年为 221.5 亿美元，人均 4072 美元，2014 年为 479 亿美元，人均 8271 美元，2016 年为 362 亿美元，人均 6622 美元。

土居民收入不高，但社会保障充足，民众生活稳定。据土国家统计委员会数据，2010 ~ 2016 年，通胀率（与上年同期相比）维持在 4% ~ 7.8%，2017 年通胀率为 4.42%，职工月均工资 370 美元。据联合国 UNDP 的人类发展指数看，土库曼斯坦 2010 ~ 2015 年指数分别是 0.666、0.671、0.677、0.682、0.698、0.688，世界排名第 102 ~ 109 位，属于中等发展水平。

表 2　2010 ~ 2016 年土库曼斯坦经济统计数据

年份	2010	2011	2012	2013	2014	2015	2016
总人口（万人）	504	511	517	524	531	538	546
GDP（亿马纳特）	631.2	833.2	1002.2	1117.1	1240.4	1261.6	1266.3
GDP（亿美元）	221.5	292.3	351.6	391.9	479	360.4	361.8
GDP（PPP, 亿国际元）	495.4	580.1	655.8	734	825	888	955
人均 GDP（马纳特）	11605	15077	17850	21319	23345	23416	23178
人均 GDP（美元）	4072	5290	6263	7480	8271	6690	6622
人均 GDP（PPP, 国际元）	9108	10498	11681	14017	15526	16475	17485
国债总额（亿马纳特）	26	83.7	181.1	246.34	223.07	244.27	302.32
国债占 GDP 比重（%）	4.11	10.05	18.07	22.05	17.98	19.36	23.87
经常账户（亿美元）	- 23.5	5.8	0.2	- 28.80	- 27.69	- 50.54	- 76.05
经常账户占 GDP 比重（%）	- 10.6	1.99	0.04	- 7.35	- 6.36	- 14.02	- 21.02
兑美元汇率（年底，1 马纳特 =）	2.85	2.85	2.85	2.85	2.85	3.50	3.50
兑美元汇率（年均）	2.85	2.85	2.85	2.85	2.85	3.50	3.50

资料来源：IMF, World Economic Outlook Database, April 2017 Edition, http://www.imf.org/external/pubs/ft/weo/2017/01/weodata/index.aspx。

表 3　2010～2016 年土库曼斯坦经济增长统计

年份	2010	2011	2012	2013	2014	2015	2016
GDP 增速（%）	9.2	14.7	11.1	10.2	10.3	6.5	6.2
国家投资额（亿马纳特）	291.31	369.85	484.07	518.35	549.78	592.41	594.56
平均月工资（马纳特）	742.8	848.4	943.4	1047.0	1152.7	1263.2	1290.0
通胀率（%）	4.77	5.60	7.81	4.02	4.42	5.97	6.17

资料来源：Государственный комитет Туркменистана по статистике, Основные макроэкономические показатели Туркменистана за 2007 – 2016 годы，http：//www.stat.gov.tm/ru/main/info/makro.pdf。

2. 国际收支

截至 2012 年底，土库曼斯坦已同世界上 110 个国家有贸易往来，与 31 个国家建立了双边政府间合作委员会，与 24 个国家签订政府间经贸合作协议，与 7 个国家签订自由贸易区协议，与 21 个国家签订鼓励和保护投资协议，与 13 个国家签署避免双重征税协议。

土不是世界贸易组织成员，对本国产品出口实行计划配额管理，由国家统一经营，并经国家商品交易所竞卖。大部分商品的进口关税为 2%，出口关税为 5%。

土出口商品主要有天然气、原油、石油产品、棉花、纺织品，能源（石油、天然气、石化、电力等）出口占出口总值的 90% 以上，其中天然气出口占出口总值的一半以上。进口商品主要有机械设备、建材、电器和电子产品等，其中 4/5 属于生产技术性产品。

近年，土为提高本国油气产量和出口量，大力发展能源和交通基础设施，进口交通设备（机车和车厢）和油气采掘设备、管道器材等较多。主要贸易伙伴有中国、俄罗斯、土耳其、伊朗、阿联酋和欧盟等。2011 年后，中国从土大量购买天然气，一跃成为土最大贸易伙伴。据亚洲开发银行数据，2016 年土对外贸易总额 207 亿美元，其中出口 75 亿美元，进口 132 亿美元，贸易逆差 57 亿美元。

表 4　土库曼斯坦与主要贸易伙伴贸易情况

单位：亿美元

年份	2010	2011	2012	2013	2014	2015	2016
进出口总值	178.83	281.12	341.25	349.44	364.20	262.15	206.97
贸易盈余	14.76	53.90	58.48	27.64	31.44	-18.87	-56.57
出口总值	96.79	167.51	199.87	188.54	197.82	121.64	75.20
其中:中国	9.85	44.28	75.68	83.90	89.78	73.85	52.48
土耳其	3.64	3.70	2.86	6.17	5.88	5.26	3.99
意大利	1.85	3.48	5.07	4.57	5.01	1.72	3.99
英国	0.98	0.31	1.10	4.26	1.96	0.58	0.19
俄罗斯	1.40	1.35	1.73	1.32	0.86	0.69	2.96
孟加拉国	0.93	1.36	1.60	1.40	2.46	2.06	—
哈萨克斯坦	0.09	0.63	1.69	2.05	1.14	0.60	2.02
阿富汗	1.10	3.33	—	—	—	5.97	—
德国	0.86	0.62	0.93	0.12	1.74	0.10	0.31
格鲁吉亚	0.56	0.52	0.29	0.45	0.65	1.05	0.71
进口总值	82.04	113.61	141.38	160.90	166.38	140.51	131.77
其中:土耳其	12.08	15.83	15.69	20.75	23.65	19.69	13.22
俄罗斯	7.62	10.54	12.83	15.16	12.25	9.69	5.23
中国	5.53	8.33	18.02	12.10	10.11	8.63	3.61
德国	3.63	4.56	4.38	5.47	3.87	3.55	4.16
乌克兰	2.21	2.57	5.60	4.19	4.57	1.81	1.16
意大利	0.99	3.43	2.30	1.95	2.27	2.47	2.63
韩国	1.16	2.57	2.05	1.50	2.05	1.93	3.92
美国	0.42	0.75	0.98	2.77	4.83	0.85	1.13
白俄罗斯	0.92	2.44	2.45	3.35	2.00	0.97	1.20
法国	1.79	1.32	2.40	1.80	2.66	1.12	1.44

资料来源：Asian Development Bank（ADB），Key Indicators for Asia and the Pacific 2017。

3. 外债状况

土库曼斯坦的外债规模不大，对国家经济影响小。据亚洲开发银行数据，截至 2015 年底，外债余额 4 亿美元，仅占国民生产总值的 1.1%，远低于国际公认的债务风险线。其中长期外债占 67.6%（2.7 亿美元），短期外债占 8.4%（0.34 亿美元），另外还有国际货币基金组织贷款 0.96 亿美元。长期外债主要是政府及政府担保外债（2.34 亿美元）。

土库曼斯坦的国际储备规模属于国家机密，官方并未公布。据美国

CIA《世界概览 2017》数据，土库曼斯坦国际储备截至 2013 年底为 258.5 亿美元，2014 年底为 270.4 亿美元，2015 年底为 136.2 亿美元，2016 年底为 109 亿美元。[①] 2010 年 6 月，现任总统别尔德穆哈梅多夫命令政府在 2013 年前建立黄金储备，以确保国家经济和汇率稳定。

表 5　土库曼斯坦外债统计

年份	2010	2011	2012	2013	2014	2015
外债余额(亿美元)	5.29121	4.54309	5.03886	5.06854	4.11187	4.02877
长期外债(亿美元)	3.66823	2.99343	3.09805	3.28558	3.09258	2.72352
有担保外债(亿美元)	3.59455	2.6554	2.70607	2.80712	2.63217	2.34249
无担保外债(亿美元)	0.07368	0.33803	0.39198	0.47846	0.46041	0.38103
短期外债(亿美元)	0.54776	0.47776	0.86776	0.70776	0.00776	0.33776
利用 IMF 贷款(亿美元)	1.07522	1.0719	1.07305	1.0752	1.01153	0.96749
外债占 GNI 的比重(%)	2.6	1.7	1.6	1.4	1.0	1.1
长期外债占外债总额的比重(%)	69.3	65.9	61.5	64.8	75.2	67.6
短期外债占外债总额的比重(%)	10.4	10.5	17.2	14.0	0.2	8.4
每年偿还的长期债务本金(亿美元)	1.42811	1.20928	0.41022	0.40561	0.47068	0.48071
每年偿还的长期债务利息(亿美元)	0.10769	0.09595	0.07698	0.06637	0.06607	0.05498
每年偿还的短期债务利息(亿美元)	0.00704	0.00719	0.01127	0.00867	—	0.00467

资料来源：Asian Development Bank (ADB)，Key Indicators for Asia and the Pacific 2017。

4. 财政收支

土预算收入分为一级收入（税收收入）和二级收入（非税收入和政府服务、销售收入等），主要来源于油气、化工、电力和建筑等工业。预算支出分为一级支出（各经济社会领域）和二级支出（如偿债、资本活动等），社会领域支出每年都占预算总支出的 70% 以上。

在首任总统尼亚佐夫执政时期，土坚持预算零赤字原则，每年都有结余。别尔德穆哈梅多夫执政后，恰逢 2008 年国际金融危机在全球蔓延，

[①]　CIA，Home/ Library/ Publications/ The World Factbook，Turkmenistan，https：//www.cia.gov/library/publications/resources/the-world-factbook/geos/tx.html.

为进一步改善民众生活，加强基础设施建设、发展农业和能源工业等，将预算原则改为赤字刺激，向经济社会领域大量投资。

为筹集资金，土主要采取三项措施：一是大力发展本国经济，尤其是农业和能源工业（油气开采、石化、电力等）；二是加大招商引资，同时努力开发多元化出口渠道；三是推进新一轮私有化，鼓励民间投资和私营经济发展。

表6　土库曼斯坦财政收入统计

单位：亿马纳特

年份	2011	2012	2013	2014	2015	2016
财政收入	150.79	210.79	205.61	222.02	208.19	185.71
经常性收入	150.79	210.79	205.61	222.02	208.19	…
税收	145.43	202.84	197.57	210.57	195.26	…
非税收入	5.36	7.95	8.05	11.45	12.93	…
财政支出	121.80	146.95	188.53	211.01	216.93	178.32
经常性支出	74.71	81.30	99.95	115.07	134.04	…
资本支出	47.09	65.65	88.58	95.94	82.89	…
经常账户收支盈余/赤字	76.08	129.49	105.67	106.94	74.15	…
资本账户收支盈余/赤字	-47.09	-65.65	-88.58	-95.94	-82.89	…
财政盈余/赤字	28.99	63.84	17.08	11.01	-8.74	7.39
财政收入占GDP比重(%)	18.1	21.0	18.4	17.9	16.6	14.7
税收占GDP比重(%)	17.5	20.2	17.7	17.0	15.6	…
财政支出占GDP比重(%)	14.6	14.7	16.9	17.0	17.3	14.1
财政盈余占GDP比重(%)	3.5	6.4	1.5	0.9	-0.7	0.6

资料来源：Asian Development Bank（ADB），Key Indicators for Asia and the Pacific 2017。

四　投资状况

尽管自然条件和基础设施相对较差，国内控制和出入境管理相当严格，但土库曼斯坦天然气资源丰富，仍然能够吸引大批外资进入。

（一）外国投资状况

2010年以来，土库曼斯坦每年都吸引外资30亿~40亿美元。据联合国贸发会议 2017 年度《世界投资报告》数据，截至 2016 年底，土累计吸引外资 362.41 亿美元。外商主要直接投资领域有能源、交通、通信、农业、食品、零售等。天然气开采和运输是最大的投资领域，主要投资国有中国、俄罗斯、英国、马来西亚、伊朗等。土鼓励外国企业开发里海油气，但限制陆上油气开发，中石油能够被允许参与陆上天然气勘探开发，说明土重视中国市场。

表 7   土库曼斯坦吸引外资统计

年份	2009	2010	2011	2012	2013	2014	2015
吸引外资（亿美元）	45.53	36.32	33.91	31.30	37.32	41.70	42.59
外资占 GDP 比重（%）	22.52	16.08	11.60	8.90	9.52	9.58	11.90

资料来源：世界银行在线数据库，http://databank.worldbank.org/data。

（二）投资环境

1. 投资政策

土库曼斯坦规范投资活动的法律主要有《外国投资法》《外国特许权法》《对外经济活动法》《总统关于保障外国投资和资本的决定》《外国租赁法》《油气资源法》《自由经营的经济区法》《税法典》《进出口商品海关征税规定》等。

土限制或禁止外商投资的行业有（实行许可证制度）：卫生、制药、渔业、能源产品销售、食品生产和销售、危险品储藏和运输、航空、水运、公路运输、电力、通信、化工产品生产和销售、建材生产、建筑、教育、出版和印刷、旅游、体育休闲、博彩、保险、证券、资产评估、银行、有色金属、通关服务、法律服务、涉外劳务、文化传媒等。

土鼓励外商投资的行业有：矿产资源开采和加工、加工制造、纺织、基础设施建设、农业及农产品加工等。土对投资于这些行业的外商提供行政许可、企业注册、签证居留、税收、财产保护等多方面的优惠政策。根据《自由经营的经济区法》，土对于进入园区的企业提供优惠政策，如进出口商品无须配额和许可证，免征关税，减免企业所得税、财产税、土地租金，提供优惠交通费率等。

2. 金融体系

土库曼斯坦实行两级银行体制。中央银行是金融监管和货币政策制定机构，商业银行是具体的业务实体。截至 2014 年初，全国共有 11 家商业银行，其中 5 家为 100% 国有银行、1 家私有银行、3 家股份制银行、2 家开发性银行。

表 8   土库曼斯坦的商业银行

所有制	名称	俄文名称	备注
国有银行	农业银行	банк «Дайханбанк»	www.dayhanbank.gov.tm
	土库曼巴什银行	банк «Туркменбаши»	http://www.tbbank.gov.tm，2000 年由"土库曼投资银行"改组而来
	总统银行	банк «Президентбанк»	www.presidentbank.gov.tm
	土库曼斯坦银行	банк «Туркменистан»	www.tnbk.tm
	人民银行	банк «Халкбанк»	www.halkbank.gov.tm，由苏联储蓄银行改组而来
私营银行	"雷斯卡尔"银行	Коммерческий банк «Рысгал»	2011 年成立，系土境内第一家私营银行，总部位于土企业家协会活动中心
股份制银行	"谢纳加特"银行	банк «Сенагат»	www.senagat-bank.com，1989 年成立
	"加拉古姆"银行	банк «Гарагум»	www.garagumbank.gov.tm
	"土库曼斯坦 – 土耳其"银行	Туркмено-турецкий акционерно-коммерческий банк	www.turkmenturkbank.com，1993 年 3 月 31 日成立
开发银行	土库曼斯坦国家发展银行	Государственный банк развития Туркменистана	2011 年组建
	土库曼斯坦对外经济银行	Государственный банк внешнеэкономической деятельности Туркменистана	www.tfeb.gov.tm，1992 年成立，发展对外经贸活动和调节外汇

土库曼斯坦独立后于 1993 年发行本币马纳特，但伴随经济发展，马纳特不仅贬值较快，而且官方汇率和商业汇率差异越来越大，迫使土发行新币。自 2009 年 1 月 1 日起，在全国范围内发行面值为 1、5、10、20、

50、100 和 500 的新版货币，汇率统一为 1 美元兑换 2.85 马纳特。

2015 年 1 月 1 日起，土央行将官方汇率提高至 1 美元兑换 3.5 马纳特（黑市更高）。为维护汇率稳定，央行严控换汇行为，当年 10 月中旬起，规定居民每年购汇上限为 8000 美元、单次购汇不得超过 500 美元，12 月起，美元和欧元只能凭券购买。2016 年 1 月 5 日起，购汇不仅需要持有护照，还要出示收入证明，央行还禁止银行员工购汇。另外，土接受国际金融组织建议，维护官方统一汇率管理制度不变，不实行自由浮动汇率。

表9 土库曼斯坦货币供应情况

年份	2011	2012	2013	2014	2015
货币供应量（M1）（亿马纳特）	139.42	132.51	149.09	180.06	235.91
广义货币供应量（M3）（亿马纳特）	269.01	369.56	465.72	512.51	604.89
M3 年度变化	52.1%	37.4%	26.0%	10.0%	18.0%
M3 占 GDP 比重	32.3%	36.9%	41.7%	41.4%	48.2%

资料来源：Asian Development Bank（ADB），Key Indicators for Asia and the Pacific 2017。

3. 税收体系

土库曼斯坦现行税收法律是 2005 年 10 月 25 日修订的《税法典》。该法典简化税种和征收程序，保留增值税、消费税、矿产使用税、财产税、法人利润（所得）税、个人所得税和地方收费 7 个税种，取消土地税、车辆税、有价证券交易税、矿产勘探和开发权移交收入税等税种。

为鼓励外商投资，土《油气资源法》规定，油气资源开发的承包商须缴纳土地使用费和公司所得税。土地使用费包括提炼油气资源的特许权使用费及一次性的津贴，具体由合同规定。承包商适用的公司所得税税率在合同中确定，与签订合同时《税法典》中有效的条款保持一致，适用的公司所得税税率和提炼油气资源适用的特许权使用费在整个合同有效期内不变，不受《税法典》的税率变化影响。如果合同签订后，《税法典》中引入新税种，则承包商只缴纳替换以前适用的税和费的那些税种，对新产生的税种无须纳税。

表 10　土库曼斯坦税种和税率（截至 2017 年 1 月 1 日）

属性	税种	税率
中央税	增值税	15%
	消费税	国产品：酒类 10%、汽油 40%、柴油 40% 进口商品：啤酒 50%、其他酒类 100%、烟草 30%
	矿产使用税	天然气和伴生气 22%、原油 10%、其他矿产根据盈利率 0%~50%
	财产税	1%
	企业所得税	本国企业（国有企业和依据土《油气资源法》开展业务的企业除外）8% 私营企业（依据土《油气资源法》开展业务的企业除外）2% 外国企业：长期经营场所获取的利润 20%，其他渠道获取的收入 15% 股息、红利税 15%
	个人所得税	10%，依照简化程序征收的 2%
地方税	广告费	阿什哈巴德市：广告费的 5% 各州府城市：广告费的 4% 其他居民点：3%
	城乡土地建设专项收费	个体经营者：销售额的 0.3%，但不低于 1 万马纳特/月 其他个人：1 万马纳特/月 企业：根据本法典征收利润税额的 1%
	停车场经营收费	阿什哈巴德市：7500 马纳特 元首市、阿巴丹市和各州府：6000 马纳特 其他居民点：4500 马纳特
	汽车销售收费	所售汽车市场价格的 5%
	养犬税	最低工资数额的 0.4%

资料来源：土库曼斯坦《税法典》。

五　双边关系

中国与土库曼斯坦 1992 年 1 月 6 日建交，2013 年 9 月 3 日建立"战略伙伴关系"。两国均奉行友好合作政策，政治上高度互信，经贸、能源和人文领域合作成果丰硕，互视对方为本国外交政策的优先方向之一，互为最大的天然气合作伙伴。

两国于 2008 年 8 月 29 日成立副总理级别的政府间合作委员会，下设经贸、能源、人文和安全四个分委会。截至 2017 年初，中土已建立 4 对友好省州市：陕西省同马雷州；山东省同列巴普州；西安市同马雷市；日照市同土库曼纳巴特市。土部分小学从 5 年级开设汉语课程，大学汉语专业学生连年扩招，在华留学生数量已超过 2000 人。

中土合作具备坚实的法律基础，主要有：1998 年 8 月 31 日签署的《关于进一步发展和加强两国友好合作关系的联合声明》，2007 年 7 月 17 日签署的《关于进一步巩固和发展友好合作关系的联合声明》，2011 年 11 月 23 日签署的《关于全面深化中土友好合作关系的联合声明》，2013 年 9 月 3 日签署的《关于建立战略伙伴关系的联合声明》，还有 1992 年签署的《经济贸易协定》《鼓励和相互保护投资协定》，1998 年签署的《建立政府间经贸合作委员会的协定》《科学技术合作协定》《民用航空运输协定》《旅游合作协定》《教育合作协定》，2009 年签署的《对所得避免双重征税和防止偷漏税的协定》，2011 年签署的《政府间经济贸易合作协定》《在标准、计量和认证认可领域的合作协议》等一系列政府间合作协议。

（一）政治关系

中土两国的政治互信关系牢固稳定，有三个主要特征。

一是高层互访不断，领导人之间已建立深厚的友谊。2013 年 9 月 4 日，习近平主席赴马雷市参加"复兴"气田一期工程竣工投产仪式途中，受到土 10 万民众的夹道欢迎，土总统携 10 位政府副总理于马雷机场迎送。这样的隆重规格，是土历史上的第一次。

二是双方在对方核心利益问题上相互尊重和相互支持。土坚定奉行一个中国政策，承认台湾是中国领土不可分割的一部分，支持中方打击"东突"等"三股势力"。中方支持土奉行永久积极中立政策，走符合本国国情的发展道路，支持土领导人和政府为保障社会稳定、经济发展和民族和睦所采取的政策和措施，反对任何外部势力以任何形式、任何借口干涉土内政。

三是双方在众多国际问题上秉持一致的立场和看法。比如支持地区稳定和发展，尊重国际法基本原则，赞同联合国在维护世界和平、促进共同发展和推动国际合作方面发挥核心作用，支持联合国及其安理会进行合理、必要的改革，安理会改革应优先增加发展中国家代表性等。

（二）双边贸易

中土双边贸易可以分为两个阶段。一是从独立到 2009 年。贸易额不断增长，中方始终顺差，向土出口的商品主要是日用品、五金、家电、服装鞋帽等，从土进口棉花、生皮、丝毛、塑料及其制品等。二是 2010 年至今。2009 年 12 月 14 日中土天然气管道开通投产后，中方变为逆差，天然气成为土对华出口的最大商品，继而带动土从华进口能源设备和设施（如管道、油气开采设备等）。

（三）双边经济技术合作

据中国商务部 2016 年版《对外投资合作国别（地区）指南》数据，截至 2015 年底，中国在土库曼斯坦的直接投资存量 1.33 亿美元；土对华协议投资总额 170 万美元，实际投资 68 万美元；中国在土劳务人员共 990 人。

中土最大的合作项目是中土天然气管道。于 2008 年 2 月 22 日开工，A 线 2009 年 12 月 14 日投入运行，B 线 2010 年 10 月 20 日投入运行，A、B 两线输气能力共计 300 亿立方米/年（加压升级后可达 400 亿立方米/年），C 线 2012 年 9 月开工，设计输气能力为 250 亿立方米/年，D 线计划 2016 年建成通气（因 2014 年后国际油气价格下跌而工程延期）。

截至 2015 年底，中资企业共在土注册 21 家公司，涉及油气、交通、通信、农业、纺织、化工、食品、建材等。主要有中土天然气管道项目，中石化胜利石油管理局的油井修复和钻井项目，中石油技术开发公司向土出口油气设备项目，中信建设公司向土出口客车车厢项目，中国机械进出口公司向土出口铁路设备项目，华为公司向土出口通信设备项目等。

截至 2017 年初，中国制造的机车、客车车厢等铁路设备占土库曼斯坦市场保有量的 80% 以上，承担着土库曼斯坦 90% 以上的铁路运力；中国的通信设备和固网、移动网服务占土库曼斯坦 60%～70% 的市场份额，华为、联想等中国品牌在土家喻户晓；中国的交通和治安监管装备、路灯、景观照明及附属设备、喷泉、各式多媒体显示屏、建材等产品在土库曼斯坦市场亦占据优势地位。①

除上述项目外，近年，中土两国正在大力推进的合作项目还有：研究制定专项规划，比如《政府间关于扩大经济伙伴关系的合作规划》等；推进中国－哈萨克斯坦－土库曼斯坦－伊朗铁路集装箱班列发展，探索多式联运等新型运输方式，降低贸易成本；产能合作。鼓励双方企业探讨能源、交通基础设施、通信、化工和纺织等领域的投资和经济技术合作。

表 11　中国从中亚进口天然气统计

年份	进口量（万吨）	进口总值（亿元）	进口均价（元/吨）	来源地
2016	2530.92	414.7	1638.7	土 2163.5 万吨、乌 316.5 万吨、哈 50.9 万吨、俄 0.02 万吨
2015	2196	504.6	2301.1	土 2043.3 万吨、乌 113.4 万吨、哈 39.3 万吨
2014	2095.2	637.2	3041.5	土 1874.3 万吨、乌 178.7 万吨、哈 42.2 万吨
2013	1995.1	606.3	3039.0	土 1771.0 万吨、乌 209.7 万吨、哈 14.4 万吨

＊1 吨天然气约等于 1390 立方米。

资料来源：乌鲁木齐海关，《2016 年新疆口岸天然气进口稳定增长》，http://www.customs.gov.cn/publish/portal166/tab61950/info842787.htm。

表 12　中土经贸合作统计

单位：亿美元

年份	2015	2014	2013	2012	2011	2010
贸易总额	86.4313	104.7044	100.3090	103.7250	54.7734	15.6964
向土出口	8.1547	9.5428	11.3764	16.9912	7.8416	5.2512
从土进口	78.2766	95.1616	88.9326	86.7338	46.9317	10.4452
承包工程完成额	6.8921	12.4000	20.9852	13.0727	9.6045	7.3770
年末在外工程承包人数（人）	990	1019	554	821	1526	—
年末劳务派遣在外人数（人）	—	—	—	517	—	—

资料来源：历年《中国统计年鉴》。

---

① 《中国驻土库曼斯坦大使孙炜东：土"复兴古丝绸之路"与"一带一路"倡议契合 中土正商签合作文件》，http://gpj.mofcom.gov.cn/article/zuixindt/201707/20170702612564.shtml。

六　总体风险评估

独立后至今，在中立国原则指导下，结合本民族的传统，土库曼斯坦走出了一条符合本国国情的发展道路，政治经济体制很多方面与其周边邻国不同。总体上，土政局基本稳定，经济社会逐渐繁荣，对外关系不断扩大，外运通道持续增加。土库曼斯坦能够保持政治与社会稳定的主要因素在于其尊重传统，较好地处理了民族宗教关系，努力发展经济，坚持中立国政策。与此同时，在当前国际油气等大宗商品价格大幅下降、阿富汗和中东局势不稳定的外部大环境下，土要保持国内稳定也面临较大考验。

根据土库曼斯坦当前国情，预计今后的发展趋势：（1）在政治领域，坚持总统制，继续强化总统权力；（2）在经济领域，继续调整经济结构，减轻对资源经济的依赖；（3）在社会领域，继续坚持高福利，以稳定社会生活；（4）在外交领域，继续坚持中立国政策，同时注重发展国际通道多元化。

从土库曼斯坦国内外形势看，其国内政治体制和社会制度可以对整个国家形成有效控制，即使遭遇经济困难，民众也不至于采取暴力反抗的形式。影响土库曼斯坦稳定的主要因素来自外部：（1）国际能源市场价格波动，如果石油天然气价格继续下跌，可能会使国家的财政收入减少，导致各项社会事业和投资项目延缓落实，民众生活水平下降，总统承诺的福利保障无法实现；（2）阿富汗局势和境外宗教极端势力渗透；（3）大国在中亚的地缘争夺，比如扶植土国内反对派，暗中资助走私贩毒等有组织犯罪集团，抹黑土国家领导人或国家形象等。尼亚佐夫时期曾发生多起暗杀和政变事件，背后均有其他大国的影子。

（张宁）

乌克兰

（Ukraine）

一　国家基本信息

（一）地理概述

乌克兰东连俄罗斯、南接黑海，北与白俄罗斯毗邻，西与波兰、斯洛伐克、匈牙利、罗马尼亚和摩尔多瓦诸国相连。乌克兰地理位置重要，是欧洲联盟与独联体特别是与俄罗斯地缘政治的交叉点。领土面积60.37万平方公里（包含克里米亚半岛）。首都是基辅。

（二）人口和民族

乌克兰总人口为4539.56万（2014年3月1日，），城市人口约3132.15万，农村人口约1407.41万。

乌克兰是一个多民族国家，共有130多个民族，乌克兰族约占77.8%，俄罗斯族约占17.3%，其他民族有白俄罗斯族、犹太族、克里米亚鞑靼族、摩尔多瓦族、波兰族、匈牙利族、罗马尼亚族、希腊族、德意志族、保加利亚族等。

官方语言为乌克兰语。主要宗教为东正教（占居民总数85%）和天主教（占居民总数10%）。

（三）简史

10世纪前后，东斯拉夫各部落在今乌克兰地区结合形成古罗斯部族，并建立了基辅罗斯国家。约从 14 世纪起，乌克兰人开始脱离古罗斯而形成具有独特语言、文化和生活习俗的单一民族。从 14 世纪起历受立陶宛大公国和波兰等国的统治。17～19 世纪，在第聂伯河中游一带以基辅、波尔塔瓦和切尔尼戈夫为中心形成了现代乌克兰民族。

1654 年，乌克兰哥萨克领袖赫梅利尼茨基与俄罗斯沙皇签订《佩列亚斯拉夫和约》。自此东乌克兰（第聂伯河左岸）与俄罗斯帝国正式合并，开始了乌克兰和俄罗斯的结盟史。1922 年，苏联成立，东乌克兰加入联盟，成为苏联的创始国之一。根据波兰和苏联签订的《里加条约》，西乌克兰成为波兰领土，1939 年 11 月，二战爆发，波兰被分割占领，西乌克兰与乌克兰苏维埃社会主义共和国合并，归属苏联。

1985 年，戈尔巴乔夫在苏联上台后，民族主义和民族独立倾向在苏联迅速抬头，乌克兰开始了其独立步伐。1990 年 7 月 16 日，乌议会通过《乌克兰国家主权宣言》。1991 年 8 月 24 日，乌克兰政府发表国家独立宣言，正式宣布脱离苏联独立，改国名为乌克兰。12 月 8 日，乌克兰、俄罗斯和白俄罗斯的领导人在明斯克签署别洛韦日协定，宣布苏联不再存在，成立独立国家联合体，乌克兰的独立最终完成。

二　政治状况

（一）政体简介

1. 宪法

1996 年 6 月 28 日，乌议会通过独立后的第一部宪法，确定乌为主权、独立、民主的法治国家，实行共和制。总统为代表国家的最高元首；最高苏维埃为立法机关；内阁为行政机关，向总统负责。

2004 年 12 月 8 日，乌议会通过宪法修正案，规定自 2006 年 1 月 1 日起，乌国家政体由总统议会制过渡为议会总统制。总统权力被削弱，议会权力得到实质性扩大。议会多数派有权组阁。总统有权提名外长和国防部部长人选，其他内阁成员人选由总理提名、议会批准任命，议会拥有弹劾政府的权力。

2010 年 10 月，乌克兰宪法法院经过审理判决乌议会 2004 年底通过的"政治改革"宪法修正案违宪。这意味着 1996 年宪法效力得以全面恢复，国家政体重归总统议会制。

2014 年 2 月 21 日，乌克兰总统亚努科维奇和反对派代表在基辅签署了解决乌克兰危机的协议。在协议签字后不久，乌克兰议会迅速通过法律恢复 2004 年宪法，乌克兰政体回归议会总统制。

2. 议会

乌克兰国家议会也叫"最高拉达"。宪法规定，议会是乌克兰唯一的立法权力机关。乌议会由 450 名议员组成，一院制，任期 5 年。设议长 1 人、第一副议长 1 人、副议长 1 人。

2014 年 2 月 22 日，乌克兰政权更迭之后，议会迅速恢复了 2004 年宪法，乌克兰政体回归议会总统制。

3. 司法

法院是唯一行使审判的机构，对于国内一切法律关系具有管辖权。乌克兰法律禁止建立审判机关以外的机构从事审判活动。乌克兰法院体系分为两个管辖区域：普通法院体系和宪法法院体系。

宪法法院是对任何权力机关和领导人的施政行为是否违反国家宪法进行监督、审议和裁决的最高护宪机关；宪法法院由 18 名法官组成。乌总统、议会和乌克兰法官代表大会各任免其中 6 名成员。宪法法院的主要职责包括：有权解释乌克兰宪法和其他国家法律；审理总统颁布的命令，决定是否违宪；审理乌克兰立法机关（议会）通过的法律或法律条文是否违宪；审理各级政府及其他权力机关违宪问题，对是否违宪做出最后裁决；其裁决结果必须执行，从而维护宪法的最高权威和神圣不可侵犯。

普通法院主要负责民事、行政和刑事案件审理。普通法院的管辖权制度基于属地原则和专业化的原则，按照司法业务领域划分为专业法院和一般法院。专业法院包括经济法院、行政法院和其他专门法院，一般法院则包括民事法院和刑事法院。

普通法院按行政级别分为三个层级：地方法院、上诉法院和最高法院。乌克兰最高法院是普通法院的最高上级机构，其法官根据总统提议由国家议会任命，乌最高法院负责监督各地普通法院的审判活动，并对普通法院不能决定的重大审判案件做出最后决定。

4. 检察院

检察院系统由乌克兰最高检察院、各州检察院和区检察院组成。乌克兰总检察院检察长的职务由国家总统在征得议会同意后任免，各地方检察院检察长由乌克兰总检察长任免。检察院履行对国家机构和国家公职人员的活动实施监督的职能，检察院在认为有违法情节或有犯罪行为时，依据有关法律对犯罪嫌疑者进行侦查，在取得犯罪证据后，依法提出公诉，将案件交法院审理；此外，检察院还对国家实行的紧急措施，如宣布进入紧急状态、战争状态、宵禁等的合法性进行监督。

（二）政局现状

1. 基本解决了政权合法性问题

自 2013 年 11 月亚努科维奇总统决定暂停签署与欧盟联系国地位协定以来，乌克兰政局进入动荡不安之中。2014 年 2 月 22 日，也就是在政府与亲欧洲政党签署了解决危机协议的次日，乌克兰政权瞬间发生更迭。议会随即罢免了总统亚努科维奇。祖国党副主席图尔奇诺夫成为议长，并临时代理总统职权。3 月 26 日，祖国党领导人亚采纽克被推举为临时看守政府总理。由于亲西方政党在更迭政权过程中使用了暴力手段和民兵组织，因此在俄罗斯族占比较大的东南部地区质疑临时政府的合法性，要求实行联邦制保护自身权益。

在 2014 年 5 月提前举行的总统选举中，波罗申科以高票当选总统，解决了政权更迭带来的合法性问题。在 2014 年 10 月提前举行的议会（最高拉达）选举中，以亚采纽克为首的"人民阵线"，以 22.14% 的选票获得了胜利。波罗申科总统领导的"波罗申科集团"获得 21.18% 的选票退居第二位。除此之外，以利沃夫市市长安德烈·萨德夫为首的"自助党"获得了 10.97% 的选票；以尤里·博伊科为首的"反对派联盟"获得了 9.43% 的选票；以奥列格·利亚什科为首的激进党获得了 7.44% 的选票；而尤利娅·季莫申科所领导的"祖国党"只获得 5.68% 的选票。

在随后 3 年多的时间里，乌克兰议会中的执政联盟出现了一些分化组合，但是总统和政府基本上保持了稳定。自 2016 年 4 月起，来自"波罗申科集团"的弗拉基米尔·格罗伊斯曼成为新的政府总理。

虽然乌克兰主要政党之间经常出现政治分歧，但是在涉及国家安全和发展战略等核心问题上立场接近，因此政治稳定基本上得到保障。无论是来自执政联盟的"波罗申科集团"和"人民阵线"，还是在野党阵营的祖国党和"自助党"，都支持乌克兰的欧洲一体化战略，接受欧盟和 IMF 提出的全面改革要求，反对与俄罗斯合作。

2. 乌克兰东部冲突在短期内难以化解

乌克兰东部的卢甘斯克州和顿涅斯克州曾是苏联时期重要的工业重地，也被称为"顿巴斯地区"。自 2014 年 5 月以来，这两个州被亲俄罗斯的地方分离组织控制，其与政府军爆发了长期的武装冲突。3 年多来，乌克兰政府军与俄罗斯支持的分离组织之间打打停停，政治对话与和解进程缓慢。在国际社会的努力下，在德法俄三国调停下，乌克兰政府与东部分离组织曾两次达成《明斯克和平协议》。但是，双方诉求差距较大，缺乏必要的政治互信，导致无法启动国内政治改革和东部地区的非军事化进程。谈判仅能暂时降低冲突升级的风险，却无法实现彻底停火。目前，乌克兰东部的顿巴斯冲突风险基本上可控，但是政治解决进程缓慢，基本上处于搁置状态。

（三）国际关系

乌克兰地处欧洲中部，处于独联体、西欧和东欧、中欧三大地区的结合部。乌克兰的地缘政治地位突出了它在欧洲安全体系中的重要性，它的外交走向受到国际社会的关注。

1. 与俄罗斯关系

乌克兰独立以后，维护本国安全一直是其外交活动的核心。独立之初由于担心被俄罗斯吞掉，失去国家独立，第一任总统克拉夫丘克采取了亲西方并与俄罗斯相抗衡的政策。激进反俄政策恶化了乌俄关系。

库奇马当选乌克兰总统以后，采取了积极、灵活、平衡的全方位外交政策。该政策的核心是东西方平衡外交，既强调与俄罗斯建立正常的合作关系，又积极与西方政治经济接轨，加强与美国和欧洲的合作，增强抗衡俄罗斯的实力，以保证乌俄关系中乌方的"安全"。

在乌克兰"橙色革命"之后，总统尤先科明确提出放弃多方位外交政策，转向积极融入欧洲和加入北约。尤先科的反俄外交政策招致俄罗斯的激烈反应。俄罗斯一改能源优惠政策，将输乌天然气价格提高到接近国际市场水平的价格。由于双方无法达成一致，俄乌两国在 2006 年和 2009 年两次发生天然气争端，导致俄罗斯输欧洲天然气供应中断。尤先科政府的排俄政策，使乌俄双边关系跌入低谷。

亲俄的亚努科维奇在 2010 年 2 月的总统选举中东山再起。乌克兰外交重新回归平衡外交。他通过延长黑海舰队基地协议换取俄罗斯的能源价格优惠。亚努科维奇明确表示乌克兰放弃加入北约。

2014 年 2 月，乌克兰政权发生更迭，亲西方政党取代亚努科维奇控制了议会和政府。乌克兰新政府在对外政策上再次全面倒向西方，坚持欧洲一体化政策，准备与欧盟签署联系国地位协定和自贸区协议。在克里米亚并入俄罗斯之后，乌克兰与俄罗斯的关系陷入冰点。

2. 与欧盟的关系

乌克兰独立以后，将欧盟作为其政治民主化和经济市场化的榜样，将欧洲一体化作为其外交主要方向。乌克兰与欧盟签署了对话伙伴关系协定，积极参与欧洲议会和欧洲安全组织的活动。2005 年"颜色革命"爆发以后，尤先科政府更是把加入欧盟和北约作为其外交主要战略。2012 年，乌克兰与欧盟完成了联系国地位协定和自贸区谈判，并计划在 2013 年 10 月最终签署这些文件。俄罗斯在乌欧签约的最后时刻，通过天然气降价和巨额贷款吸引亚努科维奇政府暂停签署该协议。这引发乌克兰国内政治危机，亲西方的示威人群迫使亚努科维奇出走俄罗斯，并更换了政权。在 2014 年 5 月的总统大选中，支持欧洲一体化的波罗申科获得了胜利，双方最终签署了联系国地位协定和自贸区协定。欧盟在 2016 年批准了对乌克兰公民的免签证制度和自贸区协定。自 2014 年以来，欧盟每年给予乌克兰政府大量的改革和发展援助。通过外交、经济和政治等手段，监督和推动乌克兰的政治改革和财政改革。

3. 与美国的关系

乌克兰独立以后十分重视与美国的关系，将美国作为平衡俄罗斯安全威胁的重要筹码。最初乌克兰在弃核武器问题上态度不明，美国并未足够重视与乌克兰的关系，只将其视为对俄关系的一部分。在乌克兰完成弃核谈判后，两国关系进入快车道，美国开始把乌克兰视为遏制俄罗斯的地缘政治工具。后来由于库奇马的腐败丑闻，美国转而支持乌克兰的亲西方反对派。尤先科执政以后，乌克兰与美国的关系再次升温，并在独联体地区成立了反俄的古阿姆集团。但是，由于政治内斗和经济危机，亲西方政府很快在选举中失败。2010年，亲俄的亚努科维奇担任总统后，美国对乌克兰再次冷淡下来，双方围绕前总理季莫申科渎职案的口水战不断。2013年底，乌克兰爆发反亚努科维奇总统的示威抗议，美国公开支持亲西方政党的抗议活动。在克里米亚半岛脱乌入俄之后，乌克兰再次倒向以美国为首的西方。以美国为首的七国集团向俄罗斯施加巨大的外交和政治压力，要求俄罗斯不得威胁和干涉乌克兰东部事务。

波罗申科当选以来，重视发展与美国的关系，将美国和北约视为抗衡俄罗斯军事威胁的主要力量，积极推动乌克兰加入北约的进程。特朗普就任总统以后，基本上延续了奥巴马政府对乌的外交立场，双方的政治关系得以延续。同时，共和党控制下的美国国会加大了对乌克兰的军事援助和外交支持力度。

三　经济形势

（一）经济概况

1. 自然资源

乌全国农业用地为4255.8万公顷，占全国全部土地面积的70.5%。乌克兰拥有的黑土地占世界黑土地总量的30%，这对发展农业极为有利。

矿藏资源有72种，主要有煤、铁、锰、镍、钛、汞、石墨、耐火土、石材、石油和天然气等，锰矿石的储量超过21亿吨，位居世界前列，铁矿藏储量约275亿吨。石油和天然气资源相对匮乏，但页岩气储量十分可观。据美国能源信息署数据，乌克兰页岩气总储量为1.2万亿立方米，名列世界第24位，为欧洲第4位。

2. 产业结构

乌克兰独立至今，仍基本保留着苏联时期的产业结构，产业结构长期固化，西部地区是主要的农产品生产基地，粮食作物和畜类产品丰富，曾被誉为"苏联的谷仓"。东部与俄罗斯接壤的地区则以重工业见长，主要工业部门有机械制造、冶金、造船、国防军工和航空航天等。此外，乌克兰是全球铁矿石生产大国，煤铁资源储量也很丰富，共有大中型煤矿200多座，2013年煤炭产量8370万吨。

经历20多年的经济转型后，乌经济结构已经发生巨大变化。工业在2012年GDP中的比重下降到31.6%，农业比重大约在10.2%，服务业成为GDP的主要贡献者，占比约58.2%。

（二）近期经济运行状况

1. 宏观经济

乌克兰经济过于依赖国际原材料价格，2008年以来国际钢材价格大幅下跌，加上能源价格居高不下，导致乌克兰贸易逆差扩大，经常项目长期赤字。2008年的国际金融危机又重创了乌克兰，2009年乌经济陷入衰退。2010年2月亚努科维奇上台后，通过延长俄罗斯黑海舰队基地租期协议换取俄罗斯天然气降价。当年的乌克兰经济出现了好转，经济增长了4.1%，2011年的经济再增长5.2%。进入2012年以后，由于外部市场再次进入衰退。乌克兰经历了15个月的经济衰退，直至2013年第四季度才转而增长了3.7%。2013年经常项目赤字达到GDP的8.9%。2013年末爆发的政治危机再次严重打击乌克兰经济。乌克兰危机不仅造成社会动荡，也严重影响了经济发展。

政治危机导致2014年的经济下降了6.6%，2015年的经济继续下降9.9%，直到2016年政治和经济形势才企稳，GDP实现了增长，达到1.9%，预计2017年经济将继续增长2%。按世界银行2017年4月的预测，乌克兰经济在2017年增长2%，2018年将实现3.5%的经济增长，2019年将增长4%；国家财政赤字2017年将占国内生产总值的3.1%，乌克兰国家和政府担保债务在2017年将占国内生产总值的88.8%。国际评级机构穆迪在2017年12月提高了乌克兰2018年GDP增长预测指数："2018年乌克兰的 GDP 增幅将从 2017 年的 2% 提高到 3.5%。"穆迪认为，乌克兰经济在经历了 2014～2015 年严重衰退后继续复苏，通胀将下降，"内需在2018 年会增强。事件风险性依然很高，外部流动性和银行体系薄弱"。地缘政治风险与克里米亚和顿巴斯领土主权相关。

表 1 乌克兰宏观经济一览

年份	2011	2012	2013	2014	2015	2016
GDP(亿美元)	1634	1763	1809	1318	902.72	931
人均 GDP(美元)	3576	3867	3971	3103	2115	2191
实际 GDP 增长率(%)	5.2	0.2	0.0	-6.6	-9.9	2.9
通货膨胀率(%)	4.6	-0.2	0.5	24.9	43.3	12.4
失业率(%)	8.6	8.1	7.7	9.7	9.5	9.7
财政收入(亿格里夫纳)	3146	3460	3391	3570	5346	6162
财政支出(亿格里夫纳)	3334	3956	4034	4302	5769	6847
商品出口(FOB,亿美元)	623.83	644.27	595.0	539	381	335
商品进口(FOB,亿美元)	804.14	862.73	812.28	543	375	405
经常账户余额(亿美元)	-102.45	-143.15	-163.55	-45.96	-1.89	-34.5
国际储备(亿美元)	317.90	245.50	204.2	75.33	133	155.39
外债总额(亿美元)	1352.965	1350.67	1420	1263	1187	1135
汇率:(美元/格里夫纳)	7.99	7.99	11.73	11.939	21.9	25.59

数据来源：乌克兰央行，http://www.bank.gov.ua。

美国和欧盟为了帮助新政府稳定经济，推动世界银行向乌克兰提供援助贷款，2015 年，IMF 批准向乌克兰提供价值 175 亿美元、分批支付的金融救助资金。2015 年 3 月，提供了 50 亿美元的第一批贷款，8 月，提供了17 亿美元的第二批贷款。2016 年 9 月，该组织向乌克兰划拨了 10 亿美元的第三批贷款，2017 年再次提供了 10 亿美元贷款。该金融项目要求乌克兰进行财政和经济改革并且严格削减开支。

2. 国际收支

自 2008 年全球金融危机和欧债危机以来，乌克兰的国际收支急剧恶化。加之动荡的政局和克里米亚危机让国家支付能力受到严重打击。幸运的是，在美国和欧盟支持下，IMF 和世界银行给予乌克兰大量的经济援助和巨额贷款，这对于稳定乌克兰经济形势有巨大的帮助。由于经济及政治形势不稳定及格里夫纳贬值，2014 年 2 月乌克兰金融与资本账户逆差达 20 亿美元。

2014 年的乌克兰危机之后，格里夫纳的大幅贬值一定程度上刺激了出口，限制了进口规模，导致困扰乌克兰多年的国际收支失衡问题得以解决，2015 年实现了国际收支盈余 8.49 亿美元。2016 年的国际收支盈余 13.46 亿美元，较 2015 年 8.49 亿美元盈余增长 60%。2014 年国际收支逆差 133 亿美元后，2016 年实现连续第二年顺差。据乌国家银行网站信息，2017 年 1～8 月，乌克兰收支账户盈余 19.19 亿美元，相比上年同期的 9.76 亿美元增长 1 倍。9 月，收支账户盈余 6.73 亿美元，同比增长 43.8%。

由于政治危机和武装冲突，2014 年乌克兰国际储备减少了 63.1%，截至 2014 年 12 月 31 日国家外汇储备仅为 75.33 亿美元。自 2015 年以来，乌克兰的国际储备逐渐恢复增长，到 2015 年底，乌克兰的国际储备增长 77%，至 133 亿美元。2016 年的国际储备继续增长 17%，达到 155.39 亿美元，共增长 22 亿美元。截至 2017 年 10 月 31 日，乌克兰国际外汇储备接近 187.35 亿美元，环比增长 20.57%。

3. 外债状况

自 2014 年以来，为获得欧盟和 IMF 的国际援助贷款，乌克兰政府不得不接受 IMF 在货币政策和财政政策方面的"严格要求"，巨幅提高公共服务价格，取消行政补贴和国企税收减免优惠，因而对宏观经济的调控能力相对有限，政府发行债务行为受到严格的限制，预算赤字规模稳步下降。根据乌克兰文传电讯社 2016 年 12 月 28 日消息，乌克兰政府 2017 年计划国家债务总额为 1908 亿格里夫纳，其中外债为 868.9 亿格里夫纳。2016 年 12 月 21 日议会通过的"乌克兰 2017 年国家预算"法附件中包含了相关指标。作为比较，2016 年国家预算（含修正案）中，国家债务计划总额为 2513.74 亿格里夫纳，其中外债为 1226.5 亿格里夫纳。2017 年国债偿还总额预计为 1295.59 亿格里夫纳（2016 年为 1571.4 亿格里夫纳），其中外债为 309.4 亿格里夫纳。

据乌克兰国家新闻社 2017 年 10 月 30 日消息，截至 2017 年 9 月底，乌国家债务和国家担保债务增加 4.7 亿美元，达到 770.3 亿美元（2.043 万亿格里夫纳）。其中，内债 263.8 亿美元，外债 386.5 亿美元。

表 2　乌克兰债务情况一览

年份	2011	2012	2013	2014.	2015	2016
政府债务占 GDP 比重(%)	35.9	36.6	40.1	70.1	79.4	81
外债总额(亿美元)	1352.96	1350.66	1420	1263	1187	1135
外债占 GDP 比重(%)	77.4	76.8	77.5	95.8	131.0	121.7
外汇储备(亿美元)	317.9	245.5	156	75.33	133	155.39
格里夫纳汇率(兑美元)	7.99	7.99	8.25	11.939	21.9	25.59

数据来源：世界银行和乌克兰央行。

4. 财政收支

2009 年乌克兰经济遭受 17% 的下降，这之后乌克兰经济开始缓慢复苏。受困于国家政治乱局和俄罗斯贸易制裁，2013 年乌克兰 GDP 总产值较 2012 年为零增长，仅为 1820 亿美元。2014 年的经济增长为 -6.6%，2015 年的经济增长为 -9.9%。2016 年以后，乌克兰经济逐渐恢复稳定，并且进入缓慢复苏阶段，增长率为 1.8%。

预计 2017 年的经济增长为 2%。2017 年国家财政预算收入 7310.3 亿格里夫纳，支出 8001.3 亿格里夫纳，比 2016 年实际指数分别高出 18.6% 和 16.8%。2017 年的乌克兰实际经济运行情况好于预期，2017 年 1~5 月财政收入 3257.7 亿格里夫纳，同比增长 48.6%，比计划指标多收 395 亿格里夫纳。

四　投资状况

(一) 外国投资状况

自 2010 年以来，乌克兰投资环境在缓慢改善，但整体投资环境仍然不尽如人意。2013 年底，乌克兰吸引外资跌至 5 年来的低谷。截至 2014 年 1 月 1 日，乌克兰累计吸引外资 581.6 亿美元。其中，2013 年乌克兰吸引直接外资 28.6 亿美元，同比 2012 年下降 25.3%。

2016 年乌克兰进行了积极的改革，并积极与腐败做斗争。

其一，组建一系列新的反腐机构：国家反腐总局、反腐特别检察院、国家预防腐败署等。

其二，对公众放开不动产登记簿、车辆财产登记簿的查询权限，出台一系列措施严控官员非法收入。

其三，启动官员和国家工作人员的财产电子申报制度。

其四，乌克兰创业公司数量较 2014 年扩大了 237%。

其五，在管理、网络安全、银行和金融业务等领域的"乌克兰制造"技术创新方案享有广泛的国际市场需求。

其六，从 2016 年 8 月 1 日起，所有乌克兰的国家采购实现严格通过 ProZorro 公共电子采购系统进行。截至 2017 年 1 月 1 日，ProZorro 系统已为财政预算节约了采购总额的 10.2%。

其七，放松政府管制措施的结果是减少了 40% "苏联式"的许可证，并取消了 87% 的不必要证书。

（二）投资环境

1. 投资政策

独立以来，乌克兰经济一直处于困难之中，内部资金严重不足，投资"饥饿"已严重影响了国民经济的发展。因此，积极引进外部资金成为历届政府的首要对外政策目标。乌克兰根据自身利益的需要，制定了一系列吸引外资的法律和法规，其中主要包括《外国投资法》《外国投资管理办法》《鼓励外商在乌克兰投资国家纲要法》《乌克兰外国投资办法》等。

2. 金融体系

独立以后的乌克兰实行两级银行体制，在国家银行外建立新的商业银行。截至 2014 年 4 月 1 日，乌克兰共有商业银行 181 家，合资银行 51 家，其中外国独资银行 19 家。外资在乌银行系统总资本中所占的比重已达 33.6%。

截至 2013 年 11 月，乌克兰共有 11 家证券交易所。其中交易活跃的证券交易所有 3 个：PFTS 证券交易所、基辅国际证券交易所（KISE）、乌克兰证券交易所（USE）。2013 年，乌克兰股票指数下降了 5%，股票交易额（格里夫纳）仅有 50 亿，差不多只有 2012 年（97 亿）的一半，不足 2011

年（365 亿）的 1/7。

乌克兰独立以来曾长期采用与美元挂钩的汇率制。从 2005 年 4 月至 2008 年 10 月，乌克兰央行坚持格里夫纳紧盯美元的政策，汇率维持在 5∶1 左右。但在 2008 年国际金融危机后，格里夫纳开始贬值至 8∶1 的水平。2013 年底发生政治动荡后，格里夫纳更是不断贬值。为提振本币汇率，乌克兰央行一直通过抛售美元来购买本币。2014 年 4 月，乌克兰央行被迫将基准利率大幅上调 3 个百分点至 9.5%，在加息决定公布之后，格里夫纳兑美元扭转了跌势，基本持平于 12.7 格里夫纳兑 1 美元。2013 年全年格里夫纳贬值 2%。2014 年初起，格里夫纳对美元汇率又下跌 37%，在全球 169 种货币中排名倒数第一。乌克兰银行间外汇市场格里夫纳兑美元的牌价为：11.65 ~ 11.8 格里夫纳兑 1 美元。

2015 年 2 月，乌克兰央行宣布放开格里夫纳汇率，允许其自由浮动。随之而来的是美元兑格里夫纳暴涨 48%，刷新历史新高至 24.50 格里夫纳兑 1 美元。根据乌克兰央行数据，2017 年格里夫纳兑美元汇率稳定趋势加强，2017 年 1 ~ 8 月，平均汇率为 26.5 格里夫纳兑 1 美元，2017 年 8 月，乌银行间外汇市场汇率为 25.6 格里夫纳兑 1 美元。据该行预测，2017 年底汇率可达 30 格里夫纳兑 1 美元。

3. 税收体系

乌克兰实行国家税和地方税两级税收体制。2010 年 12 月，乌克兰政府根据国际货币基金组织的建议和乌克兰经济改革自身的需要，对税制进行重大修改。其主要内容包括统一简化所得税，削减税种类别，降低基本税率等。首先是实行单一税制。从 2011 年起，乌克兰对个人所得税采取按统一的 15% 的税率征税。其次，扩大纳税范围。从劳动者的工资收入到资本金融运作的收入，如有价证券和金融投资股份的所得收入，银行金融机构的存款和彩票收入等都须纳税。最后，减少税种，释放赋税压力。全国性税种从 28 种减少至 17 种，地方税种也由 14 种减至 5 种，同时取消了 100 多个涉及税收的规定，并对部分税种进行合并。其中最重要的是将企业利润税实行逐年分段递减，从 25% 降低到 16%；调整增值税，并对企业实行自动补偿增值税款制度。

2014 年 12 月下旬，乌克兰议会通过了关于税务改革的一系列法案。

主要修改内容如下。

其一，税收制度修改。从 2015 年开始，乌克兰税种数量由 22 种减少为 9 种。部分税种没有完全废除，只是按"二合一"的方式进行了整合，如固定农业税成了统一税第 4 组。税种减少了，但行政管理的复杂性并没有增进乌克兰营商的便利化。

其二，税收妥协。自 2015 年 1 月 17 日开始实施的税则预见到采用增值税和利润税税收妥协（税收赦免）的可能性。税收妥协适用于 2014 年 4 月 1 日前所有纳税期限。增值税和利润税缴纳人只能自 2015 年 1 月 17 日起 90 天内利用这一许可。赦免的纳税数额不计税。

其三，利润税。乌克兰税法第三部分对此有新调整。利润税缴纳人财务业绩将按会计核算标准计算。对年盈利超过 2000 万格里夫纳的企业，其财务业绩将依纳税客体增加或减少调整总额。2015 年前调整利润税主要通过调整收入或支出部分，如排除与企业经济活动不相关的项目支出。根据现行税则，收入和支出将与会计核算数据吻合。

变更 2015 年利润税纳税申报期限至 2016 年 6 月 1 日前。除新成立的企业和年收入不足 2000 万格里夫纳的企业外，利润税纳税人根据当月实际收入额按月预付利润税税费，无须提供纳税申报表。对于享受免税、利润税标准为 0% 的纳税法人，税率标准有效期至 2016 年 1 月 1 日。

其四，增值税。实行增值税电子管理制度。纳税人建立增值税明细账户，通过纳税人网上电子个人账户即可体现所有与增值税有关的经营信息。

2015 年 2 月 1 日至 2015 年 6 月 30 日为全面实施增值税电子管理制度的过渡期。过渡期内对违反统一税税单登记期限的纳税人不予处罚，税务注册无限制。自 2015 年 7 月 1 日起，经济实体税收信贷权将不再与纳税人经济活动挂钩；税收信贷将包括所有含增值税的商品和服务所得。

其五，简化税制。统一税纳税主体由过去的 6 组合并为 4 组，大部分归到第 3 组，第 4 组为 2015 年 1 月前的固定农业税纳税人。

企业收入上限扩大：统一税第 1 组收入上限由 15 万格里夫纳增加到 30 万格里夫纳；第 2 组收入上限由 100 万格里夫纳增加到 150 万格里夫纳；第 3 组收入上限由自然人 300 万格里夫纳和法人 500 万格里夫纳增加到 2000 万格里夫纳。

对第 3 组纳税人统一税税率下调：含增值税为 2% 以下，不含增值税为 4%。

其六，自然人所得税。自然人所得税基准税率由过去的 15% 和 17% 调整为 15% 和 20%。自然人所得税 20% 税率适用于高于最低工资 10 倍的月收入（超过 12180 格里夫纳）。此外，20% 税率适用于专利费、存款利息、共同投资机构利润和红利（不包括已按 5% 税率缴纳利润税的红利）。

自两个或两个以上纳税单位获得收入的公民有义务提交自然人年度纳税申报表用于重新核算年度自然人所得税。

其七，统一社会费改革。2014 年 12 月 28 日颁布的 №77 法案规定逐步降低统一社会费。2015 年统一社会费基准费率折减系数为 0.4，2016 年该系数为 0.6。同时加强对雇主违反工资支付责任的监督（重罚）。为防止现金暗箱周转，自 2015 年 7 月 1 日开始对统一税第 3 组纳税人强制实行支付交易注册，对第 2 组纳税人自 2016 年 1 月 1 日起实行。

五　双边关系

（一）政治关系

1991 年，中国与乌克兰建交。建交以来，两国关系持续健康稳定发展，政治互信不断加强，务实合作日益深化，特别是近年来两国元首实现互访，宣布中乌建立战略伙伴关系，推动中乌合作进入了一个崭新的发展阶段。2010 年 9 月，两国领导人商定成立副总理级双边合作委员会，下设经贸、科技、文化、航天、农业、教育、卫生 7 个分委会。中乌政府间合作委员会已成为统筹、协调两国各领域合作的主渠道，在两国政府间合作委员会的协调推动下两国各领域务实合作成果丰硕。

2013 年 12 月，双方批准《中华人民共和国和乌克兰战略伙伴关系发展规划（2014~2018 年)》，签署《中华人民共和国和乌克兰友好合作条约》《中华人民共和国和乌克兰关于进一步深化战略伙伴关系的联合声明》。在进一步深化战略伙伴关系的联合声明中，中国重申了保护乌克兰不受核武器威胁的承诺。

自 2014 年以来，中国与乌克兰政治关系保持稳定，但经济合作受到明显的影响。乌克兰政权更迭以后，中国呼吁乌克兰在法律框架内解决国内政治危机，支持乌克兰维护主权和领土完整，愿继续与乌方发展战略伙伴关系。2015 年 1 月，在瑞士达沃斯论坛期间，李克强总理与波罗申科总统会面时表示，中国始终尊重乌克兰国家主权、独立和领土完整，支持乌克兰走符合本国国情的发展道路。波罗申科表示，乌克兰政府重视对华关系，愿保持与中国的合作。

2017 年 1 月，习近平主席在达沃斯会见乌克兰总统波罗申科。习近平指出，中方高度重视中乌关系，愿同乌方巩固政治互信，密切两国政府、立法机构、政党之间交往，深化互利合作，加强教育、文化、卫生、体育、旅游等领域交流合作，加强在国际和地区事务及联合国等多边机构中的对话和协作，推动两国关系不断取得新进展。习近平强调，我们真诚希望乌克兰保持社会稳定和经济发展，愿为推动危机政治解决发挥建设性作用。

乌克兰是最早响应"一带一路"倡议的国家之一。目前乌中两国正在制定和完善有关进一步推进合作协议落实的行动"路线图"。2017 年 10 月，在出席"一带一路"高峰论坛期间，乌克兰政府第一副总理库比夫重申，参与中国倡议的"一带一路"建设对乌克兰是一个重大机遇，有利于发挥其在贸易与运输方面的潜力。2017 年 12 月 5 日，波罗申科总统在会见中国副总理马凯时表示，乌克兰积极支持"一带一路"倡议，愿继续与中方加强各领域务实合作，将两国关系不断推向深入。

（二）双边贸易

自 1992 年中国与乌克兰建交以来，双边贸易发展迅速。1992 年双边贸易额仅为 2.3 亿美元，到 2013 年双边贸易额已达 111.2 亿美元。2014 年乌克兰危机之后，双边贸易额在 2014 年和 2015 年连续两年经历了大幅下降，直到 2016 年才回稳，2017 年上半年双边商品贸易复苏明显，增幅达 27.6%。据乌克兰海关统计，2017 年上半年，乌克兰与中国货物进出口总额为 34.7 亿美元，增长 11.7%。其中，乌克兰对中国出口 9.1 亿美元，增长 24.3%，占乌克兰出口总额的 4.4%；自中国进口 25.6 亿美元，增长 26.7%，占乌克兰进口总额的 11.4%；乌方逆差 16.5 亿美元，增长

76.7%，中国是乌克兰第七大出口市场和第三大进口来源地。乌克兰对中国出口的主要产品为矿产品、动植物油脂和植物产品。从中国进口的主要产品为机电产品、贱金属及制品和化工产品。

表3 2009～2013年中乌双边贸易一览

年份	2011	2012	2013	2014	2015	2016
进出口额（亿美元）	104.11	103.54	111.14	80.8	61.7	64.9
中国出口（亿美元）	71.47	73.23	78.44	54.1	37.7	46.8
中国进口（亿美元）	32.64	30.31	32.70	26.7	24.0	18.1

数据来源：中国商务部国际贸易经济合作研究院。

随着中国经济发展，中国的机电产品逐渐成为两国贸易中的主导产品，轻工业产品比重逐渐下降。中国的出口信贷政策也为中国产品进入乌克兰提供了更多的机会。两国积极发展银行间合作，通过乌信誉好的银行向其国内企业提供中国出口商品的买方信贷，加大了中国商品对乌出口力度。

（三）双边经济合作

目前，中国与乌克兰签署了《关于鼓励和相互保护投资协定》《关于避免双重征税的协定》《关于海运合作的协定》《关于进出口商铺合格评定合作的协定》《关于科技合作的协定》《知识产权合作协议》。

根据乌克兰官方数据，中国在乌克兰的投资较少，虽然近年来签署了一些合作投资意向，但多数尚处在前期准备阶段。中乌经济合作的主要领域在基础设施建设、能源和农业领域，主要合作方式为中方融资、乌克兰提供主权担保、中方执行的方式。克里米亚入俄之后，有关企业在该地的能源、港口和农业项目已经停下来，需要进一步论证。

自2014年以来，双方经贸合作得以继续发展，不仅在军工方面的合作取得一定进展，乌方卖给中国的军事装备数量仅次于俄罗斯，中国航母"辽宁舰"和航空航天发动机项目是体现双方防务联系的标志之一。而且双方在农业、基础设施领域也取得不错的成绩，中国陆续向乌克兰开放了农产品市场，一些中国大型建筑企业也陆续进入乌克兰市场。2017年5月，中国港湾集团中标乌克兰港口航道及调头区疏浚项目，这是中国企业在乌克兰中标的第一个基础设施建设项目。2017 年 10 月 22 日，乌克兰首都基辅市政府同中国中铁国际集团、中国太平洋建设集团（中方联合体）在基辅签署关于基辅地铁 4 号线建设合作协议，合同金额达 20 亿美元。2017 年 10 月，新疆交建集团成功中标乌克兰 M－12 和 M－3 公路段翻修项目，中国电建水电十六局中标承建乌克兰 M06 日托米尔绕城公路项目。

六　总体风险评估

首先，目前乌克兰东部顿巴斯地区的冲突并没有完全停火，零星的交火仍然不断，顿巴斯地区的安全局势仍然是影响中乌双方经贸关系的首要风险。由于乌克兰东部冲突短期内难以政治解决，不仅涉及克里米亚半岛和东部地区的所有合作项目被搁置，而且对于乌克兰宏观经济形势也造成一定的压力。持续的武装冲突给乌克兰财政带来较大的压力，国防开支在近 3 年来一直居高不下，约占其 GDP 的 5%。未来，乌克兰东部安全局势仍有一定的不确定性，这将是影响乌克兰经济复苏的最大不确定因素。

其次，中乌合作基础良好，前景依然可期。进入 2017 年以来，双方经贸合作再次进入快速增长阶段，在“一带一路”合作上不断取得实质性突破。2017 年 12 月，在中国副总理马凯访问乌克兰期间，两国签署了一系列联合项目，总价值约达 70 亿美元。乌克兰邀请中国商界参加乌克兰国家财产私有化的工作，积极进入乌克兰银行市场。中乌战略伙伴关系是双方长期合作的基础，中国不会因乌克兰内部的政策选择而放弃或改变双方合作的基调。中国在乌克兰危机中明确表示尊重主权独立和领土完整，主张应该通过对话来解决危机。乌克兰新政府十分关心中乌经济合作，在乌克兰政局不稳的情况下仍按时完成了合作项目，中乌战略合作表现出强大的生命力和稳定性。

（张弘）

乌兹别克斯坦

（The Republic of Uzbekistan）

一　国家基本信息

（一）地理概述

乌兹别克斯坦位于中亚中部，与哈萨克斯坦、阿富汗、土库曼斯坦、吉尔吉斯斯坦、塔吉克斯坦相邻。乌兹别克斯坦没有出海口，是"双内陆"国家，即乌兹别克斯坦的邻国也都属内陆国家。乌兹别克斯坦总面积44.74万平方公里，东西宽 1400 公里，南北长 925 公里。边界线长 6621公里。下设 1 个自治共和国（卡拉卡尔帕克斯坦共和国）、12 个州、1 个直辖市（塔什干市），在自治共和国和州以下设 149 个区，124 个市，1245个村。首都为塔什干（Tashkent）。

（二）人口和民族

全国人口总数 3007.5 万（2013 年 4 月 1 日，乌国家统计委数据）。共有 130 多个民族。乌兹别克族占 80%，俄罗斯族占 5.5%，塔吉克族占4%，哈萨克族占 3%，卡拉卡尔帕克族占 2.5%，鞑靼族占 1.5%，吉尔吉斯族占 1%，朝鲜族占 0.7%。此外，还有土库曼族、乌克兰族、维吾尔族、亚美尼亚族、土耳其族、白俄罗斯族等。乌兹别克语为官方语言，俄语为通用语。主要宗教为伊斯兰教，属逊尼派，其次为东正教。

（三）简史

历史上波斯人、马其顿人、突厥人、阿拉伯人、蒙古鞑靼人曾在此建立过国家。9～11 世纪，形成了乌兹别克民族。13 世纪被蒙古人征服。14 世纪中叶，阿木尔·帖木儿建立以撒马尔罕为都城的帝国。16～18 世纪，乌兹别克人先后建立了布哈拉汗国、希瓦汗国和浩罕国。19 世纪 60～70 年代，部分领土（现撒马尔罕州和费尔干纳州）并入俄罗斯。1917～1918 年建立苏维埃政权，1924 年 10 月成立乌兹别克苏维埃社会主义共和国并加入苏联。1991 年 8 月 31 日宣布独立，定 9 月 1 日为独立日。1991 年 12 月 29 日举行独立后首次总统大选，2000 年 1 月 9 日和 2007 年 12 月 23 日举行总统大选，卡里莫夫在三次选举中均获胜。2001 年 6 月 15 日上海合作组织成立，乌兹别克斯坦作为创始国之一加入该组织。2005 年 5 月 13 日，乌兹别克斯坦发生"安集延事件"。2012 年，中乌建立战略伙伴关系。2016 年 9 月 2 日，卡里莫夫总统病逝，同年 12 月 4 日举行总统大选，米尔济约耶夫当选新一任总统。

二　政治状况

（一）政体简介

1. 宪法

1992 年 12 月 8 日，乌通过第一部宪法，对国家性质、政治体制、政党、公民权利等做出明确规定：乌是主权、民主国家，实行立法、行政、司法分立；总统为国家元首、内阁主席、武装部队最高统帅，每届任期 7 年，连任不得超过两届；国家不干预宗教团体活动；承认多党制；经济以多种所有制为基础；强调对外政策遵循国家主权平等、不干涉别国内政的原则，可以缔结联盟，加入联合体和其他国家间组织，也可以根据国家、人民的利益以及国家安全退出。2011 年 12 月 5 日，乌议会通过宪法修改案，将总统任期从 7 年缩短到 5 年。2014 年 3 月根据卡里莫夫总统提议再次修宪，扩大了政府与议会权力。

现任总统沙夫卡特·米罗莫诺维奇·米尔济约耶夫，1957 年 7 月 24 日出生于吉扎克州，乌兹别克族。1996 年任吉扎克州州长，2001 年任撒马尔罕州州长，2003 年 12 月 12 日至 2016 年 12 月 13 日任总理，在 2016 年 12 月 4 日总统大选中以 88.61% 的得票率获胜，于当年 12 月 14 日宣誓就任乌兹别克斯坦总统。有两个女儿一个儿子。

2. 议会

两院制议会，最高会议由参议院和立法院组成。参议院为上院，由 100 名议员组成。参议院议员须满 25 周岁，在乌生活不少于 5 年。每届参议院任期 5 年。参议院下设办公厅，预算和经济改革委员会，立法和司法问题委员会，国防安全委员会，对外政策委员会，科教文体委员会，农业，水利及生态委员会。立法院为下院，由 150 名议员组成。每届立法院任期为 5 年。现任参议院主席为伊尔吉扎尔·马佳库博维奇·萨比罗夫，立法院主席为基洛拉姆·塔什穆哈梅多娃。

1994 年 12 月 25 日至 1995 年 1 月 22 日，乌举行首届最高会议选举。1999 年 12 月 5 日和 19 日先后进行两轮议会选举。2010 年 1 月 25～26 日，举行最高会议参议院选举，产生 84 名参议院议员。2009 年 12 月 27 日和 2010 年 1 月 10 日，再次举行新一届最高会议立法院选第一轮和第二轮选举，共产生 135 名立法院议员，其中自由民主党议员团 53 人、人民民主党议员团 32 人、"民族复兴"民主党议员团 31 人、"公正"社会民主党议员团 19 人，乌生态运动根据选举立法规定，推荐 15 人直接进入立法院。2011 年 3 月，乌修改宪法，扩大了议会和政党权力，规定总理由立法院中占多数席位的政党或党团提名，议会有权对政府提出不信任案，有权就国家政治经济生活的重大问题向总理提出质询，总统无法理政时，由参议院主席直接代行总统权力，直至选出新总统。

3. 政府

本届政府于 2016 年 12 月 15 日组成，现设 1 名总理，7 名副总理（包括 1 名第一副总理）。分别主管经济发展、投资结构改革、银行和金融系统改革、协调自由经济特区和小型工业特区；对外经济活动、出口；机械制造、汽车、电气、产品标准化；地区发展、通信、交通、建筑；农业、水资源、农产品加工和消费品加工业；地质、能源、化工、石化和冶金业。

4. 司法

由宪法法院、最高法院、最高经济法院、卡拉卡尔帕克斯坦共和国最高法院和经济法院，以及市、区法院和经济法院、军事法院和检察院组成。宪法法院副院长为巴·米尔巴巴耶夫（院长空缺）；最高法院院长为布·穆斯达法耶夫；最高经济法院院长为季·米尔扎卡里莫夫；军事法院院长空缺；总检察长为拉·卡德罗夫。

（二）政局现状

1. 执政党和政局简况

乌兹别克斯坦为多党制，但实际上政党作用不大，执政党为人民民主党，无反对党派。1996 年 12 月颁布《政党法》。现经登记的政党有 4 个：人民民主党、自由民主党、"民族复兴"民主党、"公正"社会民主党，此外，于 2008 年 2 月成立的"乌兹别克斯坦生态运动"既不是政治组织，也不是政党，但却是议会组成部分，作用特殊。人民民主党于 1991 年 11 月 1 日成立，创始人为卡里莫夫总统，在议会立法院中占 32 个席位。

乌兹别克斯坦独立以来政局一直保持稳定，社会治安状况良好，人民生活水平不断提高，国内未发生大的动乱。

国家对内政策的重点依然是改善民生、建设公民社会等，对宗教极端势力和恐怖主义保持高度警惕和打击态势。乌国内政局中值得关注的有以下几个方面。

第一，通过修宪继续稳步推动政治改革。

2014 年 4 月 10 日，乌议会批准了宪法修正案，即《修改、补充乌宪法个别条款（第 32、78、93、98、103 和 117 款）法案》。根据卡里莫夫总统的提议，乌进行宪法修改，以扩大政府与议会的权力。新增主要内容包括：行政权由乌政府行使；总理候选人由占议会多数席位的政党推举而出，或者由获得同等数量的最多的几个政党共同推出，总统在 10 天之内对总理候选人进行审查，然后将其提交给议会，由议会审批；总理候选人在接受议会审查和批准时，提交内阁任期内的近期和长期规划；内阁成员由总理提名，总统审批；如果立法院和参议院中不少于 2/3 的议员对总理不信任案投赞成票，总统可以解除总理职务，内阁全体成员将与总理一起辞职；总统在与立法院中的所有党派协商之后，提名新的总理候选人，交由议会进行审议和批准；如果议会第二次拒绝总理候选人，总统就可以任命现任总理，并解散议会。

这是乌进行政治改革的重要举措，标志着高度集中在总统手中的权力在向议会分配。这不是乌兹别克斯坦第一次修改宪法。2007 年修改了第 89 条，2011 年将总统任期由 7 年减少为 5 年。在乌面临权力交接的背景下，乌的任何政治动向必然具有重要或深远意义。解读乌 2011 年修宪，可以看出：第一，卡里莫夫总统意在减少下任总统的权力，以议会和政府来制衡未来总统的权限；第二，此次修宪并没有对时任总统卡里莫夫产生任何消极影响，一方面说明卡里莫夫总统正在为未来按部就班地过渡权力做准备，另一方面也说明总统对国家总体政局的把握仍然有力。

第二，继续打击宗教极端势力。

乌政府认为其境内的土耳其企业与宗教极端组织联系密切，因此在 2013 年对激进的宗教分子继续严加打压，并多次在塔什干等大城市进行反恐演习。

第三，采取措施预防国内发生"阿拉伯之春"。

乌担心中东局势中的不稳定因素蔓延到本国，采取了一些预防措施。在公共场所举行预防大规模群众抗议集会的演练。并在首都等大城市增加兵力维持稳定。

（三）国际关系

乌兹别克斯坦对外方针是巩固国家独立、维护国家安全与稳定、发展经贸和交通合作、提高本国在地区和国际上的地位。奉行大国平衡外交。2012 年 8 月 30 日，乌《外交政策构想》正式生效，规定乌不参加任何军事政治集团，不允许在本国领土上设立外国军事基地和设施。

目前，共有 131 个国家同乌建交，在塔什干有 45 个外国使馆、8 个国际组织代表处、5 个国际金融机构代表处。乌在海外设有 33 个使馆、10 个总领事馆，在 3 个国际组织设有常驻代表。乌是联合国、欧洲安全与合作组织、伊斯兰会议组织、不结盟运动、独联体、上海合作组织等国际和地区组织成员，已加入国际货币基金组织、世界银行、欧洲复兴开发银行、亚洲开发银行等国际金融组织。

1. 与俄罗斯关系

在卡里莫夫执政时期，乌兹别克斯坦与俄罗斯的关系表面平稳，实际上相互疏远。2012年6月乌突然宣布退出独联体集体安全条约组织，乌俄关系再陷低谷。但两国在经济上的合作一直比较密切。俄罗斯是乌最大贸易伙伴，2013年俄乌双边贸易额增加9.4%，贸易总额超过70亿美元，达到了历史新高。俄是乌最大的投资伙伴，近6年俄总计在乌投资近60亿美元。2013年俄向乌投资6亿美元，主要投向能源、通信和工业领域。据俄央行数据，自2010年至2013年9月，在独联体国家劳动移民汇回国的侨汇中，乌公民汇款数额居首位。2012年乌侨汇为60亿美元，占独联体国家劳动移民侨汇总额的1/3。两国在能源领域合作发展迅速，俄卢克石油公司和天然气工业股份公司均在乌进行油气开发。2013年12月27日，乌兹别克斯坦加入独联体自贸区，这将推动乌融入独联体框架下的合作，并促进乌与关税联盟各成员国间贸易制度的一体化进程。

米尔济约耶夫总统执政以来，乌俄关系明显拉近。2017年4月6日，米尔济约耶夫总统访俄，这是他当选乌兹别克斯坦总统后对俄首次访问。两国总统举行会晤，双方就加强两国战略合作达成一致意见，并重点交换了扩大能源及国防合作的意见。双方涉及的项目合同总金额超过150亿美元，约签订了40份合同，包括俄罗斯天然气工业股份公司首次与乌兹别克斯坦签订了为期5年的中期合同。自2003年起俄气一直与乌方签订1年期的合同来进口乌天然气。

2. 与美国关系

在美国努力下乌美关系明显升温，尤其是军事合作。两国在阿富汗问题上的合作进一步加强。美国希望乌参与阿富汗战后重建以及美"新丝绸之路"计划。两国能源合作积极发展。美国向乌提供从阿富汗撤出后的武器装备。2013年12月9日，在华盛顿举行了第四轮乌美双边磋商。

两国关系升温主要是由于乌在阿富汗问题中的战略地位凸显。美军计划撤出阿富汗，美国需要在中亚建立新的战略支点，以保障物资运输的安全可靠。美官方称其"北方运输线"上98%的物资是通过乌境内运入阿富汗。另外，2011 年 7 月，连接乌阿边境的海拉顿 – 马扎里谢里夫铁路正式运营，乌成为唯一同阿富汗直接有铁路相连的国家。更为重要的是，美国欲借机重新在中亚布置军事力量，从而遏制中国与俄罗斯。

随着乌美关系不断密切，美借机加紧对乌进行民主渗透。2013 年以来，美国到访高官均谈及民主与人权问题。美乌在民主领域加强合作，从乌方角度考虑，显然是卡里莫夫面临政权交接，在此过程中想得到国际社会的支持，向国际社会展示其进行民主人权改革的决心和成效，以保证权力顺利过渡。从美方角度，美乌关系自 2005 年"安集延事件"后降至冰点，欲借阿富汗撤军之机恢复关系，美国从军事合作、向乌提供军事装备入手，继而加强与乌的政治往来，在乌与邻国关系紧张、抗拒俄在中亚战略的情况下美与乌迅速修好，并向乌提供一系列援助，加强民主渗透，这是美在乌乃至在中亚的一贯做法。2015 年 11 月 1 日，美国国务卿克里在撒马尔罕举行的"C5 + 1"会议上，称乌兹别克斯坦是中亚国家和平与繁荣的重要力量。在美总统特朗普大幅削减美国国际开发署（USAID）对中亚其他国家年度援助额的同时，美计划在 2018 年对乌的援助不减反增，从 939 万美元增加至 980 万美元，增长 4.4%。

3. 乌哈建立战略伙伴关系

2013 年 6 月 13～14 日，哈萨克斯坦总统纳扎尔巴耶夫访乌，双方签署了《哈乌两国战略伙伴关系条约》。根据条约，哈乌两国将加强政治、经济、交通、文化和军事等领域的全面合作；哈乌两国将在解决中亚地区水资源利用问题上保持协商一致的立场；哈乌将加强合作，共同应对安全威胁和挑战，巩固中亚地区局势稳定。2017 年 3 月 23 日，乌兹别克斯坦总统米尔济约耶夫访哈，与纳扎尔巴耶夫举行会谈，双方就两国战略伙伴关系的发展、双边经贸和投资合作、地区安全形势、跨境水资源分配等问题交换了意见，并就深化战略伙伴关系达成共识。两国签署了关于进一步深化两国战略合作伙伴关系及加强邻邦友好关系的联合宣言、2017 年至2019 年经济合作战略、两国地区间合作协议、两国国防部军事合作协议等7 份合作文件。同时还在阿斯塔纳举行了哈乌两国商业论坛，两国企业签订了总额达 10 亿美元的合作协议。2016 年哈乌双边贸易总额达 20 亿美元，比上年增长 16%。

哈乌是中亚国家中的翘楚，两国建立战略伙伴关系尤其引人重视。分析其中原因，主要如下几点。

第一，共同抵御2014年后来自阿富汗的安全威胁。从地区安全的角度看，2014年美军撤出阿富汗后，阿富汗的安全形势对中亚安全的威胁是有限的。但是，从政治稳定的角度看，阿富汗权力变化可能给中亚各国政权带来一些影响，这正是中亚各国领导人对撤军问题过于忧虑的关键所在。对于中亚国家领导人来说，政治稳定，或者说政权稳定、统治家族利益稳定，是最关切的问题。阿富汗形势变化，在政治上对中亚的冲击可能是：首先，中亚周边发生战乱，不利于地区内的社会稳定，影响政权稳定；其次，2014～2015年是中亚几个国家权力交接的关键年份，阿富汗引发的一些安全问题、大国博弈等因素有可能影响权力正常交接；最后，经阿富汗输入中亚的宗教极端思想、"阿拉伯之春"的政治影响，都会对中亚政权造成冲击，甚至可能引发政治动荡。

第二，乌兹别克斯坦的政治需求。首先是卡里莫夫需要哈在其政权交接问题上的支持。2015年乌兹别克斯坦将举行总统大选，对此乌国内封口缄默，国外高度关注，各种传言十分热闹。不过，无论形势有何变化，卡里莫夫家族要保持在国内高度的政治影响、商业控制，就必须从家族成员或亲近的利益集团中选择继承人。而中亚最强国家哈萨克斯坦的支持，对乌权力平稳过渡有重要意义。其次，与俄罗斯渐行渐远的乌兹别克斯坦，需要通过哈来保持与俄联系。俄乌关系近年不顺，美乌关系不断加强。但是，乌始终摆脱不了俄的经济影响，包括劳动移民、军事装备、经济联系等。因此，在俄乌关系冷淡的情况下，通过哈萨克斯坦来保持与俄罗斯的关系，显然符合乌兹别克斯坦的国家利益。

三　经济形势

（一）经济概况

1. 自然资源

乌兹别克斯坦矿产资源丰富，已探明的矿产品有100多种，矿产地有

3000 余处。黄金已探明储量 2100 吨，前景储量 3350 吨，居世界第四位，年产量 80 多吨，居独联体国家第二位、世界第八位；铀探明储量为 5.5 万吨，占世界第七位，预测储量 23 万吨，年开采量 3000 多吨，居世界第六位，出口量居世界第十位。乌油气资源丰富，总储量独联体国家中居第三位，在中亚居第二位，已探明储量为 5.84 亿吨，年开采量 670 万吨。天然气预测储量超过 5.43 万亿立方米，已探明储量为 2.055 万亿立方米，在独联体居第三位，在世界第十四位，年开采量为 650 亿立方米。乌煤炭预测储量 70 亿吨，工业储量为 19 亿~20 亿吨，其中褐煤 18.53 亿吨，年开采量为 270 多万吨。

2. 产业结构

苏联时期，尽管乌的工业能力在中亚较强，但总体上乌还是一个农业国，农业产值约占 GDP 总值的 1/3，而工业不足 1/4。独立后，乌努力改善产业结构，从 2006 年开始，工业产值超过农业产值，步入工业国行列，但工业结构仍以资源开发为主，"四金"即黄金、"白金"（棉花）、"乌金"（石油）、"蓝金"（天然气）在国民经济中占重要地位。

农业是基础经济部门，农业产值中棉花生产占 40%。工业领域包括棉花制造（纤维制造）、汽车组装以及飞机生产。经济部门包括棉纺、机器制造、电力等。乌重视以高新技术推动工业发展，建立了纳沃伊经济技术开发区、安格连工业区、吉扎克工业特区。

（二）近期经济运行状况

1. 宏观经济

近年乌经济持续发展。据乌总统卡里莫夫所做的《2014 年工作报告》，2013 年乌 GDP 达到 567 亿美元，同比增长 8%。工业增长 8.8%，轻工业产值达 38 亿美元，同比增长 13.2%；食品工业产值达 38.4 亿美元，同比增长 9.1%。商品零售总额同比增长 14.8%，服务业产值同比增长 13.5%，其产值占 GDP 比重达 13.5%。农业产值同比增长 6.8%，较 2000年增长了 130%。外贸顺差达 13 亿美元，通胀率下降至 6.8%。根据乌统计部门数据，2017 年乌国内生产总值（GDP）为 249.1 万亿苏姆（307.53亿美元），按苏姆计价同比增长 5.3%，人均 GDP 760 万苏姆（938.27 美元），按苏姆计价同比增长 3.6%。各产业占 GDP 的比重分别为：服务业占比 47.3%，同比增长 6.9%，其中，餐饮业占 GDP 的 11.5%，增长 5.3%，运输、保险和通信占比 11%，增长 8.9%，其他服务业占比 24.8%，增长 7.3%；工业占比 33.5%，增长 4.6%，其中，工业生产增长 1.1%，采矿业增长 14.6%，加工工业增长 2.8%，上述三类占 GDP 的 26.7%，建筑业占比 6.8%，增长 5.6%；农业占比 19.2%，增长 2%。

乌经济稳定增长主要得益于多年来的财政盈余、高水平的官方储备、较低的国家债务、稳定的银行体系和在国际金融市场的谨慎借贷，这使其免受全球金融危机的直接影响。促进经济增长的主要因素还包括以下几点。

第一，大力发展中小企业，努力改善营商环境，活跃经济，增加就业。中小企业不仅数量增加，而且产值增速，超过工业平均增速。据乌统计委数据，2013 年乌共注册新企业 2.78 万家，其中 2.63 万家为小微企业。目前，乌中小企业占国内生产总值的比重为 55.8%，2000 年这一比重仅为 31%；占工业生产总值的 23%；占市场服务的全部市场。2013 年，小企业产值占 GDP 比重为 56%，中小企业出口占出口总额的 18%。

第二，重视工业，建立工业特区。自 2008 年开始，乌设立了纳沃伊经济技术开发区、安格连工业区、吉扎克工业特区，投资项目 27 个，投资额共计 1.5 亿美元。乌重视轻工业发展，制定了《2012～2014 年轻工业企业原料工艺基础现代化改造规划》，在 2013 年底前实施 31 个投资项目，总金额达 2.3 亿美元，这些项目的实施可创造 4200 个新就业岗位。

第三，新兴产业拉动经济，包括汽车工业，能源企业、通信产业等。近年乌汽车产量大幅增加，保险业有长足发展。保险业投资主要用于储蓄存款和购买有价证券。随着区域能源合作的不断深化，乌认识到能源工业对本国经济的重要性，并不断制定关于能源工业发展的新经济政策。近两年 IT 业迅猛增长，2013 年平均同比增长 23%。2013 年乌汽车制造业产值为 37.5 亿美元，同比增长 21.8%。

第四，投资拉动，重视基础设施建设。启动若干大型建设项目，如改善交通和通信基础设施、利用特别经济区吸引外资、发展高新科技等领域的项目。除继续推进纳沃伊经济技术开发区和安格连工业区建设外，乌还在世行等国际金融组织资金的支持下，实施一系列大项目，对改善民生、推动偏远地区经济发展十分重要。2014 年 2 月，乌政府批准《2014 年工程建设计划主要指标》，计划指标覆盖 2014 年计划实施的建筑、现代化改造、维修和基建项目。2013 年，乌投资 5.7 亿美元用于公路建设和维护，共完成公路建设和维修 530 公里。

2. 国际收支

根据乌兹别克斯坦官方统计数据，2017 年乌兹别克斯坦外贸额为269.62 亿美元，同比增长 11.3%，其中出口 139.54 亿美元，增长 15.4%，进口 130.08 亿美元，增长 7.2%，贸易顺差 9.455 亿美元。在乌兹别克斯坦主要贸易伙伴中，对中国贸易占乌外贸总额的 18.4%（49.61 亿美元），为乌第一大贸易伙伴；第二至第五大贸易伙伴和所占比重分别为：对俄罗斯贸易占比为 18.1%（48.81 亿美元），对哈萨克斯坦贸易占比为 7.7%（20.76 亿美元），对土耳其贸易占比为 5.7%（约 15.37 亿美元），对韩国贸易占比为 5%（13.48 亿美元）。

3. 外债状况

乌外债负担很轻，并且处于较稳定的状态。乌大多数外债是由于为国内棉花加工和天然气生产提供资金支持而造成的。

2007 年乌的外债总额为 39.3 亿美元，2010 年为 38.8 亿美元。2011年占 GDP 的 8.3%（约 32 亿美元）。

4. 财政收支

全球金融危机之前，乌官方预算盈余增长比较大。2008 年 11 月，乌政府出台《反危机纲要》，加大对企业的支持力度，保证其出口生产不受影响。继续加强金融体系的支持和监管力度，控制金融风险。在货币政策方面实行适度从紧的货币政策，同时对苏姆汇率进行有效管理。

由于数据有限且不透明程度较高，因此乌财政收支状况很难评估。据乌官方初步统计的数据，2010 年的预算盈余占国内生产总值的 0.3%。近年乌经济增长较快，天然气出口量增加，将支持在预测期内收入的增长。在国家预算执行的过程中，高度重视社会领域的发展。随着商品价格走高和进出口限制减少，乌的经常账户盈余将继续上升。

虽然大量预算数据表明乌财政状况处于良好状况，但由于普遍存在的腐败、灰色经济以及经济数据的不透明，乌的真实财政状况仍有待研究。短期内乌可能保持充足的贸易盈余，但未来情况可能会趋向下滑。在仅靠天然气和棉花两种商品的出口来维护贸易出口额的情况下，贸易出口十分脆弱，将影响乌的经常账户状况。

四　投资状况

（一）外国投资状况

为减少本国经济对国际原材料市场、外援的依赖性，乌十分重视引进和利用外资，颁布了一系列保护外资的法规和优惠政策，逐步实施产业结构的调整，将交通、水利、通信、公共设施等基础设施建设领域列为优先发展方向，鼓励外资投入。外资主要流向油气、电信和信息、化工和石化、道路交通、轻工、农业和水利、建材、机械制造等领域。主要投资国为德国、韩国、日本、荷兰、英国、瑞典、马来西亚、中国、俄罗斯。目前在乌注册了 4200 家合资企业，包括一些跨国公司参与的企业。在《2011～2015 年工业发展纲要》框架内吸引外国直接投资 119 亿美元，实施 135 个新项目；利用外国贷款 18 亿美元，用于 14 个项目。2013 年吸引外国投资 30 亿美元，其中直投占 72%，即 22 亿美元。2017 年乌吸引外国投资总额超过 24 亿美元，占乌全年投资总额比重的 20.4%，比 2016 年的 15.3% 上升 5.1 个百分点。

（二）投资环境

1. 投资政策

在乌涉及投资的法律主要有《外国投资法》《外国投资者活动保障法》《企业、公司及组织纳税法》《土地税法》《车辆和交通工具税法》《土地法》。但在实际操作中，常以总统令、政府规定等文件调节外商和外国投资在乌的活动。乌经济部、外经部、财政部是引资的主要管理机构。

乌外资政策的特点：一是外资企业的法定资本金额越大、外商投资所占比例越大，政府在税收方面提供的优惠政策就越多，给予各种"特别优惠待遇"的可能性也越大；二是鼓励建立生产型外资企业；三是鼓励外国投资者在原料深加工领域、高新技术、节能、通信、交通、能源、公共基础设施等领域的投资；四是鼓励外商加强对中小企业的投资；五是对外资逐步实行"国民待遇"，自 2006 年 6 月 1 日起，对部分外资企业取消无限期优惠政策。

2013 年 3 月 15 日，卡里莫夫总统签署《关于对 2012 年 4 月 10 日批准的〈关于鼓励吸引外国直接投资补充措施的命令〉的修订决议》。按照新优惠政策，从 2013 年 1 月 1 日起，对于新建外国投资企业，在进口自身生产所需材料时，自完成国家注册之日起，两年内免除进口关税。但要求注册资本金中外国资本所占比例不能少于 33%。

2014 年 1 月，乌政府宣布将简化外资投资者的签证制度和外资企业的登记手续，外国投资者或外资企业家作为法人可以得到多次往返签证。在这之前一次性签证的最短期限是 3 个月。外资企业登记最快可以在 7 天内完成。

2. 金融体系

现行金融体系由中央银行、商业银行和非银行金融机构组成。截至 2011 年底，乌共有 31 家商业银行，其中国有银行 3 家，有国家股份的股份制银行 11 家，纯私营银行 12 家，合资银行 4 家，外国银行分行 1 家。另外还有 8 家外国银行在乌开设办事处。

根据资产规模，乌兹别克斯坦最大的 5 家银行依次为：国家外经银行、阿萨卡银行、工业和建设银行、农业银行（原棉花银行）、抵押银行（原住房储蓄银行）。这 5 家银行的资产总额约占乌银行资产总额的 80%。

3. 税收体系

乌现行税收体系由 2007 年新版《税法典》规范，税种体系按征收机构的性质分为税和规费两大类。共有 18 种税费，其中 10 种税、5 种规费和 3 种按简化程序征收的税和规费。

乌现行 10 种税有法人利润税、个人所得税、增值税、消费税、地下资源使用税、水资源利用税、财产税、土地税、福利和发展公用基础设施税、个人交通工具使用汽油、柴油和天然气税。现行规费分为 4 大类共 5 种：一是海关费；二是手续费；三是许可费；四是基金费（社会基金和公路基金）。

五　双边关系

（一）政治关系

中乌关系发展良好，政治互信不断深化，国际协作密切。两国政治上在反对民族分裂主义和人权等很多问题上观点一致，在经济上具有互补性，合作潜力巨大。

1992年1月2日两国建交。双方高层互访较为频繁。2012年6月，卡里莫夫总统出席在北京举行的上海合作组织峰会，并对中国进行国事访问，期间两国签署建立战略伙伴关系的联合宣言，中乌关系提升到历史最高水平。2013年9月，中国国家主席习近平访乌。2014年5月，乌兹别克斯坦总统卡里莫夫出席在上海举行的"亚信峰会"。

中乌建交以来，两国签署的重要文件包括《中乌关于进一步发展两国友好合作关系的联合声明》《中乌关于打击恐怖主义、分裂主义和极端主义的合作协定》《中乌友好合作伙伴关系条约》《中乌关于全面深化和发展友好合作伙伴关系的联合声明》《中乌关于建立战略伙伴关系的联合宣言》等。

在中乌关系发展过程中，有两件大事大幅度推动了两国关系。一是2005年乌"安集延事件"发生后，在西方国家普遍谴责乌当局民主与人权问题的情况下，中方公开表示支持卡里莫夫总统，这大大拉近了两国关系。二是2008年全球金融危机开始之后，中国经济依然稳步发展，为周边国家乃至世界经济做出贡献，令乌更加重视中国的反危机经验，积极与中国在政治和经济领域进一步深化合作。

（二）双边经济合作

乌重视与中国发展经济合作。2013年9月中国国家主席习近平访问乌兹别克斯坦期间，中乌两国总计签署经济合作协议31个，总金额达150亿美元，其中77亿美元为中国投资。中乌两国还就石油、天然气、铀矿开采、修建天然气管道D线达成了协议。

中乌能源、资源合作快速推进。过境乌的"中国－中亚"天然气管道于 2010 年实现双线通气。由中国石油天然气集团公司投入 4.82 亿美元修建的"中国－中亚"天然气管道 C 线总长 525 公里。2011 年 12 月，两国签订天然气运输协议，2012 年 4 月 1 日起，乌开始向中国供应天然气。此外，两国铀矿合资企业已经成立，并成功启动勘探开发项目。目前，中国已跃升为乌第一大投资国、第一大棉花买家、第一大电信设备和土壤改良设备供应国。

两国投资合作规模不断扩大。2013 年，在乌总计有 455 家中资企业，其中 70 家为 100% 中资企业，总计 71 家中国公司代表处。投资领域由能源资源向非资源领域拓展，已建成的昆格拉特碱厂、德克汉纳巴德钾肥厂、锡尔河州的建材合资企业——鹏盛工业园区已成为中乌务实合作的典范项目。2013 年 7 月 3 日，在以"吉扎克工业园：专为中国企业量身打造"为主题的论坛上，中乌双方就在园区内合作实施项目共签署 21 个协议，总金额达 1 亿美元，涉及能源、电子设备、电信、纺织、机械制造和制药等领域。2014 年 4 月，中国杭州中乌电子仪表有限公司在吉扎克工业特区投资建立的"太阳光热能源有限责任合资公司"成为入驻吉扎克工业特区的第一家企业。中方企业还成功改造了阿汉格朗水电站、安集延 2 号水电站和土库马奇－安格连铁路等项目，为乌社会发展，特别是发展基础设施、改善民生、增加就业做出了重要贡献。

两国金融合作进一步发展。乌积极与中国国家开发银行和中国进出口银行加强合作，中国金融机构贷款额度达 45 亿美元，主要用于乌教育、医疗、能源、交通、通信等领域。2011 年 4 月，中国人民银行与乌中央银行签署了金额为 7 亿元人民币的双边本币互换协议；同月，中国进出口银行与乌财政部签署了 8 个使用 2009 年中国政府向上海合作组织成员国提供的优惠出口买方信贷项目融资资金的项目，项目金额为 9.64 亿美元，同时，中国国家开发银行与乌阿萨卡银行、工业和建设银行、抵押银行分别签署授信协议，总额达 2.76 亿美元。中国国家开发银行与乌方签署了 5 亿美元融资框架合作协议，用于促进中国企业对纳沃伊经济技术开发区投资、支持乌中小企业发展及乌航空公司 2012～2013 年采购飞机等项目。

中乌经济合作前景看好。首先，双方积极发展油气合作，推动中乌天然气管道项目建设和运营，形成乌长期向中国供应天然气的稳定过境通道；其次，双方在经贸、投资、金融等领域的合作顺利展开，涉及运输和加工、化工产品生产，以及电子、信息技术和电信、制药、建材等高科技领域的项目不断增多；再次，双方重视交通运输线建设，尤其对大型铁路项目中－吉－乌铁路建设持积极态度；最后，两国商贸互动交流增多，有利于加强相互了解、拓展新的合作项目。

（三）双边贸易

据中国海关统计，2016 年，中乌贸易额约 36.16 亿美元，同比增长3.4%，其中中国出口约 20.09 亿美元，下降 9.91%，进口超过 16.07 亿美元，增长 26.8%，中方贸易顺差 4.02 亿美元。据乌兹别克斯坦官方统计数据，乌兹别克斯坦主要贸易伙伴中，对中国贸易占乌外贸总额的18.4%（49.61 亿美元），为乌第一大贸易伙伴。

与 2015 年相比，2016 年中国对乌商品出口结构未发生明显变化，仍以工业品为主。其中，机械设备、电机电气设备、塑料及其制品在对乌出口商品中依然占据前三位，出口额分别是 4.86 亿美元、3.17 亿美元和1.52 亿美元，均低于 2015 年。在对乌出口商品中，发生明显变化的有钢铁制品、车辆及其零件和化纤材料。其中，钢铁制品出口下降 29.4%，车辆及其零件下降 41.7%，化纤材料出口则出现大幅增长，涨幅 20.9%。2016 年中国自乌兹别克斯坦商品进口额同比增加 3.4 亿美元，增长26.8%，进口依然以大宗商品为主，天然气、天然铀、棉纱和棉花占进口总额的 77.38%，与 2015 年相比，上述商品比重下降 16.02 个百分点。塑料、铜及其合金、植物产品等商品进口额出现大幅上涨，涨幅分别为 102倍、30 倍和 1.5 倍，特别是塑料产品涨幅较快，跃升为中国自乌进口第五大商品，占进口额的 9.02%。

六　总体风险评估

乌兹别克斯坦也存在可能的经济风险。

第一，物价上涨压力大。近年食品、日用品价格涨幅大。尽管乌央行努力控制货币发行量，即使市场上现金供应不足也极力避免多印钞票，但仍然控制不住物价上涨。导致消费品和服务价格大幅增长的原因很多：一是国际大宗原材料产品价格上涨，带动乌出口顺差增加，在一定程度上引起流动性过剩；二是乌不断提高社会保障水平，居民收入增长，在增加国内消费的同时，也加大了企业生产和管理成本；三是进口商品价格上涨，带动成本增加，在高通胀环境下，政府实施的很多惠民和社会保障措施都效果微弱，经常是工资、退休金、助学金和社会补助标准等提高所带来的消费需求，很快就被高通胀冲抵掉。

第二，投资环境总体较差，吸引外资能力不强。因国家政策相对封闭，调汇难、税收重、欠债多、官员变动频繁等诸多不良现象影响外资生存和发展，投资环境不尽如人意。

第三，投资效益低，经济政策以短期为主，缺乏长远规划，影响总体经济发展。工业在政府的投资政策中处于优先地位，大约30%的资金都投入该领域，但这部分的投资效益最差（建筑业、农业、商业和公共饮食业稍强）。投资效益低的主要原因包括：政府的投资重点方向在工业领域，包括油气、化工等，投向农业领域的资金不多，而乌是农业国家，农业人口众多，这种投资政策与国情不符；缺乏长期经济发展战略，通常只制定为期一年的经济政策，且政策多变，影响经济发展。投资项目的实际操作也存在严重问题：规划项目时乱估算成本，实施项目时又追加投资，制定项目阶段人为提高工程量和造价，编制可研报告时依据的经济数据不可靠，建设工程招标缺乏竞争性和透明性，等等。

（苏畅）

匈牙利

（Hungary）

一　国家基本信息

（一）地理概述

匈牙利位于欧洲中部喀尔巴阡山盆地，为内陆国家，东邻罗马尼亚、乌克兰，南接斯洛文尼亚、克罗地亚、塞尔维亚，西靠奥地利，北连斯洛伐克，边界线全长 2246 公里，国土面积 93030 平方公里，全境以平原为主，北部山地的凯凯什峰为全国最高点，海拔 1014 米，西部的巴拉顿湖，面积 596 平方公里，是中欧最大湖泊。匈牙利属大陆性温带阔叶林气候。首都是布达佩斯，属于东 1 时区，每年 3 月底至 10 月底实行夏令时。

（二）人口和民族

匈牙利全国人口 979.9 万（2017 年 1 月）。主要民族为匈牙利（马扎尔）族，约占 90%。少数民族有斯洛伐克、罗马尼亚、克罗地亚、塞尔维亚、斯洛文尼亚、德意志等族。居民主要信奉天主教（66.2%）和基督教（17.9%）。官方语言为匈牙利语。

（三）简史

公元 896 年，马扎尔游牧部落从乌拉尔山西麓和伏尔加河湾一带移居多瑙河盆地。1000 年，圣·伊什特万建立封建国家，成为匈第一位国王。

1526 年，土耳其入侵，匈封建国家解体。1541 年，匈一分为三，分别由土耳其苏丹、哈布斯堡王朝和埃尔代伊大公统治。1699 年起，匈全境由哈布斯堡王朝统治。1848 年，爆发革命自由斗争。1849 年 4 月，建立匈牙利共和国。1867 年，成立奥匈二元帝国。1919 年 3 月，建立匈牙利苏维埃共和国。1946 年 2 月，匈牙利国会宣布废除帝制，成立共和国。1949 年 8 月 20 日，宣布成立匈牙利人民共和国并颁布宪法。1956 年 10 月，爆发匈牙利事件。1989 年 10 月 18 日，议会通过宪法修正案，10 月 23 日，匈牙利共和国成立。2012 年 1 月，通过新宪法，改国名为匈牙利。

二　政治状况

（一）政体简介

1. 宪法

1989 年 10 月 18 日，匈牙利国会通过宪法修正案，1990 年 8 月 24 日，正式公布修改后的《匈牙利共和国宪法》。宪法取消了社会主义工人党领导国家的规定，改行多党议会民主制，确立三权分立原则和市场经济地位，宣称匈牙利是独立、民主的法治国家。2011 年 4 月 18 日，国会通过名为《基本法》的新宪法。新宪法于 2012 年 1 月 1 日生效。总统由国会选举产生，任期 5 年，连任不得超过两届。现任总统阿戴尔·亚诺什（Áder János），2012 年 5 月当选，2017 年 3 月再次当选。

阿戴尔·亚诺什，1959 年 5 月 9 日出生，已婚，毕业于罗兰大学，曾在布达佩斯 6 区政府、匈牙利科学院就职。1988 年加入青民盟，1990 ~ 2009 年为匈牙利国会议员。1997 年任国会副主席，1998 年至 2002 年任匈牙利国会主席。2009 年至 2012 年任欧洲议会议员。2012 年 5 月 2 日当选为匈牙利总统。2017 年 3 月 13 日再次当选为匈牙利总统。

2. 议会

议会也称国会，是匈牙利最高国家权力和人民代表机关，采用一院制，根据 2012 年生效的匈牙利议会新选举法，从 2014 年国会选举起，议会议员席位由此前的 386 个减为 199 个，每届任期 4 年。国会行使立法权、监督权、重要职位的人事任免权和重大事件的决定权。国会主席保证国会权力的行使，维护国会权威，组织国会工作。2014 年匈牙利议会选举于 4 月 6 日举行。2014 年 5 月 6 日，匈牙利新一届议会成立，原议会主席克韦尔·拉斯洛（Köver László）再次当选主席。本届议会由青年民主主义者联盟－匈牙利公民联盟（简称青民盟）、基督教民主人民党（简称基民党）、匈牙利社会党、尤比克、绿党"政治可以是别样的"5 党组成，民主联盟和团结 2014 党未获足够议席，两党议员均以独立议员身份参与国会活动。现国会议席分布情况为：青民盟与基民党共占 131 席，社会党等左翼 5 党占 39 席，尤比克占 24 席，绿党"政治可以是别样的"占 5 席，独立议员占 10 席。国会下设 16 个常设委员会。国会每年分春季会期和秋季会期。

克韦尔·拉斯洛生于 1959 年，1986 年毕业于布达佩斯罗兰大学法学院。1988 年，他成为青年民主主义者联盟－匈牙利公民联盟的创建者之一。他从 1990 年起担任国会议员，于 2010 年 7 月当选国会主席。2014 年 5 月再次当选国会主席。

3. 政府

政府由总理和各部部长组成，是国家最高行政机构。总理根据总统建议，由国会选出，任期 4 年；各部长根据总理建议，由总统任命。总理是政府的权力核心。2014 年 5 月 10 日，匈牙利国会选举青年民主主义者联盟－匈牙利公民联盟主席欧尔班·维克托（Orbán Viktor）为匈牙利总理。这是欧尔班第三次出任匈牙利总理。

欧尔班 1963 年 5 月 31 日出生于匈牙利塞凯什费黑尔瓦尔市，毕业于匈牙利罗兰大学法律系，1998~2002 年首次出任总理，2010 年 5 月再次当选总理。2014 年 5 月第三次当选为匈牙利总理。

2014 年 6 月，匈牙利政府完成组阁。政府设有 9 个部，政府成员包括：总理欧尔班·维克多、副总理兼民族政策不管部部长谢姆延·若尔特（Semjén Zsolt）、总理府部长拉扎尔·亚诺什（Lázár János）、内务部部长宾戴尔·山多尔（Pintér Sándor）、外交与对外经济部部长西雅尔多·彼得（Szijjártó Péter）、国防部部长施米赤科·伊什特万（Simicskó István）、司法部部长特罗查尼·拉斯洛（Trocsányi László）、国家经济部部长沃尔高·米哈伊（Varga Mihály）、人力资源部部长鲍洛格·佐尔坦（Balog Zoltán）、农业部部长法泽考什·山多尔（Fazekas Sándor）、国家发展部部长谢斯达克·米克洛什（Seszták Miklós）。

4. 司法

司法工作由法院、检察院和宪法法院实施。法院包括最高法院、地区法院、州法院和地方法院，实行两审终审制；检察院包括最高检察院、州检察院和地方检察院。最高法院院长和最高检察院检察长根据总统建议由国会选出，任期 9 年；宪法法院成员由国会选出。现任最高法院院长为道拉克·彼得，2012 年 1 月就职；现任最高检察院检察长为波尔特·彼得，2010 年 12 月就职；现任宪法法院院长为鲍尔瑙鲍什·兰科维奇，2015 年 2 月就职，任期 9 年。

（二）政局现状

1. 执政党

匈牙利主要政党有青年民主主义者联盟 – 匈牙利公民联盟、基督教民主人民党、匈牙利社会党、尤比克、绿党"政治可以是别样的"等。执政党为青年民主主义者联盟 – 匈牙利公民联盟与基督教民主人民党组成的执政联盟。青民盟成立于 1988 年 3 月，现任主席为欧尔班·维克托，该党曾于 1998～2002 年执政，在 2010 年国会选举中，青民盟与基民党组成的执政联盟大获全胜，成功上台执政。2014 年 4 月国会选举中，青民盟与基民党组成的执政联盟再次获胜，继续执政。

2. 政局简况

2014 年国会选举后，进入国会的除执政党外，还有匈牙利社会党、民主联盟、团结 2014、匈牙利自由党和"为了匈牙利对话"5 个左翼政党，极右翼政党尤比克，以及绿党"政治可以是别样的"。青年民主主义者联盟 – 匈牙利公民联盟与基督教民主人民党组成的执政联盟执政地位稳固，有望执政到 2018 年 4 月任期满。

青民盟领导的执政联盟继续控制议会大多数席位，有可能继续推动修订各种法律，在重要职位上推举自己的人选。匈牙利国内安全状况较好，尽管极右势力呈上升趋势，近年来中东北非难民入境引发对安全的担忧，但匈牙利境内发生恐怖主义袭击的可能性较小。作为北约和欧盟成员，匈牙利的国家安全得到保障。虽因境外匈牙利族人问题有时会与相邻国家如罗马尼亚和斯洛伐克发生矛盾，但不会因此爆发大规模国家间冲突。

（三）国际关系

冷战结束后，为获得安全保障和外部支持，匈牙利把加入欧盟和北约、与周边邻国恢复和发展睦邻关系、维护境外匈牙利族人权益作为其外交政策的三大支柱。分别于 1999 年 3 月和 2004 年 5 月加入北约和欧盟，成为北约、欧盟的东方前沿。2007 年 12 月 21 日匈牙利正式加入申根协定。加入北约和欧盟后，匈牙利主要外交目标和任务是：保障国民安全，服务国内经济发展和改善民生；高效应对全球化挑战；加强中欧地区合作，积极参与欧洲一体化建设；加强匈族人团结。为应对国际金融危机，匈牙利更为重视推进与美国、欧盟、俄罗斯、中国、印度及周边邻国的经贸务实合作，争取国际社会政治、道义和金融支持。目前，匈牙利已同170 多个国家建立了外交关系。

1945 年 9 月 25 日，匈牙利与美国恢复了因第二次世界大战而中断的外交关系。1966 年 9 月 8 日，两国外交关系升格为大使级。1989 年匈牙利政局剧变后，同美国关系成为其外交的重中之重。匈牙利支持美国在科索沃、阿富汗、伊拉克等问题上的立场。近年来，双边关系进一步发展。2008 年，两国签订《打击恐怖主义组织信息交换协议》和《刑事犯罪信息交换协议》。2009 年 6 月，两国签订《匈美刑事犯罪法律援助协议》。2010 年 6 月，匈牙利外长马尔托尼应美国国务卿希拉里邀请访美；10 月，美国副国务卿斯坦伯格访问匈牙利。2011 年 6 月，美国国务卿希拉里访匈；9 月，匈牙利国家发展部部长费莱基访美；11 月，匈牙利总统施密特访美。2012 年 4 月，美国参议员谢尔比访匈，与匈牙利总理欧尔班、外长马尔托尼举行会见；10 月，匈牙利外长马尔托尼访美。2014 年 1 月，美国共和党参议员亚利桑那访问匈牙利。

1988 年，匈牙利与欧洲共同体建立外交关系，签订双边经济贸易合作协定。1989 年政局剧变后，匈牙利积极申请加入欧盟。2004 年 5 月 1 日，匈牙利正式成为欧盟成员国。2004 年 12 月 20 日，匈牙利国会批准《欧盟宪法条约》。2007年12月17日，国会通过《里斯本条约》。12月21日，匈牙利加入申根协定。2011年上半年，匈牙利担任欧盟轮值主席国。2012年，匈牙利总统施密特访问比利时等；匈总理欧尔班访问德国、波兰、斯洛文尼亚等；外长马尔托尼访问捷克等。波兰总统科莫罗夫斯基、塞尔维亚总统托米斯拉夫、爱尔兰总理肯尼、瑞士外长伯克哈尔等分别访匈。2012年，匈牙利总统阿戴尔访问奥地利、波兰。2013年1月，匈总理欧尔班访问欧盟总部，与欧盟委员会主席巴罗佐举行会谈；2月，欧洲理事会主席范龙佩访问匈牙利；3月，匈总统阿戴尔访问德国、波兰；5月和10月，匈欧尔班总理分别访问芬兰、英国；同年斯洛伐克总理菲佐访匈。2014年，欧盟主席巴罗佐、时任波兰总统图斯克分别访问匈牙利；同年匈欧尔班总理除参加欧盟有关峰会，还访问德国、希腊、罗马尼亚等国。2015年俄罗斯总统普京、德国总理默克尔、英国首相卡梅伦分别访问匈牙利。

1991年，匈牙利与立陶宛、拉脱维亚和爱沙尼亚建立外交关系。苏联解体后，又先后与独联体各国建交。匈牙利与俄罗斯的关系在苏东剧变后一度疏远，但不久，两国认识到修复双边关系的重要性。2002年社会党政府上台后，对俄罗斯开展务实外交，推动双边经贸关系的发展，两国关系显著改善，实现了高层互访。2010年1月，两国签署了"南溪"天然气管道工程匈牙利项目及成立"南溪"股份公司的协议。2010年11月，匈牙利总理欧尔班访问俄罗斯。2012年2月，欧尔班总理访问乌克兰。2012年，匈外长马尔托尼访问摩尔多瓦。2013年和2014年1月，欧尔班总理两次访问俄罗斯。2015年2月，俄罗斯总统普京访问匈牙利。2016年2月，欧尔班总理再次访问俄罗斯。

三　经济形势

（一）经济概况

1. 自然资源

匈牙利的自然资源比较贫乏。主要矿产资源是铝矾土，蕴藏量居欧洲第三位。此外还有少量褐煤、石油、天然气、铁矿石等。石油和天然气储量仅能满足国内不足20%的需求，大部分能源和原材料依赖进口。森林覆盖率为20%左右。水力和地热资源相当丰富，温泉几乎遍布全国。境内的平原地带有利于发展农业，多瑙河航运发达，但其周期性的泛滥给农业生产带来不利影响。

2. 产业结构

匈牙利农业基础较好。农业用地占全国土地的2/3，主要种植小麦、玉米、甜菜、土豆、葡萄等。2017年匈牙利农业产量同比下降6.1%，其中农作物产量下降8.6%，畜牧业产量与2016年相比下降3.2%，谷物总产量下降16%，经济作物总产量与2016年相比下降3.8%。

匈牙利工业发展速度较快，门类齐全，地区分布也较为平衡。电子和光学设备、汽车工业是主要工业部门，轻工业是传统工业部门之一，食品工业和制铝工业比较发达。化学工业是新兴工业部门，其中制药工业高度发达，工业用和生活用橡胶产品国际知名。生物科技、信息技术、再生能源等是优先发展的行业。国际金融危机后国际需求减速，工业增速开始放慢。2009年，工业生产出现负增长。2010年后，外需开始带动工业产值上升，2013年匈全年工业产值同比增长1.4%，占GDP比重为21.8%。2014年和2015年工业生产增长率都在7%以上，2016年工业生产受汽车工业大幅减产影响，2016年12月汽车工业与2015年同期相比下滑6.9%。但其他部门如橡胶、金属工业、电力设备制造、计算技术和电子工具制造都超平均值增长，抵消了大部分汽车工业减产的影响。2017年工业产量回升，1~10月，工业产量与2016年同期相比增长5.4%。

服务业发展迅速，雇用了约半数的劳动力。银行业和旅游业是其重要部门，主要旅游点有布达佩斯、巴拉顿湖、多瑙河湾和马特劳山等，但首都布达佩斯之外的旅游业仍不发达。商业和运输业也是重要部门。匈牙利是中东欧地区重要的交通枢纽，具有发展物流业的先天优势。2008年和2009年服务业出现负增长。2010年后服务业产值稍有恢复，2015年服务业占GDP的比重为54.6%。

（二）近期经济运行状况

1. 宏观经济

2008年后，受金融危机和欧洲主权债务危机影响，匈牙利经济一度陷入衰退。在接受国际组织的援助和自身政策调整后，匈牙利经济走出阴影，2013年开始增长。2013年匈牙利经济呈现好转迹象，GDP实现1.1%的微幅增长。2016年匈国内生产总值与2015年相比增长了2%。从生产方式看，农业总值增长了17%，服务业增长了3.0%，工业增长了0.8%，与2016年相比，建筑业下降了18%。根据国家统计局的数据，服务业为GDP增长贡献了1.6个百分点，农业0.6个百分点，工业0.2个百分点。建筑业将增长率降低了0.6个百分点。2017年前三季度，服务业增长3.3%，对GDP增长贡献最大。在服务行业内，商业，住宿和餐饮是最大的贡献者，但技术和科学以及信息技术和通信也增长迅速。金融和保险业增长0.6%，其业绩表现中性。公共管理，国防，教育，卫生和社会服务国内生产总值第三季度同比下降1.5%，前三季度下降0.6%，增速分别回落0.2个和0.1个百分点。建筑业推高了国内生产总值增速，在一年前减产后，现两个时段的增速均达到了约28%，工业和制造业，第三季度分别增长了3.7%和4.9%。统计局指出，除汽车制造业外，制造业的主要分行业都出现了增长。农业增加值同比下降了10%以上，因为该行业第三季度增长率降低了0.6个百分点，1~3季度降低了0.4个百分点。在效用方面，国内利用率是增长的引擎，第三季度增长8.0%，1~3季度增长6.2%，主要得益于工资上调带来的消费增加，以及投资在较低基数上的增长。第三季度家庭最终消费支出小幅放缓至4.7%，实际最终消费增速加快至4.4%。

国内需求恢复缓慢，内需对经济增长的贡献有限。匈牙利实体经济中缺乏有效的驱动力，短期内看不到经济大幅上涨的趋势，中期预期匈经济将维持在低速增长。

2. 国际收支

受2008年金融危机和随后的欧洲主权债务危机影响，匈牙利的进出口在2009年出现了大幅下降。随着国内外经济环境的好转，以及在主要进出口国经济增长的带动下，2010年后匈牙利的贸易额逐步回升，并逐年增长。2013年，对外贸易总额为1564.29亿欧元，同比增长2.1%。2016年，匈牙利外贸进出口总额为1761亿欧元，其中，出口额为930亿欧元，进口额为831亿欧元，出口量同比增长4.4%，进口量同比增长

4.7%。出口增长为 2014 年以来最低水平，进口增长为 2013 年以来最低。贸易顺差 99 亿欧元，比 2015 年增长 13 亿欧元。2009 年以来，对外贸易持续表现为顺差，2012~2014 年顺差为 60 亿~70 亿欧元，2015 年和 2016 年连创新高。2017 年 1~9 月，出口值为 754 亿欧元，进口值为 688 亿欧元。出口量增长 6.1%，进口增长 8.1%。1~9 月，贸易顺差下降 11 亿欧元，达到 65 亿欧元。随着欧洲经济环境的逐步好转，匈牙利的进出口有望保持稳定上升趋势。出口增长主要得益于汽车工业、农业及制造业等传统行业的拉动。

匈牙利的进出口主要依赖欧盟成员国，2016 年的出口中 79.5% 是去往欧盟成员国，其中 15 个欧盟老成员占匈牙利全年总出口额的 57.1%；进口中 78.1% 的来源国是欧盟成员国，其中 15 个欧盟老成员占匈牙利全年总进口额的 56.5%。2016 年匈牙利前四大出口市场为德国、奥地利、波兰和斯洛伐克，前四大进口来源国为德国、斯洛伐克、法国、奥地利。

匈牙利国际储备基本持平，没有太大波动，2011 年一度从前一年的 449.88 亿美元上升到 488.35 亿美元，2012 年回落到 446.70 亿美元，2013 年小幅回升到 465.08 亿美元。随着匈牙利短期外债水平的降低，匈牙利央行将减少储备作为政策。2016 年 12 月底，匈牙利央行国际储备为 243.84 亿欧元，自 2015 年底共减少国际储备 59.38 亿欧元，政府对银行及国内个人投资者债务的融资改变，以及外汇国债比例下降是减少国际储备的原因。

3. 外债状况

连续多年的财政和经常账户赤字导致匈牙利外债水平、负债率长期居高不下，造成对国际金融市场的严重依赖。国际金融危机爆发后，外国资本抽逃，福林贬值，出口下降，外债负担更为加重，在政府一系列措施的调控下，2010 年后外债规模逐渐缩小，2012 年外债占 GDP 的 79.8%，2013 年这一比例进一步缩小到 79.2%。2016 年匈牙利外债占 GDP 比重为 74.1%，比 2015 年下降 0.6 个百分点，比 2010 年末下降 6.4 个百分点。2017 年 9 月底外债占国内生产总值的 72.7%。预计 2018 年这一数字将继续下降，但偿债压力依然存在。

4. 财政收支

以青民盟为首的政府上台后，坚持上届政府定下的财政纪律，即将财政赤字占国内生产总值的比例控制在3%以内。为此，新政府决定停止公职机构新增开支、改革公务员工资、检查公共基金和各政府部门预算支出、检查政府业务外包、征收银行特别税和危机税、改革养老保险制度。这些措施有助于控制支出、增加收入。2010年底，匈牙利政府中止了与国际货币基金组织的谈判，使匈牙利失去了得到国际机构援助的可能，只能完全依靠自己来完成其制定的将财政赤字占国内生产总值的比例控制在3%以内的财政目标。到2013年，政府财政状况已经有所好转，全年政府财政赤字占国内生产总值的比重为2.3%。同年6月，匈牙利成功摘除欧盟对其实施长达9年的"过度赤字程序"帽子，并于9月提前还清IMF贷款。2015年政府财政赤字占GDP比重为1.6%，2016年为1.7%。2012～2016年政府财政赤字占国内生产总值的比重均在3%以内。出于对本国经济的保护，匈牙利政府决定暂不加入欧元区。

四 投资状况

（一）外国投资状况

匈牙利曾是中东欧国家中引进外资最多的国家之一，但近年来匈牙利在吸引外资方面面临越来越多的地区竞争。2008年金融危机爆发后，外资纷纷抽逃。2009年的外国直接投资剧减至22.8亿美元，仅占GDP的1.8%。近几年，受国际金融危机和欧洲危机影响，匈牙利吸收外资势头有所减弱。据联合国贸发会议2016年《世界投资报告》，2015年匈牙利吸收外资流量为12.7亿美元，截至2015年底，匈牙利吸收外资存量为921.32亿美元。

外国直接投资主要来源于欧洲国家。其中德国为匈牙利第一大外资来源地，其次为卢森堡、荷兰、奥地利和法国。美国为匈牙利在欧洲以外的第一大外资来源地。韩国、日本、中国、新加坡和印度是亚洲主要外资来源地。外商投资主要集中在零售、金融、通信、电子、汽车等行业，这些领域的投资约占吸收外资总额的 2/3，这些领域大多由外资控制。

（二）投资环境

1. 投资政策

匈牙利对外国直接投资提供税收优惠政策。大型投资项目可获得政府提供的专门税收优惠安排，对中小型企业的投资，符合一定要求也可获得特殊税务减免，并且地方政府也给予一定的税收优惠。匈牙利特别鼓励对以下领域的投资：对欠发达地区的投资，投资额超过 10 亿福林的项目可享受税收优惠；可促进就业的投资，劳动和社会事务部及就业基金通过工资补偿（50%~100%）、招聘费用补偿（最高 50 万福林）及失业人员培训补偿（50%~100%）等方式鼓励外资企业增加就业，而在欠发达地区每创造一个就业机会，补贴 100 万福林，如一次创造就业机会超过 50 个，每个就业机会最高可补贴 150 万福林；对基础设施和公共设施的投资，政府通过财政拨款方式提供资金支持，最大比例为投资额的 33%，最多不超过 2 亿福林，并可提供无息贷款；对电子、汽车、生物科技、信息技术、物流、研发、再生能源、服务业、旅游业等领域的投资，可享受一定的优惠和欧盟补贴，用于商业促进、交通发展和人力资源培训等。除此之外，匈牙利鼓励投资环境保护、宽带网络服务、食品卫生服务、影视制作及基础研究、应用研究和实验开发等领域。匈牙利还鼓励外商投资工业园区。匈牙利的工业园区主要有两类：一类是以发展高失业率地区或落后地区经济为目的，由政府筹建的工业园区；另一类是以发展当地经济为目的，由各地政府自行负责的工业园区。

达沃斯世界经济论坛《2015~2016 年度全球竞争力报告》显示，匈牙利在全球具竞争力的 140 个国家和地区中，排名第 63 位。世界银行发布的《2016 年全球营商环境报告》显示，在 189 个经济体的营商便利度排名中，匈牙利列第 42 位。

2. 金融体系

1990 年以来，外国和私人所有的银行业务在匈牙利占据相当大的比重，2/3 以上的银行由外资控股，银行部门总资产的 80%、市场份额的

85%集中在 10 家最大的商业银行手中。银行对外国企业开立账户没有特别限制。

布达佩斯交易所（BSE）于 1990 年夏开业，是国际股票交易联合会的正式成员和国际证券市场协会的联系会员。该证券交易所有 50 个成员，40 家公司在一级市场和二级市场上发行有价证券，超过 80 家基金的有价证券向投资者开放。

匈牙利于 1995 年颁布《外汇管理法》，1996 年开始实施，匈牙利货币福林在境内商业交易中基本实现自由兑换，外商在匈牙利的投资及其利润可自由汇出国外。2001 年，政府取消对外汇交易的所有限制，福林成为完全可兑换货币。根据欧盟资本流动的要求，匈牙利允许资本自由流动，公司及个人可以自由拥有外汇，对在当地注册的外资企业开立外汇账户没有特别限制，短期组合投资交易、对冲、短期或长期信贷交易、金融证券交易、债务委托和重组等行为也不受限制或无须申报，交易各方可用外汇结算债务。

3. 税收体系

匈牙利的税收体系与欧盟有关法规相互协调，税收管辖权主要采取属人原则，实行中央与地方两级课税制度，税收立法权和征收权主要集中在中央，主管部门为匈牙利国家税务与海关总局。

根据匈牙利的《税收管理法》，税收主要分直接税和间接税两大类，直接税包括公司税、红利税和个人所得税；间接税包括增值税、消费税、特种税、进口关税以及各种交易税。关税税则分旅客税则、赠品税则、贸易税则三种。匈牙利还建立了一些免税区，海关对免税区实行监管。

企业在匈牙利应缴纳的主要税种及相应税率有：企业所得税率 19%（税基不超过 230 万美元则为 10%），增值税率 27%（奶制品、面包制品、旅馆及其他食宿服务为 18%；图书、报纸和个别药品为 5%），个人所得税 16%（对于年收入超过 1100 美元的部分，税基为纳税人毛工资乘以 1.27），社会保障税 18.5%、27%（雇工缴纳员工工资额的 27%，员工缴纳工资额的 18.5%），地方税 2% 等。2010 年后，为应对金融危机，匈牙利对税收体系进行了一系列改革，减轻企业和个人税务负担，向电信部门、能源部门和商业连锁店征收危机税，建立新的国家税务和海关总局，对能源、金融、零售、电信等企业征收特别税。2013 年调整为：提高金融交易税，现金交易税由目前的 0.3% 提高至 0.6%，废除每笔 6000 福林（1 美元约等于 220 福林）的上限限制；银行转账等非现金交易税由 0.2% 提高至 0.3%，但仍维持每笔 6000 福林的上限；提高通信税，将固话与移动电话通信税由每分钟 2 福林提高至 3 福林，公司通话税每月上限由 2500 福林提高至 5000 福林，个人每月 700 福林上限维持不变；提高矿业税，将矿产、油气、地热等矿业税由 12% 提高至 16%；针对个人利息类收入征收 6% 的健康捐助金。

五　双边关系

（一）政治关系

1949 年 10 月 4 日，匈牙利宣布承认中华人民共和国；10 月 6 日，两国建立外交关系。自 20 世纪 50 年代末起，两国关系趋冷。80 年代以来，两国关系逐步正常化。1989 年匈牙利政局剧变后，两国交往一度减少。但随着中国国家地位的提高，匈牙利开始重视对华关系。2004 年，两国一致同意将双边关系提升为友好合作伙伴关系。近年来，两国高层交往频繁，政治互信不断增强，经贸合作日益密切。2011 年 3 月，全国人大常委会副委员长乌云其木格访问匈牙利；4 月，匈牙利国会副主席乌伊海伊·伊什特万，国家发展部部长、匈中关系政府专员费勒吉访问中国；5 月，中国国务委员戴秉国赴匈牙利出席第二轮中欧高级别战略对话并访问匈牙利，中共中央委员、内蒙古自治区党委书记胡春华也访问了匈牙利；6 月初，中国外交部部长杨洁篪赴匈牙利出席第十届亚欧外长会议，先后会见了匈牙利外长马尔托尼和总理欧尔班；6 月底，中国国务院总理温家宝对匈牙利进行了正式访问。2012 年 4 月 30 日至 5 月 1 日中国国务院副总理李克强访问匈牙利。2014 年 2 月，匈牙利总理欧尔班·维克托对中国进行正式访问。2015 年 11 月匈牙利总理欧尔班来华出席第四次中国 - 中东欧国家领导人苏州会晤。2017 年 5 月，匈牙利总理欧尔班·维克托来华访问并出席"一带一路"国际合作高峰论坛，期间双方发表了《中华人民共和国和匈牙利关于建立全面战略伙伴关系的联合声明》。2017 年 11 月，中国国务院总理李克强访问匈牙利并参加第六次中国－中东欧国家领导人会晤。

（二）双边贸易

匈牙利是中国在中东欧地区的重要贸易伙伴。近年双边贸易总体呈平稳增长趋势，2015 年双边贸易额略有下降，2016 年后即出现回升。2016 年中匈双边贸易额达 88.9 亿美元，同比增长 10.1%。其中，中国自匈牙利进口 34.6 亿美元，同比增长 20.5%，匈牙利是中国在中东欧地区最大的进口来源国；中国对匈牙利出口 54.3 亿美元，同比增长 4.4%。2017 年上半年，中匈双边贸易额达 48.5 亿美元，同比增长 17.3%，匈牙利继续保持中国在中东欧地区第三大贸易合作伙伴地位，仅次于波兰和捷克，中国也是匈牙利在欧盟以外的第一大贸易合作伙伴。其中，中国自匈牙利进口 19.4 亿美元，同比增长 24.6%，匈牙利仍然是中国在中东欧地区最大的进口来源国；中国对匈牙利出口 29.1 亿美元，同比增长 12.9%。

表 1　中国与匈牙利贸易统计

单位：亿美元，%

年份	中国出口		中国进口		顺（逆）差
	出口额	增长率	进口额	增长率	
2011	68.1	4.4	24.5	11.6	43.6
2012	57.4	− 15.7	23.2	− 5.3	34.2
2013	56.9	− 0.83	27.2	16.9	29.7
2014	57.6	1.2	32.6	20.1	25
2015	52	− 9.82	28.7	− 11.86	23.3
2016	54.3	4.4	34.6	20.5	19.7

资料来源：中国商务部统计数据。

（三）双边经济合作

1984 年，中国与匈牙利经济、贸易、科技合作委员会成立。1992 年，中国与匈牙利签署《中华人民共和国和匈牙利共和国关于鼓励和相互保护投资协定》和《中华人民共和国与匈牙利共和国关于对所得避免双重征税和防止偷漏税的协定》。2004 年，中国与匈牙利签署《中华人民共和国和匈牙利共和国政府经济合作协定》。这些协定的签署为两国经济合作提供了法律和机制保证。2002 年 12 月，中国正式批准匈牙利为中国公民出境旅游目的国。

近年来，两国企业间的相互投资不断扩大，合作领域日益拓宽。中国银行在匈牙利设立了中东欧地区唯一的一家直属行，匈牙利是中东欧地区中资机构和华商最为集中的国家之一。华为、中兴、烟台万华、上海建工、钱江摩托、七星华创、联想集团等企业相继在匈牙利开展贸易和投资活动。2011 年，山东帝豪国际集团收购布达佩斯"中国商城"，逐步形成覆盖中国与欧洲的商贸物流园区，2015 年 4 月获批为国家级"境外经济贸易合作区"。

近年来，中匈继续加强经济合作。2013 年 9 月 9 日，中国人民银行行长周小川与匈牙利中央银行行长马托尔奇在瑞士巴塞尔国际清算银行总部共同签署了中匈双边本币互换协议，互换规模为 100 亿元人民币/3750 亿匈牙利福林，有效期三年，经双方同意可以展期。11 月 13 日，中国国家质检总局副局长、国家认监委主任孙大伟与匈牙利总理府匈中关系政府专员西亚托·彼得在北京签署了《中华人民共和国国家认证认可监督管理局与匈牙利总理府匈中关系政府专员办公室关于在匈牙利建立中国检验认证（集团）有限公司海外公司的谅解备忘录》。12 月 20～21 日，国家发改委基础产业司司长黄民和外交部欧洲司副司长兼中国 - 中东欧国家合作秘书处副秘书长陈波联合率匈塞铁路考察组访问匈牙利，就落实中、匈、塞三方合作建设匈塞铁路交换意见，并实地考察布达佩斯 - 贝尔格莱德（匈牙利段）的铁路情况。2014 年 1 月 20 日，第 115 届中国进出口商品交易会推介会在匈牙利布达佩斯举行。2014 年 2 月 12 日在北京举办了中国 - 匈牙利经贸论坛。2014 年 2 月，中匈经济联委会第 18 次会议在北京举行，会议由中国商务部国际贸易谈判代表钟山与匈牙利总理府国务秘书、联委会匈方主席西雅尔多共同主持。2014 年 12 月，中国银行总行副行长李早航访匈，出席中国银行匈牙利分行开行仪式。2015 年 5 月，中国国际航空公司恢复与匈直航。2015 年 6 月，中国人民银行与匈牙利中央银行签署《中国人民银行代理匈牙利央行投资中国银行间债券市场的代理投资协议》，并同意将人民币合格境外机构投资者（RQFII）试点地区扩大到匈牙利，投资额度为 500 亿元人民币，同时决定授权匈牙利中国银行担任匈牙利人民币业务清算行。2016 年 4 月，匈牙利发行 10 亿元人民币债券，是中东欧国家发行的首支人民币债券。

六 总体风险评估

匈牙利多党议会民主制和市场经济体制已经确立，政党权力更替不会影响国家的发展方向。2014 年国会选举后上台的执政两党——青民盟和基督教民主人民党在国会中拥有多数席位，执政地位稳固。国内安全状况较好，恐怖主义袭击的可能性不大。作为北约和欧盟成员，匈牙利的国家安全得到保障。

2011 年以来，匈牙利通过一系列的政策调整，已逐步走出经济衰退，实现了经济稳定增长。欧元区经济复苏，外部经济环境得以改善，对外贸易逐步增长，外国投资增长，带来匈牙利出口增长及经常账户平衡状况改善，拉动了经济的回升，失业率稳定，通胀维持在低水平，国际货币基金组织的贷款已经偿还，这些都利好匈牙利经济。然而，政府债务居高不下，税收政策和货币政策使得其经济前景短期内仍将处于缓慢增长阶段。

匈牙利拥有优越的地理位置、低成本和高素质的人力资源、较为完善的基础设施、较为稳定的安全状况和较高的劳动生产率，投资环境的优势依然比较突出。

近年来，中国与匈牙利关系发展平稳，高层互访愈加频繁，双方在政治上高度互信，经济上互利合作。匈牙利加入欧盟后，其独有的区位优势和良好的投资环境，使其成为在中东欧地区投资的首选国家之一。投资匈牙利，有利于向整个欧盟市场辐射，但同时也要直接面对欧盟国家商品的竞争，加大了中国企业开拓匈牙利市场的难度。近年来，两国经贸往来愈加密切，相互投资日益扩大，双方在经济领域的合作仍有很大潜力。

（贺婷）

亚美尼亚

（The Republic of Armenia）

一　国家基本信息

（一）地理概述

亚美尼亚是位于亚洲与欧洲交界处的外高加索南部的内陆国。西接土耳其，南与伊朗交界，北邻格鲁吉亚，东连阿塞拜疆。境内多山，全境90%的领土在海拔1000米以上。北部是小高加索山脉，境内最高点是西北高地上的阿拉加茨山，海拔4090米。东部有塞凡洼地，洼地中的塞凡湖面积为1360平方公里，为亚美尼亚境内最大的湖。主要河流为阿拉克斯河。西南部的亚拉腊大平原被阿拉克斯河分成两半，北部属亚美尼亚，南部则归土耳其和伊朗。气候随地势高低而异，由干燥的亚热带气候逐渐变成寒带气候，地处亚热带北部的内陆气候干燥。1月平均气温为 -2℃ ~ 12℃；7月平均气温为24℃ ~26℃。

首都埃里温自15世纪起一直是东亚美尼亚的行政、商业和文化中心，目前仍是全国的政治、经济和文化中心。

（二）人口和民族

根据亚美尼亚国家统计局2016年1月1日官方统计数据，亚美尼亚人口为299.86万，较上年同期减少了1.2万人，自20世纪70年代以来首次少于300万人。

亚美尼亚是一个由 50 多个民族构成的多民族国家，亚美尼亚族约占总人口的 96%，其他少数民族主要有：叶继德族，约有 4 万人，是亚美尼亚最大的少数民族；俄罗斯族，约有 1.5 万人；亚述族，约有 8000 人；希腊族，约有 6000 人；犹太族，约有 1000 人；库尔德族，约有 1000 人；其他稍大的少数民族还有罗姆族、鞑靼族、乌克兰族等。

官方语言为亚美尼亚语，居民多通晓俄语。主要信奉基督教（约占人口总数的 94%）。

（三）简史

公元前 9～前 6 世纪，在现亚美尼亚境内建立了奴隶制的乌拉杜国。公元前 6～3 世纪，阿凯米尼得王朝和塞琉古王朝统治亚美尼亚，建立大亚美尼亚国。后两次被土耳其和伊朗瓜分。1804～1828 年，两次俄伊战争以伊朗失败告终，原被伊朗占领的东亚美尼亚被并入俄罗斯。1918 年 5 月 28 日，达什纳克楚琼领导革命，建立亚美尼亚第一共和国。1920 年 1 月 29 日，亚美尼亚苏维埃社会主义共和国成立。1922 年 3 月加入外高加索苏维埃社会主义联邦共和国，同年 12 月 30 日作为该联邦成员加入苏联。1936 年 12 月 5 日，亚美尼亚苏维埃社会主义共和国改为直属苏联，成为其 15 个加盟共和国之一。

1990 年 8 月 23 日，亚美尼亚最高苏维埃通过独立宣言，改国名为"亚美尼亚共和国"。1991 年 9 月 21 日亚美尼亚举行全民公决，正式宣布独立。

二 政治状况

（一）政体简介

1. 宪法

1995 年 7 月 5 日，亚美尼亚全民公决通过新宪法。宪法规定亚美尼亚实行总统制；立法、行政、司法三权分立；承认多党制。宪法分"总则""公民和人的基本权力和自由""总统""国民议会""政府""司法机构"

等 9 章。2005 年 11 月 27 日，亚就宪法改革方案举行全民公决并获得通过。新宪法规定，总统向议会提交的总理候选人提名须获得议会大多数的支持；进一步限制总统权力；提高议会在国家政治和经济生活中的作用；国家司法系统更加独立；首都市长经选举产生并拥有独立预算权；加强对人权的保护。此外，新宪法赋予地方自治机构更多权力。

2. 议会

议会称国民议会，是亚国家最高立法机关。根据 1999 年 2 月 5 日通过的新选举法，国民议会任期 4 年，共设 131 个席位，按混合制进行选举，其中 56 席由参选的党派和党派联盟按比例竞选，得票率超过 5% 即可进入议会；其余 75 席按多数制在全国 75 个选区每区选出 1 人。2000 年 11 月 22 日，议会通过选举法修正案，规定议会席位新的分配方法为比例制 94 席、多数制 37 席，将从 2003 年议会选举起实施。本届议会系第五届国民会议，于 2012 年 5 月 6 日选举产生。亚美尼亚共和党、繁荣亚美尼亚党、亚美尼亚国民大会、法律国家党、亚美尼亚革命联合会（亦称"达什纳克楚琼"）和遗产党进入议会。5 月 31 日，奥维克·阿布拉米扬再次当选为亚议会议长，埃尔米涅·纳格达良和艾杜阿尔德·沙尔马扎诺夫分别当选副议长。亚美尼亚 2015 年 12 月修改宪法，将国家政体由半总统共和制改为议会制。总理掌握国家行政权力，总统为国家元首，成为礼仪性职务。根据新宪法，议会实行一院制，共设 101 个席位，每届任期 5 年。凡在选举中得票率超过 5% 的政党、得票率超过 7% 的政党联盟均可进入议会。

3. 政府

2013 年 2 月 18 日，谢尔日·萨尔基相在大选中赢得总统连任，使上届政府顺利过渡。2014 年 4 月 3 日，原总理季格兰·萨尔基相辞去总理一职。4 月 13 日，根据总统提名由议会审议通过，议长奥维克·阿布拉米扬被任命为政府总理。2016 年 9 月 8 日，阿布拉米扬宣布辞去总理一职。9 月 13 日，亚美尼亚总统谢尔日·萨尔基相签署法令，任命卡连·卡拉佩强为政府新总理。政府设 1 名总理，1 名副总理，下设外交部、国土部、国防部、司法部、财政部等 18 个部，以及国家安全总局、警察局、民航总局等 6 个署局。

4. 司法

司法设上诉法院、宪法法院和总检察院。上诉法院由 13 人组成，法官为终身制。现任上诉法院院长亨里克·达尼埃良，1998 年 7 月 8 日任命。宪法法院由 9 名法官组成，4 名由总统、5 名由议会任命，现任宪法法院院长加吉克·阿鲁秋尼扬。总检察院下设军事检察院。现任总检察长为阿拉姆·塔马江，2001 年 2 月 21 日任命。军事检察长为加吉克·占吉良。

（二）政局现状

1. 执政党

2012 年 6 月组建的新一届政府是由共和党和法律国家党联合而成。

（1）亚美尼亚共和党。1990 年成立，1991 年在司法部注册，是亚独立后第一个登记注册的政党，该党现有 61 个区域性组织和 922 个基层党组织，党员约 70000 人，主要是知识分子、企业家。主张在民族和国家利益基础上联合一切政治和社会力量，进行政治体制改革，健全多党制度，发展民主；推动国内外亚族人联合；为国有和私有经济实体创造良好的经营条件；全面融入国际社会，提高亚的国际地位并与各国发展互利的政治、经济、文化关系。该党是亚三党执政联盟之一。领导人为谢尔日·萨尔基相，现任总统。

（2）法律国家党：成立于 1998 年。主张在国家安全总体规划的基础上制定国家各方面政策及规划；向发达国家学习制定短、中和长期计划的经验；通过国家公务员法建立行之有效的公务员制度；关注边境地区和塞凡湖生态问题，支持通过"边境地区法"和"塞凡湖法"；通过少数民族法保障少数民族利益；外交上主张亚在新的世界格局中发挥应有作用。该党是亚执政联盟之一。领导人为阿尔图尔·巴格达萨良，现任国家安全会议秘书。

2. 政局简况

独立以来，亚美尼亚国内政治局势总体保持稳定。自 2008 年萨尔基相当选总统以来，其执政地位逐渐稳固。议会、政府运作正常。现政权将加强执政能力建设、促进经济发展、消除腐败、提高国民生活水平作为主要执政理念并努力实施。2012 年 5 月 6 日，亚美尼亚举行第五届议会选举。6 月 16 日，亚共和党和法律国家党共同组建新政府。2013 年 2 月 18 日，亚举行第六届总统选举，共和党领导人萨尔基相赢得大选并连任。

（三）国际关系

奉行全方位外交政策。重点巩固与俄罗斯传统战略盟友关系，积极发展与美国和西方国家关系，参加北约"和平伙伴关系"框架内活动，争取加入欧盟，寻求安全多元化。

因纳卡冲突与阿塞拜疆敌对，与土耳其有世仇，阿、土对亚进行政治、经济封锁。亚美尼亚欢迎欧安组织"明斯克小组"对纳卡冲突进行调解，表示愿与阿、土开展高层对话，发展区域合作。加强与格鲁吉亚和伊朗等近邻的睦邻友好合作关系。深化与东欧、中东国家的联系。积极参与欧洲委员会、独联体、黑海经济合作组织等国际和区域组织的事务。

2001 年，亚美尼亚成为欧洲委员会正式成员，并当选联合国人权委员会成员。"9·11"事件后，宣布开放领空，支持美打击国际恐怖主义。加强与国际组织在纳卡调解问题上的合作与对话。

截至 21 世纪初，已与 136 个国家建交。

三　经济形势

（一）经济概况

1. 自然资源

亚美尼亚境内大多是山地，平原甚少，全国土地资源欠丰。但是国土所蕴藏的矿产资源较丰富，有铜、铝、铅、锌、金、银、铬、汞、钼等矿藏，储量丰富。其中，铜矿蕴藏量最大，主要产地在卡贾拉克，黄铜矿型铜矿是钼的主要来源；铝矿产地在马尔马里河岸和梅格里；铁的蕴藏量超过 10 亿吨。非金属也比较丰富，有霞石、正长岩、火山凝灰岩、玄武岩、花岗岩、大理石、浮石等各种食材。其中彩色火山凝灰岩是很好的建筑材料，储量约为 30 亿立方米。该国油气资源匮乏，不能自给自足。水力资源很丰富，但开发严重不足。

2. 产业结构

亚美尼亚产业结构不合理，比例失调现象突出。苏联时期的产业分工导致该国经济产业结构比较单一畸形，其工业生产中有色金属冶炼、水电和核电业、有机化学工业，食品工业中的酿酒业以及经济作物葡萄、水果、蔬菜种植业十分突出，曾在全苏名列前茅，但是能源燃料奇缺，农业薄弱，粮食生产不足。

（二）近期经济运行状况

1. 宏观经济

20 世纪 90 年代，苏联解体、纳卡战争、国内政局不稳及阿塞拜疆、土耳其的封锁使亚经济状况每况愈下。2001 年之后经济开始回升，至 2007 年连续保持两位数增长，人均国民收入增长较快，居民生活水平稳步提高。2008 年受国际金融危机影响，经济开始出现负增长，2009 年国内生产总值下降 14.4%，侨汇明显减少，矿产品出口下降，就业压力增大，民众生活颇受影响。为应对金融危机，亚政府采取积极措施：扶持中小企业、扩大国内需求、创造就业机会、寻求国际援助等。

亚美尼亚国家统计局数据显示，受建筑业和农业分别下降 11.3% 和 5.8% 拖累，2016 年亚 GDP 实现产值 50678 亿德拉姆（约合 105 亿美元），同比仅增长 0.2%，创过去 7 年最低，连续 4 年未能实现政府年初制定的增长目标。全年 GDP 呈先升后降的趋势，其中一季度增长 4.7%，二季度增长 2.6%，三季度和四季度分别下降 2.6% 和 1%。能源行业增长 5.1%，服务贸易增长 4%，成为带动 GDP 增长的动力。人均 GDP 为 169.35 万德拉姆（约合 3525 美元），较上年 167.99 万德拉姆（约合 3515 美元）略有增长。

2. 国际收支

由于国内经济生产不能满足需求，亚美尼亚很多工农业产品依赖进口。贸易逆差长期困扰国际收支平衡，但每年有大量劳动移民寄回巨额外汇，能在很大程度上缓解这一压力。2016 年，亚美尼亚外贸额 50.75 亿美元，增长 7.4%，其中出口 17.83 亿美元，增长 20%，进口 32.92 亿美元，增长 1.6%，贸易逆差 15.1 亿美元。

3. 外债状况

亚美尼亚国家统计局数据显示，2016 年底，亚公共债务额达到 59.69 亿美元，较上月增长 0.46%。债务构成方面，外债 48.37 亿美元，较上月净增 3090 万美元，其中政府负债 43.25 亿美元，央行负债 5.11 亿美元；内债 11.33 亿美元，较上月减少 360 万美元，其中居民持有政府债券 10.3 亿美元，外币债券 9560 万美元，国内担保额 700 万美元。

4. 财政收支

根据国家预算，亚 2016 年国家债务预计占 GDP 的 49.4%，外债占 GDP 的 42.8%。欧亚开发银行专家认为，国家债务占比超过 GDP 的 50% 时，宏观经济风险将会增加。2016 年一季度亚继续保持财政扩张性政策，导致亚国家预算赤字增至 311 亿德拉姆。2016 年国家预算赤字占 GDP 的 3.5%。

四 投资状况

（一）外国投资状况

亚美尼亚欢迎外国资本进入本国急需投资的行业。实际上，独立以来，外资进入了亚美尼亚几乎所有行业，包括关乎其国计民生的金融、交通运输、电信、能源行业。例如，国际金融公司（IFC）、黎巴嫩 Byblos 银行、俄罗斯天然气工业银行等 15 家外资金融机构很早就进入了亚美尼亚金融市场。另外，5 家在亚美尼亚已有投资的俄罗斯外贸银行、英国汇丰银行等外资银行扩大了各自的业务。

亚美尼亚富有铜、钼、金合生矿，但开采业均由外资控制。亚美尼亚纳税第一位的赞盖祖尔铜钼联合企业 60% 的股份由德国 Cronimet Mining 公司掌握，其他大的矿业开采公司也均由外资控股。亚美尼亚最大的电信公司 Armentel 和 Vivacell 由俄罗斯投资并控股。

亚美尼亚国家统计局数据显示，2016 年亚共吸引外国投资 816 亿德拉姆（1 美元约合 480 德拉姆）。主要投资国为卢森堡（484 亿德拉姆）、塞浦路斯（443 亿德拉姆）、英国（337 亿德拉姆）和美国（120 亿德拉姆）。

（二）投资环境

1. 投资政策

亚美尼亚对外投资优惠政策的框架是外资企业享受与本国企业税收、财政补贴等方面的同等政策待遇（国民待遇）。亚美尼亚的投资政策被视为独联体国家中最开放的。近年来，亚美尼亚诸如"投资风险""信用等级""综合国力"等方面在有关国际组织的评定中表现越来越好。

亚美尼亚投资禁止的行业是：禁止外国人在亚美尼亚买卖土地（但允许在亚注册的外国公司经营土地买卖）。限制的行业是：矿产资源勘探，炸药、武器弹药以及军事和警察用途的产品生产和经营，电信手机在亚市场营运，珠宝生产与加工，航空和铁路运输，邮政营运等。所有这些行业必须获得政府有关部门签发的许可证才可投资。鼓励的行业是：高新电子技术研发、冶金工业、发输电系统、化学工业、轻工业、银行服务业、计算机程序软件开发、食品生产与包装业、旅游业。

2. 金融体系

亚美尼亚中央银行全称为"亚美尼亚共和国中央银行"。1991 年 12 月，当时在亚美尼亚的原苏联国家银行开始承担新独立的亚美尼亚共和国国家银行的职能。1993 年 3 月 27 日，亚美尼亚通过《亚美尼亚共和国中央银行法》，依据此法，亚美尼亚国家银行更名为"亚美尼亚共和国中央银行"。其主要负责：制定有关法律和行政法规，完善有关金融机构运行规则，依法制定和执行货币政策，制定管理银行间同业拆借市场和银行间债券市场、外汇市场、黄金市场，防范和化解系统性金融风险，维护国家金融稳定，确定德拉姆汇率政策和汇率水平，实施外汇管理，持有、管理和经营国家外汇储备和黄金储备，等等。

独立后，商业银行也像其他企业一样如雨后春笋般纷纷成立。仅 3 个多月的时间亚美尼亚就有 39 家银行注册，到 1993 年 1 月增加到 51 家，1994 年 1 月达到 58 家银行、68 家典当行和 7 家保险公司，银行总资本却只有 28.3 万德拉姆。2002 年 5 月 29 日，亚美尼亚央行通过《信贷组织机构法》，央行依据此法对商业银行进行监管，与此同时制定了相应的行业规范与标准。到 2008 年，亚美尼亚共有 22 家商业银行，其中 21 家有外资股份或是全外资银行，外资在亚美尼亚商业银行注册资本金中的比例超过 62%。

3. 税收体系

亚美尼亚税收体系总体说来对经营、投资者是有利的。与其他独联体国家不同，亚税收体系中绝大部分税收是国家级的，是直接进入国家预算的。税收的分配模式与邻国格鲁吉亚和中亚的塔吉克斯坦相似，在这些国家中，贸易比工业对经济所起的作用要大。

亚美尼亚的主要税种包括：增值税、利润税、所得税、财产税、土地税、简化税、消费税、国内货物税、地方税。简化税中的各种固定支付方式也被纳入征税范围。其中，增值税为最大的税种，占预算收入的 1/3。利润税为第二大税种，占到总税收的 15%。亚税率的改变，或者税种的更改是从一个财务年开始实施。

五 双边关系

（一）政治关系

1991 年亚美尼亚宣布独立后，中国是最早承认其独立并与其建立外交关系的国家之一（1992 年 4 月 6 日）。亚美尼亚也一直将对华关系置于其"外交优先发展方向"。2004 年 9 月，亚美尼亚总统科恰良访华时称："两国在政治方面不存在任何问题，经济合作发展顺利，在国际问题上立场相近。"他强调："双方将加强在能源、化工、农业科技各领域的合作。"中国国家主席胡锦涛也表示，中国将"与亚方共同努力，推动中亚友好合作迈上新台阶"。迄今两国已签订了包括《两国政府联系公报》《避免双重征税和防止偷漏税的协定》《民用航空运输协定》《中央银行合作协议》《经济技术合作协议》等 30 多项涉及双边关系各个领域的合作文件。中国和亚美尼亚政治关系良好，亚美尼亚人民对中国非常友好。

（二）双边贸易

中亚两国建交以来，经贸合作取得了一定的发展，但合作水平还较低，规模也不大。近年来，随着两国贸易活动逐渐规范和活跃，贸易量出现很大幅度地提升，中国已经成为亚美尼亚最重要的贸易伙伴之一。2011年4月，中亚企业家论坛在埃里温举行，中共中央政治局常委李长春和亚美尼亚总理萨尔基相出席论坛开幕式。当年中亚双边贸易额为1.72亿美元，同比增长4.8%。其中中方出口1.32亿美元，同比增长12%；进口0.39亿美元，同比减少16%。

据中国海关统计，2017年，中亚双边贸易额为4.36亿美元，同比增长12.4%。其中，中国对亚出口1.41亿美元，增长24.91%；自亚进口2.94亿美元，增长7.23%。对亚主要出口商品包括电机、电气、音像设备，金额为3552万美元，增长2%，占比25.13%；锅炉、机械器具，金额为3319万美元，增长42.71%，占比23.48%；钢铁，金额为745万美元，增长76.11%，占比5.27%。自亚主要进口商品为：矿砂、矿渣及矿灰，金额为2.80亿美元，增长6.0%，占比95.24%；非针织或非钩编的服装，金额为1218万美元，增长46.48%，占比4.14%。

（三）双边经济合作

中国和亚美尼亚在双边经济合作领域表现突出。近年来，一些大的合作项目不仅拉动了双边投资，而且有效激发了双边合作的兴趣。效益突出的较大项目有以下几个。

（1）中国黑龙江火电第一工程公司中标亚美尼亚110千伏变电站改造项目。该项目以竞争力的价格和提供优质服务的承诺，一举击败俄罗斯、瑞士等国多家公司，在激烈的竞争中取得了该项目的总承包权。项目金额为4000万美元。

（2）黑龙江省火电第三工程公司与亚俄天然气工业公司在亚美尼亚首都埃里温正式签署总额为8639万美元的亚美尼亚拉兹丹电厂5号机组改造承包工程项目合同，标志着中国企业进军亚能源市场又取得了一项积极成果。

（3）电信巨头华为公司，凭借其优秀的技术，击败爱立信、诺基亚－西门子、阿尔卡特、朗讯等西方强势竞争对手，成为亚美尼亚3G无线设备的独家供应商。该项目总金额约1700万美元。

（4）中兴通讯与亚美尼亚电信公司签署为期5年的无线本地环路CDMA网络框架合同，总体目标实现覆盖75%的亚美尼亚国土面积，100%的亚美尼亚农村得到电话网络覆盖。中兴通讯还为亚美尼亚电信提供全套ADSL主设备及终端接入设备。

（5）中亚最大的合资项目山纳合成橡胶公司成立于2004年，注册资金2.8亿元人民币，2009年，中亚合资氯丁橡胶生产装置建成，占地面积1000亩，氯丁橡胶产能3万吨/年，员工1000人。

此外，中国水电建设集团国际工程公司、西安西电国际工程有限责任公司、方恩医药发展有限公司等中国公司在当地都有很好的投资合作项目。

六　总体风险评估

亚美尼亚在外高加索地区属于经济相对弱小的国家，尽管该国高层对于发展与中国经贸合作的意愿比较强烈，对"一带一路"合作有较大兴趣，此前中国与亚美尼亚的经贸合作也取得了显著成就，但是，特殊的地缘政治和地缘经济环境导致该国的合作风险性也较为突出。

第一，该国政治转轨进程并不彻底，国内各派政治力量关系复杂，政局稳定性相对脆弱，特别是受大国博弈影响，个别大国甚至有操控该国政局走向的能力，对中国企业长期投资带来一定的不确定性。

第二，亚美尼亚在经济上与俄罗斯建立了高度一体化的合作机制，是欧亚经济联盟的主要成员国之一，这为中国与之双边合作在制度上形成了一定的制约。

第三，该国市场经济制度并不健全，一些投资合作的制度性障碍依然存在，外国企业进入该国投资往往需要寻找"人脉资源"来解决遇到的各种问题，增加了投资合作成本与经营风险。

第四，亚美尼亚与阿塞拜疆纳卡冲突长期化，与土耳其存在历史遗留问题，这使该国受到阿塞拜疆和土耳其的长期封锁，为中国企业投资经营增加了运输成本和经营成本。

第五，该国经济形势受国际经济形势影响明显，外汇储备量小，汇率不稳定，对于中国企业投资收益影响明显。

亚美尼亚对华友好，与中国外交关系基础牢固，是上海合作组织对话伙伴国，这是中亚合作的重要政治基础。尽管中国与亚美尼亚在经贸领域的合作存在上述风险，但是可以合作的领域很多，风险与机遇并存，中国企业只要认真选取那些有投资价值、对方欢迎的领域进行合作，必将收获不错的效益，并能有力促进两国在"一带一路"框架内的全面合作。

（杨进）

伊 朗

(The Islamic Republic of Iran)

一 国家基本信息

(一) 地理概述

伊朗伊斯兰共和国（简称伊朗）位于亚洲西南部，为中东地区国家，中北部紧靠里海，南靠波斯湾和阿拉伯海，东邻巴基斯坦和阿富汗，东北部与土库曼斯坦接壤，西北与阿塞拜疆、亚美尼亚以及纳希切万自治共和国为邻，西接土耳其和伊拉克。国土面积为 1648195 平方公里，国土主要位于伊朗高原，气候较为干燥。首都是德黑兰 (Tehran)。

(二) 人口和民族

全国总人口 8202 万。人口比较集中的地区有德黑兰、伊斯法罕、法尔斯、呼罗珊拉扎维和东阿塞拜疆。全国人口中波斯人占 61%，阿塞拜疆人占 16%，库尔德人占 10%，其余为阿拉伯人、土库曼人等少数民族。官方语言为波斯语。伊斯兰教为国教，98.8% 的居民信奉伊斯兰教，其中 91% 为什叶派，7.8% 为逊尼派。

(三) 简史

伊朗古称波斯，中国史书上称"安息"，是一个具有 5000 多年历史的文明古国。公元前 6 世纪，由居鲁士大帝建立的大一统帝国——波斯帝国盛极一时。公元 7 世纪以后，阿拉伯人、突厥人、蒙古人、阿富汗人先后侵入并统治伊朗。公元 9~10 世纪，伊朗东部地区文化昌明，大诗人费尔多西用波斯文写成的长篇史诗《列王记》是波斯文学的辉煌成就。1258 年，成吉思汗子孙旭烈兀灭阿巴斯王朝，建立以伊朗为中心的伊利汗国。18 世纪后期，伊朗东北部的土库曼人恺伽部落统一伊朗，建立恺伽王朝。19 世纪以后，伊朗沦为英国、俄国的半殖民地。1925 年，巴列维王朝建立。1979 年 2 月 1 日，流亡国外的宗教领袖霍梅尼回国，2 月 5 日，霍梅尼任命"自由运动"领袖迈赫迪—巴扎尔甘为临时政府总理，并于 2 月 11 日接管了政权。这一天被定为伊朗国庆日，巴列维王朝宣告灭亡。1979 年 4 月 1 日，霍梅尼宣布成立伊朗伊斯兰共和国，建立政教合一政权。

二　政治状况

伊朗实行政教合一的政治体制，伊斯兰教在国家的政治生活中扮演非常重要的角色，最高宗教领袖是国家的最高领导人，由伊斯兰教神职人员组成的专家会议选举产生。首任最高宗教领袖是伊朗伊斯兰共和国的创始人鲁霍拉·穆萨维·霍梅尼，现任最高宗教领袖为赛义德阿里·侯赛尼·哈梅内伊。伊朗政府实行总统内阁制，总统是继最高领袖之后的国家最高领导人，既是国家元首，又是政府首脑，由全民普选产生，现任总统为哈桑·鲁哈尼。伊朗最高立法机构为伊斯兰议会，实行一院制，现任议长为阿里·拉里贾尼。司法总监是伊朗的司法最高首脑，由最高领袖任命，最高法院院长和总检察长则由司法总监任命，现任司法总监为萨迪格·拉里贾尼。

（一）政体简介

1. 宪法

1979 年 12 月，伊朗在伊斯兰革命后颁布第一部宪法，规定伊朗实行政教合一制度。1989 年 4 月，伊朗对宪法进行部分修改，突出伊斯兰信仰、体制、教规、共和制及最高宗教领袖的绝对权力不容更改。同年 7 月，哈梅内伊正式批准经全民投票通过的新宪法。

2. 议会

伊斯兰议会是伊朗最高国家立法机构，实行一院制。议会通过的法律须经宪法监护委员会批准方可生效。议员共 290 名，由选民直接选举产生，任期 4 年。议会设有主席团和 12 个专门委员会。主席团由议长、2 名副议长、3 名干事、6 名秘书共 12 人组成，主要负责制订会议议程、起草会议文件等工作，任期 1 年，任满后由议员投票改选，可连选连任。第十届议会于 2016 年 5 月经选举成立，议长为阿里·拉里贾尼。

3. 政府

伊朗实行总统内阁制。总统是国家元首，也是政府首脑，可授权第一副总统掌管内阁日常工作，并有权任命数名副总统，协助主管其他专门事务。现任第一副总统为埃斯哈格·贾汉吉里。本届内阁于 2013 年 8 月成立。

4. 司法

司法总监是国家司法最高首脑，由最高领袖任命，任期 5 年。最高法院院长和总检察长由司法总监任命，任期 5 年。司法部部长由司法总监推荐，总统任命，议会批准，负责协调行政权与司法权的关系。在司法总监领导下，还设有行政公正法庭和国家监察总局，分别审理民众对政府机关的诉讼和监督国家机关的工作。现任司法总监为萨迪格·拉里贾尼，最高法院院长为艾哈迈德·莫赫森尼·古尔卡尼，总检察长为古拉姆侯赛因·莫赫森尼·艾杰伊。

（二）政局现状

1979 年 2 月，伊朗伊斯兰革命推翻了巴列维王朝，成立了伊朗伊斯兰共和国。随着政权的逐步稳定，伊朗政府逐步取缔了大多数政党团体和组织。1985 年，伊朗宣布实行一党制，伊斯兰共和党为执政党，其他政党及其派别均被取缔。为防止政治纠纷，1987 年 6 月，伊斯兰共和党也宣布中止一切活动。1988 年 12 月，伊朗颁布政党法，要求所有政党与组织向内政部重新登记，经审查批准后方可开展活动。1998 年伊朗新的政党法出台后，国内各种政党竞相成立。到 2000 年 1 月，伊朗合法政党和政治组织已经达到 110 多个。

目前，伊朗大多数政党和政治组织尚处于创立阶段，没有严格的组织形式，缺乏章程及其相关纲领。伊朗主要政党或组织有：伊朗伊斯兰参与阵线、德黑兰战斗的宗教人士协会、建设公仆党和伊斯兰伊朗团结党。

伊朗国内有两大基本政治派别，即保守派和改革派，介于两者之间的是温和保守派，伊朗国内将其称为中间派。20世纪后半期，三大派别之间的互动构成了伊朗国内政治舞台的主要内容。但根据伊朗宪法，最高宗教领袖所掌握的权力远远超过总统制国家中的总统，因此无论哪一派上台执政都不会造成伊朗政局的剧烈动荡。

（三）国际关系

奉行独立、不结盟的对外政策，反对霸权主义、强权政治和单极世界，愿同除以色列以外的所有国家在相互尊重、平等互利的基础上发展关系。倡导不同文明进行对话及建立公正、合理的国际政治、经济新秩序。认为国家的主权和领土完整应得到尊重，各国有权根据自己的历史、文化和宗教传统选择社会发展道路，反对西方国家以民主、自由、人权、裁军等为借口干涉别国内政或把自己的价值观强加给他国。认为以色列是中东地区局势紧张的主要根源，支持巴勒斯坦人民为解放被占领土而进行的正义斗争，反对阿以和谈，但表示不采取干扰和阻碍中东和平进程的行动。主张波斯湾地区的和平与安全应由沿岸各国通过谅解与合作来实现，反对外来干涉，反对外国驻军，表示愿成为波斯湾地区的一个稳定因素。2014年6月，鲁哈尼在当选伊朗总统后表示，愿同国际社会进行"建设性互动"，改善伊朗同国际社会的关系。2015年7月，伊朗核问题六国（中国、美国、俄罗斯、英国、法国、德国）同伊朗就伊核问题达成全面协议。2016年1月16日，全面协议正式付诸执行。

三　经济形势

（一）经济概况

1. 自然资源

伊朗石油、天然气和煤炭蕴藏丰富。仅仅占世界人口总量1%的伊朗，自然资源储备却占全球总量的 7%。根据 2016 年版《BP 世界能源统计年鉴》，截至 2015 年底，伊朗探明石油储量达 1578 亿桶，占全球总储量的 9.3%，居世界第四位；探明天然气储量达 34 万亿立方米，占全球总储量的 18.2%，超过俄罗斯（32.3 万亿立方米），位居世界第一。

目前，已探明矿山 3800 处，矿藏储量 270 亿吨，其中，铁矿储量 47 亿吨；铜矿储量 33 亿吨（矿石平均品位 0.8%），约占世界总储量的 5%，居世界第三位；锌矿储量 2.3 亿吨（平均品位 20%），居世界第一位；铬矿储量 1500 万吨；金矿储量 150 吨。此外，还有大量的锰、锑、铅、硼、重晶石、大理石等矿产资源。目前，已开采矿种 56 个，年矿产量 1.5 亿吨，占总储量的 0.55%，占全球矿产品总量的 1.2%。

2. 产业结构

伊朗主要有三大产业支柱。

工业以石油开采业为主，另外还有炼油、钢铁、电力、纺织、汽车制造、机械制造、食品加工、建材、地毯、家用电器、化工、冶金、造纸、水泥和制糖等，但基础相对薄弱，大部分工业原材料和零配件依赖进口。农业在国民经济中占有重要地位。伊朗农耕资源丰富，全国可耕地面积超过 5200 万公顷，占其国土面积的 30% 以上，已耕面积 1800 万公顷，其中可灌溉耕地 830 万公顷，旱田 940 万公顷。农业人口占总人口的 43%，农民人均耕地 5.1 公顷。农业机械化程度较低，其综合收割机与拖拉机保有量分别为 1.3 万台和 36 万台。近年来，伊朗政府高度重视并大力发展农业，目前粮食生产已实现 90% 自给自足。农业主产区集中在里海和波斯湾沿岸平原地带，大部分地区干旱缺水。自 2003 年以来，伊朗政府逐年加大农业扶持力度，重点支持水利灌溉等农田基础设施建设以及农业科研、信贷与自然环境保护，以便改良农耕环境，提高农民生产积极性，力争实现政府第四个五年社会经济发展计划制定的 13.5% 的农业行业增长目标。

伊朗拥有数千年文明史，自然地理和古代文明遗产丰富。伊斯兰革命前，每年到伊朗旅游的有数百万人次。两伊战争后，旅游业遭到极大破坏。1979~1994 年，到伊朗旅游的人数年均不足 10 万人次。从 1991 年起，政府开始致力发展旅游业，旅游业逐渐复苏，2011 年，游客人数达 300 万人次，旅游收入 20 亿美元。伊朗全国有各类旅游组织、旅行社约

0

3000 个。德黑兰、伊斯法罕、设拉子、亚兹德、克尔曼、马什哈德是伊朗主要旅游地区。

（二）近期经济运行状况

1. 宏观经济

根据国际货币基金组织的统计数据，伊朗购买力平价的国内生产总值为 16310 亿美元，居世界第 19 位，人均为 20000 美元，居世界第 88 位。

伊朗盛产石油，石油产业是伊经济支柱和外汇收入的主要来源之一，石油收入占伊朗外汇总收入的一半以上。2004～2007 年伊朗经济一度保持较大增势，但自 2008 年世界经济危机及 2012 年西方对伊朗实施石油禁运和金融制裁以来，原油出口限制在 100 万桶/天左右，较制裁加剧前减少近一半，其国内生产总值（GDP）增速明显放缓，对外贸易增长缺乏后劲，外国投资大幅缩水，通胀率和失业率也长期在高位徘徊。2016 年 1 月制裁结束后，伊朗大力提升原油出口，当前接近 400 万桶/天。根据伊朗国家统计中心最新公布数据，2016 年 3 月至 2017 年 3 月，伊朗经济增长 8.3%，剔除石油出口影响，非石油领域增长 6.3%。其中，农业领域增长 5%，工业（含矿业、制造业、能源和建筑业）增长 11.3%，服务业增长 7.1%。石油产量从 2016 年初的 300 万桶/天增加到近期的 400 万桶/天。而伊朗央行（CBI）公布的信息与国家统计中心发布的数据相差较大，CBI 公布伊朗 2016 年的经济增速是 11.9%，非油领域增速为 1.9%。

2. 国际收支

2017 年，伊朗进出口总额约 1625 亿美元，其中出口额约 920 亿美元，同比增长 8.7%，进口额约 705 亿美元，同比增长 10%。受制裁因素影响，从 2011 年底以来，伊朗原油出口大幅下降。

3. 外债状况

根据美国中央情报局的调查数据显示，2017 年伊朗的外债大约为 105 亿美元。

4. 财政收支

近年来，伊朗政府预算长期赤字，2008～2010 年政府预算赤字分别为 210 亿美元、133 亿美元和 222 亿美元。2017 年政府税收收入为 772 亿美

元，政府支出为863亿美元，税收占国内生产总值的18.1%，世界排名第
167位。财政赤字约占国内生产总值的2.1%，公共债务约占国内生产总值
的14.25%。

四 投资状况

（一）外国投资状况

据联合国贸发会议2017年《世界投资报告》数据，2016年伊朗吸收
外资流量为33.72亿美元；对外投资流量为1.04亿美元。截至2016年底，
伊朗吸收外资存量为484.69亿美元，对外投资存量为37.44亿美元。据伊
朗财经部数据，2016年伊核协议生效以来，伊朗已批准吸引外国投资
124.8亿美元，其中德国是最大的外资来源国，投资金额为39.6亿美元。

伊朗吸收外资主要集中在原油、天然气、汽车、铜矿、石化、食品和
药品行业。从外资来源地看，亚洲和欧洲是伊朗最主要的外资来源地。在
伊朗汽车行业投资和经营的主要外资/合资公司有标致、雪铁龙、大众、
尼桑、丰田、起亚、奔腾、奇瑞、力帆、江淮等；石油天然气行业先后进
入伊朗市场的外资企业主要有法国Total、挪威Statoil、荷兰壳牌、俄罗斯
Gasprom和韩国Lucky Goldstar、中国石油、中国石化等；电信行业由于受
制裁，西方公司撤出，目前只有华为、武汉烽火等。

（二）投资环境

1. 投资政策

伊朗政府对外资有较多的限制，包括外资不得进入油气开发领域，外
商独资企业不得从事矿产资源开发等。为防止外资垄断伊朗经济命脉，伊
朗议会对外资控股49%以上的项目拥有最后的否决权。此外，伊朗税收体
系较为复杂，外汇管理措施严格，银行贷款利息偏高，并长期受美、英等
西方国家经济、金融封锁和制裁。对伊投资中，政治风险是必须认真考虑
的因素之一。

伊朗投资和经济技术支持组织是伊朗唯一的鼓励外国在伊朗投资和审

批与外国投资有关所有事务的官方机构。外国投资者的有关投资许可、资本进入、项目选择、资本利用、资本撤出等事项都必须向该组织提出申请。该组织接到申请后，应该在 15 天内对申请进行初步研究并将意见提交审批委员会，审批委员会应在组织提交意见后 1 个月内书面通知审批结果。一旦委员会通过并经财经部部长签字，马上签发投资许可。

为了简化和加速外国投资申请的审批手续，所有有关机构包括财经部、外交部、商业部、劳工部、伊斯兰中央银行、伊朗伊斯兰海关、工业所有制企业和公司注册机构和环境保护组织，都要向该组织推荐一名有本单位最高领导签字授权的全权代表。被推荐的代表作为该部门与组织之间的协调者处理与该部门相关的一切事务。

根据《伊朗鼓励和保护外国投资法》的规定，在工矿业、农业和服务行业进行建设和生产活动的外国资本的准入，必须同时符合伊朗其他现行法律、法规的要求，并符合下列条件：（1）有利于经济的增长、技术的发展、产品质量的提高、就业机会的增加和出口的增长及国际市场开发；（2）不得危害国家安全和公共利益、破坏生态环境、扰乱国民经济及阻碍国内投资产业的发展；（3）政府不授予外国投资者特许权，授予特许权将使外国投资者处于对国内投资者的垄断地位；（4）外资提供的生产性服务和生产的产品价值的比例，不应超过外资在获取投资许可时国内经济部门提供的生产性服务和生产的产品价值的 25%、国内行业提供的生产性服务和生产的产品价值的 35%。

《伊朗鼓励和保护外国投资法》不允许以外国投资者的名义拥有任何种类的土地。

2002 年《伊朗鼓励和保护外国投资法》中规定的投资方式有：外国直接投资；合同条款中明确的以"建设、经营、转让""回购""国民参与"等方式的外国投资。

外国人在伊朗投资享受以下优惠政策。

共同优惠：外国投资者享受国内投资者同等待遇；外国现金资本和非现金资本的进入完全根据投资许可，不需要其他许可；在任何领域的外国投资没有金额方面的限制；外国资本在被执行国有化和没收所有权时，将获得赔偿，外国投资者具有索赔权；允许外资本金、利润及派生的利益按照投资许可的规定以外汇形式或商品方式转移；保证外资使用单位生产的商品出口自由，一旦出口被禁止，则生产的商品在国内销售，收入以外汇方式通过国家官方金融系统汇出国外。

特殊优惠：外国直接投资可以在所有获许可的私人经营方面投资，对外国投资不设百分比的限制；合同条款范围的投资，新法或政府决策导致财务合同的执行被禁止和中止所造成的投资损失由政府保证赔偿，但最多不超过到期的分期应付款额；以"建设、经营、转让"和"国民参与"方式实施的外国投资项目生产的商品和服务由政府部门负责收购。此外，伊朗还有在石化和钢铁等行业投资的鼓励政策以及地区鼓励政策。

2. 金融体系

伊朗货币为里亚尔，伊朗《货币银行法》未对里亚尔可否自由兑换做出具体规定，但一般居民可到当地银行、钱庄进行自由兑换。目前，人民币和里亚尔不可直接兑换。而且外国居民及投资者不能在伊朗当地银行开设外汇账户，必须兑换成当地货币方可进行储蓄，外国公民储蓄必须获得当地合法居民身份。受安理会及欧美金融制裁影响，现阶段伊朗外汇无法自由出入，须通过中转行代理。

伊朗的金融体系主要由银行构成，例如伊朗中央银行（The Central Bank of Iran）、伊朗国家银行（Bank Melli）、伊朗国民银行（Bank Mellat）、伊朗出口银行（Bank Saderat）等。此外，伊朗的证券市场在中东地区处于领先地位，德黑兰证券交易所（TSE）更是中东地区一个重要的资本市场。1979 年的伊朗伊斯兰革命以及随后的两伊战争，对德黑兰证券交易所的业务造成很大的冲击。1988 年两伊战争结束后，政府开始实施战后重建计划，制订第一个五年经济发展计划，私有化政策第一次在五年计划中被提出。此后，德黑兰证券交易所进入了一个新的发展时期。2002 年，伊朗股市交易额达 28.5 亿美元，股票价值增长 34.69%，股票收入占GDP 的 13.5%。截至 2002 年底，在德黑兰证券交易所注册的公司有 324 家，股市资本已达 114.397 万亿里亚尔，自 2003 年 11 月始，外国资本被允许进入伊朗股票及证券交易市场，德黑兰证券交易所在中东证券市场的领先地位得到进一步巩固。2004 年，德黑兰证券交易所资本市场获得进一步发展，在伊朗 11 个省会城市设立新的证券交易中心，农产品首次上市交易。2005 年以来，因受保守派控制内阁、伊核问题动摇投资者信心和世界金融危机影响，德黑兰证券交易所发展一度趋缓，但 2009 年该交易所又出现了恢复性发展。2010 年 1 月，德黑兰证券交易所上市企业共 330 家，总市值达到 920 亿美元。伊朗电信公司、Sederat 银行、霍德罗汽车公司等大型企业的私有化改造均通过德黑兰证交所完成。

3. 税收体系

《伊朗伊斯兰共和国直接税法》是伊朗税收体系的主要组成部分，由纳税人、财产税、所得税、各种规定等几部分组成。根据直接税收法，原则上对房地产、未开发的土地、继承财产、从事农业活动、工资、职业、公司、附带收入以及通过各种来源获得的总收入征收直接税收。但是，税务的免除和折扣也可能取决于具体的情况而发生。2002 年 2 月，伊朗议会通过立法改革国家的税制，减少公司税，增加增值税，所得税从原来的54% 降到 25%，鼓励私人向生产企业投资，同时取消对一些国有企业和"弱势与见义勇为者基金会"等特权机构免征税收的待遇。

目前，伊朗主要税赋和税率如下。

工资所得税。伊朗税法规定，职工的工资收入应纳税额是扣除免税部分后收入的 10%；对于收入达 4200 万里亚尔的，应纳税额是扣除免税部分后收入的 10%，超出部分按以下税率纳税：应税收入在 3000 万里亚尔以下，税率为 15%；应税收入在 3000 万 ~ 1 亿里亚尔，税率为 20%；应税收入在 1 亿 ~ 2.5 亿里亚尔，税率为 25%；应税收入在 2.5 亿 ~ 10 亿里亚尔，税率为 30%；应税收入在 10 亿里亚尔以上，税率为 35%。

营业所得税。纳税人的营业收入扣除免税额后应税收入在 3000 万里亚尔以下，税率为 15%；应税收入在 3000 万 ~ 1 亿里亚尔，税率为 20%；应税收入在 1 亿 ~ 2.5 亿里亚尔，税率为 25%；应税收入在 2.5 亿 ~ 10 亿里亚尔，税率为 30%；应税收入在 10 亿里亚尔以上，税率为 35%。

法人所得税。在扣除经营中的亏损、非免税亏损和本法规定的免税款额之后，依照 25% 纳税。对于在伊朗签订的任何有关建设承包、技术项目、制造安装项目、运输项目、建筑规划项目，以及测量、绘图、技术监理与核算、技术援助和培训、技术转让和其他方面的服务合同，按总收入的 12% 纳税。获伊方特许而提供的影片，在一个税务年度里，所获得的放映费或其他费用收入的 20%~40% 作为应纳税收入。外国航运和海运公司在伊朗的货运和客运收入税固定为其全部收入的 5%，无论此收入是从伊朗还是从目的地或从途中所得。

其他税费。公司优先股和有价文件（证券）在股票交易所的每笔交易，将按股票销售价的 0.5% 的税率纳税，对股票交易人不再征收其他所得税。公司优先股或股东股的每笔交易，将按优先股名义价 4% 的税率纳税，对股票交易人不再征收其他所得税。优先股交易者应向税务组织缴纳交易税。公证处在更改或整理交易文件时应取得纳税凭证作为公证文件的附件。对于交易所接受的股票上市公司，用于股票交易的储备金纳税率为 0.5%，但不再征收其他所得税，公司应在注册资本增加之日起 30 天内将税款汇入税务组织指定账户。法庭辩护律师和在专门诉讼案中担任律师的人，有责任在委托书中限定律师酬金，并在委托书上贴有相当于其 5% 的印花税票。

五　双边关系

（一）政治关系

中伊交往可追溯至公元前 2 世纪。班超的副使甘英曾到伊朗，并打通了中国经伊通往罗马的交通线，即古丝绸之路。此后，两国间往来连续不断。1971 年 8 月 16 日，中伊建交，2016 年 1 月，两国建立全面战略伙伴关系。

近年来，中国与伊朗在政治、经贸等领域的友好合作关系平稳发展。两国高层保持接触。2013 年 9 月，习近平主席在上海合作组织比什凯克峰会期间与伊朗总统鲁哈尼会晤。2015 年 4 月，习近平主席在印度尼西亚雅加达出席亚非领导人会议期间会见伊朗总统鲁哈尼。9 月，习近平主席在纽约出席联合国成立 70 周年系列峰会期间会见伊朗总统鲁哈尼。2016 年 1 月，习近平主席对伊朗进行国事访问。

此外，2013 年 12 月，杨洁篪国务委员访问伊朗。2014 年 11 月，中共中央政治局委员、中央政法委书记孟建柱访问伊朗。2016 年 11 月，国务委员兼国防部部长常万全上将访问伊朗。2017 年 4 月，国务院副总理刘延东访问伊朗。

伊方重要来访有：2013 年 10 月，伊朗议长拉里贾尼访华；2014 年 5 月，伊朗总统鲁哈尼访华并出席在上海举行的亚信峰会；2016 年 12 月，伊朗外长扎里夫访华并举行中伊外长年度会晤机制首次会议。

（二）双边贸易

2016 年中伊双边贸易额 312.3 亿美元，同比下降 7.7%。其中，中国自伊朗进口额为 148.2 亿美元，同比下降 7.7%；向伊朗出口额为 164.2 亿美元，同比下降 7.6%。中国对伊朗出口以机械设备、电子电气产品、运输工具、化工、钢铁制品、轻工产品、矿产、建筑石材、干果、藏红花等为主。

伊主要出口商品为油气、金属矿石、皮革、地毯、水果、干果及鱼子酱等，主要进口产品有粮油食品、药品、运输工具、机械设备、牲畜、化工原料、饮料及烟草等。2016 年，伊进出口总额约 1496.4 亿美元，其中出口额为 875.2 亿美元，进口额为 621.2 亿美元。伊朗与中国在 2017 年前 10 个月的贸易额达到 304 亿美元，与去年同期 250 亿美元增长了 22%。中国从伊朗进口了大约 154.6 亿美元的原油，比去年同期的 120 亿美元上涨了 29%，9 月，中国从伊朗进口的石油平均每天达 78.4 万桶左右，伊朗已成为中国原油第六大进口来源地，约占中国原油年消费量的 12%。与此同时，中国对伊朗的出口同比增长 15%，达到 149.4 亿美元。2017 年前 10 个月，伊朗在中国总额为 3.307 万亿美元的进出口贸易中所占份额为 0.91%。

（三）双边经济合作

中伊经济合作主要集中在能源和基础设施建设两个方面。

一方面，在过去数年间，中国已经成为伊朗最大的石油消费国和经济伙伴。据统计，中国有 166 家企业参加了 2011 年的伊朗石油展（Iran's Oil Show），相比之下，2010 年只有 100 家企业参加，这使得中国成为此次商业展与会企业最多的国家。伊朗也与中国建立了石油与天然气联合委员会以加速扩大能源合作。另外，2011 年 5 月，中伊签署价值 200 亿美元的双边合作协议，以促进伊朗的工业和矿业发展。

中国也是伊朗"上游"作业（勘探和开采）最重要的外国伙伴。目前，中国由于开发伊朗阿扎德干（Azadagan）和亚达瓦兰（Yadavaran）油气田而备受谴责。美国对伊朗的压力不仅影响了日本，而且迫使很多其他亚洲和欧洲国家放弃在伊朗的投资。尽管伊朗的天然气储备位居全球第二，但伊朗缺乏开发技术。中国正通过开发南帕斯气田（South Pars field）的机会进入伊朗，填补亚洲和欧洲这些企业撤离的空缺。

此外，中国对帮助伊朗开发稠油油田表示出很大兴趣。相比轻质原油，重质原油从生产、精炼到销售都更为困难。伊朗石油蕴藏总量中有60%都属于重质石油。中国也是伊朗石化出口最大的市场，特别是甲醇。

目前，伊朗已经超过沙特阿拉伯，成为中国最大的甲醇进口来源国，中国企业正在与有关各方谈判，计划斥资50亿美元在伊朗的马夏赫尔建设甲醇生产厂。

另外，非能源贸易和投资也是中伊双边经济联系的重要元素。在过去20年间，中国的工程师帮助伊朗建设了大量桥梁、铁路和隧道。目前，中国水利水电建设有限公司与伊朗签署协议，将在伊朗洛雷斯坦省建立全球最高的水坝。该项目加上其他几个计划内的项目，将帮助伊朗扩展其国内能源供给，提高伊朗向国际市场出售更多石油的能力。

中国帮助伊朗建设的铁路网也使伊朗进一步融入区域市场。据报道，伊朗和中国正在考虑一项计划，即建设一条连接中国新疆和伊朗的铁路，中途穿过吉尔吉斯斯坦、塔吉克斯坦和阿富汗。完成之后，这条铁路将会与更多铁路网相连，包括与伊拉克、叙利亚、土耳其和欧洲相连。德黑兰的地铁系统，在2000~2006年国际制裁期间已经完成，这是中国在伊朗基建发展项目的示范。如果没有中国的协助，伊朗很难建成这一系统。中国企业已经率先获得西方刹车系统的关键技术，并用于德黑兰的地铁系统中。中国目前还为德黑兰的城市优化项目提供10亿美元的资助，包括道路和公路的扩建。伊朗方面表示，这些投资在德黑兰历史上是"前所未有"的。在中国的协助下，伊朗东北部城市马什哈德也开始建设自己的地铁系统。

六 总体风险评估

伊朗总体风险水平一般，政治较为稳定，经济运行环境欠佳，外部安全挑战严峻。

伊朗独特的政教合一的政治体制经受了国内经济发展缓慢、外部安全环境恶劣的挑战。随着鲁哈尼总统的上台，艾哈迈迪·内贾德总统时期因其强硬外交路线导致的周边环境恶化态势有所缓和，美国在中东地区陷入困境，使得伊朗面临的外部压力有所缓解，这给了伊朗政府调整内外政策，将更多注意力放在恢复和发展经济上的空间。政治上，未来伊朗政局将保持稳定，鲁哈尼政府在最高宗教领袖哈梅内伊的支持下，其温和路线将有助于避免伊朗再次爆发改革派与保守派之间的激烈政治博弈。

经济上，伊朗由于核问题而受到西方孤立的局面短期内无法取得实质突破，西方对伊朗的封锁将是长期的。这给伊朗的经济发展与外国投资者在伊朗的投资项目带来了不确定的风险。目前，伊朗受到的西方制裁虽然有所减轻，但没有重大改善，且随时可能因为核问题而出现逆转，外国投资者对伊朗的投资项目受到国际制裁的可能性很大，伊朗金融系统被排斥在美国主导的全球金融体系外，也给投资者造成巨大的金融风险。

安全上，伊朗长期受到美国和海湾逊尼派国家的双重压力。中东地区地缘政治格局和安全态势都在深刻调整中，伊朗既在其中发挥着至关重要的作用，也受到中东变局的深刻影响，未来安全环境依然十分严峻，且有可能因为"伊斯兰国"极端主义武装在伊朗周边利益攸关区的肆虐而支付更大的安全成本。

（张亚斌）

印　度

（The Republic of India）

一　国家基本信息

（一）地理概述

印度共和国（简称印度）是南亚次大陆最大国家，面积约 298 万平方公里（不包括中印争议地区印占区和克什米尔印度实际控制区等），居世界第七位。东北部同中国、尼泊尔、不丹接壤，孟加拉国夹在东北部国土之间，东部与缅甸为邻，东南部与斯里兰卡隔海相望，西北部与巴基斯坦交界。东临孟加拉湾，西濒阿拉伯海，海岸线长 5560 公里。首都是新德里（New Delhi）。

（二）人口和民族

全国总人口为 12.557 亿（2014 年），居世界第二位，占世界人口总量的 17.5%。有 10 个大民族和几十个小民族，包括印度斯坦族、泰卢固族、孟加拉族、马拉地族、泰米尔族、古吉拉特族、坎拿达族、马拉亚拉姆族、奥里雅族、旁遮普族。官方语言为英语和印地语。约有 80.5% 的居民信奉印度教，其他宗教有伊斯兰教（13.4%）、基督教（2.3%）、锡克教（1.9%）、佛教（0.8%）和耆那教（0.4%）等。

印度斯坦族占印度总人口的 46.3%，主要分布在印度北方邦、中央邦、哈利亚纳邦、比哈尔邦和拉贾斯坦邦等地。多数人信奉印度教，部分人信奉伊斯兰教、佛教、基督教和耆那教。大部分印度斯坦人说印地语，少数人说乌尔都语，主要以务农为业。泰卢固族占印度总人口的 8.6%，又称安得拉族，主要分布在安得拉邦。大多数安得拉人信仰印度教，其次是伊斯兰教和基督教。安得拉人嗜吃辣椒，喜欢喝茶。孟加拉族占印度总人口的 7.7%，主要分布在西孟加拉邦、比哈尔邦和奥里萨邦等，说孟加拉语，大多数人信仰印度教，主要从事农业。马拉地族占印度总人口的 7.6%，主要分布在马哈拉施特拉邦，信奉印度教和佛教。马拉地人喜欢摔跤，还善于打板球、曲棍球和羽毛球。古吉拉特族占印度总人口的 4.6%，主要分布在古吉拉特邦，说古吉拉特语，多数人信仰印度教，少数人信仰伊斯兰教和耆那教，主要从事农业，手工业也较发达。坎拿达族占印人口 3.87%，说坎拿达语，分布在卡纳塔卡邦。马拉亚拉姆族占印人口 3.59%，说马拉亚拉姆语，分布在喀拉拉邦。旁遮普族占印度总人口的 2.3%，主要分布在印度旁遮普邦，大部分人说旁遮普语，少数人说印地语和乌尔都语，信奉锡克教和印度教。多数人从事农业，少数人从事畜牧业和手工业。旁遮普人能歌善舞。

（三）简史

印度是世界四大文明古国之一。公元前 2500～1500 年创造了印度河文明。公元前 1500 年左右，原居住在中亚的雅利安人中的一支进入南亚次大陆，征服了当地土著，建立了一些奴隶制小国，确立了种姓制度，婆罗门教兴起。公元前 4 世纪崛起的孔雀王朝统一印度，公元前 3 世纪阿育王统治时期疆域广阔，政权强大，佛教兴盛并开始向外传播。公元前 2 世纪灭亡，小国分立。公元 4 世纪笈多王朝建立，统治 200 多年。中世纪小国林立，印度教兴起。1398 年，突厥化的蒙古族人由中亚侵入印度。1526 年，建立莫卧儿帝国，成为当时世界强国之一。1600 年，英国侵入，建立东印度公司。1757 年，沦为英殖民地，1849 年，全境被英占领。1857 年，爆发反英大起义，次年英国政府直接统治印度。1947 年 6 月，英国通过"蒙巴顿方案"，将印度分为印度和巴基斯坦两个自治领地。同年 8 月 15 日，印巴分治，印度独立。1950 年 1 月 26 日，印度共和国成立，为英联邦成员国。

二　政治状况

（一）政体简介

1. 宪法

印度宪法于 1950 年 1 月 26 日生效。宪法规定印度为联邦制国家，是主权的、社会主义的、世俗的民主共和国，采取英国式的议会民主制，公民不分种族、性别、出身、宗教信仰和出生地点，在法律面前一律平等。

2. 议会

联邦议会由总统和两院组成。总统为国家元首和武装部队的统帅，由议会两院及各邦议会当选议员组成的选举团选出，任期 5 年，依照以总理为首的部长会议的建议行使职权。两院包括联邦院（上院）和人民院（下院）。联邦院共 250 席，由总统指定 12 名具有专门学识或实际经验的议员与不超过 238 名各邦及中央直辖区的代表组成，任期 6 年，每两年改选 1/3。联邦院每年召开 4 次会议。宪法规定副总统为法定的联邦院议长。人民院为国家主要立法机构，其主要职能为：制定法律和修改宪法，控制和调整联邦政府的收入和支出，对联邦政府提出不信任案，并有权弹劾总统。人民院共 545 席，其中 543 席由选民直接选举产生，每 5 年举行一次大选。本届人民院人民党占 282 席，超过席位总数的一半；国大党占 44 席。现任总统科温德 2017 年 7 月当选。

3. 政府

以总理为首的部长会议是最高行政机关。总理由总统任命人民院多数党的议会党团领袖担任，部长会议还包括内阁部长、国务部长。总理和内阁部长组成的内阁是决策机构。印度人民党党魁莫迪于 2014 年 5 月 26 日在新德里宣誓就任印度共和国第 15 任总理，承诺将建立一个"强大和具有包容性"的印度。莫迪组建了一个人数比前任少很多的精简内阁。莫迪领导的新政府有 44 名内阁成员，均在典礼上依次亮相，这个规模比其前任曼莫汉·辛格领导的 71 人少了很多。

4. 司法

最高法院是最高司法权力机关，有权解释宪法、审理中央政府与各邦之间的争议问题。各邦设有高等法院，县设有县法院。最高法院法官由总统委任。

（二）政局现状

在 2014 年印度议会大选中，印度人民党最终胜出。印度人民党，1980 年 4 月成立，其前身是 1951 年成立的印度人民同盟。自称有 350 万名党员。代表北部印度教教徒势力和城镇中小商人利益，具有强烈民族主义和教派主义色彩。此前，人民党曾在 1996 年首次成为议会第一大党并短暂执政，1998~2004 年执政。现任主席为文卡亚·奈杜。

目前最大的在野党为印度国民大会党（英迪拉·甘地派），简称国大党（英）。据称有初级党员 3000 万名，积极党员 150 万名。国大党于 1885 年 12 月在孟买成立，创始人是英籍印度退休文官休谟。国大党领导了反对英国殖民统治和争取印度独立的斗争。印独立后长期执政，1969 年和 1978 年两次分裂。1978 年，英·甘地组建新党，改用现名。2004 年和 2009 年，人民院选举中再次成为议会中第一大党，现任主席是索尼娅·甘地。国大党坚持"民族主义、世俗主义、民主主义、社会主义"四项原则，强调团结、统一、教派和睦；在坚持"混合经济"和"计划经济"的前提下，突出改革和发展；以互不干涉、和平共处和不结盟为其对外关系的指导原则。其他主要政党为印度共产党（马克思主义）、印度共产党、泰卢固之乡党等。

（三）国际关系

印度为不结盟运动创始国之一，历届政府均强调不结盟是其外交政策的基础。印度与所有国家积极发展关系，力争在地区和国际事务中发挥重要作用。冷战结束后，印度政府调整了过去长期奉行的倾向苏联的大国政策，推行全方位务实外交，营造有利于自身发展的持久和平稳定的地区环境。

中印于 1950 年 4 月 1 日建交。20 世纪 50 年代，中印两国领导人共同倡导和平共处五项原则，双方交往密切。1959 年西藏叛乱后，中印关系恶化。1962 年 10 月，中印边境发生大规模武装冲突。1976 年双方恢复互派大使后，两国关系逐步改善。

近年来，印度政府继续推行全方位大国外交战略，高度重视印中关系。优先发展与美关系，2005 年 7 月，印美宣布建立全球伙伴关系。巩固印俄传统关系，2000 年，印俄两国宣布建立战略伙伴关系，并建立年度峰会机制。推进与欧、日等主要发达国家的关系。印日关系发展势头良好。2000 年，印日建立全球伙伴关系，2004 年起，印度成为日本最大海外开发援助对象。欧盟作为整体是印度最大贸易伙伴和重要投资来源地。继续推行东向政策。重视能源安全，逐步拓展同海湾、中亚等能源供应国的交往与合作。强调外交为经贸服务，注重发展经贸科技合作，吸收外国资金和技术。印度是南亚区域合作联盟（简称南盟）创始国之一，于 1986 年、1995 年和 2007 年三次主办南盟首脑会议。作为南盟最大国家，印度强调加强南亚各国联系，积极推动在南盟范围内实现物流、人员、技术、知识、资金和文化的自由流动，最终建立南亚经济共同体。

印度独立后，支持非洲国家反殖民主义和国家民族解放斗争，在非洲国家中赢得了良好声誉。近年来，印度加大对非洲的投入，重点推进与南非、毛里求斯、尼日利亚、埃及等国的关系，也借重非盟、东非共同体、"环印度洋地区合作联盟""印度－巴西－南非"倡议等区域组织促进对非关系。

三　经济形势

（一）经济概况

1. 自然资源

印度资源丰富，有矿藏近 100 种。云母产量世界第一，煤和重晶石产量居世界第三。印度还是世界第五大铁矿出产地。印度的铝土矿藏量世界排名第五，而生产量则位列世界第八。当地 2/3 以上的石油产量来自离岸的孟买油田，天然气的产量亦有稳定的增加。印度主要资源可采储量估计为：煤 2533.01 亿吨，铁矿石 134.6 亿吨，铝土 24.62 亿吨，铬铁矿 9700 万吨，锰矿石 1.67 亿吨，锌 970 万吨，铜 529.7 万吨，铅238.1 万吨，石灰石 756.79 亿吨，磷酸盐 1.42 亿吨，黄金 68 吨，石油7.56 亿吨，天然气 10750 亿立方米。此外，石膏、钻石及钛、钍、铀等储量也比较丰富。森林为 67.83 万平方公里，覆盖率为 20.64%。印度水利资源也较充足。据印度农业部统计的数据，印度可耕地面积约为1.8 亿公顷。

2. 产业结构

印度产业结构比较完整，主要工业包括纺织、食品加工、化工、制药、钢铁、水泥、采矿、石油和机械等。汽车、电子产品制造、航空与空间等新兴工业近年来发展迅速。"十五"计划期间，工业分别增长 5.7%、7.0%、8.4%、8.2%、11.6%。2012 年，工业同比增长 3.1%，其中电力增长 0.4%，制造业增长 1.9%。采矿业、制造业和电力分别占工业生产指数权重 14.16%、75.53% 和 10.32%。

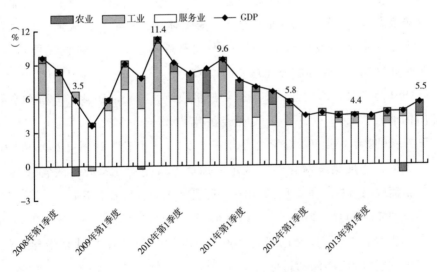

图 1　印度各产业对 GDP 贡献率

资料来源：亚洲银行。

农业拥有世界 1/10 的可耕地，面积约 1.6 亿公顷，人均 0.17 公顷，是世界上最大的粮食生产国之一。农村人口占总人口的 72%。由于投资乏力、化肥使用不合理等因素，近年来农业发展缓慢。"十一五"期间，农业年均增长率为 3.28%。2011～2012 财年增长率为 1.8%。

服务业近年来实现较快发展。2012～2013 财年增长 6.5%，占 GDP 的 64.8%。其中，酒店服务业、金融类服务业、社会服务业以及建筑业分别增长 5.2%、8.6%、6.8%、5.9%，占 GDP 比重分别为 25.1%、17.2%、14.3%、8.2%。

旅游业是印度政府重点发展产业，也是重要就业部门，提供 2000 多万个就业岗位。入境旅游人数近年来逐年递增，旅游收入不断增加。主要旅游点有阿格拉、德里、斋浦尔、昌迪加尔、那烂陀、迈索尔、果阿、海德拉巴、特里凡特琅等。

（二）近期经济运行状况

1. 宏观经济

印度自独立后至 20 世纪 80 年代，经济平均增长率只有 3.5%，80 年代末上升为 5%～6%，21 世纪初进入 8%～9% 的快速增长阶段。农业由严重缺粮到基本自给，工业形成较为完整的体系，自给能力较强。20 世纪 90 年代后，服务业发展迅速，占 GDP 比重逐年上升。高科技发展迅速，成为全球软件、金融等服务业重要出口国。

1991 年 7 月，印度开始实行全面经济改革，放松对工业、外贸和金融部门的管制。1992～1996 年实现经济年均增长 6.5%。"九五"计划（1997～2002 年）期间，经济年均增长 5.5%。"十五"计划（2002～2007年）期间，印度继续深化经济改革，加速国有企业私有化，改善投资环境，精简政府机构，削减财政赤字，实现年均经济增长 7.6%。"十一五"计划前四年（2007～2011 年），印度 GDP 年均增长率达到 8.2%。2011 年 8 月，印度计划委员会通过"十二五"（2012～2017 年）计划指导文件，提出国民经济增速 9% 的目标。

受全球金融危机影响，2008 年经济增长速度下滑至 6.7%。2010 年，随着全球经济企稳向好，印度在出口回升和投资回暖的拉动下，经济逐步回归快速增长轨道。2010～2011财年经济增长9.3%。2011～2012财年受全球经济复苏缓慢和制造业低迷等因素影响，经济增速放缓至6.2%。按财年统计，GDP增长率2012年为3.2%，2013年为4.4%。2014年为5.4%，2015年为6.4%，2016年见表1。

表1　2016年印度主要经济数据

项目	数值	项目	数值
国内生产总值	150.8万亿卢比（约合2.26万亿美元）	人均国民收入	105396卢比（约合1680美元）
国内生产总值增长率	7.11%	通货膨胀率	4.94%
国民总收入	143.0万亿卢比（约合2.24万亿美元）	失业率	3.5%

资料来源：印度中央统计局。

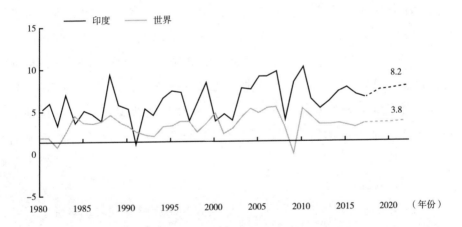

图2　印度与世界平均经济增长率对比（1980～2017年数据及2018～2022年预测）

资料来源：国际货币基金组织。

表2　印度与世界平均经济增长率对比

单位：%

年份	2012	2013	2014	2015	2016	2017	2018	2019	2020	2021	2022
印度	5.5	6.4	7.5	8	7.1	6.7	7.4	7.8	7.9	8.1	8.2
世界	3.5	3.5	3.6	3.4	3.2	3.6	3.7	3.7	3.7	3.8	3.8

资料来源：国际货币基金组织。

2. 国际收支

印度 2016 年商品出口增长率为 - 1.5%，商品进口增长率为 - 8.8%，贸易平衡（占 GDP 比重）为 - 10.7%，经常项目平衡（占 GDP 比重）为 - 0.67%。印度主要出口商品包括石油、珠宝、交通工具、机械设备、医药制品及精细化学品、金属制品、成衣、电子产品、铁矿砂等，主要进口商品包括原油和成品油、珍珠和半宝石、黄金、非电子类机械、电子产品、有机化学品、钢铁、煤及焦煤、金属矿石和废旧金属等。中国、阿拉伯联合酋长国、美国、沙特阿拉伯、瑞士、新加坡、德国、中国香港、印度尼西亚、伊拉克为印度前十大贸易伙伴。

3. 外债状况

2016～2017 财年，印度外债余额为 4561.4 亿美元。其中短期外债 838.21 亿美元，中长期外债 3669.71 亿美元。与其他发展中负债国家比较，印度外债弹性较强，处于可控范围之内。印度中央政府债务余额占 GDP 比例为 50.1%，其中内债占 GDP 比例为 48.3%，外债占比 1.8%。三大评级机构对印度的主权评级分别为：标普，BBB -，负面级；惠誉，BBB -，负面级；穆迪，Baa2，稳定级。世界银行 2012 年发布的《全球金融发展》报告显示，从外债绝对规模看，印度位列前 20 个发展中债务国的第五位；从外债占国民总收入比重看，印度排名倒数第五位。

4. 财政收支

印度实行中央和地方财政分立、联邦和邦两级财政预算的体制。每年 4 月 1 日至次年 3 月 31 日为一个财政年度。印度多年来推行赤字预算以刺激经济发展，巨额财政赤字一直是困扰印度经济的难题。政府预算经常入不敷出，财政缺口主要靠发行公债弥补，除了存在通胀压力外，每年还要支付大量利息。本届政府通过税制改革、控制政府支出等方式减少财政赤字，收到了一定成效。2016～2017 财年印度中央财政收入 32.4 万亿卢比（财政数据均为预估值），同比增长 15.5%；中央财政支出为 42.36 万亿卢布，占 GDP 比重为 27.896%；财政赤字为 - 9，8 万亿卢比，占 GDP 的 6.420%。

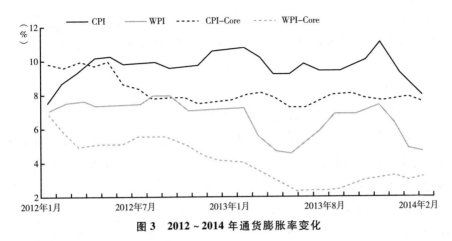

图3　2012～2014年通货膨胀率变化

资料来源：亚洲银行。

四　投资状况

（一）外国投资状况

自1991年实行经济改革以来，印度政府逐步放宽对外商直接投资领域的限制，使印度近年来利用外资实现了快速增长。印度的外国直接投资主要来自毛里求斯、新加坡、日本、美国、英国等，投资领域主要包括服务业、建筑业、电脑软硬件、通信、制药、电力、汽车等行业，其中服务业吸引外资总额占印度近10年吸引外资总量的20%。目前，在印度投资的世界500强企业包括德国大众、福特汽车、本田汽车、丰田汽车、韩国现代、雀巢食品、宝洁等知名企业。

联合国贸发会议发布的2017年《世界投资报告》显示，2016年，印度吸收外资流量为241.96亿美元；截至2016年底，印度吸收外资存量为2263.45亿美元。

（二）投资环境

从投资环境吸引力角度来看，印度的竞争力优势有以下几个方面：政治相对稳定；经济增长前景良好；人口超过12亿，市场潜力巨大；

地理位置优越，辐射中东、东非、南亚、东南亚市场。世界经济论坛《2017 年全球竞争力报告》显示，印度在 138 个国家和地区中，排名第 39 位。

1. 投资政策

印度主管国内投资和外国投资的政府部门主要是：商工部下属的投资促进和政策部，负责制定相关政策和投资促进工作；公司事务部，负责公司注册审批；财政部，负责企业涉税事务和限制类外商投资的审批；储备银行，负责外资办事处、代表处的审批及其外汇管理。

核能、博彩业、风险基金、雪茄及烟草业、房产业是禁止外商投资的行业。有一些行业是限制的行业，其中外商投资如超过政府规定的投资上限，须获得政府有关部门批准。投资保留给小型企业的经营项目，需要获得政府审批。除此之外，还有一些鼓励的行业。

关于投资方式，可以采用设立公司、跨国并购、收购上市公司等方式。由于印度公共财政能力有限，基础设施薄弱，"公共私营合作"000/BOT 模式在解决投资短缺、降低项目风险、克服腐败和征地困难等方面优势明显，未来将在印度基础设施建设中发挥关键作用。

表 3　印度限制外商投资持股上限的领域

单位：%

行业领域	持股上限
原子矿物、私有银行、电信服务业、卫星制造	74
多品牌产品零售（须经外国投资促进局批准）	51
空运服务、资产重整公司、电视、基础设施建设（电信除外）	49
新闻电视频道、军工产品、保险、新闻时事报纸	26
调频广播	20

资料来源：印度财政部。

此外，印度政府没有专门针对外商投资的优惠政策，外商在印度投资设立的企业视同本地企业，应与印度企业一样遵守印度政府制定的产业政策。外资只有投资于政府鼓励发展的产业领域或区域，才能和印度本土企业一样享受优惠政策。

印度外商投资优惠政策主要体现在地区优惠、出口优惠和特区优惠上。2006 年 2 月，印度政府正式实施新制定的《特殊经济区法》。

2. 金融体系

目前印度的外汇管理制度仍然比较严格，在外币兑换、汇出、账户开立等方面多有限制，一旦违反，有可能涉及经济处罚乃至刑事处罚。

印度的货币为卢比，汇率结构为单一汇率。印度卢比的汇率由银行间市场决定。印度储备银行在该市场上按市场汇率与授权交易商进行即期和远期美元交易。印度储备银行是印度外汇管理的主管部门，其外汇管理局是具体负责外汇交易和控制的部门，负责管理经常项目和资本账户下的外汇交易。《1999 年外汇管理法》是印度外汇管理的主要法规。

印度的银行体系包括 1 家中央银行、27 家国有银行、29 家私有银行和 31 家外资银行。目前，国有银行占印度银行资产总额的 74%，私有银行和外资银行所占比例分别为 19% 和 7%。在融资条件方面，外资企业与当地企业享有同等待遇。信用卡在当地使用越来越普遍。

1988 年，印度政府成立"印度证券交易委员会"（SEBI），负责印度证券市场规则的制定、实施和监督、管理。印度最大的证券交易所为孟买证券交易所（BSE），位于孟买，成立于 1875 年。它是南亚最大、世界第十大证券交易所。此外，还有"印度国家证券交易有限公司"，也位于孟买，与前者并列为印度最大的两个证券交易所。

3. 税收体系

印度税制以宪法为基础，没有议会的授权，政府不能课税。印度实行中央、邦和地方三级课税制度，各级政府课税权明确划分，但税制十分复杂。其中，中央税包括公司所得税、资本所得税、个人所得税、遗产和赠予税、销售税、消费税、增值税、社会保障税、节省外汇税、注册税、土地和建筑物价值税、支出税、印花税、关税等。邦税主要包括交通工具税、土地价值税、农业所得税、职业税等。地方税主要包括土地与建筑物税（对租金征收）、土地增值税、广告税、财产转让税等。

主要缴纳的税赋和税率包括，公司所得税现行税率为本国公司 35%（另加税款 2% 的附加税），外国公司 40%。资本收入税主要是指出售资产所得收入的赋税，长期实物资产出售收入的税率一般为 20%。需要征收个人所得税的项目包括工资收入、房产收入、业务和技能所得、资本收入等，个税的税率经常调整，起征点因性别而异。通常起征点是针对男性而言，对女性的起征点则稍高。

表 4　印度个人所得税税率

单位：%

年收入水平	个人所得税税率		
	男性公民	女性公民	退休老人
16 万卢比以下	0	0	0
16 万～19 万卢比	10	0	0
19 万～24 万卢比	10	10	0
24 万～50 万卢比	10	10	10
50 万～80 万卢比	20	20	20
80 万卢比以上	30	30	30

资料来源：印度财政部。

此外，大多数商品的销售税率为 16%。销售税分为中央销售税和地方销售税两种，前者为 15%，后者为 4%。大部分销售税已经被增值税所代替。增值税只针对商品，不针对服务。各邦增值税税率不完全一致。

五　双边关系

（一）政治关系

1950 年 4 月 1 日，中印建交。20 世纪 50 年代，中印两国领导人共同倡导和平共处五项原则，双方交往密切。1959 年西藏叛乱后，中印关系恶化。1962 年 10 月，中印边境发生大规模武装冲突。1976 年双方恢复互派大使后，两国关系逐步改善。

2003 年 6 月，印度总理瓦杰帕伊对中国进行正式访问，双方签署《中华人民共和国和印度共和国关系原则和全面合作的宣言》。2005 年 4 月，温家宝总理访印，双方签署《中华人民共和国与印度共和国联合声明》，宣布建立面向和平与繁荣的战略合作伙伴关系。2006 年 11 月，胡锦涛主席对印度进行国事访问。双方再次发表联合宣言，制定深化两国战略合作伙伴关系的"十项战略"。2008 年 1 月，印度总理辛格访华，两国签署《中华人民共和国和印度共和国关于二十一世纪的共同展望》。2010 年是中国与印度建交 60 周年。5 月，印度总统帕蒂尔来华进行国事访问。12 月，温家宝总理访印，两国签署《中华人民共和国和印度共和国联合公报》。

2011 年是"中印交流年"，2012 年是"中印友好合作年"，2013 年，中印关系继续保持稳定发展势头。3 月，习近平主席在南非出席金砖国家领导人峰会期间会见辛格总理。5 月，李克强总理对印度进行正式访问。10 月，印度总理辛格来华进行正式访问。

2014 年是"中印友好交流年"。2014 年 5 月，李克强总理同印度新任总理莫迪通电话。6 月，中国外交部部长王毅作为习近平主席特使访印，印副总统安萨里访华并出席和平共处五项原则 60 周年纪念活动。7 月，习近平主席和莫迪总理在出席金砖国家领导人第六次会晤期间举行双边会见。8 月，王毅外长与印外长斯瓦拉吉在东亚合作系列外长会期间会晤。9 月，习近平主席对印度进行国事访问，双方发表《关于构建更加紧密的发展伙伴关系的联合声明》。11 月，李克强总理在缅甸出席东亚合作领导人系列会议期间与印度总理莫迪会见。

2015 年 1 月 31 日至 2 月 3 日，印度外长斯瓦拉吉访华并出席中俄印三方合作外长会。5 月 14～16 日，印度总理莫迪正式访华。6 月 13～16 日，全国人大常委会委员长张德江访问印度。7 月上旬，习近平主席在乌法出席金砖国家领导人第七次会晤期间与印度总理莫迪会见。11 月，国务院总理李克强在马来西亚出席东亚国家领导人系列峰会期间会见印度总理莫迪。

2016 年 4 月，王毅外长赴俄罗斯出席中俄印外长第十四次会晤并会见印度外长斯瓦拉吉。5 月，印度总统慕克吉访华。9 月，印度总理莫迪来华出席二十国集团杭州峰会，习近平主席同其会见。10 月，习近平主席赴印度出席金砖国家领导人第八次会晤。11 月，习近平主席特使、中共中央政治局委员、中央政法委书记孟建柱访问印度；杨洁篪国务委员同印度国家安全顾问在印举行中印边界问题特别代表非正式会晤。

中印边界谈判继续向前推进，边境地区总体保持和平与安宁。2012

年 1 月，中印边界问题中方特别代表、国务委员戴秉国同印方特别代表、印度国家安全顾问梅农在新德里举行中印边界问题特别代表第十五次会晤。双方签署建立边境事务磋商和协调工作机制的协定。3 月，中印边境事务磋商和协调工作机制首次会议在北京举行，第二次会议 11 月在新德里举行。2013 年 6 月，杨洁篪国务委员同印国家安全顾问梅农在北京举行中印边界问题特别代表第十六次会晤。2014 年 2 月，杨洁篪国务委员同印国家安全顾问梅农在印度新德里举行中印边界问题特别代表第十七次会晤。2015 年 3 月，杨洁篪国务委员访问印度并与印度国家安全顾问多瓦尔举行中印边界问题特别代表第十八次会晤。2016 年 4 月，杨洁篪国务委员与印度国家安全顾问多瓦尔在北京举行中印边界问题特别代表第十九次会晤。

中印在重大国际和地区事务中有着广泛的共识，保持良好的合作。两国在中印俄三方合作、发展中五国、"金砖国家"、"基础四国"和多哈回合谈判中保持密切沟通与配合，就国际金融危机、气候变化、能源和粮食安全等重大问题协调立场，共同维护广大发展中国家权益。

（二）双边贸易

近年来，中印经贸合作快速发展，贸易额不断刷新纪录。据中国海关统计，双边贸易从 2012 年的 664.72 亿美元增长至 2017 年的 844 亿美元。

表 5　2012～2017 年中印贸易统计

单位：亿美元

年份	进出口		中国出口		中国进口		差额	
	金额	增长率%	金额	增长率%	金额	增长率%	当年	上年同期
2012	664.72	-10.1	476.73	-5.7	187.99	-19.6	288.74	271.68
2013	654.71	-1.51	484.43	1.62	170.28	-9.42	314.15	288.74
2014	706.05	7.84	542.26	11.94	163.79	-3.81	378.47	314.15
2015	716.23	1.4	582.4	7.4	133.83	-18.35	448.57	378.47
2016	701.5	-2.0	583.9	0.3	117.6	-12.1	466.3	448.4
2017	844.0	20.3	680.6	16.5	163.4	38.9	517.2	466.3

资料来源：中国海关。

据印度商业信息统计署与印度商务部统计，2016 年，印度与中国双边货物贸易额为 696.2 亿美元，下降 1.7%。其中，印度对中国出口 89.6 亿美元，下降 7.7%，占印度出口总额的 4.7%，下降 0.3 个百分点；印度自中国进口 606.6 亿美元，下降 0.8%，占印度进口总额的 11.0%，增长 0.3个百分点。印度对中国的贸易逆差为 516.9 亿美元，下降 5.8%。

棉花、铜及制品、矿产品、有机化学品和矿物燃料是印度对中国出口的主要产品。2013 年，印度对中国棉花出口 41.6 亿美元，增长 12.7%，占印度对中国出口总额的 28.6%；铜及制品、矿产品、有机化学品和矿物燃料对中国的出口额分别为 16.3 亿美元、16.1 亿美元、9.5 亿美元和 7.4亿美元，增减幅依次为 - 25.7%、- 41.6%、- 6.7% 和 126.2%，分别占印度对中国出口总额的 11.2%、11.1%、6.5% 和 5.1%。印度对华出口的其他商品还有动植物油、塑料制品、机械设备、树胶和钢铁制品等。

印度对中国出口的主要商品为矿产品、纺织品及原料和化工产品，2016 年出口额分别为 23.8 亿美元、15.8 亿美元和 12.6 亿美元，矿产品增长 41.3%，纺织品及原料和化工产品下降 30.5% 和 12.6%，分别占印度对中国出口总额的 26.6%、17.6% 和 14.1%。印度对中国出口的贱金属及制品下降幅度较大，降幅达到 39.6%。

印度从中国进口的主要商品为机电产品、化工产品和贱金属及制品，2016 年进口额分别为 316.6 亿美元、93.1 亿美元和 43.4 亿美元，纺织品及原料增长 7.5%，化工产品和贱金属及制品下降 21.6% 和 18.6%，印度从中国进口的运输设备实现较大幅度的增长，增幅为 47.6%。

表 6　2016 年印度对中国出口主要商品构成（类）

单位：百万美元

海关分类	HS 编码	商品类别	2016 年	上年同期	同比（%）	占比（%）
类	章	总值	8964	9710	- 7.7	100
第 5 类	25 ~ 27	矿产品	2379	1684	41.3	26.6
第 11 类	50 ~ 63	纺织品及原料	1577	2269	- 30.5	17.6
第 6 类	28 ~ 38	化工产品	1260	1441	- 12.6	14.1
第 15 类	72 ~ 83	贱金属及制品	1016	1683	- 39.6	11.3
第 16 类	84 ~ 85	机电产品	858	723	18.8	9.6

海关分类	HS 编码	商品类别	2016 年	上年同期	同比（%）	占比（%）
第 7 类	39～40	塑料、橡胶	289	343	−15.7	3.2
第 3 类	15	动植物油脂	272	284	−4.1	3
第 12 类	64～67	鞋靴、伞等轻工产品	187	192	−2.7	2.1
第 2 类	6～14	植物产品	185	197	−6.2	2.1
第 1 类	1～5	活动物；动物产品	154	169	−8.7	1.7
第 18 类	90～92	光学、钟表、医疗设备	151	125	20.6	1.7
第 8 类	41～43	皮革制品；箱包	141	139	1.2	1.6
第 14 类	71	贵金属及制品	116	114	2	1.3
第 21 类	97	艺术品	105	0	49318.50	1.2
第 17 类	86～89	运输设备	105	109	−4.3	1.2
		其他	166	237	−29.7	1.9

资料来源：中国商务部《国别贸易报告》。

表7　2016 年印度自中国进口主要商品构成

单位：百万美元

海关分类	HS 编码	商品类别	2016 年	上年同期	同比（%）	占比（%）
类	章	总值	60656	61143	−0.8	100
第 16 类	84～85	机电产品	31657	29439	7.5	52.2
第 6 类	28～38	化工产品	9311	11870	−21.6	15.4
第 15 类	72～83	贱金属及制品	4337	5324	−18.6	7.2
第 17 类	86～89	运输设备	3067	2078	47.6	5.1
第 11 类	50～63	纺织品及原料	2379	2560	−7.1	3.9
第 7 类	39～40	塑料、橡胶	2233	1965	13.7	3.7
第 20 类	94～96	家具、玩具、杂项制品	1526	1574	−3	2.5
第 18 类	90～92	光学、钟表、医疗设备	1417	1349	5.1	2.3
第 13 类	68～70	陶瓷；玻璃	1103	1126	−2.1	1.8
第 5 类	25～27	矿产品	743	810	−8.2	1.2
第 14 类	71	贵金属及制品	492	544	−9.5	0.8
第 10 类	47～49	纤维素浆；纸张	428	397	8	0.7
第 12 类	64～67	鞋靴、伞等轻工产品	369	345	6.8	0.6
第 8 类	41～43	皮革制品；箱包	277	275	0.6	0.5
第 2 类	6～14	植物产品	263	184	42.5	0.4
		其他	1055	1303	−19	1.7

资料来源：中国商务部《国别贸易报告》。

截至 2016 年 12 月底，中国在印度出口贸易中仅次于美国和阿联酋，位居第三位，而在进口贸易中为印度第一大进口来源地。在印度的十大类进口商品中，中国生产的纺织品、机电产品、家具、金属制品、光学仪器和陶瓷等在印度进口的同类商品中占有较明显的优势地位；但中国生产的运输设备、化工品、贵金属制品、钢材等方面仍面临来自美国、欧洲各国和日本等发达国家的竞争。

表 8　2016 年印度对主要贸易伙伴出口额

单位：百万美元

国家和地区	金额	同比（%）	占比（%）	国家和地区	金额	同比（%）	占比（%）
美国	41641	3.3	15.8	越南	5982	12.1	2.3
阿联酋	30821	0.8	11.7	比利时	5376	8.2	2
中国香港	13243	8.8	5	尼泊尔	5158	38.6	2
中国	8964	−7.7	3.4	沙特阿拉伯	5058	−27.6	1.9
英国	8572	−3.7	3.3	荷兰	4847	−1.7	1.8
新加坡	7665	−2	2.9	法国	4828	1.1	1.8
德国	7176	2.1	2.7	意大利	4515	6.5	1.7
孟加拉国	6142	3.4	2.3	总值	264044	−1.5	100

资料来源：中国商务部《国别贸易报告》。

（三）双边经济合作

1984 年，中印政府签署了第一个政府间贸易协定，1994 年，中印两国签署了《避免双重征税协定和两国银行合作谅解备忘录》，2006 年，中国与印度签订了《双边投资保护协定》。

1. 双向投资

截至 2017 年 6 月底，中国在印累计直接投资 50.28 亿美元。其中 2017 年 1～6 月，中国对印非金融类直接投资流量为 1.94 亿美元，同比下降 64.1%。

据中国商务部统计，2016 年，中国对印度直接投资流量为 9293 万美元。目前中国的华为技术有限公司、中兴通讯有限公司、三一重工、广西柳工机械股份有限公司、海尔集团、比亚迪股份有限公司等企业在印度投资较大。但总体而言，中国对印投资规模仍较小，缺乏集约式投资，投资模式和领域都较为单一，与两国的经济规模和经贸合作水平不相称，提升空间较大。

其他重要的合作项目有深圳比亚迪集团手机零配件生产企业，华为技术印度研究所，三一重工、广西柳工集团投资的工程机械制造企业，亚普塑料油箱生产厂等，以及东方电气公司承建的杜咖泊尔火电厂汽轮发电机组等承包工程项目。

截至2017年6月底，印度累计在华投资项目1433个，实际投资额为7.20亿美元。其中2017年1~6月，新增投资项目144个，同比增长51.6%，印度在华投资实际到位金额为2397万美元，同比增长8.1%。

2. 工程承包

2017年1~6月，中国在印新签工程承包合同额8.03亿美元，同比下降43.0%；完成营业额10.56亿美元，同比增长8.8%。截至2017年6月底，中国在印累计签订承包工程合同额688.18亿美元，完成营业额468.91亿美元。

六　总体风险评估

印度总体风险水平较低，其中政治稳定性很强，经济运行和经济环境存在较为明显的弱点，安全环境较好。

莫迪是多年来印度首个一党单独执政的政府总理。印度人民党在2014年大选中取得了对国大党的压倒性胜利，莫迪被印度各界寄予厚望。尽管莫迪能够在多大程度上改变印度社会，还存在问题，但至少在政治领域，人民党的优势和莫迪的政治地位短期内无法被动摇。一党单独执政给了莫迪比较大的政治自由，可以按照其设想推行一些在国大党执政时期甚至无法想象的政策，并对印度政坛的地方主义传统进行一定程度的压制。莫迪执政时期，印度政府政策的有效性和连续性都会显著提高，其政治承诺的可信度也有所增强。

尽管如此，印度的经济环境对于外国投资者来说，依然不容乐观。印度深厚的保护主义传统很难在莫迪时期遭到削弱，印度经济的开放度难有实质性改善。莫迪对中国投资者的态度目前比较积极，但印度政府，特别是内政、安全、国防部门对华的疑虑心态依然严重，印国内经济部门对莫迪的政策也持观望和怀疑态度，印度市场还没有做好敞开胸怀欢迎外国投资者的准备。投资者，特别是中国投资者在印度遭遇歧视性待遇的风险始终存在。

安全方面，印度的外部安全环境良好，与中国及巴基斯坦的传统矛盾不会激化为严重的地缘危机，与中国爆发武装冲突的风险可以排除，与巴基斯坦不时出现的边界交火事件也能得到有效管控。印度的安全风险主要来自国内的极端主义团伙、东北部地区的民族主义分离武装以及东部的纳萨尔农民反政府游击队，这些风险和安全挑战对于印度来说，是局部性的而不是全局性的。

（支天越　谭力川）

图书在版编目（CIP）数据

丝路列国志：新版／李永全主编. －－北京：社会
科学文献出版社，2018.12
　　（中国社会科学院"一带一路"研究系列）
　　ISBN 978 - 7 - 5201 - 3073 - 8

　　Ⅰ.①丝…　Ⅱ.①李…　Ⅲ.①丝绸之路 - 经济带 - 国
家 - 概况 - 欧洲②丝绸之路 - 经济带 - 国家 - 概况 - 亚洲
Ⅳ.①K95②K93

　　中国版本图书馆 CIP 数据核字（2018）第 157391 号

· 中国社会科学院"一带一路"研究系列 ·

丝路列国志（新版）

主　　编／李永全

出 版 人／谢寿光
项目统筹／祝得彬
责任编辑／张苏琴

出　　版／社会科学文献出版社 · 当代世界出版分社　（010）59367004
　　　　　　地址：北京市北三环中路甲 29 号院华龙大厦　邮编：100029
　　　　　　网址：www. ssap. com. cn
发　　行／市场营销中心（010）59367081　59367083
印　　装／三河市龙林印务有限公司

规　　格／开　本：787mm × 1092mm　1/16
　　　　　　印　张：38　插　页：0.75　字　数：596 千字
版　　次／2018 年 12 月第 1 版　2018 年 12 月第 1 次印刷
书　　号／ISBN 978 - 7 - 5201 - 3073 - 8
定　　价／168.00 元